大專用書

人事行政學

傅肅良著

三民書局 印行

國立中央圖書館出版品預行編目資料

人事行政學／傅肅良著.--初版.--臺
北市：三民，民83
　　面；　　公分
參考書目：面
ISBN 957-14-2132-4 (平裝)

1.人事行政

572.4　　　　　　　　　　　83011135

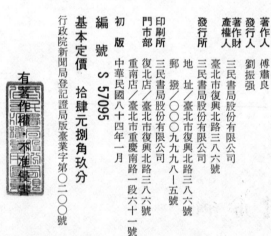

人事行政學

ⓒ

著作人　傅肅良
發行人　劉振強
產權人財　三民書局股份有限公司
著作財
發行所　三民書局股份有限公司
　　　　地址／臺北市復興北路三八六號
　　　　郵撥／〇〇〇九九九八一五號
印刷所　三民書局股份有限公司
門市部　復北店／臺北市復興北路三八六號
　　　　重南店／臺北市重慶南路一段六十一號
初版　中華民國八十四年一月
編號　S 57095
基本定價　拾肆元捌角玖分
行政院新聞局登記證局版臺業字第〇二〇〇號

ISBN 957-14-2132-4 (平裝)

自　序

余自從事公職迄至退休，前後共計四十餘年，所擔任之工作均屬人事行政的專業領域。在職期間，除逐行所任職務之職責外，亦經常研讀有關人事行政書籍及出國考察人事行政以充實自己，並在大學兼授人事行政方面課程以教學相長。當遇有心得時，亦常撰寫論文或著作，以略盡書生報國之義。以著作言，計自民國六十五年至七十九年期間，先後完成《人事管理》、《考銓制度》、《人事心理學》、《各國人事制度》、《員工考選學》、《員工訓練學》、《員工激勵學》、《人事行政的守與變》等八種，連同《行政管理學》、《中國憲法論》，共計十種，均先後由三民書局出版，對人事行政學術的發揚，略盡綿薄。

民國七十九年九月，余自第七屆考試院考試委員職務任期屆滿退職，迄今已有四年，在此期間曾對前已出版之各種人事行政著作，再作回顧，乃有撰寫綜合性之人事行政學的構想，經一年的思考、二年的撰寫與一年的一再修正，始告完成，作為原有八種人事行政著作的總結及研討今後人事行政趨向的序幕。

本《人事行政學》的架構，乃根據「人事行政學係各機關為達成人盡其才、事竟其功目的，在設立組織體制、選用考訓人員、激發潛能意願、保障生活安定方面，所採取各種措施之理論、政策、法規與技藝」的意義而設計。共計十八章，可歸納為五個方面如下：

一、設立組織體制方面：計有第二章人事行政權的歸屬與職權範圍，第三章機關組織，第四章人事體制等三章。

二、選用考訓人員方面：計有第五及第六章考試，第七章任免與銓敍，第八章權利與義務，第九章升遷，第十章考績，第十一章訓練與進修等七章。

三、激發潛能意願方面：計有第十二章褒獎與懲處，第十三章提高意願與發揮潛能等二章。

四、保障生活安定方面：計有第十四章俸給與福利，第十五章保障與保險，第十六章撫卹與退休等三章。

五、其他方面：計有第一章概說，第十七章人事資料與人事行政資訊化，第十八章公務員基準與政務官法制等三章。

本書各章之主題，係以憲法增修條文第五條所列考試院掌理之人事項目為主，其雖非為考試院掌理但與人事行政有密切關係者（如懲處中之刑事處罰、民事賠償、懲戒），或可視為憲定人事項目之延伸且為人事行政主管機關積極規劃推動者（如權利與義務、訓練與進修、提高意願與發揮潛能、福利、保險、人事資料與人事行政資訊化、公務員基準與政務官法制），亦列為主題，以求完整。

行政工作的推行，大致而言，先有意見領袖之根據當時社會背景及發展趨向所逐漸形成的理論或說法，繼有主政者之參考理論而擬定的政策與原則，再有主政者與民意機關之將政策與原則訂定為法規據以施行。人事行政亦為行政的一環，自亦不例外。因之，本書各章的敍述，大致亦循此一順序進行，即先簡介該章主題有關的理論與說法，而後列出政策與原則，再就現行法規作簡析，以期有脈絡可循，能前後一貫。如目前尚無法規可循，而政策與原則亦尚在形成中者，則提出建議以供主政者參考（如權利與義務、公務員基準與政務官法制）。

有關各章法規的簡析，除分別列出法規體系表外，凡根據法律法條所定內容的簡析，均敍明法律名稱及條次，以便查對；根據規章所定內容的簡析，則只敍明規章名稱不再列明條次。規章係解析法條之內容時，

則其簡析列於所依據的法條簡析之後；規章係基於法條之授權而訂定時，則該規章內容另立專項簡析之。

　　本書之成，雖前後經過四年，對法規之簡析雖儘量以現行（含最近修正）法規爲準，但因作者學識能力及資訊有限，難免仍有疏誤之處，還望各界先進不吝指正。又本書仍由三民書局允爲出版，特此再表感謝。

傅　肅　良

八十三年十月於臺北市

人事行政學

目　次

第一章 概 説

本概說包括人事行政的意義、人事行政的範圍、人事行政的發展、人事行政的同異，及人事行政的功能與今後趨向，茲分節敍述之。

第一節　人事行政的意義

人事行政究竟指什麼，可謂言人人殊，茲就與人事行政有關的著作名稱，國內學者、國外學者，及作者對人事行政的看法，分項說明之。

第一項　與人事行政有關的著作名稱

在與人事行政有關的著作中，有以人事行政名之者，有以人事制度名之者，有以人事管理名之者，有以企業人事管理名之者。著作名稱雖有不同，但其主要內容仍多有相似，僅所適用之組織及所敍述之重點有所不同而已。

壹、人事行政

係以研究與敍述政府機關的人事行政現象爲主，並兼及公營事業及公立學校的人事行政者。研究與敍述內容，除人事法規外尙包括未爲人事法規所規定而事實上存有的人事行政現象，故其範圍較人事制度略廣。

至敍述的方式則以按事項性質及處理程序區分章節，並從學術觀點敍述其理論、政策、主要法規內容，及執行時所用的技術方法與標準。

貳、人事制度

或稱考銓制度，係以研究與敍述政府機關公務人員所適用之人事法規制度為主者，因公營事業人員及公立學校人員亦為公務人員，故亦有將公營事業及公立學校所適用之人事法規制度包括在內。研究與敍述的內容以人事法規為依據，將各種人事法規按其實質內容、性質與處理程序先後，予以區分章節，並闡述各種規定的理由，以增進對人事法規制度的瞭解。

叁、人事管理

或稱人力資源管理，係以研究與敍述政府機關及事業機構（有時兼及公立學校）的人事管理現象為主者。政府機關的人事管理現象仍多以人事法規為依據，而事業機構的人事管理現象，雖仍訂有人事規章，但人事規章之內容常因事業性質而不同，民營事業的人事管理現象與公營者又有差別，故對人事管理現象的敍述，除參照政府機關及公營事業之人事法規外，更需根據人事管理的理論發展、現有的實務技術等，予以分析歸納後，再予區分章節敍述，故其範圍較人事制度略廣，與人事行政相當。

肆、企業人事管理

或稱企業人力資源管理，係以研究與敍述事業機構的人事管理現象為主者。研究與敍述內容，除公民營事業所經常適用之人事規章外，特別重視一般人事管理問題的分析與處理，其範圍較人事管理為狹。

第二項　國內外學者的看法

茲就目前出版之國內外人事行政（管理）學者之著作中，各舉出十種人事行政（管理）意義的說明，並略作比較如下：

壹、國內學者對人事行政（管理）意義的說明

㈠人事行政，就是一個機關或團體為完成其使命，對其工作人員作最適切最有效的選拔、使用、教養、維護、督察、考核時所需的知識、方法與實施；其目的在使人盡其才，即人的內在潛能最高發揮與利用，使事竟其功，即以最經濟的手段獲最大的效果❶。

㈡人事管理，是為研究一個機構在工作過程中，如何設計、監督、指揮與協調，期以合作精神、最少的人力，並以科學管理方法來處理一個組織內之一切人事活動，來實現該事業所規定的目的❷。

㈢人事管理，乃研究管理人之方法，以可見或不可見之力量，使機關或企業得按預定計畫達成目的之學❸。

㈣人事管理，是研究企業或公私機構中，人與人關係的調整、人與事的配合，以充分發揮效率的理論、方法、工具和技術❹。

㈤人事管理，乃企業機構為謀求組織之健全、人與事之配合、工作紀律維護、人際關係和諧、工作人員生活之照顧、員工潛能之發揮、精誠團結之一致，以期達到工作效率之提高、生產之增加❺。

---

❶見張金鑑著，《人事行政學》，第四頁，六十二年政大公企中心印行。
❷見王德馨著，《現代人事管理》，第二頁，六十九年三民書局發行。
❸見羅萬類著，《企業人事管理》，第十頁，六十一年商務印書館發行。
❹見鎮天錫著，《現代企業人事管理》，第二十七頁，六十六年自印。
❺見李華民著，《現代人事管理》，第二頁，六十七年中華書局印行。

(六)人事管理的對象是人與組織，人事管理的目的在提高行政效率、達成行政上的要求❻。

(七)人事行政，指政府機關或團體，為推行其工作，實現其目標，對其所需用的工作人員，依選賢任能之原則，從事有效之求才、用才、育才、留才之管理過程的系統理論、知識及技術、方法之實施❼。

(八)人事行政，是各機關組織之人力資源及管理員工行為之措施❽。

(九)企業人事管理，指謀求組織合理、制度健全，期用人符合志趣專長，業務獲得專才處理，能維護工作效率，調和人際關係，所制訂並奉行的規章、準則、方法、技能❾。

(十)人事行政，指政府機關為達成任務及目標，對人員的考試、任用、銓敘、考績、級俸、升遷、獎懲、撫卹、退休、養老、訓練、管理等行為與措施❿。

貳、國外學者對人事行政（管理）意義的說明

(一)人事行政，是對組織之人力資源的全部關切⓫。

(二)人事管理，是組織需用人力的徵募、遴選、晉升、發展、俸給、激勵及督導等之政策、方案、實務與程序⓬。

(三)人事管理，是各組織對需用人力的徵募、遴選、發展、運用及給

---

❻見趙其文著，《中國現行人事制度》，第二頁，六十一年自印。

❼見許濱松著，《人事行政》，第九頁，七十九年八月初版，行專用書。

❽見許南雄著，《人事行政》，第一頁，六十九年漢苑出版社印行。

❾見丁逸豪著，《企業人事管理》，第三頁，八十二年三月，五南書局印行。

❿見繆全吉等著，《人事行政》，第五、六頁，七十八年二月，空大用書。

⓫見 O. Glenn Stahl, *Public Personnel Administration,* p.16, 1978, 華泰書局。

⓬見Dale Yoder, *Personnel Management and Industrial Relations,* pp.27-28, 1970, 虹橋書局。

予便利⓭。

　　㈣人事管理，是處理人力獲得、發展、維持及運用等職能之計畫、組織、指導與管制⓮。

　　㈤人事管理，是指一機構工作人員之管理與運用的全部職能⓯。

　　㈥人事行政，是一種主管的管理責任，但亦是一種幕僚的職能；管理的責任是決定做什麼，幕僚的職能是建議如何做⓰。

　　㈦人事管理，是工作分析，需用人力之計畫、徵募與遴選、訓練與發展，薪資管理，提供激勵與福利，考績，諮商與懲處等之觀念與技術⓱。

　　㈧人事管理，是需用人員之獲得、發展，俸給、統整與維持的規劃、組織、指導與管制，其目的在求機關目標的有效達成⓲。

　　㈨人事行政，係指政府辦理公務時，選用並保存最有效能公務人員的各種程序和方法，及所施的有效管理與指導的制度⓳。

　　㈩人事行政，是新進人員的選拔與原有人員之運用的一種藝術，以

⓭見 Wendell French, *The Personnel Management Process,* p.1, 1974, Houghton Mifflin Co.

⓮見 Michael J. Jucius, *Personnel Management,* p.5, 1975, Richard D. Irwin, Inc.

⓯見 Dalton E. McFarland, *Personnel Management: Theory and Practice,* p.7, 1968, Michigan State University.

⓰見 Paul Pigors and Charles A. Myers, *Personnel Administration, A Point of View and a Method,* p.24, 1977, 華泰書局。

⓱見 Gary Dessler, *Personnel Management, Modern Concepts and Techniques,* pp.2-3, 1978, 華泰書局。

⓲見 Edwin B. Flippo, *Principles of Personnel Management,* p.vii, 1976, 美亞書局。

⓳見 W. F. Willoughby, *The Principle of Public Administration,* Johns Hopkins Press, p.221, 1927.

使機關人員工作的質與量達到最高的境界❷。

叁、各種意義說明的差異性

一、說明文字繁簡不同：有者只用了十數個字，有者較爲詳盡。

二、界說的重點不同：有者用「人力資源的全部關切」來涵蓋一切，有者採用人事項目列舉方式表明重點所在，但其列舉的詳簡又有不同。

三、人事行政（管理）的目的不一或不清：如國內學者所列之目的並不一致，而國外學者在人事行政（管理）意義的界說中，很少提到目的。

四、對「人事行政（管理）是什麼?」界說不一：有者認是政策、方案、實務與程序，有者認是計畫、組織、指導與管制，有者認是觀念與技術，有者認是一種藝術。

第三項　作者的看法

作者對本著作之名稱，以人事行政學名之，其研究及敍述對象，以政府機關、公立學校及公營事業機構人事行政之理論、政策及法規爲主，並按處理程序先後，區分章次，各章再按理論、政策及法規內容區分節與項。在此架構之下，說明人事行政學之意義並解析如下：

壹、人事行政學的意義

人事行政學，係各機關爲達成人盡其才、事竟其功目的，在設立組織體制、選用考訓人員、激發潛能意願、保障生活安定方面，所採取各

---

❷見 F. Nigro, *Public Personnel Administration,* Holt, Rinehart & Winston, p.36, 1959.

種措施之理論、政策、法規與技藝。

貳、對意義之解析

一、**人事行政學所稱各機關**：包括各級政府機關、公立學校、公營事業等。

二、**人事行政學所稱目的**：在求各機關公務人員的專長均能獲得發揮，做到人盡其才；各機關的業務均能順利完成，達到事竟其功。

三、**人事行政學所稱採取措施之四個方面**：指在(1)設立組織體制方面，(2)選用考訓人員方面，(3)激發潛能意願方面，及(4)保障生活安定方面。

四、**人事行政學所採措施內涵**：包括理論、政策與法規，而法規中又含有原則、程序、方法、技術與藝術。

第二節　人事行政的範圍

人事行政究應包括那些內容，常因對人事行政意義說明之不同而異，茲就國內外學者及作者就其著作內容比較分析說明之。

第一項　國內外學者著作內涵的比較分析

茲就國內外學者有關人事行政（管理）的著作各選十一種，就其列有專章討論之人事項目作比較並分析如下：

壹、國內學者著作人事項目名稱比較

人 事 項 目 名 稱	列有專章論述之著作數	占十一種著作之百分比
組織及編制	九	82%
組織設計	一	9%
職位分類	八	73%
工作分析評價	六	55%
人力計畫	三	28%
資格條件	一	9%
徵募	一	9%
考選	十一	100%
任免	八	73%
遷調	五	46%
服務	六	55%
工作時間	六	55%
考核考績	十一	100%
獎懲	六	55%
訓練進修	十一	100%
員工心理與激發意願潛能	七	64%
溝通參與及態度士氣	二	19%
勞資關係	七	64%
薪給	十一	100%
獎勵薪資	七	64%
保險	六	55%
勞工安全衛生	六	55%
退休	六	55%
撫卹	六	55%
福利	八	73%
人事資料與人事行政資訊化	二	19%
人事機構及人員	七	64%

貳、國外學者著作人事項目名稱比較

人　事　項　目　名　稱	列有專章論述之著作數	占十一種著作之百分比
組織設計、組織發展、組織變更	八	73%
職位分類	二	19%
工作分析與資格條件	六	55%
人力計畫與人力管理	八	73%
人力資源與人力徵募	六	55%
考選	十	91%
任免與遷調	六	55%
殘障等特殊人員的選用	三	28%
行為與懲處	六	55%
工作時間與假期	一	9%
考績	九	82%
申訴	三	28%
教育與訓練	十	91%
人力發展	十	91%
員工心理與激發意願潛能	八	73%
溝通參與及態度士氣	六	55%
勞資關係	十	91%
工作評價與薪資	十一	100%
獎勵薪資	六	55%
職業安全與衛生	七	64%
退休、撫卹、福利	十	91%
人事機構	八	73%
人事管理發展與展望	七	64%

叁、人事項目名稱分析

　　以上各種著作對重要人事項目的出現頻次頗有不同，在國內著作方面，出現頻次在六次以上者，計有組織及編制、職位分類、工作分析評價、考選、任免、服務、工作時間、考核考績、獎懲、訓練進修、員工

心理與激發意願潛能、勞資關係、薪給、獎勵薪資、保險、勞工安全衛生、退休、撫卹、福利、人事機構及人員等二十個項目；在國外著作方面，出現六次以上者，計有組織設計組織發展與組織變更、工作分析與資格條件、人力計畫與人力管理、人力資源與人力徵募、考選、任免與遷調、行為與懲處、考績、教育與訓練、人力發展、員工心理與激發意願潛能、溝通參與及態度士氣、勞資關係、工作評價與薪資、獎勵薪資、職業安全與衛生、退休撫卹與福利、人事機構、人事管理發展與展望等十九個項目。國內外著作對出現頻次高的項目，大部分均屬相同或相當，小部分則因國情之不同而異。

第二項　作者人事行政學的人事項目

本《人事行政學》，係作者參考一般人事行政學者著作及我國現有人事法制，將應行包括之人事項目，除第一章概說外，可歸納為下列五方面：

壹、設立組織體制方面

包括：

一、人事行政權的歸屬與職權範圍：含人事行政權的歸屬理論、一般國家人事行政權概況、我國人事行政權的特色等。

二、機關組織：含組織的理論、設計組織的政策與原則、機關組織的法制化等。

三、人事體制：含人事體制的理論、人事體制的政策與原則、人事體制法規簡析等。

貳、選用考訓人員方面

包括：

一、**考試**：含考試的理論、考試的政策與原則、公務人員考試法規、專門職業及技術人員考試法規、公職候選人檢覈法規簡析等。

二、**任免與銓敍**：含任免與銓敍的理論、任免與銓敍的政策與原則、一般及特種任用法規、銓敍法規簡析等。

三、**權利與義務**：含權利與義務的理論、公務員權利與義務的政策與原則及建議、公務員權利與義務法規簡析等。

四、**升遷**：含升遷的理論、升遷的政策與原則，及升遷法規簡析等。

五、**考績**：含考績的理論、考績的政策與原則、一般及特種考績法規簡析等。

六、**訓練與進修**：含訓練與進修的理論、訓練與進修的政策與原則、訓練的法規、進修的法規簡析等。

叁、激發潛能意願方面

包括：

一、**褒獎與懲處**：含褒獎與懲處的理論、褒獎與懲處的政策與原則、褒獎法規、懲處法規簡析等。

二、**提高意願與發揮潛能**：含提高意願與發揮潛能的理論、提高意願與發揮潛能的政策與原則、有關法規及應有措施簡析等。

肆、保障生活安定方面

包括：

一、**俸給與福利**：含俸給與福利的理論、俸給與福利的政策與原則、一般及特種俸給法規、福利法規簡析等。

二、保障與保險：含保障與保險的理論、保障與保險的政策與原則、保障法規、保險法規簡析等。

三、撫卹與退休：含撫卹與退休的理論、撫卹與退休的政策與原則、一般及特種撫卹法規、退休法規簡析等。

伍、其他方面

包括：

一、人事資料與人事行政資訊化：含人事資料與人事行政資訊化的理論、政策與原則，及法規簡析等。

二、公務員基準與政務官法制：含制定公務員法與政務官法的理論、公務員法簡介及建議、政務官法制簡析及建議等。

第三節　人事行政的發展

從時間觀點看，人事行政是在不斷的演進與發展的，在整個發展過程中，大致可區分為三個階段，但此三個階段有其延續與重疊的關係。茲分項說明之。

第一項　傳統的人事行政

傳統的人事行政，自 1900 年前後，漸漸顯示出其特性，在此期間又可區分為前期與後期，以下列舉之主要特徵，壹、貳、叁、肆屬於前期，伍、陸、柒、捌屬於後期。

壹、年資受到特別重視

一、年資是加薪的依據：當員工初任時固需考慮所任工作與所具資格而核定薪給，但自任職後則多隨年資而加薪；以為年資久者則學識經驗更為豐富。

二、年資亦是晉升職務的依據：員工職務的晉升多隨年資之久暫而定其先後順序，以期人事安定，但改革創新與工作績效，難免因未被重視而受到影響。

貳、以法規為管理依據

一、人事行政法規化：一切人事行政均以法規為依據，法規未有規定者，需先尋求法規之制訂而後再依法規處理。

二、法規多而細密：人事行政法規不但為數多，且內容亦甚細密，致缺少彈性。

叁、重視形式嚴格防弊

一、重視程序規定：對人事業務之處理，特別重視程序，如程序上有所欠缺，即會影響到處事的效力。

二、重視形式要件：處理人事業務，如缺乏形式要件即不能發生效力，此種形式要件又多以書面文件為代表，致發生偽造文件等情事。

三、防弊重於興利：有關人事規定，在本質上以防止徇私舞弊者多，啓發員工積極作為者少，致影響效率，績效不彰。

四、重處罰少獎勵：有關人事獎懲規定，在作用上以屬於懲罰性者多，屬於獎勵性者少，致員工不願與不敢做事。

五、多限制少激勵：對員工的行為，多以法規加以嚴格的限制，使員工有動輒得咎之感；復由於缺少激勵的措施，使員工多趨於被動而少

主動。

肆、因襲保守消極浪費

一、處事依成規：處理業務多按成規，即使社會、經濟等條件有變化，亦多以不變應萬變，致辦事難獲良好效果。

二、缺少積極進取：對工作缺乏積極進取精神，能自動發掘問題並解決問題的甚為少見，更談不上研究發展、精益求精、日新月異。

三、多一事不如少一事：人事管理工作越少越好，對重大的事儘量作小事辦，緊急的事留著緩辦，對工作不求有功只求無過。

四、處事缺少計畫：處事缺少事先的周密計畫，致在處理過程中發生問題；即使訂有計畫者，亦多是應急就章，難以按照實施；處事過程中，人力未作有效調派，致人力浪費甚為常見。

伍、對組織設計有明確的原則

一、區分單位的原則：即組織內部單位的區分，需根據業務性質(凡性質或專業相同或相近之業務，設置一個單位主管)，產品種類(凡生產同一或相似產品之各種生產過程，設置一個單位主管)，工作程序(在處理過程中屬於同一程序的工作，設置一個單位主管)，人員對象(根據員工人數或提供服務之對象相同者，設置一個單位主管)，或地區大小(凡管轄地區達某一定之範圍者,設置一個單位主管),決定應予設置之單位。

二、區分層次的原則：即組織內部的層次，需根據管制幅度而定，如主管對所屬員工之管制幅度過大，致無法作有效的監督時，立即在該主管與員工之間增加一個層次；如主管對所屬員工之管制幅度過小，致對監督易於過度時，立即取消該主管與員工間之層次。

三、定型組織的原則：即組織均呈金字塔型，層次愈高員額愈少，層次愈低員額愈多；對各層次及各單位的員額多作剛性規定；同時組織

的架構（包括單位與層次的區分）及員額，均在組織法規中訂定。故組織型態穩定，人事安定；各單位的職掌，各層次的權責，及各員工的工作指派，均有較爲明確的規定。

陸、重視機械性的效率

一、減少人力時間的浪費：爲減少浪費，先後採用工作簡化、動作經濟化等技術，儘量求工作方法的簡單化，及員工身體各部軀動作的經濟化，以求節省不必要人力、時間的浪費。

二、建立工作考核標準：主管對所屬員工在工作上應行達到之要求，用書面予以規定，並作爲考核及衡量屬員工作績效的依據。

三、設立工作評價標準：規定一套程序與方法，用以評定員工工作之難易程度及對機關貢獻價值高低，並根據評價結果訂定員工應具資格標準及應支薪給高低。

柒、改變薪給制度

一、計時薪給：按工作時間之長短給予薪給，並有年薪給、月薪給、週薪給、日薪給之分。

二、計件薪給：根據所完成的工作件數，決定應支薪給。

三、職責薪給：根據處理工作所需學識技能、工作繁簡難易程度，訂定應支薪給。

四、獎勵薪給：根據工作效率之高低，分別規定應支之薪給等。

捌、建立人事管理原則

一、講求訓練：舉辦員工訓練必須講求科學方法、準備有效資料、對員工給予敎導，管理者需與員工衷心合作以增進工作效率。

二、獎懲原則：懲處措施必須公正，而獎勵則需根據效率。

三、**加強福利**：加強員工福利爲提高員工士氣所必需，而提高士氣則有助於工作效率之增進。

第二項　人性的人事行政

由於傳統的人事行政只重視法制與管理技術，偏向對事的管理，只看到機械性的效率；將員工看作事的配屬，疏忽了員工的心願，致不一定能眞正的提高效率；同時人由於物質生活的滿足、知識水準的提高，追求目標逐漸轉向精神生活的需求；管理者深深感到員工心態在管理上的重要，因而行爲科學受到管理者與學者的重視，人事行政亦開始向人性管理發展。人性的人事行政，其主要特性爲：

壹、開拓人事行政領域

一、**由人的事務到人的行爲**：以往人事行政多以人的事務爲範圍，如員工的遴選與遷調、員工的待遇，及舉辦員工考績、退休、撫卹等；自行爲科學興起後，人事行政的範圍，擴大到員工行爲的動機、行爲的目的之研究，以期採取有效措施來激勵員工表現出對工作的熱忱，發揮高度的責任心與榮譽感。

二、**由人事法規到人事心理**：以往人事行政工作多以法規規定，且標準多屬一致，共同適用，故人事法規是人事行政的基本，一個熟悉人事法規的人就是一個良好的人事行政工作者。自行爲科學興起後，人事行政已轉向至對員工心態的研究，以期瞭解員工心理、激發工作意願、發揮員工潛能，使員工能樂意的把工作做好。

貳、由靜態的管理到動態的管理

一、**靜態的管理**：以往認爲人事行政需重制度，而制度又需穩定以

求人事安定；對管理措施需嚴定標準，並需適用至所有員工，如此雖可達到公平一致，但卻難以適應員工的個別需要。

二、**動態的管理**：乃是講求有效運用的管理，法規本身是死的，法規本身並不能解決問題，而需由人作靈活而有效的運用始能解決問題；爲人事行政對象的員工極爲複雜，爲適應此種情況，法規必需具有彈性，並盡可能賦予管理者以自由裁量權限，以期在適度範圍內能適應員工的個別差異。

叁、由資格行爲的限定到意願潛能的激發

一、**資格行爲的限定**：以往人事行政對擔任各種職務的員工，均規定其應行具備之有形的資格，而資格內容又注重形式上的學歷與經歷，而對工作熱忱、能力等無形的條件，則未予應有的重視，亦不認爲是擔任職務的基本條件。對員工的行爲規範，多從消極的觀點作限制性的規定，此種限制性的規定具有促使員工的不作爲。

二、**意願潛能的激發**：工作意願是員工對工作的意志與願望，潛能是指個人將來如經學習或訓練，可能發展出之能力的最大量。員工的工作意願與潛能需待他人的激發，而激發之方法，在先瞭解員工的需要，而後使員工的需要與工作相結合，進而鼓勵員工透過工作的執行來尋求需要的滿足，此爲行爲科學家所特別重視者。

肆、由成果、效率到滿足

一、**成果與效率**：傳統的人事行政，只求員工對工作有成果，對工作有效率；但均未涉及員工在工作上的心願。

二、**員工對工作的滿足**：行爲科學所追求的，不僅要員工樂意的工作，把工作看作是一種享受，更要使員工對工作的成就感到滿足；同時管理當局應重視員工個人的願望，並協助員工使其願望獲致適度的實現，

只有如此，員工才會向組織提供更多的貢獻。

第三項　系統權變的人事行政

由於人性的人事行政過於重視人際關係在管理上的重要性，以為只要人際關係一經改善，則管理問題均可迎刃而解，其情形正與傳統的人事行政之過於重視管理技術同樣的發生了偏差。管理問題之數量在不斷增加，涉及管理問題的因素亦趨錯綜複雜，問題的變化速度亦在加快，而對解決問題的要求亦在不斷提高（如解決問題要有結果、有效率、要使當事人感到滿意），此種要求已非單憑管理人員的智慧經驗所能為力。因而系統權變的理論及管理科技乃應運而生，人事行政亦因而發展到系統權變的階段。此一階段之主要特性為：

壹、人事行政領域的再擴大

一、由人事行政本身到社會環境：以往人事行政的研究範圍多限於人事業務本身，故研究的範圍是有限的、封閉的、與外界脫節的，致人事問題難作妥善的解決。根據系統理論，認為人事行政工作與社會環境有密切關係，欲真正解決人事問題，必須同時考慮與人事問題有關的其他因素。

二、由穩定的到經常調整的：以往對人事工作常被看作是靜態的、孤立的，因此人事制度需求穩定，以不變的制度來應付環境的變動；自權變理論產生後，認為人事行政會影響及其他因素，而其他因素亦更會影響人事行政，由於其他因素係在經常的變動，因而處理人事工作的程序與方法(甚至原則)，亦需作經常的修正與適應，故人事工作不是穩定的而是需經常調整的。

貳、開放的與彈性的組織

一、組織不能孤立：組織是社會系統的一部分，與社會系統結合在一起，並與社會系統具有規律的交互作用與相互依賴作用，故組織不再是封閉的而是開放的。

二、組織需適應環境：所謂環境，包括政治、經濟、文化、人力、技術等因素，此種環境因素不但是多變的，且對組織發生有影響，故組織為求生存，自需對多變的環境謀求適應。

三、組織需保持彈性：所謂組織的彈性，包括組織目標及組織架構的彈性，如組織的目標要能根據情勢需要而調整，組織內部單位區分、職掌劃分及員額編制等，需能隨同目標的調整而不斷予以修正。此種組織的開放，對環境的適應與需保持高度彈性的觀念，與傳統的、行為科學的人事行政階段，已有大的轉變。

叁、人事行政需權變運用

一、人事法規需求彈性：人事法規在實質上及程序上均應保持彈性，處理人事之原則與標準，亦應保持彈性以適應各種不同情況的需要。如任用資格雖為實質的規定，但遇及無法依正常任用資格羅致人員時，應允許作降低資格的臨時任用；對原定薪給難以留住原有人員時，應給予薪資以外的加給或津貼。再如處理人事的程序，亦不宜嚴格規定，以便在不同情況下可適用不同的程序，如考選程序的彈性，將有助於員工的遴選。

二、人事運用需求制宜：所謂制宜，包括因事制宜以求對事的適應，因地制宜以求對地區特性的適應，因時制宜以求對特殊時機的適應，因人制宜以求對人在環境、背景、動機、願望上個別差異的適應。

肆、管理科技在人事行政上的應用

一、從質到量：以往處理人事問題，多只從質的觀點考慮，並憑管理人員智慧與經驗下判斷，致忽略了量的一面，使所下判斷較爲主觀。管理科技不但重視量，且要運用量的計算，亦即根據計量所得的數據作爲決策的憑依，以避免管理人員的成見；所作成的決策亦要求以量的事實來表達，以期考核決策之成效時既客觀又確實。

二、建立程式：對人事問題的處理，可先建立程式而後再依程式進行，而建立程式的程序，則先考慮問題的變數（即會影響及問題的各種因素），再瞭解各變數與問題的關係（如那些變數可使問題趨於嚴重，那些變數可使問題趨於單純），而後再根據各種相互關係以數學公式表示，此種數學公式即稱爲程式。

三、應用電腦：電腦的第一特點爲能作快速的計算與可靠的計算（只要程式正確，計算結果一定正確），第二特點能將龐大的資料存儲於體積小的磁盤中，第三特點能從存儲的資料中迅速找出所需的資料。電腦的發明與運用，使人事行政又帶到一個新的境界。

第四項　發展階段的區分與延續

人事行政的發展，從時間上看雖可區分爲傳統的、人性的、系統權變的三個階段，但此三個階段的起迄時間極爲模糊不清，且每個階段的人事行政特性中，如有被認爲係屬優點者，則會在下個階段中被延續的應用，故在同一時間內，可能並存有若干不同階段的人事行政特性，其情形如下圖所示並說明於後。

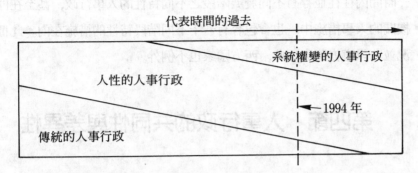

在一九九四年時，仍保有少數傳統人事行政的特徵，但會漸減少，而系統權變的人事行政特徵在不斷擴大。

壹、各發展階段的開始時間

如勉強要劃出一個開始時間，則大致為 1900 年前後為傳統的人事行政盛行期間；1930 年以後，人性的人事行政開始發展；1960 年以後，系統權變的人事行政逐漸流行。

貳、各發展階段並無一定的終止時間

傳統的人事行政雖流行於人性的人事行政之前，但並非謂人性的人事行政盛行後傳統的人事行政則完全被摒棄而終止；而事實上部分傳統的人事行政措施，在人性的人事行政階段仍被保留。同樣的，系統權變的人事行政流行後，人性的人事行政仍受到重視。故各階段的人事行政雖勉可指出開始的時間，但卻無法認定其終止的時間。不僅人事行政是如此，其他學科甚至整個文化的發展亦是如此。

叁、同一時間並存有若干不同階段的人事行政特性

因各階段的發展是延續的，前後階段的存續時間是重疊的，故在同

一時間內往往並存有不同發展階段之不同特性的人事行政，甚至在同一機關的人事措施中，也會包容有若干不同階段特性的措施在內。此種情況並非只東方國家如此，西方國家也不例外。

第四節　人事行政的共同性與差異性

從空間觀點看，各國及同一國家之各機關的人事行政，存有共同性的一面，亦存有差異性的一面。茲就人事行政的共同性，及人事行政的差異性，簡述如後。

第一項　人事行政目標與政策的共同性

人事行政雖因國情之不同而異，即使在同一國家，人事行政亦常因組織特性的不同而有差異，但人事行政仍有其共同性的一面，而此種共同性多為偏於人事行政之目標及如何達成目標之政策方面。

壹、人事行政目標的共同性

不論人事行政如何設計，但其最終目標仍不外人盡其才、事竟其功。所謂人盡其才，指各組織成員的學識、經驗、技能及能力，均能在職務工作上獲得充分的發揮；事竟其功，指各組織的業務，經由組織成員的努力，而獲得完滿的成功。

貳、設立組織體制政策的共同性

以人事行政權言，應明定人事行政權的歸屬，及人事行政的職權範圍，各機關人事單位的地位與隸屬關係，以利人事行政的運行。以機關

組織言，爲完成任務與達成目標，須先有組織的設計而後依組織用人，經由所用之人來完成任務與達成目標；在設計一個機關的組織時，在政策上需配合法制（即訂定組織法規）、講求效率、符合人性（使成員願意在本組織任職），及保持彈性（以適應多變的社會環境）等。以人事體制言，如人事行政須在一定的軌道上運行，對設立運行人事行政的軌道(即人事體制)時，在政策上一方面須區分業務性質（即區分職系），另一方面須區分業務的職責程度(即區分職等)，此種縱的性質區分與橫的程度區分相交錯後，即成爲一種架構。而後再將各組織的職務，依其所任業務的性質與程度，列入架構中適當的位置，並據以辦理人員考選、任免、敍俸、考核等業務。

叁、選用考訓人員政策的共同性

如以考選言，各組織進用人員需經由考選，以期能羅致到優秀人員；考選人員需按擬任職務之性質、職責程度，及擔任職務所需知能條件，區分考試等別、考試類科及應試科目等。以任免言，如各組織初任人員須經由考試及格，並經試用，而任用資格需經銓敍機關審定；原有人員之晉升，需經考試及格或考績成績優異；原有人員之調派，應有範圍上之限制；原有人員之降調，須有其必要並經本人同意。以權利義務言，如賦予現職人員可享有之權利，課以現職人員應盡之義務，並求權利與義務的對等。以考績言，如管理者對所屬人員之工作及言行情形，應有平時考核與年終考績；考績須經一定程序，考績結果應依其成績高低區分等次，並依考績等次分別獎懲；考績成績低劣需受免職處分者，應給予申請覆審機會。以訓練進修言，如訓練進修應爲培養人才及業務需要而舉辦，訓練進修應與人員職務升遷調派等相配合。

肆、激發潛能意願政策的共同性

如以褒獎言，應依據事功褒獎，褒獎方式應予多樣化，並配合受褒獎者願望選擇適當褒獎方式予以獎勵等。以懲處言，如依違法失職事實，認定其應負何種責任，再根據責任大小並參酌違失當事人之情況，給與適當懲處等。以提高意願及發揮潛能言，了解員工需要並滿足其物質生活，以消除不滿心理，繼而滿足其精神生活，以提高工作意願，進而協助其自我實現，以發揮工作潛能等。

伍、維護生活安定政策的共同性

以俸給福利言，如依職務職責程度定俸等，依所具資歷敘俸級，依績效晉俸級，依工作特性給與加給，依生活需要給與津貼，舉辦集體性福利及配合客觀經濟因素維持適度俸給水準等。以保障與保險言，如保障依法執行職務，分定保障之嚴寬程度，保障職務，保障既敘俸級，保障免受委屈，建立申訴管道等；如設定適度的保險項目，明定保險費率及分擔標準，訂定保險財務盈虧之處理策略，明定主管、承保，及監理機關及其權責等。以撫卹言，如依年資及俸給核計撫卹金，撫卹金領取方式作多種設計，規定遺族範圍及領受順序，明定撫卹金經費來源等。以退休言，如明定退休種類及條件，依年資及俸給核計退休金，領取退休金方式應作多種設計，明定退休金經費來源等。

第二項　人事行政原則、程序與方法的差異性

人事行政之目標及達成目標之政策，固有其共同性，但為推行政策所訂定的原則，及為實施原則所規定的程序與方法，則視各組織的特性、所在地區及各種主客觀情況的變動，而需隨時調整以求適應，故有關人

事行政的原則、程序與方法，有其差異性。

壹、設立組織體制方面

茲以設計機關組織之「設立組織架構」政策為例，其原則、程序與方法之差異性如下：

一、規定組織任務與職權：此為推行「設立組織架構」政策的原則，但如何規定組織任務與職權，則因組織地位、設立組織的需要等而有差異，有者對組織任務採綜合性的規定，有者採逐項列舉的規定；在職權方面，有者只屬研擬及建議的職權，有者具有決定的職權等。

二、區分組織內部單位及訂定職掌：此亦為「設立組織架構」的原則，但組織內部需設多少單位，及各單位之職掌區分，則完全視組織任務的繁簡、組織任務性質的異同、組織規模的大小等情況之不同而定。

貳、選用考訓人員方面

茲以考選人員之「區分考試等別」政策為例，其原則、程序與方法之差異性如下：

一、依擬任職務職等區分考試等別：此為推行「區分考試等別」政策之原則，但在舉行考試時究應區分幾個等別，則需視各機關出缺職務之多寡及其職等情形而定，如出缺職務均屬同一職等(如第三職等)，則只舉辦普通考試一個等別即可，如為適應特殊需要，可舉辦特種考試丙等考試；又如出缺職務分屬第六職等、第三職等及第一職等，則可區分為特種考試之乙等、丙等、丁等之三個等別的考試。

二、依應考資格高低區分考試等別：此亦為「區分考試等別」政策之原則，此對性質特殊而其職務並無職等區分之組織，舉行考試用人時可適用之。如研究機構，設有研究員職務，其俸級幅度很大，而俸給之核敍主要依擬任人員資歷而定，此種職務出缺如需考試用人時，則可按

應考資格高低區分考試等別，如按研究所博士、碩士及大學畢業之學士水準，區分爲三個等別。對具有博士學位應考等別及格者，敍高級俸；具有碩士學位應考等別及格者，敍中級俸；具有學士學位應考等別及格者，敍初級俸。

叁、激發潛能意願方面

茲以「求自我實現以發揮潛能」政策爲例，其原則、程序與方法之差異性如下：

一、擴大工作範圍：爲「求自我實現以發揮潛能」政策之原則，但對工作人員所擔任之工作，其範圍應如何擴大，則需視各機關之業務實況、工作人員的才能情況之不同而異。如業務性質均屬相似、工作人員的才能亦屬優異時，則工作範圍可在工作人員所能負荷之情況下，儘量予以擴大，使工作人員之潛能獲得充分發揮的機會；如業務性質各有不同、工作人員的才能亦較爲平常時，則工作範圍之擴大應審愼爲之。

二、建立職務升遷：亦爲「求自我實現以發揮潛能」政策的原則，但職務升遷應如何建立，則需視機關組織、員額編制、職務列等、業務特性等因素而定。如機關組織龐大、員額編制衆多、職務列等呈現出階梯式的不等，業務性質包括行政及技術兩大類時，則可從衆多之行政及技術職務中，選出部分代表性的職務，再依此些代表性之職務，視其列等之高低，分別建立起行政職務及技術職務之職務升遷途徑，以爲辦理人員升遷的依據；如機關組織簡單，員額編制少，職務列等均集中在某一或二個職等，業務性質亦極爲單純，則在本機關內並無建立職務升遷途徑之必要，而宜將本機關之職務併入上級機關之職務中，建立職務升遷之途徑。

肆、維護生活安定方面

茲以俸給「依職務職責定俸等」政策為例，其原則、程序與方法之差異性如下：

一、俸等依職等規定：此為推行「依職務職責區分職等」政策之原則。由於俸等需依職等規定，故職等數就是俸等數，但職等數係人事體制的一部分，如機關所適用之人事體制不同，則職等數常有不同，因而俸等數亦不同。即使在同一機關，遇及所適用之人事體制有所改變或修正時，則俸等亦需隨著改變或修正等。

二、俸等內區分本俸及年功俸：此亦為「依職務職責區分職等」之原則，但每一俸等內需否同時設置本俸及年功俸或只設本俸即可，需視對現職人員晉升之機會多寡及對人員久任之需要性而定；再本俸及年功俸需各設多少級，各俸等所設的本俸及年功俸級數需否相同，亦需視機關主客觀情況之不同而異等。

第五節　人事行政的功能與今後趨向

人事行政雖有其目標、政策、原則、程序與方法，但其最終目的則在發揮人事行政應有的功能。又人事行政固然是由傳統的、人性的、系統權變的發展而來，但發展過程絕不會即此終止，今後尚會繼續的發展下去。

第一項　人事行政的功能

大凡言之，人事行政的功能可分下列兩方面：

壹、對組織方面

　　一、推展業務：各組織的人事行政，通常以遴選優秀員工為起點，而遴選員工之目的，就在任以職務推行業務。

　　二、增進效率：效率，需在人與事適當配合之前提下，方能增進；人際關係的和諧，及根據業務需要與員工專長的遷調，正為增進效率所必須。

　　三、達成目標：各組織均有其目標，此種目標雖經由各業務單位來達成，但必須透過人事行政的配合，故人事行政乃是達成組織目標所不可缺少的配合措施。

貳、對員工方面

　　一、安定生活：員工必須先安定其生活，不使其為生活而憂慮，而後始能全心全力貢獻知能，為各組織服務；人事行政中之俸給與福利、保障與保險、撫卹與退休等措施，無一不為安定員工生活而採取，故安定員工生活為重要功能之一。

　　二、激勵工作：員工的工作興趣，必須予以有效的激勵，使其一方面能提高工作意願，一方面樂意在工作上發揮潛能，並改善態度提高士氣，為組織貢獻心智；人事行政中之各種獎勵，員工心理的研究與激勵、溝通參與及態度士氣等措施，即為激勵工作而設。

　　三、開拓前途：每一員工均有其願望與抱負，均希望自己有光明的前途，而此種願望、抱負與前途，只憑員工一己之力將無法實現，組織需採取適當措施協助員工，使其在此方面獲得適度的滿足；人事行政中之訓練進修、升遷制度的建立，正是為開拓員工前途而設。

　　以上對組織及員工方面的各種功能，在發揮的順序及程度上各有不同，如對組織之推展業務、增進效率、達成目標而言，應以推展業務為

起點，達成目標爲終點；推展業務是最起碼的功能，而達成目標是理想的功能。對員工的各種功能情形亦屬如此。

第二項　人事行政的今後趨向

人事行政是在不斷發展的，自傳統的人事行政至現今的人事行政，在發展的過程中已經歷有若干的轉變；同樣的現今的人事行政往後還會繼續的發展，然則今後發展的趨向又將如何，此乃值得作一思考的。大致而言，人事行政的今後發展趨向，將有下列各種：

壹、制度化與專業化

一、人事行政工作，內容由簡而繁，形式由不成文而成文，範圍由不完整而完整：人事行政工作雖有悠久歷史，但從其發展經過看，內容上是由簡而繁，範圍上是由不完整而完整，人事行政的問題是由少而多。再人事行政各種措施，最初多由首長或主管逕行決定，及內容趨繁、範圍擴大後，其處理已非首長或主管憑主觀所能決定，乃逐漸以成文的制度來替代個人的臆斷。此種發展的趨向仍在繼續中。

二、人事行政工作由普通而專業，人事行政人員由通才而專才：人事行政工作甚爲簡單時期，只屬一般性的工作，處理工作所需知能亦只屬一般性的知能；及人事行政日趨繁複後，工作性質與處理時所需知能，乃日趨專業化，人事行政工作本身已自成一套理論與程序，在處理時亦需運用一套專門的學識技能。在人事行政工作未走向專業化之前，原屬一般性工作，因而人事人員亦被視爲普通行政人員，凡具有普通知能者即能擔任人事工作；自人事行政日趨專業化後，其工作必須具有人事行政專門知能者始能擔任，故人事人員已逐漸成爲專才而非通才。

貳、科學化與標準化

一、為講求效率，使人事行政工作日趨科學化：講求效率，為各組織推行業務時之一致要求，人事行政為配合各業務單位之活動，自亦需講求效率，效率與科學含有不可分的關係，如人事資料之應用電腦處理、工作簡化的推行，均屬科學化的事例；當新的人事行政方案設計完成時，先舉行實驗、試辦、檢討改進，而後再全面實施等作法，亦屬科學方法的應用；再如對員工資歷的審評、職位職責的評定等，改用數量來代替以往的主觀判斷，亦屬人事工作科學化的實例。凡此，均可說明部分人事行政工作已走向科學化的事實。

二、建立客觀人事標準，作為處理人事工作之依據：主觀的人事行政，係對人事問題的處理多憑主觀的判斷，其優點為彈性大，其缺點為易引起不公，尤以人事行政工作日趨複雜時，則其處理更為困難，偏失亦將更大；客觀的人事行政，係對人事問題的處理，多憑一定的規定，前後一致，公平而不偏差，當人事行政工作日趨複雜時更有其需要。但以法令規定來代替主觀判斷，仍感到有時而窮，因而某些部分人事工作有研訂更具體標準的必要，如職位設置標準、工作標準、職責程度評定標準等，用此種標準作為衡量的準繩，使人事工作更為客觀而確實。

叁、公開化與民主化

一、人事行政工作由祕密而公開：祕密的人事行政容易發生偏私，且將引起他人不滿，為期杜絕偏私與獲得員工的信賴與支持，實有予以適度公開之必要。如各組織員工的進用，多採公開競爭考試方式，以期羅致最優秀者任職；員工的升遷及獎懲，多設有評議委員會先予評議，而後提出建議報請上級核定；再如考試及格人員或師範畢業生之分發就業，亦多採公開作業方式。凡此，均屬人事行政工作公開化的事證。

二、人事行政工作由個人決定到集思廣益，再由集思廣益到共同參與：人事工作原多由組織首長個人決定，但因人事行政工作的對象是人，而各人對人事問題的看法亦頗有不同，如均憑個人決定及處理，實難以周密，乃有逐漸向員工徵求意見以作決定時參考之情事。但員工由於知識水準之提高，對人事問題逐漸瞭解，如仍限於只提供參考意見，已難以滿足員工的願望，因而乃又逐漸走向共同參與的作法；所謂共同參與，係指員工具有決定權而非只提供建議備參考而已，目前如各機關考績委員會之委員，其中部分係由公務人員推選產生，共同參與考績之初核；又如員工福利事項，通常組織員工福利委員會負責，而福利委員會之委員則由員工推選，此亦為人事行政工作走向民主化的實例。

肆、人性化與彈性化

一、人事行政工作需求人性化：人事行政是對人的管理，人是萬物之靈，具有思想、願望與抱負，因而對員工的管理亦有異於對事的管理。人固然有物質生活的需求，但絕不以物質生活的需求為限，當物質生活需求獲得適度滿足後，多會產生了高一層次的精神生活的需求；再人各具有個別差異，對同一事物的態度、看法，常因人的不同而異。人事行政工作欲獲得員工的衷心支持，則對員工此方面的情況需有深入瞭解，並採取適當措施，使員工在此方面的願望能獲得適度的滿足，此即屬人性的人事行政。如對優秀員工的獎勵採各種方式作不同的運用，在工作上不但要求員工工作有成果有效率，更使員工獲得心理的滿足，此乃人事行政走向人性化的象徵。

二、有關人事行政的規定，由嚴密趨向彈性：嚴密的人事法令規定與統一的使用，固可使人事行政工作趨於公平，但卻不能適應各機關及員工的個別情況，致常有扞格難行之情事。再人事行政需與社會環境相

配合，而社會環境係在不斷的改變，因而人事行政措施須保持較大的彈性，以便隨時配合社會環境的變動，作必要的調整，以求適應。

第二章 人事行政權的歸屬與職權範圍

古今中外國家，均有人事行政權的行使，但人事行政權的歸屬、人事行政機關的組織與職權範圍，則多有不同。茲就人事行政權的歸屬理論、一般國家人事行政權的概況、我國人事行政權的特色，分節敍述之。

第一節　人事行政權的歸屬理論

對人事行政權的歸屬，大致有三種不同看法，茲分項簡述之。

第一項　人事行政權歸屬行政權說

政府行使的權力，如作最廣泛的區分，大致有下列三種：

壹、立法權

即制訂國家法律之權力。在民主國家，國家的法律均由人民選舉產生之代表所組成的國會來制定，因此國家法律是民意的表現，如民意隨著社會的變遷有所轉變時，則國家的法律亦會由國會作適當的修正，以符合民意的要求。

貳、司法權

即依據法律保護人民權益之權力。在民主國家，當人民的自由權利遭受他人侵害，或人民與人民間的利益發生衝突時，需由司法機關依據國家法律作最後的判定，以保護人民的權益。

叁、行政權

國家所行使的權力，除立法權及司法權外，其他權力均爲屬於行政權，故在範圍上言，行使權力的範圍是最廣泛的。各機關的用人權力，既不是立法權，亦不是司法權，自當歸屬於行政權。

凡將政府權力劃分爲立法權、司法權與行政權三個權力的國家，人事行政權大都歸屬於行政權。依此種理論而設立的人事行政主管機關，多屬於部內制的組織。

第二項　人事行政權應不受干擾說

此種說法的要點如下：

壹、在形式上仍將人事行政權歸屬於行政權

認爲政府所行使的權力，仍採三分法，即立法權由國會行使，司法權由司法機關行使，行政權由行政機關行使，而人事行政權仍屬於行政權的範圍，故仍由行政機關行使。

貳、在實質上人事行政權應不受其他行政機關的干擾

政府爲行使行政權，各級行政機關間特別講求指揮監督關係，故下級行政機關需服從上級行政機關的指示；各同級行政機關相互間，特別

講求聯繫協調、相互配合關係，以期達到行政一體。但因人事行政權涉及考試、用人，容易受到關說請託等人情困擾而喪失其公正性，爲避免發生此種弊端，故強調行使人事行政權的機關，應不受其他行政機關(尤其是上級行政機關) 的干擾。

依此種理論所設立的人事行政主管機關，多屬於部外制的組織。

第三項　人事行政權應從行政權中分離說

此乃國父所極力主張者，亦爲我國五權憲法之所明定。國父主張考試權需從行政權中分離獨立，可從下列言論獲知：

壹、認爲考試方法良善

國父在採用五權分立制以救三權鼎立之弊講詞中，曾謂「至於考試之方法，尤爲良善，稽諸古昔，泰西各國大都係貴族制度，非貴族不能做官。我國昔時雖亦有此弊，然自世祿之制廢，考試之制行，無論平民貴族，一經考試合格，即可做官，備位卿相，亦不爲譖。此制最爲平允，爲泰西各國所無。厥後英人首倡文官考試，實取法於我，而法德諸國繼之。……要之，有考試制度，以選拔眞才，則國人倖進之心，必可稍稍斂抑」。

貳、考試權從行政權獨立

國父於民報紀元節講中華民國憲法與五權分立時，曾謂「英國首先做行考選制度，美國也漸取法。大凡下級官吏，必要考試合格，方得委任。自從行了此制，美國政治方有起色。但是他只能用於下級官吏，並且考選之權，仍然在行政部之下，雖少有補救，也是不完全的。所以將來中華民國憲法，必要設獨立機關，專掌考選權，大小官吏必須考試，

定了他的資格。無論那官吏是由選舉的，抑或由委任的，必須合格之人方得有效。這便可以除卻盲從濫選，及任用私人的流弊。中國向來銓選，最重資格，這本是美意，但是君主專制國中，黜陟人才，悉憑君主一人的喜怒，所以雖講資格，也是虛文。至於社會共和的政體，這講資格的法子，正是合用。因為那官吏不是君主的私人，是國民的公僕，必須十分稱職，方可任用。但是考選權如果屬於行政部，那權限未免太廣，流弊反多，所以必須成了獨立機關，纔得妥當」。

叄、以五權分立救三權鼎立之弊

國父講採用五權分立制以救三權鼎立之弊時，曾謂「何為五權分立？蓋除立法、司法、行政外，加入彈劾、考試二種是已。此兩種制度，在我國並非新法，古時已有此制，良法美意實足為近世各國模範。古時彈劾之制，不獨行之官吏；即君上有過，犯顏諫諍，亦不用絲毫假借。設行諸近世，實足以救三權鼎立之弊」。

依此種理論所設置的人事行政主管機關，應屬獨立制的組織。

第四項　各種人事行政權歸屬的利弊

上述各種人事行政權歸屬之理論，應用至人事行政主管機關之組織時，在組織型態上，乃有部內制、部外制、獨立制之區分，而部內制與部外制之間，又有折中制的出現，茲就此四種組織型態及其利弊，簡說如下：

壹、部內制及其利弊

此種組織型態之人事行政主管機關，其利為(1)人事行政主管機關仍隸屬一般行政系統之內，其施政及措施，較易取得一般行政機關的支持

與合作；(2)人事行政主管機關較能了解各機關之實情與需要，所採取之措施亦較能適應各機關的需要；(3)在決策之過程中較能集中事權，在決策的時程上較能把握時機。

　　但其弊則有(1)因位處一般行政系統之中，在制作決策或採取措施時，易受到上級機關及其他有關機關的壓力，致影響及人事行政之公正性與超然性；(2)對人事行政較難作全盤性的規劃，對人事行政的革新亦較易受到各種不同機關之不同的抗拒；(3)對公務員的遴選不易作公開競爭的考選，對公務員權益不易作有效的保障，對公務員的申訴難作公正超然的審議。

貳、部外制及其利弊

　　此種組織型態之人事行政主管機關，其利為(1)較能獨立行使職權，態度較為公正，立場亦可保持超然，少受到上級行政權的影響力；(2)較能集中人力財力與設備，對人事行政較能作周詳的及全面的考量，通盤規劃，不會政出多門，支離分歧；(3)易於延攬人事行政專家，對人事行政問題較能作深切的研討與改進。

　　但其弊則有(1)行政與立法機關，較難與人事行政主管機關切實合作，及取得行政及立法機關的充分支持，甚或發生牽制，致影響人事行政功能的發揮；(2)人事行政主管機關處於一般行政系統之外，對各機關人事行政情形不易充分了解，致所採取之措施，亦不一定能適應各機關的需要；(3)人事行政主管機關所管轄之職權，難免有部分會與各機關首長之行政權發生混淆或甚至牴觸情事，有礙及各機關首長行政權的完整。

叁、折中制及其利弊

　　係將部外制與部內制兩種組織型態作某種程度的結合，如原則上採部內制的組織型態，但有關公務員的考選、公務員權益的保障、公務員

申訴案的審議等，仍採部外制的型態，以減少上級機關及其他機關的壓力，而保持部分人事行政的公正與超然立場。大體而言，此種組織型態的人事行政主管機關，一方面較能保持部外制與部內制的利，另一方面較能避免部外制與部內制的弊。

肆、獨立制及其利弊

係將人事行政權完全從行政權中分離出來，自成立一獨立的體系。此種型態的人事行政主管機關，其地位與行政權的主管機關相等，其利為可比部外制的利更能充分的發揮，即(1)地位更獨立超然，不受行政權的干預；(2)有更充分的人力、物力與經費，從事國家整體性公務員制度的研究、規劃與施行；(3)對公務員考選及權益保障能更做到公開、公平與周全。

但如與行政機關未能妥為協調與配合，則其可能的弊，會比部外制的弊還要嚴重，如無法取得行政機關的支持與合作，無法適應行政機關的需求，致行政權的主管機關會自設人事行政主管機關，統籌規劃行政部門之人事行政業務。

第二節　一般國家人事行政權概況

一般國家對人事行政權的行使，可分人事行政權的歸屬、人事行政機關的組織與職權、各機關人事單位的設置與隸屬、人事行政權的法制化四方面，分項簡述如後。

第一項　人事行政權的歸屬

一般國家對政府權力的行使，均採三權分立，即立法、司法、行政三權分立，而人事行政權則歸屬於行政權。

壹、純總統制國家

如美國及大部分美洲國家，均採總統制，除立法權由國會行使，司法權由法院行使外，行政權則由總統行使，而人事行政權亦歸由總統行使，故於總統之下設人事行政主管機關掌理人事行政權。

貳、純內閣制國家

如英國是典型的內閣制國家，英皇是虛君元首，除立法權由國會行使，司法權由法院行使外，行政權由內閣行使，並於內閣總理之下設人事行政主管機關掌理人事行政權。日本亦屬如此。

叁、兼有總統制與內閣制國家

如法國、德國、韓國，除總統外尚有內閣總理的設置，惟法國及韓國的總統職權大於內閣總理，而德國則內閣總理職權大於總統。法國、韓國及德國的政府權力，除立法權由國會行使，司法權由法院行使外，行政權則由總統與內閣行使，而人事行政權則由內閣總理下所設立的人事行政主管機關掌理。

肆、兼有總統制與委員會制國家

如瑞士為兼有總統制與委員會制的國家，總統除擔任行政委員會之主席外，別無任何實質的權力。政府權力除立法權由國會行使，司法權

由法院行使外，行政權由行政委員會行使，人事行政權則在行政委員會下設人事行政主管機關掌理。

第二項　人事行政主管機關的組織與職權

一般國家的人事行政權雖歸屬行政權，並由行政部門設立人事行政主管機關掌理，但各國所設立之人事行政主管機關之地位、組織、名稱，則又多有不同，職權範圍亦不一致。

壹、人事行政主管機關的組織

一、美國：美國原設文官委員會（即部外制），但自 1978 年文官改革法公布並自 1979 年施行後，聯邦人事主管機關改為人事管理局，及功績制保護委員會。其中人事管理局(Office of Personnel Management)，設局長一人，主要任務為負責積極的人事管理，制訂有關人事制度的規則與規章；其內部組織，計有聯邦薪資諮詢委員會、政府倫理室等；業務單位有任用處、查核處、人力效能及發展處、俸給處、行政處、各地區分局聯絡室等；人事管理局另在美國各地區設有十個分局，分別管轄該地區各州內聯邦政府之所屬機關公務員，如費城、亞特蘭大、芝加哥、達拉斯、舊金山等，均設有分局。人事管理局為部內制的人事主管機關。

功績制保護委員會(Merit Systems Protection Board)，設主席一人，委員二人，以兩黨為基礎任命之，任期七年，期滿不得連任，非有正當理由不得中途解職；另設特別檢察官一人，任期五年，非有正當理由不得中途解職。功績制保護委員會具有準司法性的任務、監視功績制的任務，及執行特別權力的任務；特別檢察官具有調查、起訴及改正違反功績制行動的任務。在美國各地區並分設十個功績制保護分會，配

合人事管理局之十個分局辦公。功績制保護委員會爲典型的部外制，具有充分的獨立性。

二、英國：人事主管機關之變更甚爲頻繁，至 1993 年改設爲公職及科技局(Office of Public Service and Science)，隸屬於內閣事務部(Cabinet Office)，該局設有便民服務處、人力處、科技處、高等文官處、管理發展處，高層管理處、安全處、文官考選委員會、資訊處等。英國公職科技局，仍屬部內制之組織，但對文官考選工作，係由文官考選委員會主持，故仍具有獨立性，此一單位仍屬部外制組織性質。

三、法國：人事主管機關組織及名稱，亦有若干次的更易，至 1993 年改設爲公職部(Ministre de la Fonction Publique)，設部長、政務次長、祕書長等，其內部組織有法規處、編制及訓練處、行政改革處等。公職部爲部內制的組織。

四、德國：於 1953 年依德國聯邦公務員法規定，設聯邦文官委員會(Der Bundspersonalausschuss)。委員會由七名正委員與七名副委員所組成，以聯邦審計部部長及內政部人事處長爲當然委員，並以審計部爲主席，其餘五名正委員及七名副委員人選，均由內政部長提請總統任命。聯邦文官委員會，除主席及正副委員外，另置有祕書長一人，及分組辦事。聯邦文官委員會雖爲部外制的組織，但其職權有限。而內政部，對人事行政卻有相當廣泛的權力，如以內政部而論，則人事主管機關仍爲部內制。

五、日本：依日本國家公務員法規定，人事院以人事官三人組織之，以人事官中之一人爲總裁。人事官其中二人不得屬於同一政黨或同一大學之同一學院畢業者，任期爲四年，得連任但不得超過十二年。人事院之員額及內部組織，可由人事院自訂規則設立，不受國家行政組織法之限制。人事院之職權，具有相當獨立性，在國家公務員法中明定「依法律規定授予人事院權限部分，人事院之決定及處分只由人事院審查之」，

此即表示人事院職權之自主性，其他機關不得干涉人事院職權之行使，即使司法方面亦需尊重人事院職權之獨立性。又人事院就其所掌事務，為實施法律或基於法律之委任，得制訂人事院規則；及為實施國家公務員法、人事院規則，均得發布指令。

人事院之決議，由其所屬之事務總局執行，事務總局組織之必要事項，以人事院規則定之。現行事務總局內設有管理、任用、俸給、公平、職員等五個局；公平、苦情審查、災害補償審查、職員團體登記等四個委員會，另尚有公務員訓練所，及八個地方事務所與琉球地方辦事處。

由上說明，日本人事院是部外制。

另依日本國家公務員法規定，內閣總理亦掌理部分人事行政權，如關於公務員之效率、福利、服務等事務，各行政機關人事管理方針、計畫等之綜合調整，關於公務員之人事記錄，指定設置人事管理官，及指揮監督人事授權之機關首長等事項。內閣總理為行使此種職權，乃於總理府所轄總務處下設人事局。此人事局亦為中央行政機關，從其組織可知為部內制的機關。

六、**韓國**：依韓國國家公務員法規定，關於人事行政基本政策之決策及本法施行事項之主管機關，在國會為國會事務總長，法院為法院行政處長，政府為總務處長官；中央人事行政主管首長，為圖謀人事行政營運之均衡，顧及人力之開發與活用，以提高行政效率，依法令掌管有關人事管理之總括事項。由此可知韓國的人事行政主管機關，係政府、國會、法院三個系統各別設置。又依同法規定，為審查決定行政機關對其所屬公務員之懲戒處分及其他非本意之不利處分，應於總務處設置訴請審查委員會；關於國會及法院所屬公務員之懲戒處分，應於國會事務處與法院行政處設置訴請審查委員會。

茲以政府之總務處為例，韓國在內閣總理之下設總務處，總務處長官具有閣員身分；總務處之下除設有五個局，即總務局、人事局、行政

研究局、行政管理局及退休福利管理局外，尚設有中央公務員教育院、政府房屋管理局、政府電腦中心等組織，除總務局及行政管理局係管理一般行政事務外，其餘各局所主管者皆為有關人事行政事項。

由上可知，韓國人事行政主管機關，亦為部內制，惟對公務員之懲戒，則由訴請審查委員會受理，具有相當獨立性，關於此部分則有部外制性質。

貳、一般國家人事行政主管機關之職權

大致而言，可歸納為大於人事行政權範圍者、符合人事行政權範圍者、人事行政權範圍不夠完整者、僅具有部分人事行政權者四種。

一、大於人事行政權範圍者：如韓國總務處之職權，除人事行政之職權外，並負責國家議會（內閣）的行政、政府檔案、行政工作的改進與評估、功績與獎賞，及不屬於其他中央機關管轄之其他事項。再總務處之下設有訴請審查委員會，以審查決定公務員之懲戒處分及其他非本意之處分；另設中央公務員教育院，負責高級公務員及新進人員之訓練。

二、符合人事行政權範圍者：如美國聯邦人事管理局與功績制保護委員會，日本人事院、事務總局，即屬其例。以美國言，聯邦人事管理局職權，包括任用處之行政法律審查、政策分析及發展、人事研究及發展、標準發展、一般考試及任用等事項；查核處之人力資訊、機關查核評估，及人事查核等事項；人力效能及發展處之聯邦主管訓練、勞工關係、訓練、考績及生產力管理、行政及管理發展，及備用方案等事項；俸給處之財政控制及管理、待遇計畫發展、保險計畫、保險精算、待遇及福利政策、待遇方案及退休方案等事項；及行政處之一般行政管理事項。功績制保護委員會之職權，則包括準司法性的任務如聽審及決定申訴案、對不當人事行政措施之糾正等；監視功績制的任務如審查人事管理局之規則與規章、向國會提出人事管理局活動之審查意見及工作報告

等；執行特別權力如對特別檢察官所舉發之公務員予以懲處、對不依委員會命令行事者得令停發俸給等；特別檢察官之任務如調查不法人事措施、對不法者提出控訴、對不法人事措施之改正等。

三、人事行政權範圍不夠完整者：如英國的公職及科技局、法國的公職部，即屬其例。以英國言，公職及科技局之職權，包括便民服務處之各種便民的服務；人力處之公務員甄選、進用、訓練等事項；科技處之人事行政科技化之應用等事項；高等文官處之高等文官的管理等事項；管理發展處之效率查核檢討、措施與功能檢討、管理制度的發展等事項；高層管理處之高層文官的管理等事項；安全處之公務員行為、退休、安全管理等事項；文官考選委員會之公務員考試等事項；資訊處之辦公自動化等事項。至各機關足額編制、公務員待遇、退撫金給與等事項，則由財政部主管。

四、僅具有部分人事行政權者：如德國聯邦文官委員會之職權，主要為參與制訂公務員法有關之一般規則，制訂有關公務員訓練、考試及進用等之規定，有關考試之一般承認之決定，有關非因學經歷而任用者任用資格之確定，及退休人員延長退休年齡之同意等。由上可知除考試、訓練及任用資格之認定具有決定權，及參與制訂公務員法之一般規則外，其餘多只提供意見而已。至人事行政權之重要部分，如關於人事制度之基本事項(如公務員法、懲戒法、俸給法之研訂)，聯邦公務員之分類分等事項，公務員團體及其代表關係事項，及關於公務員俸給法與財政部協力執行等事項，則由內政部自行主管。如將內政部亦視為人事行政主管機關，則又當別論。

第三項　一般國家各機關人事單位的設置與隸屬

一般國家之各機關，為辦理人事行政工作的人事單位，其設置與隸

屬關係爲:

壹、設置人事單位

名稱不一，有者爲人事（人力、人力資源）處或室，有者稱爲行政管理（總務）處或室，其地位有者隸屬於首長，有者隸屬於一級單位之下或爲二級單位。且此種單位均由所在機關首長所設置，完全是機關內部單位，與人事行政主管機關無關。

貳、人員任免

人事單位的工作人員，是完全的機關內部人員，由機關首長任免，其工作績效亦由所在機關之主管及首長考核與決定。

叁、任務

人事單位的任務，亦以管理本機關公務員事務爲主，如美國一般部會中人事單位之職掌，則有

㈠規劃人事行政方面各種政策與指示，報經首長核准後公布周知。

㈡辦理工作分析與評價。

㈢遴用職員，規劃測驗，建立合格人員名單，遇職位出缺時提供候選人，處理任用、晉升工作。

㈣俸給管理，如解析及執行與待遇有關的法律規定，給與特別獎金、加給或津貼。

㈤職員服務與工作條件，如對影響及職員工作意願與士氣的行政事項向上級提供建議，主持獎勵建議方案及其激勵職員參與工作改進之措施，建立處理申訴的機構及作公正的運用，解析給假的政策。

㈥工作標準，如協助主管作職員工作考核的客觀標準，運用各種方式來認可職員的工作成就。

(七)職員訓練與發展，如分析認定訓練的需要，進行訓練方法的研究，會同主管改進訓練技術，評價訓練成效。

(八)使職員了解各種有關其任用地位的權利與義務。

(九)與工會保持聯繫並提供解決參考的意見。

(十)與離職人員面談，對行將退休者提供意見，依照政策及規定辦理職員資遣，在懲處性的停職及免職事項上向主管提供意見。

(十一)保持各種人事資料。

(十二)人事研究。

(十三)公共關係。

肆、人事主管機關與人事單位之聯繫

人事行政主管機關與各機關人事單位間，並無指揮監督關係，除重要人事政策及法規由人事行政主管機關訂定，並透過行政系統由各機關執行外，人事行政主管機關主要是透過會報方式，邀集有關機關人事單位主管舉行會報，一方面人事行政主管可傳達重要訊息，一方面各機關人事單位主管可充分溝通有關重要政策及法規的意見及交換有關人事管理的經驗，使中央人事行政主管機關所訂定的重要政策與法規能在各機關切實施行，而各機關亦可在不牴觸中央政策與法規之原則下，儘量去發展能適應本機關所需要的人事行政工作。

第四項 一般國家人事行政權的法制化

人事行政權的法制化，指人事行政主管機關名稱、組織及其職權，係由何種層次的法制明定。一般國家的法制化情形如下：

壹、憲法（或基本法）中多無人事行政權之規定

一般國家均採三權分立制，而憲法中只明定立法權、行政權及司法權最高機關之名稱、組織及職權，而人事行政權歸屬於行政權，故憲法或基本法中，多無人事行政主管機關名稱、組織及職權之規定。

貳、以法律規定人事行政權者

一般國家多採此種方式，但其情形又有下列各種：

一、在公務員法中規定人事行政權者：如美國、德國、日本、韓國均屬其例。

㈠美國：依 1978 年文官改革法第十一章，明定人事管理局係於行政部門內所設立之機關，依同法第十二章，明定功績制保護委員會及特別檢察官之組織及職權。

㈡德國：依德意志聯邦公務員法第十四章，明定聯邦文官委員會之組織與職權。

㈢日本：依日本國家公務員法第二章，明定人事院之組織及職權，人事院並置事務總局，至事務總局之組織以人事規則定之。同章中又明定內閣總理之人事行政權，又規定總理府、各省以及政令指定之其他機關，應設人事管理官，人事管理官為人事部門之主管，協助機關首長掌理有關人事行政事務。總理府下總務處內設人事局，亦依此而設置。

㈣韓國：依國家公務員法第二章，明定關於人事行政基本政策之決策及本法施行事項之主管機關，在國會為國會事務總長，在法院為法院行政處長，在政府為總務處長官。又規定為審查決定行政機關對其所屬公務員之懲戒處分及其他非本意之不利處分，應於總務處設置訴願審查委員會，並明定該委員會之組織與審查程序。

以上各公務員法中雖定有人事行政主管機關之組織與職權，惟其所

謂組織僅限於高層主管之名稱、員額及任用資格，所謂職權亦只限於原則性的規定，至機關中下級職務名稱、員額，內部單位區分及其名稱，內部各單位的職掌等事項，則由主管機關另以命令定之，所需預算則由國會審議通過。

　　二、以機關組織法規明定人事行政權者：如英國並無公務員法之規定，其公職及科技局之組織與職權，除高層主管組織與原則性之職權，由國會通過外，至中下層次的組織與職掌，則由主管機關以命令定之，用人等經費預算則需由國會通過。再如法國，雖有公務員法之訂定，但法中並無人事行政主管機關組織與職權的規定，因而對公職部之高層主管組織及原則性的職權，需由國會以法律制定外，至中下層組織及各單位之職掌，則由主管機關以命令定之，該機關之用人等經費，仍依預算之程序辦理。

第三節　我國人事行政權的特色

　　我國現行憲法，是依據孫中山先生創立中華民國之遺教而制定。而國父遺教中對政府組織，則一向主張權能區分、五權分立，權能區分指政權與治權分開，前者由國民大會行使，後者由政府行使；而治權又採立法、行政、司法、考試、監察五權分立（立法院事實上已含有政權性質）。因此，我國對人事行政權的歸屬、人事行政主管機關的組織與職權、各機關人事單位的設置與隸屬、人事行政權的法制化情形，均與一般國家不同。茲分項簡述之。

第一項　人事行政權的歸屬

就人事行政權的歸屬言，我國情形爲：

壹、人事行政權從行政權中分離

一般國家之政府權力，除國會之立法權、司法機關之司法權外，均屬行政權，故行政權的範圍最爲廣泛。我國則依孫中山先生遺教，將考試權（即人事行政權）從行政權中分離出來，因而我國的行政權範圍，要比一般國家的行政範圍略小。

貳、人事行政權保持高度的獨立性

一般國家對人事行政權（尤其是公務員的考試）雖亦保持有相當的獨立性，但因人事行政權仍歸屬於行政權，故難免仍會受到上級行政機關的干擾。而我國既將人事行政權從行政權中分離，因而可保持高度的獨立性，不會受到行政權的干擾。

第二項　人事行政主管機關的組織與職權

我國考試院、考選部、銓敍部、公務人員保障暨培訓委員會及行政院人事行政局，其組織與職權，在憲法及各該機關組織法中均有明文規定，從範圍言可謂已涵蓋了人事行政權的全部。

壹、考試院之組織與職權

一、**憲法之規定**：憲法第八三條，「考試院爲國家最高考試機關，掌理考試、任用、銓敍、考績、級俸、升遷、保障、褒獎、撫卹、退休、

養老等事項」，但自民國八十一年五月二十八日憲法增修條文公布施行後，依增修條文第五條規定，考試院之職權調整爲「考試院爲國家最高考試機關，掌理左列事項，不適用憲法第八三條之規定：(1)考試；(2)公務人員之銓敍、保障、撫卹、退休；(3)公務人員任免、考績、級俸、升遷、褒獎之法制事項。考試院設院長、副院長各一人，考試委員若干人，由總統提名，經國民大會同意任命之。憲法第八五條有關按省區分別規定名額，分區舉行考試之規定，停止適用」。另憲法第八六條，「左列資格應由考試院依法考選銓定之，即(1)公務人員任用資格；(2)專門職業及技術人員執業資格」。及第八七條，「考試院關於所掌事項，得向立法院提出法律案」。

二、考試院組織法之規定：考試院行使憲法所賦予之職權，對各機關執行有關考銓業務並有監督之權。考試院設考試院會議，以院長、副院長、考試委員，及所屬部會首長組織之，決定憲法所定職掌之政策及其有關重大事項，考試院就其掌理或全國性人事行政事項，得召集有關機關會商解決之。考試院對於各公務人員之任用，除法律另有規定外，如查有不合法定資格時，得不經懲戒程序，逕請降免。考試院設考選部、銓敍部、公務人員保障暨培訓委員會，其組織另以法律定之。

考試院置祕書長、副祕書長，並設祕書處、組、室，分別掌理本院會議程及紀錄，本院綜合政策、計畫之研擬，各機關函件之擬辦，各機關之協調、聯繫及新聞發布，文書收發、編製、保管，各種報告、資料、法規、圖書蒐集、出版，證書發給及保管，印信、典守及出納、庶務等事項。另設人事室、會計室、統計室及政風室，依法律規定分別辦理人事、歲計、會計、統計及政風事項。考試院得於各省設考銓處，必要時得設各種委員會，其組織以法律定之。

貳、考選部之組織與職權

考選部之基本職權為公務人員與專門職業及技術人員之考試，及公職候選人資格之檢覈。其組織除部長、次長及設總務司、祕書室、資訊管理室、會計室、統計室、人事室及各種委員會，掌理各該有關事項外，其主要業務司之職掌為：

一、考選規劃司：掌理(1)考選政策之研擬規劃；(2)考選制度之資料蒐集、編譯、研究及研擬；(3)考用配合政策之研究；(4)考試類科、應試科目、應考資格之研究；(5)考試方式、考試技術之研究改進；(6)考選政令宣導之規劃及執行；(7)其他有關考選調查及研究發展。

二、高普考試司：掌理(1)公務人員、專門職業及技術人員高等暨普通考試；(2)檢定考試；(3)公務人員升等考試、升資考試；(4)典試委員會組織及典試；(5)有關業務法令之擬議。

三、特種考試司：掌理(1)公務人員、專門職業及技術人員特種考試；(2)其他特種考試；(3)典試委員會組織及典試；(4)有關業務法令之擬議。

四、檢覈司：掌理(1)各種檢覈委員會之組設及議事；(2)檢覈案件之初審；(3)檢覈筆試、口試及實地考試；(4)有關業務法令之擬議。

叁、銓敘部之組織與職權

銓敘部之基本職權為公務人員任免、銓敘、級俸、考績、保障、升遷、褒獎、撫卹、退休，及公務人員任用資格之銓定。其組織除部長、次長及設總務司、祕書室、銓敘審查委員會、電子資料處理室、會計室、統計室、人事室、各種委員會，掌理各該有關事項外，其餘業務單位之職掌為：

一、法規司：掌理(1)人事政策、人事制度及人事法規之綜合規劃研究及審議；(2)人事制度資料之蒐集、編譯及研究；(3)各機關組織法規之

職稱、職等、職務歸系列等及其標準之審議;⑷人事機構設置及變更審核;⑸人事管理人員任免、敘級、敘俸、考核之審核;⑹人事管理人員工作督導及通訊會報;⑺公務員服務、差假;⑻有關業務法令之擬議、解析;⑼其他有關研究發展。

　　二、銓審司:掌理⑴公務人員任免、升降、遷調及轉調、敘級、敘俸、敘資、考績、考成、考核及其他成績之審查;⑵公務人員勳獎、激勵及懲處;⑶有關業務法令之擬議、解析。

　　三、特審司:掌理⑴司法、外交、主計、審計、警察、公營事業人員任免、升降、遷調及轉調、敘級、敘俸、敘資、考績、考成、考核及其他成績之審查;⑵有關業務法令之擬議、解析。

　　四、退撫司:掌理⑴公務人員保險、保障、福利;⑵公務人員退休、撫卹之審核;⑶有關業務法令之擬議、解析。

　　五、登記司:掌理⑴考試及格人員分發;⑵公務人員進修;⑶公務人力評估、調查及人才儲備;⑷公務員人事資料之蒐集、查證、登記、處理及統一管理;⑸有關業務法令之擬議、解析。

肆、公務人員保障暨培訓委員會之組織與職權

　　公務人員保障暨培訓委員會之組織,尚未完成立法程序。考試院之初步構想爲委員會對各機關執行本會主管之事務,有指示監督之權。其組織除正副主任委員及委員外,⑴設保障處,掌理保障政策之研擬規劃;保障法規之研擬、解析、宣導;基本身分、工作條件、官職等級、待遇俸給再復審之擬議;申訴案件之審查及擬議;各機關保障業務之督導等事項。⑵設培訓處,掌理訓練進修政策之研擬、規劃;訓練進修法規之研擬、解析;考試錄取及升官等人員訓練之研擬、規劃、執行及委託;人事人員訓練進修之研擬、規劃、執行及委託;訓練進修機構之評鑑、協調;與外國公務人員訓練進修交流計畫之研擬、規劃、執行等事項。

(3)設祕書室，掌理一般事項。(4)設國家文官學院，其組織另以法律定之。
(5)設人事室、會計室及政風室。

伍、行政院人事行政局之組織與職權

　　人事行政局之基本職權爲統籌行政院所屬各機關之人事行政，但有
關人事考銓業務，並受考試院之監督。其組織除局長、副局長及設祕書
室、資訊室、會計室、人事室、各種委員會、公務人員住宅及福利委員
會、公務人員訓練中心，辦理各該有關事項外，其餘業務單位之職掌爲：

　　一、企劃處：掌理(1)行政院所屬人事行政業務之綜合規劃；(2)綜合
性人事行政法制業務之研究建議；(3)行政院所屬各級人事機構之設置、
變更之擬議及人事人員之派免、遷調、考核獎懲；(4)各國人事行政資料
之蒐集、編譯。

　　二、人力處：掌理(1)行政院所屬各機關之公務人力規劃及人才儲備；
(2)行政院所屬各機關編制及預算員額案件之擬議；(3)行政院所屬各級行
政機關簡任以上人員及公營事業機構首長、董監事派免、遷調之審核；
(4)行政院所屬公務人員任免、級俸、升遷之研究建議及執行規劃；(5)行
政院所屬各機關考試用人計畫及考試及格人員之分發。

　　三、考訓處：掌理(1)行政院所屬公務人員考績、考成、考核、獎懲
之研究建議及執行規劃；(2)行政院所屬公務人員訓練及進修之協調、審
議及執行規劃；(3)行政院所屬公務人員勳獎、榮典、褒揚、表揚、激勵
之擬議及執行；(4)行政院所屬公務人員懲處、停職、復職、免職之擬議
及執行；(5)行政院所屬公務人員服務、差勤之研究、建議及辦公時間之
擬議執行。

　　四、給與處：掌理(1)員工給與之規劃及擬議；(2)政務官退職酬勞金
給與之規劃及擬議；(3)行政院所屬公務人員退休、撫卹之核轉及研究建
議；(4)行政院所屬公務人員資遣案件之擬議；(5)行政院所屬公務人員保

險業務之研究建議。

第三項　各機關人事單位之設置與隸屬

由於我國係採五權分立之制，人事行政權從行政權中獨立出來，考試院銓敍部，為期其職權能在全國各機關行使，勢需在各機關中設立人事單位，在銓敍部指揮監督下，推行人事行政。據此乃有人事管理條例之制定。該條例之要點如下：

壹、普設人事管理機構

依同條例第二條、第三條規定，總統府，五院，各部、會、處、局、署，各省（市）政府，設人事處或人事室。總統府所屬各機關，各部、會、處、局、署所屬各機關，各省（市）政府廳、處、局，各縣（市）政府，各鄉（鎮、市、區）公所等，設人事室或置人事管理員。

貳、人事管理機構之組織與職掌

依同條例第四條、第五條、第七條及第十條規定：

一、組織：人事處置處長，職位列第十至第十二職等；人事室置主任，其職位之列等分為第六至第九或第十至第十一職等；人事管理員，職位列第五至第七職等。上述人事室主任列等標準，由考試院會同行政院定之。

二、設置及員額編制：人事處室之設置及其員額編制，由各該機關按其事務之繁簡、編制之大小，與附屬機關之多寡，酌量擬訂，送由銓敍部審核，但必要時，得由銓敍部擬定之；人事管理員之設置亦同。

三、職掌：包括(1)本機關有關人事規章之擬訂；(2)本機關職員送請銓敍案件之查催及擬議；(3)本機關職員考勤之紀錄及訓練之籌辦；(4)本

機關職員考績考成之籌辦；(5)本機關職員撫卹之簽擬及福利之規劃；(6)本機關職員任免、遷調、獎懲及其他人事之登記；(7)本機關職員俸級之簽擬；(8)本機關需用人員依法舉行考試之建議；(9)本機關人事管理之建議及改進；(10)所屬機關有關人事案件之依法核辦；(11)人事調查統計資料之蒐集；(12)銓敘機關交辦事項。

四、各機關人事管理機構設置規則及辦事細則，由銓敘部擬訂，呈請考試院核定之。

叁、人事管理機構之隸屬

依同條例第六條、第八條規定，人事管理人員由銓敘部指揮監督，但人事管理人員仍應遵守各機關之處務規程與其他通則，並秉承原機關主管長官依法辦理其事務。人事主管人員之任免，由銓敘部依法辦理；佐理人員之任免，由各該主管人員擬請銓敘部依法辦理。

肆、公立學校及公營事業準用之

依同條例第九條規定，國立省立中等以上學校及國營、省營事業機關之人事管理，準用本條例之規定。

但依行政院人事行政局組織條例第十七條規定，行政院所屬各級人事人員派免、遷調核定後，均報送銓敘部備查，但簡任第十一職等以上人事主管人員之派免、遷調，應先會商銓敘部。

由上觀之，我國對各機關人事單位之設置權，及對人事單位人員之任免及指揮監督權，主要均由銓敘部行使，但對行政院所屬各級人事人員之派免，則主要由行政院人事行政局行使。

伍、人事管理人員會報

銓敘部為推行人事制度，改進人事業務，提高人事行政效率，特訂

定人事管理人員會報辦法一種施行，其要點爲：

一、會報種類：

㈠全國人事會報：每年舉行一次，由銓敍部主持，出席人員由銓敍部指定之。

㈡中央各機關人事會報：每年舉行一次，由各該中央最高人事機關（構）召集之。

㈢地方機關人事會報：又分省（市）人事會報（每年舉行一次），縣（市）人事會報（每六個月舉行一次）。均由各該地方最高人事機構主持，出席人員由主持機構指定之。

㈣專業機關人事會報：每年舉行一次，由該業務系統最高主管機關人事機構主持，出席人員由主持機構指定之。

以上㈠、㈡、㈣三種人事會報，應將議程檢送銓敍部備查，銓敍部於必要時派員列席。

二、會報事項：包括⑴本機關及所屬機關人事業務之狀況；⑵本機關及所屬機關人事規章之增修或廢止；⑶對於人事制度及人事業務之革新意見；⑷有關人事行政之專題研究報告；⑸其他有關人事業務之重要事項。

三、會報結論：人事會報結論，涉及全國性者，應函送銓敍部。

四、其他：行政院所屬機關人事會報辦法，由行政院人事行政局定之。

行政院人事行政局，除對行政院所屬各級人事機構之設置、人事管理人員之任免、遷調及人事業務之推行，具有相當的指揮監督權外，爲加強與行政院所屬各級人事主管人員，對人事制度及人事業務之研討，亦訂有行政院人事主管會報辦法一種，其要點爲：

一、參加人員：局長、副局長、局內各單位正副主管人員、各部會處局署及省（市）政府人事主管、局指定之其他人事主管。

二、會報舉行：每年一次，由局長主持之。

三、會報事項：包括中心議題及一般提案之討論；本局對當前人事政策及年度施政計畫之說明；局規定事項之提示；各人事機構重要工作報告及建議；人事專題研究；績優人事人員表揚；局長交議事項。

四、會報討論：對中心議題及一般提案之討論，先分組討論，將討論結論再提出綜合討論，並作成決議。

五、決議之處理：中心議題及一般提案，經綜合討論後，應將決議作成紀錄簽報局長核定後，分送局各單位規劃辦理，並分函各主管機關人事機構轉所屬人事機構執行。

六、行政院各主管機關人事機構，得視需要訂定辦法，舉行人事會報，必要時局得派員列席。

第四項　人事行政權的法制化

從人事行政權法制化的觀點言，我國法制化的層次是最高的，其主要原因為我國採五權分立制。

壹、中華民國憲法將考試權列為專章

我國憲法除國民大會及總統外，對行政、立法、司法、考試、監察五權，均列專章規定。考試則為第五章，共計七條，除第八三條（已由憲法增修條文第五條所代替）、第八六條、第八七條有關職權之規定前經敍述外，第八四條「考試院設院長、副院長各一人，考試委員若干人，由總統提名，經監察院同意任命之」（依憲法增修條文第五條，已規定由國民大會同意任命之），及第八九條「考試院之組織，以法律定之」，規定考試院之組織；又第八五條「公務人員之選拔，應實行公開競爭之考試制度，並應按省區分別規定名額，分區舉行考試，非經考試及格者，

不得任用」(依憲法增修條文第五條, 對按省區分別規定名額, 分區舉行考試之規定, 已停止適用), 規定考試之基本政策; 再第八八條「考試委員須超出黨派以外, 依據法律獨立行使職權」, 表明考試權之獨立性, 不受黨派及行政權的干擾。

貳、考試院、考選部、銓敘部、公務人員保障暨培訓委員會之組織以法律定之

考試院組織法、考選部組織法、銓敘部組織法, 係分別規定各該機關之組織的法律。在組織法中明定各該機關的地位、職權、內部單位區分、各單位之職掌、各種職務名稱及其應列官等職等與員額。

叁、行政院人事行政局之組織以法律定之

憲法增修條文第九條, 「行政院得設人事行政局, 其組織以法律定之」, 凡人事行政局之地位、職權、內部單位區分、各單位之職掌、各種職務名稱及其官等與員額, 在現行行政院人事行政局組織條例中, 均有明文規定。

肆、各機關人事單位以組織法規定之

各機關所設人事單位名稱、人事主管之職稱與官等職等、人事單位之職掌等, 除在人事管理條例中已有明定外, 並分別列入各該機關之組織法規 (目前地方機關之組織以組織規程定之) 有關條文中。如內政部組織法第二〇條, 「內政部設人事處, 置處長一人職位列簡任第十二職等, 副處長一人, 職位列簡任第十至第十一職等, 依法律規定, 辦理本部人事管理事項。人事處所需工作人員, 就本法所定員額內派充之」。又如臺北市政府組織規程第十一條, 「本府設人事處, 依法律規定掌理人事管理事項。人事處置處長、副處長、主任祕書、專門委員、祕書、科長、視

察、專員、股長、科員、助理員、書記及雇員」(其員額及職等另以編制
表定之)。

伍、處務規程、辦事細則等以行政規章定之

如考試院處務規程由考試院定之；考選部、銓敘部、公務人員保障
暨培訓委員會處務規程，分別由考選部、銓敘部、公務人員保障暨培訓
委員會擬訂，報請考試院核定；人事行政局辦事細則，由局擬訂，報請
行政院核定。又如各機關人事單位之分科、分股及其各科股之職掌區分，
多在各該機關之處務規程或辦事細則中規定，或由人事行政主管機關統
一規定。

第三章　機關組織

　　組織的理論爲何及如何演變？設計組織應遵守何種政策與原則？又機關組織應如何法制化？凡此均與機關組織有密切關係，特分三節敍述之。

第一節　組織的理論

　　從理論發展的觀點，組織理論大致可歸納爲三個階段，即傳統的組織理論、人性的組織理論、系統權變的組織理論。此三個階段的組織理論，並非前後截然不同，而只是重點有別；再在時間上，前一階段的組織理論，並不因時間的過去而完全消失，其有能適應當時當地需要者，仍會繼續的被引用至實務上。茲按發展階段，分三項敍述之。

第一項　傳統的組織理論

　　傳統的組織理論，在 1900 年後逐漸流行，對組織的基本看法，認爲組織是封閉的，故可與外界相隔絕；認爲組織是靜態的，因此組織內部的一切活動均可用法規加以明確規定，並要求員工切實遵守。茲選二位學者的看法，簡說如下：

壹、費堯的管理術

費堯(Henri Fayol)在其所著《工業與一般管理》(*Industrial and General Administration*)一書中，提出分析組織的原則五項：

一、目標：組織應有一明確的目標，每一職位也應有其職位目標，集職位而成的單位亦應有其單位目標；當職位目標達成時單位目標亦就達成，單位目標達成時組織的目標亦就達成。

二、專業化：每人所從事的工作，應嚴格限於一種單純的作業，對該作業並須經長期的專業訓練，使具有專業的技能與知識。

三、協調：應規劃各種協調方式，以發揮團隊精神及有效達成組織目標。

四、權威：組織應有一位最高的權威者，自最高權威者以下應建立一明確的權威系統，使層層節制有條不紊。

五、職責：即權與責相稱，既課予某人以責任，應即賦予與責任相稱的權威。

以上五個原則，即使到現今仍爲設計機關組織時所需加以重視者。

貳、韋伯的理想型官僚組織模式

韋伯(Max Weber)對理想型官僚組織模式賦予下列六種特性：

一、組織中的人員應有固定和正式的職掌並依法行使職權：組織係根據一種完整的法規制度而設立，組織應有其明確的目標，並靠著這套法規制度，規範組織與人員的行爲，及循著法規的程序，以有效的追求達到組織的目標。因此在官僚組織體制下，(1)每個人均有其固定的職責；(2)以法規賦予命令的權威，以行使固定的職責；(3)人員的盡責任與享權利，均有一定的規定；(4)只有具備一定資格條件的人方能被任用。

二、組織的結構是一層層節制的體系：在組織內，按照地位的高低

規定人員間命令與服從的關係。除最高的領導者外，組織內每人均有一位上司，且須嚴格受上司的指揮，服從上司的命令，除服從上司的命令外，不能接受任何他人的命令。如此一方面可減少混亂的現象，一方面對下屬可較易控制，以達到指揮裕如的目的及提高效率。

三、**人與工作的關係**：人員的工作行為及與人員間的工作關係，均須遵循法規的所定，不得滲入個人喜憎、愛惡的情感。換言之，組織內人員間只有對事的關係而無對人的關係。

四、**專業分工與技術訓練**：為達成組織目標所需處理之各種工作，應按照人員的專長作合理的分配，並對每人的工作範圍及其權責以法規予以明文規定。在此明確的分工制度下，人員的工作將趨專門化，因而對人員須作技術訓練，以增進專門知識進而提高工作效率。

五、**人員的選用與保障**：人員的選用，係按自由契約的原則，並經公開的考試合格後始予任用，對不合格者予以淘汰，對經任用之人員，務求皆能運用其才智、克盡其義務及有效的推行工作。故每一職位皆有其資格限制，或根據其學歷或成績或經由考試，藉以證明其確能達到要求，不致因才學不足而影響工作效率。人員經任用後，除非因犯錯並依規定予以免職外，否則組織不能隨便結束此種自由契約關係，以使人員能專心一致的處理事務，不必有五日京兆之想。

六、**人員的薪給與升遷**：人員薪給的給付，應依其地位與年資，並以明文規定薪給制度及支給辦法，使占有某種職位或從事某種工作的人員，一定可享有某種待遇。除正常薪給制度外，尚須有獎懲制度與升遷制度，使人員能安心工作，並培養其事業心。獎懲制度應針對人員的工作成績優劣而設，升遷制度可根據人員工作績效或年資或績效與年資而設。

以上一、二、三、四項原則，直到現今仍為設計組織及訂定組織法規時所遵循。

第二項　人性的組織理論

人性的組織理論，大致於 1930 年後逐漸受到重視。對組織的基本看法，仍認為組織是封閉的，可與外界相隔絕，但認為組織不是靜態的，而是由活的人所組成的。因此組織內是動態的，無法全部用法規來規範的。茲選二位學者的看法，簡說如下：

壹、巴納德等非正式組織說

巴納德(Chester I. Barnard)等學者所提出之非正式組織說，乃指組織內由於各人相互間的接觸與交互影響，所自由造成的聯合體，此種結合純屬於偶然或意外而不帶目的者，故非正式組織係依組織法規所定之正式組織以外的組織，非正式組織無法用法規或組織系統表來表達。其內涵有下列各點：

一、非正式組織的性質：主要為(1)非正式組織係由成員交互行為所產生；(2)非正式組織有其不同的產生權力方式；(3)非正式組織主要依靠人間的情感來維護；(4)非正式組織的成員常有重疊性（即同一人可同時為二個以上非正式組織的成員）。

二、非正式組織形成的原因：(1)個人的特性，即人格特性、知識水準、對各種運動喜好相同者，在一起機會較多，意見溝通頻繁，對他人及事物看法較為一致，因而無形中成為一種非正式組織，組織中也有為成員所默許的領導人，領導人對成員也具有影響力；其他如(2)工作及生活方式相同者；(3)具有親戚同誼等關係者；(4)基於社交上的需要者；(5)由具有領袖慾者有意安排者等，亦為形成非正式組織的原因。

三、非正式組織的正面作用：包括(1)非正式組織可配合正式組織有效處理困擾問題；(2)非正式組織可建立更完善的意見溝通途徑；(3)非正

式組織可分擔主管的部分領導責任；(4)非正式組織可補救正式組織命令的不足；(5)非正式組織可使正式組織趨於穩定；(6)非正式組織可使成員獲得較多的滿足等。

四、非正式組織的負面作用：包括(1)抗拒改革，尤其當對非正式組織成員的利益有不利影響的改革；(2)角色的衝突，如同一成員在正式組織中的角色為會計主任，非正式組織中的角色為籃球隊的隊長，當此兩種角色發生衝突時，會使兩種角色均無法扮演好；(3)抑制才能與效率，如能力強的成員為顧及能力差的成員，不願作高度的發揮才能與效率，能力差的成員也不願能力強的成員多有發揮；(4)傳播謠言等。

由上論點，組織內非正式組織的產生是極其自然的，亦無法加以禁止的。同時各個非正式組織的存續，也不是一成不變的，有的會擴大有的會縮小甚或解散。故組織內的成員相互間的關係，是動態的、互動的，並非如傳統的組織理論中所稱可以固定的。

貳、白京生的組織病象說

白京生(C. Northcote Parkinson)教授在其 1957 年所著《白京生定律及關於行政的其他研究》中，曾提出一般組織所有之下列病象：

一、建立王國：行政首長及主管均喜歡增加部屬，以形成一股勢力（即所謂王國），因而乃想辦法製造工作（這些工作可能不是必需的），工作越多越可增加部屬，並認為每年總要增加5%～6%的員額。

二、年代愈久成員素質愈低：首長或主管用人，多選不如自己的人，以免製造職位上的競爭者，故組織成立年代愈久，其成員的素質亦將愈低。

三、採用委員會型態的機關將愈來愈多：因委員會可增加用人，但因人數多，反而無效能可言。

四、效率低落設備豪華：機關內部的行政效率雖日趨低落，但外面

的建築及辦公設備卻日趨壯麗豪華，故凡是大興土木建築華麗辦公處所之機關，便可推測其正在日趨腐敗之中。

五、機關有可用之錢必然儘量用完，否則下年度的預算必將減少。

以上有關病象的陳述，有者雖不無言過其實，但其中相當部分，確為一般機關所常見的。

第三項　系統權變的組織理論

系統權變的組織理論，約於 1960 年後受到重視。此種組織理論認為組織本身是一個系統，此種系統會受著外界環境的影響，因此組織不是封閉的而是開放的，並需配合組織外環境的改變而調整或更新原有的組織。茲舉二位學者的看法，簡說如下：

壹、帕森斯的組織系統觀

帕森斯(T. Parsons)認為一個組織係由下列三個層次（即次級系統）所構成，每一層次各有其特性與功能：

一、策略層次：如機關的首長或事業的董事會等，處於組織的前瞻地位，與社會發生直接關係。與此一層次任務有關的許多因素，組織無法作事先的了解與掌握，故此一層次須作完全開放式來看，其組織無論在形式上或作業程序上，必須有高度彈性以充分發揮應變的能力。此一層次的主要任務是制訂組織的目標與政策。

二、管理層次：如機關或事業的各單位主管及高級非主管人員等均屬於此一層次，其主要任務在協調組織內各單位，執行目標、政策及推動業務，同時也負責維持組織與外界社會團體的接觸。管理層次，對內可作封閉的觀點來看，與之相關的許多因素通常可加了解與掌握，且可用理性的原則來分析；對外與社會上團體的接觸，與之有關的因素多無

法作事先了解與掌握，故應以開放的觀點來看。

　　三、技術層次：如機關或事業中低級人員及技術部門人員均屬此一層次，其主要任務爲依照規定及利用技術與生產工具執行工作，與社會環境不直接發生關係，所面臨的只是既定目標、政策的達成，故此一層次是封閉的。

貳、卡里瑟的因素影響組織設計說

　　卡里瑟(H. M. Carlisle)認爲下列因素可影響及組織的設計，根據當時因素情況所設計的組織，遇及因素內涵有重大改變時，原有的組織設計即需作適度的調整。

　　一、組織內因素：主要有下列三個：

　　㈠目標：如事業機構多以營利爲目標，因此組織設計需重視效率；政府機關多以社會性、文化性及政治性的價值爲目標，因而組織設計需重視參與性的結構，如設委員會以處理特定問題，對效率反在其次；再如學校的組織亦少用嚴密的組織。

　　㈡工作與技術：如例行性、工作程序方法已標準化的生產工作，宜採較正式的、機械型的組織設計；對多變化的、研究解決問題的工作，宜採有機性的、彈性的組織設計。對生產例行性工作的組織，傾向於依功能或程序區分單位；對以解決問題爲主的工作，傾向於依產品種類區分單位。對以顧客爲主的工作，宜採較彈性的組織設計；對以管理物料爲主的工作，宜採較嚴密的組織設計。再對例行的工作，主管對屬員的管制幅度可大；對擴散性的工作，主管對屬員的管制幅度宜小。

　　㈢人員：如員工均屬高度技能與受完好訓練時，對員工少由組織來控制，因而組織不需嚴密，組織內層次可較少，主管對屬員管制幅度可加大，員工活動性亦較大，員工處理工作對辦法程序的依賴性亦較少。專業性員工爲擴大其運用專業知識，傾向較大的工作自由度而少加限制。

又如因員工間或團體間的衝突致減少了員工對組織目標的貢獻時，則宜採較嚴密的組織並運用規章來管制員工；如無衝突現象存在，則應賦予員工較多的自由，以期增加其對組織的貢獻。

二、組織外的因素：主要有下列五種：

㈠顧客：一般組織由社會輸入它所需要的，經轉化後再輸出於社會，輸出之受益者即為顧客。顧客人數的增減、顧客興趣的改變、顧客對輸出品質之要求提升等，均會影響及組織的任務進而影響及組織的設計。

㈡市場：組織所需要者，均從市場輸入，如人員、物料等，當社會人力、物料等供需情形發生變化時，亦將影響及組織內有關部門的任務與設計。

㈢技術：組織將輸入轉化為輸出時，通常需經組織內技術的運用，而所用之技術則受外界技術的影響，如社會上有新技術的發明，則會影響及組織內技術部門的設計。

㈣政府：政府是主管一國家之政策者，一般組織並受其約束，因此遇及政府政策有重大改變時，對原有的組織需考慮應否為配合新政策作調整。

㈤風俗習慣：社會的態度及風俗習慣，如社會重視生活品質而不重視權力，則在組織設計時，亦應反應於組織，以期與社會風俗習慣相適應。

第二節　設計組織的政策與原則

當參考組織的理論，使組織發揮效果，需訂定組織設計的政策與推行政策之原則。大致而言，設計組織之政策為設立組織架構、人事配合、講求效率、符合人性、保持彈性五個，每個政策的推行尚需設定若干原

則；對設計組織政策與原則之運用，尚需視組織性質而定；設計組織需經由適當的程序；對已有的組織尚需作檢討與改進。茲分項敍述之。

第一項　設立組織架構

設立組織架構，指依組織之任務與目標，設計組織內部單位區分及層級劃分。推行此一政策之原則包括下列四個：

壹、規定組織任務與職權

組織任務宜採廣泛的文句，並在組織法規中明定之，如內政部組織法第一條，「內政部掌理全國內務行政事務」；教育部組織法第一條，「教育部主管全國學術、文化及教育行政事務」。組織職權亦宜作廣泛的規定，如教育部組織法第二條，「教育部對於各地方最高級行政長官執行本部主管事務，有指示、監督之責」，此為對地方政府教育之事先或事中的監督權；又第三條，「教育部就主管事務，對各地方最高行政長官之命令或處分，認有違背法令或逾越權限者，得提經行政院會議議決後，停止或撤銷之」，此為對地方政府教育之事後撤銷權；又第十八條，「教育部部長，特任，綜理部務，指揮監督所屬職員及機關」，此為首長對內部職員及所屬機關之指揮監督權。

貳、區分組織內部單位及訂定職掌

組織內部單位，依其性質及職權之不同，約可區分為業務單位、行政管理單位及參贊幕僚單位三種。其中業務單位，指主管對組織任務目標的達成具有直接貢獻的單位，如財政機關的任務目標為稅收及財務調度，則收稅及財務調節單位為業務單位；行政管理單位，指主管本質上係屬支援性的工作，其目的在使業務單位能順利達成任務，如人事單位

對業務單位之支援人力，會計單位之支援財務，事務單位之支援辦公處所及用具等；參贊幕僚單位，係辦理有關法規、制度、政策、技術等事項之審查，並向首長提供建議之單位，如參事室、祕書室、顧問室、委員會等。至業務單位究應設多少，行政管理單位究應設單位或設專人，參贊幕僚單位需否設單位或專人，則需視組織職權範圍之大小、職權之複雜性及業務量等因素而定。

當單位有所區分後，則應按單位別分定其職掌，職掌之內容應較職權為具體，但各單位職掌之總和，仍不能超過本機關職權的範圍。

叁、區分組織內部層級及訂定權責

組織內部之層級，除首長（或正副首長）外，首長之下的業務單位、行政管理單位、參贊幕僚單位原則上為一級單位，如一級單位數量過多，致首長無法作有效管制時，應在一級單位之上增設一級單位（此時原有一級單位則改稱二級單位）；或一級單位之職掌過於複雜或業務量過大，致一級單位主管無法作有效管制時,則一級單位之下可再區分小單位(此種小單位即為二級單位)。如中央各部會除部次長外,各司處為一級單位,司處之下各科為二級單位；又如省府各廳處局除廳處局長外，各科室為一級單位，科室之下各股為二級單位。當層級劃分後，應即訂定各級單位之權責，如擬議權責、審核權責、核定權責等。

肆、明定指揮監督系統

組織任務與目標，非某一單位或某一工作人員所能完成，而需經由各單位及各單位的工作人員共同努力始能有成。然則如何使一個組織的各單位及各層級工作人員均能朝向組織任務與目標而努力？如各單位或層級工作人員意見不一致時將如何協調？如各單位或各層工作人員各自為政分散力量時又將如何處理？凡此均有賴於明定指揮監督系統以求解

決。有了指揮監督系統，則何單位及何層級工作人員，應受何單位及何層級指揮監督；何單位及何層級人員可指揮監督何單位及何層級人員，已有明確規定，遇有問題發生時，則由具有指揮監督權者予以處理與解決，受指揮監督者須接受有指揮監督權者的指導。

第二項　人事配合

人事配合，指訂定職務及其列等、歸系與員額，以爲用人之依據。推行此一政策之原則有下列四個：

壹、訂定職務名稱

合理的職稱，需能從職稱之用辭中顯示出該種職務所任工作之性質與其程度或地位高低。如主計員職稱，主計係表示所任工作之性質，員表示所任工作之程度；又如人事專員職稱，人事代表工作性質，專員代表程度。如係主管職稱，亦需在職稱用辭中表明，如爲一司之主管，則以司長表示；如爲一科之主管，則以科長表示；又如事業機構常用之經理、總經理等，亦係表示主管職稱之意。如係技術性職稱，亦需在職稱中表明，如技監、技士、工程司、工程員等，均屬常用之技術職稱。一組織中大部分均爲非主管職稱，在一般行政方面之非主管職稱，按其地位高低順序，最常用者有參事、專門委員、專員、科員、辦事員、雇員等；一般技術性方面非主管職稱，按其地位高低順序，最常用者有技監、技正、技士、技佐等。

貳、寬定各職務之官職等

各職務原應依其任務與責任，依分類標準列入適當的職等，但在訂定職務名稱時，各職務之眞實的任務與責任尙無法確定，故各職務之官

職等，通常於組織法規中作從寬的規範，而眞正的列等則視職務之任務與責任，依分類標準列入適當之職等，但所列之職等仍需在組織法規中所寬定的官職等範圍之內，以免列等過於寬濫。

叁、提供各職務歸系用之職系

組織內各職務，除在組織法規中需寬定官職等以備職務列等外，尚需依組織的任務與職權，提供各職務歸系用的職系。因各職務所任工作之性質常有變動，故各職務之職系應按當時職務眞正所任工作之性質，依分類標準歸入適當之職系，遇及職務之工作性質有變動時，則調整其原有的歸系。故各職務之職系，通常在組織法規中予以從寬列舉以備選用，而不事先加以限定。

肆、訂定各職務之員額

各職務之員額，除首長一人、副首長係不設或設一人或若干人外，單位主管職務之員額依單位訂定，必要時各單位並得設副主管一人或若干人；至非主管職務之員額，則視各職務需處理之業務量多寡而定，通常可採較彈性的規定，如科員二十人至三十人等。

第三項　講求效率

講求效率，指對組織的設計應有助於效率之增進。推行此一政策應行注意之原則有下列四個：

壹、配合專業分工區分單位職掌及人員工作指派

所稱專業分工，指各種專業工作均需由具有該種專業學識、經驗、技能之人員來處理。但人的聰明才智是有限的，所能具有的專業學識、

經驗、技能亦是有限的，因此一個人不可能有效處理各種不同專業的工作，只能有效處理某一種或與之相關的某數種專業的工作。爲適應此種情況，一個單位所主管的業務或一個人所經辦的工作，以屬於同一種專業者爲原則，以便羅致具有該種專業學識、經驗、技能的人員來處理。

至專業分工的方法，通常有下列數種：

一、依工作性質區分：凡屬同一性質之業務，交由同一個單位來負責或分由同一個人員來擔任。

二、依工作程序區分：如按生產程序中之購料、生產、銷售三大程序區分單位及職掌，再如購料大程序中，按請購、購置、驗收、儲存等小程序，區分小單位職掌或分由不同人員經辦。

三、依顧客對象區分：如保險機關按被保險人之爲勞工、公務員、學生、一般民眾等之不同區分單位及職掌，在學生被保險人中，再按國小學生、國中學生、高中學生、大專學生等，分配各人工作。

四、依產品種類區分：如生產機構生產甲、乙、丙三種產品，按產品區分爲三個單位主管，每一單位再按製造零件之不同，分由不同人員擔任。

五、依地區區分：如銷售貨品單位，可依地區之不同分別設置等。

以上基於專業分工原則常被採用的五種區分單位及人員經辦業務之方法，各有利弊，需視組織性質、當時當地客觀環境等因素選用之。在同一組織內，對各層級單位及同一層級之各單位間職掌區分之方法，當然可以不同，若干種方法可同時並用；對同一單位內各工作人員經辦業務的分配，亦可作如是觀。

貳、不影響有效管制下放寬管制幅度

所稱管制幅度，指主管對所屬人員能作有效管制時之幅度，管制幅度之大小通常以受直接指揮監督之屬員人數表示，如屬員亦爲主管時，

則以受直接指揮監督之單位數表示。

當管制幅度過大時，由於主管人員的學識、經驗、精力、時間有限，對所屬無法作到有效的監督，因而影響了工作效率。反之，當管制幅度過小時，主管雖有足夠的學識、經驗、精力、時間來監督所屬，但主管又往往會對所屬作過多的管制，養成屬員對主管的依賴心，甚或引起屬員對主管的反感與不滿，同樣的會影響及工作效率。故管制幅度的過大與過小，均有礙工作效率之增進。

然則管制幅度究應多大？有無一定的標準？一般而言，主管對所屬的管制幅度，並無定數，而需視下列因素的考慮而定：

一、人的因素：其中又包括主管人員的因素、屬員的因素，如主管或屬員之學識、經驗、能力、精力等條件的強弱，將影響及管制幅度之可擴大或縮小。

二、工作的因素：其中又包括工作的複雜性、所定工作標準的寬嚴、主管需親自處理的工作量等，亦需調整主管對所屬的管制幅度大小。

三、管制工具的因素：如管理科技及資訊系統的發展與應用，有利於主管對所屬的管制，因而可擴大管制幅度。

四、工作地區因素：屬員工作地區分布的疏密，將影響及主管實地考察所需時間的多寡，因而亦會影響管制幅度。

如以上各種因素情況，均屬正常並無特別之處，則主管對屬員的管制，以管制八至十二人之範圍為宜；主管對所屬單位的管制，以管制三至五個單位為宜。再管制幅度之大小，會影響及組織內部層級劃分的多寡，如內部層級多，則又會影響及工作效率。故在不影響有效管制的原則下，宜擴大管制幅度，以減少內部層級及提高效率。

叁、廣開意見溝通途徑

傳統的意見溝通途徑，多限於下行溝通（下達命令）及上行溝通（向

上呈報）兩種，爲增進效率，應在組織內廣開溝通途徑如：

一、定期舉行主管會報：由首長自行主持，俾各單位主管就職掌範圍內所遇及之問題，在會報中提出研討，不僅使各單位主管間有機會充分意見溝通，首長亦可利用此種機會向各單位主管作某種政策原則的指示。

二、鼓勵平行意見溝通：凡無指揮監督關係存在之人員及主管相互間的意見溝通，均屬平行溝通。平行溝通如運用得當，意見溝通效果會更大，在運用時間上亦少受限制。

三、鼓勵業務人員與行政管理及參贊幕僚人員意見溝通：規模較大的組織，常有業務單位、行政管理單位、參贊幕僚單位的設置，這三類單位由於性質、權責，及人員背景的不同，對同樣的問題常會持不同的看法，致業務人員批評行政管理或參贊幕僚單位侵權或好高騖遠，行政管理或參贊幕僚單位人員批評業務單位保守及不求發展等。故此三類人員相互間應多作意見溝通，以消除歧見。

四、多作雙向意見溝通：不論爲何種溝通，應儘量探雙向意見溝通，使雙方可交換意見，並獲得雙方均可接受的意見，如此所獲得結論，雙方均會遵守，根據結論來實行時，亦會獲得雙方的支持與落實。

肆、建立資訊系統

由於各組織業務之日趨繁複，所遇及問題又需迅速而正確的解決，已非只憑主管人員的智慧、學識、經驗所能奏效，而需借助於資訊系統的建立，以便隨時提供所需資訊，作爲決策之重要參考。

第四項　符合人性

符合人性，指設計一個機關的組織，尚需符合員工的需求。推行符

合人性政策應行遵守之原則有下列四個：

壹、顧及人員對工作的主動性

一般而言，人是願意工作的，且希望自己在工作上有所表現，因此設計組織時應：

一、在專業分工原則下使工作指派稍具彈性：專業分工固為提高效率之原則，但人是有主動性的，尤其對創意心甚強的人員，在不牴觸專業分工之原則下仍需使人員的工作指派稍具彈性，使工作人員不會感到工作過於單調與機械性，而影響其工作情緒。

二、對處理工作之程序方法保留適度空間：處理工作之原則及重要程序，固有加以規定或事前作指示之必要，但對一般程序與方法，不宜再作詳細的指示，而應保留一些空間，讓工作人員去思考去運用，對學識、經驗豐富及責任心強的工作人員更是如此。

貳、注意專長興趣與職務的配合

各組織任用人員固需考慮任用資格，但除任用資格外仍需顧及擬任人員的專長興趣與所任職務工作的配合，將現職人員調任時亦是如此。專長興趣與職務工作如能配合，不但使工作人員能學以致用、增進工作興趣，更可使工作人員在職務工作上獲得更多的成就，而且職務工作亦可順利完成，對工作人員個人及組織均屬有利而無害。

叄、增加工作人員發展機會

組織內每一工作人員，均希望自己有發展的機會，而職務的晉升或官職等的晉升，是最能代表發展機會者。因此在設計組織時需：

一、職務可跨列官職等：官職等高低通常表示地位的高低、俸給的高低，如一職務可跨列二個至三個職等，甚或跨列二個官等，則工作人

員初任時自低官職等任用，經歷若干年工作績效優良者，即使未獲調升職務，仍可在職務上以高一官等或職等任用，表示有了發展。

　　二、同一單位內配置若干不同官職等的職務：如在一個科內，配置有科長、專員、薦任科員、科員、辦事員等不同官職等之職務，如進用時以辦事員任用，經若干年後且工作績效優良者，可晉升至科員職務，甚或再依次晉升至薦任科員、專員、科長職務。此種設計不但可增加工作人員自我發展機會，更可鼓舞工作情緒發揮潛能。

　　三、增設副主管職務：副主管職務是培養正主管人才的最好處所，在副主管任內一方面可歷練擔任主管職務所需的學識、經驗與能力，一方面可全盤了解整個單位的業務。為增加人員發展機會，在整個組織而言可增設副首長，在各單位而言可增設副主管，至增設副職之人數，自宜視業務繁簡及業務量等考量之。

　　四、避免員額編制上產生晉升瓶頸：從整個組織的員額編制言，通常低官職等職務員額多於中間官職等職務員額，高官職等職務員額又少於中間官職等職務員額，亦即所謂金字塔型的組織設計（情形特殊之組織當然有例外），此種設計對人員的發展與晉升頗有幫助。如在員額編制之設計上，中間官職等職務員額極少、低官職等職務員額極多，則低官職等職務人員需晉升至中間官職等職務時，就會發生瓶頸現象，同時亦更會影響到晉升至高官職等職務的機會，故在晉升階梯上，應儘量避免晉升瓶頸現象的發生。

肆、顧及人員自尊

　　如組織內所用之職稱，應避免用庸俗或有低賤意義的文字。再組織內部單位的層次不要區分過多，否則不但有礙工作效率，且亦有損基層單位人員的自尊心。

第五項 保持彈性

保持彈性，指組織爲適應組織外及組織內環境的變化，將組織作適度調整，俾組織能在社會上持續的生存與發展。推行保持彈性政策之原則有下列四個：

壹、保持組織架構彈性

組織架構，是組織型態的骨架，爲適應社會環境的變動，應注意：

一、組織內單位區分的彈性：通常言，組織內之一級單位的區分，可作穩定的設計，但一級單位下之二級單位及三級單位，則應保持彈性，如設二十個至三十個二級單位，至究應設多少個則視當時業務需要而定。如目前一般部會的組織，除一級單位之名稱及職掌大致於組織法中明定外，至二級單位之科的設置，則只明定設科長若干人至若干人，其實際設立之科的名稱與職掌，則在辦事細則或處務規程中定之，以便隨時根據需要而調整。

二、組織層級區分的彈性：組織內上下單位間究應區分爲若干層級，亦宜保持適度彈性。如以中央各部會組織而言，司處爲一級單位，司處之下設科爲二級單位，至科的名稱及職掌則另以辦事細則或處務規程中定之。如認有必要，亦得考慮在辦事細則中規定對業務繁重之科，得再分股辦事，股長由資深科員兼任之，若此即可達到層級區分保持彈性的目的。

三、各單位職掌區分的彈性：爲適應社會環境的變遷，組織內各單位的職掌亦宜保持彈性。如組織內各單位之職掌，在組織法規中不按單位分別訂定，而採用總的列舉的規定，至各單位之職掌如何區分則另在辦事細則或處務規程中明定，以便隨時調整。又如在各單位所列舉的職

掌之後，增列「其他有關事項」一項，以免掛一漏萬，同時使分配未被
列舉的職掌時亦有了根據。以上均可使各單位職掌區分保持彈性。

貳、保持員額編制彈性

一個組織究應設多少職務，及每種職務可置多少員額，通常均在組
織法規中明定。除職務名稱仍作明確的訂定外，至各職務的編制員額，
除一級單位主管員額需配合一級單位數設置外，其餘二級以下單位主管
職務及所有非主管職務的員額編制，均宜保持彈性，高層次的非主管職
務員額編制彈性可較小，中下層次非主管職務員額編制彈性宜較大，尤
以基層非主管職務之員額編制爲然。

如因組織性質特殊，以上述方法仍不足以適應社會環境之變遷時，
則可採用不定各職務之分員額而只定各種職務之總員額，至各職務之分
員額則視當時需要由各機關自行決定，但各分員額之總和仍不得超過原
定的總員額。如仍認爲適應社會變遷有困難時，可考慮只定各種職務的
名稱，至各種職務之員額則根據當時業務需要，改在年度預算內編定，
不再受組織法規的限制。

叄、各單位職務及員額配置的彈性

一個組織之各單位，究應配置何種職務及各種職務之何種員額，除
主管職務依單位配置外，其餘非主管之職務及員額，應視當時業務需要
而定，當各單位之業務有重大變動時，則其職務及員額亦需作配合的調
整，但各單位之職務及員額仍不得超過組織法規之所定。

肆、運用矩陣組織及任務編組以應特種需要

一個組織的一級單位名稱及其職掌，多在組織法規中明定，以保持
組織架構之相當的穩定，但當組織遇及特種情況而使原有的一級單位區

分無法適應需要時，則可作下列的臨時措施：

一、**運用矩陣組織**：矩陣組織，指在縱向領導的單位中，指定人員同時參加橫向領導的單位，其情形如下圖所示：

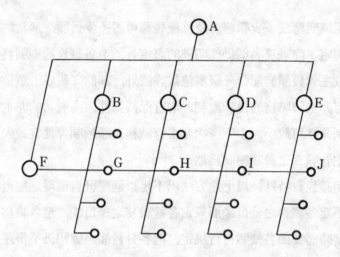

　　上圖 A 為機關首長，BCDE 為縱向領導的單位主管，各別領導四個屬員，但 F 亦指定為單位主管，受其領導者為 GHIJ 四人，此四人一方面分別為 BCDE 主管的屬員，但同時亦是 F 主管的屬員。此種矩陣組織不必在組織法規中明定，可視需要而指定。如採此種設計，則 GHIJ 四人在何種工作上分受 BCDE 主管的領導，何種工作需受 F 主管的領導，應作明確區分，否則會引發權責的衝突。

二、**運用任務編組**：任務編組，指向有關單位抽調人員，組成一臨時性的單位(稱工作小組、專案小組等)，並指定職務較高者一人擔任召集人，處理臨時或突發性業務。在任務編組期間，被抽調人員即暫時離開原單位，而專職在任務編組中工作，故其情形與矩陣組織不盡相同。

　　以上措施，雖為適應特殊需要而作之臨時措施，但究非組織之常態，故其運用不可浮濫。通常遇及增加臨時性特殊任務且非屬某一原有單位所能全權處理時，始可運用，且一旦任務完成，原有的矩陣組織或任務

編組應即撤銷，原有人員應即歸還原單位。

第六項　設計組織政策原則的運用

以上第一項至第五項所提設計組織的政策與原則，在運用時，對各政策與原則受到重視的程度，應視組織之特性而作適度的調整。

壹、政府機關對設計組織政策與原則的運用

政府機關依其業務特性之不同，大致可區分為下列三類，對設計組織政策與原則之重視程度，亦不盡相同。

一、業務較為穩定之機關：政府機關中業務較為穩定，亦即受社會環境變動之影響較小者，當為多數，設計此種機關組織時，對設立組織架構、人事配合、講求效率三個政策與原則需加特別重視；至符合人性與保持彈性的政策與原則，可只作必要的較低度的使用。凡與組織有關事項，多可將之納入組織法規，以保持組織的穩定。

二、業務變動大之機關：業務變動性大之政府機關，亦為受社會環境變動之影響較大者，當為少數，設計此種機關之組織時，對符合人性、講求效率、保持彈性三個政策與原則，需特加重視；至設立組織架構與人事配合的政策與原則，只作必要的較低度的使用即可。組織法規內容儘量求其簡單，凡與組織有關之一般事項，可於辦事細則或處務規程中訂定，以便視需要適時調整。

三、學術研究性之機關：其主要任務為從事學術研究之機關，設計此種機關之組織時，對設立組織架構、人事配合、符合人性三種政策與原則，需特加重視；至講求效率與保持彈性的政策與原則，只需作必要的較低度的使用即可。組織法規內容可較為簡單，凡與組織有關的一般事項，可於辦事細則或處務規程中定之，以便適時調整。

貳、公營事業對設計組織政策與原則的運用

一、金融保險事業：此種事業之業務通常會受著社會環境變動的影響，因此在設計組織時，對設立組織架構、符合人性、講求效率、保持彈性四種政策與原則，需特加重視；至人事配合的政策與原則，只需作必要的較低度的使用即可。組織法規內容應較爲簡單，除與組織有關之事項，可列入組織規程外，其餘事項宜以辦事細則規定，以便適時調整。至員額編制除中上級職務可按職務分別規定有幅度的員額外，其餘各職務之員額可只作總的員額規定。

二、生產事業：此種事業之業務，受社會環境變動之影響最大，因此在設計組織時，對設立組織架構、講求效率、保持彈性三種政策與原則，需特加重視；至人事配合、符合人性的政策與原則，只需作必要的較低度的使用即可。組織法規內容宜力求簡單，除重要架構及職權，可在組織規程中訂定外，其餘事項均宜以辦事細則定之，以便隨社會環境變動而適時調整，至各職務之員額除高級職務可按職務作有幅度的員額規定外，其餘職務之員額宜以總員額並於預算中定之。

三、交通事業：此種事業之業務，亦會受著社會環境變動的影響，因此在設計組織時，對設立組織架構、人事配合、講求效率、保持彈性四個政策與原則，應特加重視；至符合人性的政策與原則，只需作必要的最低度的運用即可。組織法規內容，宜較爲簡單，與組織有關之較重要事項可列入組織規程，其餘事項宜改以辦事細則規定，以便適時調整。至各職務的員額，除中上級職務可分別作有幅度的員額規定外，其餘職務的員額亦宜以總員額定之，以便隨業務需要調整各種職務的分員額。

第七項 設計組織的程序

設立組織，必有其任務、目標，及賦予完成任務達成目標所需要的職權。根據任務、目標及職權來設計組織架構與人事配合（即編制員額）時，在程序上通常有三種可資選用。

壹、由上而下的演繹設計程序

即根據組織的任務、目標、職權，先設計組織首長級職務及其官職等與員額（首長級的任務、目標及職權，即為組織的任務、目標與職權，故不需再規定），再設計一級單位的設置、職掌及職務官職等與員額，而後再二級單位直至基層單位止。茲簡說如下：

一、首長級職務官職等與員額：首長級職務，包括正副首長職稱，如為首長制組織，除中央各部稱為部長、次長（其中又有政務次長與常務次長之分）外，其餘均為正副之分，如署長、副署長，局長、副局長，處長、副處長等。如為委員會制組織，則以主任委員、副主任委員（如國軍退除役官兵輔導委員會），或以委員長、副委員長（如僑務委員會）稱之，省政府則委員兼主席稱之。

首長級職務之官職等，除中央院部會級正首長之官等為特任不再分職等外，中央院部會副首長及署局處正副首長，多為簡任十四職等，如屬政務性職務則以比照簡任十四職等名之。至部會所屬各機關及地方政府各機關正副首長之官職等，則視組織層級及權責繁簡輕重情形，分別定其官職等。

副首長需否設置及副首長之員額，多視機關層級、業務繁簡等而定，高層級機關及業務繁複機關，多設有副首長，其員額少者一人，多者可達三人；低層級機關及業務簡單機關，則不設副首長。如設副首長在二

人以上者，應分別規定其主管之職掌，如按政務、事務區分職掌，或按業務之為行政、技術等不同性質區分職掌。

二、組織內一級單位區分及職務、職掌與員額：一般組織之一級單位，通常按業務特性之不同來區分，即先區分為業務單位、行政管理單位二類（如業務較為簡單規模甚小之組織，可只設業務單位；業務繁複規模龐大之組織，除行政管理單位外可再設參贊幕僚單位），而後再在業務單位及行政管理單位中區分單位，但亦有按地區或物品區分者。如以教育部的組織為例，高等教育、技術及職業教育、中等教育、國民教育、社會教育、體育、邊疆教育、國際文化教育、學生軍訓等司處，均為業務單位，而總務、祕書、會計、統計、人事等司處室，均為行政管理單位；另法規委員會及由教育部自設置的參事室、督學室等，則為參贊幕僚單位；單位設置後，則分別規定其職掌。

一級單位之職務，包括單位正副主管之職稱，單位主管則以司處長室主任等名之，副主管則多以副司處長副主任等名之。司處長之官職等通常低於副首長之官職等，而副司處長之官職等則又低於司處長之官職等。至副主管之員額，通常設一人，但業務特別繁複之單位亦有設副主管一至二人者。

三、組織內二級單位區分及職務、職掌與員額：一級單位業務繁複及業務量甚大者，通常再於其下區分二級單位。區分二級單位仍就上級單位所主管之職掌，再按其性質之不同，予以區分為若干二級單位，但亦有就一級單位職掌依其處理程序之先後，或顧客之類別，或產品之種類，或業務地區之不同，再區分二級單位者。如內政部民政司下分地方行政科、選舉科、宗教輔導科、禮儀民俗科、史蹟維護科、山地行政科（按業務性質區分）；內政部統計處下分調查科、分析科、編審科（按處理程序區分）；外交部亞太司、亞西司下，按主管地區或國別區分科別。當二級單位區分後，再分別規定其職掌，同一一級單位下各二級單位之

職掌，通常比一級單位之職掌爲具體明確，但在範圍上仍不得超過一級單位之職掌；再一級單位職掌雖多在組織法規中明定，但二級單位之職掌則多在處務規程或辦事細則中規定。

　　二級單位之主管，如分處辦事則以處長稱之，如分科或分組辦事，則以科長或組長稱之，其官職等則比一級副主管的官職等爲低，二級單位主管之員額，通常作有幅度的並綜合的規定，如設科長二十至三十人。至二級單位通常不設副主管職務。

　　四、組織內三級單位區分及職務、職掌與員額：政府組織中設三級單位者極爲少見，如確有設三級單位者（如臺灣鐵路管理局於局長下設處，處下設課，課下設股），其單位區分，及職務、職掌與員額，可參照上述二級單位之區分情形設計。

　　五、各級非主管職務、職掌及員額：除各級單位主管及副主管職務與官職等及員額，依上述一至四之敍述外，各級非主管職務之官職等及員額，可依下列原則設置。至非主管職務之職掌則由所屬單位主管指派，不需在有關組織之辦事細則或處務規程中規定：

　　㈠依職責程度高低列出行政性及技術性非主管職務之職稱：如(1)一般行政性職稱爲參事、研究委員、專門委員、祕書(薦任及委任)、視察（薦任及委任）、專員、科員（薦任及委任）、辦事員、雇員等；(2)一般技術性職稱爲技監、技正（簡任及薦任）、技士（薦任及委任）、技佐等。

　　㈡按單位層級及預估業務性質及數量配置非主管職稱：如中央部會於部會首長之下，視法規審議、參贊及研究等業務量，設置參事、研究委員若干人，視技術審核等業務量設置技監若干人；再視各司處研究審議、核稿、視察等行政性及技術性業務量，設置專門委員、簡任視察、簡任祕書、簡任技正若干人；再視各科核稿及專題研擬、視察等行政性及技術性業務量，設置專員、薦任祕書、薦任視察、薦任技正若干人；再視各科經辦行政性及技術性業務量及業務的繁簡，設置薦任科員、薦

任技士、委任科員、委任技士、辦事員、技佐各若干人。

㈢視業務特性設特種技術職務：如工程業務設總工程司、正工程司、工程司、副工程司、助理工程司、工程員、助理工程員等；對醫療業務設置主任醫師、主治醫師、住院醫師等；對電子處理資料業務設主任分析師、分析師、助理分析師等；對督導學校業務設簡任督學、薦任督學等；對護理業務設護理主任、護士長、護士、助理護士等。此類特殊性職務之員額配置情形與上述㈡同。

㈣寬定各級非主管職務之職等：非主管職務之職等，原則上應保持低於上級主管與同級主管相當的關係，如參事之官職等，應低於部會副首長並與部會一級單位主管司處長相當，即為十二職等；又如配置司處之簡任專門委員之職等應低於上級主管並與二級主管相當的關係，即可列為十至十一職等，祕書、視察等職務可列為九職等；又如配置於科的專員、視察等職務，可列為八職等或七至九職等；至科員、辦事員等職務，則完全視業務職責程度而定，在低於基層主管官職等之原則下，設定具有相當幅度的職等。技術性非主管職務之官職等，亦視所配置單位之層級及職責程度，在上述原則下配置適當的官職等。

貳、由下而上的歸納設計程序

此種設計程序與上述由上而下的演繹設計程序剛好相反，即先根據組織的任務與目標，預估組織應處理之各種業務的工作項目及其工作量與職責程度，運用組合職位的原則（即使每一職位均有一定範圍的工作項目、適當的工作量、明確的工作權責），將各工作項目組合為職位，此即基層職位的數量，再根據有效管制幅度的原則，歸納設置基層單位，而後視基層單位數量歸納設置上級單位，直至首長層級為止，再在各級單位內配置適當的研究、審核等職務及副主管職務。至基層非主管職務的名稱及官職等，則視所任工作項目之性質與職責程度而定。此種設計

程序最爲科學，對組織的業務範圍及工作量甚爲穩定的組織可適用之。

叁、演繹歸納並用的設計程序

即對中上級單位及職務之官職等與員額，採由上而下之演繹設計程序；對基層非主管職務及基層單位主管職務之官職等與員額，採由下而上的歸納設計程序；遇及因兩種設計程序結果致中級單位之設置不能配合時，則可將基層或中級單位再作適當的調整，以求相互配合。此種設計程序，對行政機關及公營事業機構而言，應是最能兼顧理論與事實的組織設計程序。

以上三種設計程序，在推行設立組織架構及人事配合二個政策與原則時可予選用，至講求效率、符合人性、保持彈性三個政策與原則，對不論採用何種程序所設計而成的組織，自需接著作適度的應用，始能眞正完成一個組織的設計，此乃需加注意者。

第八項　對已有組織之檢討改進

一個依組織設計之政策與原則並經由適當的設計程序所設計完成的組織，基於多種原因，於成立並經過相當期間後，需作檢討與改進。茲簡說之。

壹、形成組織員額擴增的原因

一、**組織擴大增多之原因**：政府的組織，在架構上會日趨擴大，在數量上會日趨增多，其主要原因除配合人口自然增長、推行重大建設、加強社會治安、推行環境保護、加強爲民服務等，致需增加新組織或擴大原有組織外，但由於首長及主管不正常心理因素而引致增加新組織或擴大原有組織者亦不在少數。如吾人常從報端看到，爲推行某種新增業

務要成立新的專責機構；當某機關增加新業務時，首長就會要求增加新單位，至此種新增業務可否由原有組織或組織內原有單位來承擔，則少去檢討，致政府的機關組織架構愈來愈龐大，機關數量愈來愈多。

二、**員額膨脹之原因**：除因組織增大組織數量增多時，員額亦跟著膨脹外，即使組織架構不變數量未有增多，亦會增加員額。其原因除在形成組織擴大增多中所述之原因外，同樣的亦受首長及主管不正常心理因素而引致員額的膨脹。如少從原有組織的病象中去檢討改進（諸如對有無實施分層負責、原有人力已否作充分運用、工作情緒是否低落、工作方法程序是否過於繁雜、對員工有無採取激勵措施等，少作檢討改進），而即遽予要求增加員額，致組織員額的膨脹率持高不下。

以上政府組織之擴大增多與員額之膨脹情形，不但我國為然，其他國家亦少有例外。

貳、組織員額擴增的後果

一、**形成人事惡性循環**：組織員額不斷擴增，致人事費用負擔沉重，俸給難於調整，進而影響工作情緒與行政效率，為完成任務，乃引致首長及主管之再要求擴增組織員額。如此周而復始的循環，其危害之大可想而知。

二、**增加人事管理困擾**：由於員額增加，將相對的增加無效人力，形成有人無事做或有事無人做，機關內人際間的是非與控告歪風，往往由此而起。

三、**降低公務生產力**：由於組織員額的擴增，復加以姑息心理的作祟，使機關只有設立而無裁撤，員額只有增加而無裁減，致組織臃腫、冗員充斥，影響情緒士氣，效能低落，生產力降低。

叁、組織員額擴增病態的改進

對組織員額不斷擴增的病象，應早思有所改進，其改進之措施，固應因時因地因人而制宜，但下列各種措施，或多或少可參酌使用：

一、檢討任務職權與精簡組織架構：此乃從大處著眼的措施，即各組織的現有任務與職權先作檢討，取消不必要的任務，並釐清組織與組織間任務與職權的劃分，以免發生衝突或脫節。根據經檢討及保留的或調整後的任務與職權，本著精簡原則來重新設計組織架構，以健全組織功能。

二、檢討職位設置：將組織為完成任務所應行處理的工作，組合為一個一個的職位，以便指定適當人員來擔任。每一職位應有一定範圍的工作項目、適當的工作量及明確的工作權責，以加強職位功能。

三、改進工作方法：應用工作簡化的技術，對組織內較多員工所處理的工作及數量龐大的工作，推行工作簡化，務期能以最簡單的程序、最有效的方法、最少的時間就能辦理完成，以節省人力、時間、經費，並使工作處理得更好。

四、實施辦公室自動化：將工作程序較為固定、處理方法亦少有變化的工作，儘量改由電腦處理，以一方面可節省人力，另一方面可使工作更為確實。

五、可以外包之工作可試行外包：對公權力之行使不受影響之技術性、操作性、事務性工作，從成本觀點考慮，如認外包比自己處理更為經濟時，可考慮外包，但仍需由組織嚴加監督。

六、舉行員額評鑑：就組織現有員額及其工作分配情形，以實地調查、面談及觀察等方法，舉行員額評鑑，再就評鑑結果提出裁減員額之目標，並定於若干年內達成。此種方法在外國甚為常見，即在編預算時決定裁減員額百分之若干（但此種裁減的百分比，他們多為基於政策或

主觀而定，並非經由員額評鑑而來）。

七、**消除無效人力**：對無所事事或學識才能不能勝任工作而又無其他工作可資調配之人力，應採退休、資遣等方式予以消除，以利精簡員額。

八、**擴大人力運用**：採用各種激勵措施，提高員工工作意願，發揮員工工作潛能，以增加每個員工的生產力，減少員額的增加。

第三節　機關組織的法制化

當一個機關的組織作大致的設計後，應將其內涵予以法制化，此即所謂訂定組織法規。訂定機關組織法規時，政府機關與公營事業頗有不同，而政府機關中又有中央機關與地方機關之別。茲分項敘述之。

第一項　政府機關組織法規

政府機關之組織法規，中央機關與地方機關又有差別，其情形如下：

壹、中央機關之組織以法律定之

依中央法規標準法第五條，「左列事項應以法律定之，(1)憲法或法律有明文規定應以法律定之者；(2)關於人民之權利義務者；(3)關於國家各機關之組織者；(4)其他重要事項之應以法律定之者」，故中央機關之組織應以法律定之。其情形如下例：

一、**憲法明文規定應以法律定之者**：如憲法第六一條，「行政院之組織以法律定之」；憲法第八九條，「考試院之組織以法律定之」。

二、**法律明文規定應以法律定之者**：如司法院組織法第七條，「司法

院設各級法院、行政法院，及公務員懲戒委員會，其組織均另以法律定之」。

三、關於國家各機關之組織者：如行政院衛生署組織法第一條，「行政院衛生署掌理全國衛生行政事務」。

四、視機關特性分別以法、條例、通則名之：大凡推行一般政務之機關，其組織大都以法名之，如行政院組織法、教育部組織法、交通部組織法；推行特種政務之機關或中央部會所屬機關之組織，大都以條例名之，如行政院經濟建設委員會組織條例、行政院環境保護署組織條例、經濟部商品檢驗局組織條例；若干業務性質及組織類型相同之若干機關，將其組織只定一個法律，並共同適用於該種業務及組織類型之各機關者，則大都以通則名之，如經濟部國際貿易局所屬各辦事處組織通則、交通部中央氣象局附屬氣象測報機構組織通則、財政部各地區國稅局組織通則。

中央機關組織雖以法律定之，但亦有基於憲法或法律授權，准由總統或主管院以組織規程（即行政規章）定之者。其情形又有下列二種：

一、根據憲法前臨時條款（現已由憲法增修條文所代替）由總統以命令公布組織規程者：如動員戡亂時期國家安全會議祕書處組織規程、行政院人事行政局組織規程(依憲法增修條文第九條，「總統為決定國家安全有關大政方針，得設國家安全會議及所屬國家安全局；行政院得設人事行政局；前二項機關之組織均以法律定之，在未完成立法程序前，其原有組織法規得繼續適用至中華民國八十二年十二月三十一日止」)。

二、根據法律授權由主管院以組織規程定之者：如國民大會祕書處組織規程，係依國民大會組織法第十二條，「祕書處之組織及處務規程，由國民大會主席團訂定之」之規定而訂定；經濟部駐外經濟商務機構組織規程，係依經濟部組織法第三二條，「經濟部為促進對外經濟關係，得報請行政院核准設駐外經濟或商務機構」之規定而訂定；國立教育資料

館教育廣播電臺組織規程，係依國立教育資料館組織條例第九條，「國立
教育資料館得設教育廣播電臺及教育電視廣播臺，其組織規程由教育部
擬訂，呈請行政院核定之」之規定訂定。

貳、地方機關之組織以組織規程定之

依新近公布施行之直轄市自治法及省縣自治法規定，其情形如下：

一、直轄市政府之組織：依直轄市自治法第三一條規定，市政府組
織規程由市政府擬訂，經市議會同意後，報請行政院備查。新設之市政
府組織規程，由行政院擬訂送立法院查照。組織規程中其有關考銓業務
事項，不得牴觸中央考銓法規，並於核定後函送考試院備查。

二、省縣（市）政府之組織：依省縣自治法第四二條規定，除省政
府組織規程之擬訂、同意與備查及查照，與直轄市組織規程相似不再敍
述外，至縣（市）政府之組織，由省政府擬訂準則經省議會同意後，報
請內政部備查。各縣（市）政府應依準則擬訂組織規程，經縣（市）議
會同意外，報請省政府備查。各級政府、公所之組織規程及準則，其有
關考銓業務事項，不得牴觸中央考銓法規，各權責機關核定後，應函送
考試院備查。

三、原有組織規程之適用：直轄市及省縣自治法公布施行前，各相
關法規未制（訂）定、修正前，現行法規仍繼續適用。

第二項　公營事業機構組織法規

公營事業機構之組織法規，因組織型態之不同而有差異。其情形如
下：

壹、機關型態事業以組織特別法定之者

如中央銀行之組織，以中央銀行法定之；交通部所屬之郵政總局及電信總局的組織，分別以郵政總局組織法，及電信總局組織條例定之。

貳、機關型態事業以組織規程定之者

如臺灣省菸酒公賣局、臺灣鐵路管理局、臺灣省高雄港務局等之組織規程，均由臺灣省政府擬訂報由行政院核定。

叄、公司型態事業以組織章程及組織規程定之者

如國省營生產事業及金融保險事業，大都採公司制之組織，即除依公司法規定訂定章程，規定董監事會組織及其職權暨主要業務範圍外，另以組織規程規定其公司之內部組織，必要時並按所屬單位分別訂定其組織規程；有關內部單位區分、職掌、層級劃分等，均在組織規程中規定，至一般職稱及其職等與員額，除高級職稱、職等及其員額在組織規程中明定外，其餘中下級之職稱、職等及其員額，不再列入組織規程，而以預算總額定之。

第三項　一般組織法規應包括事項

一般組織法規應包括之事項，不論為政府機關或公營事業，不論以組織法律或組織規程定之，除情形特殊之組織法規外，一般的組織法規所包括之事項如下：

壹、名稱

即機關之名稱，從其名稱需能表示出機關之職權與地位。如行政院

之「行政」係表明職權，「院」係表明地位；經濟部之「經濟」係表明職權，「部」係表明地位；工業局之「工業」係表明職權，「局」係表明地位；如其職權之行使只限於某一地區者，則需冠上地區字樣，如臺北市警察局之「臺北市」係表明地區；臺灣省公路局之「臺灣省」係表明地區等。

貳、隸屬系統

係表明本機關在指揮監督系統中之地位，亦即規定本機關在工作上需受何機關之監督，及本機關可監督何機關及人員；如內政部警政署組織條例第二條規定：「警政署承內政部部長之命，執行全國警察行政事務，統一指揮監督全國警察機關執行警察任務。」有些機關之組織法規，並未明文規定受何機關之監督，但其受監督之關係仍可就該機關組織法規之法源來認定，如行政院主計處組織法，雖未明文規定主計處受何機關監督，但主計處組織法係根據行政院組織法第五條而訂定，故可解釋為行政院主計處應受行政院之監督。對可監督何機關及人員之規定，其方式有下列兩種：

一、**中央部會之規定方式**：如內政部組織法第一條、第二條、第三條分別規定：「內政部掌理全國內務行政事務」，「內政部對於各地方最高行政長官，執行本部主管事務，有指示監督之權」，「內政部就主管事務，對於各地方最高行政長官之命令或處分，認為有違背法令或逾越權限者，得提經行政院會議議決後，停止或撤銷之」。

二、**一般機關之規定方式**：如國有財產局組織條例第四條，「局長承財政部部長之命綜理局務，並監督指揮所屬機構及職員」。交通部民用航空局組織條例第五條，「局長綜理局務，指揮監督所屬人員及機關」。

叁、區分層級及單位

　　一、區分層級：大致而言，中央各部會及與部會相當之處局署，其層級區分為三級，即部會首長（副首長）為一級，司處長（副司處長）為二級，科長為三級。中央部會所屬之各局處署，其層級多區分為二級，即局處署首長（或副首長）為一級，科長（或組長或室主任）為二級；但對業務繁複組織編制甚為龐大之局，亦有設首長、組長、科長三級者，如經濟部商品檢驗局即屬其例；至規模較小之機關，則不再分科。省市政府之各廳局處，其層級亦區分為三級，即首長（副首長）為一級，科長為二級，股長為三級；廳處局所屬機關，則分首長及課長二級為原則，但對業務繁複規模特大者，亦有設首長、處長、課長三級者，如臺灣省公路局；甚至於課長之下再設股長者，如臺灣省鐵路管理局。

　　二、區分單位：大致而言，以區分業務單位及行政管理單位者為多，業務單位之多寡視業務之繁簡而定，行政管理單位則以設人事、主計及總務之單位者為多，但亦有將主計分設為會計及統計兩單位者。至參贊、幕僚等單位，則僅中央部會及少數業務繁複，負有決策，且規模甚大之機關有設置。區分單位之方法，大部分係根據工作性質區分，小部分則根據工作程序、管轄地區、顧客及產品種類而區分；同一機關內上下層級之單位，其區分之方法可能又有不同，如一級單位根據工作性質區分，二級單位又根據工作程序區分等。

肆、劃分職掌

　　各機關規定職掌之方式，有下列三種：

　　一、先規定一綜合性職掌，而後再按單位規定職掌：如交通部組織法第一條，「交通部規劃、建設、管理、經營全國國有鐵道、公路、電信、郵政、航政並監督公有及民營交通事業」；而後於第七條至第十二條，分

別規定路政司、郵電司、航政司、材料司、財務司、總務司等之職掌。

二、逐按單位規定職掌：如監獄組織條例第二條規定，監獄設調查分類科、教化科、作業科、衛生科、戒護科、總務科；第三條至第八條，分別規定各該科之職掌。

三、先逐項列出本機關之職掌，至各單位之職掌則由各機關另以辦事細則就機關職掌中自行分配者：如經濟部工業局組織條例第二條，規定工業局之職掌共十五項，局內設七組，各組之職掌如何分配，則另在工業局辦事細則中規定。

又各單位之職掌，如於組織法規中規定時，亦僅限於一級單位，至二級單位之職掌（如中央部會之科），則均在辦事細則中規定。

伍、員額編制

員額編制係指職稱、官等、職等及員額而言。組織法規對員額編制之規定情形如下：

一、職稱：係指職務之名稱。合理之職稱，需能從職稱之用辭中，顯示出該種職務所任工作之性質及程度或地位之高低。各機關公務人員可用之職稱，均在組織法規中明定，組織法規未有明定之職稱，公務人員不可應用，機關首長亦不可令派。職稱依其是否為主管，可區分為主管職稱與非主管職稱兩類；非主管職稱依其所任工作性質，可區分為技術職稱及行政職稱兩類；各類職稱之較為一般性者舉例如下：

㈠主管職稱：中央機關適用者，有部長、次長、委員長、副委員長、主任委員、副主任委員、司長、副司長、處長、副處長、局長、副局長、組長、副組長、科長等；地方機關適用者，有省主席、市長、廳長、副廳長、處長、副處長、局長、副局長、主任委員、副主任委員、縣長、科長、主任、所長、組長、股長等。

㈡行政非主管職稱：中央機關適用者，有參事、督學、祕書、視察、

專門委員、專員、科員、組員、辦事員、助理員、雇員等；地方機關適
用者，有專門委員、督學、視察、祕書、專員、科員、組員、辦事員、
助理員、雇員等。

　　㈢技術非主管職稱：中央機關適用者，有技監、技正、技士、技佐、
總工程司、副總工程司、正工程司、工程司、副工程司、助理工程司、
工程員、助理工程員、主任醫師、主治醫師、住院總醫師、住院醫師、
護士長、護士、助理護士等；地方機關除技監不用外，其餘與中央機關
之技術職稱同。又上述技術職稱中，如總工程司、副總工程司、技正、
主任醫師、護士長等，亦含有主管職務之性質。

　　二、官等、職等：係指職稱所列之官等、職等，在現行組織法規中，
其規定方式有下列三種：

　　㈠只規定官等者：原實施簡薦委任制之機關多適用之，即各職稱以
列單一官等爲原則，如司法行政部（現爲法務部）組織法，原規定爲次
長、參事、司長、祕書爲簡任，科長、編審爲薦任，科員、書記官爲委
任；衛生署之署長、副署長、主任祕書、參事、處長、室主任爲簡任，
科長、技正、專員爲薦任，科員、技佐爲委任，雇員爲雇用。對少數情
形較爲特殊之職稱，亦有規定可以跨等者，其規定之方式又有兩種，一
爲僅其中若干人可以跨等，如衛生署「技士九人至十五人，其中三人至
五人薦任，餘委任」；另一種爲均可跨等者，如外交部「科員八十八至一
百二十三人，委任或薦任」，是爲例外。又如臨時機關各職稱，則以簡派、
薦派、委派等規定；警察官各職稱，則以警監、警正、警佐等規定之。

　　㈡只規定職等者：原實施職位分類之機關多適用之，即各職稱所列
之職等，以跨列若干職等爲原則，尤以非主管職稱爲然，如內政部及教
育部組織法，原規定爲主任祕書、參事、司長、處長、專門委員，其職
位均列第十至第十二職等；科長、專員，其職位均列第六至第九職等；
科員、辦事員，其職位均列第一至第五職等；書記職位列第一至第三職

等；至部分主管職稱則列單一職等，是爲例外，如內政部、教育部次長職位列第十四職等。地方機關各主管職稱之職等，則多有列單一職等之趨向，如省市局長、處長列第十二職等，科長列第九職等，股長列第七職等，縣市政府科長、局長列第九職等。

㈢官等職等並列者：自簡薦委制及職位分類制合一後新設或新修正之組織法規中多適用之，即各職稱以列單一官等及跨列若干職等爲原則，如國立故宮博物院之主任祕書、處長、參事，職位均列簡任第十至第十二職等；編審、技正，職位均列薦任第七至第九職等；技士、科員，職位均列委任第三至第五職等。

三、員額：組織法規對各職稱之員額規定情形如下：

㈠主管職稱：以規定一定員額爲原則，如置部長，局長一人、司長六人、處長三人等，因主管係屬機關或內部單位之主管，一機關，只置一首長，內部單位數及其職掌如在組織法規已有明文規定時，其單位主管之員額自亦應作定數規定。部分副首長、副主管及基層單位主管，其員額則多作彈性的規定，如置次長一至二人，副局長一至二人，科長十五至二十人等。

㈡非主管職稱：以彈性規定其員額爲原則，如置參事二至四人，專門委員五至十人，專員十至十五人，科員二十至三十人等。彈性幅度之大小，各機關不盡一致，如教育部組織法規定，置科員三十一至六十二人，相差二倍；外交部組織法規定，置專門委員七至二十人，相差將近三倍；產生此種情況之原因，可能爲遷就旣有事實。

㈢不定員額之職稱：如行政院國家科學委員會組織條例規定，爲應業務需要得聘用顧問；財政部及法務部組織法均規定得酌用雇員；其員額不予明文規定，可隨業務需要編列預算核定後聘用及雇用。

上述職稱官等職等及員額，除職稱均在組織法規中明定外，凡屬組織法或條例或通則者，各職稱之官等職等及員額亦多在組織法條中明定；

凡屬組織規程或準則者，各職稱之官等職等及員額，則多另以編制表定之。

陸、其他事項

組織法規中所規定之其他事項多爲：

一、因業務需要，得設附屬機關，其組織以法律定之爲原則，但亦有報經行政院核准即可設置者。

二、因業務需要，得設幕僚性及研究性之各種委員會，其需用人員以本機關法定編制員額內調用或聘請機關外學者專家擔任爲原則，但亦有得報經行政院核准可另設置員額者。

三、處務規程（或稱辦事細則）由本機關定之，或由本機關擬訂報請上級機關核定。

第四項　處務規程

組織法規中，常有處務規程（或辦事細則）另定之規定。一般機關之處務規程，其主要內容包括下列四部分：

壹、有關職掌之補充或具體規定

組織法規中雖訂有職掌，但其內容較爲原則性而不夠具體，又按單位分訂職掌時，多限於一級業務單位(如中央各部會之司處單位)，而二級業務單位之科，則多未再分配其職掌。對行政管理單位如人事、會計、統計（或將會計統計合稱爲主計）等單位，多未逐項列舉職掌，而只規定依法律規定，辦理人事管理或歲計、會計、統計事項，殊有欠明確。又參事、祕書、視察、專門委員等非主管職稱之職掌，在組織法規中亦多未有規定。凡此均需在處務規程中予以補充，俾資遵循。

貳、有關各層級單位間權責之規定

組織法規中通常只規定首長綜理本機關事務，並指揮監督所屬機構及職員，副首長輔助首長處理事務。至各一級單位主管及二級單位主管之權責爲何？參贊幕僚及研究性職務如參事、祕書、專門委員、視察等之權責如何？均有待於首長之授權並在處務規程中予以規定之必要。惟有如此，機關內之指揮監督關係方趨於明確，處理公務才能有條不紊，權有所屬責有所歸。

叄、有關意見溝通之會報規定

對公務之處理，除循著指揮監督關係運行，並施行分層負責外，爲利有關問題之研討，政策方案辦法之研擬與檢討，需建立意見溝通網路，亦即會報制度之建立，如何種職務人員參加會報？在何期間召開？研討問題之範圍如何？均需處務規程中予以明定。

肆、有關一般行政管理事務之處理規定

如文書處理，規定公文書之處理程序，公文登記及檔案管理等事項及其權責。人事管理，規定人事案件之處理程序，差假勤惰之管理等事項。財務管理，規定預決算之編製，經費收支之處理及薪俸發放等程序。庶務管理，規定物品用具之採購、保管、領發，財產、辦公廳及宿舍之管理，及車輛之調配保養等事項。

第四章　人事體制

　　人事體制有其理論，建立人事體制有其應行遵守的政策與原則，現行人事法規對人事體制亦有相當規定。茲分節敘述之。

第一節　人事體制的理論

　　人事體制的理論，主要有爲運行人事行政軌道說、人事體制功能說、人事體制種類說，茲分項簡述如後。

第一項　爲運行人事行政軌道說

　　人事體制，指業務性質區分與職責或資格程度區分，所交錯而成的架構，再將職務或職位，運用適當方法，將之列入架構，以爲運行擔任職務或職位人員之人事行政的軌道。其要點如下：

壹、人事體制是一種架構

　　構成架構有兩個向，一個爲橫向的業務性質的區分，一個爲縱向的職責或資格程度的區分。各機關的業務，根據其性質的不同，可區分爲若干種性質，如作細分則性質種類增多，如只作粗分則性質種類減少。再各機關的業務，根據其工作之繁簡難易、責任重輕（即所謂職責）或

所需資格水準，可區分為若干不同職責或資格程度的職（資）等，此種職（資）等如作細分則職（資）等數增多，如只作粗分則職（資）等數減少。其情形如下圖示（粗線表示粗分、細線表示細分，粗分時性質只有六種，程度只有四等，細分時性質有十二種，程度有八等）。

職責或資格程度區分		業務性質區分											
		1.(1)	(2)	2.(3)	(4)	3.(5)	(6)	4.(7)	(8)	5.(9)	(10)	6.(11)	(12)
A(A)													
	(B)												
B(C)													
	(D)										乙			
C(E)						甲				丙			
	(F)						丁						
D(G)												戊	
	(H)							己					

貳、以職務或職位為對象

通常所謂職務，指由同一職稱人員所擔任的工作與責任，如某機關設有科員職稱，擔任科員職稱者有十人，則此十人所擔任的工作與責任為職務；所謂職位，指分配由同一個人員所擔任的工作與責任，如某機關內有十個工作人員，名義均為科員，且每人均有一份工作在處理時，則有十個職位。故從職務觀點看只有一個職務，從職位觀點看則有十個職位。

叁、選用適當方法將對象列入架構

不論爲職務或職位，將之列入架構之方法通常有下列三種:

一、判斷法: 即根據對各職務或職位的業務性質與職責或資格程度的綜合判斷，將之列入架構，如**甲**職務之工作判定屬 3 性質、職責或資格程度判定屬 C 等，則將之列入 3 與 C 交錯之粗架構中; 又如乙職位之工作判定屬(9)性質、職責或資格程度屬(D)等，則將之列入(9)與(D)交錯之細架構中。

二、分類法: 即先訂定區分業務性質與區分職責或資格程度的書面標準，前者稱職系說明書，後者稱職等標準，再根據職務或職位之工作內容（包括工作的性質及職責或資格程度）與職系說明書及職等標準內容相比較，將之列入與之最爲相當的職系與職等。如**丙**職務之工作屬 5 性質、職責或資格程度屬 C 等，則列入 5 與 C 交錯之粗架構中; 又如丁職位之工作屬(6)性質、職責或資格程度屬(F)等，則列入(6)與(F)交錯之細架構中。

三、評分法: 即先訂定區分業務與區分職責或資格程度的書面標準，前者稱職系說明書，後者稱評分標準，再根據職務或職位之工作內容(包括工作的性質及職責或資格程度)，先與職系說明書相比較列入與之最爲相當的職系，再根據評分標準評定應得分數，並依評分高低決定應列之職等。如**戊**職務之工作屬 6 性質、職責或資格程度屬 D 等，則列入 6 與 D 交錯之粗架構中; 又如己職位之工作屬(7)性質、職責或資格程度屬(H)等，則列入(7)與(H)交錯之細架構中。

以上**甲乙丙丁戊**己職務或職位所列架構位置，見上圖示。

第二項　人事體制功能說

人事體制固為運行人事行政的軌道,然則其功能如何? 依一般看法,其功能有:

壹、對考試、任用、考績、俸給、升遷提供客觀標準

一、考試: 凡列入同一架構中之職務或職位, 因其業務性質相同、職責或資格程度相等, 欲羅致該些職務或職位的工作人員時, 其考試可適用同一等別與類科、同一應考資格與應試科目。

二、任用: 凡列入同一架構中之職務或職位, 因其業務性質相同、職責或資格程度相等, 對擔任該些職務或職位人員所需的任用資格, 亦屬相同。

三、考績: 凡列入同一架構中之職務或職位, 因其業務性質相同、職責或資格程度相等, 對擔任該些職務或職位人員的考績, 可適用同樣的考績標準。

四、俸給: 凡列入同一職 (資) 等之職務或職位, 不論其業務性質是否相同, 對擔任該些職務或職位人員的待遇, 均適用同等幅度的俸給。

五、升遷: 凡列入同一業務性質的職務或職位, 對擔任該些職務或職位人員的升遷途徑, 可依所列職 (資) 等之不同分別規定, 凡調至較高職 (資) 等之職務或職位者為晉升, 調至同職 (資) 等之職務或職位者為平調, 調至較低職 (資) 等之職務或職位者為降調。

貳、公平化

因對考試、任用、考績、俸給、升遷等重要人事業務, 能提供客觀的標準, 使人事行政更為公平。

叁、簡單化

凡列入同一架構中之各種職務或職位，對其工作人員之考試、任用、升遷、俸給、考績均可適用同一標準處理，自比按職務或職位分別規定處理標準者更爲簡化。

第三項　人事體制種類説

人事體制旣由建立架構（有精粗之分）、列入架構對象（有職務或職位之分）、列入架構方法（有判斷、分類、評分之別）三者而成，且此三者均有變數，因此在理論上，人事體制共有（2×2×3）十二種。但事實上較爲常用者約有下列三種：

壹、職務分類制

即採細分的架構，以職務爲對象，用分類法將職務列入架構之人事體制。目前政府機關多採用之。

貳、職務等級制

即採粗分的架構，以職務爲對象，用判斷法將職務列入架構之人事體制。目前性質較特殊之政府機關、公營交通金融事業、公立學校等多採用之。

叁、職位評價制

即採細分的架構，以職位爲對象，用評分法將職位列入架構之人事體制。目前公營生產事業多採用之。

以上職務等級制，由於架構粗分之粗廣度不盡相同，又有警察官職

分立制、關務官稱等階制、交通資位職務制、金融保險職務等級制、學校教育人員職務等級制、聘雇制之分，但均以職務爲對象，用判斷法將職務列入架構，故均屬職務等級制之一種。

第二節　人事體制的政策與原則

建立人事體制，爲期適應國情及管理上需要，通常對區分性質、區分程度、列入架構對象，及列入架構方法，有其應行遵守之政策與原則，茲分項敍述之。

第一項　區分性質的政策與原則

區分性質，爲期適應國情及管理上需要，應行遵守的政策與原則如下：

壹、性質區分需適應社會行業分工

社會行業分工的情形各國並不相同，但大致而言，凡經濟愈發展科技愈發達的國家，人民的活動愈頻繁，社會行業分工亦愈精細，對從事各種行業人員的資格要求亦愈嚴格，行業與行業間的人員流動亦愈少。經濟發展及科技愈落後的國家，人民的活動愈簡單，社會行業分工愈不明顯或愈粗廣，對從事各種行業人員的資格並無限制，各行業間人員亦可自由流動。在人事體制中的性質區分，應與一個國家的社會行業分工相配合，如社會行業分工較爲精細時，性質區分亦宜趨於精細；如社會行業分工較不明顯或較粗廣，則性質區分亦宜趨於粗廣。

貳、性質區分需適應學校院系科區分

學校係傳授學識技能的主要場所，並視傳授學識技能的專業與專門性，將學校區分校別（如商業職業、農業職業、工業職業學校等）或在學校內區分院系科(如專科學校內分科、大學內分院及院內分系等)。政府公務人員之人力來源，絕大部分係由學校所培養，並於學校畢業後經由考試而進入政府機關服務。因此人事體制中性質的區分，亦需與學校院系科之區分作適當的配合。

叁、性質之是否相似需從處理工作所需學識、經驗、技能來考量

工作性質之是否相似，應從處理工作所需要的學識、經驗、技能之是否相似來決定，如若干種工作之名稱雖有不同但處理時所需學識、經驗、技能相似時，該若干種工作仍應視爲性質相似；反之，如若干種工作之名稱雖屬相同而處理時所需學識、經驗、技能卻不相似時，仍應認爲性質不相似。

肆、行政管理、專業、科技之性質區分精粗應有差別

政府所從事之業務，有屬較爲一般之行政管理性者，有屬較爲專業性者，有屬高度科技性者。在區分性質時，對行政管理性業務應作粗分，對專業性業務可略作細分，對高度科技性者應作細分。此種區分與社會行業分工及學校院系科的區分，亦可較能適應。

伍、性質區分應顧及人員調任

政府業務作性質區分後，原則上屬於同一性質的業務，即視爲一種專業或行業，並羅致人員從事該專業的工作。如性質區分過於精細，則該專業的工作範圍愈狹窄，人員的調任範圍愈小，此與擴大人力運用增

加人員發展機會的需求相牴觸。故如一般工作人員在某數種工作間的調
任，並不會發生困難（指對該某數種工作均能勝任，不致因調任工作而
對新的工作不能勝任），且又能增加發展或升遷機會時，則可將該某數種
工作視爲性質相似，以便人員調任。再對職責程度極低的業務，工作人
員經短期學習後大致可以勝任；職責程度極高的業務，其處理之成敗主
要在於領導之是否得法，而處理業務之學識、經驗、技能反在其次；因
而爲擴大人力運用及增加人員發展機會，對職責程度極低及極高的業務，
其人員的調任範圍可予擴大。

第二項　區分程度的政策與原則

區分程度，爲配合國情及管理上需要，應行遵守的政策與原則如下：

壹、職責程度需從若干因素來考量

職務或職位之職責或資格程度高低，應從工作之繁簡難易、責任輕
重二方面來考量，而每一方面尚需從若干因素來考量。

一、工作繁簡難易方面：可再將之區分爲下列三個小因素來考量：

㈠工作複雜性：指處理工作時，所需運用之學識、經驗、技能之廣
度與深度。大凡所需運用之學識經驗技能之範圍愈爲廣泛、內容愈爲精
專者，表示工作愈爲繁難；所需運用之學識經驗技能之範圍愈爲狹窄、
內容愈爲粗淺者，表示工作愈爲簡易。

㈡所循例規：指處理工作時所需應用法令、手冊、事例等之繁簡，
及使用判斷上之困難程度。大凡需應用之法令、手冊、事例之種類數量
愈多、內容愈繁，及對其使用判斷愈爲困難者，表示工作愈爲繁難；需
應用之法令、手冊、事例之種類數量愈少、內容愈簡，及對其使用判斷
愈爲容易者，表示工作愈爲簡易。

㈢所需創造力：指處理工作時所需機智、審辨、規劃、革新及創造能力之程度。大凡處理工作愈需高度的機智、明銳的審辨、審慎的規劃、大幅的革新及高度的創造力者，表示工作愈為繁難；處理工作愈不需機智、審辨、規劃、革新力、創造能力者，表示工作愈為簡易。

二、責任輕重方面：可將之再區分為下列四個小因素來考量：

㈠所受監督：指上級施於本工作之監督，包括工作前之指示、工作中之督導，及工作成果之考核。大凡上級施於本工作之監督愈為嚴密，即工作前之指示愈為詳盡、工作中之督導愈為勤快、工作成果之審核愈為細密者，表示工作責任愈輕；上級施於本工作之監督愈為寬鬆，即工作前不予指示、工作中少有督導、工作成果不再審核者，表示工作責任愈重。

㈡與人接觸：指處理工作時，與人接觸之性質、重要性及困難之程度。大凡處理工作時，需與之接觸之人員地位愈高、商談之問題愈為重要、取得其支持之困難愈大者，表示工作責任愈重；處理工作時，需與接觸之人員地位愈低、愈只是交換資料不需討論、愈不需取得其支持者，表示工作責任愈輕。

㈢職權範圍與影響：指基於職掌所作之建議或決定之性質、效力及影響之程度。大凡工作人員基於本身職掌所提出之建議或所作成之決定，愈屬政策性，受著拘束及影響之機關、地區、業務、人數範圍愈大程度愈深者，表示工作責任愈重；所提出之建議或所作成之決定，愈屬程序或方法性質，受著拘束及影響之機關、地區、業務、人數範圍愈小程度愈淺者，表示工作責任愈輕。

㈣所予監督：指基於職掌施於所屬之監督，包括工作前之指示、工作中之督導、工作成果之審核，及所轄之人員數。大凡對所屬工作之指示、督導及審核愈偏重在工作程序方法方面，所監督之人員愈為低層工作人員、所轄人數愈少者，表示責任愈輕；對所屬工作之指示、督導及

審核愈偏重在政策性方面，所監督之人員愈為高層單位主管或首長、所轄人數愈多者，表示責任愈重。

貳、職責程度區分精粗應配合組織層級及指揮監督關係

政府機關不但為數多，且上下層級間區分明顯，上級機關對下級機關有指揮監督權，下級機關受上級機關的節制；再以同一機關言，機關內各單位間亦有層級區分，上下層級單位間亦同樣有指揮監督的關係；又以同一基層單位內各非主管職務言，所擔任之工作在職責程度上亦常有差別。因此在區分程度究應較粗廣或較精細時，應考慮及組織層級及同一組織內部單位層級的區分；大致而言，當機關層級及機關內單位層級較多時，程度應作較細的區分如區分為十個以上；機關層級及機關內單位層級較少時，程度可作較粗的區分如區分為九個以下。

叁、顧及人員晉升的需要

組織內各工作人員，均希望自己有發展的前途，如擔任某一職務經若干年，且在工作上亦有優異表現，而工作人員本身亦尚有可資發揮的潛能時，不論從管理者或工作人員觀點，均需給予晉升機會，以示激勵。最能表達晉升的方法，是將工作人員晉升擔任職責程度較原來為高的職務，因此為增加晉升機會，職責程度宜作較細的區分。

肆、程度區分應與學校等別相配合

政府機關各層次職務的新進人員，絕大部分係由學校畢業經由考試及格而錄用者，因此作程度區分時，需使在各等別學校畢業者，均有機會經由考試及格進入政府服務。如我國現今學校之等別，有國民小中學、高中、專科、大學、研究院碩士、研究院博士之分，因而程度區分的層次（即職等數），應多於學校等別的區分。因職責程度最高的數個職等，

並非由學校畢業經由考試及格即可勝任，此部分職等數再加上與學校等別相當的職等數，其數量必超過學校的等別數。

第三項　列入架構對象的政策與原則

列入架構的對象有職務與職位之不同，究應採用何者爲對象，爲適應國情及管理上需要，亦需作適當的選擇。

壹、工作分配的穩定性

分配由同一職稱人員所處理的工作與責任是否具有穩定性，是考慮因素之一。如職務之工作分配甚爲穩定，則依據職務的工作性質與職責程度，將職務列入架構，仍可保持相當的公平與確實性；復因職務數量有限，列入架構的工作較易處理，故可選以職務爲對象列入架構。反之，如分配由同一職稱人員所處理之工作與責任，彈性甚大，且極廣泛，若以職務爲對象列入架構時，所得結果公平性及確實性甚低，對人事行政的運行助益不大，故宜改選以職位爲對象較妥。

貳、工作之爲行政管理性、專業性或科技性

大凡言之，行政管理性的工作分配，變動性較大，工作人員的調動亦較頻繁，爲期歸系列等結果較爲穩定，人員調動較爲靈活，宜選以職務爲對象列入架構。專業性或科技性的工作分配，通常較爲穩定，工作人員的調動機會亦較少，同時專業性及科技性工作，需由具備該種專業及科技學識、經驗、技能者始能擔任，因此工作性質與職責程度的歸系列等，需求公平確實，以求人與事的適切配合，宜以職位爲對象列入架構。如對象選擇錯誤，則會影響及其對人事行政的助益。

叁、架構區分之精粗

當人事體制的架構愈為精細時, 則歸屬同一小架構的工作與責任的範圍愈為狹窄, 如以工作分配甚為廣泛的職務為對象列入架構時, 則將無適當的小架構可資列入, 因而宜改以職位為對象列入架構。如人事體制的架構甚為粗廣, 則歸屬同一小架構的工作性質與職責程度較為廣泛, 以工作分配較為廣泛的職務為對象列入架構, 應屬可行; 如以工作分配較為具體穩定的職位為對象列入架構時, 並不會因此而增加歸系列等的公平及確實性, 反而增加不必要的人力與時間的花費。

肆、辦事人員的工作負荷

以職務為對象與以職位為對象列入架構, 因職務與職位在數量上有極大的差距, 致所花費的人力與時間亦有很大差別。如辦理歸系列等工作的人力有限, 實不宜以職位為對象列入架構。

第四項　列入架構方法的政策與原則

列入架構的方法, 有判斷法、分類法及評分法三種, 為適應國情及管理上需要, 應作適當選擇。

壹、國家經濟發展的程度

在低度經濟發展的國家, 有關管理的規定均屬原則性的且極為簡單, 應用判斷法已經足夠; 如為中度或高度發展的國家, 有關管理的規定走向科學化, 並要求公平與確實, 因此需選用分類法或評分法, 以達管理上的要求。

貳、國人對用人的觀念

對用人的觀念，大致有通才通用、適才適所、專才專業等的不同。通才通用，指工作人員只需具有豐富的一般知能，即可擔任各種職務，換言之將人看作通才，將各職務亦認為大同小異，遇此情形，列入架構的要求極寬，用判斷法已可適應。專才專業，指工作人員需具有某方面的專門知能，各種職務亦各有其不同的專業，而用人時需以專才去擔任專業的工作，各種專業的職務需由具有該種專長的專才來擔任，換言之對列入架構的結果，需求其公平與確實，因而宜應用分類法或評分法，將職務或職位列入架構。至適才適所的用人觀念，則介於通才通用與專才專業兩種觀念之間，列入架構之方法可考慮應用分類法。

叁、國人對報酬的觀念

對報酬的觀念，大致而言有同工同酬、同資同酬、兼顧工作與資歷的報酬等三種。同工同酬觀念較為濃厚的社會，則對職務或職位之列等需特別重視公平確實，因而自可選用評分法將職務或職位列入架構；在同資同酬觀念較為濃厚的社會，則採判斷法已足可適應；如認為報酬需職責程度與個人所具資歷二者兼顧時，則較為折中的分類法可以選用。

肆、架構區分的精粗

當架構區分極為粗廣時，各小架構中工作之性質區分極為明顯，職責程度差別亦極大，因而用判斷法將職務或職位列入架構，亦可達到相當的公平與確實。如架構區分精細，則各小架構間的性質與職責程度的區分，不易辨別，因而將職務或職位列入架構時不宜採用判斷法。

伍、主辦單位的人力

判斷法、分類法、評分法的應用，所需之人力時間有極大的差別，因此主辦單位有無足夠的人力來使用，亦為需予考慮的因素。如人力極為拮据，可用判斷法；如人力充裕，自可選用分類法甚至評分法。

第三節　人事體制法規簡析

有關現行人事體制的法規，分法規體系、職務分類制、職務等級制、職位評價制四項，敍述如後。

第一項　人事體制法規體系

有關各種人事體制之法規，多在有關任用法、人事條例或管理條例中規定，茲列表如下頁，其順序為法律，依法律授權訂定之規章，及為主管機關基於執行法條或其他需要所訂定之規章。

第二項　職務分類制法規簡析

在公務人員任用法及其有關規章中,對職務分類制之重要規定如下:

壹、體制架構

一、性質區分:

㈠有關名詞意義: 依同法第三條,「職系, 係包括工作性質及所需學識相似之職務; 職系說明書, 係說明每一職系工作性質之文書; 職組,

法　　　　　律	依法律授權訂定之規章	依需要訂定之規章
公務人員任用法有關人事體制條文	公務人員任用法施行細則 職系說明書 職等標準 職務列等表 雇員管理規則	職務說明書訂定辦法 職務歸系辦法 （以上爲銓敍部訂定） 職組職系名稱一覽表 （考試院核定）
警察人員管理條例有關人事體制條文	警察人員管理條例施行細則	警察機關職稱列等基準表 警察機關職務等階表 （以上爲考試院核定）
關務人員人事條例有關人事體制條文 交通事業人員任用條例有關人事體制條文	關務人員人事條例施行細則 關務人員職務稱階表 交通事業人員資位職務薪級表	
派用人員派用條例有關人事體制條文 聘用人員聘用條例有關人事體制條文	派用人員派用條例施行細則 聘用人員聘用條例施行細則	行政院暨所屬各級機關聘用人員注意事項(行政院核定) 行政院暨所屬機關約雇人員雇用辦法(行政院核定) 財政部所屬國營金融保險事業機構人事管理準則(行政院核定) 財政部所屬國營金融保險事業職務列等表(財政部訂定) 經濟部所屬事業機構人事管理準則(行政院核定) 經濟部所屬事業機構分類職位歸級規程(經濟部訂定) 臺灣地區省市營事業分類職位人員遴用辦法有關人事體制條文(考試院核定)

係包括工作性質相近之職系」。

(二)職系說明書之訂定：依同法第十四條,「職系、職組及職系說明書, 由考試院定之」。考試院依上述規定, 訂定職系說明書五十五種, 並歸納 為二十七個職組。茲舉人事行政職系及醫療職系說明書, 及考試院訂定 之職組暨職系名稱一覽表如下：

Ⅰ.人事行政職系說明書

本職系之職務係基於人事行政、考試技術、職務分類技術、員工訓練等知能, 對下列工作從事計畫、研究、擬議、審核、督導及執行等：

(一)機關組織、員額編制、公務人員之任免、遷調、級俸、服務、考績、獎懲、進修、 保障、保險、撫卹、福利、退休、資遣、養老、登記等。

(二)有關公務人員暨專門職業技術人員之考選, 考試技術之改進, 考試科目之修訂, 命題閱卷方法之研擬與安全措施, 各項測驗之策劃與準備, 有關考試資料之蒐集 與保管等。

(三)公務職務之歸系、列等, 規章之研擬與解答, 以及資料之蒐集與保管。

(四)對新進或在職員工之訓練與輔導。

Ⅱ.醫療職系說明書

本職系之職務係基於醫學之知能, 為疾病之治療, 對內、外、眼、耳、鼻、喉、 皮膚、泌尿、小兒、婦產、痲瘋病、結核病、傳染病、精神病、復健、家庭醫學等 各科門診治療, 住院臨床處置, 病患痲醉手術治療, 可疑病症報告、會診, 病患住 院、出院、轉科決定, 病患生活指導, 國民健康檢查, 醫療診斷、檢驗, 及出生、 死亡證明書類簽發, 醫療學術報告及其他有關醫療急救、救護診療等, 從事計畫、 研究、擬議、審核、督導及執行等。

Ⅲ.職組暨職系名稱一覽表

代號	類　別	代號	職　組　名　稱	代號	職　系　名　稱
03	行政類	31	普　通　行　政	3101	一般行政職系
				3102	一般民政職系
				3103	僑務行政職系
				3104	社會行政職系
				3105	人事行政職系
				3106	法制職系
				3107	地政職系
		32	教育新聞行政	3201	文教行政職系
				3202	新聞編譯職系
				3203	圖書博物管理職系
		33	財　務　行　政	3301	財稅行政職系
				3302	金融保險職系
				3303	會計審計職系
				3304	統計職系
		34	法　務　行　政	3401	司法行政職系
				3402	安全保防職系
				3403	政風職系
		35	經　建　行　政	3501	經建行政職系
				3502	企業管理職系
				3503	交通行政職系
		36	外　交　事　務	3601	外交事務職系
		37	審　　　檢	3701	審檢職系
		38	警　　　政	3801	警察行政職系
		39	衛　生　行　政	3901	衛生環保行政職系
06	技術類	61	農　業　技　術	6101	農業技術職系
				6102	林業技術職系

			6103	水產技術職系
			6104	畜牧獸醫職系
	62	土 木 工 程	6201	土木工程職系
	63	機 械 工 程	6301	機械工程職系
	64	電 機 工 程	6401	電力工程職系
			6402	電子工程職系
	65	資 訊 處 理	6501	資訊處理職系
	66	物 理	6601	物理職系
			6602	原子能職系
	67	工 業	6701	化學工程職系
			6702	工業工程職系
	68	檢 驗	6801	檢驗職系
	69	地 質 礦 冶	6901	地質職系
			6902	礦冶材料職系
	71	測 量 製 圖	7101	測量製圖職系
	72	醫 療	7201	醫療職系
			7202	牙醫職系
	73	醫 護	7301	護理助產職系
			7302	醫事技術職系
			7303	藥事職系
	74	刑 事 鑑 識	7401	法醫職系
			7402	刑事鑑識職系
	75	交 通 技 術	7501	交通技術職系
			7502	航空駕駛職系
			7503	船舶駕駛職系
	76	天 文 氣 象	7601	天文氣象職系
	77	技 藝	7701	技藝職系
	78	攝 影 放 映	7801	攝影放映職系
	79	衛 生 技 術	7901	衛生環保技術職系

二、程度區分:

㈠有關名詞意義: 依同法第三條, 「官等, 係任命層次及所需基本資格條件範圍之區分; 職等, 係職責程度及所需資格條件之區分; 職等標準, 係敍述每一職等之工作繁簡難易、責任輕重及所需資格條件程度之文書」。

㈡官職等區分及配置: 依同法第五條, 「官等分委任、薦任、簡任; 職等分第一至第十四職等, 以第十四職等爲最高職等; 委任爲第一至第五職等, 薦任爲第六至第九職等, 簡任爲第十至第十四職等」。

㈢職等標準之訂定: 依同法第六條, 「職等標準由考試院定之」。考試院依上述規定, 訂定十四個職等之職等標準, 以爲辦理職務列等之重要依據。茲舉六個職等之職等標準如下:

第十四職等

本職等所包括之職務, 其職責係在法律規定及政策指示下, 運用極爲廣博之學識暨卓越之行政或專業經驗獨立判斷以執行職務, 或襄助中央主管機關長官, 處理各該機關全盤最艱鉅業務, 或辦理其他職責程度相當業務。在處理業務時, 經常需要與本機關內外高級人員或中央級民意機關接觸, 推行本機關政策及重要業務, 爭取各方面之支持合作。並需建議或創新各該機關政策、施政計畫、業務方針、或對國家具有深遠影響之新觀念、新制度。其對國家政策或本機關施政方針, 就職務上所作決定或建議有拘束力或影響力。

充任本職等各職務之人員, 須符合下列兩種條件:

㈠具有下列資格之一者:

1.曾任第十三職等職務, 經依法取得升等任用資格者。

2.依公務人員任用法律銓敍合格實授, 或其他有關法律經銓敍機關認定具有第十四職等任用資格者。

㈡學驗聲譽卓著, 並具有非常卓越之領導能力。

第十職等

本職等所包括之職務, 其職責係在法律規定及重點監督下, 運用非常專精之學

識獨立判斷以：(1)獨立執行職務；(2)主持或主管中央各部會以下或省市或職責最繁重之機關或單位業務；(3)襄助長官處理職責稍艱鉅之機關業務；(4)辦理技術或各專業方面綜合性最繁重事項之計畫、設計、研究或審理業務；(5)辦理其他職責程度相當業務。在處理業務時，通常需要與本機關內外相當人員、地方民意機關接觸，以推行本機關或單位主要業務，或探討職務上計畫、設計、研究、審理事項，爭取支持合作或獲取共同結論。並需建議、創新、決定本機關或單位施政計畫、業務方針或創造新理論、新制度。其對本機關或單位施政計畫，業務方針之發展、革新，就職務上所作決定或建議有約束力或影響力。

充任本職等各職務之人員，須符合下列兩種條件：

(一)具有下列資格之一者：

1.經公務人員特種考試之甲等考試或簡任官等第十職等升等考試或其他相當等級考試相當類科考試及格者。

2.前經分類職位公務人員第十職等性質相近職系考試或升等考試或簡任職相當類科升等考試及格者。

3.曾任本職系或同職組各職系第九職等職務，經依法取得升等任用資格者。

4.依公務人員任用法律銓敍合格實授，或其他有關法律經銓敍機關認定具有第十職等本職系或同職組各職系任用資格者。

(二)具有行政領導或研究能力。

第九職等

本職等所包括之職務，其職責係在法律規定及重點監督下，運用極為專精之學識獨立判斷以：(1)獨立執行職務；(2)主持或主管中央各部會以下，或省市或縣市職責甚繁重之單位或機關業務；(3)襄助首長處理職責最繁重之機關業務；(4)辦理技術或各專業方面綜合性甚繁重事項之計畫、設計、研究或審理業務；(5)辦理其他職責程度相當業務。在處理業務時，通常需要與機關內外相當人員或地方民意機關接觸，推行本單位或機關主要業務，或探討職務上計畫、設計、研究、審理事項，爭取支持合作或獲取共同結論。並需建議、創新、決定本單位或機關業務方針、原則、新制度、新工作方法。其對本單位或機關業務方針、原則、新方法之發展，就職務上所作決定或建議有約束力或影響力。

充任本職等各職務之人員，須符合下列兩種條件：

(一)具有下列資格之一者：

1.前經分類職位公務人員第九職等性質相近職系考試及格者。

2.曾任本職系或同職組各職系第八職等職務，經依法取得升等任用資格者。

3.依公務人員任用法律銓敍合格實授，或其他有關法律經銓敍機關認定具有第九職等本職系或同職組各職系任用資格者。

㈡具有領導才能或從事研究之能力。

第六職等

　　本職等所包括之職務，其職責係在法律規定及一般監督下，運用較爲專精之學識獨立判斷以：(1)獨立執行職務；(2)主持或主管中央各部會附屬機關、省市、縣轄市、或鄉鎮職責複雜之單位或機關業務；(3)辦理技術或各專業方面最複雜事項之計畫、設計、擬議或業務解釋；(4)辦理其他職責程度相當業務。在處理業務時，通常需與機關內外相當人員接觸，說明本單位主要業務，磋商、研究職務上計畫、設計、擬議事項，增進瞭解或協調。並需建議、創新、決定本單位或機構工作方法或程序，其對本單位或機關業務進行或改進，就職務上所作決定或建議有影響力。

　　充任本職等各職務之人員，須具有下列資格之一者：

1. 經公務人員高等考試或特種考試之乙等考試或薦任官等升等考試或其他相當等級考試相當類科考試及格者。
2. 前經分類職位公務人員第六職等性質相近職系考試或升等考試或薦任職相當類科升等考試及格者。
3. 依公務人員任用法律銓敍合格實授，或其他有關法律經銓敍機關認定具有第六職等本職系或同職組各職系任用資格者。

第五職等

　　本職等所包括之職務，其職責係在法律規定及一般監督下，運用專業學識獨立判斷以：(1)主持或主管職責稍複雜之單位業務；(2)辦理技術或各專業方面複雜事項之計畫、設計、擬議，或業務解釋；(3)辦理其他職責程度相當業務。在處理業務時，通常需要與機關內外相當人員接觸，說明本單位主要業務，或討論職務上計畫、設計、擬議事項，增進了解或協調。並需建議、創新、決定各該單位工作方法或程序。其對本單位或機關業務進行或改進，就職務上所作決定或建議有影響力。

　　充任本職等各職務之人員，須具有下列資格之一者：

1. 前經分類職位公務人員第五職等性質相近職系考試及格者。
2. 曾任本職系或同職組各職系第四職等職務，經依法取得升等任用資格者。
3. 依公務人員任用法律銓敍合格實授，或其他有關法律經銓敍機關認定具有第五職等本職系或同職組各職系任用資格者。

第一職等

　　本職等所包括之職務，其職責係在法律規定及直接監督下，運用初步基本學識

或粗淺之初步專業學識以辦理簡易工作。有時需要與他人作簡單說明或解答性之接觸，有時須自行作適當之決定或安排。

充任本職等各職務之人員，須具有下列資格之一者：

1. 經公務人員考試法所定特種考試之丁等考試或委任官等升等考試或其相當考試及格者。
2. 前經分類職位公務人員第一職等考試及格者。
3. 依公務人員任用法律銓敍合格實授，或其他有關法律經銓敍機關認定具有第一職等任用資格者。

貳、列入架構之對象

㈠有關名詞意義：依同法第三條，「職務，係分配同一職稱人員所擔任之工作及責任；職務說明書，係說明每一職務之工作性質及責任之文書」。又依同法第七條，「各機關對組織法規所定之職務，應賦予一定範圍之工作項目、適當之工作量及明確之工作權責，並訂定職務說明書，以為該職務人員工作指派及考核之依據」。

㈡職務說明書之訂定：依施行細則規定，職務說明書訂定辦法，由銓敍部定之。依銓敍部訂定辦法規定，職務說明書由各機關訂定之，一份職務說明書應包括職務編號、職稱、所在單位、官等職等、職系、工作項目、工作權責、所需知能八個項目（其中職系及官職等，應依該職務歸系列等結果填入）；一職務應訂一職務說明書，由現職人員依前述規定項目據實擬填，如無現職人員之職務，可由機關指定適當人員擬填，送由主管核轉人事單位切實核正，函送銓敍機關備查；職務原有之工作項目及職責程度發生異動，無論是否需要變更職系或官職等，均應修正其職務說明書；機關依法增設職務應增訂職務說明書；無設置必要而予註銷之職務，應註銷其職務說明書。

㈢以職務為對象列入架構：依同法第八條及第六條，「各機關組織法規所定之職務，應依職系說明書歸入適當之職系，並列表送銓敍部核備」。

「各機關組織法規所定之職務，應就其工作職責及所需資格，依職等標準列入職務列等表，必要時一職務得列兩個至三個職等」。

叁、列入架構之方法

　　一、職務歸系：依施行細則規定，所稱將職務依職系說明書歸入適當之職系，指各機關之職務應就職務說明書所定之業務性質，依職系說明書暨其他有關規定，分別歸入適當之職系；職務歸系辦法由銓敍部定之。依銓敍部訂定之職務歸系辦法規定，辦理職務歸系之機關，爲總統府、國民大會祕書處、五院、各部（會處局署）、及省市政府。職務歸系時，(1)一職務之全部工作項目性質均屬同一職系者，以其工作性質爲準；(2)一職務之各工作性質分別屬於兩職系以上，而各項工作責任程度不相當者，以其工作責任程度較高之工作性質爲準；(3)一職務之各工作項目性質分別屬於兩職系以上，而各項工作責任程度相當者，以其工作時間較多之工作性質爲準；(4)一職務之各工作項目性質分別屬於兩職系以上，而各項工作責任程度相當工作時間相同者，如屬非主管職務，應由歸系機關調整工作後再依上述規定辦理歸系；如係主管職務因業務需要必須同時歸入兩職系者，應報經銓敍部核准。職務歸系，得視實際需要由歸系機關委託所屬一級機關辦理。各機關辦理職務歸系，應設置職務歸系小組辦理；歸系機關或受委託機關爲審核所屬各機關職務歸系，應組織職務歸系審議委員會辦理之。

　　二、職務列等：依同法第六條規定，各機關組織法規所定之職務，應就其工作職責及所需資格，依職等標準列入職務列等表，必要時一職務得列兩個至三個職等外，又依施行細則規定，所稱依職務工作職責及所需資格依職等標準列入職務列等表，指應按職務說明書所定之職責程度及資格條件，依職等標準列入適當的職等；所稱一職務得列兩個至三個職等，指一職務除列入一個職等外，必要時並得跨列其上或其下一至

兩個職等，但合計不得超過三個職等。

由上說明，列等之職務以組織法規所定之職務爲限；職務列等之依據爲職等標準，職務列等仍以一個職等爲原則。因各職等之職等標準內容不同，故就職務說明書依職等標準列等時，只能列入一個職等；至將職務跨列兩個至三個職等，以必要時爲限，且其理由是完全爲了管理上的需要，如職務跨等後，一方面可便於羅致人員，使具有較低或較高任用資格者亦得依法任用；另方面可鼓勵人員升等、調任及久任，只要考績成績優良、年資久，雖不調整職務仍可以原職務升等任用，對人員調任亦可因此而增加彈性，如九職等秘書，仍可調任至列第七至第九職等的專員，仍以九職等任用。

三、訂定職務列等表：依同法第六條，「各機關之職務列等表，依機關層次及業務性質由考試院定之，但行政院及所屬機關職務列等表，由銓敍部會同行政院人事行政局擬訂, 報請考試院核定」。依施行細則規定，職務列等表按機關層次及性質分別訂定。

考試院依上述規定，訂定及核定之職務列等表情形爲⑴中央機關職務列等表，計有總統府、五院、部會處局署等十九種；⑵司法法務機關職務列等表，計有最高法院、高等法院、高等法院檢察總署、監獄等十六種；⑶駐外機構職務列等表一種；⑷地方機關職務列等表，計有臺灣省政府各所處局會團、臺灣省各縣市政府、鄉鎮市區公所、臺北市高雄市政府各處局會中心等十七種；⑸地方民意機關職務列等表三種；⑹選舉機關職務列等表三種；⑺金馬地區機關職務列等表五種；⑻國軍退除役官兵輔導委員會所屬機關職務列等表，計有榮民工程事業管理處、榮民總醫院、工礦機構等八種；⑼其他機關職務列等表四種（以上共計七十多種）。各種職務列等表的編訂，一般機關按機關層次分別訂定，業務性質較爲特殊之機關，先按性質區分並在同性質之機關中再按層次分別訂定。茲舉二種職務列等表如下：

表題：I.中央部會處局署職務（因職務過多只選具有代表性者）列等表

職等		職務	職稱名稱
簡任	十四 任(派)	常務次長 副審計長 副局長 副主任委員 副署長 秘書長	編審 編纂 審核
	十三	副局長 秘書長	
	十二	主計官 審計官 參事 技監 主任秘書 司長 局長 處長 監察長 審計長 秘書長	人事處長 會計長 統計長 顧問 專門委員 研究委員
	十一		
	十	編審 編纂 審核 課正 秘書	專門委員 技正 審計委員 高級分析師 統計分析師 副司長 副處長 副統計長 副會計長
薦任	九	科長 主任秘書	
	八	編審 編纂 審核 課正 秘書 編審 科員 技士	審計 科長 統計師 分析師 編審
	七 任(派)		
	六	專員 編審 視察 編纂 審核 課正	審計員 科員 技士
委任	五	審計 科員 技士	審計員 技佐 助理統計 管理員 統計 佐理員 技士 審計師 稽核
	四		記事 技佐 助理員 佐理員 記事官
	三		管理員 統計員
	二		
	一 任(派)		書記 記事官

本表所列各職務之職等，如與公務人員任用法公布後所制定之組織法律所列職等不完全一致時，依其組織法律之規定辦理。

II.臺灣省政府各所屬局會團職務（因職務過多只選具有代表性者）列等表

官等	職等	職　　務　　名　　稱
簡任（派）	十四	
	十三	
	十二	副局長　副處長　副廳長　總工程司
	十一	主任秘書　專門委員　研究委員　正工程司
	十	總工程司
薦任（派）	九	會計主任　統計主任　人事主任　編審　督察　正技正　主任視察　秘書　科長　工程司　副總工程司
	八	視察　檢驗員　編輯委員　分析師
	七	會計員　統計員　人事管理員　課員　技士　工程員　醫導員
	六	幫工程司　衛生稽查員
委任（派）	五	設計員　操作員　技工　課員　技士　佐理員
	四	護士　管理師　理師
	三	
	二	
	一	助理員　工務員　事務員

註：考試院根據各方反應及配合省自治法的制定，對部分職務（如同處局長、科長及基層機關職務）之列等，正在檢討酌予提高中。

　　四、職務列等表之修訂：在銓敍部編印職務列等表之說明中，曾謂⑴職務列等表中之職務名稱，係依各機關組織法規訂列，遇組織法規中職務有新增或修正，機關層級有變更或職務名稱爲本表所無者，應函銓敍部（或會同行政院人事行政局）修訂或補列，核轉考試院核定；⑵職務列等表不適用於政務官、民選人員、聘用人員及雇員；⑶職務列等表中，如同一職稱在兩個官等中分別列等，各該表之適用機關，應依各該組織法規所訂各該職務所規定之官等及所配置之員額，分別適用之。

肆、組織法規對職務列等與依任用法對職務列等結果不一致時之處理

　　依同法第三一條，「依法適用本法之機關，其組織法規與本法牴觸者，應適用本法」。此處所稱組織法規與本法牴觸者，係指組織法規中對職務所定的官等或職等，與依公務人員任用法有關規定將職務列等結果發生牴觸者而言，如有牴觸則應依公務人員任用法有關規定之列等爲準。其所以訂定此條之原因爲：

　　一、在新公務人員任用法（民國七十五年四月二十一日總統公布、考試院令自七十六年一月十六日起施行）公布前，組織法規對職務列等之規定頗爲混亂或列等過寬：

　　㈠有只規定職務之官等而無職等者：如原外交部組織法第十五條「外交部置主任祕書一人、參事四人至八人、司長十二人、處長二人、專門委員二十人至三十人，均簡任；科長三十八人至四十八人，專員三十三人至四十七人，均薦任；書記官二十四人至三十六人，委任」。又如蒙藏委員會組織法第十七條「蒙藏委員會……副委員長、委員、參事、處長、祕書二人簡任；其餘祕書及科長、調查主任、編譯主任、編譯員六人、調查員四人，薦任；其餘編譯員、調查員及科員、助理員，委任」。此種只有官等而無職等之規定，與公務人員任用法對一職務需官等職等

並列者，自有牴觸，而應以任用法所定爲準，換言之，其職務列等應依任用法有關規定所作之列等爲準。

㈡有只規定職務之職等而無官等者：如原財政部國庫署組織條例第五條，「本署置署長一人，綜理署務；副署長一人或二人，審理署務，職位列第十至第十四職等」；又第六條，「本署……置祕書二人、視察二人、科長十一人至十五人、稽核九人至十五人、專員十八人至二十四人，職位均列第六至第九職等……」。以上條文對職務只列有職等而無官等，與公務人員任用法所定官等職等並列者不符；再如科長列等爲第六至第九職等，跨列四個職等，與任用法所定職務列等最多以三個職等爲限之規定，亦相牴觸；遇此情形，則該組織法規所定職務之列等，應以依任用法有關規定所作之列等爲準。

二、在新公務人員任用法公布後，制定或修訂之組織法規對職務之列等： 新公務人員任用法公布後所制定或修訂之組織法規，對職務之列等，已採官等職等並列，其所列之等亦多依任用法有關規定所作之列等爲準，列入組織法規，職務之列等亦不超過三個職等（如一職務定有兩個官等者，則應視爲二個職務，在同一官等內仍不得超過三個職等）。如行政院環境保護署組織條例第十四條「本署置主任祕書一人，技監二人或三人，參事二人或三人，職務均列簡任第十職等至第十二職等；處長七人，職務列簡任第十二職等；……科長三十八至四十二人，職務列薦任第九職等；……技士四十八人至五十八人，科員四十人至四十八人，職務均列委任第四至第五職等……」。但此種對新成立的機關，亦事先在組織法規中訂定各職務之官等職等，則(1)在理論上，機關尚未成立更尚未辦理職務歸系列等之前，即在組織法規中訂定職務之官職等，則有已屬職務等級制而非職務分類制之嫌；(2)在組織法規既已明定職務的官職等，則任用法中對職務之列等及職務列等表由考試院定之的規定，又變爲多餘，其情形正如銓敍部所編印中央機關組織法規彙編之前言中謂「各

機關新訂或修正之組織法律，對於各職務之官等職等已予明定者，自應依該組織法律（並非組織規程）之規定辦理」。

第三項　職務等級制法規簡析

採用職務等級制之警察機關、海關、教育、交通事業、金融保險事業，其有關人事體制之規定如下：

壹、警察機關職務等級制有關法規要點

一、體制架構：

㈠程度區分：依警察人員管理條例第五條，「警察官等為警監、警正、警佐，各分一、二、三、四四階，均以第一階為最高階」。

㈡性質區分：依同條例第十九條及施行細則，「警察專門性職務人員，得經專業訓練培育之」；所稱專門性職務，指刑事、消防、外事及其他需專門學能之職務。

至警察機關組織法規所定之一般行政人員（指主計、人事、文書、庶務及其他非執行警察勤務而依警察機關組織法規所定簡、薦、委任職等之人員）、技術人員，依同條例第三九條及施行細則，「其任用適用公務人員任用法之規定」，是則一般行政人員及技術人員仍適用職務分類制。

二、職務及列等：依同條例第八條，「警察人員之職稱，依各該警察機關組織法規之規定」。職務之官等於組織法中明定或於組織規程之員額編制表中明定，至於官等內之官階，則由考試院另以警察官職務等階表定之。如內政部警政署組織條例第七條「本署置主任祕書一人、督察室主任一人，均警監；……組長十一人，警監或警正；……專員四十二人至五十六人，警正；……組員一百十五人至一百三十九人，警佐，其中

內 政 部 警 政 署

官等	官階	本俸俸級	本俸俸額	職 務 名 稱
警監	一階	一	680	署長
		二	650	副署長
	二階	一	625	
		二	600	主任祕書　專門委員　督察室主任
	三階	一	575	
		二	550	
	四階	一	525	組主任　督察
		二	500	
		三	475	
警正	一階	一	450	專祕
		二	430	
		三	410	長任
	二階	一	390	組
		二	370	
		三	350	督察　書記員
	三階	一	330	
		二	310	
		三	290	
	四階	一	275	
		二	260	
		三	245	
警佐	一階	一	230	
		二	220	
		三	210	員
	二階	一	200	
		二	190	
		三	180	
	三階	一	170	
		二	160	
		三	150	
	四階	一	140	
		二	130	
		三	120	
		四	110	
		五	100	
		六	90	

二十八人得列警正; ……」。警察機關共有警察官職務等階表將近三十
種, 茲舉內政部警政署警察官職務等階表如上頁。

貳、海關職務等級制有關法規要點

一、體制架構:

㈠性質區分: 依關務人員人事條例第四條,「關務人員分關務、技術
兩類」。

㈡程度區分: 依同條,「關務及技術類, 各分爲監、正、高員、員及
佐五個官稱, 各官稱再各別區分一至四個官階; 官稱、官階並與公務人
員任用法之官等、職等相配置」。

二、職務及列等: 依同條例第四條,「關務人員職務稱階表, 由銓敍
部會同行政院有關機關擬訂, 報請考試院核定」。海關組織法規所定之職
務, 其官等、職等、官稱及類別, 均在組織法規中明定, 如財政部關稅
總局組織條例第七條,「本局置……主任祕書一人、處長八人、室主任一
人, 職務均列簡任第十一職等關務監或技術監; ……科長六十一人至七
十一人, 職務列薦任第九職等關務正或技術正; ……辦事員七十人至八
十五人, 職務列委任第三職等至第四職等關務員; ……」又第八條「本
局設人事室, 置主任一人, 職務列簡任第十職等或簡任第十職等至第十
一職等關務監; ……」。由此可知, 關務機關之一般行政人員, 可爲一般
公務人員, 亦可爲關務人員。至財政部關稅總局關務人員職務稱階表,
只是將組織法規中所定各職務之官等、職等、官稱作成表式而已, 其部
分職務之稱階表如下頁所示。

叁、學校敎育人員職務等級制有關法規要點

依教育人員任用條例第四十條,「學校教職員之職務等級表, 由教育
部會同銓敍部定之」。依現行訂定之職務等級表, 共有公立學校校長職務

附註：虛線部分係非關務人員得任專用之，並以列官等體系不列官職官階。

官職等級（職等）	官稱	官階	職務名稱（職稱）
十四	簡任　關務（技術）監	一階	總局長
十三		二階	副總局長
十二		三階	研究委員
十一		四階	主任秘書／主任／高級秘書
十			總關稅務司／關務司長／總人事機構首長
九	薦任　高級關務（技術）正	一階	關務正／專門委員／副關務司長／副主任（虛線）
八		二三階	高級分析師／工程司副總稅務司／副主任（虛線）
七	關務（技術）員	二階	科長
六		三階	審核／秘書／分析師／工程司
五	委任　關務（技術）員	一階	股長／課員
四		二階	專員（虛線）／副艦長／副機師／會計師
三		三階	助理管理員／主任管理員（艙）
二	關務（技術）佐	一階	科員／工程員／管理員（艙）
一		二階三階	辦事員／作業員

等級表、公立學校教師職務等級表、公立大專院校職員職務等級表、公立中小學職員職務等級表四種。其體制架構爲：

(一)性質區分：分校長、教師、職員三種。

(二)程度區分：校長部分，按任職學校等級高低，在三十六個薪級內分別規定各種職務之起迄薪級；教師部分，按教師本人所具任用資格高低，並配合任教學校等級高低，在三十六個薪級內分別規定各種職務之起迄薪級；職員部分，比照公務人員區分爲簡任、薦任、委任三等，每等內並訂定薪級，按各種職務之職責程度高低，在三個官等與三十六個薪級內分別規定其起迄等級。茲舉公立學校教師之職務等級表如下頁：

肆、交通事業職務等級制有關法規要點

一、體制架構：

(一)性質區分：依交通事業人員任用條例第四條，「交通事業人員資位，分業務類及技術類二類」。又依同條例第七條，「總務人員之任用，除依本條例取得相當資位者外，依公務人員任用法之規定」。由此可知，總務人員（含人事、主計、事務人員）取得資位者依業務類規定，未取得資位者，適用一般公務人員職務分類制之規定。

(二)程度區分：依同條例第四條，「業務類，區分爲業務長、副業務長、高級業務員、業務員、業務佐、業務士；技術類，區分爲技術長、副技術長、高級技術員、技術員、技術佐、技術士」。此種資位層次多依擬任人員所需資格之高低區分。

二、職務及列等：

依同條例第十一條，「交通事業人員資位職務薪給表，由考試院會同行政院定之」。交通事業之組織法規，對職務多只定有職務名稱，而各種職務之資位則另以附表規定，作爲組織法規的附件，至各種職務在資位中之起迄薪級，則在資位職務薪給表中規定。交通事業資位職務薪給表，按交通事業類別（如郵政、電信、鐵路、公路、水

職務等級		職務名稱						附　註
等級	薪額	教授	副教授	講師	助教	中等學校教師	國民小學教師	
	770							七、職務等級表發布施行前，原已擔任學校校長或教師者，其原支薪級超過職務等級表所定最高薪級時，仍准照支。 六、本表所列職務名稱、職務等級，如有修（增）訂未及列入者，應以教育部會同銓敘部核定者為準。 五、各級社會教育機構專業人員，學術研究機構研究人員，及公立大專院校稀少性科學技術人員，依其職務等級分別比照本表各規定。 四、專科學校專業及技術教師，依其甄審結果，比照教師之規定。 三、幼稚園教師之職務等級，依幼稚園教育法規定，比照國民小學教師。 二、中、小學合格教師，如具有碩士學位，最高薪得晉至五二五元；如具有博士學位，最高薪得晉至五五○元。其年功薪仍為五級。 一、最高薪上面之虛線係屬年功薪。
	740							
	710							
一　級	680	教						
二　級	650							
三　級	625							
四　級	600							
五　級	575							
六　級	550	授	副					
七　級	525							
八　級	500							
九　級	475	680～475	教					
一○級	450			講		中	國	
一一級	430		授					
一二級	410					等	民	
一三級	390			師				
一四級	370		550～350			學	小	
一五級	350							
一六級	330				助	校	學	
一七級	310			450～245				
一八級	290					教	教	
一九級	275				教			
二○級	260					師	師	
二一級	245							
二二級	230				330～200			
二三級	220						450～120	
二四級	210							
二五級	200					450～150		
二六級	190							
二七級	180							
二八級	170							
二九級	160							
三○級	150							
三一級	140							
三二級	130							
三三級	120							
三四級	110							
三五級	100							
三六級	90							

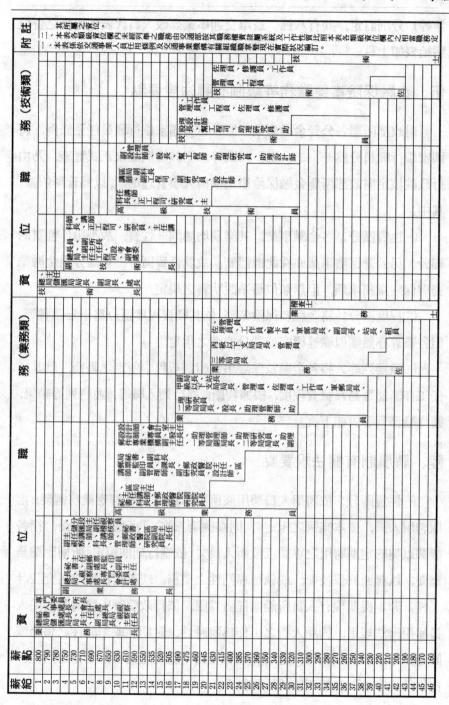

薪級	薪點
1	800
2	790
3	780
4	750
5	730
6	710
7	690
8	670
9	650
10	630
11	610
12	590
13	550
14	535
15	520
16	505
17	490
18	475
19	460
20	445
21	430
22	415
23	400
24	385
25	370
26	360
27	350
28	340
29	330
30	320
31	310
32	300
33	290
34	280
35	270
36	260
37	250
38	240
39	230
40	220
41	210
42	200
43	190
44	180
45	170
46	160

附註

一、本表係依交通部所屬交通事業人員任用條例及交通部所屬事業機構有關組織職掌實際編訂。

二、本表各類資位欄內之相當職務系統及工作任用職稱係按其現在實際情況比照本表各類資位欄內之相當職務定其所屬資位。

運等）分別訂定，共有八種。茲舉交通事業郵政人員代表性職務之資位薪給表如上頁。

伍、金融保險事業職務等級制有關法規要點

財政部所屬各公營金融事業，原公布有國家銀行職員任免條例，將國家銀行職員分為一、二、三、四四等，但該條例並未正式實施，乃由行政院核定財政部所屬金融保險事業機構人事管理準則，以為管理依據。其中：

(一)性質區分：各金融事業，其業務均屬同一性質，故不再作性質的細分；另公營保險事業亦採此種體制。故就性質區分，可區分為金融業務與保險業務兩類，但無類似職系說明書之規定。

(二)程度區分：將金融及保險業務，依其職責程度區分為十五個職等，但各職等亦無類似職等標準或評分標準之規定。

(三)職務列等：將各金融及保險事業組織規程中所定之職務，就其所任工作繁簡難易及職責程度，根據判斷，逕行列入職等，並將列等結果，製作職務列等表如下頁。

陸、聘雇制有關法規要點

(一)性質區分：依聘用人員聘用條例第二條，「各機關應業務需要，定期聘用人員，依本條例之規定」；同條例第三條，「所稱聘用人員，指各機關以契約定期聘用之專業或技術人員」；依施行細則規定，所稱應業務需要，以發展科學技術，或執行專門性之業務，或專司技術性研究設計工作，非本機關現有人員所能擔任者為限。依行政院暨所屬機關約雇人員雇用辦法規定，約雇人員之工作為臨時性、定期性或季節性之事務或簡易工作。故就法制言，適用聘雇制人員所處理之業務，除有專門性、技術性文字外，並無明確的性質區分。

職等	職　　　　　　　　　　　　　　　　　　　　稱
15	副總經理、顧問
14	室主任、部經理、專門委員、一等分行經理
13	室副主任、部副經理、一等分行副經理、二、三等分行經理、研究員
12	總行一等分行襄理、二、三等分行副經理、高級專員、祕書、稽核
11	科長、一等分行課長、二、三等分行襄理、中級專員、助理祕書、助理稽核
10	副科長、一等分行副課長、二、三等分行課長、初級專員
9	二、三等分行副課長、倉庫管理員
8	辦　　事　　員
7	助　　理　　員
6	練　　習　　生
5	雇　　　　員
4	司　機、技　工
2	工　　　　友

　　依雇員管理規則規定，各機關組織編制內之雇員，並無性質區分。

　　㈡程度區分：聘用人員注意事項規定，聘用人員報酬標準，視工作之繁簡難易、責任輕重、羅致困難程度，與應具之專門知能條件，參照職位分類第六至第十三職等標準認定支給報酬之薪點，故可視為區分為八個層次(職等)。依約雇人員雇用辦法規定，約雇人員報酬，應視工作之繁簡難易、責任輕重，及應具備之知能，參照職位分類第一至第五職等標準認定支給報酬之薪點，故可視為區分為五個層次（職等）。

　　依雇員管理規則規定，各機關組織編制內之雇員，亦無程度之區分。

　　除上述性質及程度之區分外，在聘雇制中，既無有關以職務或職位列入架構及以何種方法列入架構之規定，亦無類似職務等級表或列等表之訂定。

第四項　職位評價制法規簡析

經濟部所屬事業人員之人事管理，在法律未有制訂前，由經濟部擬訂「經濟部所屬事業機構人事管理準則」報奉行政院核定後施行。依該準則第五條規定，各機構應建立以職位分類為基礎之人事管理制度，除董事長及總經理外，應按職位工作之繁簡難易及職責程度歸級列等，其辦法由本部訂定，報請行政院核備。經濟部乃訂定「經濟部所屬事業機構分類職位歸級規程」，以為辦理職位評價之依據。茲就有關法規之要點簡說如下：

壹、體制架構

㈠性質區分：經濟部所屬事業機構分類職位所擔任之工作種類，在符合分工原理與管理上方便之原則下，區分為十二職組及五十二職系，對每一職組及其所屬職系予以書面定義。至職組職系之區分與定義，得視事實需要，由經濟部隨時予以增減及歸併。

㈡程度區分：

1.訂定因素評分標準表：就分類職位之職責，依工作複雜性、所受監督、所循例規、職權範圍與影響、所需創造力、與人接觸、所予監督七個因素，訂定因素評分標準表，茲舉工作複雜性、所受監督兩個因素之評分標準表如下二頁：

2.訂定職責程度分數與職等對照表：根據各因素程度最高分之和，即為評分所得之最高分(一個職位不可能每個因素均可評得最高分)，與各因素程度最低分之和，即為評分所得之最低分（一個職位亦不可評得最低分），兩者間之分數幅度，將之分配至十五個職等，各上下職等間之分數可留少許分數上的空隙。經濟部對所屬事業職位評價之職等與職責

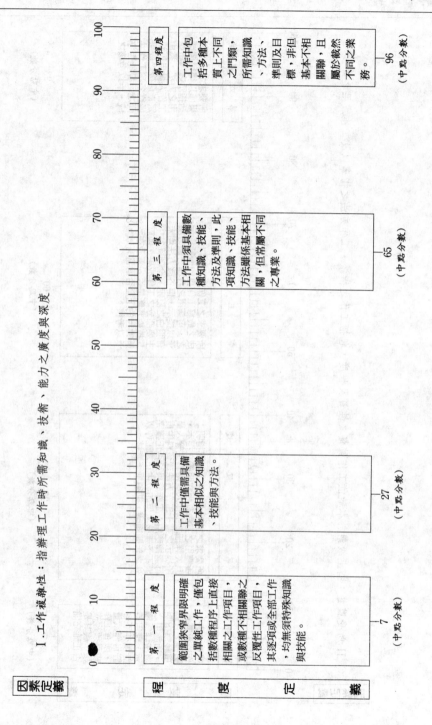

I.工作複雜性：指辦理工作時所需知識、技術、能力之廣度與深度。

因素定義	程度定義	

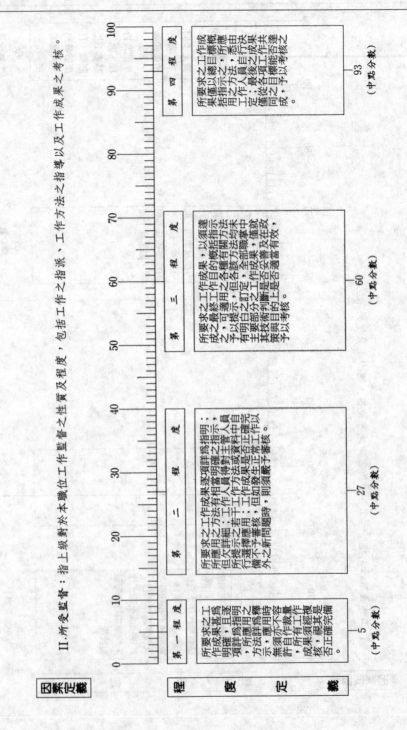

II.所受監督：指上級對於本職位工作監督之性質及程度，包括工作之指派、工作方法之指導以及工作成果之考核。

因素定義

程度定義

第一程度　（5 中共分數）

所要求之工作成果及工作方法均詳為明確，且逐項指明；所應用之方法詳為指明；所提示之解釋應用時無須亦許有工作複核，成果須視其是否正確完成。

第二程度　（27 中共分數）

所要求工作成果逐項均須指明；所應用之方法明確當為指示；但欠詳細之詳細資料中自行選擇應用；若干工作方法或成果是否正確，由承辦主管人員得對其工作予以審核；但如發生正常工作以外之新問題時，則須嚴予審核。

第三程度　（60 中共分數）

所要求之工作成果，以須達成之最終目的為指示之；可適用之各種有關方法，但各該職權未予以提示、全部均掌握之，由主要部分之工作成果及在政其技術判斷是否妥善，連就策與目的是否適當有效，予以考核。

第四程度　（93 中共分數）

所要求之工作成果僅以總目標概括指示之，所應由行決工作人員後其各項成定；最從目標工作達定各項同之上是否考核之予以考核。

程度分數之對照爲:

職等	15	14	13	12	11	10	9	8	7	6	5	4	3	2	1
職度責分程數	550以上	470|540	410|460	360|400	330|355	315|325	295|310	275|290	250|270	235|245	210|230	150|190	105|140	65|95	60以下

貳、以職位列入架構

職位評價制，是以職位爲對象列入體制架構。而職位係指分配由一個工作人員所擔任的工作與責任。此與職務分類制及職務等級制之以職務爲對象列入架構者不同。

叁、採評分法將職位列入架構

列入架構之方法可分兩部分，即職位歸系與職位評分列等，茲依有關歸級規程之規定，簡說如下:

一、**職位調查**: 亦稱職位歸級調查，先製作職位歸級調查表，現任人員填寫時應參照職位歸級調查表所附之「填寫說明」、「職責內容填寫說明」及「職責內容填寫實例」，分別填述。所謂職責內容計分九項，即(1)工作性質與目的(即工作之複雜性); (2)所予監督; (3)所受監督; (4)所循例規; (5)職權範圍與影響(即言行之效力與範圍); (6)所需創造力; (7)與人接觸; (8)所需資格; (9)其他。

當工作人員填述職位歸級調查表時，由各機構之職位歸級單位及負責辦理職位分類人員，就地作直接輔導。必要時，並由辦理職位分類人員直接與現任人員或其主管個別面談或實地觀察其工作情形，以輔助職位歸級調查表內容之不足。除職位調查外，各事業機構之組織規章、辦

事細則、授權辦法、組織系統圖、工作流程圖、工作程序圖、職責分配表、職員名冊、薪餉表，及其他與職位職責事實之有關資料，均可協助明瞭各職位之職責事實，以及在機構組織體系中所占之地位，故亦需同時蒐集參考。

二、確定職系：即職位歸系，將各職位就其有關工作性質方面之敍述，與職系定義相比較，依據下列原則確定其應屬之職系：

㈠凡一職位所擔任之工作內容，俱屬同一職系者，則逕行歸入該職系。

㈡凡一職位之工作內容，分屬同一職組內兩個以上職系者，則以其工作時間超過50％者爲準歸入適當之職系；如各項工作時間均未達50％者，則歸入其所屬職組之綜合性職系。

㈢凡一職位之工作內容，跨越兩個以上職組，以所占時間最多者爲準歸入適當職系，如所占時間相同，則以主管人員認定之最主要工作歸入之。

三、評分列等：將確定爲同一職系之職位，再就歸級調查表中有關職責程度方面之填述，依因素程度區分及配分表，評定各職位應得分數。評分時並注意：

㈠職位之評分，可視該職位「重要」及「難度」之高低，在各程度中任何一點，或程度與程度之間隔中任何一點，予以衡量評分。

㈡如職位之情形完全符合某一程度，即以該程度之中點分數評分，情形偏高時，可趨向高分數方面評分，反之則趨向低分數方面評分。

㈢如職位之情形界於兩程度之間，則其評分分數應落在兩程度之間隔中任何一點，其評分方式亦如以上所述，以間隔之中心點爲準，偏高時趨上一程度，反之趨下一程度。

㈣評分時，應將所評職位與已評職位予以詳加分析比較，以爲評分之依據。

當一職位之分數評定後，即依分數與職等對照表，換算應列之職等。

　　四、**職位歸級後之繼續管理**：各事業機構之分類職位經歸級後，其繼續管理包括：

　　㈠遇有下列情形之一者應申請歸級，即(1)設置新職位者；(2)職位之主要職務與責任有重大改變者；(3)職位之職責轉移其他單位者；(4)職位分類單位認為有需要者。

　　㈡職位分類工作人員應按規定，每年就本單位所有職位歸級調查表內容，予以實地普查一次，如發現主要職責內容有變更時，應修正歸級。

　　㈢事業機構或其所屬單位，因組織變更、職掌更動、工作重分配或職責轉移等原因，致使大部分職位之主要職責有變更時，應將所有職位重新辦理評價。

　　㈣職位現任人員之直接主管，應經常查核歸級調查表之內容是否與職位現任人員實際工作相符，如有變動，應按規定申請重新評價。

　　五、**辦理職位歸級之機構**：各事業機構應設置職位歸級委員會，委員除人事主管為當然委員外，餘由事業主持人就所屬有關單位主管、對職位分類有研究者、熟悉該機構之工作情況者遴選派任之，主任委員由事業主持人或副主持人擔任，委員會下並設總幹事一人，負責該機構職位分類之訓練、調查、分析、品評等工作。各事業機構所屬單位或內部單位，得分別成立職位歸級委員會分會，分會設主任委員一人、委員（人事主管為當然委員）若干人、幹事一人、技術員若干人，均由各事業機構所屬單位主持人遴選派任，負責該單位職位分類之訓練、調查、分析、品評等工作。

　　有關職位歸級之核定權，十一職等以上職位歸級報由經濟部核定；十職等以下職位歸級由各事業機構核定；至各事業機構所屬單位則辦理確定職位之職系及職位品評之初評。

第五章　考試(理論、政策與原則)

考試爲我國憲法增修條文第五條所定人事項目。舉辦人員考試，有其理論基礎，及應行遵守之政策與原則；考試有公務人員考試、專門職業及技術人員考試、公職候選人考試，並各有其法規依據。因其內容十分繁複，特分爲兩章敍述，本章以敍述考試理論、政策與原則爲主，下章則敍述有關考試之法規。

考試之對象爲人，而人具有能力，各人能力有個別差異，個別差異可以測量，測量需具有信度與效度，此乃考試之理論基礎；而建立考試架構，區分任用考試與資格考試，又爲考試之重要政策與原則。茲分節敍述之。

第一節　能力與能力個別差異說

此節所稱能力，採廣義說，包括人所具有的人格、智力、性向與學能（即學識、經驗、技能）；所稱能力個別差異，指各人所具有之人格、智力、性向與學能，常呈現出差異。茲分項敍述如後。

第一項　人具有能力說

茲就一般心理學家對人格、智力、性向、學能的看法，簡說如下：

壹、人格

指一個人在社會生活的適應過程中，對自己、對他人、對事、對物時，在其心理行為上所顯示出的獨特個性，此種獨特個性，係個人在其遺傳、成熟、環境與學習等因素交互作用下所形成，並具有相當的統整性與持續性。茲就此一意義簡析之。

一、人格是在適應時所顯示出的個性：人是社會的動物，不可能脫離社會而生活，因此人必須適應社會生活。在適應社會生活的過程中，對自己的看法，對他人的評價，對四周所發生的事與所遇及的物，在心理行為上均會顯示出個性。

二、人格由遺傳、成熟、環境與學習所形成：個人的人格是逐漸形成的，形成過程中受影響最大的因素，為父母的遺傳、個人的成熟狀態、個人所處的環境，及個人的學習情形。此四個因素並非是孤立的，而是可以發生交互作用的，在此種不斷的交互作用下，乃逐漸形成了個人的人格。

三、人格具有獨特性：因形成各人人格的四個因素各有不同，故各人在適應社會生活時所顯示出的個性，亦常各不相同。如各人對自己的看法，有的很自負、有的很自卑、有的很驕傲、有的很謙虛；各人對同樣的一個第三者(人)，可能有著不同的評價；對同樣的一件事，各人的反應亦常有差異；對同樣的一件物品，各人對它的評價亦常有高低。故各人的人格有其獨特性。

四、人格具有統整性：構成人格的各種特質，並非個別的或可分離的，而是統整的，故人格亦可說是身心合一的組織。一個人生理方面的變異，會直接而迅速的影響到心理狀態和行為的表現。一個人為求對社會生活的適應，需面對著千變萬化的境遇，因而個人的觀念與行為，就需作不斷的調整與改進，以求人格的統整，及對社會生活的有效適應。

五、人格具有持久性：個人的人格，在受到異常重大的環境壓力下，雖亦會產生突變，但在一般情形下，人格是有其持續性的，所謂江山易改，本性難移，正是此意。因此，當吾人要了解某人的觀念與行為時，除尋求直接的原因外，該人之身世、早年生活等，亦需詳加了解。

貳、智力

較為一般學者所接受之智力的意義，係心理學家魏啓斯勒(Wechsler, 1944)所提出的「智力，是個人對有目的的行動、合理的思維、及有效適應環境的潛在綜合能力」。茲簡析如下：

一、智力是一種綜合能力：所謂綜合能力，只表示出能力的高低或強弱，而不表示出能力的性質或種類。故綜合能力亦稱普通能力，而非指對某一方面工作之特殊能力，此乃智力與性向不同之處。

二、此種綜合能力，在有目的的行動、合理的思維、及有效的適應環境上，可表現出來：

㈠在有目的的行動上：吾人為達到某一目的,通常需採取某些行動，但為達成目的所採取的各種行動，如其先後順序安排極為適當，所採的行動亦極為有效，在達成目的的各種行動上，對人力、時間、經費毫無浪費，則表示綜合能力高或強，否則表示綜合能力低或弱。

㈡在合理的思維上：吾人經常會遭遇到一些問題有待去解決，對簡單的問題固可憑經驗而很快的獲得解決，對複雜的問題則有賴於縝密的思考及謀定而後動了。如對一個極為複雜的問題，經短時間的思考後，即能作有條理的分析，找出其原因，並針對原因提出對症下藥的方法，進而順利的解決問題，且不致發生後遺症，此乃表示綜合能力高或強，否則表示綜合能力低或弱。

㈢在有效的適應環境上：吾人四周的環境是多變的，如對四周多變的環境，均能有效的適應，不使發生人與環境的格格不入；或對新的環

境均能應付裕如，不會不知所措，則表示綜合能力高或強，否則表示綜合能力低或弱。

三、智力是一種潛在能力：個人智力的高低，是無法直接觀察得知的，而需從其行為的表現上來推知的，用以推知智力高低的，即在為達成目的所採取的行動、合理的思維及有效的適應環境時，所表現出的各種行為。

叁、性向

心理學家多認為性向是指對某種職業或活動的潛在特殊能力。茲簡析之：

一、性向指從事特種職業或活動的能力：社會上可從事的職業或活動，種類極多，但從事任何一種職業或活動，均有其所需要的能力，具有某種職業或活動所需能力的人，如從事該種職業或活動，則不但學習快速，且亦較有興趣，願意付出較多的心力，因而亦可獲得較多的績效。但個人對從事各種職業或活動所需的能力，不可能完全具備，因此所從事的職業或活動，最好能選擇與其所具能力相當者為宜。

二、性向是一種潛在能力：性向亦是一種潛在能力，如某甲具有機械工作性向，再經過機械學識技能的教育與訓練後，即具有高水準的機械學識技術，從事機械工作時可發揮出高度的績效，此乃表示某甲具有機械工作性向，宜鼓勵其接受機械學識技能的教育訓練，並從機械工作方面去發展。

肆、學能

指學識、經驗與技能，在心理學中稱為成就，指個人經由學習與訓練，所獲得的學識、經驗與技能。其中

一、學識：指學術性的學理、原理與原則，通常經由學校教育而取

得，以學分證明、學歷證書、專著爲代表。學識的內涵包括性質與程度二者，如土木工程學識，指學識的性質；土木工程之專精學識，其專精指學識的程度。

　　二、經驗：指處理工作所需了解之一般規定、要點、程序、方法等，通常多在法令中規定，經由實地工作及訓練而取得，以經歷、考績、訓練結業證書爲代表。經驗的內涵包括有性質、程度與期間三者，如人事工作經驗三年，指經驗的性質與期間；人事設計或人事主管工作，其中設計或主管指經驗的程度。

　　三、技能：指身體各部軀之耐力或靈巧動作或感官（包括視覺、聽覺、嗅覺、味覺、觸覺等）方面之敏銳度，通常需經長期訓練或經驗而養成，以訓練合格證書、測驗合格證書或經驗文件爲代表。

第二項　能力個別差異說

　　人不但具有能力，且各人的能力具有個別差異，而此種差異又常呈現出常態的分配。茲按人格的個別差異、智力的個別差異、性向的個別差異、學能的個別差異，及常態分配情形，簡說如下：

壹、人格的個別差異

　　一、引致人格個別差異的原因：前曾說明，各人人格上的獨特個性，係個人在其遺傳、成熟、環境與學習等因素交互作用下所形成。各人的遺傳、成熟、環境與學習的情況差異甚大，如：

　　㈠遺傳：乃形成人格的最重要因素，而個人的遺傳基礎，係一半來自父方，另一半來自母方；又因受完全相同遺傳基礎之機會極爲稀少，故各人間人格特徵完全相同者亦極爲罕見。

　　㈡成熟：乃個人生理功能對形成人格的影響。在生理功能方面，以

內分泌腺的功能影響最大，而各人內分泌腺的情形亦多有不同，致各人的成熟度亦有差異。

㈢環境：又分家庭環境、社會環境、職業環境，各人對此三種環境完全相同者亦甚爲少見，致影響及人格的個別差異。

㈣學習：個人在適應社會生活過程中，無時無地不在學習，而各人學習完全相同者亦甚爲罕見，乃引致人格個別差異。

由於各人對以上四種因素的不同，致在交互作用下所形成的人格，亦具有明顯的差異。

二、人格個別差異情形：心理學家對各人人格的差異情形，曾提出多種區分的方法，如：

㈠依體型區分人格個別差異：將人的體型區分爲肥胖型、健壯型、高瘦型三種，每種體型有其獨特的個性。

㈡依血型區分人格個別差異：將血型區分爲A型、B型、AB型、O型四種，每種亦有其獨特個性。

㈢依心理區分人格個別差異：將人格區分爲內向與外向二種，亦各有其獨特個性。

㈣依所追求價值區分人格個別差異：德國學者斯卜蘭結(Spranger, E.)依個人追求價值之不同，將人格區分爲下列六種，此種區分法在人事行政上頗具價值：

1.理論型：其獨特個性爲對事物採客觀態度，注重觀念與理想的追求，主要興趣爲尋求眞理而忽視實際。

2.經濟型：其獨特個性爲以實用價值爲一切活動之首要目標，關心財富的生產與聚積，不重視理論而重視實際，主要興趣在講求使用效率。

3.審美型：其獨特個性爲相信美是至高無上的眞理，對各種經驗均視其有無藝術價值以爲斷，主要興趣在於講求形式與調和，以獲得自我的滿足。

4.社會型：其獨特個性爲將社會福利的講求爲一切活動的前提，主要興趣在人類及社會活動，時常關心別人的事情及其福利。

5.權力型：其獨特個性爲醉心於權力的追求，無論政治或其他活動方面，其參與的目的只求能影響並駕馭他人，企圖成爲領袖。

6.宗教型：其獨特個性爲以了解宇宙的究竟爲主要興趣，所關心的只是神祕的經驗以及各種神奇的現象。

事實上，個人完全屬於某一種類型的並不多見，大多數的人都是屬於某兩種或數種類型的混合型，並以其中一種或二種類型較占優勢而已。

貳、智力的個別差異

智力的個別差異亦有其形成原因，其差異情況常呈現出鐘形曲線。

一、形成智力個別差異的原因：主要亦爲遺傳、成熟、環境、學習四個因素。

二、智力個別差異情形：智力的個別差異，通常用智商的差異來表示，所謂智商(IQ)指個人實足年齡(CA)與心理年齡(MA)之比並乘以一百所得之數，通常以下列公式表示，即 $IQ = \dfrac{MA}{CA} \times 100$；心理學家魏啓斯勒(Wechsler, 1958)曾根據成人智力測驗所得，作成成人智商高低與人數分配關係表如下：

智　　　商	130 以上	120～129	110～119	90～109	80～89	70～79	69 以下
語文說明	極優秀	優　　秀	一般優秀	中　　等	一般愚笨	臨　　界	智能不足
人數百分比	2.2	6.7	16.1	50	16.1	6.7	2.2

以上情形如用圖表示，則呈現出典型的鐘型曲線，此種曲線亦稱爲常態曲線(Normal Curve)或常態分配。

叁、性向的個別差異

一、影響性向個別差異的原因：仍爲遺傳、成熟、環境、學習四個因素。

二、性向個別差異情形：性向的個別差異，大致可從學業性向個別差異與職業性向個別差異來看。

㈠學業性向個別差異：學業性向的差異與學習對象的選擇有密切關聯，如學業性向與學習對象相合者，不但學習興趣濃厚而且學習成績優良，否則不但學習興趣低落且學習成績也不會理想。如大學生中，有的對文科很有興趣且成績優異，有的對理科很有興趣具有優異成績，其主要原因在於學業性向與所學習課程能否相符所致。

㈡職業性向個別差異：職業性向指從事某種職業的特殊能力。一般學者對職業性向的區分，多依職業類別而設定，目前較爲普通的性向區分有下列六種，即

1.機械性向：主要包括個人對空間關係的知覺能力、手與眼協調的運動能力。凡具有機械性向者，從事機械、機器操作、裝配、修護等工作時，較有興趣與績效。

2.心理動作性向：主要包括手部靈巧、穩定性、肌肉力量、對信號之反應速度及若干動作之協調等能力。凡具有心理動作性向者，從事需要手、足、眼、耳等聯動的工作時，較有興趣與績效。

3.邏輯性向：主要包括錯綜複雜的思考，及依據正確順序及邏輯反應等能力。凡具有邏輯性向者，從事電子計算機程式編製工作及需要解決日常所遇及各種問題之工作時，較具興趣與績效。

4.文書性向：主要包括打字、速記、文件整理保養、會計、聯絡及工作計畫等能力。具有此種性向者，將是一個優秀的文書工作人員並具有優異績效。

5.藝術性向：主要包括學習藝術及欣賞藝術能力。具有此種性向者，對藝術工作較有興趣與成就。

6.音樂性向：主要包括記憶與辨別音之高低、強弱、韻律、聲音等能力。具有此種性向者，對音樂工作較具興趣與成就。

肆、學能的個別差異

一、形成學能個別差異的原因：除遺傳、成熟及環境因素外，學習因素則關係更大。因人並非生而知之，而是學而知之的，個人在學識、經驗、技能方面的成就，主要是靠學習而來。由於各人的家庭教育、學校教育、社會教育、各種訓練及各種工作上歷練的情況各有不同，致形成個人的學能差異。

二、學能個別差異情形：可從下列三方面言之：

㈠學識的差異：各人在學識程度方面，可從目不識丁至獲得高學位如碩士、博士學位者，則為學識個別差異的實例；再就獲得同等學位者而言，其在學識上的成就亦非絕對的相等，而仍具有若干的差異。再在學位的性質方面，各人學識的專業亦多有不同，有者為文學方面的成就，有者為科學方面的成就；再就科學方面成就言，有者屬工程方面，有者屬醫學方面等。故學識的個別差異極為顯著。

㈡經驗的差異：各人在經驗方面，可從毫無經驗到經驗極為豐富，從簡易工作的經驗到統籌負責的工作經驗；再從經驗性質方面言，差異更是明顯，有者為行政工作經驗，有者為技術工作經驗；在技術工作經驗方面，更因技術工作的不同呈現出高度的差異；再就同一人員所具備之經驗種類言，有者為單一的經驗，有者具有多種經驗等。故經驗的個別差異亦極為明顯。

㈢技能的差異：各人在技能方面，可從無技能到有技能，從普通的技能到高度專精的技能；再就技能性質言，有屬體能方面技能，有屬技

巧方面的技能，有屬聯動方面技能，有屬估計、判斷方面技能，有屬感官方面的技能等。其差異並不亞於學識、經驗。

再就以上學識、經驗、技能的個別差異言，亦與智力個別差異相類似，大致會呈現出常態曲線的分配情形。如以學校的入學考試、學校內的期中或期末考試，及公務人員的各種考試言，其考試成績的高低，均呈現出成績特優與特劣者為數極少，次優及次劣者為數較多，成績列中等者為數最多，此種成績差異及人數百分比的關係，如用曲線表示，亦將呈現出某種常態的分配。

第二節　能力可以測量與測量應有信度效度說

各人能力不但具有個別差異，而且此種個別差異亦可以測量出來，測量本身只是一種抽樣。再測量之是否可靠，除看其是否具有信度與效度外，尚需保持試題水準，及換算分數與錄取標準。茲分項敍述之。

第一項　能力可以測量說

吾人雖確信人具有能力，而各人的能力又具有個別差異，但尚不足以建立起人員考試的理論基礎，而需再探討能力的個別差異，能否經由測量來認定。依據一般學者的看法，人的能力是可以經由測量來認定的。茲簡說如下：

壹、人格測驗

指了解各人人格個別差異所作的測驗。人格測驗雖是受批評最多的一種測驗，如認為人格測驗對個人的隱私有所侵犯、易於作假、有效性

值得懷疑等。但經過不少學者的從事研究與實驗，使人格測驗逐漸受到重視，並設計出若干類人格測驗的方法：

一、評定量表類：係從個人對社會所產生的效果上來觀察，並從個人對周圍環境的人所發生的影響上去評量其人格特性。此種評量表並非真正的測驗，而只是一種判斷，故對主持評量的人需作審慎的選擇與訓練，評量人員必須具有觀察行為的經驗，並需確切了解所評量特質的含義及個別差異情形。如勒德(D. A. Laird)的品質評量表，倍克(H. J. Baker)的兒童行為適應量表，均屬其例。

二、自陳法類：係由受測者本人採用自我評鑑方式，對自己的人格特質所作之測驗，並多以測驗問卷方法行之，亦即在人格測驗中列出許多問題(以是非題或選擇題為主)，由受測者憑自己意見，選擇適合於自己個性者予以回答，從測驗所得分數，對個人人格可獲得大致了解。如明尼蘇達多相人格測驗(MMPI)，及吉爾福(Guilford)因素分析人格測驗，均屬其例。

三、投射法類：係向應試者提供一些未經組織的刺激情境，讓應試者在完全不受限制的情形下，自由表現出反應，使其在不知不覺中表露出人格特質，亦即希望將個人內在的動機、需要、態度、願望、價值觀等，能經由無組織的刺激，在無拘無束的反應中投射出來。如羅夏(H. Rorschach)墨汁人格測驗、畫樹人格測驗，均屬其例。

四、情境測驗類：係由主試者設計一種情境，觀察應試者在情境中的反應，進而判斷其人格特質。此種人格測驗的目的，是根據個人在已知情境中的反應，去預測他在另一類似情境中也將有類似的反應。如鮑加都(E. S. Bogardus)的社交距離量表，鮑魯(Barrow)及魏希(Welsh)的藝術測驗，均屬其例。

貳、智力測驗

係用以測驗人的智力者，在員工考選上應用智力測驗甚多。此種測驗主要有下列二類：

一、個別智力測驗：係對某特定人舉行測驗，較爲有名的智力測驗有：

㈠比西(A. Binet & T. Simon)智力量表：發展甚早，雖經多次修正，仍以比西智力量表名之。本量表適用於三歲至十八歲個人，共有測驗題 126 個，規定各年齡組的試題數，每答對一題計算心理年齡的標準，及生理年齡、心理年齡與智商對照表；並規定測驗時所用器材，及舉行測驗時應行遵守事項。

㈡魏啓斯勒(Wechsler)成人智力量表：適用十六歲以上成人，包括語文量表（含常識測驗、理解測驗、算術測驗、相似測驗、數字記憶、字彙六個部分）及作業量表（包括數形連結、圖畫補充、方塊設計、連環圖畫、物形拼合五個部分）二種，共有測驗題 311 個。

二、團體智力測驗：係適用於多數人，並可同時舉行測驗。茲舉二種如下：

㈠大學入學智力測驗：如美國大學入學前，均需接受入學委員會的測驗（簡稱 SAT），大致包括語文與數學兩部分，測驗結果作爲預測高中生適應大學課程的依據。又有一種測驗，包括英語使用法、數學、社會研究及自然科學四部分，以測驗應試者對大學的基本能力。

㈡研究所入學智力測驗：如在美國，此種測驗（簡稱 GRE）極爲普遍，每年測驗四次，在國內外各地舉行。測驗內容包括智力與學科兩大部分，在智力方面又包括語文與數學兩部分，學科方面又包括生物學、數學、政治學、人類學、心理學、物理學、化學等。

叁、性向測驗

　　係指對人的特殊能力的測驗。此種測驗的結果，常作爲輔導學生課業及作爲社會上擇業的依據，在外國甚爲盛行，在我國亦逐漸被採用，如公務人員考試中之某種類科（如電子處理資料科），則列有性向（邏輯性向）測驗一個應試科目。性向測驗，原只用以彌補智力測驗的不足，但因學科及社會分工的發展而受到重視。性向測驗主要有：

　　一、綜合性向測驗：指在同一性向測驗中，又包括有若干分測驗，每一分測驗事實上就是用以測驗某一特殊能力者，各分測驗既可同時舉行，亦可分段舉行。如美國畢奈特（Bennett）等所編製及經修正多次的區分性向測驗，則包括有語文推理、數學能力、抽象推理、文書速度與確度、機械推理、空間關係、語文運用（錯字）、語文運用（文法）等八個部分。

　　二、特殊性向測驗：係專爲測驗某一特種性向而設計者，如在外國甚爲普遍的文書性向測驗、機械性向測驗、美術性向測驗、音樂性向測驗等，均爲特殊性向測驗。

肆、學能成就測驗

　　學識、經驗、技能的成就測驗，可用爲鑑定教育成就、考查教學效果、輔導職業選擇、認定專長等之參據，應用機會最多，亦最爲各界所接受，我國現行公務人員考試，即屬學能成就測驗。此種測驗主要有：

　　一、綜合學能成就測驗：指將多種學科測驗綜合爲一種測驗，其測驗內容包括多種學科，故測驗結果可對學生的教育成就作概括的了解。如史丹福（Stanford）成就測驗，係由四個測驗組合成，區別爲四種程度，分別適用於不同年級的學生。

　　二、分科學能成就測驗：係按教學學科，分別舉行之測驗。如國文

成就測驗，其範圍包括單字測驗、閱讀測驗、語句測驗、注音測驗、標點測驗等；又如美國教育測驗社專為測驗外國學生英語能力而編製之特殊測驗(簡稱 TOEFL)，主要內容包括聽力、文法結構、字彙、閱讀能力，及寫作能力五部分，所得總分即代表應試者的英語能力。

第二項　測驗只是抽樣說

抽樣亦稱選樣，係指自整個研究對象（即母體群）中，根據預定的法則，抽出部分個體(即樣本)，由樣本資料的特性，推論母體群的特性。由此可見，雖然研究的對象是母體群，獲得母體群特性的知識本是研究的目的，但若能利用正確的方法，抽出確能代表母體群的樣本，並運用正確的推定方法，推論母體群的特性，亦能達到研究的目的。目前盛行的舉辦民意測驗，正是此種說法的運用。

壹、測驗是一種抽樣

擔任職務所需要的資格條件，其範圍甚廣，欲就資格條件的全部內容，均轉變為試題予以測驗，事實上為不可能。就以所需之各種學識、經驗與技能來說，欲將全部學識、經驗與技能，均轉變為試題予以測驗，亦不可能，因此只能從所需要的各種資格條件中或所需要的各種學識、經驗與技能中，抽選若干種作成試題，對應考人加以測驗，就此部分測驗所得成績的高低，來推斷應考人對全部資格條件或學識、經驗與技能之成績高低。

貳、抽樣方法

為期運用抽樣研究的結果來推定全體的結果，能夠正確客觀，則需注意抽樣方法的設計。大致而言，抽樣方法有下列兩種：

一、**機率抽樣**：指抽樣時，按照機率法則進行。比較常用的機率抽樣方法又有：

㈠簡單隨機抽樣法：指將研究對象予以編號，然後隨機抽取一個號碼，逐次進行，直到抽滿所需之樣本數為止。

㈡分層隨機抽樣法：指將母體群先按某個變數或數個變數分成若干層次，然後自每一層次內隨機抽取樣本予以研究。

二、**非機率抽樣**：當無法取得母體群的完整資料亦不可能採用機率抽樣時，只有退而求其次使用非機率抽樣方法。由此可知，使用非機率抽樣，雖可獲得有關母體群的若干資料，但絕不能據以推論母體群的確實特性。非機率抽樣較常用者有：

㈠意外取樣法：如電視臺記者在街旁訪問行人時，常是碰到誰就訪問誰，或專門訪問衣著較為整齊的行人，有時甚至還刻意挑選傾向某種特性的人來訪問，以支持其研究目的。

㈡配額取樣法：係在取樣前，先按某種標準（如年齡）將母體群區分為若干子體群（如年齡在二十至三十歲者為一子體群），而後再設定各子體群之取樣配額，予以取樣。

三、**樣本大小**：不論用何種方法抽樣，就統計準確度言，樣本愈大，準確度愈高；樣本愈小，準確度愈低。根據統計學理論，準確度的變動率因樣本數的平方根而異，樣本的標準差是以樣本數去除標準差而得，設 S 為標準差，$S\bar{x}$ 為樣本標準差，則 $S\bar{x} = \dfrac{S}{\sqrt{N}}$。如從過去已有的研究得知母體群的標準差是 20，則抽取一個樣本、四個樣本、或十六個樣本，其標準差將由 20 降至 10，再降至 5，可見標準差係隨樣本數平方根而遞減，而標準差愈小，即表示從樣本估計母體群的特性或現象愈準確。故如有 1,000 位學生的母群體，研究樣本為 25 人，欲使樣本估計值的準確性加倍時，就必需使樣本數變為原來的四倍，亦即樣本數需從 25 增加到

100。當然在決定樣本數時，除考慮估計數值的準確度外，尙需考慮三個因素，即(1)研究者的時間、人力及財力；(2)預定資料分析的程度；(3)群體內個體的相似性。

叁、對人員測驗應注意之處

如將以上說法應用至人員測驗工作上，則各種學科的測驗，應先將該學科之內容全部轉變爲試題(亦即建立題庫)，考試時再從該學科之題庫中應用分層機率抽樣法，抽出足夠數量的樣本予以測驗，則從測驗成績推定應考人對該學科的全部成績，應具相當準確度。至若旣無學科題庫的設置，只憑主考人非機率的隨其所好命數個題目予以考試，以此考試成績來推定應考人對該學科的成績時，其準確性將很低。

第三項　測量需具信度效度說

爲期達到測驗的準確性，除抽樣問題需加重視外，測驗本身尙需具有信度與效度。茲簡說如下：

壹、信度

係對同一應考人，由不同的主考人用同一的測驗，經數次測量結果，其所得分數的穩定性(Stability)或可靠性(Trustworthiness)，亦即同一應考人在同一測驗上數次測量結果的一致性(Consistency)。在測驗上信度情形爲：

一、信度種類：主要有下列四種：

㈠重測信度：指用同一測驗，在間隔時間內，對同一的應考人，作兩次或數次的測驗，再根據此兩次或數次測驗的分數，認定測驗信度。

㈡複本信度：指對應考人在同一時間或不同時間，由主考人作原本

與複本（複本可爲一種或數種）的測驗，視其數次測驗結果認定信度。

㈢折半信度：指將應考人對同一測驗的結果，將試題分爲兩半，並分別計分，再依此兩半測驗結果認定信度。

㈣評分者信度：對無法作客觀記分的測驗（如作文、投射測驗之評分），受主觀判斷影響甚大，評分者間常存在誤差，無法用上述三種方法認定信度。較爲可行方法，爲一份試卷由兩位以上主考人各自評分，而後就此兩種以上分數間的關係認定信度。

二、表示信度方法：測驗的信度，多用相關係數表示。所謂相關係數，係根據雙變項資料，經過統計分析而獲得變項間的相關程度。雙變項間的相關，有正相關與負相關之分，如一個變項資料的成績高而另一個變項資料的成績亦高時，則此雙變項資料有正相關關係；如一變項資料的成績高而另一變項資料的成績反而低時，則此雙變項資料有負相關關係。相關的程度通常以相關係數（簡用 r）表示，其 r 值總是介於 -1 與 $+1$ 之間，-1 爲負相關的最高係數，$+1$ 爲正相關的最高係數，0 表示無相關。依一般學者看法，信度能達到 0.8 以上的測驗，在人員考選上已有使用價值。

三、影響信度的因素：大致包括：

㈠主考人的因素：如未遵守測驗規則、未正確計時、未防範作弊等，使信度降低。

㈡受考人的因素：如參加測驗動機弱、興趣低、情緒不穩等，將降低信度。

㈢測驗情境的因素：如試場光線不良、通風差、聲音噪雜、桌椅不適合等，均會使信度降低。

㈣評分不夠客觀：如未訂計分標準，完全依主考人主觀評分等，均會使信度降低。

㈤前後兩次測驗間隔期間：如間隔期間過短或過長，均有不宜，而

將影響及信度的降低。

㈥試題內容及試題數：如試題難度適當、上下試題間無關聯性，則會增加信度，否則就會降低信度；又試題愈多，信度將愈高，否則將愈低。

貳、效度

指一種測驗能測量到它所企圖測量的程度，或測量其與效標的符合程度。凡測驗的效度愈高，表示該測驗愈能達到所欲測量的目的。在人員考選上有關效度的情形為：

一、效度的種類：主要有下列三種：

㈠同時效度：指一種測驗所得的分數，能預估應考人現有工作績效的程度。如對現職人員舉行一次測驗所得分數與其現有工作績效分數（如考績分數）相比較，以認定其效度。

㈡預測效度：指一種測驗所得分數，能預測應考人將來的工作績效的程度。如用人機關將遴選員工的測驗分數先予祕密保存（不使員工知悉），於錄用後經過相當期間（如一年或二年）後，再將員工的考績成績（即效標）與遴選時測驗分數作比較，如考績與測驗分數間關係極為密切，則表示預測效度高，根據測驗分數高而錄取員工的做法為正確。

㈢內容效度：指一種測驗的內容或材料，能包括代表性樣本的程度。此種效度對學識、經驗、技能的測驗極為重要，如測驗的內容或材料中，已包括某學科內容之全部代表性的重點與原則時，則表示內容效度高；反之則效度低。內容效度低的測驗，雖得高分並不眞正代表對所學習課程已有好的成績。

二、表示效度的方法：效度高低係以效度係數表示。效度係數即為測驗分數與效標（如工作成績）間的相關係數，亦有正相關與負相關之分，正相關之最高者為$+1$，負相關之最高者為-1，0代表無相關。

　　大致而言，效度不若信度之較爲穩定，同樣的測驗，如效標不同則會產生不同的效度；即使同樣的測驗對同樣的效標，如由不同的人來研究，其所得結果亦可能有若干差異。大致而言，如效度係數在達到 0.45 以上的測驗，在人員考選上已有使用的價值。

　　三、影響效度的因素：主要有：

　　㈠測驗用的材料能否代表需予測量的全體：如測驗用的內容，只代表需予測驗內容之一小部分，則內容效度就會很低；再以此種測驗來預測將來的工作績效時，自會影響及其確實性。

　　㈡效標本身的可靠性：如以員工的考績分數作爲遴選員工測驗分數的效標，若考績本身不可靠，則據以認定效度自然仍不可靠。

　　㈢測驗本身的信度：如信度低，則測驗本身已不可靠，將不可靠的測驗分數與效標相比較，即使效標可靠，仍會影響及效度的準確性。

　　㈣應考人與主考人的心理因素：如未依照規則進行測驗、應考人動機弱或心理緊張等，均會影響及效度。

第四項　保持試題水準説

　　爲保持測驗之可靠與有效，除應注意測驗本身之信度與效度外，尚需保持試題至一定水準。而保持試題水準之作法，則有賴於試題之難度分析、效度分析及諧度分析，經分析發現難度、效度、諧度有問題的試題，應予刪除不用，必要時另增添新題應用。茲簡説如下：

壹、試題難度分析

　　指分析一個試題之困難的程度。難度過高或過低的試題，因其缺乏鑑別作用，均不得稱爲合用的試題。難度分析情形爲：

　　一、表示試題難度的方法：通常有下列二種：

㈠以答對試題人數百分比表示難度：如應考人為 200 人，答對某題之人數為 50 人，則根據 $P=\dfrac{R}{N}\times100$ (其中 P 代表難度，R 代表答對人數，N 代表應考人數)，該試題之難度為 $\dfrac{50}{200}\times100=25\%$，百分比愈大者表示難度愈低，百分比愈小者表示難度愈高。

㈡以高分組與低分組應考人答對試題百分比之平均數表示難度：通常以應考人中最高分數之 27%人數與最低分數之 27%人數為準，先算出高分組與低分組應考人對該試題之難度，而後再算出難度平均數，即為該試題之難度。如應考人為 300 人，高分組 27% (即 81 人) 答對該試題之人數為 60 人，其難度為 $\dfrac{60}{81}\times100=74\%$；低分組答對該試題之人數為 20 人，其難度為 $\dfrac{20}{81}\times100=25\%$，兩種難度的平均數為 50%(四捨五入)。

二、試題難度的鑑別力：如某試題難度為 100%或為 0，則表示所有應考人對該試題均能答對或均答錯，此種試題對應考人已無鑑別作用，對測驗的信度與效度均無助益。因為試題的鑑別作用是等於答對該試題人數與答錯該試題人數的乘積，故難度屬於 50%的試題是鑑別力最大的試題。

三、分析試題難度的作用：主要有下列三種：

㈠作為排列試題先後之依據：將難度低的試題排列在前，難度高的試題排列在後，以增加應考人對測驗的興趣與增加自信心。

㈡作為刪除試題之依據：將難度過高與過低的試題予以刪除，以增加試題的信度與效度。

㈢依據需用人數選用難度適當的試題：如需從應考人中選用 10%的人數時，則可選用難度高(如 10%) 的試題；如需選用 50%的人數時，則可用難度中等 (如 50%) 的試題。如此方不致發生被錄取人員的成績

有偏低或偏高現象。

貳、試題效度分析

指就應考人對試題答對與否，與應考人先前在校成績的高低或此後在工作上所表現績效高低之間，作分析比較以認定試題效度之高低。對效度過低的試題，應予檢討改進或刪除。效度分析情形為：

一、表示試題鑑別力之效度的方法：有下列二種

㈠以全部效標之應考人答對試題之人數差距表示效度：如有應考人48人，依其在校成績或工作績效先區分為優中劣三組，其人數都各為16人，再根據各組應考人答對該試題之人數，計算其鑑別優劣的效度。凡優中劣三組人員對某試題答對人數呈現出遞減情形者，表示效度高；三組人員對某試題答對人數呈現極為接近，或人數均極多或極少，或呈現出人數遞增者，表示效度過高或過低或根本無效度可言。

㈡以高分組與低分組效標之應考人答對試題百分比之差距表示效度：即以全部應考人在校成績或工作績效之成績，按高低排列，再採最高之27%與最低之27%的人數分數為高分組與低分組，此兩組人員平均答對試題之百分比差距愈大時，表示該試題之效度愈高，鑑別優劣力亦愈大；如此兩組人員平均答對該試題之百分比差距愈小時，表示該試題之效度愈低，鑑別優劣力愈小。

二、分析試題效度的作用：經分析發現效度低的試題，表示該試題與同時效標（如在校成績）無關，或表示該試題無預測作用（即不能預測此後的工作績效），為節省應考人的測驗時間，均應加以檢討改進或刪除，如因刪除而使試題不足時，則應增加新試題。

叁、試題諧度分析

指分析一個測驗內部的一致性。一個測驗通常包括許多試題，試題

的答對或答錯與一個測驗總成績的高低相一致者，謂之有諧度，否則為無諧度。諧度等於零的試題，應不予採用。諧度分析情形為：

一、分析試題諧度方法：通常有下列二種：

㈠以試題與測驗總分間之關係表示諧度：根據應考人在各試題的反應（包括答對或答錯兩種可能性）及其在整個測驗的總分間的相關性，此種係數的高低即代表諧度的高低。

㈡以應考人對試題的反應表示諧度：從參加一個測驗的應考人中，選出高分組與低分組的各 27% 的應考人，然後分別計算高分組與低分組的應考人，在各該試題上答對人數之百分比，此兩組人數百分比之差的大小，即可作為鑑別試題諧度的指標。

二、分析試題諧度的作用：對諧度高的試題，應保留在測驗中；對諧度低的試題，必要時仍可留用；但諧度為 0 或在 0 以下的試題，則應刪除不用。

第五項　換算分數與錄取標準說

測驗所得分數只是一種原始分數，從原始分數尚難認定各應考人成績真正的優劣，因而應視需要換算為其他分數後，始能真正區別其優劣。茲就換算分數之方法及測驗結果在決定錄取標準上之應用，簡說如下：

壹、換算分數方法

較為常用者有下列三種：

一、平均數法：將參加同一考試的各應考人分數，先求出其平均數，原始分數在平均數以上者為較優，原始分數在平均數以下者為較劣。

二、標準差與常態分配法：上述的平均數法，只知原始分數是高於或低於該次考試之平均數而已，但高或低於何種地位，則無法了解，因

而又有標準差與常態分配法的應用。其計算程序爲：

㈠先求出同一考試各應考人成績的平均數與標準差：

1.平均數之計算方法如上述。

2.標準差之計算：當應考人人數甚少時，可用一般公式$\delta=\sqrt{\dfrac{\Sigma D^2}{N}}$求之，其中 N 爲應考人人數，$\Sigma D^2$爲各應考人原始分數與平均數之差（有正數或負數）的平方之和。當應考人人數甚多時，可用$\delta=\sqrt{\dfrac{\Sigma fx^2}{N}}$公式求之，其中 N 爲應考人人數，$\Sigma fx^2$爲屬於同一原始分數組距之人次數，乘各組距中數與平均數差（有正數或負數）的平方之和。

㈡依各應考人成績的平均數與標準差畫出常態分配曲線圖：按典型的常態分配曲線圖，在$\pm\delta$之內者約占全部面積 68%，在$\pm 2\delta$之內者約占全部面積 95%，在$\pm 3\delta$之內者約占全部面積 99.7%。根據上列所計算出之平均數與標準差，即可畫出此一考試各應考人成績的常態分配曲線，如某應考人原始分數在常態分配曲線圖之$+\delta$的位置，則表示其成績占全部應考人的前 15%的地位；如某應考人的原始分數在常態分配曲線圖$+2\delta$的位置，則表示其成績占全部應考人的前 3%的位置；同樣的如原始分數在$-\delta$或-2δ的位置，則表示其成績占全部應考人的後 15%或 3%的位置。

三、標準分數法：指在常態分配的情形下，用以代表個別應考人在一般應考人團體中所占的相對地位的量數。常用的標準分數法有下列兩種：

㈠Z 分數：爲最典型的標準分數，其計算公式爲 $Z=\dfrac{X-M}{SD}$，其中 X 代表各應考人的原始分數，M 代表平均數，SD 代表標準差。由此可知 Z 分數乃個人原始分數與平均數之差，用相當於標準差的倍數表示，

如某應考人原始分數爲 85 分，平均數爲 70，標準差爲 9.26，則 Z 分數＝$\frac{85-70}{9.26}$＝1.6（約數），亦即表示某甲的得分高於平均數 1.6 個標準差。

㈡T 分數：上述 Z 分數，雖可表示出個人分數在團體中的相對位置，但因 Z 分數有時爲負值，在使用上不甚方便，乃有 T 分數的倡導。T 分數即將 Z 分數用直線轉換，使負數消失，其轉換公式爲 $T=50+10\left(\frac{X-M}{SD}\right)$，如上例某應考人測驗原始分數爲 85 分，平均數爲 70，標準差爲 9.26，則其 T 分數 $=50+10\left(\frac{85-70}{9.26}\right)=50+10\times1.6=66$。

貳、測驗結果在決定錄取標準上的應用

從應考人中錄用適當人員任職，並希望被錄用之人員將來在工作上有很好的績效，此乃舉辦人員考選的目的。但根據測驗結果決定錄取今後有良好工作績效的人數時，其情況甚爲複雜，並需根據若干因素的考慮後方可決定。其情形爲：

一、錄取人數與今後工作績效之情況：如下圖及說明。

茲假定下圖虛線橢圓形內是 100 位應考人的測驗分數與錄用後在工作上所表現出績效情形的分布範圍。設 AA 線爲錄取標準，則 AA 線之右邊的應考人均被錄取，左邊均被淘汰；又設 BB 線是被錄用後在工作績效上優劣的分界線，BB 線以上者爲工作績效優良，BB 線以下者爲低劣；因此以 AA 線的分數（假定爲 60 分）爲錄取標準時，則右上方之 38 人，因其工作績效亦屬優良，故其錄取爲正確；而右下方的 7 人雖亦錄取，但因工作績效低劣，故爲錄取錯誤；左上方的 22 人，雖亦工作績效優良，但未被錄取，故爲錯誤的淘汰，而左下方的 33 人，未被錄取而工作績效亦低劣，故爲正確的淘汰；在下圖中可知對 100 位應考人，正確錄取者 38 人，錯誤錄取者 7 人，錯誤淘汰者 22 人，正確淘汰者 33 人。

如欲減少錯誤錄取的人數，只有將錄取分數標準提高，如將 AA 線移至
CC 線的位置，則可消除錯誤錄取的現象，但相反的又會增加錯誤淘汰的
人數；同樣的如欲減少錯誤淘汰人數，將 AA 線再向左移，但如此又將
增加錯誤錄取的人數。故根據測驗結果決定錄取標準時，情況並不簡單。

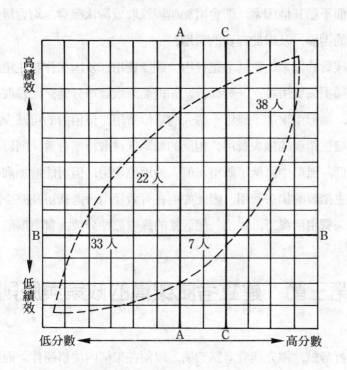

二、決定錄取標準需考慮之因素：主要包括：

（一）測驗本身的信度：測驗本身之是否可靠，是決定錄取標準時首需
考慮的因素，如測驗信度低，則根據測驗分數決定錄取標準等於盲人騎
瞎馬，其情形與不根據測驗結果而憑主觀決定錄取標準一樣。遇此情形，
如將錄取標準分數儘量提高及儘量減少錄取人數，或可減少若干錯誤。

（二）測驗本身的效度：此處係指預測效度，以錄取人員今後的工作績
效為效標。如預測效度高，則被錄取人員今後在工作上表現優良的機會
大，低分人員因其今後工作績效差的機會亦大，將其淘汰亦屬正確。如

預測效度低，則憑測驗分數決定錄取或淘汰，均將會發生錯誤。

㈢任用需要：考選目的在遴選人員任職，故任用需要自為決定錄取標準應考慮的重要因素。如需用人數少，可用提高錄取標準分數來減少人數，如需用人數多亦可用降低錄取標準分數來增加人數。但如只顧任用需要而不顧其他因素，則會增加錯誤錄取或淘汰機會，均會增加人事管理上的困擾，及增加經費的濫用。

㈣經費的因素：包括考選費用、訓練費用，及因工作發生錯誤所引致的各種損失費用等。一般而言，如提高錄取標準分數，則錄取人數少素質高，無形中增加了錄用一個人的單位費用，但相對的可減少訓練及因工作發生錯誤的損失費用；相反的如降低錄取標準分數，則錄取人數多素質低，無形中降低了錄用一個人的單位費用，但可能增加訓練及因工作發生錯誤的損失費用。因此如何在有效使用考選費用及減少訓練與彌補損失費用情形下，找出一個適當的錄取標準分數，實需斟酌。

第三節　建立考試架構的政策與原則

舉行考試，需先建立考試架構，以便在架構內從事運作。而架構之內容包括區分考試體系、區分考試等別、區分考試科別、按考試科別訂定應考資格、按考試科別訂定應試科目、按應試科目訂定考試方式六個重點。茲分項敍述之。

第一項　區分考試體系

考試體系應按考試之目的及錄取人員所從事活動之不同而區分。就我國當前情況而論，考試分下列三大體系：

壹、公務人員考試

考試之目的，在羅致優秀人員在政府機關、公營事業、公立學校任職。公務人員考試，又可再區分為高等及普通考試、特種考試、升等考試、轉任考試等。

貳、專門職業及技術人員考試

考試之目的，在對優秀的專門職業及技術人員賦予執業資格，以便在社會上從事專門職業及技術之執業工作。專門職業及技術人員考試，又可再區分為高等及普通考試、特種考試等。

叁、公職候選人考試

考試之目的，在對具有一定資格條件之人員，賦予公職候選人的資格，以便從事公職之競選。

第二項　區分考試等別

各體系之考試均需區分等別。考試等別，表示考試程度高低的層次，考試程度之高低，可從應考資格的高低、考試內容的難易、及格人員所從事職務地位之高低等看出來。區分考試等別之依據，通常有：

壹、依擬任職務之職等區分考試等別

在職務分類制、職位評價制，職等之高低代表職責程度之高低；在職務等級制，職等之高低代表擬任人員所需資格的高低。但通常職等為數甚多，而考試之等別則不需設置過多，只需依據某些職等設置考試等別即可。如職務分類制共有十四個職等，只需在第一、第三、第六、第

七、第九（或第十）之五個等別，設置相當的考試等別則可。

貳、依應考資格高低區分考試等別

考試之應考資格，多以學歷為主要依據，而應考人亦多以學校畢業生為主，故考試等別之區分需與學校等級相配合，使學校剛畢業者即有機會參加相當等別的考試。如國中畢業、高中畢業、大專畢業、研究院獲得碩士或博士學位者，均有機會立即參加相當等別的考試。

叁、依應試科目難易區分考試等別

舉行考試時，多有應試科目之規定，而應試科目的內容有難易之分，如將應試科目內容之難易區分為「大意」（只需了解其大致意思即可）、「概要」（需了解其大概的內容）、「學」（需了解其全盤內容）、「研究」（需對該科目有深入的研究）四個層次，則考試時之應試科目，亦可配合區分等別。

第三項　區分考試科別

不論何體系及等別之考試，在舉行考試時，均需區分科別，但區分科別之依據，則因考試體系與人事體制之不同而異。

壹、依工作性質區分科別

在職務分類制或職位評價制，多有工作性質之區分，並以職系名之，每一職系之內容以職系說明書定之。職系說明書正是區分考試科別之依據，亦即每一職系可設一考試科別，不僅有利於考試之舉行，更可使考試的科別與任用的職務職系配合。但如職系之內涵過於廣泛時，為期考選到為職務所需的專才，不妨在考試科別之內，再視需要區分組別，以

與職務之特性更能配合。

貳、依職務名稱區分科別

各組織在組織法規中，多定有職務名稱，從職務名稱亦可大致了解其職務之性質，惟不若職務分類制或職位評價制之職務歸系的確實可靠。因而在職務等級制之機關，其用人之考試的科別區分，大都依職務的性質區分，但在考試與任用的配合上，則不若職務分類制或職位評價制之密切。又如公職候選人考試，按公職人員名稱(如國大代表、立法委員、省議員、縣市長等) 分定檢覈條件，亦含有依職務名稱區分科別之意。

叁、依學校系科區分科別

此亦常為職務等級制組織用人舉行考試時，用來區分科別的依據。因參加考試人員絕大部分為學校畢業生，而學校教育多按學校等級及教學課程之不同，區分系科或校別，如大學教育之分系、專科學校之分科、高級中等學校之分農、工、商、醫等校別。此種考試分科，對應考人甚為方便且較易適應，但從考試與任用配合觀點，則不甚恰當。

肆、依社會行業分工區分科別

此乃舉辦專門職業及技術人員考試時所需注意者。社會行業分工情形，隨著國家的經濟發展及社會進步情形而改變，大凡言之，經濟愈發展社會愈進步，則社會行業分工愈趨精細專門化，對各行業人員的要求亦愈嚴格，因此考試科別亦隨著而增加，由於各國的經濟發展與社會進步情形不盡相同，故考試科別區分的多寡亦呈現出差異。

第四項　按考試科別訂定應考資格

各體系、等別及科別之考試，應考人均需具有某種條件方得報考，此種條件即為應考資格。應考資格之規定不得過嚴或過寬，應考資格有以學歷為主、有以學歷配合經歷為主、有以經歷為主者。

壹、應考資格以學歷為主經驗為副

各考試科別之應考資格，為配合絕大多數應考人來自學校之事實，應以學歷為主，如為適應任用需要，必須增列經驗為應考資格時，亦宜以學歷為主經驗為副。

貳、應考資格應表示出程度與性質

考試有等別之區分，每一等別的考試又有科別的區分，故訂定應考資格時，需能表示出應考資格之程度與性質，應考資格之程度需與考試等別相配合，應考資格之性質需與考試科別相配合。如以大學土木工程或建築工程系畢業為應考資格時，其大學畢業表示程度，與考試等別配合；土木工程或建築工程系表示性質，與考試科別配合。

叄、應考資格不得過嚴

對考試科別之應考資格規定不得過嚴，如只限於大學土木工程系畢業，則應考人數勢將減少或甚至無人應考，有失考試選才之意義，故應考資格宜酌予放寬，以便有較多的應考人參加，及從較多的應考人中遴選真正的優秀者。一般言之，行政管理性的考試科別之應考資格可作大的放寬，而對專業及科技性的考試科別之應考資格只能略予放寬，以期排除未具專業及科技背景者參加考試。

肆、應考資格不得過寬

對考試科別之應考資格規定亦不得過寬（如只規定大專學校畢業），否則固可增加大量的應考人，及從衆多的應考人中遴選眞正的優秀者任職，但由於應考資格過於放寬的結果，使與考試科別莫不相關或毫無考試科別之學識或經驗背景者亦得應考，徒增考試工作量、考試經費支出、浪費應考人時間，而錄取機會又極爲渺茫，殊爲不智。

第五項　按考試科別訂定應試科目

各體系、等別及科別之考試，除應規定其應考資格外，更需規定應試科目，以爲考試時命題、閱卷、評分之依據。應試科目需依考試科別訂定，並通常以學科爲主、經驗及技能爲副，在學科中又有共同科目與專業科目之分。爲期應試科目確當：

壹、應試科目應以執行職務所需要的能力條件爲主

舉行考試之目的，主要在遴選優秀人員任職，而是否優秀之認定，主要爲應試科目之成績的高低，因此各科別考試的應試科目，應以執行職務所需要的能力條件爲主。此處所稱能力條件，廣泛言之則包括人格、智力、性向及學能，而學能中又包括學識、經驗及技能，而技能中又包括體能在內；狹義言之則以學識、經驗及技能爲限。故在訂定應試科目時，需使執行職務所需要的能力條件，能爲應試科目所涵蓋，若此經由考試錄取者，表示其已具有執行職務所需要的條件，更可預測其能勝任職務。

貳、應試科目需能表示出程度與性質

如財政學研究、財政學、財政學概要、財政學大意，通常被認爲是應試科目，其中「財政」爲應試科目的性質，自需與考試科別相配合；其中「研究」、「學」、「概要」、「大意」爲應試科目的程度，需與考試等別相配合。若此，始能眞正發揮應試科目的功用，應試科目成績優良者，預測其能勝任工作。

叄、應試科目宜區分爲共同科目與專業科目

共同科目爲同一考試等別各考試科別所共同適用的應試科目，其目的在測量一般性的學識、經驗與技能（如一般的體格檢查標準亦可認爲技能中的共同科目）；而專業科目爲該考試科別所特有的應試科目。一般而言，愈是專業性科技性的考試科別，其專業科目愈爲重要。

肆、應試科目不可過少

考試是根據抽樣原理，就樣本的研究所得來推定母體群的結論，爲期推定的結論具有可靠性，則樣本的數量需達到一定的要求。擔任職務所需要的條件甚爲廣泛，而應試科目只不過是所需條件中之抽樣而已，如應試科目過少，則等於樣本過少，根據應試科目考試所得的成績，尙不足以推定應考人是否具備所需條件的結論。一般言之，各科別的應試科目，需在五科至十科之間較爲適當。

第六項　按應試科目訂定考試方式

考試方式，係用以測驗應考人對應試科目成績優劣之方法，考試方式之選用是否適當，會影響及測驗應試科目之成績的準確性，故擧行考

試時，對各應試科目所用的考試方式，需作審慎的選擇。

壹、筆試

係就應試科目的內容作成書面的試題，由應考人以書面回答之考試方式。依試題的作法，又有申論式試題與測驗式試題之分，而測驗式試題中由於設計的不同，又有簡答題、填充題、選擇題、是非題、配合題、排列題等之分。筆試通常用於對學識的測量。

貳、口試

係由主考人就應試科目內容，透過面對面談話方式來測量應考人之考試方式，或由主考人對應考人的代表性行為在面談中加以觀察與考評，故口試亦稱面談。口試，通常對應考人是否具備某種條件，而此種條件資料又難用其他方法蒐集或了解時始予應用，如意見溝通能力的強弱、應考人的禮貌、態度、行為表現、風度、談吐、情緒的穩定性等，多可經由口試而獲得較為公正的評價。

叁、實地考試

係由主考人要求應考人，對應試科目某種行為或技能，作現場表現，以測量其是否具備及具備熟練之程度。心理學家認為根據應考人過去的行為來預測錄用後的行為，此種方式是最可靠的。實地考試有以測量技能為主者，如打字、速記、裝配零件、車輛駕駛、包裝物件等；有以測量行為應對為主者，如模擬主管職務、模擬處理問題籃中所抽出之問題等；有以測量技藝者，如設計建築圖等。

肆、著作發明審查

係由主考人審查應考人之專門學術著作、論文或發明，以測量其對

有關應試科目所具學識或技術之程度。著作發明審查，當應考人爲高級人員，測量內容爲高深的理論或理論與實務的結晶，且無法在短時間內予以測量時，可適用之。

伍、資歷審評

指由主考人對應考人知能有關的學歷、經歷證明予以審查或評分，以判定其是否具備應試科目學能，此種考試方式又稱檢覈。對極具專門性及技術性之應試科目，且從以往應考人在工作上的表現足可認定其工作績效之優劣者，可適用資歷審評行之。

陸、調查訪問

指對應考人的個人特性及工作績效等難從筆試中測量的事項，由主考人以調查訪問等方式從中加以了解的考試方式。調查訪問方法，應以必要時爲限，凡以筆試或經由其他考試方式可以獲得所需資訊者，儘量以其他方式行之，如爲了解應考人之過去爲人處事、獨特個性等，必要時可應用之，但在應用之程序上應列在最後（參加考試程序之最後程序的應考人，人數通常會減少，舉行調查訪問時可節省一些人力、時間與經費）。

柒、管理才能評鑑

係由主考人對應考人作代表性的管理才能之審評，使應考人置於一系列的實際管理生活的練習中，就其實作情形由主考人予以考評，而後再作一次面談或測驗，以綜合判定應考人的管理才能。所謂實際管理生活，乃將管理上常遇及的一些問題，用面談、問卷調查、問題籃、案例討論、模擬實習及管理遊戲等方法，來測量應考人的管理才能。管理才能評鑑，係測量應考人之管理才能，故其適用範圍多限於對中級以上主

管人員的遴選。

捌、體能檢查測驗

　　指由合格醫師對應考人體格的健康舉行檢查或動作能力測驗，以認定其是否符合執行職務的要求。對執行職務所需的體能標準，應經由職務工作分析而定。體能檢查，除適用一般應考人之一般健康情況的測量外，對需要特殊體能方能執行的職務，則多訂有特殊的體能標準，更需運用體能檢查的考試方式，作切實的測量。有時各組織為便於認定日後可能發生對員工負傷害賠償責任，而要求應考人需作體格檢查者，如經檢查應考人在身體上有某種缺陷，於錄用後如因身體上該項原有缺陷而發生傷害情事，則組織可免負賠償責任，至少可減輕賠償責任。

　　為期能真正測量出各應試科目的成績，應視各應試科目之內容，自上述八種考試方式中分別選用一種使用之；如某應試科目內甚為複雜，含有學術性、技術性或其他特性時，則可同時選用二種以上考試方式併用之。

第四節　任用考試與資格考試的政策與原則

　　任用考試多適用於公務人員考試，其政策與原則包括訂定任用計畫、為事擇人與考用合一、訓練實習與分發任用、高普考通用特考專用。資格考試，多適用於專門職業及技術人員考試與公職候選人考試，但亦有主張可適用於公務人員考試者，其政策及原則，亦有訂定考試計畫及依成績錄取賦予資格等。茲分項敘述之。

第一項　訂定任用計畫

任用計畫指各組織對將來需用之人員，預爲估計，並訂定計畫，依次培育與遴選，以期用人不虞匱乏。訂定任用計畫之程序爲：

壹、預測業務發展

預測一個組織今後之業務發展，又需先從了解過去業務成長開始。在正常情況下，組織的業務是有持續性的，故根據過去推算未來，應是可行。如過去若干年的業務大致在5%的成長下持續發展，且促使過去業務成長的原因並未消失，則可預測今後的業務仍會在原有成長率下繼續成長。

貳、根據業務發展預估需用人力

人是用來處理業務的，如業務持續發展，則人力大致需持續增加，故根據今後業務的發展來預估所需人力，是正確的。預估所需人力的方法，大致有兩類，一爲總體方法(即以整體或鉅視觀點來預測所需人力)，此類方法又以人力結構分析法較爲常用；二爲個體方法（即以微視觀點來計算人力需求的標準），此類方法中又以職位設置標準法較爲常用。

一、人力結構分析法：即從現有人力數量與素質的了解，再根據業務發展趨向，預估將來的人力需求。當分析人力結構時，不僅需考慮及人力需求的量，更需考慮質的因素，如人員的才能、訓練需求、管理潛力、員工年齡及工作指派等；再在業務趨向方向，如對有關生產技術的改進、業務的增加與擴充，及政策的改變等因素，更不能忽視。經由人力結構的分析與檢討，不僅可供將來需用人力預測之用，且有助於現有人力配置及組織改進之參考。人力結構分析法的公式爲：將來需用人

力＝現有人力±將來擴展或緊縮業務所需增加或減少人力－因技術或設備改良可節省之人力。

適用此一方法時，爲期確實尙需注意下列各點，即：

㈠人力預測應以工作計畫或業務發展計畫爲主要依據。

㈡如業務項目或服務項目有增減時，應考慮其增加或減少之人力。

㈢如業務或服務數量有增減或素質有提高或降低時，應考慮增加或減少的人力。

㈣如訂有專案計畫時，應考慮需增加的人力。

㈤如技術有改進時，應考慮所節省或需轉換的人力。

㈥如機器設備有改進時，應考慮所節省的人力。

㈦因推行工作簡化所節省的人力。

㈧因新設單位需增加之人力。

㈨因組織變更需增加或減少的人力。

㈩需用人力預測，除預測其數量外，尙需預測其類別、等別，增加或減少的時間。

(十一)需用人力的預估，應朝向改進人力結構目標進行，並注意公務生產力的提高。

二、職位設置標準法：職位指分配由一個工作人員所擔任的工作與責任，故設置一個職位就需用一個員工。職位設置的標準因主管或非主管職位而異。

㈠主管職位的設置：以組織法規所定單位爲設置依據，每一單位設一主管職位，如主管所指揮監督人數過多，或主管所監督業務分屬若干不同專業，或主管管轄行政、技術兩部門而主管只精於行政或技術時，則可增設副主管職位一至二個。

㈡非主管職位的設置：可視工作實況，依標準工作量（如每日需打錄六千個字時設置一打字職位）、依工作地區（如每一里設一里幹事職

位)、依面積（如每五百公頃農田設一農業指導員職位)、依人口數（如每三千個民衆設一戶籍員職位)、依機具數量(如每一輛車設一司機職位,每六輛車增設一司機職位)、依輪值時間（如採三班制者增二倍人力)、依相關業務人數（如每一百個員工設二個人事人員職位）等爲準設置職位。

叁、預估現有人力之代謝率及需增減之人數

現有人力是在不斷代謝的，如每年退休、死亡、離職（含辭職、免職、外調）之人數，即爲代謝之人數。從過去若干年來的每年平均代謝率即可推測今後的代謝率。從根據業務發展預估所需的人力，減去現有人力及其代謝率後，如尚有餘數即爲需增加的人數，如相減後爲負數即爲需減少的人數。

肆、訂定任用計畫

一、任用計畫的期程：通常可分⑴近程任用計畫，爲今後第一年的任用計畫；⑵中程任用計畫，爲今後第二至第三年的任用計畫；⑶遠程任用計畫，爲今後第四至第五年的任用計畫。

二、各期程任用計畫內容的詳簡：

㈠近程任用計畫內容應求詳盡，包括需增減之人員等別、類別（或職系)、人數、何種人員爲外選、何種人員爲內調，及其需進用或裁減之月份。

㈡中程任用計畫內容應求詳簡適中，只需包括各年內需予增減人員之類別（或職系)、人數及何種人員爲外選、何種人員爲內調即可。

㈢遠程任用計畫內容應力求簡單，只需列出各該年內需予增減或外選或內調之大致人數即可。

伍、各期程任用計畫的檢討與期程的調整

任用計畫訂定後，並非一成不變，每隔一年或遇及影響人力之因素有重大改變時，應即檢討並作必要的修正。再當近程任用計畫執行將近完成時，應即將原中程第一年的任用計畫，予以充實使之成為新的近程任用計畫；再將原中程第二年的任用計畫連同原遠程第一年任用計畫予以充實後，使之成為新的中程計畫；再將原遠程第二年的任用計畫連同再向後延伸一年的任用計畫成為新的遠程任用計畫。依此調整之結果，在任何時間內，均同時有近程、中程及遠程三種任用計畫。

第二項　為事擇人與考用合一

為事擇人與考用合一，指根據業務需要，遴選具有業務所需條件之優秀人員任職。為期真正做到為事擇人與考用合一，需依近程任用計畫中需予外選任用人員之等別、類別(或職系)、人數，及進用期間等，訂定考試計畫。至應考資格及應試科目，則可參照上節第四項、第五項(見第 174 頁) 辦理。

壹、選定考試等別

依需用人員擬任職務之職等，選定舉行考試之等別。如需用人員有者為六職等、有者為三職等，則可選定與六職等及三職等相配合之高等及普通考試等別。

貳、選定考試科別

依需用人員擬任職務之類別(或職系)，選定舉行考試的科別。如需用人員為人事人員及土木工程人員，則可選定人事行政科別及土木工程

科別舉行考試。

叁、擬定各考試等別及科別之錄取名額

依需用人員之類別（或職系）及等別之各別需用人數，擬定各考試等別及科別之錄取名額。必要時可酌增錄取名額，以免錄取人員中有不願或不能任職時，可就增額錄取人員抵補。

肆、擬定舉行考試日期

依需用人員之需用時間，擬定舉行有關等別及科別之考試時間。如在一至六月間需用人員之考試，可定在一月前舉行；七至十二月間需用人員之考試，可定在七月前舉行。

伍、公開競爭

公開競爭，在意義上包括：

一、要有足夠的宣傳使大眾均能知悉將辦理考試：宣導的方式，通常為公告，尤其需在報紙上刊登公告，告訴大眾舉行考試的等別、科別、應考資格、應試科目、考試方式、考試時間及地點、報名起迄日期，及錄取名額等事項。如能再在廣播、電視方面加以宣導，更為理想，其目的在使大眾能了解舉辦考試的情形，使合於應考資格規定且有意參加考試者，不會因未獲知悉而失去機會。

二、要給予充分時間辦理報名：對於報考之起迄期間不能過於短促，較理想者為二星期左右，以便應考者於獲知將舉行考試之訊息後，能有充分時間準備報考用之文件及照片等。如報考時間極為短促，則無形中剝奪了應考人的報考機會。

三、訂定應考資格條件要以必要者為限：應考資格的寬嚴，會直接影響及應考人數的多寡，因此應考資格條件（尤其是學經歷方面條件），

應以擬任職務所必需者爲限，不能任意加上不必要的限制，或故意排除某些人士的參加應考。大致而言，對行政及管理方面各等別與科別的考試，其應考資格可作較大的放寬，以期具有一般背景者均可參加；對專業及科技方面各等別與科別的考試，其應考資格宜酌予從嚴，以免根本未具專業或科技背景而無法錄取之應考人亦貿然應考，徒增時間、經費與人力的浪費；即使有所錄取亦只是碰到運氣，將來仍無法眞正勝任職務。

四、**對應考人不得有黨派、種族、膚色、血統、宗敎、性別、年齡等之歧視**：實行民主政治的國家，在法律前人人是平等的，應考的機會亦是人人平等的，絕不可有政治色彩的歧視發生。因此在應考資格條件中，不宜加上黨派、種族、膚色、血統、宗敎、性別、年齡的限制，如稍有限制則構成歧視，需予禁止。惟此處值得注意者，國籍的限制乃一般國家的通例，應考爲公務人員者，原則上需具有所在國的國籍，但近來有些國家對科技及敎學研究等職務人員的考試，已將國籍的限制取消。再性別及年齡，對極少數情形特殊之職務，如需高度體力或危險性特別高的職務，在考試時亦有特別規定只限於男性或年齡在某歲以下者，此種限制的目的是在保障工作人員的身體安全與勝任職務，而非在歧視。

五、**任用職務的高低需依其所具資格與工作能力決定**：應考資格條件高低及工作能力強弱不等的應考人，參加等別不同的考試，於考試錄取後，應在高低不同的職務上任用。即使參加同一等別的考試錄取人員，必要時亦宜視其考試成績的高低，指派職責不盡相等的工作，以期眞正做到爲事擇人。

六、**按任用名額擇優錄取**：在公開競爭考試中，考試成績的高低仍是決定是否錄取的決定性因素。因任用考試之錄取名額，是根據任用需要而定的，如任用名額爲一百人，應考人爲一千人，則一千應考人中只能錄取一百名，則所錄取者爲一千應考人中成績列在前面的一百人。因

此在任用考試中，錄取的標準分數並無定數，完全視應考人的成績高低排名順序中，第一百名的分數而定。故在公開競爭考試中，成績多一分就會有多一點錄取機會，因此應考人的競爭十分激烈，大家努力去爭取高分，以增加錄取機會。

七、考試結果需予公布使大家均能了解並可查詢：當考試結果依應考人考試成績高低及錄取名額決定錄取人員後，應即公布周知。未被錄取人員對考試成績有疑義者，並准其查詢，以示考試公正無私。

第三項　訓練實習與分發任用

各等別及科別之考試，應試科目多以學識的科目為主，考試方式亦多以筆試為主，且考試之試題又只係抽樣的樣本而非全部，因而對筆試錄取人員，有加以訓練實習之必要。經訓練實習再經考核合格者，方予分發任用。

壹、訓練實習

一、訓練實習的內涵：筆試錄取人員之訓練內涵，以初任公務人員應行具備之基本觀念、品德操守、服務態度及有關業務之一般知識為主，這些內涵在應試科目中多未有包括，故經由訓練使初試錄取人員能予具備，以利執行職務。應試錄取人員之實習內涵，則以處理業務之法規、程序與方法，及與同事間和諧相處之人際關係為主，這些內涵不但在應試科目中多未包括，在訓練期間亦未有施訓，故在訓練後實習時，予以充實體會與歷練，以利職務之更能順利執行。

二、訓練實習之考核：訓練與實習之目的，在充實初試錄取人員處理業務所需的基本觀念、品德操守、服務態度、法令規章及與同事相處之道，以期將來能真正勝任職務。故於訓練實習期滿時應即舉行考核，

經考核合格者始完成考試程序，認爲眞正的考試及格，並發給考試及格證書。

貳、分發任用

任用考試之目的，爲配合任用需要而舉行，故考試及格者應分發各任用機關以適當職務任用。爲期考試與任用的配合：

一、考試之等別需與任用職務之職等相配合：如高等考試及格者，以擬任六職等職務爲原則。必要時，得暫以五職等職務任用，俟機再調整至六職等職務；或得暫代七職等職務。

二、考試之科別需與任用職務之職系（或性質）相配合：如高等考試人事行政科考試及格，應擬任六職等人事行政職系之職務。

三、分發機關及地區可參考考試及格人員之意願：如在不同機關及地區，均有與考試及格等別及科別相當的職務可資分發任用時，可參考考試及格人員之意願決定分發機關及地區，但如考試及格人員對機關與地區之意願發生競爭時，則以考試成績較優者的意願爲優先考慮。

第四項 高普考通用特考專用

所稱高普考通用,指高普考試及格人員可在各機關任用；特考專用,指特種考試及格人員，只能在特定機關任用。

壹、需高普考通用特考專用的原因：

一、申請舉辦考試機關不同：每年舉行之高等及普通考試，係由銓敍部及人事行政局根據各機關的年度用人計畫,彙整後送請考選部辦理,其考試及格人員亦係按各機關職缺及考試成績高低依序分發，只需其考試及格之等別及類科與擬任職務之職等及職系相當即可，故考試及格人

員之任用機關無法亦不需加以限制。特考係爲適應用人機關之特殊需要，由該用人機關專請考選部舉辦者，因而考試及格人員理應由該申請機關自行任用，而且任用後亦不得轉至其他機關任職，否則不但不能解決申請舉辦特考機關的用人問題，且亦影響了各機關高普考試用人的計畫。

　　二、應試科目差異甚大：高普考試之應試科目，係根據一般機關用人而設計，故科目內容較爲普化；而特種考試之應試科目，係專爲申請舉辦特考機關的需要而設計，故科目內容較爲特殊，並不能適應一般機關的需要。爲期切實做到爲事擇人，對考試及格人員之任用機關，自應有所差別。

　　三、防止特考及格人員取巧：一般而言，高普考試比特種考試爲嚴，從命題、評分及錄取率各方面，亦可看出高普考的難度比特種考試爲高，致有些應考人先參加特考(尤其錄取率高的特考)，俟考試及格取得任用資格後，即運用各種關係設法轉至其他機關任職，致失去舉辦特考的用意。

貳、高普考通用特考專用的原則

　　一、擴大高普考試用人範圍：一般機關用人，以進用高普考試及格人員爲原則，其確屬特殊需要須舉辦特考用人者，應經考試主管機關嚴格查核。對准其舉辦特考之機關，亦應以該機關特殊專業人員爲限，其一般行政管理或技術人員，如主計人員、人事人員、事務人員、土木工程人員、電子資料處理人員等，仍應列入高普考試用人，其分發及任用亦按高普考試及格人員之規定辦理。

　　二、高普考試人員任職機關不受限制：高普考試及格人員，由考試機關函請銓敍部及人事行政局分發至各機關與其考試及格等別及類科相當的職務任用，其調任亦按一般調任的規定辦理，均不受機關的限制。

　　三、特考及格人員以在特定機關任用爲限：特種考試及格人員，以

賦予特定機關特定職務之任用資格爲原則，並由考試機關函請申請舉辦特考機關，自行按考試及格等別及類科，就本機關及所屬機關以相當職缺任用。如確有轉至其他機關任職之必要者，應報經主管考試機關核准，並經轉任考試或轉任訓練合格後辦理。以上情形，並需在特種考試規則中明定，以昭公信。

第五項　資格考試的考試計畫與賦予及格資格

資格考試之考試計畫、舉行考試、依成績錄取並賦予考試及格資格之原則如下：

壹、訂定考試計畫

資格考試之考試計畫，其重點包括考試科別、考試等別、應考資格、應試科目及考試期間之訂定，以便如期舉行考試。

一、考試科別：專技人員考試之科別，視下列情況而定，

㈠經濟發展情形：當一個國家的經濟愈是高度發展時，科技的應用愈爲普遍，社會行業分工亦愈爲精細，從事各種專技工作的人員，對其專業及科技智識與技能的要求亦愈爲嚴格，因而對從事各種專技工作的人員，必需經過嚴格的考選，方准其從事該種專技工作或執業。

㈡人民生活需求情形：人民生活的需求亦在不斷的提升，在重視人民福利的國家，對人民的生命、安全及財產的保障，均會不遺餘力以赴。因而凡涉及人民生命、安全及財產的各種行業的工作者，無不加以嚴格的限制，必需經證明確有從事該種行業之專業知識技能者，方得准其從事該種行業工作，如醫療行業與人民生命、安全具有密切關係；律師與人民生命、財產具有密切關係；建築師與人民居住安全具有密切關係；駕駛航空器、航海器等的駕駛人員，與人民的交通安全具有密切關係等。

凡此種工作或行業人員，均需經政府或由政府委託之機構嚴格考選合格後，方得從事工作或執業。

㈢專技業務主管機關意見：專技人員之考試固由考試機關主管，但專技人員之執業卻由專技業務機關主管，如律師、醫師、建築師、會計師等，均有其主管機關。再專技業務之主管機關，為便於專技業務及人員的管理，常有專技人員法的規定；如律師法、醫師法、建築師法、會計師法等。因此，專技業務主管機關有關專技考試科別的意見，需予以重視。

二、**考試等別**：專技人員考試之等別，與一般人事體制中之職等並無關係，因而亦不能作為區分考試等別之依據。其考試等別需依下列情形而定：

㈠專技業務之專精度：通常言，專精度之高低與考試等別區分有關，當專精度高時，執業較為困難，執業人員所需具備的條件要求較為嚴格，故考試等別亦較高；反之專技業務之專精度低時，執業較為容易，執業人員所需具備的條件亦較為寬鬆，故考試等別亦較低。

㈡應考資格的水準：各等別及科別的考試，均有其應考資格的規定，而專技人員的基本資格，在專技人員法中常有明文規定，如有者僅規定學歷，有者除學歷外尚需具有某種經歷，而學歷之規定又有中等學校學歷與大專學歷之分，經歷之規定又有長期間短期間之別。當學歷需高且需具備相當期間之經歷時，其考試等別較高；當學歷只需中等或需具備之經歷為期亦短時，其考試等別較低。

㈢轉任專技人員時應具之條件：專技人員除以考試認定其資格外，尚有由有關職務轉任者，如法院法官及檢察機關之檢察官，通常可轉任律師。如需以高職務方得轉任者，則其考試等別高；中等職務即可轉任者，其考試等別低。

三、**應考資格與應試科目**

㈠應考資格：如專技人員職業法中已有基本學經歷之規定者，則該學經歷即為應考資格；如專技人員職業法中未有基本學經歷之規定，則依其考試等別高低規定應考資格，但需顧及與公務人員任用考試中有關考試等別與應考資格之相當。如公務人員高等考試之應考資格為大專以上學校畢業，則與公務人員高等考試相當之專技人員考試等別，其基本應考資格亦應為大專以上學校畢業。

㈡應試科目：專技人員各考試等別科別之應試科目，應各以專業科目與有關專技實務與法規之科目為主，至各考試科別之共同科目，應可省略，如必需列有共同科目，其科目數應儘量減少，其計分比重亦應降低。

四、考試期間：專技人員之考試期間，可配合學校之學期（如第一學期、第二學期終了時）或學年（如學年度終了時）舉行，或根據社會需求人數之多寡，一年聯合或分別舉行一次或二次。

至公職候選人資格之考試，其考試科別、考試等別、應考資格，則應依地方自治法規中，有關公職人員之種類（如縣市長、縣市議員等），及公職人員所在機關之地位（如中央的立法院、省（市）的省（市）議會、縣（市）的縣（市）議會）高低，及各類與各級公職人員應具備之基本資格（如縣市長候選人需具大專學校畢業並曾從事行政工作二年以上成績優良者）而定。其考試日期可配合選舉日期訂定，或規定可隨時辦理。至應試科目之需否訂定，應視地方自治有關法規之規定而定，如法規中規定其考試以檢覈方式行之，則只需審查應考人之有關證件即可，不需再訂定應試科目。

貳、舉行專技人員考試

一、會同專技相對職業公會或學會舉辦考試：社會上較為重視之專技人員，通常均設有職業公會或學會，此種公會或學會對專技業務極為

熟稔，對所屬專技人員的資格條件及執業行為規範，亦多有所規定，對違反行為規範者甚至有所懲處。因此對專技人員考試之應試科目可洽商相對職業公會或學會研擬外，對考試之舉行亦可會同辦理，有的國家甚至委託相對職業公會或學會辦理考試，不無理由。

二、必要時考試得以審查證件方式行之：如專技考試等別及科別中，其應考資格除規定學歷外尚需經歷者，如其經歷為教學研究或擔任主管職務且其工作績效優良具有證明者，得以審查有關學經歷及服務成績證明文件方式代替應試科目之考試，或僅考其中若干應試科目以代替全部應試科目，若此處理不但不會影響考試之效果，且能節省人力、時間與經費。

叁、凡考試成績達某種水準者均予錄取

專技人員考試係屬資格考試，凡考試成績達到某種水準者（如定為60分），均予錄取，其目的在使專技人員達到一定水準，故應考人相互間並不發生相互競爭作用。保持專技人員至一定水準，對人民生命、安全、財產的保障極為重要，如錄取人數不足社會之需要時，應從教育方面廣為培養，以增加應考人數及增加錄取人數；如錄取人數多於社會之需要時，則在執業時可發生競爭作用，對人民生命、安全、財產的維護將更為有利。

肆、對初試錄取人員必要時予以實習

如應考資格中只規定有學歷而無經歷者，則初試錄取人員應予實習，俟實習期滿考核合格後才可取得考試及格資格；如應考人中有兼具學歷與經歷者，得免予實習。如應考資格中規定除學歷外尚需一定期間之經歷者，則初試錄取人員均可免予實習，即認為考試及格。至實習處所，可委託由相對職業公會或學會安排規模較大之執業處所(如律師事務所、

建築師事務所、醫院診所）實習。

伍、發給考試及格證書及執業證書

考試及格證書由考試機關發給，至執業證書則由考試及格人員憑考試及格證書申請職業主管機關發給，如醫師執業證書由衛生署發給、律師執業證書由法務部發給、會計師執業證書由財政部發給、建築師執業證書由內政部發給。

至公職候選人考試（即檢覈），則由考試機關組織檢覈委員會辦理，檢覈及格者由考試機關發給及格證書。

第六章　考試（法規簡析）

　　舉行考試所適用之法規，甚為繁複。茲按公務人員考試、專門職業及技術人員考試與公職候選人檢覈、考試程序，分節敍述之。

第一節　公務人員考試法規簡析

　　公務人員考試法規，就其所定之內容，歸納為考試法規體系、公務人員考試之考試架構、公務人員考試為任用考試並公開競爭、特種考試應訂定考試規則行之、其他種別考試亦訂定考試規則行之五項，敍述如後。

第一項　考試法規體系

　　考試雖有公務人員考試、專門職業及技術人員考試、公職候選人檢覈之分，每類考試又有典試與監試之規定，但這些法規間之關係極為密切，為便於了解，特將各種考試及典試、監試法規，凡在本章中有引述者，其名稱均於本項中列表顯示之。其順序則先為法律，次為依法律授權訂定之規章，再次為主管機關基於執行法條或其他需要所訂定之規章。

法　　　律	依法律授權訂定之規章	依需要訂定之規章
公務人員考試法	公務人員考試法施行細則 公務人員高等暨普通考試訓練辦法	特種考試司法人員考試規則
公務人員升等考試法	公務人員升等考試法施行細則	特種考試交通事業人員升資考試規則
後備軍人轉任公職考試比敍條例	後備軍人轉任公職考試比敍條例施行細則	
戰地公務人員管理條例		
專門職業及技術人員考試法 外國人應專門職業及技術人員考試條例	專門職業及技術人員考試法施行細則 華僑應專門職業及技術人員考試辦法	考選部專門職業及技術人員檢覈委員會組織規程 特種考試航海人員考試規則 會計師檢覈辦法
典試法	典試法施行細則 命題規則 閱卷規則 公務人員考試總成績計算規則 專門職業及技術人員考試總成績計算規則 公務人員考試口試規則 公務人員考試實地考試規則 公務人員考試著作發明審查規則 甲等考試口試辦法 專門職業及技術人員檢覈筆試、口試或實地考試辦法	應考資格審查規則 試務處組織簡則 典試委員會會議規則 監場人員選聘規則 試場規則 闈場規則 監場規則 國文試卷評閱要點 應考人申請覆查考試成績處理辦法
監試法		

第二項　公務人員考試的考試架構

所稱考試架構，包括考試種別、考試等別與科別、應考資格、應試科目、考試方式等，茲就公務人員考試法規之所定，分別說明如下：

壹、考試種別

公務人員考試，可區分為高等及普通考試、特種考試、升等考試、銓定資格考試、轉任考試、檢定考試，及雇員考試七種。以上高等及普通考試、特種考試及檢定考試為公務人員考試法第三條、第九條所規定；升等考試為公務人員升等考試法所規定；銓定資格考試為部分機關組織法律、特種任用法律，及戰地公務人員管理條例所規定；轉任考試為後備軍人轉任公職考試比敍條例所規定，雇員考試由主管機關依需要而規定。

貳、考試等別

一、高等及普通考試：分高等考試及普通考試兩個等別，但高等考試必要時得按學歷分級舉行，即分高考一級及高考二級。

二、特種考試：分甲等考試、乙等考試、丙等考試、丁等考試四個等別。

三、升等考試：分簡任、薦任、委任三個等別。

四、銓定資格考試：現稱任用資格考試，分簡任、薦任、委任三個等別。

五、轉任考試：考試等別依特種考試等別之規定。

六、檢定考試：分高等檢定考試及普通檢定考試二個等別。

七、雇員考試：不再區分等別。

叁、考試類科

除雇員考試不區分類科外，其餘六種考試各等別之考試類科區分，依同法第四條，「考試類科，由考試院定之」。考試類科係屬性質區分，為期考用配合，考試類科需與擬任職務所屬職系或職務之性質相當。每年所舉行之高等及普通考試，其類科區分高考約四十至五十個科別，普考約三十至四十個科別不等。應特殊需要舉行特種考試時，其考試科別視用人機關之需要，亦多在十個至三十個之間。

肆、應考資格

各等別及類科考試之應考資格，包括三部分：

一、國籍資格：依同法第六條，「中華民國國民，具有本法所定應考資格者，得應本法之考試」。此乃表示參加考試者，需具有中華民國的國籍，此亦為一般國家所普遍要求者。

二、消極資格：依同法第六條，「應本法之考試者，不得有下列各款情事之一：(1)犯刑法內亂罪外患罪，經判決確定者；(2)曾服公務有侵占公有財物或收受賄賂行為，經判刑確定者；(3)經褫奪公權尚未復權者；(4)受禁治產之宣告，尚未撤銷者；(5)吸食鴉片或其他毒品者」。

以上一、國籍資格及二、消極資格，為所有各等別及類科考試之所同。又二、消極資格之(3)(4)(5)如褫奪公權期滿經已復權或受禁治產宣告經已撤銷或經證明已不吸食鴉片等者，仍可應考。

三、學經歷應考資格：學經歷之應考資格，則因考試等別及類科之不同而分別規定。

㈠高等及普通考試：依同法第十五條、第十六條規定之學經歷資格為：

1.高等考試：為具有下列資格之一者，即(1)專科以上學校相當科系

畢業者；(2)高等檢定考試相當類、科及格者；(3)普通考試相當類、科及格滿三年者。依施行細則規定，高等考試分級舉行者，高考二級之學經歷資格與上述同，高考一級之學經歷資格，定為具有碩士以上之學位者。

　　2.普通考試：為具有下列資格之一，即(1)具有應高考之(1)或(2)之資格者；(2)高級中等學校畢業者；(3)普通檢定考試相當類、科及格者；(4)特種考試之丁等考試及格滿三年者。

　　以上為應高等及普通考試等別由法律所定之應具學經歷資格，至同一等別內各類科之學經歷應考資格，則由考試院依據上述學經歷水準訂定具體的畢業科系或檢定考試具體的類科或經驗的性質。如高等考試農藝科別之學歷應考資格，經考試院定為「專科以上學校農藝、園藝、生物、植物、植病、植物保護各系科畢業得有證書者」，其中「農藝、園藝、生物、植物、植病、植物保護各系科」，即將法律中所定「相當系科」之具體化。

　　(二)特種考試：依同法第十七條、第十八條、第十九條規定，其學經歷應考資格為：

　　1.甲等考試：為具有下列資格之一者，即(1)大學研究院、所得有博士學位，並任有關工作二年以上，成績優良有證明文件者；(2)大學研究院、所得有碩士學位，並任有關工作四年以上，成績優良有證明文件者；(3)曾任專科以上學校教授，或曾任副教授三年以上，經教育部審查合格，成績優良有證明文件者；(4)高等考試及格，在機關服務六年以上，成績優良有證明文件者；(5)獨立學院以上學校畢業，並曾任民選縣（市）長滿六年，成績優良有證明文件者；(6)獨立學院以上學校畢業或高等考試及格，曾任公營事業機構董事長或總經理三年以上，或副總經理六年以上，成績優良有證明文件者。

　　2.乙等考試：準用高等考試應考資格之規定。

　　3.丙等考試：準用普通考試應考資格之規定。

4.丁等考試：爲具有下列資格之一者，即(1)具有普通考試應考資格(1)(2)(3)三款之一者；(2)國民中學、初級中等學校畢業或具有國民中學同等學歷者。

依施行細則規定，特種考試因性質特殊，非甲、乙、丙、丁四個等別所能比照者，得不予比照。依交通事業人員任用條例第五條，「高員、員、佐、士級人員需經考試及格，其考試規則由考試院會同行政院定之」。依交通事業人員考試規則規定，考試等別按業務類及技術類，各分高員（必要時得按學歷再分一級、二級）、員、佐、士四個等別，並分別規定應考資格。

㈢升等考試：依公務人員升等考試法第三條、第四條、第五條，對應考資格只有學經歷應考資格的規定，而無國籍資格及消極資格的規定。其原因爲參加升等考試者均爲現任公務人員，本已具有中華民國國籍，又如現任公務人員具有消極資格之一時，亦必已依有關法規處理。再依同法第十三條規定，本法未規定事項適用典試法、監試法及有關法律之規定，此中所謂有關法律自包括公務人員考試法在內，因此參加升等考試者，仍需具備中華民國國籍及未具消極資格者爲限。至學經歷資格之規定爲：

1.簡任升等考試：爲現任薦任第九職等或具有法定任用資格現任相當於薦任第九職等職務一年以上，已敍第九職等本俸最高級者。

2.薦任升等考試：爲現任委任第五職等或具有法定任用資格現任相當於委任第五職等職務一年以上，已敍第五職等本俸最高級者。

3.委任升等考試：爲現職雇員已支雇員本薪最高薪點滿一年者。

應以上簡任及薦任升等考試之應考人，依同法第六條，「以報考現任職系之類科爲限，但經其服務機關同意者，得報考同職組各職系之類科」。

依同法第十一條，「公務人員之分等別有規定者，其升等考試之分等、分類及應考資格，得依其規定」，以資適應。故交通事業人員之升資考試，

區分爲員級升高員級、佐級升員級、士級升佐級三種升資考試，其應升資考試之應考資格亦在交通事業人員升資考試規則中分別規定；又如警察人員升等考試區分警監警察官升等考試、警正警察官升等考試兩個等別，其應考資格亦在警察人員升等考試規則中另行規定。

㈣銓定（任用）資格考試：係原未納入銓敍任用範圍之機關，於納入銓敍範圍時，或遇及機關改變人事制度時，對其建制或改制前已經任職而未具新制任用資格之公務人員，舉辦銓定任用資格考試，經考試及格者，取得新制之任用資格。銓定資格考試之應考資格，以原任職務高低、所支薪級及任職年資爲準，按考試等別分別規定。此種考試之舉辦，以人事法律或機關組織法中有明文規定者爲限。

㈤轉任考試：爲便於後備軍人轉任公務人員而舉辦。依後備軍人轉任公職考試比敍條例第三條規定，後備軍人係指⑴常備軍官依法退伍者；⑵志願在營服役之士兵、士官依法退伍者；⑶作戰或因公負傷依法離營者。因其爲後備軍人轉任公務人員所舉辦，故依同條例第四條規定，轉任考試之學經歷應考資格，除特殊類科外，得以軍階及軍職年資，應性質相近之考試。依施行細則規定，除考試機關認定之特殊考試類科（金融業務、企業管理、國際貿易，及技術人員各類科），其應考資格仍依考試法之規定外，其餘類科各等別應考資格之規定爲：

1.高等考試或相當於高等考試之特種考試(即乙等考試)：爲曾任中尉以上三年者。

2.普通考試或相當於普通考試之特種考試(即丙等考試)：爲曾任中士以上三年者。

3.丁等特種考試：爲曾任下士以上三年者。

㈥檢定考試：檢定考試原爲對勤於自修而無正式學歷之貧寒人士而設，故依檢定考試規則規定，其應考資格爲中華民國國民年滿二十二歲者,得應高等檢定考試及中醫師檢定考試；中華民國國民年滿十八歲者,

得應普通檢定考試，至消極應考資格則未有明定。惟檢定考試及格者只是分別取得應高等考試、普通考試或與之相當的特種考試相當類科之應考資格，取得應考資格後再參加公務人員考試時，仍需受公務人員考試法有關消極應考資格之限制。

　　㈦雇員考試：依雇員考試規則規定，其學經歷應考資格由各機關斟酌實際業務需要擬訂之。

　　應考資格除上述者外，尚有應考年齡與男女性別需否加以限制之問題。

　　㈠年齡：依考試法第四條，「各種考試之應考年齡由考試院定之」，故在法律上對應考年齡是可加以限制的。考試院對應考年齡之限制，大都限於特種考試、檢定考試方面，至高等及普通考試則向不作應考年齡的限制，雇員考試規則中亦無應考年齡之限制。升等考試為鼓勵現職人員晉升，轉任考試為便後備軍人轉任，對應考年齡均極少限制。至規定應考年齡限制之方式則有三種，一為規定下限年齡者，如高等檢定考試之應考人為年滿二十二歲，普通檢定考試之應考年齡為年滿十八歲；二為規定上限年齡者，如應特種考試甲等考試者需年齡在五十八歲以下；三為同時規定上下限年齡者，如交通事業人員考試，應高員級考試者需年滿二十歲至三十五歲，應員級考試者需年滿二十歲至三十歲，應佐級考試者需年滿十八歲至三十歲，應士級考試者需年滿十八歲至三十歲；又如外交領事人員暨國際新聞人員考試，應乙等考試者需年齡在二十二歲至三十五歲。

　　㈡性別：在考試法中並無明定，為基於男女平等原則，故不予限制，但對特種考試之性質特殊之類科（如擬任職務需經常輪值夜班、需特殊體力、需經常外勤等），對其錄取名額中，偶有男性錄取若干名女性錄取若干名之限制。社會對此仍有批評。

伍、應試科目

舉行公務人員各種各等別各類科之考試時，均需規定應試科目。依考試法第四條規定，各種考試各類科之應試科目由試院定之。依施行細則規定，各類科之應試科目，如增減或變更時，應於考試前六個月公告之。考試院訂定應試科目之情形為：

一、訂定應試科目需參考之資料：包括(1)該考試等別及類科及格人員擬任職務之工作情況及擔任該職務所需之學識、法規、經驗與技能等條件；(2)與該考試等別及類科應考資格相當學校系科中必修之重要課程；(3)擔任公務人員需具備之一般學識與才能。

二、應試科目數量與程度水準：(1)應試科目通常以五至十科為原則，當考試等別為甲等及丁等者，其應試科目可酌為減少，考試等別屬高等及普通或與之相當之乙等及丙等考試者，其應試科目宜較多；(2)應試科目之程度水準，需與應考資格中所定之學歷相當，其應考資格中除學歷外尚需有經歷者，則應試科目之程度需較所定學歷為高；(3)應考科目不應以學識、法規為限，擔任職務所必需之經驗、技能及能力，亦應包括在內。

三、應試科目之區分：應試科目是否為同一等別各類科所共有或為某類科所專有，可區分為共同科目如國文、中華民國憲法、中外地理或歷史等；專業科目如財政學、經濟學、行政學概要等。

體格檢查，亦可視為應試科目之一。依考試法第五條，「公務人員考試應考人須經體格檢查，體格檢查時間及標準，由考試院定之」。復依施行細則規定，體格檢查時間得視需要於報名前或考試後辦理，報名前檢查者應於報名截止前辦理，不合格者不得報名；考試後檢查者於考試舉行後或筆試成績及格後辦理，不合格者不予錄取或不予訓練；逾期未交體格檢查表者，視為體格檢查不合格。至體格檢查標準，除對一般類科

適用一般之標準（較寬）外，對性質特殊之類科（如交通事業人員之某種類科，對聽力、視力之要求甚為嚴格），則訂定較嚴之體格檢查標準。

陸、考試方式

依考試法第七條，「公務人員考試，得採筆試、口試、測驗、實地考試、審查著作或發明或知能有關學歷、經歷證明及論文等方式行之，除筆試外，其他應採二種以上方式行之，筆試除有特別規定者外，概用本國文字」。又依施行細則規定，所稱「筆試」，指列為筆試科目並以書寫方式使用試卷作答者而言；所稱「口試」，依口試規則行之；所稱「測驗」，指心理測驗、技能測驗或體能測驗；所稱「實地考試」，依實地考試規則行之；所稱「審查著作或發明」，依著作發明審查規則行之；所稱「審查知能有關學歷、經歷證明及論文」，指繳驗之學經歷證件及送審之論文，應與所考類科需具備之知能有關者。

一、**公務人員考試口試規則**：有關口試之規定，除特種考試甲等考試之口試，因情形特殊及要求甚嚴為時甚久，另訂口試辦法外，一般公務人員考試之口試則依口試規則行之。依口試規則規定，口試以個別方式或集體方式或兩種方式並行之；口試得視考試類科、應考人數、時間分配，分組舉行，由典試委員或口試委員若干人主持之，並指定一人為召集人。口試項目分為儀表（占20%）、言辭（占30%）、才識（占50%），但此種口試項目及評分比例，得視考試性質變更之。舉行口試前，召集人應與口試委員會商發問範圍、評分標準等有關事宜；口試委員依評分表之規定單獨評分，並以平均分數為實得分數。

二、**公務人員實地考試規則**：實地考試以個別方式或集體方式或兩種方式並行之；實地考試得視考試類科、應考人數、時間分配，分組舉行，由典試委員或實地考試委員若干人主持之，並指定一人為召集人。實地考試項目分一般知識（占10%）、實務經驗（占30%）、專業知能及

實地操作（占 60%），以上考試項目及評分比例，得視考試性質變更之。舉行實地考試前，召集人應與實地考試委員會商考試範圍、評分標準等有關事宜；實地考試委員依評分表之規定單獨評分，並以平均分數為實得分數。

三、著作發明審查規則：

㈠應各種考試送審之著作，應合於下列各款規定，即⑴著作須與應考類科性質相關，並於最近五年內依出版有關規定公開發表者；⑵著作字數須在三萬字以上，但有關科技之著作不在此限；⑶著作須以本國文字撰述，原著如係外國文字書寫者須譯成本國文字隨繳；⑷著作引述他人之文字或資料者，應逐處註明原書之名稱、著者姓名、出版處所、版次、出版時間及頁次；⑸著作需附具本國文字撰寫之全文提要及詳細敍述研究時間、經過情形之說明書。

㈡應考試送審之發明，應合於下列各款之規定，即⑴發明須與應考類科性質相關，並於最近五年內公開發表者；⑵發明如屬機械品，應詳載其構造、應用方法，並附機械之正面、平面、側面之詳細圖式，並註符號尺寸；屬化學品，應列舉所用原料及藥品名稱、配用數量及製造方法，其已獲專利者應繳驗專利證書；⑶發明須附具本國文字撰寫之說明書，詳敍發明之經過及其時間、性質、目的、功效、特點等。

㈢送審之著作或發明有下列情事之一者，不予審查，即⑴中小學教科用書；⑵通俗讀物；⑶紀錄表冊或報告說明；⑷講演集；⑸二人以上合著之著作；⑹編譯外國人著作；⑺編輯各家著作之出版品；⑻字典及辭書；⑼發明之程序不明或發明事項尚未完成者；⑽他人已經發現之事實；⑾無法試驗或證實之發明事項。

㈣送審之著作或發明，分別由二位審查委員審查，按百分法評定成績，並以其平均分數為實得分數，其評定成績相差二十分以上時，應另請審查委員審查，並以三位委員評分總和之平均分數為實得分數。評定

成績認有必要時，得就該著作或發明之內容及有關問題面詢應考人。

第三項　公務人員考試為任用考試並公開競爭

就現行公務人員考試法規之所定，我國對公務人員考試是定位在任用考試，並以公開競爭方式行之。茲就有關規定說明如下：

壹、公務人員之任用以考試定其資格

公務人員考試法第一條，「公務人員之任用，依本法以考試定其資格」。其含義如下：

一、公務人員之任用需具有資格：公務人員係代表國家執行公務之人員，執行公務之人員必須具有一定之條件，並非人人均能為之，此種條件即為資格。故擬任為公務人員者，需具有任用資格。

二、任用資格因擬任職務之不同而異：公務人員所擔任之職務，為數眾多，不但職務之工作性質各有不同，職務之職責程度高低亦各有差異，因此擔任各種不同工作性質及職責程度職務所需的任用資格，亦各有不同。

三、任用資格以考試定之：對擬任為公務人員者，究竟有無擬任職務所需的任用資格，不能憑用人機關首長的個人判斷，更不能憑擬任人員自己的認定，而需經由客觀的程序與方法來決定，此種認定任用資格是否具備之客觀的程序與方法，就是依考試法規定所辦理之考試。

四、明定需以考試定其任用資格之公務人員範圍：依施行細則規定，以考試定其資格之人員，包括(1)中央政府及其所屬各機關公務人員；(2)地方政府及其所屬各機關公務人員；(3)各級民意機關公務人員；(4)各級公立學校職員；(5)公營事業機構從業人員；(6)其他依法應經考試之公務人員。以上規定對依法不受任用資格限制者，如政府機關之政務官、聘

用人員等，不適用以考試定其資格之規定。

貳、公務人員考試需爲事擇人考用合一

依同法第二條，「公務人員之考試，應本爲事擇人、考用合一之旨行之」。其中：

一、爲事擇人：指根據工作的需要遴選人員，亦即根據擬任職務的工作性質與職責程度，及擔任該種工作與職責所需要的學識、經驗、技能及能力等條件，擬定考試等別、考試類科及應試科目並舉行考試，以期考試及格者即能勝任職務，不致發生考非所用之情事。

二、考用合一：指考試與任用應作密切的配合，亦即在任用上需要何種條件的人就考選具有該種條件的人，在任用上需用多少人就考選多少人，在任用上何時用人則在該時考選人員，以期達到考試及格的人即可獲得任用，擬予任用之人員均可經由考試而獲得。

叁、公務人員考試應配合任用計畫辦理

依同法第二條，「公務人員之考試應配合任用計畫辦理之」。依施行細則規定，「配合任用計畫辦理」，指銓敘部及行政院人事行政局於年度開始前將年度任用計畫，送由考選部配合辦理考試。依考試院訂定「公務人員年度任用計畫作業要點」規定，其內容包括：

㈠銓敘部及行政院人事行政局，應分別函請各業務主管機關轉知所屬機關於每年一月底前造送本機關次年度（當年七月一日至次年六月三十日）公務人員任用計畫表，各業務主管機關彙整後，應於當年二月底前函送銓敘部或行政院人事行政局編訂年度任用計畫，並於當年三月十五日前函送考選部配合辦理考試。

㈡各機關如因新訂或修正組織編制、增加員額等必要原因，最遲應於該年五月底前函請考選部增列預定任用人數；各機關因政策需要，得

依規定適時造具年度公務人員任用計畫表，函請考選部舉辦該項特種考試。

㈢各用人機關編制內人員因退休、資遣、辭職、調職、死亡及其他職務異動所產生之職缺或新增編制（預算）員額之確實職缺，以及參考前二年人員出缺異動情形所預估之職缺，均應將其職缺或遞遺之職缺列入本機關之年度公務人員任用計畫表。

㈣填寫任用計畫表時，應敍明需任用人員之官等、職等、職組、職系、職務，及需用之時間。

肆、公務人員考試以公開競爭方式行之

依同法第二條，「公務人員之考試，以公開競爭方式行之」。

㈠所謂「公開」，指考試之舉行應公之於大眾，如公務人員考試法第十二條，「公務人員各種考試，由考選部於考試前二個月公告之」；施行細則規定，公務人員各類科之應試科目，如有增減或變更時，於考試前六個月公告之；又如應考人對考試成績有疑義時可以查詢，考試及格人員應公開榜示等均屬之。

㈡所謂「競爭」，指應考人在任用計畫所定名額內，擇優錄取。亦即應考人相互間具有競爭作用，成績較高者其錄取機會較成績較低者為優先。因此未錄取者並不表示其成績一定差，只是其成績低於錄取者而已。

第四項　特種考試應訂定考試規則行之

依考試法第三條，「公務人員考試分高等考試、普通考試二種，為適應特殊需要，得舉行特種考試，分甲、乙、丙、丁四等」。由此觀之，公務人員考試係以高等考試及普通考試為主，其考試依一般考試法規之規定辦理；當遇及情形特殊高等考試及普通考試不能適應時，為適應特殊

需要方得訂定特種考試規則舉行特種考試。

壹、舉辦特種考試之時機

何謂特殊需要，法無明文規定，依照往例大致遇有下列情況時可認為情形特殊需要申辦特種考試，即(1)用人機關臨時需用人員，無法等待定期舉辦之高等或普通考試時；(2)需用為某方面之專業人才，在應考資格、應試科目、考試程序、試務處理等方面，有加特別規定之必要，無法適用一般性之高普考的規定時；(3)筆試及格人員之訓練有由業務主管機關作不同期間之專業訓練時。

依施行細則規定，「特種考試性質特殊，非甲、乙、丙、丁四個等別所能比照時，得不予比照。各種特種考試規則另定之」。由此可知，當因特殊需要舉辦特種考試時，應先訂定考試規則，憑作辦理考試依據。現行特種考試規則有司法人員、政風人員、外交領事外交行政暨國際新聞人員、國際經濟商務人員、交通事業人員，及不定期舉行之警察人員、臺灣省基層公務人員等十餘種，茲舉司法人員考試規則為例，其要點如下。

貳、特種考試司法人員考試規則

司法人員考試幾乎每年均有舉辦，現行司法人員考試規則要點為：

一、區分考試等別及類科：

㈠乙等司法人員：分五類科，即(1)司法官；(2)公設辯護人；(3)監獄官；(4)觀護人；(5)法醫師。

㈡丙等司法人員：分三類科，即(1)法院書記官；(2)監所管理員；(3)法院檢驗員。

二、各等別類科考試之應考資格與應試科目：另以附表規定。如乙等司法官之應考資格為(1)專科以上學校政治、法律、行政各系科畢業得

有證書者；(2)經高等檢定考試司法官考試及格者；(3)經普通考試或相當普通考試之特種考試法院書記官考試及格後，並任法院書記官，辦理審判偵查紀錄三年以上者。其應試科目爲(1)普通科目——包括國父遺教（三民主義、建國方略、建國大綱）及中華民國憲法，國文（論文及公文）；(2)專業科目——包括民法，刑法，民事訴訟法，刑事訴訟法，商事法，強制執行法及國際私法，行政法。

丙等法院書記官之應考資格爲(1)高級中等學校畢業得有證書者；(2)經普通檢定考試法院書記官考試及格者；(3)具有乙等考試各類科第一款或第二款應考資格者(即大專畢業、高考檢定考試及格)；(4)特種考試之丁等考試及格滿三年者。其應試科目爲(1)普通科目——包括三民主義及中華民國憲法概要，國文(論文及公文)，本國歷史及地理；(2)專業科目——包括民法概要，刑法概要，法院組織法，訴訟法大意。

本考試應考人於考試前，應經體格檢查，合格者方得應考。

三、考試方式、考試試次及計分標準：本考試分筆試（對筆試科目適用之，上述應試科目均爲筆試科目）及口試，筆試未達錄取標準者不得參加口試（本考試分二個試次舉行），口試未滿 60 分者，不予錄取。本考試總成績，以筆試成績占 90%，口試成績占 10%，合併計算。筆試成績之計算，乙等考試普通科目占 15%，專業科目占 85%；丙等考試普通科目占 40%，專業科目占 60%。又各科目中有一科成績爲零分或專業科目平均成績不滿 55 分者，均不予錄取。

四、設置典試及試務機構：本考試組織典試委員會，主持典試事宜；其試務由考選部辦理，並得委託司法院或法務部處理，由考選部派員指導。本考試辦理竣事後，典試委員會及辦理試務機關，應將辦理典試及試務情形，連同關係文件送由考選部轉報考試院備案。

五、實務訓練及派用：錄取人員須由司法院或法務部予以學習或訓練，學習或訓練期滿成績合格並送由考選部核定者，始完成考試程序，

報請考試院發給考試及格證書，並由司法院或法務部依次派用。依上述規定應行學習或訓練人員，應於接獲通知後如期向主管學習或訓練機關報到，如因重大事故申請延期實習或訓練者，除應徵召服兵役外，自接獲通知日起算延長三年爲限，逾期不予學習或訓練。

六、**其他**：本規則未規定事項，適用一般考試法規之規定。

第五項　其他種別考試亦訂定考試規則行之

除特種考試於舉行前應訂定考試規則外，其他種別之考試如升等考試、銓定（任用）資格考試、轉任考試、檢定考試、雇員考試等，除一般簡薦委任公務人員之升等考試，依公務人員升等考試法及其施行細則規定辦理外，亦多有訂定考試規則，以爲辦理依據。茲舉交通事業人員升資考試規則爲例，簡說其要點如下：

壹、考試等別及應考資格

依升等考試法第十一條，「公務人員之分等別有規定者，其升等考試之分等、分類及應考資格，得依其規定」。交通事業人員升資考試之等別與應考資格，即係依此規定而訂定。

一、考試等別：分員級晉高員級、佐級晉員級、士級晉佐級三個等別。

二、應考資格：爲現任員級、佐級、士級資位職務人員，任本資位職務最近三年考績或考成列二等（即乙等）以上，現敍薪級已達較高一級資位最低薪級者，得應各該資位之升資考試。

貳、考試類科及應試科目

一、考試類科：按交通事業機構別，各分業務及技術兩大類，每類

再按考試等別區分科別，如電信機構業務類員級晉高員級升資考試，區分有報務、話務、營業、人事、事務、會計、材料等科別。

二、**應試科目**：各按考試等別及科別分別規定，如電信機構業務類員級晉高員級報務科別之應試科目，爲(1)國父遺敎（三民主義、建國方略、建國大綱）；(2)國文(論文及公文)；(3)中外地理(以上爲普通科目)；(4)外國文(英、法、日文任選一種)；(5)電信法；(6)有線電報學或無線電報學（任選一種）；(7)有線電報務或無線電報務或電報交換業務（任選一種）；(8)企業管理。

叁、成績計算

升資考試，考試成績占 60%，服務成績占 40%，合併計算爲總成績，及格標準不得低於 60 分；普通科目成績占 30%，專業科目成績占 70%，但考試科目有一科爲零分或專業科目平均成績不滿 50 分者，不予計算。

肆、設置典試及試務機構

升資考試由考試院組織典試委員會或主試委員會辦理典試事宜。升資考試試務，及佐級以下人員之升資考試，得委託擬辦升資考試機關辦理。委託辦理之試務及升資考試，由考選部派員指導。委託辦理之考試或試務於考試完畢後，受委託機關應將辦理情形及關係文件，函考選部轉呈考試院備案，並發給考試及格證書。

伍、其他

升資考試及格人員，准分別晉升資位，並按原薪晉敍一級。

第二節　專技人員及公職候選人考試法規簡析

本節敍述之重點，係依據專門職業及技術人員考試法規及公職候選人檢覈法規之所定，敍述專技人員考試之架構、特種考試規則、特種檢覈規則，及公職候選人考試檢覈等。茲就以上重點，分項列述如後。

第一項　專技人員考試的考試架構

專門職業及技術人員考試架構，包括考試種別、等別、類科、應考資格、應試科目及考試方式等，在專門職業及技術人員考試法中均有相當規定，茲簡說如下：

壹、考試種別、等別及類科

依同法第二條，「專門職業及技術人員考試，分高等考試、普通考試兩種，爲適應特殊需要得舉行特種考試」。又第三條，「專門職業及技術人員考試類科，由考試院會同關係院定之。前項考試得以檢覈行之」。又依施行細則規定，以考試定其資格之人員，指下列各種人員，即⑴律師、會計師；⑵建築師、各類技師；⑶醫師、藥師、牙醫師、護理師、醫事檢驗師、醫用放射線技術師、護士、助產士、醫用放射線技術士、藥劑生、醫事檢驗生；⑷中醫師；⑸獸醫師、獸醫佐；⑹航海人員、引水人、驗船師、漁船船員、船舶電信人員；⑺營養師；⑻其他依法規應領證書之專門職業及技術人員（如依土地法第三七條之一規定，土地登記專業代理人需經考試及格，而考試院亦定有特種考試土地登記專業代理人考試規則施行）。

以上各種專技人員之考試,在高等及普通考試之等別可以容納者(如律師、會計師、醫師等納入高等考試辦理, 護士、藥劑生、獸醫佐等納入普通考試辦理),列為高等及普通考試; 其無法納入高等及普通考試之等別者, 則舉行特種考試, 如航海人員、漁船船員、中醫師等專技人員。

貳、應考資格及應檢資格

包括國籍、消極資格及學經歷應考(檢)資格。

一、國籍及消極資格: 依同法第一○條,「中華民國國民, 具有本法所定應考資格者, 得應專門職業及技術人員考試, 但有下列各款情事之一者不得應考, 即(1)犯內亂罪外患罪經判決確定者; (2)曾服公務有侵占公有財物或收受賄賂行為經判決確定者; (3)褫奪公權尚未復權者; (4)受禁治產之宣告尚未撤銷者; (5)吸食鴉片或其他毒品者。應考人除依前項規定外, 並應受各該職業法之限制」。以上國籍與五款消極應考資格之規定, 與公務人員考試法第六條所定相同, 對各等別及類科專技人員考試均共同適用。

至「受職業法所定之限制」, 為公務人員考試法所無, 其原因為對各種專技人員之管理, 常有專門職業法之制定, 如律師法、會計師法、建築師法、醫師法等, 均為規範各該專門職業人員之法律, 如在職業法中定有不得擔任專門職業之消極資格規定者, 則具有該種消極資格之人員不得應專技考試。如依律師法第二條規定,「有下列情事之一者不得充律師, 其已充任者撤銷其律師資格, 即(1)背叛中華民國經判決確定者; (2)曾受一年有期徒刑以上刑之宣告經判決確定者, 但因過失犯罪者不在此限; (3)曾受本法所定除名處分者; (4)曾任公務員而受撤職處分其停止任用期間尚未屆滿者; (5)經公立醫院證明有精神病者; (6)受破產之宣告尚未復權者」。

二、學經歷應考(檢)資格:

（一）高普考試之應考資格

1.高考應考資格：依同法第十一條，「具有下列資格之一者，得應專門職業及技術人員高等考試，即(1)專科以上學校相當系科畢業者；(2)高等檢定考試相當類科及格者；(3)普通考試相當類科考試及格，並曾任有關職務滿四年有證明文件者」。

2.普考應考資格：依同法第十二條，「具有下列資格之一者，得應專門職業及技術人員普通考試，即(1)具有上述應高考(1)(2)兩款資格之一者；(2)高級職業學校相當科別畢業者；(3)普通檢定考試相當類科及格者」。

以上所定之應考資格，只是規定應高普考試所需學經歷及檢定考試及格之一般要求，至何種類科之考試應具有何種科系畢業學歷何種工作的經歷或具有何種類科檢定考試及格方得應考，則依同法第十六條，「專門職業及技術人員高等考試、普通考試之應考資格及應檢資格，除依第十一條至第十四條之規定外，其分類、分科之應考資格及應檢資格，由考試院會同關係院定之」。如律師類科（高考）之應考資格則定為(1)專科以上學校法律系科畢業得有證書者；(2)經高等檢定考試相當類科及格者；(3)經普通考試法院書記官考試及格後任法院書記官擔任審判紀錄或檢察處書記官擔任偵查紀錄或財務、民事執行四年以上有證明文件者。

（二）高普考試之應檢資格

1.高考應檢資格：依同法第十三條，「具有下列資格之一者，得應專門職業及技術人員高等考試之檢覈，即(1)專科以上學校相當系科畢業，並曾任有關職務成績優良有證明文件者；(2)專科以上學校相當系科畢業，並曾任專科以上學校教授、副教授、講師經教育部審查合格，講授主要學科有證明文件者；(3)領有外國政府相等之執業證書經考選部認可者。前項(1)有關職務之年資及(2)任教之年資，由考試院參照有關法規定之」。

2.普考應檢資格：依同法第十四條，「具有下列資格之一者，得應專

門職業及技術人員普通考試之檢覈,即(1)專科以上學校相當系科畢業者;(2)高級職業學校相當科別畢業,並曾任有關職務成績優良有證明文件者;(3)領有外國政府相等之執業證書經考選部認可者。前項(2)款任有關職務之年資,由考試院參照有關法規定之」。

以上所定之學經歷應檢資格,只是規定應高普考試檢覈所需學經歷之一般要求,至何種類科應具有何種科系畢業學歷及何種期間及何種職務之年資,則依同法第十六條規定,由考試院會同關係院定之。

㈢特種考試之應考資格及應檢資格

依同法第十五條,「專門職業及技術人員特種考試之應考資格及應檢資格,由考試院會同關係院定之」。又第十六條,「……分類分科之應考資格及應檢資格由考試院會同關係院定之」。

㈣其他應考(檢)資格

如年齡限制,依同法第四條規定,由考試院會同關係院定之。

叁、應試科目及應檢之筆試科目

依同法第四條,「專門職業及技術人員高等考試普通考試及特種考試……分類分科應試科目,由考試院會同關係院定之」。

至體格檢查,依同法第九條,「……應考人之體格檢查,視各類、科需要,由考試院會同關係院定之」。

肆、考試方式

一、一般考試方式:依同法第五條,「各種考試得採筆試、口試、測驗、實地考試、審查著作發明、審查所需知能有關學歷經歷證明文件及論文等方式行之,除筆試外其他應採二種以上方式,筆試除有特別規定者外,概用本國文字」。以上規定與公務人員考試法第七條規定同,不再析述。

二、檢覈：依同法第三條，「專門職業及技術人員考試得以檢覈行之」。又第十七條，「專門職業及技術人員之檢覈，應就申請檢覈人所繳學歷、經歷證件，審查其所具專門學識經驗及執業能力，並得以筆試、口試或實地考試以核定其執業資格。……專門職業及技術人員檢覈辦法由考試院會同關係院定之」。依施行細則規定，專門職業及技術人員之檢覈，考選部得依法設各種檢覈委員會辦理，檢覈委員會組織規程另定之。施行細則又規定，專門職業及技術人員檢覈之筆試、口試或實地考試，其辦法另定之。

㈠設各種檢覈委員會：依考試院訂定之考選部專門職業及技術人員檢覈委員會組織規程規定，考選部得設下列各檢覈委員會審議檢覈案件，即⑴律師；⑵會計師；⑶建築師；⑷農業技師；⑸工業技師；⑹礦業技師；⑺工礦安全衛生技師；⑻醫事人員；⑼中醫師；⑽獸醫人員；⑾河海航行人員；⑿漁船船員；⒀船舶電信人員；⒁營養師等十四個檢覈委員會。考選部另爲辦理國軍上校以上軍官外職停役轉任公務人員檢覈，及辦理公職人員檢覈，亦分別組織有檢覈委員會，其主任委員並均由考選部部長兼任。

㈡各委員會組織：各委員會置主任委員一人、副主任委員一至二人、委員若干人，由考選部就部內及各該職業主管機關高級人員暨有關專家聘任組織之，其資格準用典試法有關典試委員聘任資格之規定。

㈢檢覈程序：檢覈案件由考選部主管司簽擬意見，送請檢覈委員會主任委員分配各委員審查，加註意見後提會審議；檢覈委員會審議結果由考選部核定，並報考試院備查，其及格者由考試院發給考試及格證書。

第二項　專技人員考試爲資格考試

專門職業及技術人員考試與公務人員考試之最大不同處，爲前者係

資格考試，後者係任用考試。因專技人員考試爲資格考試，故專技人員
考試法亦有其特別之處。茲簡說如下：

壹、以考試定專技人員之執業資格

同法第一條，「專門職業及技術人員之執業，依本法以考試定其資
格」。施行細則舉出需以考試定其資格之專門職業及技術人員之類別共二
十餘種，並以「其他依法規應領證書之專門職業及技術人員」以概其餘，
以便隨社會之進步、人民生活品質之提升，隨時增列之。

貳、並無公開競爭、考用合一、分發任用等之類似規定

公開競爭、爲事擇人、考用合一等之規定，爲任用考試之基本原則，
這些規定與現象，在專技人員考試法規中均未有規定，故專技人員考試
爲資格考試。

叁、以考試總成績滿 60 分爲及格

依同法施行細則規定，各種考試除另有規定外，以考試總成績滿 60
分爲及格；如認有變更之必要時應經典（主）試委員會決議之。又依考
試院訂定之「測驗式試題計分辦法」規定，專門職業及技術人員檢覈筆
試，各科測驗式試題之原始分數，達 60 分以上人數未達 24%時，得換算
爲 H 標準分數（換算後 60 分以上人數可達 24%）；其原始分數達 60 分
以上人數未達 31%時，得視需要換算爲 ME 標準分數（換算後 60 分以上
人數可達 31%）。

肆、考試及格者憑考試及格證書向主管機關申請執業證書

依同法第十九條，「考試及格人員，由考試院發給證書，並登載公報」。
再依各有關職業法之規定，憑考試及格證書向主管機關申請執業證書。

如依律師法第三條，「經律師考試及格者，得請領律師證書」；會計師法第一條，「中華民國人民經會計師考試及格，取得會計師資格，領有會計師證書者得充任會計師」。

伍、分階段考試之特別規定

依同法第十七條，「專門職業及技術人員之檢覈……並得以筆試、口試或實地考試以核定其執業資格；筆試、口試或實地考試，必要時得視其類科性質，按基礎學科及應用學科分階段舉行，應考人於在學期間得參加前階段考試」。依同法第十三條、第十四條規定，參加檢覈者原需專科以上學校或高職畢業，而依第十七條規定，參加基礎學科之前階段筆試者，只需在學期間即可。

陸、外國人亦得應考

依同法第二一條，「外國人應專門職業及技術人員之考試，另以法律定之」。依外國人應專門職業及技術人員考試條例規定，其要點包括：

㈠所稱專門職業及技術人員，包括⑴律師、會計師；⑵建築師、農業技師、工業技師、礦業技師；⑶醫師、藥師、牙醫師、護理師、醫事檢驗師；⑷護士、助產士、藥劑生、醫事檢驗生；⑸中醫師；⑹獸醫師、獸醫佐。

㈡外國人依法律及條約規定，請求在中華民國境內執行專門職業及技術人員業務者，應依本條例考試及格領有及格證書後，向主管機關請領執業證書。但該應考人之本國不許中華民國國民在該國執行同類之專門職業及技術人員業務時，得不許其應考。

㈢外國人應本條例各類科考試之應考資格及考試科目，均準用考試法規對中華民國國民之規定。但應考人之本國政府對於中華民國國民之應考資格或考試科目與對其本國國民之規定不同時，得酌予變更之。

㈣外國人應專門職業及技術人員檢覈者，依各該項人員檢覈辦法之規定辦理。

第三項　特種考試訂定考試規則行之

除專門職業及技術人員高等及普通考試之舉行，依有關法規之規定辦理外，其有因特殊需要舉辦特種考試者，需由考試院會同關係院訂定特種考試規則以憑辦理。考試院會同關係院訂定之專門職業及技術人員特種考試之考試規則，主要有航海人員、驗船師、引水人、船舶電信人員、有線電話作業員、漁船船員、中醫師、營養師等多種。其中以特種考試航海人員考試規則最具規模成效最好，其要點簡說如後：

壹、考試架構

一、考試類科及等別： ⑴航行員類科，分船長、大副、船副三級，每級又分一等及二等；⑵輪機員類科，分輪機長、大管輪、管輪三級，每級又分一等及二等；⑶駕駛類科，分正駕駛及副駕駛二級；⑷司機類科，分正司機及副司機二級。

二、應考資格： 按類科級別及等別分別規定，茲以航行員類科之二等船長爲例，其應考資格爲⑴領有二等大副考試及格證書及交通部二等船長訓練及格證書，曾任二等大副二年以上者；⑵領有乙種大副或丙等船長考試及格證書及交通部二等船長訓練結業證書，曾任乙種大副或丙種船長二年以上者；⑶領有漁船船員一級漁船員考試及格證書及交通部二等船長訓練結業證書，曾任一級漁航員三年六個月以上者；⑷領有丙種大副考試及格證書及交通部二等船長訓練結業證書，並經交通部依規定換發未註明限制航線或區域之二等大副執業證書，曾任二等大副或一等船副二年以上者；⑸海軍退除役軍官，曾任三級艦上尉以上艦長職務

一年以上者；(6)海軍退除役軍官，曾任三級艦駕駛職務四年以上，其中曾任中尉以上副艦長職務一年六個月以上者；(7)海軍退除役軍官，曾任港防艦駕駛職務四年以上，其中曾任中尉以上艦長或同等級艇艇長職務一年六個月以上者。

　　三、應試科目：亦按考試類科、級別及等別分別規定，茲仍以航行員類科之二等船長爲例，其應試專業科目爲(1)航運業務；(2)海事法規；(3)船舶操縱；(4)航海英文。

　　航海人員考試各應試專業科目，並分別規定有考試細目表，以備命題及應考人準備之用。

　　領有外國政府航海人員執業證書者，得向考選部申請認可，除審查其學歷經歷外，得就本規則所定各級別等別之專業科目予以考試。

貳、成績計算

　　航海人員考試總成績之計算，以普通科目占總成績 20%，專業科目占 80%，合計滿 60 分爲及格，其僅考專業科目者，以專業科目平均滿 60 分爲及格；但筆試科目有一科成績爲零分或專業科目平均不滿 50 分或船舶主機科目不滿 50 分者，均不及格。

叁、發給證書

　　航海人員經考試及格者由考試院發給及格證書，並由考選部函達交通部查照。

肆、設置典試及試務機構

　　舉行考試時，依法組織典試委員會辦理典試事宜；其試務由考選部辦理或委託交通部辦理。

第四項　訂定檢覈辦法辦理檢覈

依專門職業及技術人員考試法第三條,「專門職業及技術人員考試得以檢覈行之」。依同法第十七條,「專門職業及技術人員之檢覈, 應就申請檢覈人所繳學歷、經歷證件, 審查其所具專門學識經驗及執業能力, 並得以筆試、口試或實地考試以核定其執業資格」。依考試院訂定專門職業及技術人員檢覈筆試口試或實地考試辦法規定, 檢覈筆試、口試、實地考試由考選部各檢覈委員會辦理, 除口試或實地考試有關事項與公務人員考試有關規定相似外, 至筆試科目則由考選部定之或於檢覈辦法中定之。

有關成績之計算, 則定為(1)筆試單獨舉行時, 以各科目平均滿60分為及格, 但其中有一科成績為零分或未達規定最低分數者不予錄取; (2)筆試及口試合併舉行者, 筆試科目平均成績占70%, 口試平均成績占30%, 合計滿60分為及格; (3)筆試及實地考試合併舉行者, 筆試科目平均成績占70%, 實地考試平均成績占30%, 合計滿60分為及格; (4)口試及實地考試合併舉行者, 平均成績各占50%, 合計滿60分為及格; (5)筆試、口試及實地考試合併舉行者, 筆試科目平均成績占50%, 口試及實地考試平均成績各占25%, 合計滿60分為及格; 以上所定筆試、口試、實地考試有一科目成績為零分或未達規定最低分數者不予錄取。

以上筆試科目採測驗式試題者, 得依有關規定將原始分數化為標準分數, 並以標準分數為實得成績。

依施行細則規定, 專門職業及技術人員檢覈辦法由考試院會同關係院定之。迄至目前經訂有檢覈辦法者, 主要有律師、會計師、技師、建築師、醫事人員、營養師、中醫師、獸醫人員、漁船船員等九種。茲舉會計師檢覈辦法之要點如下:

壹、檢覈架構

　　㈠設會計師一科，不再區分等別。

　　㈡應檢資格：中華民國國民具有下列資格之一者得應會計師檢覈，即⑴專科以上學校會計系科組或相當系科組畢業，並曾任薦任或相當薦任以上會計審計人員三年以上者；⑵專科以上學校會計系科組或相當系科組畢業，並曾任專科以上學校講師或副教授三年以上或教授二年以上者；⑶領有外國政府相等會計師證書經考選部認可者。但具有專門職業及技術人員考試法第一〇條第一項各款情事之一者（即消極應考資格），或有會計師法第四條第一項各款情事之一者，不得應檢。

　　㈢應檢科目：依應檢人所具學經歷內涵之不同而異，其情形有下列二種：

　　1.依上述應檢資格⑴或⑵申請檢覈者，予以筆試，筆試科目由考選部參照專門職業及技術人員高等考試會計師考試專業科目定之。

　　2.依上述應檢資格⑶規定申請檢覈，得予部分免試，其部分免試標準由考選部擬定報請考試院核定。

貳、其他重要規定

　　有⑴規定證明學經歷應繳之文件名稱；⑵規定申請檢覈時應繳之費件；⑶檢覈由考選部設會計師檢覈委員會辦理，檢覈結果由考選部核定，其及格者報請考試院發給考試及格證書，並函財政部查照。

<h2 style="text-align:center">第五項　公職候選人檢覈</h2>

　　依公職人員選舉罷免法第二條規定，公職人員包括國民大會代表、立法委員、省（市）議員、縣（市）議員、鄉（鎮市）民代表、省（市）

長、縣（市）長、鄉（鎮市）長、村（里）長。依同法第三一條規定，選舉人年滿二十三歲，得於其行使選舉權之選舉區登記爲公職候選人，但省（市）長候選人須年滿三十五歲，縣（市）長候選人須年滿三十歲，鄉（鎮市）長候選人須年滿二十六歲。至同法對公職候選人應具備之學經歷及其檢覈之規定爲：

壹、應行具備學經歷之公職候選人

依同法第三二條規定：

一、登記爲省（市）長候選人者：須專科以上學校畢業或高等考試以上考試及格，並具有行政工作經驗、或曾在專科以上學校擔任講師以上教職、或執行高等考試及格之專門職業合計三年以上；或高級中等以上學校畢業或普通考試以上考試及格，並曾任省（市）議員以上公職或縣（市）長以上公職合計三年以上者。

二、登記爲縣（市）長候選人者：須專科以上學校畢業或高等考試以上考試及格，並具有行政工作經驗、或曾在專科以上學校擔任講師以上教職、或執行高等考試及格之專門職業合計三年以上；或高級中等以上學校畢業或普通考試以上考試及格，並曾任縣（市）議員以上公職或鄉（鎮市）長以上公職合計三年以上。

三、登記爲鄉（鎮市）長候選人者：須國民中學以上學校畢業或普通考試以上考試及格，並具有行政工作經驗三年以上或曾任鄉（鎮市）民代表以上公職合計三年以上。

貳、學經歷之認定以檢覈行之

依同條第二項規定，前項各款學經歷之認定，以檢覈行之。公職人員檢覈規則由考試院定之。再所指行政工作，在省（市）長及縣（市）長候選人，指薦任或相當薦任以上職務；在鄉（鎮市）長候選人，指委

任或相當委任以上職務。

叁、同時兼取檢覈合格資格

　　依同條後項規定，本法施行前經檢覈合格者，得不再經檢覈取得各該公職候選人資格。又經取得省（市）長候選人檢覈合格者，同時取得縣（市）長、鄉（鎮市）長候選人資格；經取得縣（市）長候選人檢覈合格者，同時取得鄉（鎮市）長候選人資格。

肆、公職候選人檢覈規則

　　考試院依同法第三二條第二項規定，乃訂定公職候選人檢覈規則，其要點為：

　　㈠依公職人員選舉罷免法第三二條有關省（市）長、縣（市）長、鄉（鎮市）長候選人應具學經歷規定，分別規定內容較為詳細具體之省（市）長、縣（市）長及鄉（鎮市）長候選人之應檢覈資格。

　　㈡公職候選人年齡之計算以戶籍登記簿為憑，申請檢覈時投票日期已經公告者，年齡以算至投票日前一日為準；投票日期未公告者，年齡以算至檢覈文件收到前一日為準。

　　㈢規定「行政工作經驗」、「學經歷」之內涵及文件名稱。

　　㈣規定申請檢覈應繳費件。

　　㈤公職候選人檢覈由考選部設檢覈委員會辦理，檢覈結果由考選部核定，其合格者報請考試院發給合格證書。

　　㈥依本規則檢覈合格或在本規則施行前檢覈合格者，如經查明學經歷證件不實或有偽造變造情事者，由考選部報請考試院撤銷其檢覈合格資格並吊銷其合格證書。

　　由上可知，公職候選人雖有國民大會代表、立法委員、省（市）議員、縣（市）議員、鄉（鎮市）民代表、省（市）長、縣（市）長、鄉

（鎮市）長、村（里）長九種，但需具學經歷並經候選人檢覈合格者，僅省（市）長、縣（市）長及鄉（鎮市）長三種，其餘人員只需年齡滿二十三歲即可，不再有學經歷限制。

第三節　考試程序

公務人員考試與專門職業及技術人員考試，雖各有其法規依據，並分別訂有公務人員考試法與專門職業及技術人員考試法暨其他有關規章，但此兩種法規亦有其相同及相似部分；再如典試法及監試法暨其有關規章，亦為公務人員與專門職業及技術人員考試所通用。本節中所述之考試程序亦多為公務人員考試與專門職業及技術人員考試所共有。茲按照典試法、監試法及其他有關法規之所定，敘述考試程序之措施如後。

第一項　公告、報名及應考資格審查

壹、公告

依公務人員考試法第十二條及專門職業及技術人員考試法第八條規定，考試類科、區域、地點、日期等，由考選部於考試兩個月前公告之。公告之方式為刊登報紙。如考試類科為數眾多，無法在公告中全部公告時，則往往另印製應考須知，以備應考人函索。

貳、報名及應考資格審查

一、**報名**：應考人應於報名日期向報名地點辦理通訊報名，其報名手續及應填繳費件為(1)報名費；(2)入場證；(3)報名履歷表；(4)應考資格

證明文件；⑸回件專用信封及成績單專用信封各一個。

二、應考資格審查：依應考資格審查規則規定

㈠初審及覆審：舉行考試時，辦理試務機關應指派熟悉試務人員若干人爲該次考試應考資格審查人。

㈡審查結果之處理：經審查合格者，審查人應於審查結果欄註明適用條款並簽章；不合格或費件不全者，應分別簽註意見交由承辦退補件人員處理；有疑義者，應簽報應考資格審查委員會審議。

㈢應考資格疑義之審議：考選部設應考資格審查委員會，掌理⑴各種考試應考資格疑義案件之審議；⑵各種考試應考資格擬定之諮詢、建議及協調事項。

㈣考試入場證之註銷：對經核准之應考人，於考試前發現其學經歷與規定不合或有不實時，應即撤銷其應考資格，並註銷其考試入場證。

第二項　組織試務及典試機構

壹、組織試務機構

一、試務之自辦或委託：依典試法第二〇條，「舉行考試時，有關試務工作由考選部或由考選部委託其他機關辦理，辦理試務機關之試務人員，承各該機關首長之命，經辦考試事務；其有關典試事宜，應受典試委員長之指揮監督」。依施行細則規定，所稱「考試事務」，指⑴文書之撰擬、繕校及收發；⑵印信典守；⑶會議紀錄；⑷考試日程之排定；⑸試題之收取、保管；⑹試題之繕印及分發；⑺試卷之印製、彌封、收發及保管；⑻彌封姓名冊之保管；⑼監場工作之分配與執行；⑽分數之登記、核算及統計；⑾庶務；⑿其他自籌辦考試至辦理冊報期間之有關考試事務。

二、**試務處組織**：依試務處組織簡則，其要點為(1)試務處除置處長（或主任）一人外，並得置副處長一至三人；(2)試務處設祕書、機要、卷務、場務、總務、會計各組，各組置組長，並得置副組長及幹事；(3)試務處於考試辦理完畢後撤銷；(4)委託他機關辦理試務時，由考選部派員指導。

三、**辦理試卷彌封**：考試時需用之試卷，視應考人數及應試科目數妥為準備，並為便於區別，各等別及各科目之考卷宜採不同顏色。各種試卷應在左下角處編號，同一應考人所使用之各科目試卷，其編號應相同；再編製彌封姓名冊(即彌封號碼與應考人姓名之對照清冊)，將試卷的編號採用折疊方式予以彌封，同時在試卷之封面上加貼浮籤註記應考人姓名，以便考試時分發試卷，及應考人核對姓名是否有誤之用（浮籤於考試完畢繳卷時必須撕去），彌封姓名冊應予封存。

四、**接洽試區與試場**：試區指考區（如臺北市）內舉行考試的地區，應考人數眾多之考試，通常借學校為考試地區，試場指試區內考試的場地，如以學校的教室為試場。試區與試場的多寡，需視應考人數而定。各試區及試場尚需作相當的布置與張貼有關試區試場分布、試場及座位編號等圖表，以便應考人了解何日何時考何科目，及自己在何試區、何試場應考，座位在何處。

五、**洽聘監場人員**：依監場人員選聘規則規定，洽聘監場人員之標準為(1)高於高等考試之考試，監場人員應選聘簡任或相當於簡任職人員充任，但遇上述人員不足時，得選聘高級薦任職人員充任之；(2)高等考試或相當於高等考試之考試，監場人員應選聘薦任或相當薦任職以上人員充任，但遇上述人員不足時，得選聘高級委任職人員充任之；(3)普通考試或相當於及低於普通考試之考試，監場人員應選聘委任或相當委任職以上人員充任。監場人員須年滿二十歲以上六十五歲以下，身體健康足以勝任工作者。

貳、組織典試機構

一、典試委員會之組織與職權：

㈠需設典（主）試委員會：依典試法第一條、第二條規定，依法舉行考試時，除檢覈外，其典試設典試委員會，但低於普通考試之各種考試，或考試院認為不必組織典試委員會之考試，由院派員或交由考選部或委託有關機關組織主試委員會辦理之。

㈡典（主）試委員會之組織；依典試法第三條至第九條規定：

1.典試委員會由典試委員長、典試委員、考選部部長組織之。

2.典試委員長應具有下列資格之一，並由考試院院長提請考試院會議決定後呈請派用，即⑴現任考試院院長、副院長或考試委員者；⑵現任中央研究院院長、院士者；⑶曾任公立或立案私立大學校長或獨立學院院長三年以上者；⑷曾任特任官並曾任公立或立案私立大學或獨立學院教授三年以上者。

3.高等考試或相當於高等考試之特種考試典試委員，應具有下列資格之一，即⑴具有典試委員長資格之一者；⑵曾任公立或立案私立專科以上學校教授五年以上者；⑶高等考試及格十年以上，並曾任簡任官職，對有關學科富有研究成績卓著者；特種考試甲等考試典試委員資格準用上述規定。

4.普通考試或相當於普通考試之特種考試典試委員，應具有下列資格之一，即⑴具有高等考試典試委員資格之一者；⑵曾任公立或立案私立專科以上學校副教授一年或曾任講師四年以上者；⑶曾任簡任官職並曾任公立或立案私立高級中等學校校長或有關學科教師三年以上者；⑷曾任公立或立案私立高級中等學校校長或有關學科教師八年以上者。

5.各種考試之典試委員，如因考試科目之特殊需要，並缺乏高考普考典試委員資格之適當人選時，得另就對該科目富有研究及經驗之高級

公務員或專家選聘之。

6.典試委員由考選部商同典試委員長提人選，提考試院會議決定後聘用之，典試委員得依考試類科或應試科目分組，每組置召集人一人，由典試委員長推請典試委員擔任之。

7.各種考試之命題、閱卷、審查、口試或實地考試，除由典試委員擔任者外，必要時得增聘命題委員、閱卷委員、審查委員、口試委員或實地考試委員辦理之；增聘命題等委員之資格，適用典試委員之規定。

8.依施行細則規定，設主試委員會者，其主試委員長及主試委員之資格，比照典試委員長及相當考試等別典試委員之規定。

㈢典試委員會之職責：依典試法第十條至第十二條規定，典試委員會依照法令及考試院會議之決定行使其職權，下列事項由典試委員會決議行之，即(1)命題標準、評閱標準及審查標準之決定；(2)擬題及閱卷之分配；(3)應考人考試成績之審查；(4)錄取標準之決定；(5)彌封姓名冊、著作發明及有關文件密封之開拆與核對；(6)及格人員之榜示；(7)其他應行討論事項。典試委員會開會時應請監試人員列席，並得通知有關人員列席會議。

㈣典試委員長之職責：依典試法第十三條規定，職責為(1)召集並主持典試委員會議；(2)指揮監督有關典試事宜；(3)決定各科試題；(4)抽閱試卷；(5)簽署榜單；(6)簽署考試及格證書(並由考選部部長副署)。以上(3)得商同各組召集人為之；(4)得商請各組召集人為之。

㈤典試委員之職責：依典試法第十四條、第十五條規定，職責為(1)出席典試委員會議；(2)主持或擔任試題命擬及試卷評閱；(3)主持或擔任著作發明或知能文件審查；(4)主持或擔任口試、測驗或實地考試。至命題委員、評閱委員、審查委員、口試委員及實地考試委員，分別擔任各項工作。

二、召開典試委員會第一次會議：

㈠會議中應行報告事項，包括舉辦考試之名稱、考試日期與地點、監察院輪派監試委員、考試日程、報考人數、應試科目之分組等事項。

㈡會議中討論事項，包括各應試科目命題及閱卷之分配、命題標準及評閱標準之決定、繳交試題之日期、評閱試卷之地點及日期等事項。具有後備軍人或華僑身分應考者，其考試成績加分標準亦應討論決定。

三、命題：為期考試之試題適當，不過嚴過寬及發生重複，考試院特訂定命題規則，以便典（主）試委員、命題委員遵守。該規則之要點包括：

㈠命題套數：每一科目視其性質及應考人數，由委員二人以上各擬定一套試題(應考人數在五千人以上時)，或由委員一人命擬正副試題各一套為原則，送典（主）試委員長決定之。

㈡命題科數限制：同一等別同一類科別同一委員所擔任之命題科目，以不超過二科為原則。

㈢擬定試題應注意之點：(1)試題之難易及分量，應顧及考試等別、應考人之教育程度及應試時間，並避免冷僻、艱奧及未有定論之試題；(2)試題應儘量注重理解、應用、分析、綜合、評鑑等能力之測量；(3)考試等別相同科別不同而科目名稱相同之試題，有分別命題以適應各該科別性質之必要時，應分別命題；(4)每科試題應於每道試題下註明計分之百分比，其未註明者平均計算；(5)試題之文字應加標點符號；(6)試題除外國文科目外一律用本國文字，但指定解析外文名詞者不在此限，引用譯名時應附註原文；(7)試題須利用法規或計算者，必要時得附發原條文或有關數據或計算用表，並於命題封套外註明；(8)禁止使用電子計算機計算之科目，應於試題封套及試題上註明；(9)各科除國文外，申論式試題以擬定四至十題為原則，並應注意其涵蓋面；(10)應考人數較多科目評閱委員在二人以上者，命題委員應將試題之參考答案及評分標準，於閱卷前送分組召集人或典（主）試委員長。

四、入闈：各應試科目試題交齊後，典試委員長及監試委員，應即率同試務處機要組人員入闈，由典試委員長在闈場內決定試題並即分別印製試題及裝封，以備分發使用。依考試院訂定之闈場規則規定，闈場門窗應由機要組主任陪同典（主）試委員長與監試委員查驗後封鎖，門窗鑰匙交由機要組主任保管，並派警衛執行門禁。工作人員應住宿闈場內，除攜帶簡單行李、個人盥洗用品外，不得攜帶錄音機、照相機、收音機或其他電訊器材。闈場除典（主）試委員長、監試委員、試務機關首長、各組召集人及命題或審查委員外，其他人員未經許可不得出入。取題人員憑取題證於闈場門首領取試題。入闈期間，除指定之有關工作人員外，任何人不得窺閱、抄錄或收藏原題或試題，原題及試題由機要組主任加鎖保管。闈場電話應由機要組主任管制，工作人員如有特殊事故，須經機要組主任同意，並派員陪同下方得使用。工作人員於筆試最後一節開始後二十分鐘出闈，必要時得延長之。

第三項　考試、閱卷及榜示

壹、考試及監試

舉行考試時，首重防止應考人考試作弊及維護試場秩序，並由監察院派員監試以示慎重。因而考試院乃有試場規則、監場規則之訂定，至監察院派員監試則依監試法之規定行事。

一、**防止應考人作弊**：依試場規則規定，應考人於考試時應遵守之事項如下：

㈠應考人應於每節考試預備鈴響時依座號就坐。規定考試時間開始後，除每天第一節或補考單一科目之應考人，十五分鐘內得准入場外，其餘各節均應準時入場。每節考試開始後，四十五分鐘內不准出場。

㈡應考人就座後，應將入場證及國民身分證，置於桌面左前角以備核對，並自行檢查試卷或試卡上之座號、姓名、類科、科目、題型及試題之等別、類科、科目等有無錯誤，如發現不符，應即告知監場人員處理。

㈢應考人有下列情事之一者予以扣考，並不得繼續應考，其已考之各科成績無效，即⑴冒名頂替者；⑵互換座位或試卷、試卡者；⑶傳遞文稿、參考資料、書寫有關文字之物件或有關信號者；⑷夾帶書籍文件者；⑸不繳交試卷或試題者；⑹使用禁止使用之計算工具者；⑺在桌椅、文具或肢體上或其他處所，書寫有關文字者；⑻未遵守試場規則、不接受監場人員勸導，或繳卷後仍逗留試場門窗口，擾亂試場秩序者。犯以上規定者，除在試區公告犯規者姓名、犯規情節及處分外，並通知其服務單位或就讀學校。

㈣應考人有下列情事之一者，視其情節輕重扣除該科目成績二十分或其全部分數，即⑴誤坐或誤用他人試卷作答者；⑵拆開試卷彌封角者；⑶擘去卷角座號或卷面浮籤，或在試卷上書寫姓名、類科或其他不應有之文字、標記，或自備稿紙書寫者；⑷窺視他人試卷、或散發試題後互相交談、或使用其他紙張、物件抄寫試題者；⑸每節考試開始鈴響前，即擅自在試卷上書寫，或考試完畢鈴響後，仍繼續作答不繳卷者。

㈤應考人有下列情事之一者，視其情節輕重扣除該科目成績五至二十分，即⑴裁割試卷用紙或所附稿紙者；⑵污損試卷者；⑶不依試卷、試題說明或附註事項作答者；⑷繳卷後未即出場，未經監場人員許可而走回座位或試場後方者。

㈥應考人有下列情事之一，而不聽監場人員制止或一再犯錯者，扣該科目成績五至十分，即⑴攜帶必需及其他規定以外之物品者；⑵未得監場人員許可，擅離試場或移動座位者；⑶詢問題旨或出聲朗誦者；⑷吸煙或隨地拋棄紙屑者。

㈦其他: 試場及試區附近監場人員如發現有妨礙試區安寧、擾亂考試秩序或影響考試信譽等情事者,應予取締; 其情節重大者應移送法辦。應考人違反本規則之規定於考試後發現者由試務處依上列規定處理之。

二、監場: 依監場規則規定, 監場事宜除由試務處場務組組長負綜理之責外, 並得視實際需要置試區監場主任、巡場主任、監場主任、監場員。各試區於考試前應舉行監場會議。監場任務分別為:

㈠試區監場主任之任務: (1)督導試區監場人員執行監場工作; (2)處理試區內一切場務及應考人犯規等事宜。

㈡巡場主任之任務: (1)考試前檢查責任區座號; (2)巡迴督導所指定之試場責任區監場人員執行監場工作; (3)指導應考人入場, 勸導陪考人離場; (4)統計到考缺考人數; (5)按節填註巡場紀錄表; (6)協助監場人員處理犯規及突發事故。

㈢監場主任之任務: (1)嚴格監督應考人遵守試場規則; (2)向卷務組簽領應考人報名履歷表、試卷、試題及應用物品; (3)聞預備鈴聲後, 指導應考人依座號就座並保持肅靜, 同時指導應考人將所帶書籍及其他物品放置試場前方或指定場所; (4)第一節考試前五分鐘, 如未聞試場規則及應行注意事項之廣播, 應即擇要向應考人宣讀; (5)按座號、姓名分發試卷, 切實核對, 並提示應考人自行檢查其座號、姓名、類科及科目是否相符; (6)聞考試開始鈴聲後, 應即散發試題, 不得提前或延後, 散發試題時應特別注意本節考試等別、類科及科目, 以免誤發; (7)每節考試時間、科目及到考、缺考人數應分別寫於黑板上; (8)如遇突發事項, 隨即報告巡場主任協助處理; (9)指導應考人依「作答注意事項」作答, 測驗式試題如為鉛筆作答者, 應察看應考人劃記是否過淡, 並予指正; (10)應考人繳卷時, 應驗收其試卷及試題。

㈣監場員之任務: (1)協助監場主任辦理監場工作; (2)每節考試開始後, 應逐位核對應考人面貌是否與報名履歷表、入場證及國民身分證上

相片相符，如有疑問時，應令應考人在其履歷表上方加按左大拇指印紋，以便查核，並轉告巡場人員處理；(3)每節考試，查點到考缺考人數，收回缺考試卷試題，並於履歷表上之點名欄，依其規定符號，切實標記。

三、監試：

㈠需派員監試之考試：依監試法第一條，「舉行考試時，除檢覈外，凡組織典試委員會辦理之考試，應咨請監察院派監察委員監試；凡考試院派員或委託有關機關辦理之考試，得由監察機關就地派員監試」。同法第二條，「典試委員長應造具典試委員會人員名冊，送交監試人員」。

㈡需在監試人員監視中爲之的事項：除舉行考試時由監試人員監試外，依監試法第三條，「下列事項亦應於監試人員監視下爲之，即(1)試卷之彌封；(2)彌封姓名冊之固封保管；(3)試題之繕印、封存及分發；(4)試卷之點封；(5)彌封姓名冊之開拆及對號；(6)應考人考試成績之審查；(7)及格人員之榜示及公布」。

㈢發現舞弊之處理：監試法第四條，「監試時如發現有潛通關節、改換試卷或其他舞弊情事者，應由監試人員報請監察院依法處理」。

㈣考試結束後之處理：依監試法第五條，「考試事竣，監試人員應將監試經過情形呈報監察機關」。

貳、閱卷及成績統計

當考試舉行完畢，應即依典試委員會之決議，展開閱卷工作，並製作成績統計，除典試法外，考試院訂有閱卷規則、國文試卷評閱要點，及考試總成績計算規則等規定。

一、評閱試卷：

㈠評閱方式：依典試法第十七條，「試卷評閱得採單閱、平行兩閱等方式行之，閱卷規則由考試院定之」。施行細則規定，所稱「單閱」，指試卷經一次評閱即以所評分數爲該科目分數；所稱「平行兩閱」，指試卷

由不同之閱卷委員分任第一閱及第二閱，以兩閱評分之平均數爲該科目之分數，閱卷方式由考選部部長會同典試委員長及分組召集人視科目性質決定之。

　　㈡閱卷規則：依考試院發布閱卷規則之規定，其要點爲(1)閱卷人員爲典（主）試委員、閱卷委員及該科目之命題委員；(2)閱卷前應由各組召集人、典（主）試委員、命題委員及閱卷委員共同商定評分標準，並由召集人分配試卷之評閱；(3)閱卷應親自爲之；(4)同一科目僅有委員一人而試卷較少者以單閱爲原則，有委員二人以上者得視科目性質採分題評閱或平行兩閱；(5)分配試卷時，同一委員以評閱同一科別之同一科目試卷爲原則；(6)閱卷應集中辦理，閱卷委員不得自行指定評閱某地區或某科別試卷；(7)閱卷開始後，典（主）試委員長應即隨時抽閱試卷，並得商請各組召集人爲之，如發現評分不公允或寬嚴不一或有錯誤時，應即商請原評閱委員重閱或另組閱卷小組評閱，並以其重評分數爲該科目之成績；(8)閱卷時對各題答案，應分別加具圈點，或用其他符號標明正誤；(9)評閱試卷，單閱用紅色水筆；平行兩閱第一閱用紅色水筆，第二閱用紫色水筆（第一閱畢之評分欄應由試務人員予以彌封，俟第二閱畢後始得拆封）；(10)評閱試卷發現下列情事時，應報請典（主）試委員長依考試法規處理，即①試卷上書寫姓名者；②試卷上有潛通關節嫌疑者；③試卷內容有其他疑義者；④違反試場規則未經當場發現者。

　　㈢國文試卷評閱要點：國文科目情形特殊，對其試卷之評閱，考試院乃作特別規定如下：即(1)國文分試論文與公文者，論文部分占 70%，其中見解 30%、文詞 20%、結構 10%、書法標點及試卷整潔占 10%；公文部分占 30%，其中內容及用語占 20%、程式占 10%；(2)國文僅試論文者，見解 45%、文詞 30%、結構 15%、書法標點及試卷整潔占 10%；(3)國文分試論文、翻譯與閱讀測驗者，論文占 50%、翻譯 30%、閱讀測驗占 20%，如僅分試論文及翻譯或僅分試論文及閱讀測驗者，則論文占

60%、翻譯或閱讀測驗占 40%；(4)翻譯及閱讀測驗試題，其命題委員應預擬答案參考資料；(5)國文試卷分組評閱時，得先抽取樣本若干本，由閱卷委員分別評定分數，再將各樣本分數綜合求得平均分數，作爲評分之標準；國文試卷僅一人評閱時，得先於卷背或另紙簡記分數或符號，分別排列次序，然後再行比較高下評定分數。

　　二、**總成績計算**：同一等別類科之各科目成績評定後，應即計算總成績，依考試院核定之公務人員考試總成績計算規則及專門職業及技術人員考試總成績計算規則規定，其要點爲：

　　㈠筆試科目分普通科目及專業科目者，其成績分別平均計算；筆試科目有一科成績爲零分或專業科目平均不滿 50 分或特定科目未達最低分數規定者，均不及格；缺考之科目以零分計算。

　　㈡公務人員高等考試一級考試、高等考試二級考試及特種考試乙等考試筆試成績，均以普通科目成績加專業科目成績合併計算。其中普通科目成績每科占筆試成績 10%，專業科目成績以剩餘百分比平均計算之，即以專業科目成績總和除以科目數再乘以所占百分比。普通考試、特種考試丙等考試及丁等考試筆試成績，以各科目成績平均計算之。

　　㈢專門職業及技術人員高等考試及相當高等考試之特種考試筆試成績，均以普通科目成績加專業科目成績合併計算之。其中普通科目成績每科占筆試成績 10%，專業科目成績以剩餘百分比平均計算之，即以各科目成績總和除以科目數再乘以所占百分比。普通考試及丙等特種考試以下之筆試成績計算，與上述㈡同。

　　㈣考試成績之計算，小數點以下取二位數字，第三位採四捨五入法進入第二位數。

　　㈤爲因特殊需要之特種考試，其考試規則中已另定總成績之計算者，依其規定。

　　應考人考試總成績除依上述規定辦理外，應考人中有合於退除役軍

人或僑居國外國民身分需作加分之規定者，應在總成績中加分。

三、製作應考人總成績統計：考試總成績統計表，需表明下列情況：

㈠各等別類科依規定不予錄取之人數：如總成績計算辦法中規定有一科為零分或專業科目平均成績不滿 50 分者不予錄取，應予列明，作為不予及格或不予錄取之人數。

㈡各等別類科應考人總成績與累計人數之對照：如總成績在 80 分以上者，各等別類科分別為若干人；總成績在 79 分以上者，各等別類科分別為若干人，再自 78 分至不滿 50 分止，分別列出各該總成績及人數；依此總成績分數愈低時則累計人數愈多。此種統計表，對錄取分數標準之決定極有幫助，從錄取分數標準即可知各等別類科各可錄取若干人。

㈢到考及缺考人數及各等別類科在公告中預定錄取名額，亦應在統計表中標明，以便查對欲達到錄取預定公告名額時則其錄取分數標準應為若干分。

叁、決定錄取標準及榜示

當應考人總成績計算及統計完成後，應即召開典（主）試委員會第二次會議，決定錄取標準及榜示，隨著試務處接受應考人檢查成績之申請，對應錄取而未錄取者補行錄取，發現被錄取人員中有不法情事者撤銷其及格資格。

一、典（主）試委員會第二次會議：一般典（主）試委員會第二次會議之議程包括下列各項：

㈠報告事項：報告辦理考試經過、到缺考人數，及應考人成績統計等，以供典（主）試委員對考試情況之了解。

㈡討論事項：通常為下列三案：

1.錄取標準：公務人員考試係屬任用考試，故錄取名額原則上以公告的需用名額為準，但為免發生錄取人員因故不能報到任職，或用人機

關臨時出缺，致發生無人可用之情況，亦可酌情按原定需用名額加一至二成錄取者。再因各等別科別的應考人數多寡不一，各等別科別的需用名額亦不相同，因此各等別科別的錄取標準分數，亦高低不一，此種錄取的方式稱爲曲線錄取。但考試院對錄取標準有個慣例，即平均總成績不滿 50 分之應考人不予錄取，因此遇及需用名額多、應考人數甚少時，則無法錄取足額，致引起用人機關的困擾。

至專門職業及技術人員考試係資格考試,故原則上均以 60 分爲錄取標準，但經典試委員會之決議亦得變更之。

2.開拆彌封姓名冊：當錄取標準決定後,爲核對試卷彌封號之姓名，需在第二次會議中推定典（主）試委員陪同監試委員開拆原屬固封的彌封姓名冊，以便根據及格人員試卷之彌封號碼核對應考人姓名。

3.榜示日期及地點：經筆試錄取人員，應予以榜示，因此榜示的日期及地點，亦需由典（主）試委員會討論決定。榜示中錄取人員之等級，各等別科別及格人員之第一名爲優等，其餘爲中等，錄取人數在十人以上者，每滿十人得加列優等者一名，但列優等人員其總成績不得低於 70 分。

二、放榜及受理應考人申請覆查成績：經典（主）試委員會決議錄取人員榜示後，應將各應考人考試成績之成績單通知各應考人，應考人對成績如有疑義，可依應考人申請覆查考試成績處理辦法規定，於收到成績單之日起十日內以書面向辦理試務機關提出申請覆查考試成績，試務機關於收到覆查考試成績之申請後，應核對原試卷分數，並於十五日內查覆。應考人申請覆查考試成績，不得要求重新評閱、提供參考答案、閱覽或複印試卷，亦不得要求告知閱卷委員之姓名或其他有關資料。

三、補行錄取：依公務人員考試法第十四條與專門職業及技術人員考試法第十八條，「考試後發現因典試或試務之疏失，致應錄取而未錄取者,由考試院補行錄取」。依施行細則規定,所謂「因典試或試務之疏失」，

指(1)試卷漏未評閱者; (2)試卷卷面卷內分數不相符者; (3)因登算成績作業發生錯誤者; (4)其他因典試或試務作業之疏失者。

　　再依考試院核定之應考人申請覆查考試成績處理辦法規定, (1)覆查考試成績如發現試卷漏未評閱或試卷卷面卷內分數不相符時, 應報請典(主)試委員長處理, 如典(主)試委員會已撤銷時, 應陳報考試院處理之; (2)覆查結果如發現成績登記或核算錯誤時, 應將申請人全部試卷均予覆查, 重新計算總成績; (3)原計成績未達錄取標準, 而重計後成績達錄取標準者, 應報請典(主)試委員長暨監試委員核定後, 補行錄取, 典(主)試委員會已撤銷者, 應陳報考試院補行錄取; (4)原計成績與重計後成績均達錄取標準或均未達錄取標準者, 由試務機關逕行覆知。

　　四、撤銷考試及格資格: 依公務人員考試法第二二條與專門職業及技術人員考試法第二○條, 「考試後發現及格人員有下列各款情事之一者, 由考試院撤銷其考試及格資格, 並吊銷其及格證書, 其涉及刑事者移送法院辦理, 即(1)有考試法第六條所定不得應考之消極資格之一者; (2)冒名冒籍者; (3)偽造或變造應考證件者; (4)自始不具備應考資格者; (5)以詐術或其他不當方法, 使考試發生不正確之結果者」。依施行細則規定, 應考人如有上列各款情事之一, 除依法處理外, 其於考試時發現者應予扣考, 於考試完畢後榜示前發現者, 其考試成績不予計算。

第四項　訓練及分發任用

壹、接受訓練

　　依公務人員考試法第二一條, 「公務人員高等考試與普通考試及格者, 按錄取類科接受訓練, 訓練期滿成績及格者, 發給證書, 分發任用; 訓練辦法由考試院會同關係院定之; 其他公務人員考試, 如有必要, 得

照前兩項規定辦理」。依施行細則規定，考試及格者由考試院發給考試及格證書，並登載公報；但依規定需接受訓練或學習（實習）者，應經訓練或學習（實習）期滿成績及格，始予發給。

　　特種考試及格人員，在其考試規則中有訓練之規定者，依其規定。如認有訓練必要而又未另訂訓練之規定者，得比照高普考試訓練辦法規定辦理。至專門職業及技術人員考試，除中醫師外，均無訓練之規定。

貳、發給考試及格證書及分發任用

　　訓練期滿經核定成績及格人員，始完成考試程序，由考選部報請考試院發給考試及格證書，並函請銓敍部及行政院人事行政局分發任用。至專門職業及技術人員考試及格者，除由考試院發給及格證書外，並由考選部函請職業法主管機關查照。

第七章　任免與銓敘

　　任免與銓敘，均爲我國憲法增修條文第五條所明定之人事項目，因此二者間關係極爲密切，故在法制上均以公務人員任用法一個法律來規範。在本章中需討論者，包括任免與銓敘的理論、任免與銓敘的政策與原則、一般任用法規簡析、特種任用法規簡析、銓敘法規簡析五部分，茲分節敍述之。

第一節　任免與銓敘的理論

　　有關任免與銓敘的理論，較爲重要者有能力與職務成敗說、專才專業與適才適所說、按職定格與依格用人說。茲分項敍述如後。

第一項　能力與職務成敗說

　　人格、智力、性向與學能，均屬人的特性，根據一般心理學家看法，認爲人的特性與所擔任職務能否配合，會影響及職務的成敗，亦即人的特性與所擔任職務能配合者，在職務上易獲得成就，兩者間不能配合者，在職務上不易獲得成就。茲簡說如下：

壹、人格與職務成敗關係

可分一般關係與特別關係。

一、一般關係：如在體型上屬於肥胖型者，反應較爲遲緩、善交際，因而不宜擔任需高度機警、隨機應變的職務，但對人際關係影響及工作成敗之職務，則較能勝任愉快。又如屬健壯型者，體力強壯、精力充沛、好權力、勇於冒險，因而多能勝任繁鉅的工作，需要開創新局的工作，如擔任主管職務時，對所屬喜用獨斷的領導，對事多會勇於負責。又如屬瘦高型者，思想周密、行動謹慎、喜獨居，因而如擔任研究發展性工作，多能有較好的表現。

二、特別關係：如以價值觀之特別人格言，屬理論型者，如從事研究或處理複雜事務工作與其價值觀較爲適合時，願付出較多的心血與時間，因而所獲績效亦常較顯著；屬經濟型者，如從事管理性、營業性、財務性、事務性工作時，將較易發揮所長。

貳、智力與職務成敗關係

包括一般關係及特別關係。

一、一般關係：如日本職業指導協會所訂「智力水準職業選擇基準表」所示，智商在 131 以上者，適於創造性、領導性及高級專門職業工作，如擔任最高級公務員、大學教授，較有表現；智商在 118～130 者，適於行政、事業及專門職業工作，如擔任醫師、律師、高級公務員、作家、工業技術人員職務，較有成效；智商在 108～117 者，適於小規模的行政性及技術性職業工作，如擔任工業經營、中級公務員、批發商等職務，將可有較好成就。由此可知，擔任各種職務均有其某種幅度的智商範圍，如智商超過範圍之上限時，則往往不會重視該種職務，不會全心全意去工作，因而不會有好的績效；如智商未達範圍之下限時，則無法

勝任該種職務，自亦不易獲得工作績效。

二、**特別關係**：包括有目的行動與主管職務之關係、合理思維與研究性職務之關係、適應環境與外務性職務之關係，均屬顯而易見者。

叁、性向與職務成敗之關係

亦可分為一般關係及特別關係。

一、**一般關係**：凡具有處理某種事務之性向的人，對該種事務多會發生興趣，經過訓練或學習，對處理事務所需之學識、經驗與技能充分具備，對該種事務亦能盡心盡力的處理，因而在該種事務上亦可有更多的績效。

二、**特別關係**：如具有機械性向者，對機械、機器操作、裝配、修護工作較易勝任，亦較易獲得績效。具有心理動作性向者，可從事需要靈巧動作及敏捷反應的工作。具有邏輯性向者，宜從事電子計算機程式編製等工作。

肆、學識、經驗及技能與職務成敗關係

亦分一般關係及特別關係。

一、**一般關係**：凡具備擔任職務所需的學識、經驗及技能時，對職務的成功機會大，否則成功機會少。

二、**特別關係**：如以學識言，對研究發展職務、教學職務、高層次科技性職務，所需學識是最重要的條件，如學識廣泛而精湛，則在職務上易有較好表現，否則將無法勝任。以經驗言，對推行一般政令的職務、審判案件的職務，除熟悉法規外，尚需保持先後的一貫性，當經驗愈豐富時，愈能勝任，否則將難以表現績效。

伍、其他特性與職務成敗之關係

如特種體能對特定職務，常爲成敗關鍵之所在；從事具有危險性之工作者，其年齡需在某種歲數以上及以下；從事需具高度視力與聽力之工作者，其視力及聽力之要求必須比一般職務所要求爲高等。

第二項　專才專業與適才適所說

專才專業與適才適所，各有其含義，亦各有其適用範圍。

壹、專才專業

一、專才專業的含義：專才，係指具有某方面專門學識、經驗、技能及能力之人才，其專門之範圍狹，但程度精。專業，係指某種專門性業務，必須具備某種專門學識、經驗、技能及能力之專家，方能處理。專才專業，係指各種專門人才，應擔任與其專才相符的專門業務（不宜擔任其他專門業務或一般業務）；各種專門業務，應由具有該種專才的人員來擔任（不宜由具有其他專才人員來擔任）。

二、專才專業原則的應用：專才專業之用人原則，限制最爲嚴格，對員工之調任範圍最狹。適用專才專業用人原則之業務，應以下列爲限：

㈠科學研究工作：研究內容越專精，範圍越狹，調任可能性亦最小。

㈡技術設計工作：各種工程技術工作、醫療工作、農林漁牧技術工作等，均需專門學識、經驗爲基礎，其人員不需亦無法經常調任其他工作。

㈢技術操作工作：工作人員通常均需特種技能，如未具備應有之技能時，即無法工作，故調職之機會亦不大。

貳、適才適所

一、**適才適所的含義**：才，係指人員所具有之專長，員工取得專長之方法有(1)考試；(2)學歷；(3)經驗；(4)訓練；(5)著作發明等，故一個員工所可取得的專長，不限於一種。所，就是工作，在職務分類而言就是職務，經由職務分類，可瞭解每種職務所屬職系及職等。

適才適所，係指具有某種專長的人，去擔任與其專長相符的職務；每種職務，由具有該種專長的人來擔任。亦即(1)員工所具專長之種類與級別（如高級、中級、初級），需與所任職務所屬之職系與職等相當（如具有初級會計專長員工，擔任三等會計職務）；(2)一個員工可能具有若干種專長，故可擔任之職務，可能包括若干不同性質及職等之職務。

二、**適才適所原則的應用**：適才適所之用人原則，其限制較專才專業爲寬，對員工得以調任之範圍亦較大。宜於適才適所原則用人之業務，應以下列爲度：

㈠行政性工作：如稅務、警察、衛生行政等工作，對人員調度，需在適才適所原則下，儘量擴大其調任範圍；若此，既可不妨礙業務之推行，又可加強人力運用與調度之靈活。

㈡管理性工作：如人事管理、財務管理、事務管理等工作，對人員調度，亦可在適才適所原則下，擴大其調任範圍。

第三項　按職定格與依格用人說

爲求人與事之能適切配合，一方面需按職定格，另一方面需依格用人。

壹、按職定格

指按職務的性質及職責訂定任用資格。任用資格是擬任人員應行具備的基本條件，具備任用資格之人方得予以任用。但任用資格係因職務性質與職責之不同而分別規定。職務性質指擬任職務所需處理工作之性質，如土木工程司職務所需處理之工作為土木工程工作，其性質為土木工程；人事室主任職務所需處理之工作為人事行政工作，其性質為人事行政，在實施職務分類制之組織，各職務所歸之職系即為各該職務之性質。職責指擬任職務所需處理工作之繁簡難易、責任輕重，亦即職責程度之高低，如土木工程司與土木工程員兩個職務，其職務之性質雖同為土木工程，但職責程度卻不等，亦即土木工程司職務之職責程度較土木工程員職務之職責程度為高，在實施職務分類制之組織，各職務所列之職等即代表各該職務職責程度之高低，職務之列等高者表示其職責程度亦高，反之亦然。

由此可知，所謂按職定格，即按職務之職系與職等訂定任用資格，凡所屬職系與職等相同之職務，其任用資格亦相同。故職務分類制的實施，可使按職定格工作趨於簡化與科學化。

貳、依格用人

指依據各職務任用資格之規定，任用具有各該職務任用資格之人員。為求人與事配合，除按職定格外，尚需依格用人，如只規定各種職務之任用資格，而任用人員時並不按既定任用資格之規定任用，則仍不能達到人與事配合之要求。如上述土木工程司職務，雖定有任用資格，但並未依任用資格之規定用人時，則被任用之人員並不一定具備土木工程司之任用資格，任用後自不能保證其能勝任土木工程司職務，致發生用非其人，影響業務推行，對人員及組織均將蒙受其害。

第二節　任免與銓敍的政策與原則

有關任用、資遣及卸職交代之政策與原則，茲分項敍述之。

第一項　任用的政策與原則

有關任用的政策，主要包括擬任人員需具任用資格、初任人員經由考試取得任用資格、在職人員經考試或考績取得較高任用資格、依其他法定條件取得任用資格、改變任用制度時原有人員應予改任等五個，簡說如下：

壹、擬任人員需具任用資格

此一政策包括下列三個原則：

一、任用資格應有其範圍：任用資格，廣義言之應包括下列三部分：

㈠基本資格：指擔任任何職務之公務人員均需具有之資格，不因職務之性質或職責程度之高低而有差別，因此可作統一的規定。如國籍、年齡。

㈡消極資格：指擔任任何職務之公務人員均不得具有之資格，亦不因職務之性質或職責程度之高低而有差別，因此亦可作統一的規定。如犯內亂罪外患罪經判決確定者、曾服公務有貪污行為經判決確定者等，均列為消極資格。

㈢能力資格：此乃狹義的任用資格，亦為一般任用法規上所稱之任用資格。此種資格係因職務性質及職責程度之不同而異，因而無法作統一的規定，而需視職務的不同分別規定。

二、擬任職務應有其含義：羅致具有任用資格人員準備擔任之職務，稱為擬任職務。此種擬任職務亦有其含義，大致言之，應包括：

㈠在機關組織法規中訂有職稱者。

㈡該職務之職缺係在編制員額之內並有用人預算者。

㈢該職務經列有職等者。

㈣該職務經歸有職系者。

當此四個條件均有具備時，方可稱為擬任職務，遴選具有該擬任職務任用資格者以該職務任用。如此四個條件有所欠缺，則不得任用人員或因任用資格難以認定而無法任用人員。

三、擬任人員需具擬任職務之任用資格：此處所指擬任職務之任用資格係指能力資格而言，此種任用資格常因職務所歸之職系與所列職等之不同而異，因此需具擬任職務任用資格，應指需具有擬任職務所歸列職系職等之任用資格。

貳、初任人員經由考試取得任用資格

此一政策包括下列四個原則：

一、初任人員以考試及格取得任用資格：初任人員，指初次進入政府機關擔任公務人員，其任用資格需經由考試及格而取得。如經常舉行之高等及普通考試，為應特殊需要而舉行之特種考試，均屬初任考試，亦即使未具任用資格者於初任考試及格取得任用資格後，進入政府機關擔任公務人員。

二、考試等別應與擬任職務之職等配合：當以考試及格取得任用資格時，其考試及格之等別應與擬任職務所列之職等配合，如高等考試或特種考試乙等考試及格者可取得第六職等之任用資格，則以擬任第六職等之職務為原則；普通考試或特種考試丙等考試及格者可取得第三職等任用資格，則可擬任第三職等之職務。

三、考試科別應與擬任職務之職系配合：舉行考試時，考試科別應
與擬任職務之職系配合。如人事行政科考試及格者應擬任歸屬人事行政
職系之職務，會計審計科考試及格者應擬任歸屬會計審計職系之職務。

四、初任人員未具相當經歷者應經試用：經試用期滿並考核成績及
格者，方予正式任用。

叁、在職人員經考試或考績取得較高任用資格

此一政策包括下列三個原則：

一、取得較高官等任用資格應經由考試為原則考績為例外：

㈠經由考試取得較高官等任用資格：官等區分為簡任、薦任、委任
三個，如雇員（係在委任官等以下）欲取得委任官等任用資格、委任人
員欲取得薦任官等任用資格、薦任人員欲取得簡任官等任用資格，原則
上均需經由考試，此種考試即為升等（即升官等）考試。

㈡經由考績取得較高官等任用資格之例外：通常所謂考試，多以筆
試為主，而筆試又以憑學識之記憶為主，年齡較高者對考試較難適應，
因此對取得簡任官等任用資格之途徑，除升等考試外尚有考績之一途，
但以具有特定條件者為限，如該欲取得簡任官等任用資格人員，需具有
一定水準之學歷或經過某種等別的考試及格，及一定的年資一定的俸級
且考績成績達一定的要求等，當此種條件均已具備時，方得經由考績途
徑取得簡任第十職等之任用資格。

二、同官等範圍內取得較高職等任用資格應經由考績：簡任、薦任、

委任三個官等，委任為第一至第五職等，薦任為第六至第九職等，簡任
為第十至第十四職等。經由考績取得較高任用資格者，以屬同一官等內
較高職等之任用資格為限，如某君已經委任第三職等任用，則經由考績
可取得委任第四職等任用資格。

三、較高任用資格以原職務所歸職系為準：訂定在職人員取得較高

官等及職等任用資格之政策與原則，主要目的為增加在職人員之升遷機會與鼓勵其久任，因此所取得之較高官等及職等任用資格，仍以其原任職務所屬之職系為準。如某五等人事科員，原歸屬人事行政職系，經由升等考試可取得第六職等人事行政職系職務之任用資格；又如某三等會計助理員，原歸屬會計審計職系，經由考績升等可取得第四職等會計審計職系職務之任用資格。

肆、在特殊情形下，依其他法定條件亦可取得任用資格

此一政策包括下列三個原則：

一、特殊情形應作明確列舉：如

㈠蒙藏邊區人員在蒙藏邊區或中央機關任職者：由於蒙藏邊區教育文化較為落後，其人員之進用如均需經由考試，則錄取機會極少，將引致羅致人員之困難，遇此情形對初任人員之任用資格，可經由其他條件之具備而取得，不一定需經由考試及格。

㈡非常時期在戰區或接近戰區任職者：由於戰區或接近戰區，情勢較為緊張混亂，各機關對職務之設置亦不穩定，如選用人員均需經由考試，其困難情形將更大，遇此情形對初任人員之任用資格，亦應可經由具備其他條件而取得，毋需經由考試及格。

㈢在臨時機關或臨時職務任職者：臨時機關或臨時職務，對任職者殊少保障，很可能因組織或職務之裁撤而失去工作，如此種職務之任職者仍需經由考試及格，則會影響及應考人之應考意願，且舉辦考試花費人力、時間、經費甚為可觀，對考試及格者選用後又可能隨時解職，殊為不經濟。因此，亦可經由其他條件之具備而取得任用資格，不一定即需經由考試及格。

㈣擔任專業或技術工作而以契約聘用者：各機關擔任專業或技術工作而以契約方式定期聘用者，只需確實具有擔任該專業或技術職務之知

能即可，以契約方式聘用，不需經由考試及格取得任用資格。

㈤擔任操作、物品管理、文書打寫職務者：此種職務為各機關在組織層次上最低層次之職務，擔任工作所需條件極為單純，對其人員之進用，亦可以具備其他條件來代替考試及格。

二、其他條件應有明確範圍：所謂其他條件，應有明確範圍，以免濫用。一般用以代替考試及格之其他條件，主要包括：

㈠學歷：此乃用以證明學識者，並以學校的畢業證書代表之。

㈡經歷：此乃用以證明經驗者，並以經歷證明代表之。

㈢其他代表知能之文件：如有關技能之證書，考績成績優良之證明文件，經出版之專門著作，取得高學位之論文，學會所頒發之獎章、獎狀、表揚狀，有學術地位雜誌所發表之文章等，均可列為知能文件之一，具有此種文件者，已可認為具有所需知能而取得任用資格。

三、任用方式應有差別：經由其他條件而進用之人員，其任用上之用語，與經考試及格取得任用資格者之任用用語，應作區別，以免混淆。

伍、改變任用制度時原有人員應予改任

此一政策包括下列四個原則：

一、限於機關改變任用制度時適用：一個機關的任用制度並非永遠不變，當遇及機關的任用制度基於某種原因需作改變時，則原有人員需依新任用制度的規定，予以改任。

二、改任應定基準：在實施改任之前，應訂定改任之基準以為改任依據。所謂改任基準，指在原制度中各種職務之職責程度（如官等、官階、職等）與新制度中各種職務之職責程度之對照基準，有了對照基準後，則在原有制度中任用之人員，可依對照基準改為新制度中任用之人員。

三、具有新制任用資格者予以改任：如新舊兩種制度均為任用方式

之任用制度，而只是職責程度區分不盡一致及俸級數不盡一致時，則可根據下列規定改任。

㈠如現職人員具有新制職務之任用資格時，即予以改任（即改按新制度任用）。

㈡如現職人員所具任用資格低於新制職務所需任用資格時，即以較低之任用資格改任，並權理新制中之職務。

㈢如現職人員所具任用資格高於新制職務所需任用資格時，即按新制度職務改任，原有較高之任用資格並予保留，於將來升任較高職務時再按較高任用資格任用。

四、未具新制任用資格者舉辦考試或准其繼續任職至離職時為止：如新舊兩制對任用資格之規定寬嚴不同時，如由原有派用方式之制度改變為任用方式之制度，則前者任用資格規定寬（即考試及格或具有相當學經歷者均可派用）、後者任用資格規定嚴（即考試及格方可任用，只具學經歷者不得任用），如某甲依學經歷而派用者，於改制後即為未具任用資格。於改制後對未具新制任用資格者之處理，通常有下列三種方式，惟均需明定於人事法律或組織法律，以昭慎重。

㈠舉辦考試以取得新制的任用資格：此種考試通稱為銓定資格考試，其目的在協助未具任用資格者於考試及格後取得任用資格，以憑改任。

㈡准其續任原職至離職時為止：如未舉辦銓定資格考試者，為維護原制中已經任用人員之權益，從寬准其在未取得新制任用資格前繼續留任原職，至離職時為止。

㈢參加銓定資格考試未及格者准其續任原職至離職時為止：此乃同時採用上述二種方式者，即先舉辦銓定資格考試，考試及格者予以改任，經參加考試未及格者，仍准其繼續留任原職至離職時為止，亦有更寬規定繼續留任期間，並可在一定範圍內調任職務者。

第二項 資遣及卸職交代之政策與原則

關於此部分之政策，主要爲過剩人員得予資遣、卸職時應辦理交代等兩個。

壹、過剩人員得予資遣

此一政策之原則有下列五個：

一、產生過剩人員需爲法定原因：各機關如因業務增加或新設機關處理新興業務，自會因此而增加人員；反之如各機關因業務緊縮或裁撤機關，亦會因此而產生過剩人員。產生過剩人員如認定過寬，將影響及對公務人員之保障；如認定過嚴，則又會浪費人力與機關用人經費之負擔。爲免在認定上發生流弊，對產生過剩人員之原因須以法律明文訂定。

二、先以調職或訓練後轉職方式處理：政府機關欲培養一個公務人員頗爲不易，如因人員過剩而逕予資遣，對機關而言仍爲一種損失，對受資遣者而言亦爲一種挫折。因此對所產生之過剩人員，尤其因機關裁撤、組織變更或業務緊縮原因所致者，應先考慮將之調任至其他需用人員之機關，一方面可減少向外界羅致人員的麻煩，二方面亦可使原有人員繼續任職，免去發資遣給與之負擔。如其他機關需用人員所需之專長爲過剩人員所無時，亦可考慮對過剩人員舉辦新的專長訓練，使其具有新的專長後再轉任至需具新專長之用人機關。

三、無法轉職而合於退休者鼓勵其退休：過剩之人員經以上處理後仍有多餘時，如有合於退休之規定者，宜先鼓勵其退休。退休爲促進人事新陳代謝之正途，且退休人員所領退休金方式，可依據個人情況作自由的選擇，自較資遣爲有利。

四、不合退休規定者予以資遣：如多餘人員亦未合退休之規定時，

只得予以資遣。惟資遣之處理方式因產生過剩人員之原因而不同，如因個人特有原因而資遣者，自應將該個人資遣；如因機關原因而資遣者，則應先訂定資遣之優先順序，而後將人員依順序資遣，直至資遣足額爲止。

　　五、被資遣者給予資遣費：資遣給與，依現制係準用公務人員退休之規定，但對領取資遣費之方式，係以一次給與爲限。換言之，資遣只有一次給與，而無如同退休金之可選領一次退休金或月退休金，其主要原因爲使受資遣人員與任職機關（或主管機關）間之財務關係，能早日結清。

貳、卸職應辦理交代

　　此一政策包括下列三個原則：

　　一、明定應辦理交代之人員及事項：應行辦理交代之人員，包括機關首長、機關內部各單位之主管，及機關內直接經管某種財物或事務之人員。應行交代之事項，因辦理交代人員之不同而分別規定。

　　二、交代應親自、限期並在監交下執行：交代需親自辦理，如因職務調動須先行離開任所地或有其他特別原因時，得指定負責人代爲辦理交代，所有一切責任仍由原移交人負責。應行交代事項，應於限期內辦理完畢。機關首長交代時，應由該管上級機關派員監交；主管人員交代時，應由本機關首長派員監交；經管人員交代時，應由本機關首長派員會同該管主管人員監交。

　　三、違反交代應受處罰：各級人員逾期不移交或移交不清者，應受處罰。

第三節 一般任用法規簡析

有關公務人員之任用，通常在公務人員任用法中規範，但對性質較爲特殊公務人員之任用，依公務人員任用法之規定，得另以法律定之，此種另以法律定之之法規，稱爲特種任用法規。有關公務人員之銓敘，在現制亦由公務人員任用法規範。除特種任用法規另於第四節、銓敘另於第五節中敍述外，一般任用法規之內容，則在本節中按任用、銓敘法規體系、任用宗旨、任用資格、任用人員應遵守事項、任用程序、違法任用的處理、現職人員的改任，及資遣、辭免與卸職交代等，分項敍述之。

第一項 任用、銓敘法規體系

任用、銓敘二者，關係極爲密切，有關公務人員任用、銓敘之法規，在本章中曾有引述者，其名稱及體系均在本項中列表，其順序先爲法律，次爲依法律授權訂定之規章，再爲由主管機關依執行法條及其他需要基於職權所訂定之規章。

法　　律	依法律授權訂定之規章	依需要訂定之規章
公務人員任用法	公務人員任用法施行細則 考試及格人員分發辦法 現職公務人員改任辦法 公務人員資遣給與辦法 雇員管理規則	行政院暨所屬機關約雇人員雇用辦法（行政院核定）
公務人員交代條例 司法人員人事條例 審計人員任用條例 主計機構人員設置 　管理條例 關務人員人事條例 駐外外交領事人員 　任用條例 警察人員管理條例 技術人員任用條例 教育人員任用條例 交通事業人員任用 　條例 蒙藏邊區人員派用 　條例 戰地公務人員管理 　條例		
派用人員派用條例	派用人員派用條例施行細則	
聘用人員聘用條例		行政院暨所屬各級機關聘用人 　注意事項（行政院核定） 財政部所屬金融保險事業機構 　人事管理準則（行政院核定） 經濟部所屬事業機構人事管理 　準則（行政院核定） 臺灣地區省市公營事業機構分 　類職位人員遴用辦法（考試 　院核定）

第二項　任用宗旨

依公務人員任用法第一條，「公務人員之任用依本法行之」。同法第二條，「公務人員之任用，應本專才、專業、適才、適所之旨，初任與升調並重，爲人與事之適切配合」。此爲明示公務人員任用之宗旨，茲簡析如下：

壹、公務人員應依任用法任用

考試與任用爲人事制度之基本，除公務人員之考試有公務人員考試法等規範外，而各機關對公務人員之任用，則以公務人員任用法規範之。凡未依公務人員任用法規定任用人員者，即屬違反規定，應予糾正，必要時並予懲處。

貳、任用公務人員應本專才專業、適才適所之旨

專才專業指將具有某種專長的人，安置在正需要該種專長之專業的職務上，及任何一種專業的職務，羅致具有該種專業之專長的人員來擔任。適才、適所，指將適當的人才安置在適當的職務上，及任何一種職務均由適當的人來擔任。至初任與升調並重，在第九章升遷中敍述之。

叁、爲人與事之適切配合

由於專才、專業、適才、適所，可使一機關所用之人與工作人員所處理之事二者之間，作到密切的配合，每一工作人員的專長均能在職務上獲得充分發揮，每一職務的職責均能經由在職人員的努力而順利完成。

肆、適用本法之人員範圍

依施行細則規定,公務人員任用法所稱之公務人員,指各機關組織法規中,除政務官及民選人員外,定有職稱及官等職等之文職人員。所謂各機關係指下列機關、學校及機構而言,即(1)中央政府及其所屬機關;(2)地方政府及其所屬機關;(3)各級民意機關;(4)各級公立學校;(5)公營事業機構;(6)交通事業機構;(7)其他依法組織之機關。

各機關、學校及機構,均有其組織法規,而組織法規中又訂有公務人員之職稱及各該職稱之官等職等,凡在組織法規中定有職稱及官等職等之人員,均屬本法所稱之公務人員,但政務官(如各部之部長、政務次長)、民選人員(如縣市政府之民選縣市長、民意機關之民意代表),則不包括在內;又如各機關之約聘人員,雖有職稱但無官等職等之規定,又如公立大專以上學校之教師,雖有職稱亦無官等職等之規定,亦不包括在內。

第三項 任用資格

任用資格乃任用為公務人員者所需具備之基本條件,亦為公務人員任用法中最重要之規定。其情形如下:

壹、任用資格

公務人員任用資格,除國籍(或年齡)外,包括積極資格(即能力資格)與消極資格,其有關規定為:

一、積極資格:即通常所謂任用資格,其取得途徑有下列三種:

㈠依法考試及格:依同法第九條規定,依法考試及格可取得公務人員任用資格。

1.初任考試及格之任用資格：依同法第十三條前項,「(1)高等考試或特種考試之乙等考試及格者，取得薦任第六職等任用資格，高等考試按學歷分一、二級考試者，其及格人員分別取得薦任第七職等、薦任第六職等任用資格；(2)普通考試或特種考試之丙等考試及格者，取得委任第三職等任用資格；(3)特種考試之甲等考試及格者，取得簡任第十職等任用資格，但初任人員於一年內不得擔任簡任主管職務；(4)特種考試之丁等考試及格者，取得委任第一職等任用資格。

以上(1)(3)兩款各等別考試及格人員,如無相當職等職務可資任用時,得先以低一職等任用」。又同條後項,「各等別考試及格者，取得同職組各職系之任用資格」。

再依施行細則規定，本法第九條所稱「依法考試及格」,指依公務人員考試法規及本法施行前考試法規所舉辦之各類公務人員考試及格。

本法第十三條所稱「取得同職組各職系之任用資格」,指公務人員初任考試及格者,除取得考試及格等級類科之各該職等職系之任用資格外,同時取得與考試及格職系主要工作性質及其所學相近等級相當之同職組其他職系之任用資格而言。

2.升官等考試及格之任用資格：依同法第十五條,「(1)雇員升委任考試及格者，取得委任第一職等任用資格；(2)委任升薦任考試及格者，取得薦任第六職等任用資格；(3)薦任升簡任考試及格者，取得簡任第十職等任用資格」。又施行細則規定,「所稱升官等考試及格」,指依公務人員升等考試法所舉行之公務人員升等考試及格者而言。

㈡依法銓敘合格：依同法第九條規定，依法銓敘合格可取得公務人員任用資格。依施行細則規定，所稱依法銓敘合格，包括在本法施行前依有關法規經銓敘機關審查合格,或准予登記人員具有合法任用資格者。

㈢依法考績升等：依同法第九條規定，依法考績升等可取得公務人員任用資格。依同法第十七條,「現職公務人員官等之晉升須經升官等考

試及格，但經銓敘機關審定合格實授薦任第九職等職務滿三年，連續三年年終考績二年列甲等一年列乙等以上，並敘薦任第九職等本俸最高級，且具有下列資格之一者，取得升任簡任第十職等任用資格，不受須經升官等考試及格之限制，即⑴經高等考試及格者；⑵經特種考試之乙等考試或相當高等考試之特種考試及格者；⑶於本法施行前經分類職位第六至第九職等考試及格者；⑷經公務人員薦任職升等考試或於本法施行前經分類職位第六職等升等考試及格者；⑸經大學或獨立學院以上學校畢業者」。

依施行細則規定，所稱「依法考績升等」，包括在本法施行前依公務人員考績法及分類職位公務人員考績法取得升等任用資格或存記，得分別視為具有簡任或薦任相當職等、職務之任用資格。(考績升等之詳細情形見考績章)

二、消極資格：依同法第二八條規定，有下列情事之一者不得為公務人員，即⑴犯內亂罪、外患罪，經判決確定或通緝有案尚未結案者；⑵曾服公務有貪污行為，經判決確定或通緝有案尚未結案者；⑶依法停止任用或受休職處分尚未期滿，或因案停止職務其原因尚未消滅者；⑷褫奪公權尚未復權者；⑸受禁治產宣告尚未撤銷者；⑹經合格醫師證明有精神病者。

具有以上情事之一者，係不得為公務人員，故即使具有積極資格仍不得為公務人員。

貳、初任人員具有任用資格者始得任用

其有關規定為：

一、任用：依同法第九條，「初任各官等人員，須具有擬任職務所列職等之任用資格者始得任用」。依同法第十八條之一，「各機關職務依職務列等表規定，列二個或三個職等者，初任該職務人員應自所列最低職

等任用……但已具較高職等任用資格者，仍以敘至該職務所列最高職等為限」。

　　二、權理：依同法第九條及第十八條之一規定，初任各官等人員所具任用資格，未達擬任職務職等，或未達到二個至三個職等之職務之最低職等者，在同官等內得予權理。

　　依施行細則規定，本法所稱「未達擬任職務職等者在同官等內得予權理」，指初任人員所具任用資格未達擬任職務所列職等或所跨列職等之最低職等，而具有該職等同一官等中低一職等任用資格者，得予權理而言；如確因業務需要須由低二職等以上者權理時，應報經主管院部會處局省市政府核准，權理簡任第十二職等以上職務者，應報經主管院核准；但職務跨列兩個官等者不得權理。權理人員得依規定隨時調任與其所具職等資格相當性質相近之職務。

叄、機要人員得不受任用資格之限制

　　依同法第十一條，「各機關辦理機要人員，得不受本法第九條任用資格之限制，但須與機關長官同進退，並得隨時免職」。

　　施行細則對上述條文又作五點補充規定，即(1)所稱「辦理機要人員」，指擔任機要祕書及監印等職務之人員，且該職務先報經銓敘機關同意列為機要職務有案者而言，但仍應以機關組織法規中所列非主管且非技術性之職稱進用；(2)各機關之祕書長或主任祕書，必要時報經上級機關核准者，得比照機要人員進用；(3)各機關列為機要人員之總人數，得由銓敘機關按機關層次分別規定，但不得超過五人；(4)安全機關機要人員，如因工作特別需要，得商請銓敘機關酌量增加，但最多不得超過該機關擔任安全職務之人員編制總額四分之一；(5)各機關未具任用資格初任辦理機要人員，依所任職務列等表所列最低職等以機要人員任用，如調任或改任其他受任用資格限制之職務時，應重新審查其任用資格。

由上可知，辦事機要人員有其工作性質及人數之限制，辦理機要人員如本人具有任用資格時，自應依任用資格之規定予以任用，如未具任用資格者仍得以機要人員任用。具有任用資格之機要人員自得予以調職，不一定需隨機關首長同進退。

第四項　任用人員應遵守事項

任用爲公務人員者，不得具有消極資格，除辦理機要人員外並需具有積極資格。不僅如此，公務人員任用法尚規定有若干應遵守事項，簡說如下：

壹、注意品德、忠誠、學識、才能、經驗、體格及領導能力

依同法第四條，「各機關任用公務人員時，應注意其品德及對國家之忠誠，其學識、才能、經驗、體格應與擬任職務之種類職責相當，如係主管職務，並應注意其領導能力」。

又依施行細則規定，所稱「注意其品德及對國家之忠誠」，指擬任機關於擬任公務人員前，應負責切實調查，並令其填送服務誓言。至誓言之內容爲「余誓以至誠，奉行憲法，恪遵政府法令，忠心努力，切實執行職務，不營私舞弊，不授受賄賂，如違誓言，願受最嚴屬處分。謹誓」。

所稱「學識、才能、經驗、體格應與擬任職務之種類職責相當」，指應與擬任職務之職系說明書、職等標準及職務說明書規定相符，並應詳加考查，同時應送繳公立醫院之健康證明書。

至「主管職務並應注意其領導能力」，施行細則中並無解析，但衡諸常情，所稱領導能力，指領導屬員順利完成所主管各種任務之能力，如制訂決策、訂定計畫、分配屬員任務、指導屬員工作、考核訓練屬員、提高屬員工作情緒、增進屬員工作效率，及處理屬員申訴等之能力。主

管人員領導能力之有無與強弱，對單位主管任務之能否達成及其績效高低，有密切關係，故規定其需具有領導能力。

貳、不得指派未具任用資格者代理或兼任需具任用資格之職務

依同法第二一條，「除法律另有規定外，各機關不得指派未具第九條資格之人員代理或兼任應具同條資格之職務」。同法第九條所定之任用資格，爲依法考試及格、依法銓敘合格、依法考績升等三種，如未具此三種任用資格之一之人員，雖得擔任機要祕書、約聘顧問等職務，但機關首長不得指派此種機要祕書、約聘顧問代理或兼任應具任用資格之科長、局長等職務。此一規定之目的，在防止機關首長取巧用人或迴避有關任用資格之規定，以維護任用制度。

叁、不得任用其他機關現職人員

依同法第二二條，「各機關不得任用其他機關現職人員，如有特殊需要得指名商調」。

又施行細則規定，所稱「指名商調」，指調用機關應詳細敘明擬調人員之職稱、姓名及擬任之職務，函商原服務機關同意後，始得調用。

肆、應迴避任用親屬

依同法第二六條，「各機關長官對於配偶及三親等以內血親姻親，不得在本機關任用，或任用爲直接隸屬機關之長官，對於本機關各級主管長官之配偶及三親等以內血親姻親，在其主管單位中應迴避任用；應迴避人員，在各該長官接任以前任用者，不受前項限制」。

又施行細則規定，所稱「三親等以內血親姻親」，依民法親屬編第一章通則之規定。

本條規定之含意有三，即(1)機關首長，不得在本機關任用三親等以

內之血親姻親爲公務人員；(2)機關內各單位主管，不得在本單位任用三親等以內之血親姻親爲公務人員；(3)在機關首長或單位主管接任前，本機關或本單位內已任用之三親等以內血親姻親，則可繼續任用而不予限制。

伍、不得進用已屆限齡退休人員

依同法第二七條，「已屆限齡退休人員，各機關不得進用」。依公務人員退休法規定，命令退休年齡爲六十五歲，因此對年齡已屆六十五歲者，各機關不得進用。但如各機關已經任用之現職人員年齡已屆六十五歲者，原則上應予命令退休，但必要時亦得申請延長退休年齡，經銓敍機關同意延長時，自得繼續任用。故本條只是對已屆限齡退休人員，不得從外界進用，而非指本機關內已經任用之人員，已屆限齡退休者則一律不得繼續任用。

第五項　任用程序

公務人員任用法中，有關任用程序之規定爲：

壹、初任人員

一、考試及格人員分發任用：依同法第一〇條，「初任各職等人員，除法律別有規定外，應就考試及格人員分發任用」。依同法第十二條，「考試及格人員應由分發機關分發各有關機關任用，其未依規定期間到職者，不再分發，分發機關爲銓敍部，但行政院所屬各級機關之分發機關爲行政院人事行政局，分發辦法由考試院會同行政院定之」。

依考試及格人員分發辦法規定，其要點包括：

㈠所稱考試及格人員，指公務人員高等考試、普通考試及應予分發

任用之特種考試及格人員。

㈡各機關職缺得由現職人員晉升或遷調，其遺缺及遞遺之缺除法律另有規定外，均應申請分發考試及格人員。但各機關主管人員、機要人員、政風人員之進用及專案分發人員之補用，得不受分發任用之限制。各機關臨時出缺，應由人事機構按月填報分發機關，分發機關得據以分發。

㈢考試及格人員之分發，以最近一次考試及格者為優先，歷年應分發之考試及格人員，因無缺額可資分發而未予分發或經獲准保留分發者，得按考試及格年屆近遠及名次先後，於最近一次考試及格人員分發後，就其餘缺依次分發。每一考試及格人員之分發以一次為限，但職務與考試及格類科顯有不相當者，得視機關需要改行分發。

㈣考試及格人員經分發後，除因不可抗力得向被分發機關申請延期報到外，於接到分發通知之日後十日內未報到者，應註銷其分發，其職缺由分發機關另行分發有關類科考試及格人員遞補。

㈤考試及格人員依規定應分發而未分發者，得由分發機關編列選用名冊，遇缺依序分發或送由各機關選用，各機關選用後應函請分發機關登記，並視同分發。

㈥考試及格人員有下列情事之一者不予分發，即⑴曾經註銷其本次考試及格資格者；⑵曾經機關以其本次考試及格資格依規定遴用或改派有案者；⑶放棄本次考試及格分發者。

二、由各機關自行遴用考試及格人員：依同法第十條，「如無適當考試及格人員可資分發時，得經分發機關同意，由各機關自行遴用考試及格之合格人員」。

貳、由各機關先派代理並辦理送審

依同法第二四條，「各機關擬任公務人員，得依職權規定先派代理，

於三個月內送請銓敍機關審查，經審查不合格者，應即停止其代理」。

叁、對經審查合格人員之任命

依同法第二五條，「各機關初任簡任各職等職務公務人員、初任薦任公務人員，經銓敍機關審查合格後，呈請總統任命；初任委任公務人員，經銓敍機關審查合格後，由各主管機關任命之」。

又依施行細則規定，所稱「初任簡任各職等職務人員，初任薦任公務人員，呈請總統任命」，指初任或升任簡任各職等職務人員及初任薦任官等人員，經銓敍機關審查合格後，均應由主管院呈請總統任命而言；所稱「初任委任公務人員由各主管機關任命」，指初任委任官等人員，經銓敍機關審查合格後，應由各機關報請主管院部會處局或省市政府任命而言。薦任及委任現職人員調任同官等內各職等職務時，均毋庸再報請任命。

由上規定可知，簡任官等人員，不論初任或調任職務，均需呈請總統任命；至薦任、委任官等人員，只初任者需呈請任命，至調任職務者則不再任命，以期簡化手續。

第六項　違法任用的處理

公務人員任用法，為各機關任用公務人員之基本法，需為各機關所應遵守。如用人機關有違反本法之情事時，自需作適當的處理。

壹、由銓敍機關通知改進

依同法第三十條，「各機關任用人員，違反本法規定者，銓敍機關應通知改進」。用人機關違反本法之情事，最常見者為任用未具任用資格者為公務人員，至是否具有任用資格則由銓敍部審定，如銓敍部認有違反

規定時，得先通知改進。

貳、由考試院依法逕請降免

依同法第三〇條後半段，「各機關任用人員違反本法規定，情節重大者得報請考試院依法逕請降免」。又依考試院組織法第十七條，「考試院對於各公務人員之任用，除法律另有規定外，如查有不合法定資格時，得不經懲戒程序逕請降免」。如各機關之違法任用人員，雖經通知改進而仍不改進，則可由銓敍機關報請考試院，不需經過懲戒程序，而逕請任用機關將該違法任用之人員予以免職，當然亦可由考試院轉請任用機關之上級機關，令其降免。其中「降」指降職任用（如未具薦任任用資格但具有委任任用資格者，今以薦任職任用則爲違法用人，可請任用機關將其降至委任職任用）或逕予免職。但如所任用之職務依法可不需任用資格（如機要人員），則不得以其無任用資格而謂爲違法任用。

第七項　現職人員的改任

一個機關所適用之任用制度，並非一成不變者，如原爲臨時機關係採派用制度，改爲常設機關時則需改爲任用制度；又如遇及任用制度本身改變時，則原適用舊任用制度之機關均需改用新的任用制度。由於任用制度的改變，則在舊制中已經派用或任用之現職人員，均需改按新的任用制度予以任用，此種情形稱爲現職人員之改任。如現行公務人員任用法，係就原有簡薦委任公務人員任用法，及分類職位公務人員任用法二者，歸併修正而成，故原有簡薦委任公務人員及分類職位公務人員，於新任用法實施後均需辦理改任。

依同法第二三條，「各機關現職人員，在本法施行前經依其他法律規定取得任用資格者，或擔任非臨時性職務之派用人員具有任用資格者，

予以改任，其改任辦法由考試院定之」，又同條，「前項人員原敍等級較其改任後之職等為高者，其與原敍等級相當職等之任用資格仍予保留，俟將來調任相當職等之職務時，再予回復」。

考試院基於上述法律所定之原則及授權，乃訂定現職公務人員改任辦法，其要點如下：

壹、應辦理改任之人員

本法施行前經銓敍機關依法審定簡薦委任（派）及分類職位第一至第十四職等現職公務人員，應依本辦法規定辦理改任。

貳、改任時官職等之對照

原經銓敍機關審定以簡任、薦任、委任或分類職位各職等合格實授之現職公務人員，其改任官等、職等，依下列對照表辦理：

原簡薦委等級	1級	2級	3級	4級	5級	6級	7級	8級	9級	1級	2級	3級	4級	5級	6級	7級	8級	9級	10級	11級	12級	1級	2級	3級	4級	5級	6級	7級	8級	9級	10級	11級	12級	13級	14級	15級
	簡 任									薦 任									委 任			任														
現行官等職等	簡 任									薦 任									委 任			任														
現行官等職等	第十四職等			第十三職等			第十二職等			第十一職等		第十職等			第九職等			第八職等		第七職等			第六職等			第五職等			第四職等		第三職等			第二職等		
原分類職位職等	第十四職等			第十三職等			第十二職等			第十一職等		第十職等			第九職等			第八職等		第七職等			第六職等			第五職等			第四職等		第三職等			第二職等		

叁、原經銓敍合格實授之簡任、薦任、委任現職公務人員

㈠其原敍定等級，依上述對照表對照之職等資格，在現任職務列等表所列該職務職等之範圍內者，以該職等改任，並予合格實授。

㈡其原敍定等級，未達現任職務列等表所列該職務最低職等者，以其對照職等資格改任，在同官等內准予權理。

㈢其原敍定等級，超過現任職務列等表所列該職務職等時，依職務列等表所列最高職等改任；其超過部分之任用資格並予保留，俟將來調整相當職等職務時，再予回復。

㈣原為雇員經雇員考試及格者，比照改任委任第一職等。

肆、原經銓敍合格實授之分類職位現職公務人員

㈠其原審定之職等，依對照表之原職等資格，在現任職務列等表所列職等範圍內者，以該職等改任，並予合格實授。

㈡其原審定之職等，未達現任職務列等表所列最低職等者，以其對照之職等資格改任，在同官等內准予權理。

㈢其原審定之職等，超過現任職務列等表所列職等時，依職務列等表所列最高職等改任；其超過部分之任用資格並予保留，俟將來調整相當職等職務時，再予回復。

㈣原為書記經雇員考試及格者，比照改任委任第一職等。

伍、未具任用資格者不予改任

但准予繼續任職至離職時止。

第八項　資遣、辭免與卸職交代

有關公務人員資遣、辭免及卸職交代之規定如下：

壹、資遣

一、構成資遣之情形：依公務人員任用法第二九條第一項，「各機關公務人員具有下列情形之一者，得由機關長官考核，報經上級機關核准予以資遣。(1)因機關裁撤、組織變更或業務緊縮而須裁減人員者；(2)現職工作不適任或現職已無工作而又無其他適當工作可以調任者；(3)經公立醫院證明身體衰弱不能勝任工作者」。

以上第(2)(3)兩種情形，均屬個別情形，如某甲具有上述二種情形之一時，即可依規定程序予以資遣。

二、因機關裁撤業務緊縮裁減人員之順序：依同法第二九條第二項，「因機關撤裁、組織變更或業務緊縮須裁減人員時，應按其未經或具有考試及格或銓敍合格之順序，予以資遣；同一順序人員，應再按其考績成績依次資遣」。

如某機關原有公務人員一百人，因業務緊縮需裁減十五人時，則應將原有一百公務人員區分爲甲乙二類，甲類爲未經考試及格或銓敍合格者，乙類爲經考試及格或銓敍合格者，每類再按考績成績低高順序排列，需裁減之十五人，應先從甲類人員中考績成績較低者開始，依次裁減至十五人爲止，如甲類人員全部裁減尚不足應裁減之人數時，則再從乙類人員中就考績成績較低者依次裁減，直至裁足十五人爲止。

三、資遣人員之給與：依同法第二九條後項，「資遣人員之給與，準用公務人員退休之規定，其辦法由考試院會同行政院定之」。考試院依法律授權訂定之公務人員資遣給與辦法，其要點爲：

㈠資遣給與：以資遣人員最後在職之月俸額及本人實物代金爲基數，一次發給。任職滿一年者給與一個基數，未滿一年者以一年計；每增半年加給一個基數，未滿半年者以半年計；滿十五年後，另行一次加發兩個基數。另加發兩年眷屬補助費及眷屬實物代金。

㈡經費支出：資遣人員之服務機關，屬於中央者其給與由國庫支出，屬於省（市）級者由省（市）庫支出，屬於縣（市）級者由縣（市）庫支出，屬於鄉（鎮市）級者由鄉（鎮市）庫支出。

㈢年資採計：資遣人員曾任各機關、公立學校及公營事業各種職務之年資，經任職機關出具證明者得合併計算。

㈣辦理手續：資遣人員於接到資遣通知後，應填具資遣事實表並檢附全部經歷證件，送由服務機關核算年資暨給與，遞請主管機關核定後發給之，必要時並得由服務機關代填報送。

㈤其他規定：依其他任用法律或經銓敍部備案之單行規章任用之人員，其資遣情形相同者，得比照本辦法之規定辦理。資遣人員如再任公務人員時，無庸繳回已領之資遣費，其資遣前之任職年資，於退休(職)時不予計算。資遣人員參加公務人員保險，繳付保費五年以上者，準用公務人員保險法之規定，給予一次養老給付。資遣人員，得比照退休人員繼續參加公務人員保險。

貳、辭免

現行公務人員任用法中，雖無辭職之規定，但依一般解析，認爲公務人員基於自己意願請求辭去現職者是爲辭職，亦認爲公務人員有請求辭職之權利。至免職通常有二種情形，一爲非懲處性的免職，如因另有任用或調任他職時，將原職予以免除；二爲懲處性的免職，如考績列丁等者之免除職務；受懲戒撤職處分者撤去職務。

叁、卸職人員之交代

除資遣、辭職或免職為卸職外，退休、死亡人員，亦屬卸職。依公務人員交代條例規定，卸職者需辦理交代。其要點為：

一、應行交代之人員：包括(1)機關首長；(2)主管人員；(3)經管人員。

二、應行交代之事項：因辦理交代之人員而不同。

㈠機關首長應行交代之事項：包括印信、人員名冊、交代月份截至交代日止與月報相同之會計報告及其存款、未辦或未了之重要案件、當年度施政計畫或工作計畫及截至交代時之實施情形報告、各直屬主管人員主管之財物事務總目錄。

㈡主管人員應行交代之事項：包括單位章戳、未辦或未了案件、所屬次一級主管人員或經管人員所主管或經管之財物事務總目錄。

㈢經管人員應行交代之事項：按其所經管之財物或事務，分別造冊，其種類及名稱，由各機關依各經管人員職掌範圍及其經管情形，分別規定。

三、交代之執行：

㈠派員監交：機關首長交代時，應由各該管上級機關派員監交；主管人員交代時，應由本機關首長派員監交；經管人員交代時，應由本機關首長派員會同該管主管人員監交。

㈡親自交代：機關首長、主管人員或經管人員之交代，均須親自辦理；如因職務調動須先行離開任地或有其他特別原因時，經該管上級機關或其機關首長核准，得指定負責人代為辦理交代，所有一切責任仍由原移交人負責；如遇移交人死亡或失蹤，其交代由該管上級機關或其機關首長指定負責人代為辦理，但失蹤人嗣後發現時，仍應由其負責。

㈢限期移交：(1)機關首長之移交，應於交卸之日，將印信、人員名冊、會計報告及存款，及其他未辦或未了之重要案件等，移交完畢；至

本機關當年度施政計畫或工作計畫之實施情形報告，及各直屬主管人員主管之財物事務總目錄，應於交卸之日起五日內移交完畢；(2)主管人員之移交，應於交卸之日，將單位章戳及未辦或未結案件，移交完畢；至所屬次一級主管人員或經管人員主管或經管之財物事務總目錄，應於交卸之日起三日內移交完畢；(3)經管人員之移交，應於交卸十日內，將所經管之財物事務移交完畢。

四、違反交代之處罰：包括：

㈠移送懲戒：各級人員逾期不移交或移交不清者，應以至多不過一個月之限期，責令交代清楚；如再逾限，應即移送懲戒。

㈡就財產強制執行：如係財物移交不清者，除依前述辦理外，並得移送該管法院就其財產強制執行。

第四節　特種任用法規簡析

依公務人員任用法有關條文規定，對性質特殊之公務人員，其任用得另以法律定之，因而有特種任用法規的制定。茲就各特種任用法規要點，分項釋述之。

第一項　司法、審計、主計、關務、外交領事、警察人員任用法規簡析

依公務人員任用法第三二條，「司法人員、審計人員、主計人員、關務人員、稅務人員、外交領事人員及警察人員之任用另以法律定之，但有關任用資格之規定不得與本法相牴觸」。本條規定之值得重視者，為司法人員等之任用雖可另以法律定之，但其任用資格之規定，仍以公務人員任用法第九條所定「依法考試及格、依法銓敘合格，及依法考績升等」

三種爲限，不得另作其他從寬之規定。除稅務人員人事條例尚未完成立法外，茲就其餘六種人員任用法律之要點簡說如下：

壹、司法人員人事條例要點

分總則、司法人員任用、訓練及進修、保障及給與，及附則五章，其中有關任用資格之規定爲：

一、司法人員之含義： 包括：

㈠司法官：指最高法院院長、兼任庭長之法官、法官；最高法院檢察署檢察總長、主任檢察官；高等法院以下各級法院及其分院兼任院長或庭長之法官；高等法院以下各級法院及其分院檢察署檢察長、主任檢察官、檢察官。

㈡其他司法人員：指書記官長、書記官、通譯；主任公證人、公證人、公證佐理員；主任觀護人、觀護人；提存所主任、提存管理員；登記處主任、登記佐理員；主任法醫師、法醫師、檢驗員；法警長、副法警長、法警、執達員；依法律所定法院及檢察署應置之其他人員。

二、任用資格之規定： 茲舉法官、檢察官之任用資格規定如下：

㈠地方法院或其分院法官、地方法院或其分院檢察署檢察官，應具下列資格之一者任用之，即⑴經司法官考試及格者；⑵曾任推事、法官、檢察官經銓敍合格者；⑶經律師考試及格並執行律師職務三年以上成績優良，具有薦任職任用資格者；⑷曾在公立或經立案之私立大學、獨立學院法律學系或法律研究所畢業，在公立或經立案之私立大學、獨立學院任教授、副教授三年或講師五年，講授主要法律科目二年以上，有法律專門著作，經司法院或法務部審查合格，並具有薦任職任用資格者。

㈡高等法院或其分院法官、高等法院或其分院檢察署檢察官，應就實任地方法院或其分院法官、地方法院或其分院檢察署檢察官二年以上且成績優良者任用之。

㈢最高法院法官、最高法院檢察署檢察官，應就具有下列資格之一者任用之，即⑴曾任高等法院或其分院法官、高等法院或其分院檢察署檢察官四年以上成績優良，具有簡任職任用資格者；⑵曾任高等法院或其分院法官、高等法院或其分院檢察署檢察官、並任地方法院或其分院兼院長之法官、地方法院或其分院檢察署檢察長合計四年以上成績優良，具有簡任職任用資格者；⑶曾在公立或經立案之私立大學、獨立學院法律系或法律研究所畢業，而在公立或經立案之私立大學、獨立學院專任教授，講授主要法律科目，有法律專門著作經司法院或法務部審查合格，並曾任高等法院或其分院法官、高等法院或其分院檢察署檢察官，具有簡任職任用資格者。

三、未規定事項之法律適用：依司法人員人事條例第一條，「司法人員人事事項依本條例之規定，本條例未規定者適用其他有關法律之規定」。因此凡司法人員人事條例中未規定事項，如消極資格、任用人員時應遵守事項、任用程序、銓敍等，仍適用公務人員任用法之規定。

貳、審計人員任用條例要點

所稱審計人員，指副審計長、審計官、審計、稽察、審計員、稽察員。如審計官之任用資格規定，為⑴曾任審計官具有擬任職等之任用資格者；⑵現任審計機關審計、稽察具有擬任職等之任用資格者；⑶經會計人員、審計人員、財務行政人員、金融人員、企業管理人員、經濟行政人員、稅務人員、國際貿易人員或建設人員各科相當職等考試及格並具擬任職等之任用資格者；⑷曾任有關審計或稽察業務職系之職位具有擬任職等之任用資格者。

再依審計人員任用條例第一一條，「本條例未規定事項，適用分類職位公務人員任用法之規定」(按分類職位公務人員任用法已併入現行公務人員任用法)。

叁、主計機構人員設置管理條例要點

分總則、主計機構設置、主計人員之任用、主計人員之管理、主計人員之監督,及附則六章,其中有關任用資格之規定為:

一、主計人員含義: 所稱主計人員,謂辦理歲計、會計、統計事務之人員,主計人員分為主辦人員及佐理人員,中央主計機關之主計官及各機關綜理歲計、會計或統計事務之人員為主辦人員,餘為佐理人員。

二、有關任用資格之規定: 如會計長、統計長、主計處長,應就具有下列資格之一者任用之,即(1)曾任中央各機關會計長、統計長、省(市)政府主計處處長或相當之主辦主計職務,具有擬任職等之任用資格者;(2)現任或曾任會計處長、統計處長或第十職等以上或相當職等之主辦主計職務一年以上著有成績,具有擬任職等之任用資格者;(3)經會計、統計人員相當職等考試及格或在教育部認可之國內、外大學修習主計學科畢業,並曾任第十職等以上或相當職等之主計或審計職務三年以上,具有擬任職等之任用資格者;(4)現任或曾任第十職等以上或相當職等之主計職務四年以上或第九職等以上或相當職等之主計職務六年以上,具有擬任職等之任用資格者。

三、未規定事項之法律適用: 依主計機構人員設置管理條例第一條,「各級主計機構人員設置管理依本條例之規定,本條例未規定者適用其他有關法律之規定」。

肆、關務人員人事條例要點

分總則、任用、俸給、考績、退休撫卹,及附則六章,其中有關任用資格之規定為:

一、關務類: 分關務監 (相當第十至第十三職等)、關務正 (相當第八至第九職等)、高級關務員 (相當第六至第八職等)、關務員 (相當第

三至第五職等)、關務佐（相當第一至第三職等）。如關務監任用資格之取得依下列規定，即(1)經特種考試甲等考試相當類科及格者；(2)經關務監簡任升等考試及格者；(3)依法經由考績取得簡任任用資格者；(4)任關務正一階（相當第九職等）滿三年連續三年考績二年列甲等一年列乙等以上者准予關務監任用。

　　二、技術類：分技術監、技術正、高級技術員、技術員、技術佐，其任用資格之取得，準用關務類之規定。

　　由上觀之，關務人員之人事體制雖與一般政府機關不盡相同，但其任用資格仍以考試及格及考績升等為準，與公務人員任用法第九條規定並無牴觸。

　　三、未規定事項之法律適用：依關務人員人事條例第一條，「關務人員之管理依本條例之規定，本條例未規定者適用有關法律之規定」。

伍、駐外外交領事人員任用條例中有關任用資格之規定要點

　　外交領事人員指公使、參事、一等祕書、二等祕書、三等祕書；總領事、副總領事、領事館領事、總領事館領事、副領事。駐外外交領事人員，應就具有下列各款資格之一者任用之，即(1)曾經公務人員外交官領事官考試外交領事人員考試及格者；(2)在本條例施行前曾任外交領事人員經銓敘合格者；(3)具有公務人員任用法所定與擬任職務相當之任用資格，曾在教育部認可之國內外大學畢業精通一國以上外國語文並在外交部或駐外使領機構擔任薦任職以上職務滿二年者。又駐外外交領事人員任用條例第十一條，「本條例未規定事項，適用公務人員任用法之規定」。

陸、警察人員管理條例要點

　　分總則、任官、任職、俸給、考核與考績、退休與撫卹，及附則七

章, 其中有關任用資格之規定爲:

　　一、警察人員之含義: 指依本條例任官授階執行警察任務之人員。

　　二、任用資格: 警察人員官等分警監 (與簡任相當)、警正 (與薦任相當)、警佐 (與委任相當), 警察官之任官資格如下, 即(1)警察人員考試及格者; (2)曾任警察官經依法升等任用者; (3)本條例施行前曾任警察官依法銓敍合格者。

　　三、未規定事項之法律適用: 依警察人員管理條例第二條,「警察人員之管理依本條之規定, 本條例未規定者適用有關法律之規定」。

第二項　技術、教育、交通事業、公營事業人員任用法規簡析

　　依公務人員任用法第三三條,「技術人員、教育人員、交通事業人員及公營事業人員之任用, 均另以法律定之」。在此條文中, 並無其任用資格不得與公務人員任用法第九條所定任用資格相牴觸之規定, 故在理論上言, 對技術人員等之任用資格可作與公務人員任用法不相同的規定。雖然在法律上並未加以限制, 但爲其推行考試用人政策, 對上述技術等人員之任用資格, 仍以考試及格爲主要來源。茲按技術人員、教育人員等順序, 簡說如後。

壹、技術人員任用條例規定要點

　　一、技術人員含義: 所稱技術人員, 指各機關組織法規中定有官等、職等, 歸列技術職系之技監、技正、技士、技佐等及其他技術職務專任人員。

　　二、技術人員官職等: 技術人員依官等及職等任用之, 其官等、職等之區分與配置, 與公務人員任用法之規定同。

　　三、技術人員之任用資格: 技術人員之任用資格依下列規定, 即(1)

依法考試及格；(2)依法銓敍合格；(3)依法考績升等。此一規定亦與公務人員任用法之規定相同。

四、晉升官等及職等：技術人員晉升官等及職等，適用公務人員任用法、公務人員考績法之規定。

五、未規定事項之法律適用：本條例第二條，「技術人員之任用依本條例之規定，本條例未規定者適用公務人員任用法及其他有關法律之規定」。

貳、教育人員任用條例規定要點

分總則、任用資格、任用程序、任用限制、任期，及附則六章，其中有關任用資格之規定爲：

一、教育人員含義：指公立各級學校校長、教師、職員、社會教育機構專業人員及學術研究機構研究人員。

二、任用資格：

㈠校長部分：按國小、國中、高級中學、職業學校、專科學校、獨立學院、大學校長分別規定，其資格條款爲學歷、學位、經歷條件，而經歷又以學術研究、教學及教育行政工作爲範圍。

㈡教師部分：按國小、中等學校、大學獨立學院及專科學校之助教、講師、副教授、教授分別規定，其資格條款爲學歷、學位及教學經歷條件。

㈢職員部分：學校職員之任用資格，除技術人員、主計人員、人事人員分別適用各該有關法律之規定外，應經學校行政人員考試及格或經高普考試相當類科考試及格。本條例施行前已遴用之學校現任職員，除已依法取得任用資格者外，仍得依其原有規定辦理。

㈣其他專業及研究人員部分：社會教育機構專業人員及學術研究機構研究人員之聘任資格，依其職務等級準用各級學校教師之規定

由上可知，除學校職員之新進人員需經考試及格外，原有職員仍照原有規定(即依學經歷任用仍認爲合法)，至校長及教師亦依學歷經歷進用，與公務人員任用法第九條所定之任用資格不同。

三、未規定事項之法律適用：依教育人員任用條例第一條，「教育人員之任用依本條例行之，本條例未規定者適用其他有關法律之規定」。

叁、交通事業人員任用條例要點

交通事業人員採資位（與官等相類似）職務分立制，職務分業務及技術兩類，每類區分長級(最高)、副長級、高員級、員級、佐級、士級六個資位。

一、交通事業人員含義：指隸屬交通部之事業機構從業人員。

二、資位取得：交通事業人員資位之取得依下列規定，即(1)高級業務員、業務員、業務佐、業務士，高級技術員、技術員、技術佐、技術士，須經考試及格；(2)業務長、副業務長、技術長、副技術長，須經升資甄審合格(相當於考績升等)。故交通事業人員之任用資格，在法上雖不受公務人員任用法所定資格之約束，但仍限於考試及格與考績升等之途徑。

三、未規定事項之法律適用：依交通事業人員任用條例第一〇條，「本條例未規定事項，適用公務人員任用法之規定」。

肆、公營事業人員

此處所指之公營事業人員，應包括公營金融事業及公營生產事業人員，但迄今公營事業人員任用法律尚未有制定，其管理暫以事業主管機關所訂定人事規章爲依據。

一、公營金融事業人員：在金融保險事業人員管理條例未制定前，暫依經行政院核定之「財政部所屬國營金融保險事業機構人事管理準則」

規定，由各事業訂定人事管理辦法辦理，各金融保險事業機構職務，區分為十五個職等，以第十五等為最高，其任用資格之取得為：

㈠考試及格：如經高等考試或與之相當之乙等特種考試及格者，可取得八職等（辦事員）職位之任用資格；普通考試或與之相當之丙等特種考試及格者，可取得七職等（助理員）職位之任用資格；雇員升等考試及格者，可取得七職等（助理員）職位之任用資格。

㈡考成升等：任同職等職務三年以上，各年考成有一年列甲等二年列乙等以上者，可取得高一職等職位之任用資格。

㈢甄審進用：如練習生、雇員等職務人員，多由各行局或由行局委託輔導就業機構，以甄審方式擇優遴用，但此類人員只能擔任練習生、雇員等職務，如需晉升職務，需經雇員升等考試或參加其他相當考試及格。

二、公營生產事業人員：在國營事業人員管理條例未制定前，暫依行政院核定之「經濟部所屬事業機構人事管理準則」規定，由各事業訂定人事管理辦法辦理，各事業機構採職位評價制，依職位性質及職責區分職系及職等，職等共十五個，以第十五職等為最高職等，各職等任用資格之取得為：

㈠考試及格：如經濟部所屬生產事業人員，專科學校畢業經考試及格者，取得第五職等職位任用資格，大學畢業經考試及格者，取得第六職等職位任用資格。

㈡考成升等：如任本職等職務半年至二年以上（依人員所具學歷高低，分別規定期間），考成成績均屬優良者，取得高一職等職位之任用資格。

㈢甄審進用：即根據某種學歷及經歷，經由各事業機構自行或委託由輔導就業機構甄審合格而進用，但此種方式，通常僅對技術人員及其他不易用考試方式遴用且屬較低職等者適用之，且適用之時機及次數，

正在逐漸減少中。

　　三、臺灣地區省市營事業機構分類職位人員之任用資格：依考試院核定之「臺灣地區省市營事業機構分類職位人員遴用辦法」規定，各職務依其職責區分爲十六個職等（其第一、第二爲空等，故事實上爲十四職等），以第十六職等爲最高職等。其各職等任用資格之取得爲(1)考試及格；(2)考績升等。

　　由上可知，公營金融保險及生產事業人員之任用，因法律尙未制定，均暫以行政規章之規定爲依據。而行政規章中對任用資格之規定，除採考試及格、考成升等外，尙有甄審進用之規定（此乃與公務人員任用所定不同者）；至省（市）營事業機構分類職位人員之任用資格，又與公務人員任用法之規定相同。

第三項　邊遠及特殊地區人員任用法規簡析

　　依公務人員任用法第三五條，「有特殊情形之邊遠地區，其公務人員之任用得另以法律定之；非常時期內因特殊需要在特殊地區，得對於一部分公務人員之任用另以法律定之」。此乃制定蒙藏邊區人員任用條例及戰地公務人員管理條例之依據與由來。依此而制定之任用條例與管理條例，其任用資格均從寬規定，但具有公務人員任用法第九條所定考試及格、銓敍合格、考績升等之合法任用資格者，自得予以任用。

壹、蒙藏邊區人員任用條例要點

　　一、適用範圍：適用本條例之人員以蒙藏邊區人員爲限，適用機關以中央機關爲限。

　　二、任用資格：按簡任、薦任、委任分別規定，如具有下列資格之一者，得以薦任職任用：(1)經邊區行政人員考試高級考試及格者；(2)曾

任薦任職一年以上，或曾任委任職三年以上並敍至最高級者；⑶在經主
管官署認可之舊制中學或高級中等學校畢業，曾任委任職相當之職務一
年以上者；⑷曾任蒙藏地方薦任職或與薦任職相當之職務一年以上，或
曾任蒙古盟公署科長、祕書或各旗參領、掌稿、筆帖式或其他與委任職
相當之職務三年以上者；⑸曾任西藏地方與委任職相當之職務三年以
上，或曾任蒙藏地方與薦任職相當之軍用文官一年以上者；⑹在經主管
官署認可之中等以上學校曾任校長、教務主任、訓育主任或專任教員二
年以上者；⑺經蒙藏地方最高行政機關以薦任職甄錄合格者；⑻有勳勞
於國家或地方，經國民政府核准敍用者。

三、未規定事項之法律適用：同條例第八條，「本條例未規定事項，
適用公務人員任用法之規定」。

貳、戰地公務人員管理條例要點

一、適用範圍：係以戰地最高行政長官所管轄之地區，且在恢復常
態以前為限，如非屬戰地或雖屬戰地在恢復常態後，對其人員之任用則
不得適用本條例之規定。

二、任用資格：戰地公務人員之選派，得由戰地最高行政長官斟酌
該管地區實際情形，並按職務上必要之學識、經驗、才能、體力等標準，
就下列各款人員選派之：⑴隨軍前進之戰地工作人員；⑵原在敵後之我
方工作人員或游擊人員；⑶各機關儲備登記人員；⑷陷留匪區之我方忠
貞人員；⑸反正立功人員；⑹中等以上學校畢業生及其他志願或適於戰
地工作人員。

三、恢復常態時之處理：依本條例選派之人員，於該管地區恢復常
態時，除具有法定資格者照選派等級予以晉敍外，其餘未具法定資格者，
得就其原任職務及服務成績，由考試院從優銓定其任用資格。

四、未規定事項之法律適用：同條例第九條，「本條例未規定事項，

得由該管行政長官參照人事法令擬定，報請上級機關核轉銓敘部備查」。

以上蒙藏邊區人員任用條例中所定有關任用資格之取得，除考試及格可以取得任用資格外，其他如學歷、經歷等亦可取得任用資格，但依學經歷取得任用資格者，其效果與經考試及格、銓敘合格或考績升等取得任用資格者有別。再戰地公務人員管理條例之規定，對具有特種情況之人員均可由戰地最高行政長官選派爲戰地公務人員，俟恢復常態時，除具有法定任用資格者繼續予以任用並晉敘外，其未具法定任用資格者，得就其原任職務及服務成績由考試院從優銓定其任用資格。

第四項　派用及聘用人員任用法規簡析

依公務人員任用法第三六條，「臨時機關與因臨時任務派用之人員，及各機關專司技術研究設計工作而以契約定期聘用之人員，其派用及聘用均另以法律定之」。此乃制定派用人員派用條例及聘用人員聘用條例之依據。

壹、派用人員派用條例要點

一、適用範圍：適用本條例派用之人員，以臨時機關或有期限之臨時專任職務爲限；如屬臨時機關，則其性質、期限、職稱及員額，需在組織法規中規定；如係常設機關內之臨時專任職務，則其性質、期限、職稱及員額，應列入預算。

二、派用資格：按簡派、薦派、委派分別規定，如薦派人員應具有下列資格之一，⑴具有薦任職公務人員任用資格，或經銓敘機關以薦任職銓定資格有案者；⑵在教育部認可之國內外大學研究院所得有碩士學位者；⑶在教育部認可之國內外大學畢業，並曾任委任同等職務滿四年者；⑷經普通考試及格或與普通考試相當之特種考試及格，或在教育部

認可之國內外專科學校畢業，並曾任委任同等職務滿六年者；(5)在主管機關認可之高級中等學校畢業，並曾任最高級委任或委派職務滿三年，經銓敍機關銓定或登記有案者。

三、未規定事項之法律適用：同條例第十條，「本條例未規定事項，準用公務人員有關法律之規定」。

貳、聘用人員聘用條例要點

一、適用範圍：政府機關適用本條例時，需具備若干條件，即(1)擬任之工作需爲發展科學技術或執行專門性之業務或專司技術性研究設計之工作爲限；(2)此項工作非本機關現有人員所能擔任者；(3)需以契約定期聘用；(4)聘用人員之職稱、員額、期限及報酬，應詳列預算，並送銓敍部登記備查，解聘時同。

二、聘用資格：聘用人員既以處理專業性及技術性工作所需之特種知能爲條件，故在本條例中並未規定考試、學歷、經歷等聘用資格。但主管機關爲免所屬濫行聘用，亦定有某種應聘資格者。如行政院暨所屬各級機關約聘聘用人員注意事項，對擔任與第十三至第六職等相當職責之約聘人員，分別規定其應具學經歷，其中第九、第八職等之條件：

㈠所任職責程度與薦任第九職等相當者,需具有下列聘用資格之一：(1)得有博士學位者；(2)得有碩士學位，並具有相當之專業訓練或研究工作二年以上著有成績或具有有關之重要工作經驗四年以上者；(3)大學畢業，並具有相當之專業訓練或研究工作三年以上著有成績或具有有關之重要工作經驗六年以上者；(4)具有性質程度相當之訓練或工作經驗者。

㈡所任職責程度與薦任第八職等相當者,需具有下列聘用資格之一：(1)得有碩士學位，並具有相當之專業訓練或研究工作一年以上著有成績或具有有關之重要工作經驗二年以上者；(2)大學畢業，並具有相當之專業訓練或研究工作二年以上著有成績或具有有關之重要工作經驗四年以

上者；(3)具有性質程度相當之訓練或工作經驗者。

　　三、其他規定：聘用人員不適用各該機關組織法規所定簡任、薦任職各項職務之名稱，亦不得兼任有職等之職務。各機關法定主管職位，不得以聘用人員充任之。

　　以上派用人員派用條例對派用資格之取得，除考試及格者外，經由學歷或經歷或著作亦可取得派用資格。經考試及格取得派用資格者，如轉任至需具任用資格之職務時，亦可取得任用資格；其依學歷經歷或著作取得派用資格者，因其未具有任用資格故不得轉任需具任用資格之職務。至聘用人員聘用條例，並無聘用資格之規定，主管機關為免聘用浮濫所規定之應聘資格，亦以學歷經歷為範圍，此種學歷經歷並不構成任用資格，故亦不得轉任需具任用資格之職務。

第五項　雇用人員管理法規簡析

　　依公務人員任用法第三七條，「雇員管理規則由考試院定之」。

壹、雇員管理規則要點

　　一、適用範圍：雇用人員，指中央及地方機關組織法規規定之雇員，其名稱由各機關依職務性質定之。

　　二、雇用資格：初充雇員者，須年在十八歲以上四十五歲以下，身心健康，並具有下列雇用資格之一者，即(1)雇員考試及格者；(2)高級中等以上學校畢業或具有同等學歷者；(3)國民中學或經立案之私立初級中學畢業而具有相當技藝，足以勝任者。

貳、約雇人員雇用辦法要點

　　一、適用範圍：指所任工作相當委任第五職等以下之臨時性工作，

且本機關又確無適當人員可資擔任者爲限，如所任工作係相當薦任第六職等以上，或所任工作已有本機關人員可以擔任者，均不得再約雇人員。

　　二、雇用資格：依行政院暨所屬機關約雇人員雇用辦法，約雇期間以一年爲限，期限屆滿有續雇必要者，其續雇期間最長不得超過一年。至其所需雇用資格，按所任職責程度分別規定，如(1)所任職責程度與委任第五職等相當者，需具有下列雇用資格之一：①專科以上學校畢業者；②高中畢業，並具有性質相當之訓練六個月以上或二年以上之經驗者；(2)所任職責程度與委任第三職等相當者，需具有高中畢業；(3)所任職責程度與委任第一職等相當者，需具有國中同等學力，或具有性質程度相當之技能。

　　以上依雇員管理規則規定之雇員，其雇用資格爲雇員考試及格或學經歷及技能，此種資格均與公務人員任用法所定任用資格不符（雇員考試及格非公務人員考試法所舉辦之考試及格），故不得因擔任雇員而取得委任公務人員任用資格。至約雇人員係臨時性質，其雇用資格均爲學歷，自亦不得因曾任約雇人員而取得委任公務人員任用資格。

第五節　銓敘法規簡析

　　有關公務人員銓敘事項，亦併在公務人員任用法中訂定，其主要內容包括任用資格審查、任用審查結果用語。茲分項敍述之。

第一項　任用資格審查

　　公務人員由任用機關依職權派代理後，應即辦理送請任用資格審查。其程序爲：

壹、送請銓敘機關審查任用資格

依公務人員任用法第二四條,「各機關擬任公務人員,得依職權規定先派代理,於三個月內送請銓敘機關審查……」。依施行細則規定,各機關擬任人員之送審,人事主管人員應負責查催,於派代之日起三個月內填具任用審查表,連同公務人員履歷表、學經歷證明文件、服務誓言及公立醫院健康證明書,送請銓敘機關審查。

上述送審程序,總統府及其直屬機關暨國民大會祕書處所屬人員,分別由總統府祕書長或國民大會祕書處核轉。薦任第六職等以上人員,由主管院部(會、處、局、署)省(市)政府核轉,但省(市)政府經商得銓敘機關同意授權由下級機關自行核轉之薦任第九職等以下人員,從其授權程序辦理。委任第五職等以下人員,由任用機關或其上級機關核轉。

貳、逾限不送審或審查不合格或偽造證件之處理

依施行細則規定,經任用機關派代職務人員逾限不送審者,得予撤銷代理;經審查不合格者,應停止其代理;以上情形如由人事人員疏失所致者,應查明責任處理,但遇有特殊情形報經銓敘機關核准未能依限送審者,不在此限。送審案經銓敘機關核定後,如發現有偽造、變造證件或虛偽證明情事者,除將原案撤銷外,並送司法機關處理。

叁、審定結果有異議之申請覆審

依施行細則規定,任用資格依規定程序審定後,如有異議得於文到一個月內提出確實證明或理由,陳由本機關長官依送審程序轉請覆審,並以一次為限。惟根據大法官會議析字第 323 號及第 338 號解析,主管機關對公務人員任用資格審查,認為不合格或降低原擬任之官等,公務

人員如有不服，得依法提起訴願及行政訴訟；公務人員不服被審定之級俸者，亦同。

肆、到職日期之計算

依施行細則規定，擬任人員依限送審者，其到職日期自到職之日起算，未依規定期間送審者，其到職日期自機關送審之日起算。

第二項　任用審查結果用語

任用資格審查，係依擬任職務所需資格與擬任人員所具資格間之比較與認定。茲就公務人員任用法有關規定及一般審查結果之用語，簡說如下：

壹、擬任職務所需資格之認定

依公務人員任用法第九條，「……初任各官等人員，須具有擬任職務所列職等之任用資格者始得任用，未達擬任職務職等者，在同官等內得予權理」。依同法第十八條之一，「各機關職務，依職務列等表規定跨列二個或三個職等者，初任人員應自所列最低職等任用，但未具擬任職務最低職等任用資格者，依第九條第二項規定辦理（即在同官等內得予權理）；已具較高職等任用資格者，仍以敘至該職務所列最高職等為限」。由上規定可知，當擬任職務在職務列等表僅列一個職等者（如科長職務列薦任第九職等），則以該職等為擬任職務之所需資格；擬任職務在職務列等表上跨列二個或三個職等者（如專員職務跨列薦任第七至第九職等），則以該所跨之各職等之任一職等為擬任職務之所需資格。

貳、擬任人員所具資格之認定

擬任人員如經依法考試及格者，依考試及格等別類科認定其所具某職等之任用資格；擬任人員在公務人員任用法施行前經依法銓敍合格者，依其銓敍合格之資格認定其所具任用資格；擬任人員經依法參加考績升等者，依其考績升等結果認定其所具任用資格。

叁、任審結果及用語

就擬任職務所需任用資格與擬任人員所具任用資格之比較結果，對不同情況應作不同任用審查結果及用語，其情形如下：

一、任用人員之任審結果及用語：依公務人員任用法規定任用之人員，其任審結果及用語有下列六種：

㈠不合格：指擬任人員所具任用資格，不合擬任職務所需任用資格者，其審定結果為不合格。經審定為不合格者，該擬任人員應即停止代理。

㈡試用：依公務人員任用法第二○條，「初任各官等人員，未具與擬任職務職責相當之經驗一年以上者，得先予試用一年，試用期滿成績及格，予以實授。試用成績不及格者，由任用機關分別情節報請銓敍機關延長試用期間，但不得超過六個月。延長後仍不及格者停止其試用。試用成績特優者得縮短試用期間，惟不得少於六個月。又試用人員除才能特殊優異者外，不得充任各級主管職務。才能特殊優異之認定辦法由考試院定之」。

又依施行細則規定，所稱「與擬任職務職責相當之經驗」，指曾在公務機關擔任與所擬任職務之性質相近程度相當或低一職等之經歷而言。又先予試用人員於試用期滿後，應由機關長官考查其成績，填具試用成績審查表，依照送審程序送請銓敍機關審查。試用期間自到職之日起算，

但未於規定期間辦理任用送審者，自機關送審之日起算。在試用期間職務有變動時，前後同官等年資得合併計算。如不在同一機關者，應向原機關調取試用成績考核紀錄，合併核定其試用成績，送銓敘機關審查。試用成績不及格者，應詳敘事實送請銓敘機關核定後得延長試用，經延長試用仍不及格時，應即敘明事實送請銓敘機關停止其試用，並予解職。

所稱「試用成績特優者得縮短試用期間」，指試用期間經考核有特優成績表現者，於滿六個月後得由機關首長詳敘事蹟，提前填具試用成績送審書，送請銓敘機關審定之。凡需經訓練（含學習或實習）滿一年經考核成績及格取得考試及格證書始予任用人員，依法應先予試用者，其訓練內容具有與擬任職務性質相近程度相當或低一職等之實務工作經驗者，得報請銓敘機關酌予縮短試用期間，但不得少於六個月。

㈢准予權理：指擬任人員僅具同官等內較低職等任用資格，而擔任較高職等職務者，准其暫時擔任該較高職等之職務者，審定其為准予權理。

㈣合格實授：指原審定試用人員，經試用期滿成績考核及格者，即審定為合格實授；又初任各官等人員，具有任用資格且具有與擬任職務職責相當之經驗一年以上者，即逕予審定為合格實授，不需再經試用。

㈤准予任用：指根據任用資格規定較寬之特種任用法律（如蒙藏邊區人員任用條例規定亦可以經學歷進用），予以任用之人員，其任用資格經審查認為合乎規定，則審定其准予任用。此項人員，如未具備依法考試及格、依法銓敘合格、依法考績升等之任用資格者，不認為銓敘合格。又依規定可不需任用資格之機要人員，如未具法定任用資格者，亦審定為准予任用。

㈥銓敘合格：指公務人員於任職時，經銓敘機關就其已具有之任用資格(如考試及格)，並依據擬任職務之種類及職責，參照其學識、經驗，依法審定後之任用資格而言。換言之，僅憑考試及格或學經歷，並不能

構成銓敍合格。

二、派用聘用雇用人員之任審結果及用語：

㈠派用人員之任審結果及用語：依派用人員派用條例施行細則規定，各機關派用人員應於派代後一個月內填具遴用資格送審表，連同履歷表及有關證明文件，送請銓敍機關審查，其程序適用公務人員任用法施行細則有關規定辦理。其任審結果用語爲：

1.不予登記：指擬派人員之資格條件，不合法定派用資格之規定者，其審定結果應爲不予登記。經審定不予登記者，應即停止其代理。

2.准予登記：指擬派人員之資格條件，合於法定派用資格之規定者，其審定結果應爲准予登記。准予登記人員，除具有任用資格者外，不認爲銓敍合格。

㈡聘用人員之登記備查：各機關依聘用人員聘用條例規定聘用人員時，應將聘用人員之職務、姓名、年齡、籍貫、擔任事項、約聘期限及報酬，連同履歷表，分別造送兩份，於到職後一個月內，送銓敍部登記備查。

㈢雇用人員之送銓敍機關：依雇員管理規則規定，雇員由各機關自行雇用，並應以履歷副本送銓敍機關，雇員離職時亦同。

三、公營事業人員之任用結果及用語：公營生產、金融事業人員，目前尚未納入銓敍範圍，故對其人員之任用，均由各事業自行依照單行辦法規定，自行審查資格及派充。至交通事業人員，則依交通事業人員任用條例之規定任用，並納入銓敍範圍，其任用資格審查爲：

㈠總務人員：如係依公務人員任用法規定任用者，其資格審查之規定與一般公務人員同。

㈡審查權限區分：交通事業長級、副長級、高員級、員級資位人員，送由銓敍機關審查；佐級、士級資位人員，由各事業機構自行審查。

㈢審查結果之用語：如經審查其資格與規定不合者，則「不予審查」，

並將原件退回原送審機關；如經審查資格與規定相合者，則以「交通事業人員任用」，並註明資位及薪級。

肆、公務人員之動態登記

依公務人員任用法施行細則規定，經銓敘合格之現任各官等人員，調任同官等職務，應依送審程序送請銓敘機關辦理動態登記，如係調任不同職等者並應檢附有關證件。由上可知，公務人員在同官等內調任職務時，只需辦理動態登記即可，不必再依任用審查之規定辦理任用審查。故動態登記可謂為任用審查工作之簡化。銓敘機關對動態案經審查登記後，即通知任用機關。.

第八章　權利與義務（兼論結社與行政中立）

　　權利與義務，爲建立公務員與國家間關係之基礎，爲一般國家尤其是民主國家所重視，因而每有將公務員之權利與義務明定於國家公務員法或專制定公務員權利與義務法（如法國）者。公務員之結社，並透過結社積極參與與公務員權利義務有關之人事政策與法制之協商，亦爲多數國家所採用，並認爲結社與參與管理係公務員權利之一種，並給予積極的保障。再行政中立，亦爲多數民主國家尤其是多黨制民主國家所遵守，並於國家公務員法或有關人事法規中予以明定，以期公務員遵守，此種行政中立的要求，被認爲公務員義務之一種。故將結社與行政中立併於本章中敍述之。

　　公務員之權利與義務，有其理論，亦有其政策與原則。在法制方面，除有關權利部分分定於各有關法律，有關義務部分在公務員服務法及公職人員財產申報法中明定，但其範圍均不夠完整有待將來補充外，至公務員之結社與參與管理，及公務員之行政中立，外國雖行之有年，但在我國尚在研議中。

　　本章第一節，以敍述有關權利與義務之代表性的理論爲主；第二節以敍述公務員權利與義務的政策與原則及建議爲主；第三節爲我國現行有關權利、義務法規之簡析。

第一節 權利與義務的理論

第一項 公務員與國家間關係説

公務員與國家間的關係，大致而言，係從特別權力關係說，逐漸轉變為公法上職務關係說。

壹、特別權力關係說

公務員與國家間，究竟處於何種關係？影響及公務員之權利與義務甚大。一種較為傳統的看法，即是特別權力關係說，亦即一方面強調公務員之倫理性，促使其竭盡全力奉獻國家，忠誠地盡其職務；另一方面加強政府之優越地位，政府於特別權力範圍內，享有概括的特別權力，公務員有無法事先確定之特別服從義務。基於此種說法，大致表現出下列五種特徵：

一、**當事人地位不對等**：即政府與公務員的地位是不對等的，政府是高高在上，公務員是在政府之下；政府是發號司令者，公務員是號令的服從者。

二、**公務員的義務不確定**：亦即公務員應盡的義務，並無明確的範圍，故學者稱公務員要服無定量之勤務，凡政府認為應由公務員做的事，公務員就得去做。

三、**政府可以法律或行政命令規範公務員之權利義務**：憲法上之基本權利可以法律限制之，如公務員之言論自由受著公務員服務法中有關條文不得任意發表有關職務之談話的限制；公務員之結社自由受著工會

法中不得組織工會之限制；公務員之政治活動自由受著公職人員選舉罷
免法中不得擔任助選員之限制；公務員之財產權受著公職人員財產申報
法中有關條文需申報財產並供人查閱之限制等。又政府亦可訂定特別規
章規範公務員之權利義務，此種權力向來視為係法律保留原則之例外，
如在公營事業人員任用法、俸給法、考績法未公布施行前，得由主管機
關先訂定辦法管理之等。

　　四、對違反特別權力之義務者得加以懲罰：依公務員懲戒法規定，
公務員違法、廢弛職務或其他失職行為，應受懲戒。而此處所指違法，
係指違背法令之各種行為，並不以與職務有關者為限，也不以使國家或
人民受有損害者為要件；所謂失職行為，凡與職務有關，當為而不為或
不當為而為之或為而不當，均屬之，亦不問其為故意或是過失。

　　五、不得提起訴願或行政訴訟：人民因中央或地方機關違法或不當
行政處分，致其權利或利益受損害時，得依訴願法的規定向該處分機關
或其上級機關提起訴願及再訴願；人民因中央或地方官署之違法處分，
致損害其權利，經以訴願法提再訴願，而不服其決定者，得向行政法院
提起行政訴訟。但公務員與政府之間，係基於特別權力關係，因此依行
政法院五十三年判字第 229 號判例，認為公務員以公務員身分受行政處
分，純屬行政範圍，非以人民身分因官署處分受損害者可比，故不得援
引訴願法提起訴願，或依行政訴訟法提起行政訴訟；縱令原告於提起訴
願時業經被免職，已無公務員身分，但其爭議之事件，既屬主管機關對
所屬公務員本於特別權力關係所為之處分，原告仍不得提起訴願或行政
訴訟。

貳、公法上職務關係說

　　就權利與義務觀點看，特別權力關係下的公務員，顯然權利之保障
不足，義務的分量超過權利的分量，違反義務受懲處時，亦無完善的申

訴管道。自民主政治盛行及人權保障的觀念興起後，上述特別權力關係的說法，顯然與現代趨勢不合，因而原有的特別權力關係說，亦先後有了若干的修正，逐步走向公法上職務關係說。修正的重點，不外一方面凡涉及公務員基本權利限制者，應有法律之依據；另一方面對公務員之某種處分，許其提起行政爭訟。我國由於受到此種趨勢的影響，對特別權力關係的觀念亦逐漸有所修正，其情形可從近年來大法官會議的多次新解析中看出。茲選自民國七十三年以來若干重要解析之主文如下：

㈠釋字第 187 號解析：公務人員依法辦理退休請領退休金，乃行使法律基於憲法規定所賦予之權利，應受保障。其向原服務機關請求核發服務年資或未領退休金之證明，未獲發給者，在程序上非不得依法提起訴願或行政訴訟。

㈡釋字第 201 號解析：公務人員依法辦理退休請求退休金，非不得提起訴願或行政訴訟，經本院釋字第 187 號解析予以闡釋在案。行政法院五十三年判字第 229 號判例前段所謂「公務員以公務員身分受行政處分，純屬行政範圍，非以人民身分因官署處分受損害者可比，不得援引訴願法提起訴願」等語，含義過廣，與上開解析意旨不符部分，於該號解析公布後，當然失其效力。

㈢釋字第 243 號解析：中央或地方機關依公務人員考績法或相關法規之規定，對公務員所為之免職處分，直接影響其憲法所保障之服公職權利，受處分之公務員自得行使憲法第十六條訴願及訴訟之權。行政法院判例與上開意旨不符部分，應不再援用。至公務人員考績法之犯大過處分，並未改變公務員之身分關係，不直接影響人民服公職之權利，不許其以訴訟請求救濟，與憲法尚無牴觸。

㈣釋字第 274 號解析：考試院於中華民國五十一年七月二十五日修正發布之公務人員保險法施行細則第六八條，「被保險人請准保留保險年資者，其時效以五年為限，逾期再行參加保險者，以新加入保險論」，與

當時有效之公務人員保險法第二一條第二項「合於前項退費規定，不爲申請退費而申請保留保險年資者，續保時其原有年資全部有效」之規定不符，增加法律所無之期間限制，有違憲法保障人民權利之意旨，應不予適用。

㈤釋字第 323 號解析：主管機關對公務人員任用資格審查認爲不合格或降低原擬任之官等者，於其憲法所保障服公職之權利有重大影響，公務員如有不服，得依法提起訴願及行政訴訟。

㈥釋字第 338 號解析：認爲公務員如不服被審定之級俸，亦得提出訴願及行政訴訟。

從以上六個解析，吾人可知近年來，原有政府與公務員間之特別權力關係，雖未完全放棄，但其內容已有若干改變，如對公務員之權利(尤其是憲法所賦予之基本權利)，不得隨便以法律予以限制；法律所賦予公務員的權利，亦不得以行政規章限制之；公務員受有重大處分者，可依訴願或行政訴訟程序申請救濟。因而對公務員權利，發生了相當影響。

第二項　團結就是力量說

指一個人的力量或影響力是有限的，如團結多數人在一起，則會發生出大的力量或影響力。

壹、勞工組織工會與資本家相抗爭

資本家是事業的主人，而勞工是由資本家雇用在事業中從事工作的人。盛行資本主義的國家，出賣勞力以賺取工資謀生的人，常受到資本家的無情壓迫，個別的勞工根本無力與資本家相對抗。因而提倡工會主義者乃運用團結就是力量的說法，呼籲勞工團結在一起，組成工會，以團體的力量與資本家交涉，改善勞動條件，如資本家未有接納勞工團體

的要求，則勞工實行全面的怠工或罷工，使生產停頓，資本家蒙受重大損失，直至資本家接受勞工團體的要求爲止。一般國家所制定的工會法，允許勞工組織工會，以工會出面與雇主辦理交涉，同時強調勞資合作、和諧等措施與制度，均由此種說法逐漸演變而來者。

貳、組織政黨實現政治理念

國父孫中山先生，認爲政治就是管理衆人之事。因此民主政治就是由人民作主來管理衆人之事。但衆人之事應如何來管理，則各人可能有不同的看法，如每一個人只憑著個人的力量來管理衆人之事，那是不可能的，因而逐步發展出由志同道合的多人，組成一個政黨，透過政黨的力量，參加選舉，取得議席，在議會中將如何管理衆人之事的理念，制定爲法律，交由行政機關執行，若此方能實現政治理念。因此政黨政治的產生，也是基於團結就是力量說法的應用。

第三項　參與管理說

參與管理指使員工參與組織內的管理決策，通常係由下列兩方面說法而形成。

壹、從人性觀點看參與管理

其說法有：

一、人有著受尊重與自我實現的需要：依馬斯婁(Maslow)的需要層次說，人通常有五個不同層次的需要，其中第四個層次是「受尊重的需要」，第五個層次是「自我實現的需要」。如何獲得他人對自己的尊重，如何實現自己的理想，方法甚多，而參與管理是其中的重要方法，亦即使員工參加管理性的工作，對管理上的問題，多徵求員工的意見，或將

某些管理上的問題，讓由員工自己去處理與決定，若此可增加員工表達管理問題意見的機會，使員工具有管理工作的成就感，進而員工可獲得他人對自己的尊重，更可實現員工的自我管理。

　　二、人多不願被管而希望自管：依阿吉里士(Charis Argyris)的各期激勵說，認為對員工的激勵需配合員工人格成長之狀態，而人格之成長狀態共有七種，其中第一種為從童年時期的被動狀態，漸趨成年時期的主動狀態；第二種為從童年時期的依賴狀態，漸趨成年時期的獨立自主狀態；第七種從童年時期缺乏對自我客觀而理性的了解致不能自我控制，漸趨成年時期不但能充分了解自我並能自我控制。人總是要長大的，因此人總是逐漸的不願被管而希望自己管理自己。

貳、從管理觀點看參與管理

　　實施參與管理，可使員工有機會對管理事項參加研究、提供建議，甚或參與決定，此種措施不但可使員工的潛能更有發揮的機會，而且員工亦因此而增加了對管理工作的責任心與成就感，工作效率亦因管理之改善與心理的滿足而有所增進。但為期參與管理能真正發揮管理上的效果，則需重視下列各點：

　　一、參與管理應有其範圍：在實施參與管理時，首需考慮者為何種事項得開放由員工參與，其範圍之大小自與開放之程度有關。一般而言，下列事項宜列入參與管理之範圍，即(1)與本單位業務有關事項之研究與討論；(2)與工作條件有關事項；(3)與工作效率及品質有關事項；(4)與員工福利有關事項；(5)與工作保障有關事項。

　　二、參與管理應有其條件：如(1)需能真正參與；(2)參與事項需與員工有關；(3)員工需具有參與事項之基本知識經驗；(4)行使參與需有充裕時間；(5)使參與員工有安全感；(6)不可因參與管理而削除主管之管理權。

三、參與管理之益處：如⑴增加工作產量提高工作品質；⑵改善主管與屬員間之人際關係；⑶減少員工對改進管理之抗拒心理；⑷使管理工作更爲有效決策更爲明智；⑸增加員工的責任心與成就感；⑹培養發展員工的管理才能。

第四項　政治與行政分立說

政治與行政分立說，主要是下列兩位學者的主張，因政治與行政可以分開，故行政人員不應參加政治活動。

壹、政治行政分立的主張

一、威爾遜(Woodrow Wilson)的政治行政分立說：威爾遜於其 1887 年所發表之〈行政的研究〉一文中，提出行政與政治分立的主張，認爲二者可以分離。

二、古德諾(Frank J. Goodnow)的政治行政功能說：古德諾於其 1900 年所著《政治與行政》一書中，將國家的功能分爲政治與行政二種，政治是國家意志的表現，行政是國家意志的執行，認爲有效推行行政，行政必須排除政治意圖及政黨分贓。

貳、不得從事政治活動

從以上主張，政治與行政是可以分開的，政治與行政亦各有其功能，政務官是訂定政策的，隨政策而去留，事務官是推行行政的，其職位應有保障，不應執政黨與在野黨的更替而去留。故此種事務官，應保持行政中立，不得從事政治活動，或對其政治活動加以適度限制。

第五項　公正超然與爲全體國民服務說

壹、公正超然說

係以公務員處事之立場與態度爲出發點而討論行政中立者，也即公務員處理公務，其立場必須公正，其態度必須超然而言。

一、立場必須公正：指公務員處理公務之立場必須公正。所謂「公」是大公無私不偏不倚，不因當事人之爲自己或親友有所寬縱，亦不因當事人之爲自己宿仇有所苛刻；所謂「正」是正大光明守正不阿，不作私相授受，上無愧於天，下無怍於地。

二、態度必須超然：指公務員處理公務之態度，必須超於黨派之上，更不可介入黨派之爭。超於黨派之上，嚴格言之，公務員不應參加黨派，即使參加黨派者亦不應參加黨派的活動，公務員只需依法辦事，不受黨派指使。公務員如介入黨派之爭，則爲爭取自己所屬黨派之勝利，往往會利用職權，不擇手段，因而違法舞弊之事乃層出不窮。故有些國家對特定公務員，在法制上明定其應超然者。

貳、爲全體國民服務說

乃從公務員服務之對象爲出發點而立論者。公務員處理公務之目的，在服務他人，然則所服務之對象應爲全體國民或爲某種特定人士，自有加以明定之必要。

一、爲全體國民服務：指公務員是爲全體國民服務，而非爲某種人員服務者。良以公務員是最主要的代表國家行使公權力的人，而行使公權力之作用即在提供服務，而國家的主權屬於全體國民，亦爲全體國民所有，因此公務員亦需爲全體國民服務。

　　二、非爲一黨服務: 指公務員不得專爲某一政黨服務。在民主政治國家，雖多允許公務員可參加政黨，但公務員行使公權力提供服務時，卻不得爲黨服務。只有一黨專政且以黨領政的國家，公務員才會爲黨服務，如中共政權下之公務員，在任用時要看他是否具有堅定的馬克斯主義政治立場和集體主義的道德品質，看他是否堅持四項基本原則，堅決貫徹執行黨在新時期的路線、方針和政策，積極勇敢地投身於社會主義現代化建設事業，亦正因如此，在中共人事制度中並無行政中立的問題。

第二節　公務員權利與義務的政策與原則及建議

　　基於情勢之轉變，與參照有關國家對公務員權利、義務、結社與參與管理，及行政中立之規定，在現有法制之基礎上，提出我國公務員權利與義務之政策與原則及建議，並分項敍述如後。

第一項　對公務員權利政策與原則的建議

　　主要包括下列三方面:

壹、公務員權利之範圍

　　中華民國憲法爲我國根本大法，憲法第二章所定之人民權利共有十三個條文，其中與公務員關係較爲密切者，有第七條之平等權，第十一條之言論自由權，第十四條之集會及結社自由權，第十五條之生存權、工作權、財產權，第十六條之請願、訴願及行政訴訟權，第十八條之應考試服公職權。以上各種自由及權利，亦可歸納爲下列四種:

　　一、平等權: 第七條規定，中華民國人民，無分男女、宗教、種族、

階級、黨派，在法律上一律平等。目前在公務員之考試、任用上，除男女之平等權尚未完全達成有待今後改進外，其餘宗教、種族等，在考試、任用上尚無歧視之規定。

　　二、自由權：身爲公務員者，對其言論自由在公務員服務法有若干限制；對集會與結社之自由，在法律上只有消極的限制而無積極的賦予與施行。

　　三、受益權：身爲公務員者，有關生存權與財產權之俸給、保險、退休、撫卹，有關工作權之保障，有公務員俸給法、保險法、退休法、撫卹法及其他法律中有若干職務保障之規定，但仍待強化。有關請願、訴願及行政訴訟之受益權，原來對公務員均禁止行使，惟近年來大法官會議有關解析，已有逐步開放准由公務員行使訴願及行政訴訟權之趨勢，但爲期建立制度，仍有明定於法律之必要。

　　四、參政權：除選舉權之行使，不因身爲公務員而受影響外，至罷免權仍有部分公務員不得行使之規定；創制及複決權不論人民或公務員至今尚無行使此兩權的法制；應考試服公職之權，其應考資格及任用資格，則與人民同樣的，均受公務人員考試法及任用法之限制。

　　由上觀之，對公務員之權利，考試、任用上之平等權，任職期間之言論、集會及結社之自由權，保障工作及行使訴願及行政訴訟之受益權，及服公職之參政權，均應列爲公務員之權利，並制定或修訂有關法律，以利行使及保障。

貳、公務員權利之保留

　　我國憲法第二二條，「凡人民之其他自由及權利，不妨害社會秩序公共利益者，均受憲法之保障」，有關公務員之權利亦然，此謂之公務員權利之保留。故公務員之權利除上述者外，在不妨礙社會秩序公共利益之前提下，可根據需要及參照一般國家有關公務員權利之規定，酌予設定

下列權利並保障之：

一、**給假之權利**：包括公務員因正當事由所給予之各種假期，及為增進身心健康之休假等。

二、**因公支付費用償還之權利**：公務員因執行職務所墊付之費用如差旅費、搜集資料費、搬家費、公務費等，有按實支數向政府要求償還之權利。公務員因執行職務而涉訟者，其律師費、訴訟費等應由政府支付，如已由公務員先為支付者，有向政府要求償還之權利。

三、**因公受屈辱或傷害獲得賠償之權利**：公務員因執行公務受屈辱者，政府應設法恢復其尊嚴；公務員因執行公務受傷害者，政府應恢復其健康；並均得另予賠償。

四、**退休公務員得使用其原有職銜之權利**：使用時，在原有職銜前應加「退休」或「前」字樣，並不得在營利行為上使用。

五、**結社及參與管理之權利**：賦予公務員結社之權利，管理當局對有關公務人員權利義務事項之決策與有關法規之研訂，應給予公務員團體或公務員代表參與研擬、協商及交涉之權利。

六、**陳述申辯之權利**：管理者對個別公務人員欲作重大不利處分者，於處分決定前，應給予該公務員了解案情、陳述意見或提出申辯之權利。

除上述者外，如認有需要尚可作其他權利之設定。

叄、公務員權利之限制

憲法第二三條，「以上各條列舉之自由權利，除為防止妨礙他人自由、避免緊急危難、維持社會秩序，或增進公共利益所必要者外，不得以法律限制之」。對公務員之權利限制，原則上亦應作如是觀。故公務員之權利，其由行政命令所設定者，自可由政府基於情勢的變遷而以行政命令變更之；其由法律逕行設定者，亦可由立法機關基於情勢的變遷而以法律變更之；其由憲法所賦予者，則立法機關亦不得任意變更或廢止或限

制，其確有變更、廢止或限制必要者，亦應依憲法第二三條之規定爲衡量標準，即「爲防止妨礙他人自由、避免緊急危難、維持社會秩序或增進公共利益所必要者」爲限，並需由立法機關制定法律來限制。

第二項　對結社政策與原則的建議

我國公務員，並未享有如英、美、法、德、日諸國公務員所享有之結社權，社會各界及輿論雖亦常有呼籲與討論，惟人事主管機關只在積極研擬階段，在法制上尙無可以遵循之規定。至公務員之參與管理，亦只有象徵性的極小範圍的開放，並未發揮眞正的參與管理之效果。但大勢所趨，此種給與公務員結社與參與管理的權利，將是不可避免，爰參照一般國家之政策與原則及依據當前需要，特提出應有政策與原則的建議，以供當政者之參考。

壹、在人事法律中賦予公務員結社權及參與管理權

以我國現有人事法制體系言，公務員之結社及參與管理權，因屬權利之一種，可制定公務員結社與參與管理法施行，如人事主管機關認需制定公務員基準法時，亦可在公務員基準法中予以規範。公務員基準法草案中，已有公務員協會之規定。

貳、結社權之行使

有關公務員之結社權，應行規範之事項包括：

一、**結社之名稱**：可以協會或工會名義行之，並可按公務員服務機關所在地區或公務員所從事之專業，分別組織之。如某地區公務員協會或工會、財務人員協會或工會等。

二、**公務員有參加或不參加結社之自由**：賦予公務員結社之權利，

並非謂公務員必須參加結社，而應讓公務員有選擇參加或不參加結社之自由。

　　三、公務員結社之登記：公務員參加結社者，其發起、籌備、開會、章程、組織、社團之監督等，應參照一般社團之規定情形，予以明文規定。

　　四、管理當局對社團之地位應予認可：社團既由公務員所組成，則管理當局應承認其具有公務員的代表身分，當社團與管理當局進行協商或交涉時，管理當局需給予應有的尊重。

　　五、從事社團工作人員應予適度優待與保障：公務員結社後，經常從事社團工作之公務員，對其辦公時間應作適度的放寬，並不得因其代表社團而與管理當局發生爭議時，給予不利之處分。

叁、參與管理權之行使

　　公務員結社之目的，就是要行使參與管理權，經由公務員團體來行使參與管理，對當局的影響力，要比個別公務員提供建議的影響力大，但參與管理權之行使，不可漫無限制，亦不可損及管理當局的基本管理權，因此行使參與管理權時，應遵守下列原則：

　　一、規定得參與管理之事項：特別為(1)與工作條件有關之事項；(2)與工作效率有關的事項；(3)與公務員福利有關的事項；(4)與工作保障有關的事項。

　　二、規定不得有之行為：公務員結社後，不得因參與管理事項未能獲得管理當局的支持，而實行罷工、怠工或停工。

　　三、規定參與管理之程序：管理當局對得參與管理事項之各種措施，應事先與公務員團體協商；公務員團體對得參與管理事項如有意見，應向管理當局提出協商或交涉。

　　如協商或交涉結果無法獲致協議時，應報請上級機關再行協商，如

仍無法獲致協議時，則送由人事主管機關會商該服務機關之上級主管機關決定之。

肆、對人事法制有關事項得向人事主管機關提出建議

此處所謂人事法制有關事項，範圍甚爲廣泛，凡人事法制之立法體系、立法原則，法制中之重要政策與規定均屬之，但對這些事項，公務員團體只有建議權，而無參與管理權，如人事主管機關認爲建議事項有其必要，自可參探，如認爲目前尚無法採納時，自可不予採取，但需說明其理由。

第三項　公務員義務的政策與原則

公務員係代表國家行使公權力之人，其地位特殊，且握有相當的權力，因此對其義務亦有明定之必要，以期有所遵守。

壹、義務的範圍

一、對工作的義務： 公務員既接受任命，則有切實履行其職責之義務。如遵守辦公時間、忠心努力切實依照法令所定執行職務、服從長官命令、保守公務機密等，均屬之。

二、對財務的義務： 公務員擁有一定的權力，爲防範利用權力獲取利益，應禁止利用職權圖利，不得經營商業，不得利用兼職賺取雙倍俸給，不得與屬員及與本機關有交易行爲之廠商有借貸關係，及任公職期間應辦理財產申報等，均屬之。

三、對德行的義務： 公務員代表國家執行公權力，其一言一行均受到民衆的重視，進而影響及民衆對政府的觀感。因此，公務員有保持較高水準之德行的義務，其品德操行應爲民表率，在民衆心目中留下好印

象，進而增加民衆對政府的向心力。

貳、義務以法律定之

公務員應盡之義務，應以法律定之，其原由行政規章或命令方式所定之義務，應予檢討，其有繼續遵守之必要者，應將之納入法律，不宜以行政規章或命令任意課以義務。

叁、違反義務者應受懲處

公務員違反義務者，應視其違反情節，受刑事處罰或民事賠償或受行政處分。

第四項　對行政中立政策與原則的建議

我國近年來，已明顯進入多黨制的民主政治，因此行政中立問題愈趨重要，必須提出有效的政策與原則，並進一步制定爲法制以便遵守。

壹、將行政中立之基本要求，訂入人事法律

行政中立，被視爲應行遵守之義務，爲期公務員能切實遵行，可考慮在原有服務法中加以規範，或制定行政中立法，如必須制定公務員基準法時，亦可在基準法中加以規範。

貳、對行政中立要求之寬嚴，可視公務員職務性質之不同分別規範之

一般國家之憲法中，均明定公民有參政權，此種參政權爲人民基本權利之一，不應隨便受到剝削。因此對行政中立要求之寬嚴，不宜所有公務員不論其職務性質均作同一之規定。因公務員爲數龐大，職務性質

各有不同，如均予同樣的一律禁止，則隨意剝奪參政的基本權利，殊有不妥，如英國、美國等，不是按職務性質之不同作寬嚴不等的規範，就是對某種職務性質之公務員不予限制。若此處理，一方面可防止行政不中立之弊端，另一方面亦可顧到人民的參政權在不影響民主政治前提下作適度的行使。

叁、爲遵守行政中立而不得從事之政治活動，由人事主管機關採負面列舉方式規定

一般而言，所謂行政中立，就是強調公務員爲全體國民服務，而非爲一黨服務，亦不得兼任黨職，在舉行選舉時，更不得從事助選的活動。因此，所謂行政中立多從公務員不得從事何種政治活動的方式來規定。我國行政中立，可由人事主管機關從負面列表方式，列舉公務員不得從事之政治活動，以期公務員有所遵守，凡列舉禁止事項以外之政治性活動，自不在禁止之例(如參加投票之政治活動，自不得禁止)。再爲配合上述貳之政策，此種禁止事項之內涵，自可依公務員職務性質之不同，分別規定。

肆、對因遵守行政中立而受處分者應給予保障

一般國家對政務官之政治活動，通常不予限制，並認爲政務官從事各種政治活動乃天經地義之事。政務官通常爲高級機關之首長，爲運用其地位與權力，對自己所屬政黨發揮有利的影響力，難免有透過各種方式，示意或脅迫所屬公務員從事某種政治活動之情事，如屬員爲遵守行政中立而不聽命時，首長可能會運用其地位與權力，對屬員採取不利的措施。爲期公務員均能遵守行政中立，則對因遵守行政中立而受機關首長之不利處分者，需給予保障，如使屬員依法可提出申訴，由第三者獨立機關審議申訴案，經查明屬實者，應撤銷原有之不利處分，其情節重

大者，並可對首長給予懲處等。

第三節　公務員權利與義務法規簡析

依現制，公務員之權利與義務，有其法規體系，除有關公務員權利之公務人員俸給、福利、保險、保障、退休、撫卹等，經分別在有關章中敍述外，有關公務員義務、宣誓、申報財產及與之有關之重要行政規章，則於本節第二至第七項中簡析之，至有關結社與參與管理，及行政中立之規定，並不完整，其情形於第八至第九項中簡析之。

第一項　有關公務員義務的法規體系

有關公務員義務、申報財產、行政中立及結社與參與管理之法規，茲按先爲法律，次爲依法律授權訂定之行政規章，及再次爲由主管機關依執行法條或其他需要訂定之行政規章之順序，列表如下：

法　　律	依法律授權訂定之規章	依需要訂定之規章
公務員服務法	公務員請假規則	行政院禁止所屬公務人員贈受財物及接受招待辦法（行政院核定） 十項革新要求（行政院核定）
宣誓條例		服務誓言書（考試院核定）
公職人員申報財產法 工會法 人民團體法 公職人員選舉罷免法		

第二項　公務員服務法簡析

公務員服務法，係對公務員在職期間有所爲及有所不爲之義務的規定。

壹、有所爲之義務

一、如期就職：同法第八條，「公務員接奉任命狀後，除期程外，應於一個月內就職，但具有正當事由經主管高級長官特許者，得延長之，其延長期間以一個月爲限」。

以上所稱期程，指前往任所路上所需之期間，在臺灣地區而言，所謂期程最多亦僅一、二日而已；再如公務員於接奉任命狀後如逾限仍未能就職時，原任職文件應予註銷，不再有效；再如現職公務員奉令調職者，亦應依上述規定如期就職。

二、遵守辦公時間：

㈠依法定時間辦公：同法第十一條，「公務員辦公，應依法定時間，不得遲到早退，其有特別職務經長官許可者，不在此限」。

各機關對公務員之上下班，均以出勤簽到簽退或上下班打卡方式加以管理，其職務之性質特殊者，經長官許可得免簽到簽退或上下班打卡，如機關正副首長辦公時間不易控制，及外勤工作人員通常均可免受此一管理。

㈡如期出差：同法第九條，「公務員奉派出差，至遲應於一星期內出發，不得藉故遲延或私自回籍，或經其他地方逗留」。

公務員如利用出差期間私自回籍或利用出差機會故意經由其他地方逗留，致增加出差之期間而不處理公務，均屬禁止。

㈢不得擅離職守：同法第十條，「公務員未奉長官核准，不得擅離職

守，其出差者亦同」。

公務員於辦公時間內應到公處理公務，如未奉長官核准而不到公者，即爲擅離職守；其奉派出差者，在出差期間亦不得擅離職守。

㈣有正當事由不能到公應辦理請假：同法第十二條，「公務員除因婚喪、疾病、分娩或其他正當事由外，不得請假，公務員請假規則以命令定之」。請假規則要點於第五項中簡說之。

三、執行職務：同法第一條，「公務員應遵守誓言，忠心努力，依法律命令所定，執行其職務」。又同法第七條，「公務員執行職務，應力求切實，不得畏難規避，互相推諉或無故稽延」。此兩條包括：

㈠遵守誓言：依宣誓條例規定之誓言，爲「余誓以至誠，恪遵國家法令，盡忠職守，報效國家，不妄費公帑，不濫用人員，不營私舞弊，不受授賄賂，如違誓言，願受最嚴厲之處罰」。

㈡忠心努力，依法律命令所定執行其職務：指執行職務需憑一片忠心，盡一切努力，並依法律命令之所定執行之。

㈢力求切實：指不得因工作遇及困難而規避之，對與本身職務有關事項，不得相互推諉，對定有期限工作不得無正當理由而稽延處理。

四、服從命令：同法第二條，「長官就其監督範圍以內所發命令，屬官有服從之義務，但屬官對於長官所發命令如有意見，得隨時陳述」。又第三條，「公務員對兩級長官同時所發命令，以上級長官之命令爲準，主管長官與兼管長官同時所發命令，以主管長官之命令爲準」。簡析如下：

㈠公務員之執行職務，有上下級之命令服從關係，除司法官依據法律獨立審判，不受任何干涉外，關於一般行政事務，必須發生命令與服從之關係，以構成行政系統。

㈡屬員服從之命令，需爲長官就其監督範圍以內所發布之命令，需屬於發令者之職務範圍，否則無服從之義務。

㈢長官所發布之命令，如其內容違反法規，屬官需否服從？其學說

有下列四種：⑴絕對服從說：只要長官就其職權範圍內所發布命令，不論是否適法，均需服從，屬官無審查之權，否則下級審查上級，破壞行政系統；⑵絕對不服從說：若長官命令違反法律，即已逾越其監督職權所行使之範圍，國家重於長官，法律重於命令，故不應服從；⑶相對服從說：屬官對長官命令無審查權，惟如命令內容違法且顯而易見者，無服從義務；⑷意見陳述說：長官就其監督範圍內所發布命令，其內容違法與否，屬官原則上無審查權，即負有服從之義務，惟屬官如有意見，得向長官隨時陳述，長官若不採納其意見，仍有服從之義務，但其責任應由長官自負。現制則採此說。

㈣公務員對長官之命令，不論為直屬長官或上級長官，為主管長官或兼管長官，均應服從，但如兩級長官對同一事項所發布命令相牴觸時，則應作取捨。如直屬長官與上級長官之命令相牴觸時，因直屬長官需服從上級長官之命令，故屬官應以上級長官之命令為準。又如主管長官與兼管長官之命令相牴觸時，因主管長官一方面為該業務之主管，通常對屬官有任免權，故應以主管長官之命令為準，至何者為主管長官何者為兼管長官難以區別時，則應按諸法令孰為主管與兼管定之。

五、保守機密：同法第四條，「公務員有絕對保守政府機關機密之義務，對於機密事件，無論是否主管事務，均不得洩漏，退職後亦同；公務員未得長官許可，不得以私人或代表機關名義，任意發表有關職務之談話」。簡析如下：

㈠何者為機密事件，應依法令規定認定，或由機關首長認定，或依事件性質判斷決定。

㈡機密事務，包括所主管事務之機密，及雖不屬主管但因身為公務員而參與或獲悉之機密。

㈢依法令在法院為證人或鑑定人，如訊及其職務上應守機密之事項時，應得該管監督機關或公務員之允許；且得就其職務上之機密，拒絕

為證人或鑑定人。

㈣公務員不但在職期間須保守機密，即使離職後亦須保守機密。

㈤公務員如以私人或代表機關名義發表有關職務之談話，應經長官之許可。現行各機關首長均指定副首長或其他高級主管一人為發言人，有關機關業務需對外發表者均透過發言人為之。

六、保持品位：同法第五條，「公務員應誠實清廉、謹慎勤勉，不得有驕恣貪惰、奢侈放蕩，及冶遊賭博、吸食煙毒等足以損失名譽之行為」。

因公務員代表國家執行公務，其言行與國家政治之隆污息息相關，故公務員不論執行公務與否，均應保持有較高程度之品位的義務。

貳、有所不為之義務

一、不圖謀利益及加損害於人：同法第六條，「公務員不得假借權力以圖本身或他人利益，並不得利用職務上機會，加損害於人」。

公務員假借權力以圖謀本身或他人利益者，勢將構成圖利罪或貪污罪，受刑事處罰。如公務員利用職務上機會加損害於人者，已構成濫用職權之瀆職罪，亦須受刑事處罰。

二、不經營商業或投機事業：同法第十三條，「公務員不得經營商業或投機事業，但投資於非屬其服務機關監督之農工礦交通或新聞出版事業，為股份有限公司股東，兩合公司、股份兩合公司之有限責任股東，或非執行業務之有限公司股東，而其所有股份總額未超過其所投資公司股本總額百分之十者，不在此限。

公務員非依法不得兼公營事業機關或公司代表官股之董事或監察人。

公務員利用權力、公款或公務上機密消息而為營利事業者，依刑法第一三一條處斷，其他法令有特別處罰規定者，從其規定。

公務員違反第一項、第二項、或第三項之規定者，應先予撤職」。簡

析如下：

㈠公務員對國家負有忠實執行職務之義務，倘於本身職務外而經營商業或投機事業，則因心有旁鶩，勢必影響工作績效。再公務員所處地位，易於知悉國家機密，若經營商業或投機事業，難免不利用職權以圖利，故在禁止之列。

㈡但如所投資之事業爲非屬其服務機關所監督，且爲農工礦交通或新聞出版事業，且只爲公司股東，其股份又未超過公司股本總額百分之十時，因此種情況已不可能發生上述弊端，故准許投資。

㈢公務員兼任公營事業機關或公司代表官股之董事或監察人時，必須經由公股投資機關依法令規定之派充，並代表公股，行使董事或監察人之職權。

㈣公務員如利用權力、公款或公務上祕密消息，而爲營利事業時，則已構成瀆職罪，依刑法第一三一條規定，公務員對於主管或監督之事務，直接或間接圖利者，處一年以上七年以下有期徒刑，得併科七千元以下罰金。所得之利益沒收之，如全部或一部不能沒收時，追徵其價格。

㈤公務員違反上述第一、第二、第三項之規定者，除刑事部分應移送司法機關究辦外，在行政處分上，應先予停職，聽候查辦，以肅官常。

三、不兼職兼業：同法第十四條，「公務員除法令所定外，不得兼任他項公職或業務。其依法令兼職者，不得兼薪及兼領公費」。其中：

㈠公職，依司法院及大法官會議歷次對憲法上所稱公職之解析，凡政府機關職務，公營事業機關之董事、監察人、總經理等職務，均屬之。業務，如醫師、律師、會計師、建築師等在民間所執行之業務，均屬之。

㈡法令所定之兼職，包括組織法規中明定某職務由另一機關或職務人員兼任者（如經濟建設委員會委員由財政、經濟等部首長兼任，課長由技正兼任等），及由機關首長因業務上特殊需要而派兼職務等。

㈢公務員辦公時間外擔任某類工作（如在餐廳駕歌）接受金錢報酬，

不論是否爲業務，如有損公務員之尊嚴，仍應予禁止。

㈣公務員依法令兼職者，仍不得兼薪及兼領公費，其兼任他機關之職務而領兼職之車馬費或研究費者，各以領一份爲限。

四、其他不爲一定之行爲：公務員有所不爲之義務，除上列者外，尚有下列規定：

㈠不得推薦人員關說或請託：同法第十五條，「公務員對於屬官不得推薦人員，並不得就其主管事件有所關說或請託」。

㈡不得贈受財物：同法第十六條，「公務員有隸屬關係者，無論涉及職務與否，不得贈受財物」。

如科長與科員具有隸屬關係，不論是否涉及職務，均不得相互贈與或收受財物；又公務員對所經辦事項，乃職責所在，不得因此而收受當事人的任何餽贈。

㈢涉及利害事件應行迴避：同法第十七條，「公務員執行職務時，遇有涉及本身或其家族之利害事件，應行迴避」。

此種迴避規定，主要在避免因涉本身或其家族利害關係而影響處理事件之公正性。

㈣不得利用機會接受招待：同法第十八條，「公務員不得利用視察調查等機會，接受地方官民之招待或餽贈」。

於此情形，如接受招待將會影響及視察調查之公正性，甚或發生包庇地方官民情事，應嚴予禁止。

㈤不得任意動用公物公款：同法第十九條，「公務員非因職務之需要，不得動用公物或支用公款」。

㈥不得毀損文書財物：同法第二○條，「公務員職務上所保管之文書財物，應盡善良保管之責，不得毀損變換私用或借給他人使用」。

所稱善良保管，依民法有關條文之規定；並對職務上所保管之文書財物，不得毀損，不得變換私用，不得借給他人使用。

(七)不得與有關係者有私相借貸訂立互利契約等行為：同法第二一條，「公務員對於左列各款，與其職務有關係者，不得私相借貸、訂立互利契約、或享受其他不正利益，(1)承辦本機關或所屬機構之工程者；(2)經營本機關或所屬事業往來款項之銀行錢莊；(3)承辦本機關或所屬事業公用物品之商號；(4)受有官署補助費者」。

叁、違反本法之懲處

一、公務員違反本法之懲處：同法第二二條，「公務員有違反本法者，應按情節輕重分別予以懲處，其觸犯刑事法令者，並依各該法令處罰」。

有關懲處之規定，見第十章考績、第十二章褒獎與懲處。

二、長官知情不處置之懲罰：同法第二三條，「公務員有違反本法之行為，該管長官知情而不依法處置者，應受處罰」。

該管長官包括該公務員職務上之各級長官及主管公務員考核獎懲之單位主管，如確因不知情而致未依法處置者，自不處罰。

肆、適用人員範圍

同法第二四條，「本法於受有俸給之文武職公務員及其他公營事業機關服務人員，均適用之」。

由此可知，公務員服務法所稱之公務員，其範圍比公務人員考試法，公務人員任用、俸給、考績諸法所稱之公務人員範圍為廣，其適用範圍不僅包括公營事業（政府股份超過50%的事業即為公營事業）人員，且亦包括受有俸給之武職人員在內。

第三項　宣誓條例及服務誓言簡析

壹、宣誓條例

其要點包括：

一、應行宣誓之人員：同條例第二條，「⑴國民大會代表、立法委員、監察委員、省（市）議會議員、縣（市）議會議員、鄉（鎮市）民代表會代表；⑵立法院院長、副院長，省（市）議會議長、副議長，縣（市）議會議長、副議長，鄉（鎮市）民代表會主席、副主席；⑶中央政府各級機關政務官、首長、副首長及第十職等或簡任以上單位主管；⑷司法院大法官、考試院考試委員、監察委員、監察院院長、副院長；⑸駐外大使、公使、代辦、總領事、領事館領事或其相當之駐外機構主管人員；⑹各級法院法官、檢察機關檢察官、行政法院評事及公務員懲戒委員會委員；⑺省（市）政府首長、委員及其所屬各機關首長；⑻縣（市）政府首長及其所屬各機關首長；⑼鄉（鎮市）長；⑽各級公立學校校長；⑾相當於第十職等或簡任以上之公營事業機構或其所屬機構首長、董事、理事、監察人、監事」。

二、宣誓時機：同條例第三條規定，除國民大會代表於國民大會開幕式時宣誓外，其餘人員應於就職時宣誓。國大代表因故未能於規定之日宣誓就職者，應另定日期宣誓；其餘人員因特殊情形先行任事者，應於三個月內補行宣誓。

三、宣誓之監誓人：同條例第四條規定，⑴國民大會代表、立法委員及院長、副院長之宣誓，由大法官一人監誓；省（市）縣（市）議員及正副議長之宣誓，由同級法院法官一人監誓；鄉（鎮市）民代表及正副主席之宣誓，由各該自治監督機關派員監誓；⑵中央政府各機關政務

官、大法官、考試委員、監察委員、監察院院長、副院長及駐外大使、公使館公使之宣誓，由總統監誓或派員監誓；(3)其他人員之宣誓，由各該機關首長或其監督機關首長監誓或派員監誓。

　　四、宣誓儀式：同條例第五條，「宣誓應於就職任所或上級機關指定之地點公開行之，由宣誓人肅立向國旗及國父遺像，舉右手向上伸直，手掌放開，五指併攏，掌心向前，宣讀誓詞」。

　　五、宣誓之誓詞：同條例第六條規定，(1)國民大會代表誓詞，依國民大會組織法之規定；立法委員、省（市）議會議員、縣（市）議會議員、鄉（鎮市）民代表會代表之誓詞為「某某謹以至誠，恪遵憲法，効忠國家，代表中華民國人民依法行使職權，不徇私舞弊，不營求私利，不受授賄賂，不干涉私法，如違誓言，願受最嚴厲之制裁，謹誓」；(2)其餘人員之誓詞為「余誓以至誠，恪遵國家法令，盡忠職守，報效國家，不妄費公帑，不濫用人員，不營私舞弊，不受授賄賂，如違誓言，願受最嚴厲之處罰，謹誓」。依同條例第七條、第九條規定，誓詞應由宣誓人簽名蓋章後，送監誓人所屬機關存查；宣誓人如違背誓言，應依法從重處罰。

貳、服務誓言

　　依宣誓條例宣誓之人員，係以民意代表、高級主管及非主管人員為限，其餘中級以下主管及非主管人員，則未納入宣誓之範圍。為此考試院於訂定公務人員任用法施行細則時，乃於第三條規定「公務人員任用法第四條所稱注意品德及對國家之忠誠，指擬任機關於擬任公務人員前應負責切實調查，並令其填送服務誓言」。依銓敍部訂定之公務人員服務誓言為「余誓以至誠，奉行憲法，恪遵政府法令，忠心努力，切實執行職務，不營私舞弊，不受授賄賂，如違誓言，願受最嚴厲處分，謹誓」。各機關新進人員，應填寫誓言一式二份，一份隨同任用審查表送銓敍機

關備查，一份由本機關留存參考。

第四項　公職人員財產申報法簡析

公職人員財產申報法，係於民國八十二年七月二日由總統公布，並自同年九月一日起施行。全文共十七條，其主要內容如下：

壹、明示制定本法之目的

同法第一條，「爲端正政風，確立公職人員清廉之作爲，建立公職人員利害關係之規範，特制定本法」。

由此可知，制定財產申報法之目的有三，即(1)端正政風；(2)確立公職人員清廉形象；(3)建立公職人員利害關係之規範。蓋政風之良窳，多以貪瀆情形之有無及其嚴重性來衡量，如貪瀆之風盛行，則政風敗壞；貪瀆之風遏阻，則政風優良，爲使公職人員清廉，撇清公職人員利害關係，乃規定公職人員須申報財產。

貳、須申報財產之公職人員

同法第二條，「下列公職人員應依法申報財產，即(1)總統、副總統；(2)行政、立法、司法、考試、監察各院院長、副院長；(3)政務官；(4)有給之總統府資政、國策顧問及戰略顧問；(5)簡任第十職等或相當職等以上各級政府機關首長、公營事業機構相當簡任第十職等以上首長及一級主管；(6)公立各級學校校長；(7)少將編階以上軍事單位首長；(8)依法選舉產生之鄉（鎮市）級以上政府機關首長；(9)縣（市）級以上各級民意機關民意代表；(10)法官、檢察官；(11)警政、司法調查、稅務、關務、地政、主計、營建、都計、證管、採購之縣（市）級以上政府主管人員，及其他職務性特殊經主管院會同考試院核定有申報財產必要之人員；縣

（市）級以上公職候選人準用本法之規定，應於選舉登記時申報」。

叁、申報之內容

同法第五條，「公職人員應申報之財產，包括(1)不動產、船舶、汽車及航空器；(2)一定金額以上之存款、外幣、有價證券及其他具有相當價值之財產；(3)一定金額以上之債權、債務及對各種事業之投資。公職人員之配偶及未成年子女所有之前項財產，應一併申報」。

肆、申報之提出與受理

同法第三條、第四條規定，公職人員之財產，除應於就（到）職三個月內申報外，並應每年定期申報一次。申報時並應分別向下列機關提出，即(1)上述貳之(1)(2)(3)(4)(8)(9)各種人員，向監察院申報；(2)上述貳之(5)(6)(7)(10)各種人員，向任職機關之政風單位提出申報，無政風單位者，向其上級機關之政風單位申報；(3)公職候選人向舉辦選舉之選舉委員會申報。

伍、申報之審核與申報資料之公開

同法第六條，「受理申報機關，對申報資料應於收受申報四十五日內審核完畢。經審核完畢之財產資料，屬總統、副總統，行政、立法、司法、考試、監察各院院長、副院長，政務官、立法委員、國民大會代表、監察委員，省（市）議員、縣（市）議員，縣（市）長等人員者，應定期刊登政府公報；其餘人員之申報資料應彙整成冊，供人查閱」。

陸、財產之信託

同法第七條，「總統、副總統，行政、立法、司法、考試、監察各院院長、副院長，政務官、立法委員、省（市）議員、縣（市）長應將其

個人及其配偶、未成年子女一定金額以上之不動產及上市股票，信託與政府承認之信託業代為管理處分；其他公職人員因其職務關係對特定財產具有特殊之利害關係者，亦同」。

柒、不據實說明或不申報或申報不實之處罰

同法第十條、第十一條規定，管理申報機關認為申報不實者，得向有關機關、團體或個人查詢，受查詢者有據實說明之義務，如無正當理由拒絕說明或為虛偽說明者，處新臺幣二萬元以上十萬元以下罰鍰；經通知限期提出說明仍不提出或仍為虛偽者，處新臺幣四萬元以上二十萬元以下罰鍰。公職人員明知應申報無正當理由不為申報者，處新臺幣六萬元以上三十萬元以下罰鍰；其故意申報不實者，亦同；經處罰後經受理申報機關通知限期申報或補正，無正當理由仍未申報或補正者，處一年以下有期徒刑、拘役或科新臺幣十萬元以上五十萬元以下罰金。

第五項　公務員請假規則簡析

給假，通常被認為公務員權利，但因公務員請假規則，係基於公務員服務法之授權，由考試院行政院會同訂定，故於本項中紋述之。現所規定之要點為：

一、**事假**：因事故必須親自處理者，得請事假，每年合計准給二十一日，已滿規定期限之事假，應按日扣除俸薪。

二、**病假**：因疾病必須治療或休養者，得請病假，每年合計准給二十八日，其超過期限者，以事假抵銷。患重病非短時間所能治癒者，經機關長官核准得延長之，其延長時間以二十四個月內合計不得超過一年。

以上事、病假日數，凡到職不滿一年者，在該年內按在職月數比例計算。

三、**婚假**：因結婚者，給婚假十四日。

四、**娩假**：因分娩者，給娩假四十二日；流產者給假二十一日。

五、**喪假**：因曾祖父母、祖父母、外祖父母或配偶之祖父母死亡者，給喪假七日；父母、養父母、繼父母或配偶死亡者，給喪假二十一日；配偶之父母、養父母、或繼父母死亡者，給喪假十四日；兄弟姐妹死亡者，給喪假三日；子女死亡者，給喪假七日。

六、**公假**：有下列情形之一者，給予公假，其期限視實際需要定之，即(1)參加政府召集之集會或舉辦之考試；(2)依法受各種兵役召集；(3)參加政府舉辦之各項政治上投票；(4)因執行職務受傷必須休養或治療，其期限在二年以內者；(5)奉派訓練進修其期限在一年以內者；(6)奉派考察或參加國際會議；(7)應國內外機關團體邀請參加與其職務有關活動經機關長官核准者；(8)依主管院核定之激勵辦法規定給假者。

七、**休假**：公務人員在同一機關，繼續服務滿一年者，第二年起每年應准休假七日；滿三年者，第四年起每年應准休假十四日；滿六年者，第七年起每年應准休假二十一日；滿九年者，第十年起每年應准休假二十八日。

八、**病假、公假期滿之停職或退休**：病假已滿延長之期限或公假已滿二年之期限，仍不能銷假者，得予停職，並同時發給六個月俸薪之醫藥補助費；其服務年資如合於退休、退職、或資遣者，得辦理退休、退職或資遣，並均發給三個月俸薪之醫藥補助費。

第六項　禁止贈受財物及接受招待辦法簡析

行政院於民國五十八年十二月，訂定行政院禁止所屬公務人員贈受財物及接受招待辦法一種，其要點為：

一、**目的**：為革新政治風氣、砥礪公務員節操，特依公務員服務法

及其他有關法令之規定，訂定本辦法。

二、禁止事項：行政院所屬公務人員，不得直接或間接接受下列團體或個人之餽贈、優惠交易、借貸或享受其他不正當之利益：

(一)受本機關或所屬機關直接或間接監督管理者。

(二)與本機關或所屬機關有財務契約關係者。

(三)與本機關或所屬機關有承攬或買賣關係者。

(四)受有本機關或所屬機關補助者。

三、有條件允許事項：

(一)公務人員接受與職務有關人民團體贈送之紀念品，應作為機關陳列品，但接受屬於個人紀念性或廣告性而價值輕微之物品，經報告主管者不在此限。

(二)公務人員經外國官方指名接受之贈品，應報經本院各部會處局或省市政府備查。

(三)公務人員有隸屬關係者，除婚喪喜慶及上級人員對屬員獎勵救助者外，不得贈受財物。

(四)公務人員不得利用視察調查等機會接受招待，其應機關團體或個人之邀約，參加正當場合之餐聚者，不在此限。

四、懲處：公務人員違反本辦法規定者，視其情節依法懲處，其觸犯刑事法令者，移送司法機關辦理。其直接主管對屬員之違反規定，知情而不予處置者，視其情節輕重依法懲處。

五、獎勵：公務人員操守堅正，拒受餽贈者，其主管得列舉事實，報請獎勉。

第七項　十項革新要求

對公務人員之十項革新要求，係故總統經國先生前在行政院院長任

內，於民國六十一年六月八日對公務人員所提出者，此十項革新要求，亦屬公務人員服務規範之一，內容如下：

㈠為節省國家財力，用諸於各項必要建設，各級政府除已正式列入預算者外，均應停止建築辦公房舍。

㈡各種公共工程之開工與完工，可以公告方式行之，不必舉行任何儀式。

㈢各級政府機關派員出國考察或參加國際性會議，必須事前有週密之計畫，其所派人員以具有各類專長、精通外文為主要要求。

㈣各級機關應不作不必要之視察，如確有其必要，則視察人員到達視察地區不得接受任何招待，被視察之機關、學校、團體，亦不得迎送，或張貼標語，或召開歡迎會等，尤其不可指派學生參加歡迎歡送。

㈤各部會首長以及全體行政人員，除參加政府所規定之正式宴會，以及招待外賓所必需者外，一律不得設宴招待賓客，並謝絕應酬。

㈥公務人員於婚喪喜慶，除有親戚關係或有深交者外，不得濫發喜帖及訃告。

㈦各級行政人員，一律不得進出夜總會、舞廳、酒吧、酒家等場所，各級主管應監督所屬人員切實遵照辦理，如有違反規定者，應從嚴處分。

㈧各級首長主管，均應謝絕各界剪綵、揭幕之邀請。

㈨各機關預算內所規定之加班費、出差費，除必要之加班出差外，不得假借名目移作其他用途，但各級機關首長對各機關學校公教人員之福利，應妥善辦理。

㈩在日常處理公務方面，人人要能切實負責，自己能予解決的問題應自行解決，今日能予辦完之事應即今日辦完，不必召開的會議不開，凡要開的會議事先必有充分準備，會後必有結果。不辦不切實際、沒有效果以及不必要之公文，凡屬應該辦的必須辦得徹底，追踪到底。向上級提供意見是每位工作人員之權利，接納部屬意見是每位主管的義務。

第八項 一般公務員的結社與參與管理

依現行工會法規定，一般公務員不得組織工會；又依人民團體法規定，一般公務員雖可以人民身分參加或組織人民團體，但並無參與管理之權。

壹、不得組織工會

依工會法第四條，「各級政府行政及教育事業軍火工業之員工，不得組織工會」。因此一般公務人員，不得組織工會及以工會的力量來保障公務人員權益與改善公務人員生活。因而亦不能由機關首長與公務人員雙方代表組成協調會議，更不能在雙方同意的原則下訂定書面的團體協約，亦無所謂發生爭議與爭議之協調與仲裁問題。

貳、可以人民身分參加團體但無參與管理權

依人民團體法第四條規定，人民團體分為職業團體、社會團體、政治團體三種。其參加人員與組織團體之目的為：

一、職業團體：同法第三五條，「職業團體係以協調同業關係，增進共同利益，促進社會經濟建設為目的，由同一行業之單位、團體或同一職業之從業人員組成之團體」。此種職業團體之名稱以×××公會名之，如律師公會、建築師公會等。

二、社會團體：同法第三九條，「社會團體係以推展文化、學術、醫療、衛生、宗教、慈善、體育、聯誼、社會服務或其他以公益為目的，由個人或團體組成之團體」。此種社會團體之名稱，視目的之性質而定，如中國文化復興委員會（文化）、中國人事行政學會（學術）、耶穌教會（宗教）、棒球協會（體育）、退休人員聯誼會（聯誼）、慈濟功德會（慈

善）等。

三、政治團體：同法第四四條，「政治團體係以共同民主政治理念，協助形成國民政治意志，促進國民政治參與爲目的，由中華民國國民組成之團體」。目前經內政部登記有案的政治團體，已有六十多個，如中國國民黨、民主進步黨、新黨等。

叁、近年來有小幅度的象徵性的參與管理的出現

由於人性管理的逐步盛行，一方面主管逐漸重視屬員的意見，另一方面屬員參與管理的動機亦漸趨明顯，因而在管理性的事務中，亦有小幅度的開放由公務員參與。其情形如下：

一、升任甄審之參與：依公務人員任用法第十九條，「各機關現職人員升任時，得設立甄審委員會，就具有任用資格之人員甄審」。又依施行細則規定，甄審委員會應由機關長官指定委員五至十七人組成之，以一人爲主席，人事主管人員應爲當然委員，委員中應有一至三人爲非主管人員，並得由本機關人員選舉產生之，委員及主席，任期一年，期滿得連任。此種經由選舉產生之非主管人員擔任委員，即有參與管理之意義。

二、考績之參與：依公務人員考績法第十五條，「各機關應設考績委員會，其組織規程由考試院定之」。依考績委員會組織規程規定，各機關辦理年終考績時，應設考績委員會，置委員五人至十七人，除本機關人事主管人員爲當然委員及由本機關人員推選產生之非主管人員外，餘由機關首長就本機關人員中指定之，考績委員會委員每滿五人應有一人爲非主管人員。此種由選舉產生之非主管人員擔任委員，亦具有參與管理之意義。

三、福利事項之參與：如爲日常生活必需品能廉價供應所設之消費合作社，其委員或職員，除少數由機關首長指派外，多數由機關公務員自行推選產生。又如各機關公教人員自強康樂活動，其由另行組成之單

位或小組、委員會辦理者，其人選亦多由公務員自行推選產生。

由上說明，我國公務員不能組織工會，雖可以人民身分發起組織或參加各種團體，但其情形與工會不能相比。在參與管理方面，近年來雖有小幅度的開放，但亦多只是象徵性的，與一般國家相比，實在為微不足道。

第九項　有關行政中立的規定

有關公務員之行政中立，公職人員選舉罷免法之有關規定如下：

壹、公職候選人

同法第三五條，「警察及辦理選舉事務人員，不得申請登記為候選人；又現任公務人員不得在其任所所在地，申請登記為國民大會代表候選人」。

由此可知，公務員除警察及辦理選舉事務者外，均得登記為候選人，但如登記為國民大會代表候選人者，不得在其任所所在地登記。

貳、不得為助選員

同法第四七條，「公務人員不得擔任助選員」。

叁、不得有之政治活動

同法第五六條，「競選活動期間，除候選人及其助選員或政黨依選罷法規定從事競選活動外，任何人不得有下列行為，即(1)公開演講或公開播放演講之錄影、錄音，為候選人宣傳；(2)印發或張貼宣傳品，或懸掛、豎立標語、看板、旗幟、布條等廣告物，為候選人宣傳；(3)以未經許可為競選活動使用之宣傳車輛或擴音器，為候選人宣傳；(4)結眾遊行，為

候選人宣傳；⑸發動選舉人簽名或於大衆傳播工具刊播廣告，爲候選人宣傳；⑹爲候選人燃放鞭炮」。

肆、不得爲罷免提案人

同法第七一條，「警察及公務人員不得爲罷免案提議人」。

伍、公職候選人之停職

同法第九九條，「已登記爲候選人之現任公務人員，有下列情事之一經查明屬實後，通知各該人員之主管機關先行停止其職務，並依法處理，⑴無正當理由拒絕選舉委員會請協辦事項或請派人員者；⑵干涉選舉委員會人事或業務者；⑶藉名動用或挪用公款作競選之費用者；⑷要求有部屬或有指揮監督關係之團體暨各該團體負責人作競選之支持者；⑸利用職權無故調動人員，對競選預作人事之安排者」。

由上可知，有關行政中立之事項，除對公務人員原則上得爲候選人、公務人員對某些政治活動有所限制外，至政務官是否亦受限？公務人員可否兼任黨職？公務員之服務對象是全體國民或部分人員？公務人員受政治性之懲處時應如何保障等，在人事法制上均乏明文規定，故仍有待人事主管機關之努力，以期建立起完整的行政中立制度。

第九章　升　遷

　　升遷爲我國憲法增修條文第五條所明定之人事項目，有關升遷之重要事項，目前仍定於公務人員任用法中。本章所討論者，包括升遷的理論，升遷的政策與原則，及有關升遷的法規簡析。茲分節敍述之。

第一節　有關升遷的理論

　　升遷之理論，大致有因材器使說、外選與升調並重說、培養人才說、提高工作情緒與減少久任弊端說諸種。茲分項簡述如後。

第一項　因材器使說

　　當遇職務出缺，需從機關內部調用人員以補缺時，則應本因材器使之要求行之。

　　所謂因材器使，指根據工作人員的專長，調任至最能發揮其專長的職務，以使其聰明才智獲得充分的發揮，使組織與人員雙方均能獲益。各組織之原有工作人員，基於爲事擇人原則而進用，因此對原有工作原則上均可勝任愉快，但由於在工作期間或基於自行進修、接受訓練，或基於經驗之不斷累積，使一個能奮發向上的工作人員，所具有的學識、經驗、技能及其他條件在不斷的增進，因而往往所具有的條件會超出現

任職務所需要的範圍。爲期工作人員所不斷增進的條件能獲得充分的發揮，自需就其職務作適當的調整，此種對現任人員職務的調整即爲作有計畫的遷調。因此當考慮現有人員之調任時，其原則爲因材器使，需根據工作人員所增進的條件，將之調任至最能發揮其新增條件之職務。若此處理，對人員及組織均能獲益。

第二項　外選與升調並重說

外選係指向外界考試任用或轉任任用，升調係指就現職人員中升調。外選任用與現職升調均有其優點，但如組織內之職缺全由外選任用或全由現職升調，均將發生弊端，故需求取平衡。

壹、外選任用的利弊

一、利：最顯著者爲(1)可增加新血輪，引進新知識新技術，並爲組織帶來朝氣；(2)對各種業務的處理不會墨守成規，會用新的觀點來解決老問題，有利於組織內的革新與創新；(3)可保持組織人力的青壯。

二、弊：最顯著者爲(1)新任員工不易深入瞭解業務狀況，處事易生困擾，業務亦可能發生脫節；(2)原有員工無晉升機會，認爲前途無望，影響工作情緒，降低工作效率，甚或紛紛求去。

貳、現職升調的利弊

一、利：最顯著者爲(1)增加原有員工晉升機會，如配以合理的晉升制度，使員工感到只要有良好的績效表現則會有前途，可收鼓舞工作情緒提高工作效率之效果；(2)使組織內業務能循序進行，不致發生脫節現象；(3)可鼓勵員工久任，並能視工作爲終身職業，有利於敬業精神的培養。

二、弊：最顯著者爲(1)不能增加新血輪，不易吸收新知識新技術，並爲組織帶來保守與暮氣；(2)處理業務多循舊規，不願改變現狀，不易改進，更難作突破性的開展與創新；(3)原有員工，除增加年齡與經歷外，不易提高素質，人力結構日趨老大。

叁、外選任用與現職升調的平衡

完全外選任用與完全現職升調補缺，旣均爲弊多而利少，因此有保持外選任用與現職升調間平衡的必要。求取平衡之法，有者係規定第一職缺外選任用第二職缺現職升調（其餘職缺亦依次輪流）之方式求取平衡；有者係預計一年內之職缺數，以其中一半採外選任用，其餘一半採現職升調；此兩種雖不失爲保持平衡的方法，但究竟過於刻板而無彈性，實難適應組織用人之需求。較爲合理的求取外選任用與現職升調間之平衡的方法，應從職缺之高低、職務之性質、人力之供需等角度考慮後，決定應外選任用或現職升調。

一、從職缺高低考慮：(1)高級職務注重經驗，遇有職缺宜以升調爲主，如確無適當現職人選可資升調時，始考慮外選；(2)中級職務需學識與經驗並重，遇有職缺宜外選與升調並重，原則上一半職缺外選，另一半職缺升調；(3)初級職務需注重學識基礎，遇有職缺宜以外選爲主，如外選有困難時始考慮升調。

二、從職務性質考慮：(1)擔任職務所需學識、技能發展快速者，如科學、技術及研究之職務，其職缺宜以外選爲主，如確無適當人選時，始考慮升調；(2)擔任職務所需法規、制度甚爲定型者，如一般行政管理及法制之職務，其職缺宜以升調爲主，如確無適當人員可資升調時，始考慮外選。

三、從人力供需考慮：(1)所需優秀人員，可從學校或社會易於羅致者，其職缺宜以外選爲主，升調爲副；(2)所需優秀人員，不易從學校或

社會羅致者，其職缺宜以升調爲主，外選爲副。

第三項　培養人才說

人才多不是天生的，而是需要有計畫的培養的，而培養人才之重要措施，就是職務調任、職務考核、職務晉升與訓練進修，此四者並需交錯運用，方能有成。

壹、職務調任

指工作人員在同等職務間之調任。職務調任可增加新工作的經歷、可改變原有的工作環境、可調劑因工作過久而引起厭倦的情緒、可適應工作人員的學識才能、可防止因久任而人地過熟引致執法時受人情困擾之弊端，故爲人事行政的重要措施。

貳、職務考核

指對所調任之每一職務，於其任職期間均作職務之考核，經由一系列職務之調任與該系列職務之考核，可了解工作人員在該系列職務上之工作表現。如認爲在該系列職務上表現均屬優秀者，則應考慮予以晉升職務。

叁、職務晉升

指晉升至較原任職務之等級爲高的職務。故職務晉升後，表示工作人員地位的提高、等級的晉升、職責的加重。職務晉升在人事行政上有多方面的效益，如可用以拔擢人才、鼓勵工作情緒、加強人力運用、發揮工作潛能等。由非主管職務調任同等之主管職務，通常亦看作晉升。

肆、訓練進修

為培養人才之訓練進修，宜在晉升職務之前或晉升職務之後舉行，以期訓練進修能與晉升職務相配合。因晉升職務，係晉升至職務等級較原任職務為高之職務，因而擔任職務所需知能之水準亦因而提高，職務工作的成敗對組織的影響亦因而加大，故晉升職務對工作人員是一大考驗。為期能勝任職務，對晉升職務人員所需知能自應經由訓練進修來充實。至參加訓練進修之時機，自以晉升職務前為妥，但如晉升職務人員無適當時間可資參加訓練進修時，則應於晉升職務後之特定期間內參加訓練進修，但不宜免除訓練進修。

第四項　提高工作情緒與減少久任弊端說

實施調任，只要計畫週詳、執行得當，當可提高工作人員的工作情緒與減少因久任而引起的弊端。

壹、提高工作情緒

如施行平調可：

一、增加經歷：擴大工作人員的工作面，增加實際工作經驗，豐富人生及增加就業機會。

二、改變環境：使工作人員在新的工作環境中，有新鮮感，進而激發其對工作開創新計畫、重作新努力、懷抱新希望。

三、調劑工作：工作人員擔任同一職務期間過久，易引起厭倦；改換工作，可調劑心情，增加工作興趣。

四、適應學識才能：如工作人員所具學識才能，不能適應原有工作需要，則工作難有成就，且屬人力浪費；如予調任其他適當職務，使其

學識才能獲得充分發揮，則對機關及個人而言，均可受益。

五、配合性向：如工作人員性向與原任職務不符，爲免影響工作情緒及工作績效，宜予調任至與其性向相符之職務。

六、適應業務需要：遇及機關業務變動、增加新業務、減少原有業務，或業務量有變動時，原有人員可透過調任調整工作，以期適應業務需要。

貳、減少久任弊端

如稅務人員、警察人員、司法人員等執法人員，在同一地區或單位任職過久，人地過熟，受人情困擾過多，致難以切實依法執行職務，爲減少此類弊端，可實施職期調任或地區調任。

第二節　升遷的政策與原則

有關升遷的政策，主要有升任需建立在合理基礎上，升任職務需經升任甄審，調任需以性質相近或專長相符職務爲範圍，初任、升任、調任並重及相互配合，降調以必要者爲限等五個。茲分項簡說如後。

第一項　升任需建立在合理基礎上

實施此一政策，包括下列三個原則：

壹、需具擬升職務之任用資格

各種職務，依所屬職系與職等，均定有任用資格，如未具任用資格者則不得任用，故升任基礎之一，即爲擬升人員需具擬升職務之任用資

格。如遇有下列情形時，得作特別處理，但需以法律允許者爲限

　　一、一職務跨列職等時：則具有該職務所跨列各職等中任一個職等之任用資格者，均認具有合法任用資格。

　　二、權理職務時：如擬升人員未具擬升職務任用資格，但具有較低職等任用資格，且在業務上確有需要而當時又無具有擬升職務任用資格之人員時，該擬升職務亦得以具有較低任用資格之人員權理，一旦有合格人員可資升任時，應即解除其權理。

貳、擬升人員需在原職任職若干年

　　當職務層次愈高時，擔任職務所需學識經驗愈需豐富完整，而經驗主要是靠累積而來，因此升任基礎之二，即爲擬升人員需在原職任職若干年，使其有充裕時間吸取學識經驗。至需在原職任職期間之長短，則視職務職等之高低而定，大致而言，當職務之職等愈低時，需任職之期間可縮短，但至少亦應爲二年；當職務之職等愈高時，需任職之期間宜加長，但至多亦不宜超過四年。

叁、在原職期間考績成績優良

　　任原職期間之長短，雖與所累積之學識經驗有關，但並非絕對的因期間增長而學識經驗亦同時累積，工作人員在任原職期間工作上有無表現、績效是否優異，亦需加以重視，否則等於排排坐等候晉升，並非激勵工作人員之道，因此升任基礎之三，即爲擬升人員在任原職期間需考績成績優良。

第二項　升任職務需經升任甄審

　　實施此一政策，包括下列三個原則：

壹、訂定甄審標準

各機關遇有職務出缺，合於升任基本規定之人員，往往不止一人，因此如何從合於規定之升任之人員中，遴選更適當者升任，尚需訂定甄審標準。甄審標準通常可就下列選用或並用之：

㈠訂定資績評分標準：即對擬任人員之資績予以評分，以分數之高低來定其優劣。

㈡舉行筆試或面談：對合於升任基本規定者，舉行若干科目之筆試，或舉行面談，根據筆試或面談成績高低來定其優劣。

貳、規定甄審程序

當職務出缺較多，而應徵升任之人數亦為衆多時，則對升任甄審應先規定甄審程序，以憑辦理。大致而言，甄審程序應包括下列各點：

㈠甄審公告：公告應包括之事項為(1)待升職缺名稱、所任工作、所需最低資格條件、所屬單位、可支俸級待遇；(2)參加甄審之人員範圍、申請日期、應填書表及應檢附文件；(3)甄選日期、地點、時間及甄選方式(如採資績評分或筆試或面談，或數種並用)；(4)參加人數過少時，甄審委員會亦得指定合於規定資格之人員參加甄審等。

㈡由人事單位受理應徵人員報名，及審查應徵人員是否合於基本規定。合於基本規定者，送升任甄審委員會甄審。

㈢成立甄審委員會及辦理甄審：每一職缺由甄審委員會從應徵人員中選出比較優秀者一至三人。

㈣決定人選：由人事單位報請機關首長決定擬予升任之人員，並盡速發表升任職務。

叁、可不受甄審升任之例外

為期建立升任制度，使人員升任儘量公平公開，凡職務之升任自以經由甄審為原則，但對情形較為特殊之職務及使機關首長保留有必要的裁量權，通常有保留部分職缺之升任，可由機關首長逕行決定而不需經由甄審者。此種職務通常包括(1)副首長及所屬機關之首長副首長；(2)幕僚長及副幕僚長；(3)機要人員；(4)一級單位主管；(5)升等考試及格及權理人員。

第三項 調任需以性質相近或專長相符職務為範圍

實施此一政策，包括下列五個原則：

壹、調任職務需與原任職務之性質相近

依現行人事體制，凡屬同一職系之職務，均屬性質相似者；凡屬同一職組各職系之職務，均屬性質相近者；換言之，調任職務需以同職組各職系之職務為範圍。

貳、調任亦可根據所具專長辦理

公務人員之調任，亦可根據公務人員個人所具有之專長，將之調任至與原職務性質雖不相近但與個人所具專長相符之職務。此種調任既與公務人員個人所具專長相符，則對職務自亦能勝任，故對新職務業務之推展自亦不會有所影響。

叁、高層及低層職務之調任範圍可不受限制

所稱高層職務，依現行法制係指第十二職等以上之職務；所稱低層

職務，係指第二職等以下之職務。擔任高層職務所需之知能，雖因所屬職系之不同而有若干差別，但所需領導才能卻屬相同，且職務愈高時，領導才能的重要性愈大。故高層職務人員，其職務之調任範圍可不受限制。擔任低層職務所需之知能，雖因所屬職系之不同而有若干差異，但均係依照上級指示或書面規定而行事，只要具有相當知識水準之人員，多能很快學會處理分內的工作。故對低層職務人員職務之調任，亦可不加限制。

肆、調任方式可作多種設計

調任可視職務高低、地區、為主管或非主管職務，作多種設計如下：

一、職期調任：通常適用於主管職務之調任，應規定任期，於任期屆滿時始予調任。任期通常規定為二年至四年，一任屆滿時可再連任一次。職期調任原則上定為七月或一月間舉行。

二、地區調任：通常適用於與民間接觸機會較多之執法人員職務，目的在使不同地區之執法人員，經任職若干期間後，作相互間的調任，以免在同一地區工作過久，受人情包圍而影響執法的公正無私。

三、經歷調任：通常適用於較高級職務，將公務人員作有計畫的在不盡相同的職務間予以調任，使其有機會歷練各種職務，進而培養成具有多方面學識、經驗、技能之人才。

四、工作輪換：通常適用於較低級之非主管職務，使公務人員在各種不盡相同之工作上，作有計畫的輪流擔任，經全部工作均輪流擔任過後，則對工作可有全盤的了解。

五、因特殊需要而調任：上述四種調任，多係作有計畫的調任，故多訂定實施辦法以為辦理依據。但遇及特殊情況，需即將公務人員予以調任時，自可不受上述四種調任之限制，而隨時予以調任。如因發生某種事故已使人地不宜時，公務人員因個人原因而請調時，均可隨時予以

調任，以應特殊需要。

伍、轉任需有適當限制

調任係指在適用同一人事制度之各種職務間的調任，而轉任係指在適用不同人事制度之各種職務間的轉任。因轉任前後兩種職務所適用之人事制度不同，故在轉任時應加以適當限制，以免過於浮濫或破壞了原有的人事制度。致限制之道通常有：

一、經由考試及格轉任：如由學經歷可取得任用資格之人員轉任至需經考試及格取得任用資格之職務時，多需再經考試及格方得轉任。現行之退除役軍人轉任公務人員職務需經由考試及格，即屬其例。

二、經由審查符合轉任：如經考試及格取得任用資格之現職人員，轉任至性質完全不同之其他機關亦需經由考試及格取得任用資格之職務時，得經由審查程序轉任。如現行政府機關人員公營事業人員及公立學校教育人員，具有高等考試或特種考試乙等考試以上及格，於相互轉任相當職務時，因前後兩機關人事體制結構亦有差異，故於轉任時對其考試及格資格、任職年資、服務成績等，需經審查，經審查符合要求者，始可轉任。

第四項　初任、升任、調任並重及相互配合

實施此一政策，包括下列二個原則：

壹、偏於初任、升任、調任各有其缺失

一、偏於初任之缺失：如所有職缺均以初任方式進用人員，則因初任人員不易深入了解業務狀況，因而影響工作效率；使原有人員無升任機會，致影響工作情緒，甚至紛紛求去。

二、**偏於升任之缺失**：如所有職缺均以升任方式用人，則組織不能增加新血輪，不易吸收新知識，使組織日趨保守，不願變革求新，所謂初任人員亦只限於最基層之人員，致使人員素質日趨低落，人力結構日趨老大。

三、**偏於調任之缺失**：如所有職缺均以調任方式用人，則從偏於初任或升任中所發生之缺失，均會同時呈現出來。

貳、初任、升任、調任並重及相互配合

因初任、升任、調任各有其需要，而偏於初任、升任、調任又會出現各種弊端，因而此三種用人的方式應予以並重，以期此三種用人方式的優點儘量發揮，缺點儘量減少。爲期眞正的做到三者並重，則應以下列方法來相互配合：

一、**配合職缺高低選用用人方式**：高級職缺通常須重經驗，故宜以內部現職人員升任爲主，如確無適合人員可資升任時，始予從其他單位或機關調任甚或轉任；低級職務通常須重視學識基礎，宜以初任爲主，如初任有困難始考慮調任或升任；中級職務通常須學識基礎與經驗兼顧，故可初任、升任、調任並重。

二、**配合職務特性選用用人方式**：如擔任職務所需學識技能發展極爲快速者，其職缺宜以初任或調任爲主，如確無適當人員可資初任或調任時，始予從內部升任；如擔任職務所需法規制度極爲穩定者，其職缺宜以內部升任爲主，確無適當人員可資升任時，始予初任或調任。

三、**配合人力供需狀況選用用人方式**：如需用之人力在社會上呈現出供過於需時，則可考選優秀人員任職，即以初任爲主；如需用人力在社會上呈現出需過於供時，自宜以內部升任或調任爲主。

第五項 降調以必要者爲限

實施此一政策，包括下列三個原則：

壹、僅適用於特定情況

如⑴任用資格不合規定者，應予免除職務，或降調至與其任用資格相合之職務；⑵工作績效低劣者，原應予以免職，但如降調至職責程度較低之職務而認爲可以勝任時，可考慮予以降調；⑶具有構成資遣條件但有較低職缺時，亦可考慮降調至較低職務；⑷適應個人請求時，可考慮同意而予以降調。

貳、取得本人同意

以上四種特定情況，除第四種係基於當事人請求外，依其他三種特定情況而降調時，應事先取得當事人之同意，以免因降調而引起人事糾紛及影響人際關係和諧。

叁、保持原有俸給

降調職務後，如原支俸給仍屬較低職務可支俸給之範圍內者，自可仍支原俸給；如降調職務後依法仍可以原職等任用時，亦可仍支原俸給；如降調職務後不能仍支原俸給時，亦宜採取補足差額之臨時措施，以期公務人員之俸給所得，不因降調而減少。

第三節 升遷法規簡析

目前有關公務人員升遷事項之法制並不完整，僅在公務人員任用法及部分特種任用法律中，有若干條文來規範。依現行規定，升遷仍有其法規體系，升遷包括升任、平調、降調及轉任。茲分項敍述如後。

第一項 升遷法規體系

升遷之重要事項，目前係於公務人員任用法中規定。在本章中曾有引述者，除公務人員任用法外，多以特種公務人員任用法授權所訂定之有關調任與升遷的行政規章為主，其名稱及體系在本項中列表，其順序先為法律，次為依法律授權訂定之規章，再為由主管機關依執行法條需要基於職權所訂定之規章。

法　　律	依法律授權訂定之規章	依需要訂定之規章
公務人員任用法	公務人員任用法施行細則 現職人員升任甄審辦法 現職公務人員職系專長認定要點 行政教育公營事業人員相互轉任 　採計年資提敍官職等級辦法	行政院暨所屬各級行政機 　關公務人員升遷考核要 　點（行政院訂定） 行政院暨所屬各級行政機 　關主管人員職期調任準 　則（行政院訂定）
關務人員人事條例	關務及關政人員相互轉任辦法	
交通事業人員任用 條例	交通事業人員升資甄審辦法 交通事業人員轉任交通行政機關 　職務辦法 交通行政人員轉任交通事業機構 　職務辦法	郵政人員輪轉任職實施要 　點（郵政總局訂定）
專門職業及技術人 員轉任公務人員 條例		
後備軍人轉任公職 考試比敍條例		
司法人員人事條例	司法官檢察官互調辦法	
駐外外交領事人員 任用條例	外交部職員任派要點	
警察人員管理條例	警察職務調任辦法	

第二項　公務人員升任法規簡析

依公務人員任用法律或根據需要訂定有關公務人員升任之規定甚多，茲舉其重要且有示例性者三種辦法之要點如下：

壹、現職人員升任甄審辦法

依公務人員任用法第十九條，「各機關辦理現職人員升任時，得設立甄審委員會，就具有任用資格之人員甄審，其辦法由考試院定之」。依同法第十八條，「……在同官等內調任高職等職務而未具任用資格者，得予權理」。又依施行細則規定，甄審委員會應由機關長官指定委員五至十七人組成，以一人爲主席，人事主管人員應爲當然委員，委員中應有一至三人爲非主管人員並得由本機關人員選舉產生之，委員及主席任期一年，期滿得連任。甄審委員應有全體委員過半數之出席方得開會，有出席委員過半數之同意方得決議，其表決以無記名投票爲之，可否同數時取決於主席。甄審委員會之決議案，不得與現行法令牴觸，並應自決議之日起三日內連同會議紀錄一併送人事主管人員，轉報機關長官核定。

除甄審委員會之組織及議事依上述規定外，由考試院依法律授權訂定之現職人員甄審辦法要點如下：

一、升任較高職務應經甄審：各機關現職人員升任較高職務任用時，其甄審依升任甄審辦法之規定。所謂較高職務，依職務列等之高低認定，即列等較高者爲較高職務；如屬跨等職務，則以最高職等較高者爲較高職務，如最高職等相同時則以最低職等較高者爲較高職務。

二、甄審要點：甄審會應就具有升等任用資格人員之資格、學歷、考試、工作成績、年資、考績、獎懲等項目及其擬升任職務所需之專長及專門知能，予以評審。具有下列情形者，應優先考慮升任，即(1)考試及格類科與擬任職務性質相近者；(2)經銓敍審定之資格與擬任職務性質相近者；(3)經依考績法取得升等任用資格與擬任職務性質相近者；(4)具有二年以上基層服務年資且與擬任職務性質相近者；(5)任現職務及現職等期間依考績法曾記二大功以上者；(6)任現職務及現職等期間經保舉爲特優人員核定有案者。各機關職缺以具有升任職務所列職等之任用資格

者升任為原則，如無適當人員，得甄審同官等內較低職等人員權理。

具有下列情事之一者不得參加升任甄審，即(1)最近二年曾受刑事處分或記過以上之懲戒處分者；(2)最近一年曾受記一大過以上處分未經抵消者；(3)最近一年考績列丙等者。

三、不受甄審限制之升任：下列人員之升任，可不受甄審之限制，即(1)所屬機關首長、副首長；(2)幕僚長、副幕僚長；(3)機關內部一級單位主管；(4)機要人員；(5)在職務列等範圍內經依法取得升等任用資格人員，在原職務所列職等範圍內升等任用者；(6)權理人員經依法取得升等任用資格，在原職務升等任用者。

四、擴大升任機關範圍：現職人員升任原以本機關之職缺為原則，為期擴大升任機關範圍，特規定各主管機關得保留適當職缺，由所屬機關具有升等任用資格者，甄審升任。

五、主管機關得另訂補助辦法：為期適應各主管機關之特殊需要，得在不牴觸本辦法規定情形下，另訂升任甄審辦法，並函送銓敘部備查。

貳、行政院暨所屬各級行政機關公務人員升遷考核要點

行政院為適應所屬各級行政機關公務人員升遷需要，特訂定升遷考核要點一種，其主要內容為：

一、升遷之含義：指(1)升任職務列等表所定較高職等之職務；(2)同職務列等之非主管職務調為主管職務；(3)跨職等之職務列等表中最高職等相同而最低職等較高之職務。

二、考核評分標準：公務人員之升遷應與考試、學歷、訓練進修、年資、研究發展及考核獎懲配合運用，並依資績及品德因素訂定標準，拔擢人才。考核評分標準如下：

㈠資的部分：

(1)考試與學歷：最高為18分，自國民中學以下畢業之4分、相當丁

等特考及格之 5 分，依次遞增至具有博士學位之 15 分、甲等特考及格之 17 分，考試類科或所學科系與擬升職務性質相同者再加 1 分。以上考試及學歷分數，以受考人最高之學歷或考試擇一評分。

(2)訓練進修：最高為 4 分，視訓練進修與擬升職務性質之相關性及訓練進修成績評分。

(3)年資：最高為 15 分，以現職或同職務列等之職務年資為準，非主管職務每滿一年 1.5 分，主管職務每滿一年 2.5 分。

(二)績的部分：

(1)研究發展：最高為 7 分，視研究發展作品與擬升職務性質之相關性及作品之是否受獎、依法出版、主管官署核准具有證明、有創新貢獻並經採行等，予以評分。

(2)考績：最高為 25 分，以現職或同職務列等職務最近五年之考績為準，列甲等者每年 5 分，列乙等者 3 分。

(3)獎懲：最高為 6 分，以現職或同職務列等職務最近五年內之獎懲為準，平時功（過）嘉獎（申誡）一次增（減）0.2 分，記功（記過）一次增（減）0.6 分，記大功（記大過）一次增（減）1.8 分；受懲戒處分者，申誡減 0.6 分，記過減 1.8 分，減俸、降級、休職者減總分 2 分。

(三)品德考核：最高為 10 分，由受考人服務單位主管就受考人現職或同職務列等職務最近三年來之品德生活考核紀錄、年終考績品德項目評分及政風單位有關資料，作成評語並評分。

(四)面談或業務測驗：需否舉行由甄審委員會決定，如不需舉行則不計分，如需舉行則此項成績占總成績 25%（此時，資績評分占總成績 60%，綜合考評占總成績 15%）。

(五)綜合考評：最高為 15 分，由機關首長就出缺職位需要及受考人服務情形、專長才能、發展潛力、領導統御等因素檢討作綜合考評。

經考評結果積分相同時，曾受與擬升職務性質相關之訓練且成績特

優者，優先升任。

三、由升遷考核升任之職缺：各機關委任官等以上職務出缺，除依其他法令規定遞補（如分發考試及格人員任用）及同職務列等人員調任外，應依下列順序經由升遷考核升任，即(1)本機關具有法定任用資格之較低職務列等人員；(2)本機關合於權理規定之較低職務列等人員，必要時並得包括所屬機關具有法定任用資格之較低職務列等人員。

以上應經升遷考核之職缺，如因業務需要外補人員時，其資格條件應優於本機關具有法定任用資格之較低職務列等人員為原則，並應提甄審委員會審查。

四、不得參加升遷考核人員：(1)任現職不滿一年者；(2)最近一年考績列丙等者；(3)最近一年內曾列為待命進修人員者；(4)最近二年內曾受懲戒處分或受平時功過記過以上處分未經抵銷者；(5)最近三年內曾受有期徒刑以上刑之判決確定者。

五、不需升遷考核逕由機關首長核定升任之職缺與人員：(1)機關首長、副首長；(2)幕僚長、副幕僚長；(3)機關內部一級單位主管；(4)機要人員；(5)在職務列等範圍內經依法取得升等任用資格在原職務所列職等範圍內升等任用者；(6)權理人員經依法取得升等任用資格在原職務升等任用者；(7)其他經甄審委員會提報機關首長核定不宜辦理升遷考核之職位。

六、得免經升遷考核優先升任之人員：無上述四(2)至(5)不得參加升遷考核之情事，且工作績效優異，所具資歷與擬任職務性質確屬相當之下列人員，得免經升遷考核優先升任，即(1)最近三年內曾獲頒勳章、功績獎章、楷模獎章或專業獎章（不含依服務年資頒給之專業獎章）者；(2)最近三年內經保舉最優人員核定有案且未受任何處分者；(3)最近三年內依法一次記二大功經辦理專案考績且未受任何處分者；(4)高考優等及格原任委任職升任薦任六職等職務者；(5)經主管培育發展訓練成績優良

擬升任所培育之主管職務者。

七、組織甄審委員會：辦理升遷考核應組織甄審委員會，其職掌爲(1)參加升遷考核人員資格之審查；(2)參加升遷考核人員資績評分之審查；(3)面談或業務測驗方式之決定；(4)升遷候補人員名次之排定；(5)外補人員資格之審查；(6)機關首長交議事項之研議。

八、考核程序：先由人事機構會同有關單位主管依照評分標準評分，再提請甄審委員審查(其中綜合考評部分由機關首長評分)，必要時並舉行面談或業務測驗，而後由甄審委員就各受考人之積分高低排定名次，送由人事單位列冊陳請機關首長圈定升補。

九、其他：各部會處局署及省市政府如因業務需要，得參照本要點之規定，另訂升遷考核要點及評分標準表，報由行政院核定後實施。

叁、交通事業人員升資甄審辦法

依交通事業人員任用條例第五條，「……業務長、副業務長、技術長、副技術長，需經升資甄審合格，升資甄審辦法由考試院會同行政院定之」。依兩院會同訂定交通事業人員升資甄審辦法之規定，其要點爲：

一、適用人員範圍：以現職高級業務員晉升副業務長、高級技術員晉升副技術長、副業務長晉升業務長、副技術長晉升技術長爲限。

二、參加甄審條件：高級業務員、高級技術員、副業務長、副技術長資位現職人員，現敍薪級已達較高一級資位最低薪級之次一薪級滿一年以上，在任本資位職務期內具有成績，最近三年考成（績）一年列80分（甲等）二年列70分（乙等）以上，體格健全操行優良，並具有下列情形之一者，其單位主管得詳列事實報請升資甄審，即(1)任各該資位職務或相當各該資位職務滿五年以上者；(2)任各該資位職務滿三年經特種考試甲等考試及格，其考試類科與所任職務性質相當者（依本款情形升資者以一次爲限）。

三、升資甄審評分標準：

㈠學識：⑴學識豐富並有關於本業之專門著作或發明者 17～20 分；⑵學有專長者 14～16 分；⑶常識豐富者 12～13 分。

㈡體格：⑴體格強壯者 8～10 分；⑵體格健全者 6～7 分。

㈢操行：⑴操行特優者 8～10 分；⑵操行優良者 6～7 分。

㈣工作能力：⑴有擔任艱鉅或創造改進才能者 17～20 分；⑵審辦精確圓滿達成任務者 14～16 分；⑶處世幹練允當者 12～13 分。

㈤服務成績：⑴最近三年考成（績）平均分數在 90 分以上者 40 分；⑵分數在 85～89 分者 34 分；⑶分數在 80～84 分者 28 分；⑷分數在 70～79 分者 24 分。

四、辦理程序：升資甄審，由各事業總機關升資甄審委員會初審，交通部升資甄審委員會覆審；甄審合格人員，送銓敍部核定登記，發給資位證書，並轉送考選部備查；核定升資人員，自呈請升資甄審之月份起，改敍晉升資位之最低薪級，原敍薪級高於晉升資位最低薪級者，按其原薪晉敍一級。如事業機構現無所升資位之職務可派時，得延緩甄審。

第三項　公務人員平調法規簡析

有關一般公務人員之平調，亦在公務人員任用法中規定，其他特種公務人員任用法規中，亦有作平調之規定者。茲舉其重要且有示例性者六種如下：

壹、公務人員任用法中有關調任之規定

公務人員任用法第十八條，「簡任第十二職等以上及委任第二職等以下人員，在各職系之職務間得予調任；簡任第十一職等以下及委任第三職等以上人員，在同職組各職系之職務間得予調任；……以上人員之調

任，必要時得就其考試及格、學歷、經歷、訓練等認定其專長，並得依其職系專長調任」。同法第二二條，「各機關不得任用其他機關現職人員，如有特殊需要得指名商調」。又依施行細則規定，所稱「依其職系專長調任」，指現職人員除得在同職組各職系間調任外，如具有與擬調任職務性質相近程度相當之考試、學歷、經歷或訓練者，亦得予調任，職系專長由銓敍部認定之。

依銓敍部訂定之現職公務人員職系專長認定要點，其內容包括：

㈠具有特定條件者，認為具有簡任、薦任、委任職務專長：如有下列各款資歷之一者，得認為具有薦任職務職系專長，即⑴具有簡任職務職系專長者；⑵經公務人員普通考試或相當普通考試之特種考試及格，其考試類科或職系與調任職務職系性質相近者；⑶在教育部認可之國內外專科學校畢業，其科別性質與調任職務職系性質相近者，或曾修與調任職務性質相近科目二十學分以上者；⑷曾任行政機關、公立學校或公營事業機構委任第五職等以上或相當委任第五職等以上職務或曾任中尉以上軍官且其工作性質與調任職務職系性質相近職務滿一年成績優良具有證明文件者；⑸曾任主管機關登記有案，具有規模及聲譽之民營事業機構依法委任之經理人、執行業務股東、董事長或技術部門、專業部門最高主管滿一年或大規模及聲譽卓著民營事業機構依法委任之中級經理人員或技術部門、專業部門之中級主管滿一年，其工作性質與調任職務職系性質相近成績優良具有證明文件者。

㈡依銓敍機關審定有案在本機關繼續任職二年以上，且知能足以勝任繳有服務機關證明文件者，得認為具有本機關本職等或高一職等其他非技術性職務職系專長；依技術人員任用條例任用依法審查合格者，得調任行政性職務。

㈢曾任與調任職務低一職等以上之職務滿一年，且其工作性質與擬調任職務職系性質相近並有證明文件者，得認為具有所調任職務職系專

長。

㈣因機關裁併或組織精簡人員，經先派赴調任機關接受在職專長轉換訓練半年以上成績優良繳有所派赴機關證明文件者，得認爲具有該專長轉換訓練之專長。

貳、法官檢察官之互調

依司法人員人事條例第十七條，「法官、檢察官之互調辦法，由司法院會同行政院定之」。依該互調辦法之規定，其要點爲：

㈠法官得與檢察官互調任職。

㈡各級法院兼任庭長之法官，得與同級檢察機關主任檢察官互調任職。

㈢高等法院以下各級法院及其分院兼任院長之法官，得與同級法院及其分院檢察署檢察長互調任職。

㈣高等法院或其分院法官、高等法院或其分院檢察署檢察官出缺，應就實任法官及檢察官合計二年以上成績優良者，優先遴調之。

㈤地方法院或其分院兼任院長之法官、地方法院或其分院檢察署檢察長，高等法院或其分院兼任院長、庭長之法官，高等法院或其分院檢察署檢察長、主任檢察官出缺，得就具有任用資格曾任同級法院法官，並曾任同級法院檢察署檢察官成績優良者，優先遴調之。

㈥連續任法官或檢察官四年以上者，得請求調任同級檢察官或法官。

㈦司法院、法務部爲辦理法官、檢察官之互調，應各指派人員組成法官檢察官互調協調小組，小組之擬議應報請其主管長官並經其人事審議會通過後調任之。

叁、外交人員之內外調任

依駐外外交領事人員任用條例第七條，「駐外外交領事人員服務期間

以三年爲一任，必要時得予延長，但延長期間不得超過三年，任滿調回外交部服務；駐外外交領事人員於駐外期間，得以同一職務調任其他駐外外交機構服務，但其駐外期間合計不得超過六年」。又第八條，「駐外外交人員調回外交部服務，除改任外交部組織法規定職務者外，得以原職務擔任指派工作，其在外交部服務年資，並得視同駐外服務年資合併計算」。依現行外交部職員任派要點中有關內外調任之規定爲：

㈠駐外外交領事人員之範圍：包括簡任之公使、參事、總領事、副總領事；薦任之一等祕書、二等祕書、三等祕書、領事、副領事。

㈡駐外外交領事人員之任派：簡任職駐外外交領事人員，除從駐外人員任用外，應就任外交部簡任職或最高級薦任職滿三年而具有升等任用資格者任用之；薦任職駐外外交領事人員，除從駐外人員任用外，應就任外交部薦任職一年以上者任用之。駐外外交領事人員服務期間以三年爲一任，必要時得予延長，但延長期間不得超過三年，任滿調回外交部服務；又駐外人員任同等職務滿六年，其歷年考績無一年列甲等者，不得再任駐外職務。

㈢外交部職員之任派：簡任級（不含簡任級單位主管以上人員）人員，除從本部人員任派外，應就曾任一等祕書或領事取得參事或總領事存記者，或曾任一等祕書或領事滿三年者任派之；薦任室主任、副司處長，除從本部人員任派外，應就曾任一等祕書或領事，或曾任二等祕書取得一等祕書存記者任派之；科長，除從本部人員任派外，應就曾任二等祕書或領事滿一年者，或曾任三等祕書或副領事取得二等祕書或領事存記者任派之；專員，除從本部人員任派外，應就具有曾任三等祕書或副領事滿二年者任派之。

肆、警察人員之調任

依警察人員管理條例第二○條，「警察職務得實施職期調任、地區調

任及經歷調任，其辦法由內政部定之」。依內政部所定警察職務調任辦法規定，其要點爲：

㈠職期調任：以各級警察機關警正以上主官職務爲範圍；各級主官職務任期定爲三年，必要時得連任一次，但因業務需要或考核成績欠佳者，得隨時調任之。

㈡地區調任：警察人員在同一地區服務滿二年者，得實施地區調任，其成績優良者得自請調任，但成績欠佳者，得隨時調任。警正以上人員應迴避本籍縣市服務，警佐以下人員應迴避本籍之鄉鎮區市服務，但山地籍及警佐以下之消防、民防、戶政人員，不在此限。

㈢經歷調任：經歷調任，以幕僚職務、敎育職務、外勤職務相互調任，並得與升職任用相配合。初任主管職務，應具備幕僚或敎育職務經歷；初任主官職務，應具備主管職務經歷。

伍、行政院暨所屬各級行政機關主管人員職期調任準則

行政院爲實施所屬各級行政機關主管人員之職期調任，特訂定職期調任準則發布施行，其要點爲：

㈠職期調任之職位：以工作性質相近之機關首長、副首長及機關內部第一級單位主管爲限，但下列職位不予列入，即⑴政務官及民選首長；⑵所任職位之工作性質係屬特殊專長者；⑶無適當職位可資調任者；⑷經行政院核准得不予調任者。

㈡職期：各機關主管人員之職期定爲三年，得連任一次，但基於業務特殊需要得於連任期限屆滿後，特准延長一年；必要時得隨時調任之。職期之計算，以實際到職之日起算，並以每年六月或十二月底爲屆滿日期。

㈢職期屆滿之考評：職期屆滿人員，應就其品德、學識、才能及服務成績等項綜合考評後，予以調任。考評標準由各部會處局署省市政府

訂定。

㈣辦理手續：職期屆滿調任人員，各機關於職期屆滿前三個月，就內部一級單位主管及所屬機關首長、副首長擬議調整職務呈報主管機關核辦，但簡任級人員應呈報行政院核辦。

㈤其他：職期調任人員，依規定核給赴任旅費及搬遷費，子女轉學優先辦理。各主管機關，依本準則規定並參酌業務特性，擬定實施辦法報行政院核定後實施。

上述職期調任準則，係由行政院基於職權於五十九年二月訂定，為時極早，至今仍屬有效。五十九年後制定之特種任用法或管理條例中，間有出現職期調任之規定者亦由此而來。再如各主管機關依職權訂定之各機關人事主管之職期調任、稅務人員之職期調任、金融事業主管之職期調任，及基於法律授權所訂定之職期調任，其內容大致亦參照此一準則之規定。

陸、郵政人員輪轉任職實施要點

交通部郵政總局為培養郵政通才，特訂定郵政人員輪轉任職實施要點一種，其主要內容為：

㈠輪轉任期之部門：以郵政、儲匯、壽險、採購、營繕、出納、會計、人事及其他行政單位人員為對象，但技術人員之輪轉以同性質職務為範圍。

㈡輪轉任職之職務：輪轉任職應顧及工作性質、人員能力及公務需要等情形，除各級郵局局長、副局長外，應先就本單位內相當資位之不同職務予以輪轉，再就不同部門之可能輪轉任職之職務實施輪轉，均以服務地區就地實施輪轉任職為原則。

㈢輪轉任職之期間：各級主管人員之任期為三年，非主管人員則以一年至三年為一期，期滿另調，必要時得因業務需要酌予伸縮之，但人

事及主計主管人員依其特別規定。所任職位之工作性質係屬特殊專長者，經報經上級核准後得暫不實施輪轉任職。

㈣對輪轉任職人員之指導：輪轉任職人員對於新任職務未臻熟悉前，除由相關人員指導外，應就相關職務說明書及相關規章辦事手續等，詳加研究努力學習，俾資勝任新工作。

㈤辦理程序：各單位內部輪轉任職，由各主管依職權辦理；不同部門間輪轉任職，應事先開具清單報上級主管核定實施；郵政總局及直轄機構主管人員之輪轉任職，由相關人事單位作業報總局長核定實施。

㈥其他：輪轉任職績優人員，遇相當主管出缺時，得優先升補。

第四項 公務人員降調法規簡析

公務人員任用法規中，亦間有有關降調之規定，茲就公務人員任用法及特種任用法規中，有關降調之規定簡說之。

壹、公務人員任用法之規定

依公務人員任用法第十八條，「……經依法任用人員，除自願者外，不得調任低一官等之職務；在同官等內調任低職等職務者，仍以原職等任用……」。由上述規定可知，降調可分兩種，一為調任低官等之職務，如從簡任降調至薦任職務，或從薦任調任至委任職務，因降調官等職務時，不能再以原官等任用，對公務人員殊屬不利，故應取得當事人之同意後方得行之，如未經取得當事人同意而逕行降調低一官等之職務，即屬違法行為。二為在同官等內降調低職等職務，如從薦任九職等科長降調為八職等專員，或從委任五職等科員降調為三職等辦事員，因在同官等內雖降調至低職等的職務，但仍得以原職等任用，如上例雖降調為專員及辦事員，但仍以九職等及五職等任用，對當事人並無不利之處，故

此種降調不需經本人同意。

貳、特種任用法規

司法人員人事條例第三六條,「實任法官除調至上級法院者外,非經本人同意不得為審級之更動」。法官如由最高法院 (三審級) 調至高等法院 (二審級),或由高等法院調至地方法院 (一審級),均屬審級之更動,依上條規定亦需經本人同意,此乃含有特別保障之意。除此之外,在其他特種任用法規中多無降調之明文規定,其認有作降調之必要者,亦直接依公務人員任用法第十八條之規定辦理 (在特種任用法規中,多有一條「本條例未規定事項,適用有關法律 (或公務人員任用法) 之規定」)。但明顯降調低官等職務,即使取得當事人同意,如當事人有後悔之意時,亦會引起糾紛。至在同官等內降調低職等職務,雖仍以原職等任用,機關首長亦多不願明顯作此處理,而採用較不明顯的做法,如將主管調為非主管職務 (在職權上已明顯減少),或將較好地區者調至較差地區 (已含有薄懲意義) 等方式行之。

第五項　公務人員轉任法規簡析

所稱轉任,通常指人事制度不同之政府機關、公立學校、公營事業,及專技人員相互間之轉任而言。公務人員任用法規及特種任用法規每有規定,茲按公務人員任用法及特種任用法規順序,簡述如下:

壹、政府機關、公立學校、公營事業人員間之相互轉任

依公務人員任用法第十六條,「高等考試、特種考試之甲等或乙等考試及格人員,曾任行政機關人員、公立學校教育人員或公營事業人員服務成績優良之年資,於相互轉任性質程度相當職務時,得依規定採計提

敍官、職等級；其辦法由考試院定之」。依施行細則規定，所稱「服務成績優良之年資，於相互轉任性質程度相當職務時，得依規定採計提敍官、職等級」，指轉任人員於轉任前，其依考績法規辦理歷年考績、考成、考核之優良服務年資或專科以上學校教師經考試院認定之歷年優良服務年資，均合於或比照合於本法、公務人員考績法、公務人員俸給法及其他有關法律之規定，於相互轉任時得採計取得相當之官等、職等、資位、等級及俸（薪）級而言；前項轉任辦法由銓敍部會同行政院人事行政局擬訂報請考試院核定之。

　　依考試院核定之行政、教育、公營事業人員相互轉任採計年資提敍官職等級辦法，其要點爲：

　　㈠轉任人員範圍：所稱行政機關人員，指各級政府行政機關組織法規中定有職稱及官等職等之文職人員；所稱公立學校教育人員，指各級公立學校校長、教師及職員；所稱公營事業人員，指各級政府設置之生產、金融（保險）、交通及公用等事業機構從業人員。

　　㈡所稱服務成績優良之年資，指轉任人員於轉任前依原任機關、機構、學校有關考績、考成或考核法規核定年終（度）考績、考成或考核成績列乙等或 70 分或相當乙等以上之年資而言，專科以上學校教師則指具有所列條件之一並繳有證明文件者。

　　㈢轉任行政機關職務，以薦任第八職等至簡任第十二職等爲限，其轉任職務之官職等級並不得高於轉任前之原職務等級。轉任人數不得超過本機關同官等職務十分之一，又非現任或曾任主管職務者，不得轉任主管職務。

　　㈣轉任行政機關職務之提敍官職等級：公立學校教育人員及公營事業人員經高等考試、特種考試之甲等或乙等考試及格轉任行政機關人員時，除分別取得其考試及格等次、類科之任用資格外，其轉任前曾任與轉任職務性質相近等級相當之職務服務成績優良年資，先按年換算俸級

至各該職等本俸最高級，其年終（度）考績、考成或考核結果如比照公務人員考績法第十一條考績升等之規定者，並得採計取得較高職等之任用資格。但特種考試之甲等考試及格人員提敍職等者以簡任第十二職等為限。

高等考試或特種考試乙等考試及格人員，於轉任前之服務年資依上述規定換算至薦任第九職等滿三年，年終（度）考績、考成或考核結果如比照合於公務人員考績法第十一條升官等之規定，且其俸級換算至第九職等本俸最高級者，得採認提敍官等，積餘年資並得採計提敍簡任相當職等之任用資格。

㈤行政機關及公立學校教育人員轉任公營事業人員或行政機關及公營事業人員轉任公立學校教育人員：比照第㈣點規定辦理，但轉任公立學校校長、教師者，需具教育人員任用條例所定校長、教師之資格；轉任交通事業副長級以上資位職務者，須比照交通事業人員任用條例規定甄審合格；轉任其他機關時，該轉任機關亦得辦理甄審。

貳、專技人員轉任公務人員

依公務人員任用法第三四條，「經高等考試、普通考試或特種考試及格之專門職業及技術人員轉任公務人員，另以法律定之」。依現行專門職業及技術人員轉任公務人員條例，其要點為：

㈠轉任人員範圍：轉任人員以經專門職業及技術人員高等考試或普通考試或特種考試及格者為限，但不包括檢覈及格人員。

㈡轉任職務及敍俸：轉任公務人員，應以與其考試等級相同、類科與職系相近之職務為限。經專技人員高等考試或相當之特種考試及格後，曾實際從事相當之專技職務二年以上成績優良有證明文件者，得轉薦任第六職等職務；經專技人員普通考試或相當之特種考試及格後，曾實際從事相當之專技職務二年以上成績優良有證明文件者，得轉任委任第三

職等職務。轉任人員應按其所具資格，自所任職務職等最低俸級起敍，但轉任人員在轉任前曾任公立學校、公營事業或行政機關性質相近程度相當職務之年資，其年終（度）考績（成）結果在 70 分以上，經晉級或發給獎金有案者，得按年提敍俸級，以至轉任職務職等之本俸（薪）最高俸（薪）級爲止。

㈢改任職務：經銓敍機關審定以技術人員任用之政府機關現職技術人員，經專技人員高普考或特種考試及格者，準用本條例規定及公務人員任用法第二三條規定辦理改任。

㈣未規定事項之法律適用：同條例第九條，「本條例未規定事項，適用公務人員任用法之規定」。

叁、關務與關政人員間之轉任

關務與關政機關雖同爲政府機關，但其人事制度並不相同，故相互間之調任亦稱轉任。依關務人員人事條例第九條，「關務人員與財政部關政單位人員，得相互轉任相當職務，但以具有所轉任職務之任用資格者爲限，其轉任辦法由銓敍部會同財政部定之」。

肆、交通事業人員與交通行政人員間之轉任

依交通事業人員任用條例第八條，「交通事業人員得轉任交通行政機關相當職務；交通行政人員取得本條例所定各級資位者，亦得轉任交通事業機構相當職務」。考試院根據本條所訂定之轉任辦法有下列兩種，即⑴交通事業人員轉任交通行政機關職務辦法；⑵交通行政人員轉任交通事業機構職務辦法。

伍、後備軍人之轉任公務人員

政府爲期後備軍人有機會轉任政府機關公務人員，特制定「後備軍

人轉任公職考試比敍條例」，除後備軍人轉任公職之考試，於第五章考試第三節中已有敍述外，其經考試及格取得公務人員任用資格後，其任用比敍，則於後備軍人轉任公職比敍條例第五條中有優待之規定，即：

㈠後備軍人依法取得公務人員任用資格者，與其他候用人員資格相等時優先任用。

㈡後備軍人依法取得公務人員任用資格者，按其軍職年資比敍相當俸級。

㈢任用公務人員之機關遇有緊縮或改組時，應優先留用。

㈣作戰因公負傷者，除依㈠㈡㈢規定外，並依其功勳優敍俸級。

第十章 考 績

考績亦為我國憲法增修條文第五條所定人事項目之一。考績有其理論依據，亦有其政策與原則，所制定之法規亦不少。除理論及政策與原則，分別於第一節、第二節中敍述外，有關考績之法規簡析，則於第三節、第四節中敍述之。

第一節 考績的理論

有關考績的理論，說法甚多，茲就考績範圍、作法與時機，心理因素影響考績，選用考績方法諸說，分項敍述如後。

第一項 考績範圍、作法與時機說

考績，在範圍上要工作與德行兼顧，在作法上要公平、客觀、確實，在時機上要平時與定期兼施。

壹、工作與德行兼顧

一、工作：指工作的績效，任用員工之目的在為組織處理工作，並需在工作上具有績效。因此員工在執行職務時所表現出的工作績效，就成為考績應有範圍中之主要部分。一般而言，考核工作績效時所重視者，

包括所完成的工作數量、工作品質、工作時效、工作態度等，是否能達到要求。

　　二、德行：包括品德與言行，如員工處理工作能主動、負責、創新、勤勉等，均屬有優異品德的表現。再如員工有應對得體、廉潔自持、大公無私等表現者，均屬言行優異。員工德行之優良與否，不僅涉及工作績效的高低，更影響及一般民眾對員工的印象與對政府的信心。

貳、公平客觀確實

　　為期考績能公平、客觀、確實，應具備下列條件：

　　一、**適當的考績項目與標準**：根據所屬員工職務的需要，選定用以考績的項與目，並規定各項與目的考評標準，作為評定各考績項目之成績高低的尺度，使考績更為公平。

　　二、**充分的事實資料**：考績時對績效與德行優劣的評定，必須以事實資料為依據，不可憑直覺或印象來認定，使考績更為客觀。

　　三、**考績結果須能作量的比較**：考績不但要評定各別員工的成績，且需將各別員工的成績作相互的比較與統計。為期比較及統計能予客觀，則需將考績成績予以量化，如以分數的高低及等次的高低來區別考績成績的高低，即屬考績成績的量化，使考績更為確實。

叁、平時與定期兼施

　　一、**平時考核與年終考績並行**：如只有平時考核而無年終考績，則根據平時考核而採取獎懲措施時，只限平時功過，有損考績本意。如只有年終考績而無平時考核，則考績不易確實，且對平時發現有重大功績或劣行之員工，無法作及時的獎懲，影響考績之效果。

　　二、**平時考核與年終考績間應有適當配合**：平時考核成績之優劣與年終考績成績之優劣間，須取得適當之配合，以免有平時考核成績優而

年終考績成績劣，或平時考核成績劣而年終考績成績優之現象發生。

第二項　心理因素影響考績說

主管人員考績員工時，在心理上多會表現出若干不太正常的反應，致影響及考績的公平；員工接受考績結果時，亦會產生若干不甚正常的心理反應，致本來屬於公平的考績，亦認為不公平。

壹、主管考績員工時之心理反應

一、**暈輪效果**(Hallo Effect)：即主管人員評定員工考績時，常因員工的某項特性(或特質)，亦為主管認為重要的特性，而影響及主管對員工其他各項特性之客觀的評定。如主管認為某員工人緣很好、對長官很有禮貌時，就認為該員工其他考績項目的成績亦應很高，其實此種人緣及禮貌與考績成績並無必然關係，致發生考績上的誤差。相反的，如主管認為某員工性情暴躁，對長官無禮貌時，即認為該員工其他考績項目的考績成績亦應低劣，致同樣的發生考績誤差。

二、**近因誤差**(Recency Error)：即主管人員辦理員工年終考績時，通常並不以一年的實有績效為依據，而只以最近數月的績效作為一年績效考績的依據。其原因為最近數月的績效印象較為深刻，記憶亦較為清楚，而對以前數月的績效則印象模糊、記憶不清；此種以最近的績效作為評定一年績效的事實，自必發生考績誤差。

三、**集中趨向誤差**(Error of Central Tendency)：即主管人員考績員工時，其考績成績有集中在某一等次或分數的傾向，如絕大部分均考列乙等，或一半考列甲等（80 分），另一半考列乙等（79 分）。此種考績成績之集中趨向，與各員工的實有成績出入甚大，致發生考績誤差。

四、**各單位主管間的常誤(Constant Error Between Supervisors)**：即各單位主管，對考績應從寬或從嚴，常抱有不同的看法，有的主管認爲考績應從嚴，80 分已爲最高分，成績平常者只能給 70 分；有的主管認爲考績宜從寬，如一年內無差錯就應給 80 分，如有良好表現者應給 90 分。因此這兩單位員工的考績分數，就無法作直接的比較，致發生考績誤差。

五、**年齡誤差(Error of Ages)**：根據一般考績成績高低與年齡關係之分析，大凡年齡在四十歲上下者，其考績成績普遍高，年齡在三十歲以下及五十五歲以上者，其考績成績普遍較低。其原因爲一般主管多認爲員工年在三十歲以下時，學識經驗尚不夠成熟，故考績成績不會高；而年在五十五歲以上時，年事已大且未獲升較高職務，足證其學識經驗平庸，故考績成績甚低。又如年輕的主管，對年輕員工的考績成績易於偏高；年長的主管，對年長員工的考績成績亦易偏高。此種心理本只是假設而已，與員工實有績效並無必然關係，致發生考績誤差。

六、**偏見誤差(Error of Bias)**：人難免有主觀的偏見，主管對員工的考績，同樣亦有主觀偏見的可能。如認爲家世好的員工考績成績就高，好酒的員工考績成績一定低，對有親戚或同學關係的員工，在考績時就會介入私人的情誼而提高評分；對與之有過節的員工，在評分時常會出現公報私仇的念頭而給低分。將此種與員工眞正績效並無關係的因素介入考評之中，自會發生考績誤差。

貳、員工接受考績結果時之心理反應

一、**因考績有誤差而抗拒**：主管對員工的考績，如被考列爲不合格，員工多不會接受，他不承認自己績效差的事實，而認爲是考績不公引致誤差所致，因而產生抗拒心理。

二、**因考績不良影響發展前程而抗拒**：考績的作用應是多方面的，

如依考績調整薪資，從考績發掘人才，憑考績辦理升遷轉調等。如考績被列爲不良，自會影響及將來發展的機會，因而卽使考績是客觀、公平與確實，只要被考列爲不良，卽會發生抗拒心理。

　　三、因考績低劣受冤職而抗拒：依一般考績規定，如考績成績低劣者需予冤職，雖對考績冤職者多有申請覆審之規定，但因提出申請覆審而撤銷原有考績之結果者究屬罕見。因此，當獲知考績成績低劣時，員工往往會發生抗拒心理，甚或表現出莽撞的抗拒行動。

　　四、認爲考績是對受考者的威脅而抗拒：有的員工認爲自己的績效如公開讓由他人來評定，並根據評定結果採取對自己不利的行動，這無形中是對受考者的威脅。人總是希望能消除所受到的威脅或採取行動來排除此種威脅，因而引發抗拒的心理。

第三項　選用考績方法說

　　舉辦員工考績之方法可有多種設計，應視需要而選用。較爲常用者有下列數種：

壹、整個考績法

　　由主管人員對員工之工作及德行等，作整個考量後，逐行決定其考績成績。至表示成績高低之方式，有用評語表示者，有用等次表示者，有用總分表示者。此種方法，在運用上最爲簡單，但亦最不易公平、客觀與確實。

貳、按項目考績法

　　由主管人員對員工之工作及德行等，先選定若干項，在每項中再分若干目，再按目及項分別決定其成績，而後綜合爲總成績，此種總成績

即代表考績成績。用以表示各目及項成績高低之方式，有用評語表示者，有用等次表示者，有用分數表示者；表示考績總成績之方法，亦有用評語、用等次，或用分數之別。

叁、強制分配法

根據常態分配原理，將員工的考績成績硬性區分為五等或三等，並規定每等次的人數分配，如規定甲等為10%，乙等為20%，丙等為40%，丁等為20%，戊等為10%。主管人員考績員工成績時，需將成績區分為若干等次，每等次的人數並需符合規定。如某單位績效高，則考列優等之人數可酌增加。

肆、配合績效考績法

先考核各機構或單位之經營績效(多以等次表示)，再根據各機構或單位之績效等次，分別規定各機構或單位人員考績可考列甲等之人數；凡績效等次高者(如列甲等)，則所屬人員考列甲等之人數亦可增加，績效等次低者(如列丙等)，則所屬人員考列甲等之人數亦應減少。此種設計，可使團體的績效與個人的考績相結合，不致發生團體績效優者個人列甲等人數受著與團體績效差者同樣的限制。

伍、特殊事例列舉法

先由主管人員就從事某種職務時，可認定為成績優異或低劣之具體事例，予以逐條列舉，再加整理後即可成為考績表。如擔任推銷員職務者，能表現出「當顧客要求貨品時，立刻以通訊方式或親自聯絡」，「向顧客介紹產品特性時，態度誠懇，言辭清晰，不誇張不隱瞞」，「顧客挑選產品時，耐心的等待，從不表現出不耐煩的態度」者，可認為成績優異；如表現出「對顧客作過多的承諾」，「銷售報告寫得很差」，「與顧客

發生爭執」者，可認為成績低劣。

陸、工作標準法

一、工作標準之意義：所謂工作標準，指各級主管人員，對員工處理之各種工作，規定其工作應處理得如何多（工作數量），處理得如何好（工作素質），處理得如何快（工作時限），及以何種態度處理（工作態度）之書面文件。

二、訂定工作標準之方法

㈠以工作數量規定工作標準：(1)工作數量標準，指規定在某一定期間內，對某種工作應完成某種數量，或對完成一件某種工作，所需時間應在多少小時或分秒之內；(2)凡工作程序與方法較為固定，工作成果數量可以明確計算，處理一件工作所需時間易於估計之工作，宜用應行達到之工作數量，訂定工作標準。

㈡以工作素質規定工作標準：(1)工作素質標準，指處理工作時，在素質上應行達到何種要求；(2)凡對工作成果之要求，其「外表」、「正確性」、「適合性」、「有用性」等，遠較工作數量為重要時，宜以工作素質訂定工作標準。

㈢以工作時限訂定工作標準：(1)工作時限標準，指規定應於何時前完成；(2)凡因期限展延，將損及當事人權益，或重大影響及機關或事業信譽，或將蒙受損害，或將失卻預期效果者，宜以完成時限訂定工作標準。

㈣以工作態度訂定工作標準：(1)工作態度標準,指規定處理工作時,應保有之品德、操行、姿態、儀表、談吐等；(2)凡對工作之要求，特別注重「守正不阿」、「操守廉潔」、「與同事之合作」、「與公眾之接觸」、「處事態度」、「儀表風度」、「言談聲調」等者，宜以工作態度訂定工作標準。

三、訂定方法之選用或併用：訂定工作標準之四種方法，需由主管

人員視員工工作之情況，作適當的選擇應用。如員工工作項目較多，或對工作之要求係屬多方面，或工作內容較爲複雜時，常需從工作數量、工作素質、工作時限、工作態度等方面，分別規定應行達到之要求。

第二節　考績的政策與原則

根據上節所述之考績理論及當前需要，在考績方面之政策與原則，應包括選定考績項目訂定評分標準，發揮考績功能，導正考績心理。茲分項簡述如後。

第一項　選定考績項目訂定評分標準的政策與原則

爲期考績項目，能兼顧工作與德行，考績評分有所依據，應重視之政策與原則如下：

壹、選定考績項目

一、選定工作方面考績項目：通常可包括：

㈠工作數量，指所完成的工作數量。

㈡工作品質，指所完成工作之品質。

㈢工作時效，指完成工作是否依限完成或提前或落後完成。

㈣工作方法：指處理工作之程序方法是否適切，聯繫協調及意見溝通是否有效。

㈤工作知能：指處理工作所需之學識、經驗、技能、體能是否具備及具備至何種程度。

二、選定德行方面考績項目：就公務人員應有所爲及有所不爲之義

務中屬於德行方面之要求，設計為考績項目，以憑辦理考績，如保持品位、不兼職兼業、愛惜公帑公物、服從命令、保守機密、忠心努力執行職務等，均可考慮列為德行方面之考績項目。

三、**考績項目及其內容可視職務需要而定**：上述工作及德行方面考績項目，可視職務需要而選用，有的職務項目可較多，有者可較少；再同一項目的內容亦可視職務需要而調整，如工作方面之工作數量項目，對工作較為穩定、處理工作程序方法較為固定及工作件數較易計算之職務，可以工作件數為工作數量；對工作較為彈性、處理工作程序方法較易變動及工作件數難於計算的職務，可以工作的複雜性為工作數量。

貳、訂定評分標準

一、**以評語為評分標準**：即以簡單的語句來代表成績之高低。如

㈠工作數量：其評語為超過標準(該項目成績最高者)，再依次為達到標準、勉合標準、未達標準、遠遜標準（該項目成績最低者）。

㈡工作品質：其評語為精密準確(該項目成績最高者)，再依次為正確無訛、尚無錯誤、間有錯誤、常有錯誤（該項目成績最低者）。

以評語為評分標準，設計較易，且各種職務均可適用，可稱簡便；但在何種情形下應選用何種評語，仍無依據，故仍屬主觀成分居多，失去訂定評分標準之意義。

二、**以具體事蹟為評分標準**：即對各考績項目以簡明的事實，來表達應行達到的標準、超過標準或未達標準，因各職務的工作多有不同，因此各職務的評分標準亦可能有差異。如：

㈠工作數量標準：人事卡片登記工作，規定每八小時須登錄二十張，其中錯字不超過千分之三；達到此種數量標準者，即給及格分數；如超過此種數量標準者，即為優異或從及格分數上加分；如未達此種數量標準者，即為低劣或從及格分數中扣分。

㈡工作品質標準：撰擬公文工作，規定其文字須通順、敍事須簡明、組織須嚴密、理由須充分；達到此種品質標準者，即給及格分數；如超過此種品質標準者，即為優異或從及格分數上加分；如未達此種品質標準者，即為低劣或從及格分數中扣分。

第二項　發揮考績功能的政策與原則

為期發揮考績功能，應使考績具有下列作用：

壹、綜核名實信賞必罰

在求名實之相符，既有其名，必責其實。此處之名指職務名稱，如科長、辦事員；此處之實指應負之職責，如科長有科長之職責。綜核名實指依其所任職務，考核其職責。信賞必罰，乃立必信之賞，施必行之罰；對履行職務有優異表現者予以獎勵，履行職務不力者予以懲罰。

貳、依考績調整薪資

初任員工之薪資，雖依其所任工作及所具資歷而核敍，但自任職後薪資之調整則需以考績為依據，如考績成績優良者可獲得薪資晉級。

叁、從考績發掘人才

各組織員工，雖多為考選進用，但尚需由實際工作來考驗，如經長期考績認為確屬優秀的員工，可證明其為真正的人才，應作有計畫的培養，使其對組織能提供更多的貢獻。故人才不僅要用考選來鑑衡，更需透過考績來發掘。

肆、憑考績作升遷調任

經由考績所發掘之人才，為期學識才能在工作上獲得更多的發揮，自應予以拔擢晉升，擔任更繁重的工作，對組織作更多的奉獻。經考績認為平常者、學識才能與現職不相稱者、因任職期間過久影響其工作情緒者，則宜調任他職以改變工作環境。經考績認為低劣者，除得免職外，亦宜改調較低職務，使其對工作產生信心，在工作上有所表現。

伍、藉考績規劃訓練進修

現職員工之學識能力，多可經由考績而發現其優劣，對優異者，可規劃其參加高一層次的訓練進修，以培育人才；對欠缺學識能力者，可規劃其參加訓練進修，以補充所需之學識能力。

陸、經由考績留優汰劣

各組織的員工，須保持有新陳代謝作用，除需不斷羅致優秀人員任職補缺外，對現職員工更須注意留優汰劣，使能留住優秀者繼續任職，對工作不力及成績低劣者，經由訓練進修仍無法改進時，只有加以淘汰。此種留優汰劣的措施，又需以考績為依據。

第三項　導正考績心理的政策與原則

考績雖有其重要性，但考績確是一種難以辦好的工作。為減低或消除考績上可能發生的誤差，及降低或消除員工對考績的抗拒，自需採取若干調整與改進的措施。

壹、舉行考績研討會

由經辦考績事務之人員及考評員工成績的主管人員參加，研討考績表的使用，及評定考績成績時應特別注意之處，以期考績之公平、確實與客觀，並儘量減少或消除基於心理上原因所發生的考績誤差。

貳、調整評分差距

如各主管對員工的考績評分，因標準不同寬嚴不一，致在分數上發生顯著之差距時，則應調整分數，以利各單位員工考績之相互比較。

叁、宣導考績需要以消除心理威脅

由管理當局向員工說明考績的需要；任何組織必須羅致及留任優異的員工，以期業務不斷發展；必須淘汰低劣的員工，以維護紀律及提高效率；亦只有如此，組織才能繼續生存與發展。如將組織看作收容所及庇護所，則組織必將整個解體，到那時全體員工均將無法繼續任職。因此，考績的目的並不在淘汰員工，而在維護紀律與效率，只要員工能認真工作，達成所交付的任務，對考績自不需視為一種威脅。

肆、對考績不良或低劣者多採積極性的補救措施

管理當局對考績成績不良或低劣者，固可予以降調或淘汰，但此只是消極性的措施，且易對員工構成一種心理威脅。因此，為降低或消除員工對考績的威脅感，對考績成績不良或低劣者，應多採積極性的補救措施，如將員工改調至與其學識能力相合的其他工作（考績成績不良或低劣，只表示其對現職工作不能勝任，並非謂對其他工作亦不能勝任），以發揮其學識能力及獲致工作上的成就；或輔導其參加訓練進修，使其具備處理現職工作所需的學識能力，進而在工作上有良好的表現。消極

性的降調與淘汰，對員工是一種打擊，使員工感到受威脅；積極性的調
派工作與訓練進修，對員工是一種輔導與幫助，會使員工感到是一種利
益。

第三節　一般公務人員考績法規簡析

　　一般公務人員考績，係以公務人員考績法爲主要依據，有其法規體
系，對平時考核與獎懲、專案考績與獎懲、年終考績與獎懲、另予考績
與獎懲、辦理考績的程序、派用機要及不適用考績人員之考成等，均有
相當規定。茲分項簡述如後。

第一項　考績法規體系

　　考績法規，除一般公務人員之考績在公務人員考績法中規定外，特
種公務人員之考績，有者依一般公務人員之規定，有者在管理條例或人
事條例或任用法中另作特別規定，在特別規定中未有規定之考績事項，
仍適用公務人員考績法之規定。凡在本章中曾引述之一般公務人員與特
種公務人員之考績法規，其體系於本項中列表顯示，並按法律、依法律
授權訂定之規章,及由主管機關依執行法條或其他需要訂定之規章順序,
表列其名稱如下：

法　　律	依法律授權訂定之規章	依需要訂定之規章
公務人員考績法	公務人員考績法施行細則 考績委員會組織規程	
公務人員任用法	雇員管理規則	
關務人員人事條例 （有關考績條文）		
警察人員管理條例 （有關考績條文）		
		公立各級學校校長成績考核辦法（教育部核定） 公立學校教職員成績考核辦法（教育部核定） 交通事業人員考成規則（考試院核定） 經濟部所屬事業機構人員考核及工作獎金發給辦法（經濟部核定） 財政部所屬金融保險事業機構人員考核及工作獎金發給辦法（財政部核定） 臺灣地區省市營事業機構分類職位人員成績考核辦法（考試院核定）

第二項　平時考核與獎懲

　　依公務人員考績法及其施行細則，有關平時考核與獎懲之重要規定如下：

壹、平時考核爲年終考績之依據

依同法第五條,「年終考績應以平時考核爲依據,平時考核就其工作、操行、學識、才能行之」。同法第十三條,「平時成績紀錄及獎懲,應爲考績評定分數之重要依據」。依施行細則規定,所稱「平時成績紀錄」,指各機關單位主管應備平時成績考核紀錄,具體記載屬員工作、操行、學識、才能之優劣事實,不得有記載不實或敷衍塞責情事,並至少每半年密陳機關首長核閱一次。

貳、平時考核之獎懲

依同法第十二條,「各機關辦理公務人員平時考核……平時考核獎勵分嘉獎、記功、記大功,懲處分申誡、記過、記大過」。

依施行細則規定:

㈠平時考核記大功之標準: 有下列情形之一者記一大功, 即⑴執行重要政令, 克服危難, 圓滿達成使命者; ⑵辦理重要業務, 成績特優或有特殊績效者; ⑶搶救重大災害, 切合機宜, 有具體效果者; ⑷對重大困難問題, 提出有效方法, 順利予以解決者; ⑸在惡劣環境下, 盡力職務, 圓滿達成任務者。

㈡平時考核記大過之標準: 有下列情形之一者記一大過, 即⑴處理公務, 存心刁難或蓄意苛擾, 致損害機關或公務人員聲譽者; ⑵違反紀律或言行不檢, 致損害公務人員聲譽, 或誣陷侮辱同事, 事實確鑿者; ⑶故意曲解法令, 致人民權利遭受重大損害者; ⑷貽誤公務, 造成重大過失, 導致不良後果者; ⑸無故曠職繼續達七日, 或一年內累積達二十日者。

㈢專業人員記一大功、一大過之標準, 由主管機關訂定, 報送銓敍部核備。

㈣嘉獎、記功或申誡、記過之標準，由各機關視業務情形自行訂定，報請上級機關備查。

叁、平時獎懲之增減考績總分

依同法第十二條，「平時獎懲，於年終考績時併計成績增減總分，平時考核獎懲得互相抵銷，無獎懲抵銷而累積達二大過者，年終考績應列丁等」。

依施行細則規定，所稱平時獎懲於年終考績時併計成績增減總分，指嘉獎或申誡一次者，考績時增減其總分 1 分，記功或記過一次者，增減其總分 3 分，記一大功或一大過者，增減其總分 9 分，增減後之總分超過 100 分者，仍以 100 分計；再上述增減分數應於主管人員就考績表項目評擬時為之。所稱平時考核獎懲得互相抵銷，指嘉獎、記功、記大功與申誡、記過、記大過得相互抵銷，又嘉獎三次作為記功一次，記功三次作為記大功一次，申誡三次作為記過一次，記過三次作為記大過一次。

第三項　專案考績與獎懲

在公務人員考績法及其施行細則中,有關專案考績與獎懲規定如下:

壹、專案考績於平時有重大功過時辦理之

依同法第三條，「專案考績指各官等人員平時有重大功過時，隨時辦理之考績」。依施行細則規定，所謂重大功過指:

㈠有下列情形之一者一次記二大功: (1)針對時弊，研擬改進措施，經採行確有重大成效者; (2)對主辦業務，提出重大革新具體方案，經採行確具成效者; (3)察舉不法，維護政府聲譽或權益，有卓越貢獻者; (4)

適時消弭意外事件，或重大變故之發生，或已發生而措置得宜，能予有效控制，免遭嚴重損害者；(5)遇案情重大事件，不為利誘、不為勢劫，而秉持立場，為國家或機關增進榮譽，有具體事實者。

　　㈡有下列情形之一者一次記二大過：(1)圖謀背叛國家，有確實證據者；(2)執行國家政策不力，或怠忽職責，或洩漏職務上之機密，致政府遭受重大損害者；(3)違抗政府重大政令，或嚴重傷害政府信譽，有確實證據者；(4)涉及貪污案件，其行政責任重大，有確實證據者；(5)圖謀不法利益、言行不檢，致嚴重損害政府或公務人員聲譽者；(6)侮辱、誣告或脅迫長官，情節重大者；(7)挑撥離間或破壞紀律，情節重大者；(8)無故曠職繼續達十日，或一年累積達三十日者。

　　依上述規定一次記二大功、二大過之專案考績，應詳敘具體事實，按規定程序專案報送銓敘機關審定。

貳、專案考績之獎懲

　　依同法第十二條，「專案考績一次記二大功者，晉本俸一級，並給與一個月俸給總額之獎金；已敘至本職或本官等最高職等本俸最高俸級或已敘年功俸級者，晉年功俸一級，並給與一個月俸給總額之獎金；已敘至年功俸最高俸級者，給與兩個月俸給總額之獎金；但在同一年度內再次辦理專案考績記二大功者，不再晉敘俸級，改給兩個月俸給總額之一次獎金。一次記二大過者免職」。同條又規定，專案考績不得與平時考核功過相抵銷。又依施行細則規定，專案考績獎金以核定當月之俸給總額為準。

第四項　年終考績與獎懲

　　在公務人員考績法及其施行細則中，有關年終考績與獎懲之規定包

括:

壹、參加年終考績之條件

依同法第三條,「年終考績指各官等人員,於每年年終考核其當年一至十二月任職期間之成績」。又第四條,「公務人員任現職經銓敍合格實授至年終滿一年者予以考績,不滿一年者得以前經銓敍有案之同官等或高官等職務合併計算,但以調任並繼續任職者為限」。

依施行細則規定,任用案在法定期間送審者,其考績年資自到職之月起算,未在法定期間送審者自任職機關送審之月起算;依法權理人員,以經銓敍機關依其所具任用資格審定之職等參加考績;調任同官等低職等職務仍以原職等任用人員,以原職等參加考績。

貳、按項目考績

依同法第五條,「年終考績應以平時考核為依據,平時考核就其工作、操行、學識、才能行之,考核細目由銓敍機關定之,但性質特殊職務之考核,得依各職務需要由各機關訂定並送銓敍機關備查」。

依施行細則規定,公務人員年終考績按其工作、操行、學識、才能四項分別評分,其中工作分數占考績總分 50%,操行分數占考績總分 20%,學識及才能分數各占考績總分 15%。考績表格式由銓敍部訂定如下頁所示。

叁、年終考績等次

依同法第六條,「年終考績以一百分為滿分,分甲、乙、丙、丁四等,各等分數為甲等八十分以上,乙等七十分以上不滿八十分,丙等六十分以上不滿七十分,丁等不滿六十分;考列甲等及丁等之條件應明訂於施行細則中,以資應用」。

公務人員考績表

（機關名稱：　　　　）
（機關代號：　　　　）

附註：

一、本表依「公務人員考績法施行細則」第三條之規定製訂。

二、本表所列工作、操行、學識、才能四考績項目細目，初核時應由各該主管就項目細目本身作個別評分，再合計作為項目之分數。（1）隨時注意其工作與其他有關；（2）檢討研究其本身能否改進；（3）必要時改進之。

三、本表所列各考績工作項目中能否切合配合工作之實際情形，應由機關長官或直屬上級長官參考，應以學識加以總評，記號。

四、其直屬長官或上級長官之評分，應依考績工作項目小評分，應擇各項目分別評分。

五、總評依各直屬或上級長官評分及機關總考績委員會評分，由機關長官核定。

核定日期	
中華民國　年　月　日	簽章
	機關首長
	考績委員會主席
	直屬或上級長官
	人事主管人員

優劣事實	備註及重大

考列甲等人員適用丁款 公務人員考績法施行細則第　條第　項第　款目

評語	考評	分
總評	機關首長	分
	考績委員會	分
	直屬或上級長官	分

工作（50分）					
項目細目	品質數量	時效	方法	主動勤勉協調	隨人便利申訴創造研究
標準					
5 直屬或上級評分					
4					
3					
2					
1 項分					

操行（20分）	學識（15分）	才能（15分）
項目細目：忠誠、廉正、性情、好尚	學驗、見解、進修	體能、實踐、表達
標準		

規定工作項目

姓名	國民身分證統一編號
職務	職務編號
職系	職系代號
官職等資審	陞任官職等級點
本年功級俸點	
出生年月日	到職年月日
性別	籍貫　省市　縣市
請假事項：事假、病假、婚假、喪假、產假	天數
遲到早退、曠職、曠課	次數
獎懲及考績	記大功、記功、嘉獎
本評考核及獎案考績懲處	記大過、記過、申誡
增減分數	

　　一、考列甲等之條件：依施行細則規定，公務人員年終考績，應就考績表按項目評分，其考績擬列甲等者，除本法及本細則另有規定應從其規定外，並須受考人在考績年度內具有下列特殊條件各目之一，或一般條件二目以上之具體事蹟：

　　㈠特殊條件：指⑴因完成重大任務，著有貢獻，獲頒勳章者；⑵依獎章條例，獲頒功績或楷模獎章者；⑶依考績法規定，曾獲一次記一大功，或累積達記一大功以上之獎勵者；⑷對本職業務或與本職有關學術、研究創新，其成果獲主管機關或聲譽卓著之全國性學術團體，評列為最高級，並頒給獎勵者；⑸主辦業務經上級機關評定成績特優者；⑹對所交辦重要專案工作，經認定如期圓滿達成任務者；⑺奉派代表國家參加國際性比賽，成績列前三名者。

　　㈡一般條件：指⑴依本法規定，獲一次或累積達記功二次以上之獎勵者；⑵對本職業務或與本職有關學術、研究創新，其成果經權責機關或學術團體，評列為前三名，並頒給獎勵者；⑶在工作或行為上有良好表現，經權責機關或聲譽卓著團體，公開表揚者；⑷對主管業務，提出具體方案或改進辦法，經採行認定確有績效者；⑸奉公守法、廉潔自持，承辦業務從未積壓，均能圓滿完成任務，經長官認定者；⑹全年無遲到、早退或曠職紀錄，且請事、病假合計未超過十日者；⑺參加與職務有關為期二週以上之訓練，其考核成績列前三名，且服務成績具有優良表現者；⑻領導有方，績效優良者；⑼推動專案或重要個案工作，規劃週密，經考評有具體績效者；⑽對於艱鉅工作，能克服困難，達成任務，有具體事蹟者；⑾管理維護公物，克盡善良管理職責，減少損害，節省公帑，有具體重大事蹟者。

　　公務人員因特殊條件或一般條件各目所列優良事蹟而獲記功一次以上獎勵者，該優良事蹟與記功一次以上之獎勵，於辦理年終考績時應擇一採認。

㈢不得考列甲等之條件：依施行細則規定，公務人員在考績年度內有下列情事之一者，不得考列甲等，即⑴曾受刑事或懲戒處分者；⑵平時考核獎懲抵銷後累積達記過以上處分者；⑶無故曠職連續達三日或累積達五日者；⑷請事、病假合計超過二十八日者。

二、考列丁等之條件：依施行細則規定，公務人員年終考績評分考列丁等者，除本法及本細則另有規定者外，並須受考人在考績年度內具有下列情事之一者為限，即⑴挑撥離間或誣控濫告，情節重大經疏導無效，有確實證據者；⑵不聽指揮，破壞紀律，有確實證據者；⑶怠忽職守，稽延公務，造成重大不良後果者；⑷品行不端或違反有關法令禁止事項，嚴重損害公務人員聲譽者。

三、考績列其他等次之情況：受考人不具以上一、二所列舉之條件或兼具以上一、二所列之條件者，由機關長官衡量其獎懲紀錄或就其具體事蹟，評定其適當考績等次。但平時功過依規定抵銷外，曾記一大功人員，考績不得列丙等以下；曾記一大過人員，考績不得列乙等以上。

肆、年終考績之獎懲

依同法第七條，

「甲等：晉本俸一級，並給與一個月俸給總額之一次獎金；已敍本職或本官等最高職等本俸最高俸級者，晉年功俸一級，並給與一個月俸給總額之一次獎金；已敍年功俸最高俸級者，給與二個月俸給總額之一次獎金。

乙等：晉本俸一級，並給半個月俸給總額之一次獎金；已敍本職或本官等最高職等本俸最高俸級者，給與一個月俸給總額之一次獎金，次年仍考列乙等者，改晉年功俸一級，並給與半個月俸給總額之一次獎金，其餘類推；已晉敍年功俸最高俸級者，給與一個半月俸給總額之一次獎金。

丙等：留原俸給。

丁等：免職。

所稱俸給總額，指公務人員俸給法所定之本俸、年功俸及其他法定給與」。

依施行細則規定，年終考績獎金，以次年一月之俸給總額為準；又所稱其餘類推，指受考人已敍本職或本官等最高職等本俸最高俸級，考績列乙等，晉支年功俸並給與半個月俸給總額之一次獎金後，仍連續考列乙等者，其獎勵以「給與一個月俸給總額之一次獎金」及「晉年功俸一級並給與半個月俸給總額之一次獎金」二種方式，逐年交替獎勵而言。

施行細則又規定，公務人員調任同官等較低職等職務仍以原職等任用其俸級不予晉敍者，年終考績列甲等者給予二個月俸給總額之一次獎金，列乙等者給予一個半月俸給總額之一次獎金。又經懲戒處分受休職、降級、減俸或記過人員，在不得晉敍期間考列甲等或乙等者，均不得發給獎金，亦不能取得升等任用資格。

再依同法第一○條，「年終考績應晉俸級，在考績年度內已依法晉敍俸級者（如試用改實授晉敍一級），考列乙等以上時不再晉敍」。依施行細則規定，不再晉敍者，考績獎金仍應照發。

伍、年終考績之升等

一、在同官等內升職等：依同法第十一條，「各機關參加考績人員任本職等年終考績，具有下列情形之一者取得同官等高一職等之任用資格，(1)連續二年列甲等者；(2)連續三年中一年列甲等二年列乙等者」。

二、升簡任第十職等：依同條，「經銓敍機關審定合格實授薦任第九職等職務滿三年，連續三年年終考績二年列甲等一年列乙等以上，並敍薦任第九職等本俸最高級，除依法須經升官等考試及格者外，其合於公務人員任用法第十七條第二項規定者，取得升任簡任第十職等任用資格，

給予簡任存記」。

　　依施行細則規定，所稱「任本職等考績」，指當年一至十二月任職期間均在同一職等辦理之年終考績而言，以不同職等併資辦理考績之年資及另予考績，均不得予以併計取得高一職等升等任用資格。又簡任存記人員，應於考績案核定後由原考績機關檢同有關證件，專案報請銓敍機關核發簡任存記狀。

第五項　另予考績與獎懲

　　在公務人員考績法及其施行細則中，有關另予考績之規定包括：

壹、參加另予考績之條件

　　依同法第三條，「各官等人員……任職不滿一年，而已達六個月者，另予考績」。復依施行細則規定：

　　㈠所稱任職不滿一年而已達六個月，指於同一考績年度內連續任同官等或調任低官等職務合併達六個月，至年終仍在職者或依法辦理辭職、轉任、退休、資遣或死亡者而言。

　　㈡另予考績於年終辦理之，但辭職、退休、資遣或死亡者得隨時辦理之。

　　㈢同一考績年度內先後任兩個不同官等職務，分別各達六個月者，除依本法第四條規定辦理年終考績者外，應僅以高官等職務辦理另予考績一次。又在同一考績年度內再任人員，除已辦理另予考績者外，其再任至年終已達六個月者，得於年終辦理另予考績。再轉任教育人員、公營事業人員或其他公職者，如其轉任前之年資未經所轉任機關併計辦理考績考成或考核者，得由轉任前之機關予以查核後於年終辦理另予考績。

貳、另予考績之項目與等次

依施行細則規定，另予考績之考績項目、各項目之計分比例、考績分數與列等標準、考績表，均適用年終考績之規定。

叁、另予考績之獎懲

依同法第八條，「另予考績之獎懲，列甲等者給與一個月俸給總額之一次獎金，列乙等者給與半個月俸給總額之一次獎金，列丙等者不予獎勵，列丁等者免職」。依施行細則規定，另予考績獎金以受考人次年一月之俸給總額為準，但非於年終辦理之另予考績獎金，以最後在職月之俸給總額為準。

第六項　辦理考績的程序

依公務人員考績法及其施行細則，暨公務人員考績委員會組織規程規定，公務人員考績程序甚為嚴密。茲簡說如下：

壹、人事單位查明受考人數

依施行細則規定，各機關辦理公務人員考績，應由人事主管人員查明受考人數，並分別填具考績表有關項目（如姓名、職稱、到職及送審年月、請假及曠職、平時考核及專案考績獎懲等）後，送單位主管評分。

貳、主管人員評擬

依同法第九條，「公務人員之考績，除機關首長由上級機關長官考績外，其餘人員應以同官等為考績之比較範圍」。亦即不論主管評擬分數，考績委員會初核及機關首長覆核時，對考績成績優劣之比較，均應以同

官等之人員爲比較之範圍，屬不同官等之人員不得列在一起比較。

依同法第十四條，「各機關對公務人員之考績，應由主管人員就考績表項目評擬，遞送考績委員會初核……」。依施行細則規定，單位主管應檢同受考人全年平時成績考核紀錄，依規定加註意見後，予以逐級評分（如有平時功過獎懲，其增減分數應於評分時爲之）簽章，彙送考績委員會初核，但長官僅有一級或因特殊情形不設置考績委員會時，得逕由其長官考核。

叁、考績委員會初核

依同法第十五條，「各機關應設考績委員會，其組織規程由考試院定之」。依考試院核定之考績委員會組織規程之規定，其要點爲：

一、考績委員會之組織：各機關辦理年終考績時，應設考績委員會，置委員五人至十七人，除人事主管人員爲當然委員外，餘由機關首長就本機關主管人員中指定之，並指定一人爲主席。又五至十七委員中，每滿五人應有一人爲非主管人員，並由本機關人員推選產生。

二、考績委員會之職掌：爲⑴本機關職員及直屬機關首長考績(成)之初核或核議事項；⑵關於公務人員考績覆審案件之核議事項；⑶其他有關考績（成）之核議及首長交議事項。

三、初核：考績委員開會時，應由主席將考績表交出席委員互相審閱，比較受考人已往成績及同官等職務受考人成績，核議分數，並提付表決，填入考績表，由主席簽名蓋章後報請機關首長覆核。

四、對考績疑義之處理：依同法第十四條，「考績委員會對考績案件有疑義時，得調閱有關考核紀錄及案卷，並得向有關人員查詢」。依施行細則規定，必要時並得通知受考人、有關人員或其單位主管到會備詢，詢畢退席。

肆、機關長官執行覆核

依同法第十四條,「各機關對於公務人員之考績……機關長官執行覆核……」。依施行細則規定,機關長官覆核所屬公務人員考績案,如對初核結果有意見時,應交考績委員會覆議,機關長官對覆議結果仍不同意時,得變更之,但應於考績案內註明其事實及理由。

施行細則又規定,各機關公務人員考績辦理後,應依官等、職等、職務及分數次序,編列考績清冊及統計表,一併於限期內密送銓敘機關,未能於限期內密送者得請延期,但至遲不得逾次年三月,其中考列丁等者並應檢同其考績表,統計表亦得由主管機關彙總編送。各機關考績案由上級機關核轉時,如上級機關對考績等次認有變更必要時,應發還原機關覆核,覆核結果仍認爲不當時,得於考績表冊內加註意見,轉送銓敘機關核辦。

伍、銓敘機關核定

依同法第十四條,「各機關公務人員考績,經機關長官執行覆核後,送銓敘機關核定」。依同法第十六條,「公務人員考績分數及獎懲,銓敘機關如有疑義,應通知該機關詳覆事實及理由,或通知該機關重加考核,必要時得調卷查核或派員查核」。

依施行細則規定,銓敘機關通知考績機關詳覆事實或重加考核時,考績機關應於文到十五日內函覆,必要時銓敘機關得調卷查核或派員查核,經查核證明不實時,銓敘機關對其考績等次、分數或獎懲,得逕予變更。

陸、考績結果之通知並受理覆審

一、考績結果之通知: 依同法第十七條,「各機關考績案經核定後,

應以書面通知受考人」。

二、考績列丁等及專案考績免職人員之申請覆審及再覆審：依同條規定，「年終考績列丁等或專案考績受免職處分人員，得於收受通知書次日起三十日內，依下列規定申請覆審：(1)不服本機關核定者，得向其上級機關申請覆審，其無上級機關者，向本機關申請覆審；(2)不服本機關或上級機關覆審之核定者，得向銓敍機關申請再覆審；(3)覆審或再覆審，認爲原處分理由不充足時，應由原核定機關或通知原核定機關撤銷原處分或改予處分，如認爲原處分有理由時，應駁回其申請；(4)申請再覆審以一次爲限。上述覆審、再覆審之核定期間，均以三十日爲限」。

依施行細則規定，各機關受理考績列丁等或專案考績受免職處分之覆審時，應於三十日內核定，如認爲覆審理由充足有變更考績等次必要時，並應依照規定送核程序，報請銓敍機關核定，如認爲覆審理由不充足時，應於上述期限內由本機關核定，並以書面答覆申請人。申請人不服覆審之核定者，得於收受覆審核定通知次日起，三十日內向銓敍機關申請再覆審，銓敍機關受理再覆審案，必要時得調閱申請人平時成績考核紀錄或一次記二大過之事實，或派員調查之。

三、考績列其他等次之申請覆審：依施行細則規定，各機關或受考人對年終考績列其他各等次之考績案如有疑義，得於收受通知次日起三十日內詳敍理由，檢同有關文件，申請覆審；其由受考人申請者，應經原機關核轉。並均以申請一次爲限。

柒、不服考績再覆審之提起行政訴訟

依大法官會議第 243 號解析，依公務人員考績法或相當法規之規定，對公務人員所爲免職處分，直接影響其憲法所保障之服公職權利，經覆審再覆審謀求救濟者，如仍有不服，應許其向行政法院提起行政訴訟。

捌、考績結果之執行

依同法第十八條,「年終考績結果,應自次年一月起執行;專案考績結果,應自銓敘機關核定之日起執行。但年終考績及專案考績應予免職人員,自確定之日起執行,在未確定前,得先行停職」。依施行細則規定,先行停職人員,由權責機關長官爲之。先行停職人員,如申請覆審、再覆審結果,准予復職時,應補發其停職期間俸給,其任職年資並予繼續計算,但停職期間在考績年度內逾六個月者,不予辦理該年年終考績。

玖、辦理考績失職之懲處

依同法第十九條,「各機關首長及各主管長官,對所屬人員之考績,如發現有不公或徇私舞弊情事,銓敘機關得通知其上級長官予以懲處,並應對受考人重加考核」。又同法第二〇條,「辦理考績人員,對考績過程應嚴守祕密,並不得遺漏舛錯,違者按情節輕重予以懲處」。依施行細則規定,應屆辦理考績期間,人事主管未向機關長官簽報辦理考績者,或機關長官據報而不予辦理者,或不依所定期限辦理者,均以遺漏舛錯論。

第七項　派用、機要、及不適用考績人員之考成

依公務人員考績法第二一條,「派用人員之考成準用本法之規定」。又第二二條,「不受任用資格限制人員及其他不用本法考績人員之考成,得由各機關參照本法之規定辦理」。其情形如下:

壹、派用人員考成

各機關依派用人員派用條例規定所派用之人員,因並非任用及經銓

敍合格實授人員，故不能辦理考績，而只能辦理考成。因係準用本法之規定，故事實上除名稱為考成外，其餘均與辦理考績相同。

貳、機要人員考成

機要人員具有任用資格者，於銓敍合格後，自可參加考績，但如未具任用資格而已准以機要人員任用時，則只能參加考成。機要人員之考成，仍準用公務人員考績法之規定。

叄、雇員之考成

各機關依雇員管理規則雇用之雇員，依該規則規定，其考成準用公務人員考績法之規定。

第四節　特種公務人員考績法規簡析

本節所稱特種公務人員，指關務人員、警察人員、教育人員、公營事業人員而言。特種公務人員考績各有其特色。茲分項簡說如下：

第一項　關務及警察人員考績法規簡析

壹、關務人員之考績

依關務人員人事條例第十九條，「關務人員在同一考績年度內，於功過相抵後，記功二次以上者考績不得列乙等以下，記功一次者考績不得列丙等以下；記過二次以上者考績不得列乙等以上，記過一次者考績不得列甲等」。又第十七條，「關務人員之考績，除依本條例規定者外，適

用公務人員考績法之規定」。由此可知，關務人員之考績除平時功過與年終考績等次有較嚴之規定外，其餘均與公務人員考績法同。

貳、警察人員之考績

　　與一般公務人員之考績規定頗有不同。其要點如下：

　　一、考核：依警察人員管理條例第二八條，「警察人員平時考核，以忠誠、廉潔及工作成績為考核重點。獎勵分嘉獎、記功、記大功；懲處分申誡、記過、記大過、免職及免官。以上嘉獎、記功、記大功及申誡、記過、記大過之獎懲標準，由內政部商請銓敘部定之，免職及免官之標準則依同條例之規定」。

　　二、考績：依同條例第三三條、第三四條規定，「警察人員任本階職務滿十年未能晉階或升等（官等）任用，而已晉至本階職務最高俸級者，如考績列一等，其獎勵為晉年功俸一級，並給與一個半月俸額之一次獎金；已晉至年功俸最高額者，給與二個月俸額之一次獎金。如考績列二等，其獎勵為晉年功俸一級，並給與一個月俸額之一次獎金；已晉至年功俸最高額者，給與一個半月俸額之一次獎金」。至辦理考績之程序，「警監之考績由內政部報請行政院核轉，警正之考績由內政部核轉銓敘機關」。

　　三、其他事項之法規適用：依同條例第三二條，「警察人員之考績除依本條例規定者外，適用公務人員考績法之規定」。

第二項　教育人員考績法規簡析

　　依公務人員考績法第二三條，「教育人員之考績，另以法律定之」。惟至今法律尚未制定，乃由教育部分別訂定公立各級學校校長、公立學校教師，及公立學校職員成績考核辦法辦理之。茲舉教師考核辦法要點

如下：

壹、平時考核

此處所稱公立學校教師，不包括專科以上學校教師。各校對教師應隨時根據具體事實，詳加紀錄，如有特殊優劣事蹟，並得專案報請主管教育行政機關予以獎勵或懲處。獎勵分嘉獎、記功、記大功；懲處分申誡、記過、記大過。嘉獎三次作為記功一次，記功三次作為記大功一次；申誡三次作為記過一次，記過三次作為記大過一次。平時考核屬同一年度之獎懲得相互抵銷。

貳、專案考核

平時具有重大功過者，應列入專案考核。專案考核之重大功過事蹟與獎懲為：

㈠有下列情事之一者一次記二大功，即⑴針對時弊，研擬改進措施，經採行確有重大成效者；⑵對教學或主辦業務有重大革新，提出具體方案，經採用確具成效者；⑶察舉不法，維護政府或學校聲譽、權益，有卓越貢獻者；⑷冒生命危險搶救重大災害，切合機宜，免遭嚴重損害，有具體成效者；⑸遇重大事件，不為利誘，不為勢劫，堅持立場，為國家、學校增進榮譽，有具體事實者。

㈡一次記兩大功者，獎勵為晉本薪一級，並給與一個月薪給總額之一次獎金；已敘至本薪最高薪級或已晉年功俸者，晉年功薪一級，並給與一個月薪給總額之一次獎金；已敘至年功薪最高薪級依法不再晉級者，給與二個月薪給總額之一次獎金；在同一學年內再次辦理專案考核一次記兩大功者，不再晉敘薪級，改給與兩個月薪給總額之一次獎金。

㈢有下列情事之一者一次記二大過，即⑴圖謀不軌，背叛國家，有確實證據者；⑵怠忽職責或洩漏職務上之機密，致國家或學校遭受重大

損害者；(3)違反重大政令，傷害政府信譽，或言行不檢，嚴重影響校譽，不堪爲人師表，有確實證據者；(4)侮辱、誣告或脅迫同事、長官，情節重大者；(5)涉及貪污或重大刑案，有確實證據者。

(四)一次記兩大過或累積達兩大過者，應予解聘或免職。

叁、成績考核

一、**參加條件**：各校合格教師任職至學年度終了時屆滿一學年者，應予成績考核，任現職不滿一年而合於一定條件時，得併計前職年資滿一年參加成績考核，但教師與職員之服務年資不得併計。

二、**考核項目及獎懲**：教師之成績考核，應按其教學、服務、品德及處理行政之紀錄，依下列規定辦理：

(一)在同一學年度內合於下列條件者，除加本薪或年功薪一級外，並給與一個月薪給總額之一次獎金，已支年功薪最高級者，給與兩個月薪給總額之一次獎金。其條件爲，(1)教法優良，進度適宜，成績卓著者；(2)訓導得法，效果良好者；(3)服務熱誠，對校務能切實配合者；(4)事病假合計在十四日以下，並依照規定補課或請人代課者；(5)品德良好能爲學生表率者；(6)專心服務，未在校外兼課兼職者；(7)按時上下課，無遲到、早退、曠課、曠職紀錄者；(8)未受任何行政處分者。(相當考列甲等)

(二)在同一學年度內合於下列條件者，加本薪或年功薪一級外，並給與半個月薪給總額之一次獎金，已支年功薪最高級者，給與一個半月薪給總額之一次獎金。其條件爲，(1)教學認眞，進度適宜者；(2)對訓導工作能負責盡職者；(3)與校務尙能配合者；(4)事病假併計在二十八日以下，並依照規定補課或請人代課者；(5)無曠課、曠職紀錄者；(6)品德生活考核無不良紀錄者。(相當考列乙等)

(三)在同一學年度內有下列情形之一者，留支原薪，即(1)教學成績平常，勉能符合要求者；(2)有曠課、曠職紀錄，但未連續七日或一學期內

合計未達十日者;(3)事病假併計在二十八日以下,未依照規定補課或請人代課者;(4)未經校長同意,擅自在外兼課兼職者;(5)品德生活較差,情節尚非重大者。(相當考列丙等)

㈣有下列情形之一者,應予解聘或免職,即(1)對教學或訓導工作或處理校務行政草率從事,消極應付致造成不良後果者;(2)不批改作業或不進行實驗實習,且常有錯誤情事者;(3)連續曠課、曠職達七日或一學期內合計達十日者;(4)廢弛職務致影響學生課業或校務者;(5)品德不良,有具體事實,足以影響校譽或師道尊嚴者。(相當考列丁等)

三、晉薪及列等之限制:

㈠有下列情事之一者,不予晉薪或年功薪,即(1)本學年度內曾經依規定提敍者;(2)經審查資格不合格者。

㈡在考核年度內曾記二大功者,不得考列相當乙等以下。

㈢曾記一大功者,不得考列相當丙等以下。

㈣曾記一大過者,不得考列相當乙等以上。

肆、考核程序

各校辦理教師成績考核,應組織考核委員執行初核,校長執行覆核。校長對初核結果不同意時,應交回考核委員會覆議,對覆議結果仍不同意時得變更之,但應說明事實及理由。教師成績考核結果,應冊報主管教育行政機關核備。主管教育行政機關核定成績考核後,應通知原校執行,原校應以書面分別轉知各受考人,考核結果予以解聘或免職者,應於通知書內敍明事實及原因。受解聘或免職處分人員,得於限期內向主管教育行政機關申請覆審。

第三項　交通事業人員考成法規簡析

依公務人員考績法第二三條，「公營事業機關人員之考績，另以法律定之」。對交通事業人員之考成，在法律未有制定前，暫由考試院訂定交通事業人員考成規則行之。其要點爲：

壹、適用範圍

交通事業人員任現職經敘定資位至年終滿一年，或在考成年度內具有特優事蹟或特劣行爲者，均可依考成辦法之規定辦理考成。

貳、平時考核及獎懲

交通事業人員，遇有足資鼓勵之事蹟或儆誡之行爲時，應隨時予以獎懲，其獎勵以嘉獎、獎金、記功、記大功爲限；懲處以申誡、罰薪、記過、記大過爲限。功過獎懲辦法及標準，由事業總機構擬呈主管機關核定，並送銓敘機關備案。

叁、專案考成

一、事業人員在考成年度內，具有下列特優事蹟者，予以下列之獎勵：

㈠特優事蹟：(1)對本事業業務上或技術上有特殊貢獻，經採行而獲有重大改進者；(2)遇特殊危急事變，冒險搶救，保全本事業或公衆重大利益者；(3)對危害本事業之產業或設備之意圖，能預先覺察並妥爲防護消弭，因而避免損害者；(4)對本事業之重大災害，奮勇救護，因而免於損失者。

㈡獎勵：事業人員具有上列事蹟之一者，視其動機、原因、影響，

依下列規定予以獎勵：(1)晉薪一級，給予獎章，並調升本資位較高職務，無職務可升任時，改給一個月薪給總額之一次獎金；(2)晉薪一級並給予獎章；(3)晉薪一級並給予獎狀；(4)晉薪一級。

二、事業人員在考成年度內，具有下列特劣行為者，予以下列之懲處：

㈠特劣行為：(1)行為不檢，屢誡不悛，或破壞紀律情節重大者；(2)遇特殊危急事變，畏難規避或救護失時，致本事業或公衆蒙受重大損害者；(3)對可預見之災害，疏於覺察防護或臨時措施失當，致本事業蒙受不必要之損害者；(4)對本事業之重大危害，因循瞻顧或隱匿不報，因而貽誤事機，致本事業遭受重大損失者。

㈡懲處：事業人員具有上述各款行為之一者，視其動機、原因、影響等，依下列規定予以懲處：(1)免職；(2)降薪一級，調任本資位較次職務並察看三個月，察看期滿工作無進步者免職；(3)降薪一級並調任本資位較次職務；(4)降薪一級。

三、事業人員所具特優事蹟或特劣行為，未為上述所列舉者，得分別比照辦理。

肆、年終考成

事業人員任現職經敍定資位至年終滿一年者，或以經銓敍有案之同一資位或相當該資位之職務年資合計滿一年者，辦理年終考成。

一、考成項目及評分標準：年終考成分工作技能、辦事勤惰及品行學識等項考核評分，其標準為：

㈠工作技能：考核主管人員時，分為領導、設計、推進、處理四目，每目評分為自最低之零分至最高之 10 分；考核非主管人員時，分為速度、數量、準確、處理四目，每目評分為自零分至 10 分。

㈡辦事勤惰：分負責、合作、守時、勤勞、出勤五目，前三目評分

為自零分至 10 分,第四目評分為自零分至 7 分,第五目評分為自 2 分至 3 分。

㈢品行學識:分操行、學識兩目,每目評分為自零分至 10 分。

如因業務性質特殊,前述項目不適宜或各項目評分比率有變更之必要者,得由事業總機構呈請主管機關商請銓敘部另訂或調整之。

二、考成總分及獎懲:年終考成以 100 分為滿分,其獎懲為:

㈠70 分晉薪一級,其超過 70 分之分數,先予存記,俟積滿 70 分時再晉薪一級;

㈡60 分以上不滿 70 分者,留原薪級,連續二年留原薪級者,得另調本資位較次職務;

㈢50 分以上不滿 60 分者,降薪一級,並得調本資位較次職務或調其他單位工作;

㈣不滿 50 分者免職。又年終考成分數評列 90 分以上或不滿 50 分者,應分別開列具體優劣事實。

考成應晉之級,在本資位已無級可晉時,每一級給予一個月薪給總額之獎金;考成應降之級,本資位已無級可降時,按次一資位與原薪級低一級之薪給總額減支;無次一資位者,按原薪與高一級薪給總額之差額減薪。降級減支或減薪人員,依考成晉級時,應分別自所降或所減支之薪級起敘或恢復原薪給總額。

伍、考成程序

一、直接長官初評:交通事業人員之考成,除事業機構正副主管人員由事業總機構考成,事業總機構正副主管人員由主管機關考成外,其餘人員,均先由直接長官及上級主管長官評分。

二、考成委員會初核:經直接長官初評後送各事業機構考成委員會執行初核。考成委員會,由本機構副主管一人,本機構一級單位主管,

本機構人事主管人員，及本機構主管指派之其他人員一至三人（其任期為一年）組成；考成委員會須有全體委員三分之二以上之出席，出席委員過半數之同意方得決議，但年終考成評列 90 分以上或不滿 50 分，及專案考成受免職或降薪調較次職務察看之懲處者，須經出席委員四分之三之同意方得決議；考成委員對本身之考核應行迴避。

　　三、機構主管執行覆核或核定：考成案經考成委員會初核後，即送請機構主管覆核；但主管僅有一級不能組織考成委員會，經主管機關核准者，得由該機構主管逕行考核。經機構主管覆核後，屬高員級以上人員考成，送請銓敘機關核定，屬員級人員考成，送請主管機關核備，屬佐級以下人員考成，由各事業機構自行核定。

　　四、考成結果之通知與執行：考成結果核定後，由事業機構以書面通知受考人，其年終考成不滿 50 分，或專案考成受免職或降薪並調較次職務察看之懲處者，應附註事實及原因。受考人認有疑義時，得於收到通知後三十日內詳敘理由申請覆審，但以一次為限。年終考成結果自次年一月起執行，專案考成結果自事實發生之月起執行，但其懲處得自核定通知到達之次月起執行，免職人員得先予停職。

第四項　生產事業人員考核法規簡析

　　在公務人員考績法第二三條所稱之公營事業機關人員，在其考績法未制定前，經濟部乃訂定所屬事業機構人員考核及工作獎金發給辦法先行實施。另國營事業管理法第三三條，國營事業人員考績辦法由行政院會同考試院定之，故先訂定考核辦法，在法律上亦並非無根據。該考核辦法及工作獎金發給辦法中有關考核之要點如下：

壹、適用範圍

經濟部所屬事業人員，其考核及獎懲，均適用經濟部所屬事業機構人員考核及工作獎金發給辦法之規定，辦理考核與發給獎金。

貳、平時考核

於所屬人員平時有優劣事實時，隨時辦理。

一、平時考核之獎懲：平時考核之獎勵，分嘉獎、獎金、記功、記大功、晉級等各種；懲處分申誡、記過、記大過、降級、免職或除名等各種。

二、平時考核標準：各機構應視實際需要，訂定考核獎懲標準，報經濟部核備後實施，但對記大功、記大過之標準，則統一規定如下：

㈠有下列情事之一者，應斟酌情形記大功一次或兩次：⑴對主辦業務有重大革新提出具體方案，經採行確具成效者；⑵辦理重要業務成績特優，或有特殊勳績者；⑶適時消弭意外事件或重大變故之發生，或已發生能予控制，免遭嚴重損害者；⑷在惡劣環境下冒生命危險盡力職務，或完成任務者；⑸搶救重大災害切合機宜者。

㈡有下列情事之一者，應斟酌情形記大過一次或兩次：⑴違抗命令，不聽指揮者；⑵怠忽職責或洩露公務機密，致使事業機構或政府機關遭受重大損失者；⑶違反紀律或行為粗暴，擾亂機構秩序情節重大者；⑷誣陷、侮辱、脅迫長官或同事，事實確鑿者。

叁、年度考核

於每年考核年度終了時舉辦，各機構人員正式任職至年終滿一年者，予以考核。

一、年度考核總分及等次：年度考核總分以 100 分為滿分，總分在

80 分以上者爲甲等, 總分 70 分以上不滿 80 分者爲乙等, 總分 60 分以上不滿 70 分者爲丙等, 總分不滿 60 分者爲丁等。

　　二、年度考核之獎懲: 考列甲等者, 晉原職等薪級一級, 並發給一個月薪給總額之工作獎金; 無級可晉者, 另發給一個月之薪給總額。考列乙等者, 晉原職等薪級一級, 並發給半個月薪給總額之工作獎金; 無級可晉者, 另發半個月之薪給總額。考列丙等者, 留原職等薪級。考列丁等者, 免職或除名。

　　三、規定考列甲等人數比例: 各機構年度考核列甲等人數, 依機構年度工作考成等次, 作不同規定, 以期機構考成成績優者, 年度考核列甲等人數比率亦得提高。如:

　　㈠機構年度工作考成成績列甲等者, 該機構考列甲等人數, 以參加當年度考核總人數 50%爲最高額。

　　㈡機構年度工作考成成績列乙等者, 該機構考列甲等人數, 以參加當年度考核總人數 45%爲最高額。

　　㈢機構年度工作考成成績列丙等者, 該機構考列甲等人數, 以參加當年度考核總人數 40%爲最高額。

　　㈣機構年度工作考成成績列丁等者, 該機構考列甲等人數, 以參加當年度考核總人數 35%爲最高額。

　　再各機構得辦理內部單位之團體考核, 並根據團體考核成績之優劣, 決定各內部單位所屬人員考列甲等名額。此種措施之目的, 在使個人考核與事業年度考成及團體績效相配合, 藉以激勵所屬人員關心事業經營績效。

　　各機構主持人之考核, 由經濟部參酌該機構年度考成成績核定; 協理級人員之考核, 由各該機構參酌其年度考成成績初評, 報經濟部核定。

肆、另予考核

各機構人員任現職至年終不滿一年而已達六個月者，另予考核。另予考核列甲等者，給予一個月薪給總額之一次工作獎金；列乙等者，給予半個月薪給總額之一次工作獎金；列丙等者，不予獎懲；列丁等者免職。

伍、考核程序

各機構人員年度考核及另予考核，應組織考核委員會辦理，並由各機構核定；年度考核結果，應以書面通知受考人，自次考核年度開始時執行，但考列丁等人員，得在接到通知一個月內提出申請覆核，覆核結果報請主持人核定後執行，未提出申請覆核者，在通知屆滿一個月時執行。辦理考核人員，在考核進行中應嚴守祕密，並不得遺漏舛錯，違者按情節輕重予以懲處。

第五項　金融保險事業人員考核法規簡析

在公務人員考績法第二三條所稱之公營事業機關人員，在其考績法未制定前，財政部亦訂定所屬國營金融保險事業機構人員考核及工作獎金發給辦法，先行實施，省市營金融保險事業人員亦比照辦理。有關考核辦法之要點如下：

壹、適用範圍

財政部所屬國營金融保險事業機構團體及工作人員適用之。

貳、團體考核

係事業機構團體之考核，並作爲決定所屬人員個人年度考核列甲等人數比率之依據。其中又分：

一、機構考核：以各機構爲考核對象，依國營事業年度工作考成之規定辦理。機構考核結果列甲等者，其所屬受考人員列甲等員額，最多不得超過50%；機構考列乙等者，其所屬受考人員列甲等員額，最多不得超過45%；機構考列丙等者，其所屬受考人員列甲等員額，最多不得超過40%；機構考列丁等者，其所屬受考人員列甲等員額，最高不得超過35%。

二、單位考核：以各機構內部一級單位及分支機構爲考核對象，由各機構依據內部各單位年度經營績效，予以考評，並在該機構當年度可列甲等總人數範圍內，核定各該單位考列甲等人數。

叁、個人考核及其他

係對事業機構工作人員個別考核之，其情形與上項生產事業機構人員考核大同小異，不再敍述。

第六項　臺灣地區省市營事業分類職位人員考核法規簡析

在公營事業機關人員考績法未制定前，考試院特核定臺灣地區省市營事業機構分類職位人員成績考核辦法，憑作辦理依據。該考核辦法之要點如下：

壹、適用範圍

臺灣地區省營及市營事業機構分類職位人員之成績考核適用之。

貳、平時考核

由各級主管就所屬人員之工作、勤惰及品德生活，詳予紀錄嚴加考核，並為年終考核之依據；平時考核之獎勵分嘉獎、記功、記大功，懲處分申誡、記過、記大過，於年終考核時併計成績增減分數；平時考核獎懲得相互抵銷，其無獎勵抵銷而累積計大過二次者，其年終考核應列丁等；平時功過經抵銷後曾記大功二次者，年終考核不得列乙等以下，曾記一大功者年終考核不得列丙等以下，曾記一大過者年終考核不得列乙等以上。

叁、專案考核

於有重大功過時行之。一次記二大功者，晉本薪一級並給予一個月薪給總額之一次獎金；已敘至本薪最高薪階或已敘年功薪階者，晉年功薪一階，並給予一個月薪給總額之一次獎金；已敘至年功薪最高階依法不再晉敘者，給予二個月薪給總額之一次獎金；但在同一年度內再次辦理專案考核記二大功者，不再晉敘薪階，改給二個月薪給總額之一次獎金。一次記二大過者，免職。

肆、年終考核

於任職至年終滿一年者參加之。年終考核以 100 分為滿分，分甲、乙、丙、丁四等，甲等為 80 分以上，乙等為 70 分以上未滿 80 分，丙等為 60 分以上未滿 70 分，丁等為未滿 60 分。考列甲等者，其獎勵與專案考核一次記二大功之獎勵同；考列乙等者，晉本薪一階並發半個月薪給總額之一次獎金，已敘至本薪最高階或已敘年功薪者給予一個月薪給總額之一次獎金；考列丙等者留原薪階；考列丁等者免職。

各機構年終考核列甲等人數之比例依下列規定，即(1)機構年度經營

績效列甲等者，考列甲等人數以參加當年度考核總人數之 50%爲限；(2)
機構年度經營績效考核考列乙等者，考核甲等人數以參加當年度考核總
人數 45%爲限；(3)機構年度經營績效考核考列丙等者，考核甲等人數以
參加當年度考核總人數 40%爲限；(4)機構年度經營績效考核考列丁等
者，考核甲等人數以參加當年度考核總人數 35%爲限。

伍、另予考核

任現職至年終不滿一年而已達六個月者參加之。另予考核列甲等者
給予一個月薪給總額之一次獎金；考核列乙等者給予半個月薪給總額之
一次獎金；考核列丙等者不予獎懲；考核列丁等者免職。另予考核列甲
等人數與年終考核列甲等人數合併計算。

陸、其他有關事項

如考核程序、考核之申請覆審、對考核不公及遺漏舛錯等之處理等，
大都參照公務人員考績法訂定，不再贅述。

第十一章　訓練與進修

　　訓練與進修，未爲憲法增修條文第五條所明定，目前由行政院與考試院分管。訓練進修，有其理論基礎，推行時亦有其應遵循之政策與原則，現行法規中亦不乏訓練與進修之規定，茲分節敍述之。

第一節　訓練與進修的理論

　　有關訓練與進修的理論，主要爲記憶與增進記憶說、學習遷移與擴大學習效果說、彌補考試不足與增進所需知能說，茲分項敍述之。

第一項　記憶與增進記憶說

　　在心理學中，記憶有其意義，對學習之記憶可用曲線表示，記憶量的多寡可以測量，記憶事項的多寡受某些因素的影響，增進學習記憶有其方法。

壹、記憶之意義

　　記憶，指過去經驗的復生，包括記住、保存、回憶與辨認四種心理功能。

貳、記憶曲線

學習者在學習歷程中之進步情形，通常可用記憶曲線（亦稱學習曲線）表示，記憶曲線有其意義與特性：

一、記憶曲線(Learning Curve)之意義：吾人在學習歷程中，學習的成績常隨學習次數的增多而變化，此種變化稱爲學習的進步，如以橫座標代表學習次數，以縱座標代表學習成績，則可將學習的進步情形繪成一條曲線，此種曲線可稱爲記憶曲線。

二、記憶曲線的特性：

㈠一般記憶曲線的形狀：一般學習者對學習的進步情形，通常可用曲線表示如下圖：

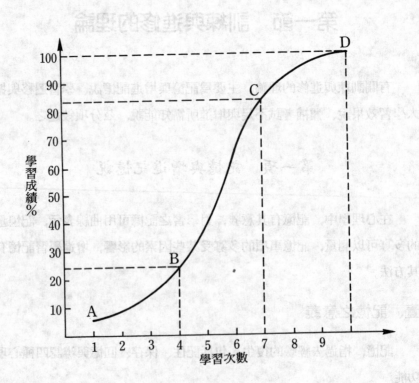

大致而言，記憶曲線可區分三個段落，如 AB 段，表示在初學階段，一
切尚未入門，故學習次數雖多但進步慢成績差；BC 階段，表示學習的中
間階段，對學習事項已有基礎，故學習次數雖不多但進步快成績好；CD
階段，對學習已近尾聲，在心理上可能產生厭倦，故學習次數雖多但進
步又趨緩慢成績又較差。

　　㈡各人的記憶曲線不盡相同：各參加學習的人，其以往的學識經驗
常有差異，智力高低、學習動機、記憶力強弱等情形亦常有不同，因而
雖參加同一的學習，其學習進步的情形亦有差別，如各用記憶曲線表示
時，其記憶曲線的形狀當然不會完全相同。

叁、記憶之測量

　　學習者之學習進步情形，固可用記憶曲線表示，但學習者在某一期
間究竟已學會了多少或已記憶了多少，則可用測量的方法予以測量。用
以測量記憶的方法甚多，但主要有下列三種：

　　一、回憶法(Recall Method)：指由學習者對過去所學習事項予
以再生或覆述，乃測量記憶最常用之一種方法，如由學習者背誦數字或
語文均屬之。吾人考試時所用之簡答題及填充題，其設計即為應用此種
方法來測量學習之記憶者。

　　二、辨認法(Recognition Method)：指用以測量學習者對所
學習事項之是否認得者，認得與記得不同，記得需由學習者在無指示與
線索之下覆述，故較為困難；而認得係對呈現出所學習事項之是否認得，
故較記得為容易。吾人考試時所用之是非題及選擇題，其設計即為應用
此種方法來測量學習之記憶者。

　　三、節省法(Saving Method)：指由學習者再學習前經學習之
事項，達到與前學習同樣熟練程度時所需學習之次數或時間，將此種再
學習的次數或時間與前學習的次數或時間相比較，其中相差的分量即為

節省的分量，如節省的分量愈大，則表示前學習的記憶量愈多。

對同一學習者之同一學習事項，如用此三種方法同時加以測量時，其結果（即學習成績之高低）常有不同，大致而言，回憶法較為嚴格，測量所得成績較差；辨認法較為容易，故測量所得成績亦較優；而節省法之難易則介於回憶法與辨認法之間，故成績亦較平平。

肆、增進學習記憶

欲增進學習記憶，需針對學習教材、學習方法、學習者個人條件各方面謀求改進，以期發揮高度的學習效果。

一、學習教材方面之改進：主要包括：

㈠使學習教材具有意義：教材內容需針對學習者需要而設計，使學習者能從教材中真正學習到所需要的學識、經驗與技能，以增進學習者對教材的重視與加強其學習動機。

㈡教材分量須適當：教材分量需配合教學時數，不宜過多或過少，如過多將會增加學習記憶的困難，如過少會減低學習者的學習興趣及浪費學習時間。

㈢教材難度要適中：教材內容之過難與過易，均會影響學習效果，如教材難度超過學習者所能接受的程度，必會增加學習的困難，影響學習記憶；如難度過低，又會減少學習者之學習興趣，降低學習動機，故教材的難易需配合學習者的知能水準。

㈣教材安排要有序：如同一課程之教材包括若干部分，而此若干部分間其難度不等或具有先後程序關係或具有基礎與專精關係或具有因果關係時，則應按先易後難或按先後程序或按先基礎後專精或先原因後結果的次序安排，以期學習者易於學習與記憶。如有若干課程之教材，相互間亦具有上述各種關係者，亦應按各該先後次序安排。再如教材中某部分認為特別重要，或對某部分教材需學習至熟練程度者，亦可考慮將

該部分教材安排在序列之首或序列之末，以加深學習者對此部分教材之印象與增加記憶。

二、**學習方法方面之改進**：主要包括：

㈠學習時間的安排：內容簡易之教材或學習者學習動機強或學習興趣濃時，可將學習時間集中在一起作集中學習，直至學會記憶為止，以縮短學習時間。對內容繁難之教材或學習者學習動機弱或學習興趣低時，宜將學習時間分散，如以每天二小時的時間來學習，以使學習者不因長期間的學習同一教材而感到厭倦。

㈡學習段落的安排：對內容繁難的教材，宜將教材區分為若干段落，使學習者按段落分別學習，俟第一段落學會後再進行第二段落的學習，以保持學習者的學習興趣及易於記憶。如教材內容簡易或學習者具有較高智力時，可將全部教材從頭到尾的學習，以節省學習時間。

㈢學習次數的安排：如對學習教材只要求學習者了解即可時，可減少學習次數以節省學習時間；如學習者對學習教材需作較長期間之記憶時，則於學會後尚需增加學習次數，以增加其熟練程度。

㈣選用閱讀或背誦學習：閱讀可節省學習時間，但不能作較長期間的記憶；背誦雖費時較多，但印象深刻且能作較長期間的記憶。故應視教材之重要性及需否作較長期間的記憶，而選用閱讀或背誦的學習方法。

㈤將學習結果隨時通知學習者：學習者對自己學習成績或結果，如能隨時獲知，可隨時改進學習缺失，增進學習動機與獲得學習進步的成就感。

三、**學習者個人條件方面之改進**：主要包括：

㈠視教材選調具有相當智力水準者參加學習：智力水準高低與學習進步快慢有密切關係，對教材內容繁難的學習，宜優先選調智力水準較高者參加。

㈡視教材性質選調適當年齡及性別者參加學習：有關技術性操作之

學習，以優先選調成人學習爲宜；主要靠記憶之學習，以優先選調年齡較輕者學習爲宜；以需要體力或推理能力爲主要條件之學習，以優先選調男性參加爲宜；以學習語文爲主的學習，以優先選調女性參加爲宜。

㈢以獎勵提高學習動機：對參加學習而具有成績者，應即予獎勵，以加強其學習動機，發揮更大的學習效果；對學習成績差者，應多加個別輔導，不輕易懲處。

㈣注意學習者情緒：設法保持學習者心情的輕鬆、愉快，視學習爲一件樂事，如此不僅可消除對學習的厭倦，更可增進學習記憶。

第二項　學習遷移與擴大學習效果説

學習遷移有其特定的意義，有其理論，學習遷移有其現象與種類，影響學習遷移有其因素，應用學習遷移至學習上可擴大學習效果。

壹、學習遷移之意義

學習遷移，指學習某一事項對學習另一事項的影響。遷移愈大即爲影響愈大，影響可是正面的亦可是負面的。訓練工作，希望學習者能從學習中「舉一反三、觸類旁通」，因而訓練課程的設計，就需運用學習遷移的原理，來擴大訓練進修的效果。

貳、學習遷移之理論

心理學家對學習遷移，提有不同的說法。以下兩種可供參考：

一、同元素論(Theory of identical elements)：此爲桑代克(E. L. Thorndike)及吳偉夫(R. S. Woodworth)所主張，即認爲舊學習事項之所以對新學習事項發生遷移效果，係由於舊新兩種學習情境中具有相同元素所致，此種相同元素愈多時，則遷移的分量亦愈大；若

舊新兩種學習情境中並無相同元素存在，則不會發生遷移效果。如學會算術後將有助於學習代數，因代數中亦有算術加、減、乘、除四則的計算。

二、共原則論(Theory of general principles)：此爲求德(C. H. Judd)所主張，即認爲學習者面臨一種新的學習情境時，學習遷移不在於舊學習與新學習事項間有無相同元素，而在於舊學習事項中所得到的原則能否在新學習中加以應用而定，如能在新學習事項中加以應用，即會發生遷移效果，如不能加以應用則否。

叁、學習遷移之現象與種類

在舊新學習之間所產生之學習遷移現象，有正向與負向之分。

一、正向遷移(Positive transfer)：指舊學習對新學習具有幫助或增加學習效果或縮短學習時間的遷移。如先學會英文後再學習法文，其學習效果要比未學習英文而初學法文者爲大。

二、負向遷移(Negative transfer)：指舊學習對新學習具有阻礙或減少學習效果或延長學習時間的遷移。如行人養成靠左走的習慣後突然要改變爲靠右走，其學習效果要比未養成靠左走習慣前即學習靠右走者爲小。

肆、運用學習遷移擴大學習效果

一、性質相似之學習事項可接續學習：所謂性質相似之學習事項，係指具有相同元素之學習事項或前一事項之原則可應用至後一事項者，具有此種條件之事項，如作先後的學習，根據同元素理論或共同原則理論，均可產生正向的學習遷移，其遷移量之大小則視相同元素之多寡及原則可以應用之範圍大小而定。

二、對若干前後有關聯之學習事項儘量利用轉介遷移作用：如有

A、B、C 三種事項，具有相互關聯且均需學習，則先學習 A 事項，於學習 B 事項時使 A 事項產生正向遷移作用，B 事項學會後再學習 C 事項，使 B 事項產生正向遷移作用於 C 事項上。

三、學習思考或寫作時儘量利用技巧獲得作用：對問題的多加思考，從所累積的經驗將有助於對其他問題之思考與解決；勤於寫作，從所獲得的經驗可有助於其他寫作。

四、注意舊新學習之間隔期間：如將舊新學習事項之間隔期間縮短，則學習者對舊學習事項之記憶猶新，在學習新事項時產生正向遷移之可能性會增加；如前後相隔期間愈久，則因記憶模糊而對新學習事項之正向遷移亦將減少。

五、遴選學習者應注意其智力：從事內容複雜涵義較深事項之學習者，於遴選時應注意其智力之相當，如智力過低時，則不僅對學習事項難以接受與了解，於學習其他事項時亦難以產生正向遷移，甚至會產生負向遷移，降低對新學習事項之學習效果。

第三項　彌補考試不足與增進所需知能説

到目前為止，公開競爭考試雖認為是選用人員之最好方法，但不可否認的仍有其美中不足之處，而其補救之道則為舉辦訓練。再現職人員，為適應機關業務發展與開拓自己前途，亦有經常舉辦訓練進修以增進所需知能之必要。

壹、公開競爭考試美中不足處

公開競爭考試多為筆試，而筆試科目又多以應考資格中所定畢業科系所講授之主要學校課程為主，雖應考資格與應試科目可按考試等別、類科而不同，但仍無法避免以少數學系之主要課程為範圍。且在理論上，

考試只是抽樣，所考之題目並不能涵蓋應試科目之全部內涵。故所謂公開競爭考試，最多亦只能測量到應試科目中之部分學識而已。

但擔任一個職務所需要的條件，是多方面的，除學識外尚需包括一些經驗與技術及用人機關情況的了解，而且更需要良好的工作態度、有效的處事方法、與同事的和好相處，及相當水準的言行修養。這些條件，不但沒有列入應試科目加以測驗，即使為應試科目，以公開競爭的考試方式，亦難作到有效的測量。因而使考試與任用之間，產生了若干空隙。

貳、以訓練彌補考試之不足

為彌補考試與任用之間的空隙，最為可行之道為訓練，亦即透過訓練，來增進對用人機關情況的了解，養成良好的工作態度，運用有效的處事方法，學習與同事相處的藝術，培養具有水準的言行修為，並進而獲得一些擔任職務必要的經驗與技能。至施行此種彌補考試不足訓練之時機則有下列兩種，可以選用或並用。

一、將訓練作為考試程序之一：即在選用人員之過程中，凡經筆試錄取之人員，作為初試及格，再定期參加訓練，經訓練期滿並經考核或再試及格者，方認為考試及格，正式發給考試及格證書，並予分發任用。

二、在任用前舉辦職前訓練：即對筆試及格取得考試及格資格者，分發各機關任用，但在用人機關派職後正式執行職務前，應參加職前訓練，經訓練期滿認為已可勝任職務者，始予任職。

以上兩種訓練，其訓練方式並不限於課程的講授與作業，可包括在準備任用之職務上的實習。

叄、現職人員需經常增進所需知能之原因

一、因新增業務而增進所需知能：組織的業務不是一成不變的，為適應組織內外環境的變遷，常會增加許多新的業務，處理此種新業務的

人員，須先具有處理新業務所需的知能。

二、因新工具新技術的發明而增進所需知能：即使組織的業務未有變動，但由於新工具新技術的發明，爲增進效能而需使用此種新工具新技術時，則需先增進使用新工具及新技術所需的知能。

三、因調升職務而增進所需知能：當調升職務或由非主管調任主管職務時，爲期能勝任新職，自需增進擔任新職所需的知能。

四、因不能勝任現職而增進所需知能：一個組織的工作人員，並非每人均能勝任現職，有時常會發現少數人因未充分具備擔任現職工作所需的知能，致工作效率低、工作品質差。對此部分不能勝任現職工作之人員，如其不勝任現職工作係因缺少某些知能所致時，則該缺少部分的知能，自應予以補充。又因組織變更或業務緊縮致需裁減人員，在政策上如採轉職方式安置被裁減之人員時，則被裁減人員在轉職前，應先增進其擔任所轉職務所需之知能。

肆、增進所需知能之途徑

一、訓練：如有關法規、業務知識、工作程序方法方面之所需知能，通常可經由訓練而獲得。至訓練期間、訓練課程、施訓方法等，自應按所需知能之性質、數量、內涵等而定。

二、進修：如有關學理、理論、專業學識等方面之所需知能，宜經由進修而獲得。至進修之處所、課程、期間等，應按所需知能之性質、數量、內涵等而定。

第二節　訓練與進修的政策與原則

舉辦訓練與進修應有之政策與原則，主要爲建立訓練體系、訓練需

學習實習與修爲兼顧、訓練期間應有輔導考核、訓練需作評價。茲分項敍述如後。至進修之政策與原則，可參照訓練辦理。

第一項　建立訓練體系的政策與原則

訓練體系包括訓練種類區分、訓練層次區分，及依種類與層次交錯區分訓練班級。

壹、訓練種類區分

一般機關對員工訓練，可依其主要性質之不同區分爲若干大類，再依其次要性質之不同，在大類之下區分爲若干小類。其情形如下列：

一、知能補充訓練：以補充職務上所需知能爲主要性質之訓練。依其次要性質之不同，可再區分爲下列三小類：

㈠現職所需知能之補充訓練：其目標爲補充現職工作所需知能之不足的訓練。參加人員以對現職工作所需知能尚未完全具備者爲原則，訓練內容以現職工作所需知能中所欠缺部分之知能爲範圍。

㈡適應新任務之補充知能訓練：其目標爲補充擔任新任務所需之知能，以期對新的任務能勝任愉快。參加人員以準備擔任新任務之人員爲原則，訓練內容以執行該新任務所需之知能爲範圍。

㈢專長轉換訓練以補充新專長：各組織遇有業務緊縮或發展新業務，原有人員需作重大的調整時，爲免一面大量裁減人員一面又大批進用新人，可考慮對原有擬予資遣人員舉辦專長轉換訓練，以期經由訓練取得新的專長，擔任新的職務。

二、考試訓練：以補足應試科目及內容之不足爲主要性質之訓練。依其次要性質之不同，又可分下列二小類：

㈠知能學習訓練：係補足有關學識之應試科目及內容之訓練。參加

此種訓練之人員，以在考選程序中經原定應試科目之筆試及格者爲原則，訓練內容以擔任職務所需要且未經筆試考選之學識技能及品德修爲爲主，訓練目的在使經訓練並考核合格者，能充分具備擔任職務所需要之學識技能及品德修爲。

㈡工作實習訓練：係補足有關工作實務之應試科目及內容之訓練。參加此種訓練之人員，以在考選程序中經原定應試科目之筆試及格者爲原則，訓練內容以擔任職務所需要且未經筆試考選之實務爲主，訓練目的在使經訓練並考核合格者，能充分了解擔任職務所需要之各種實務。

三、**培育發展訓練**：以培育及發展較高水準知能，準備擔任更重要職務爲主要性質之訓練。依其次要性質之不同，又可區分爲下列三小類：

㈠升職人員訓練：係培育及發展升任較高職務所需知能之訓練。參加此種訓練之人員，以擬調任或已調任較原任職務爲高之職務人員爲原則，訓練內容以擔任該較高職務所需之知能爲範圍，訓練目的在使經訓練並經考核合格者，於調任較高職務時即能勝任愉快。如擔任辦事員職務者，參加科員職務之培育發展訓練，遇機即可調升科員職務。

㈡升官等人員訓練：係培育及發展擔任高一官等職務所需知能之訓練。參加此種訓練之人員，以擬升任高一官等職務之人員爲原則，訓練內容以擔任高一官等職務所需要之一般知能爲範圍，訓練目的在使經訓練並經考核合格者對高一官等之職務，能予勝任愉快。如委任升任薦任官等職務、或由薦任升任簡任官等職務者之訓練。

㈢調任主管職務人員訓練：以培育及發展擔任主管職務所需知能之訓練。參加此種訓練之人員，以擬調任或已調任主管職務之人員爲原則，訓練內容以擔任主管職務所需之知能爲範圍，訓練目的在使經訓練並經考核合格者能勝任主管職務。如科員升調股長職務，專員、祕書升調科長職務，專門委員、參事升任或調任司長職務等。

貳、區分訓練層次

各機關所舉辦之員工訓練，依參加人員職務高低、課程水準及目標位階之不同，大致可劃分爲四個層次如下：

一、基礎訓練層次：參加者多爲委任五職等以下人員，或爲機構中之低級人員；訓練內容以執行職務所需要之基本知能爲主，以期經由訓練後對一般較爲簡單之任務能獨自處理。

二、專業訓練層次：參加者多爲薦任六職等至八職等人員，或爲機構中之中級人員；訓練內容以執行職務所需要之專業性的知能爲主，以期經由訓練對專業性之任務能勝任愉快。

三、管理訓練層次：參加者多爲薦任九職等至簡任十一職等人員，或爲機構中中上級人員；此種人員多爲擔任主管及高度專業性職務，通常並指揮監督部分人員從事工作，故訓練內容亦以有關管理及高度專業性的知能爲主，以期經由訓練能勝任中級主管及高度專業性的職務。

四、領導訓練層次：參加者爲簡任十二職等以上之高級主管或機關首長，此種人員須經常領導大批屬員從事各種業務之規劃與推動，故其訓練內容亦以領導、計畫、溝通、協調、管制及制作決定等爲主。此一層次之訓練，亦可按高階主管、機關首長分別辦理，前者以國家策略研討爲主，並透過研討凝聚共識，以期周延可行；後者以研究國家整體發展爲主，並強化領導統御及綜合規劃能力，以提升決策品質及執行效果。

叁、訓練種類與層次之交錯

各機關所舉辦之員工訓練，不但依其性質與程度可區分爲種類及劃分爲層次，且同一種類中又可劃分層次，及每一層次中又可區分種類。茲舉例如下：

一、同一種類中劃分層次：如主管人員訓練，可依參加人員職務之

高低劃分爲若干層次，每一層次各有其參加人員之範圍、訓練課程及訓練目標。如主管人員訓練，可劃分爲股長級主管訓練、科長級主管訓練、司處長主管訓練。

二、**同一層次中區分種類**：如專業層次訓練，參加人員雖以薦任六至八職等人員或中級人員爲原則，但因訓練課程、目標之不同，自可區分爲若干種類，如此種人員因補充現職知能而參加時，則爲現職補充知能訓練；如因資遣而準備取得其他專長而參加時，則爲專長轉換訓練；如爲考試筆試及格而參加時，則爲考試訓練；如因調任股長職務而參加時，則爲主管人員訓練。

第二項　訓練需學習實習與修爲兼顧的政策與原則

學習係增進學識，實習係增進經驗技能，學識與經驗技能之增進需交互進行，修爲係品德修爲之培養。茲簡說如下：

壹、學識之增進

員工在初任時雖經考選，就應徵人員運用考選方式遴選學識最優者任職，但因所任工作改變、或因有關工作之學識有新發展、或爲增加員工發展機會等原因，仍需不斷增進學識。至增進學識之原則，主要有：

一、**保送學校選修學分**：爲應實際需要，各機構可主動的報送員工或被動的接受員工要求，保送員工至有關學校選修某種課程，於選修完畢並經考核及格者，由學校發給學分證明。

二、**保送學校修讀學位**：對擔任研究發展或從事某種專業之員工，爲奠定其完整的豐富的學識基礎，得保送學校修讀學位，如保送大學電機系修讀學士學位，或保送研究所修讀法學碩士學位等。

三、**與學校合作設置訓練或研究班**：學校設系科所傳授之學識，以

屬於國家各方面所需要者為主，而各機構之業務則多有不同，因此保送學校選修或修讀時,亦會發現學校所授學科與機關所需學識頗難配合者。遇此情形，可採與學校合作設置訓練或研究班來傳授學識，此種方法之優點為所授課程可完全根據機構業務及員工需要而設計，傳授教師由校方遴聘，學習期間及傳授時間亦可配合機關員工的作息時間等而定，但機關的經費負擔則將因而增加。

四、自設或委託訓練班傳授：如機關自設有訓練機構者，可在訓練機構內設某種訓練班，來傳授員工所需學識。如本機構雖未設訓練機構而有其他訓練機構可資委託辦理，或可指示員工參加某一訓練機構之訓練者，亦可採行委託或參加方法來增進員工所需學識。

五、其他增進學識之方法：增進員工所需學識之方法,除上述者外,尚有其他方法，必要時亦得採行之。如指定員工參加某種學術團體以增加學習該種專業知識之機會；指定員工閱讀某種專書或研究某種專題，以增進有關該專書及專題之專業學識。惟如採專書閱讀或專題研究時，應同時指定專書或專題之指導人，以期在其指導下能真正的與更順利的獲得專業學識。

貳、經驗技能之增進

員工為執行職務，除需增進學識外，為適應工作改變、或為適應新的工具設備、或為適應新技術的發展、或為增加員工發展機會，均須增進經驗技能。至增進經驗技能之原則，主要有：

一、**實施職期調任**：指將員工之職務，作有計畫的實施調任，以期在新職務上能吸取新的經驗技能。實施職期調任，可增加新的經驗與技能，對員工的前途發展甚有幫助。

二、**實施工作輪換**：指若干員工間的工作，作有計畫的互相輪換，如全部輪換完成，則每一員工均可同時具備若干員工所任工作的經驗與

技能。如甲乙丙三人，每六個月實施工作輪換一次，則經一年六個月後，甲乙丙三人，均同時具備甲乙丙三人所任工作的全部經驗與技能。工作輪換多在較低級的非主管人員職務間實施，其功效則與職期調任同。

三、工作上實習：一個新手對經驗與技能的獲得，多為經由工作上實習方法。實習通常須經過一定期間，其期間之長短則視實習工作之複雜性而定，在實習時通常指定對該工作具有經驗技能者從旁指導，實習期滿後並由指導人加以考核，如經考核合格，則認該實習者已具有該工作之經驗與技能。

四、參加訓練：經驗技能之取得，固可運用上述各種方法，但這些方法的效果往往不很理想，所需經過之期間亦往往較長，為期員工能於短期內獲得所需要的經驗技能，尤其當員工人數甚多時，通常可運用訓練方法進行。

叁、學識與經驗技能之增進需交互進行

一般言之，學識是經驗與技能的基礎，亦是經驗與技能的指導；但學識的真偽需靠經驗技能來證明，學識的價值亦需由經驗與技能來實現，故二者是相輔相成，缺一不可。再學識與經驗技能，不但各有其範圍，且亦各有其階段性。如以學識言，雖屬同一性質之學識，但在層次上有基礎學識、專業學識及專精學識之分，必須先具備基礎學識，而後始能接受專業學識，專業學識具備後始能接受專精學識。經驗技能亦屬如此，先具有基本的經驗技能，再追求專業的經驗技能，而後追求專精的經驗技能。因此在訓練員工增進其所需學識、經驗技能時，需按層次的不同，在同一層次內交互進行，如先增進基礎學識，再增進基本經驗技能；而後增進專業學識，再增進專業經驗技能；最後增進專精學識，再增進專精經驗技能。如此可使每一階段的學識能與經驗技能相結合，每一層次之學識的真實與價值，經由經驗技能來證實與實現。

肆、品德修爲之培養

各機構爲提高社會地位、爲擁有良好聲譽、爲爭取民衆及顧客的好感、爲善盡社會責任，及爲增進工作績效，均有培養員工品德修爲之需要，至培養品德修爲之原則，主要有如下列：

一、輔導：指由輔導人員與受訓員工共同生活，從而了解其品德修爲，對具有不當品德修爲之員工，則由輔導人員個別的加以輔導，使其了解原有品德修爲之不當，及指導其正當的品德修爲，並隨時加以考核，直至受訓員工表現出正當的品德修爲爲止。

二、訓練：即在設班訓練時，在傳授的課程中，可增列若干有關保持應有品德修爲的課程，並聘請適當教師作開導式的講解，並留部分時間與受訓員工共同討論，以增加其印象的深刻，並鼓勵其力行。

三、進修：在學校教學的學科中，亦有設有關品德修爲之學科者，如倫理學、人羣關係、意見溝通、行動協調等，可保送受訓員工選修此種學科之學分，以期對受訓員工之品德修爲可發生指導作用。

四、參加羣體生活：人是離開不了社會人羣的，因此人必須能適應羣體的生活，在羣體生活中更需表現出爲人所稱道與接受的行爲，否則會受到他人的排斥。故參加羣體生活與有效的適應羣體生活，有助於品德修爲的培養。

第三項　訓練期間應有輔導考核的政策與原則

訓練期間，對受訓人員除教學外，尚需加以輔導與考核，其政策及原則爲：

壹、訓練期間之輔導

因受訓人員對教學課程不一定即能了解與接受，如經由輔導可使受訓人員獲得較好的學習效果，再有關品德修為事項無法全部列為教學，故訓練期間對受訓者加以適當的輔導，有其必要。而輔導之原則為：

一、經由下列方式了解何種員工需加輔導：如(1)舉行課業座談會，對在座談會中表示學習有困難者；(2)要求員工寫作學習心得，發現學習心得極為貧乏或學習心得內容有錯誤者；(3)指定員工課外習作，發現有操作錯誤或書面解答不正確者；(4)觀察員工日常修為表現，發現有終日沉默寡言者、悶悶不樂者、行為乖張者、不守紀律者、表現出不滿之情緒或行為者、時常缺課或遲到早退者、在課堂不靜心聽講者等；大致可認為即為需加輔導之對象。

二、分別進行個別輔導：對需加輔導之員工大致了解後，則可分別進行下列輔導：

㈠對課業方面之個別輔導：可就員工不夠了解或引起錯誤部分，加以詳盡的指導，必要時並輔助其學習。如需加輔導部分之課業係屬高度專業性，輔導人員亦不盡了解時，宜洽請該課程之教師於課外加以輔導，直至學員能真正了解並能應用為止。

㈡對修為方面之個別輔導：應視員工行為不正常之情形，分別予以輔導。對有不正常行為者之輔導，涉及心理因素甚多，除由輔導人員擔任外，必要時需請心理學家協助，以期真正了解表現出不正常行為之原因，及針對原因提出輔導方法，使員工之行為恢復正常。

貳、訓練期間之考核

為了解受訓練人員學習過程，為判定受訓人員之學習成果，及為根據考核結果對受訓人員作適當獎懲，對受訓學員在訓練期間之表現，有

加以考核之必要。至考核之原則爲：

一、從考核時間觀點分作平時考核與定期考核：平時考核，係由輔導人員對受訓員工之課業學習及修爲表現，隨時予以注意，如發現有優劣事蹟則隨時予以紀錄。定期考核，係由輔導人員於一定期間屆滿時，對該期間之受訓員工課業學習及修爲表現情形，予以考核，如每週或每月底時，將一週或一月的課業學習與修爲表現，作總的考核。

二、從考核形式觀點分作觀察考核與書面考核：觀察考核，係由輔導人員就受訓員工課業學習及修爲表現隨時從旁加以觀察，並就觀察所得予以考評。書面考核，係由輔導人員就受訓員工所提供之資料如日記或週記、學習心得報告、作業資料等，加以審閱後予以考評。

三、從考核內涵分作課業學習考核及修爲表現考核：課業學習考核，係由輔導人員就受訓員工之課業學習情形予以考核，如作業成績、學習心得、討論中之發言內容等之考核。修爲表現考核，係由輔導人員就受訓員工之生活起居、與同學相處情形、上下課及聽課情形等之考核。

第四項　訓練需作評價的政策與原則

訓練有無成效，須經由評價來認定。舉辦訓練成效評價應注意評價之時機、方法與對象，並須重視成效之維護。

壹、評價之時機

一、常用之四種時機：

㈠以訓練期間爲評價時機：即在舉辦訓練之期間（包括自開始訓練之日起至訓練結束之日止之整個期間），作爲評價訓練成效之時機。

㈡以訓練開始時爲評價時機：即自訓練開始之日，立卽舉行評價。此種評價並非眞正對訓練成效之評價，而是對受訓人員在受訓前之學識、

經驗、技能及品德修爲之現狀有所評價與了解而已。

㈢以訓練結束時爲評價時機：即於訓練結束之日，立卽舉行訓練成效之評價，從此一評價大致可了解受訓人員所獲得之進步情形，進而認定其有無成效及具有何種程度之成效。

㈣訓練結束回任工作後爲評價時機：即於訓練結束並回任工作經若干期間後，再行舉辦訓練成效之評價。在此時機所辦理之評價，如經認定確具成效時，則此種成效乃是眞正的成效，是證明眞正達成訓練目標的評價。

二、時機之選用與並用：上述四種時機，只要運用適當都是好的，運用不適當都是壞的，故需視評價對象、人力、時間、經費及要求可靠度等而選用或並用。

㈠根據評價對象而選用或並用：如評價對象爲受訓人員品德修爲的表現，因某一天的修爲表現並不能代表整個訓練期間的修爲表現，故宜選訓練期間或回任工作後某一期間爲評價之時機；再如評價對象爲受訓人員對某種學識或經驗或技能之學習成就，則宜選訓練結束時爲評價之時機；又如評價對象爲受訓人員於受訓前及受訓後在學識、經驗、技能方面之差異度，則宜並用訓練開始之時及訓練結束之時爲評價時機。

㈡根據可能負擔的人力、時間、經費而選用或並用：訓練開始之時或訓練結束之日的評價時機，最爲節省人力、時間、經費；以訓練結束回任工作後的評價時機，最爲花費人力、時間與經費。如舉辦訓練評價之人力、時間及經費極爲充裕，自可考慮選擇若干種時機同時舉辦訓練成效之評價，如開始訓練時即舉行評價，以了解受訓人員之原有學識、經驗、技能及修爲之情況；在訓練期間隨時評價，以了解受訓人員之學習情形與修爲表現；訓練結束時再舉行評價，以了解受訓人員之學習成就及其成就之程度；於訓練結束回任工作後又舉行評價，以確定訓練的成果是否在工作上已眞正的發揮了效果。

㈢根據可靠度要求而選用或並用：如只選用一種時機來評價，其可靠度會較差；如並用若干種時機來評價時，則其可靠度會較高。因此如訓練機構要求可靠度高之評價時，不妨並用二種以上的評價時機；如對可靠度並無特別之要求時，自可選用一種評價時機。

貳、評價之對象

一、常用之評價對象：較爲常用之評價對象有下列四種，第一種爲受訓人員主評，第二、三、四種爲訓練機構主評：

㈠受訓人員對訓練計畫之滿意度：此一評價對象，可分七個項考評之，即(1)受訓人員；(2)訓練目標；(3)訓練方式；(4)教學；(5)輔導考核；(6)成效評價；(7)行政管理。

㈡受訓人員在受訓期間之學習情形：可分爲若干項評定之。如(1)對平時學習精神之評價；(2)對學習成績之評價。

㈢受訓人員在受訓期間之修爲表現：亦可分爲若干項評定之。如(1)對學習態度之評價；(2)對與人相處之評價；(3)對一般修爲表現之評價。

㈣受訓人員結訓後在工作上所發揮出之效果：分爲若干項評定之。如(1)非主管人員所發揮出之效果；(2)主管人員所發揮出之效果。

二、評價對象之選用與並用：評價對象雖大致可區分爲上述四種，但仍應依據評價目的來選用或並用。

㈠根據評價目的而選定：如訓練機構欲了解受訓人員在訓練期間之學習成果，則可選定學識、經驗、技能爲評價內容，並設計出評價學識、經驗、技能之方法，於訓練結束時舉行評價，從學員所得成績，即可達到了解受訓人員之學習成果的目的。再如評價目的在了解受訓人員的學習成果，能否在工作崗位上發揮及其發揮之情況，則可選定回任工作後之工作績效及其與受訓前工作績效之比較爲評價內容，而後再設計評價方法及採回任工作後評價時機來舉行評價，經由此種評價程序當可獲得

答案。

㈡根據評價目的而並用：如評價之目的較爲單純，自可選定一種評價對象予以評價卽可。如評價之目的甚爲廣泛，一方面要了解受訓人員在受訓期間的修爲表現及學習情形，一方面又要認定回任工作後究竟能否發揮效果，則其評價對象應包括三種，一爲受訓人員在受訓期間之修爲表現，二爲受訓人員之學習情形，三爲受訓人員回任後在工作上所發揮的效果。

叁、評價之方法

一、常用之評價方法：包括⑴學識、經驗、技能測驗；⑵工作態度調查；⑶調查受訓人員對訓練之改進建議；⑷紀錄受訓人員之出席情形；⑸根據有關人員之觀察考評及反應意見；⑹受訓人員之受訓總成績；⑺調查結訓人員之工作績效；⑻調查結訓人員之主管及下屬意見；⑼實地觀察結訓人員之工作實況；⑽分析結訓人員之人事紀錄；⑾調查結訓人員能否達到工作標準；⑿根據曾受訓與未受訓人員工作之比較。

二、評價方法之選用與並用：爲期獲致正確的結果，評價方法應視評價時機、評價對象，及所具備之人力、時間、經費等，作適當的選用或並用。

㈠根據評價時機選用或並用：評價時機主要可分開始訓練時、受訓期間、訓練結束時、回任工作後四種，如學識、經驗、技能測驗及工作態度調查等方法，可於訓練開始時及訓練結束時並用；調查曾受訓人員之工作績效、調查曾受訓人員之主管及所屬之意見、實地觀察結訓人員之工作實況，可於回任工作後選用或並用。

㈡根據評價對象選用或並用：如以受訓人員在受訓期間之學習情形爲評價對象時，可選用或並用學識經驗技能測驗、工作態度調查等方法；如以受訓人員在受訓期間之修爲表現爲評價對象時，可選用或並用紀錄

受訓人員之出席情形、根據有關人員之觀察、考評及反應意見等方法。

㈢根據所需人力、時間、經費選用與並用：如訓練機關或主管機關，對評價訓練成效所需人力、時間及經費甚為充裕，可選用調查結訓人員之工作績效、工作實況、主管或下屬之意見，及與未受訓人員工作之比較等方法；如對可用人力、時間及經費甚為有限，則宜選用或並用可在受訓期間應用之各種評價方法行之。

肆、成效之維護

經由評價所認定之訓練成效，常因受著人的惰性的影響，受著環境的壓力等原因，而漸形消失，受訓人員的工作態度與績效逐漸恢復至受訓前之狀態。因此應採下列措施之一種或若干種，來維護訓練之成效：

一、**繼續回任工作後之評價**：如結訓人員回任工作後，每隔三個月至六個月舉辦評價一次，如發現有成效降低情事，應即檢討原因並加改進，直至其訓練成效能予穩定的維護為止。

二、**舉辦結訓人員工作檢討會**：由訓練機構，對不同地區同一班期結訓人員或同一地區不同班期之結訓人員，集合在一起舉行工作檢討會，以了解訓練成效能否繼續維護及維護之程度，其有遇及困難者即分析其原因，並謀採取改進之道。

三、**選調某種人員受訓**：如結訓人員對訓練成效之維護，常受著某少數人員之阻礙時，則可考慮選調該種人員參加訓練，以改變其觀念及行為，使其本身成為結訓者，負起改進工作績效及發揮訓練成效的責任。

四、**對優秀結訓人員之表揚**：對能維護訓練成效之優秀結訓人員，應加以公開表揚，使其在維護訓練成效過程中所遭遇之辛勞，得到應有的報償，進而加強其對維護訓練成效的決心。

第三節 訓練法規簡析

公務員訓練有其法規體系，但不夠完整，現行訓練法規多以行政規章定之，有者爲完成考試程序之訓練，有者爲一般性訓練，有者爲補充知能或轉換專長訓練，有者爲培育發展之訓練，訓練機構對受訓人員亦多有輔導及考核之規定，茲分項簡述如後。

第一項 訓練進修法規體系

公務人員之訓練與進修，性質相同，關係亦極密切，有關訓練與進修事項，亦常有訂入同一法規者。因此對其法規體系，乃併於本項中表明之。至其順序，仍爲先法律，次爲依法律授權訂定之規章，再爲由主管機關依執行法條或其他需要訂定之規章。

法律名稱	依法律授權訂定之規章	依需要訂定之規章
公務人員考試法（第二一條）	公務人員高等暨普通考試訓練辦法 各特種考試錄取人員訓練辦法	行政院暨所屬各機關公務人員國內訓練進修要點（訓練部分）（行政院核定） 行政院暨所屬各機關公務人員知能補充訓練實施要點（行政院核定） 臺北市政府薦任股長培育訓練計畫（臺北市政府核定） 行政院暨所屬各機關公務人員專長轉換訓練實施要點（行政院核定） 行政院人事行政局公務人員訓練班在職訓練學員輔導實施要點（人事行政局核定） 行政院人事行政局公務人員訓練班在職訓練學員成績考核實施要點(人事行政局核定)
公務員進修及考察選送條例	公務員進修及考察選送條例施行細則	公務人員進修規則（考試院核定） 加強公務人員進修業務要點（考試院核定） 公教人員出國進修研究實習要點（行政院核定） 行政院暨所屬各機關公務人員國內訓練進修要點（進修部分）（行政院核定） 公立專科以上學校教授休假進修辦法（教育部核定）

第二項 公務人員高等暨普通考試訓練辦法簡析

依公務人員考試法第二一條規定,「公務人員高等考試與普通考試及格者, 按錄取類科接受訓練, 訓練期滿成績及格者, 發給證書分發任用; 訓練辦法由考試院會同關係院定之; 其他公務人員考試, 如有必要得照前兩項規定辦理」。除特種考試錄取人員, 認有必要者係由考試院會同關係院訂定訓練或實習辦法辦理 (如特種考試警察人員考試錄取人員訓練辦法、特種考試中央銀行行員考試錄取人員實習辦法、特種考試交通事業民航人員考試錄取人員訓練學習辦法等) 不再敍述外, 茲就考試院會同行政院訂定之「公務人員高等暨普通考試訓練辦法」之要點簡析如下:

壹、訓練之目的

公務人員高等暨普通考試及格人員之訓練, 旨在增進工作知能, 加強考用之配合。

貳、訓練之區分及施訓重點

考試訓練分兩階段實施, 期間合計為四個月至一年。

一、基礎訓練: 以充實初任公務人員應具備之基本觀念、品德操守、服務態度及有關業務之一般知識為重點; 曾依本辦法規定接受基礎訓練成績及格者, 再應公務人員高等、普通考試及格, 得免除基礎訓練。

二、實務訓練: 以增進有關工作所需知能及考核品德操守、服務態度為重點, 實務訓練期間得視需要, 按錄取等級、類科集中施以專業訓練。

叁、訓練之實施

一、權責區分：本訓練之實施由考選部辦理，但得就事實需要，按錄取等級類科及考試成績等第，集中或分配至各機關學校實施。本訓練之審議由考選部訓練委員會辦理。

受訓人員生活管理、品德操守考核、訓練成績考核及獎懲標準等規章，由考選部協調有關機關訂定之。

二、經費支應：基礎訓練所需經費由考選部編列預算支應；實務訓練所需經費由考選部或各訓練機關（構）學校編列預算支應。

三、訓練之委託：考試訓練委託辦理時，考選部應於公務人員高等暨普通考試公告後，將有關資料送請受委託之訓練機關（構）學校擬定訓練計畫，報考選部核定實施。受委託機關（構）學校於辦理訓練完畢，應將受訓人員成績列冊報考選部。

四、受訓人員之延訓、補訓、退訓、停訓、復訓：受訓人員如因重病、服兵役、臨時發生重大事故或受領政府公費出國留學無法即時接受訓練者，應向考選部申請延訓並以一次為限；延訓原因消失或限期屆滿一個月內，可申請補訓；受訓人員違反有關訓練規章情節重大者，應由訓練機關報請考選部退訓；受訓人員因涉及重大刑案或犯不名譽之罪提起公訴者應予停訓，其判決結果未受刑之宣告者，得申請恢復訓練。

五、受訓成績計算：基礎訓練與實務訓練成績之計算，各以 100 分為滿分，60 分為及格，基礎訓練成績不及格者不得參加實務訓練。受訓人員基礎訓練或實務訓練不及格者，得於一年內申請核准重訓，但各以一次為限。

肆、分發任用

訓練期滿經核定成績及格人員，始完成考試程序，由考選部報請考

試院發給考試及格證書，並函請銓敍部及行政院人事行政局分發任用。

第三項　行政院暨所屬各機關公務人員國內訓練要點簡析

行政院對所屬各機關公務人員之國內訓練進修，訂有實施要點一種，下列壹至叁，為訓練進修所共同適用者外，其餘肆至拾壹，為有關訓練之要點：

壹、訓練進修之基本目標

各機關辦理訓練進修，應以砥礪品德，培養愛國情操，激發工作意願與團隊精神，充實知能，培育優秀人才，提高服務品質及行政效率為基本目標。

貳、訓練進修之權責區分

一、行政院人事行政局：負責行政院所屬公務人員一般訓練進修業務之統籌規劃事項；行政院所屬公務人員簡任第十職等以上及相當職務人員訓練進修之辦理事項；各機關人事人員訓練之辦理事項。

二、各部會處局及省（市）政府：負責策訂本機關及所屬機關年度訓練進修計畫；規劃辦理所屬薦任第九職等以下及相當職務人員之訓練進修事項；各主管機關基於業務需要得自行辦理所屬簡任第十職等以上及相當職務人員之訓練進修事項。

叁、應優先參加訓練進修之人員

包括新進人員；服務成績優良具有發展潛力可為培育之人員；經升官等考試及格或甫升官等之人員；將調任不同性質工作或擔負新增任務之人員；所任工作與所具專長不合之人員；最近五年內未曾接受訓練進

修之人員；其他認爲需要參加訓練進修之人員。

肆、辦理訓練之機構

公務人員訓練，由人事行政局或各主管機關專設之訓練機構辦理爲原則，但宜由各機關自行辦理或委託其他機關辦理者不在此限。

伍、職前訓練

除爲完成考試程序者應依各該考試之規定外，其他新進人員應於進用前或於到職後三個月內實施之，使其了解應具備之基本觀念、品德操守、服務態度及處理公務之一般知識。

陸、在職訓練

按職務等級分四個階段實施，即

一、基礎訓練：以委任第五職等以下及相當職務人員爲對象，使其熟悉工作技術和方法，公務人員應具有之品德操守及法治觀念。

二、專業訓練：以薦任第六至第八職等及相當職務人員爲對象，使其熟知專業及一般管理知能，以奠立發展業務之基礎。

三、管理訓練：以薦任第九職等至簡任第十一職等及相當職務人員爲對象，以強化其規劃、管理、協調及處理事務之能力爲目的。

四、領導訓練：以簡任第十二職等以上及相當職務人員爲對象，以提升其領導統御及決策能力爲目的。

柒、各主管機關因需要得辦理之訓練

包括：

一、補充知能訓練：以傳授新學識、新技術、新觀念及補充工作所需知能爲目的，對一般人員及不能勝任現職人員爲實施對象。

二、**培育發展訓練**：以中、高級主管之培育候用人選為實施對象，以提升其領導、管理及處事能力為目的。

三、**專長轉換訓練**：於機關業務發生變動或組織調整時實施之，使現職人員取得新任工作之專長，有效運用人力資源為目的。

捌、訓練課程配置

包括：

一、**一般課程**：以強化愛國情操、品德素養、認識國家建設目標、國際形勢及敵人陰謀等為內容，占訓練總時數 5%至 20%。

二、**專業課程**：以受訓人員所任工作之專業知識、技術、法規等為內容，占訓練總時數 65%至 90%。

三、**輔導及其他活動**：占訓練總時數 5%至 15%。

技術性之訓練，課程配置得不受上列限制。

玖、訓練期間、編組、方式

一、**訓練期間**：訓練期間之長短，由各主管機關依其實際需要於年度訓練計畫規定之。

二、**訓練編組**：定有班期之訓練，每班以三十人至五十人為原則。

三、**訓練方式**：各班期訓練，得以講授、研討、實務作業、演練、見習、操作及觀摩等方式行之，同一訓練得兼採多種訓練方式，並盡可能實施電化教育。

拾、訓練成績計算

各學員訓練成績，按學科及平時考核兩種計算，其中學科占 50%至70%，平時考核占 30%至 50%，各項考核細目及分配方式，由各主管機關或訓練機構依實際情形自行定之。成績及格人員由主管機關或訓練機

構頒發結業證書，成績優良人員由訓練機構通知其服務機關予以獎勵。

拾壹、其他

國防部所屬人員訓練另行規定，各級公立學校行政人員及教師之訓練，另行規定。

第四項 知能補充訓練實施要點簡析

依行政院暨所屬各機關公務人員知能補充訓練實施要點之規定，其主要內容如下：

壹、訓練目的

傳授業務有關之新學識、新技術或新觀念，以促進業務革新、進步；溝通政府新頒有關業務之法令規章及作業之原理原則與方法程序等，以利各項改進措施之推行；增進一般性學能、更新觀念作風，以適應時代環境變遷需要。

貳、訓練區分及對象

㈠專業性知能補充訓練，以有關機關之中高階層管理人員為主要對象。

㈡業務性知能補充訓練，以各機關負責推行或需適用新法規之人員為主要對象。

㈢一般性知能補充訓練，以學校畢業十年以上最近五年內未曾接受訓練之人員為對象。

叁、訓練內容與方式

一、訓練內容：

㈠專業性知能補充訓練，以介紹國內外學術機構或個人研究發現，確具採行價值，或先進國家正在推廣之新知識、新技術或新觀念爲重點。

㈡業務性補充知能訓練，以講解政府新頒法令規章之內容，探討其原理原則，從事實務作業演練，以了解推行之要領爲重點。

㈢一般性知能補充訓練，以配合時代環境需要，灌輸公務人員應具備之一般性學識或行政管理知能爲重點。

二、訓練方式：視訓練內容採下列方式行之，即：

㈠設短期講習（研討）班次，對新觀念之傳授或業務性之知能補充訓練可採行之，其期間在半天以上一週以內。

㈡辦理專題演講討論會：對新觀念或新訂法令規章之介紹，可聘請有關學者專家以專題演講方式行之，其時間以二小時至一天爲原則。

㈢舉行專書研讀座談會：選擇具有參考價值之著作推廣公務人員閱讀，並舉行專書研讀座談會，研討其內容，提出心得報告，以供同仁參考，其時間以四小時以內爲原則。

肆、訓練之規劃與執行

一、訓練之規劃：

㈠各主管機關爲求適時引進新知識、新技術與新觀念，應與學術界或民間研究機構保持密切聯繫，就可資促進革新之新知識、新技術與新觀念，規劃專業性知能補充訓練。

㈡各機關根據新頒法令及推行新業務之需要，規劃業務性知能補充訓練。

㈢根據所屬公務人員符合參加此項訓練之人數，按職等規劃一般性

知能補充訓練。

　　二、訓練之執行：各主管機關對各種知能補充訓練，應納入年度計畫，據以執行，所需經費由年度訓練經費預算支應。

第五項　培育訓練計畫簡析

　　主管人員之培育訓練，雖受到各機關之重視，但能經常舉辦者並不多見，其主要原因為經參加訓練結業後，無法在短期內擔任或晉升主管職務，致參加者有怨言，而訓練機構亦不敢輕易舉辦。惟臺北市公務人員訓練中心，對薦任股長之培育訓練，卻經常舉辦，亦頗著績效。茲以此一培育訓練計畫為例，簡說如下。

壹、目的

　　建立各機關薦任股（課）長級主管人員之培育訓練制度，增進其領導管理能力，並使訓練與升遷相配合，以適應市政發展之需要。

貳、訓練對象

　　各機關應就具有擬任股長級法定任用資格之較低職務列等人員，其思想純正、品德優良具有領導才能與發展潛力者，擇優薦訓，其名額由本府視業務需要訂之。

叁、課程

　　一、普通課程：以陶冶品德節操、堅定五大信念、激發愛國情操及服務意識等有關課程為主。

　　二、專業課程：以灌輸領導統御、協調溝通方法、市政經營理念、提高行政規劃能力及作業水準等有關課程為主。

上述課程由公務人員訓練中心編排，專業課程中應排列實習課程，以求理論與實務並重。

肆、期限及人數

期間爲十週，在訓練中心住宿；每班以三十人爲原則。

伍、考核

分期中及期末兩段實施考核。

一、學科成績：占 70%，包括測驗、研討、實務作業、心得報告及各項寫作等，測驗以筆試方式行之。

二、平時考核成績：占 30%，包括思想、品德、言行、生活、請假、學習精神、守法、守分、守密等表現。

陸、訓練成績與運用

㈠學科測驗成績全部及格，訓練成績達 70 分爲合格(平時考核成績不得低於 70 分)，由公務人員訓練中心發給合格證書，並由臺北市政府列冊分函各機關遇缺候用。

㈡本機關遇有股長級職務出缺，除無列冊任用人員外，應優先遴用。其他機關亦得遴用之。

第六項　專長轉換訓練實施要點簡析

依行政院暨所屬各機關公務人員專長轉換訓練實施要點規定，其主要內容如下：

壹、目的

爲應各機關業務變遷，有效運用人力，培訓公務人員現職以外不同工作專長，使能適切轉任新職，以達適才適所，有效發揮人力資源之目的。

貳、訓練對象

㈠因機關業務變更、組織變遷或設備更新，須調整擔任不同工作之人員。

㈡因機關業務萎縮或組織簡併,原有人員須改編至其他機關或單位,擔任不同工作之人員。

㈢因機關裁撤，編餘待安置不同工作之人員。

㈣所具專長與現職未盡配合之人員。

㈤因配合機關業務發展需要，擬指派擔任新增業務之儲備人員。

叄、訓練規劃、方式與執行

一、規劃：各部會處局及省市政府每年度應就所定訓練對象調查其訓練需求，彙整規劃納入年度訓練計畫。如實施人數過少得送請人事行政局統籌規劃辦理。

二、方式：依轉換專長之不同，採下列方式辦理，即⑴設班訓練，按專長類別及等級施訓；⑵派遣實習，派赴擬轉任機關或與轉換之專長業務性質相近之機關實習；⑶薦送進修，薦送大專院校或訓練機構進修擬轉換之專長。以上三種方式得併用之。

三、執行：設班訓練者，由各部會處局及省市政府自行辦理或委託其他訓練機構辦理；派遣實習者，以派赴擬安置機關實習爲原則；薦送進修者，依進修之規定辦理。所需經費由訓練權責機關年度訓練經費支

應。

肆、新專長取得之認定

屬同一職系內不同工作之專長，於訓練期滿成績及格時取得；屬同
一職組內不同職系工作之專長，於訓練結業後由各部會處局署及省市政
府審核合格後，並發給新職系專長訓練合格之證明書；屬不同職組職系
工作專長之取得，依銓敍部任審之規定辦理。

第七項　受訓人員輔導實施要點簡析

受訓人員在訓期間，多訂有輔導辦法，茲以行政院人事行政局公務
人員訓練班在職訓練學員輔導實施要點為例，簡析如下：

壹、輔導之目的

㈠培養學員整體觀念及團隊精神，並激勵其榮譽心與責任感。

㈡發揚自覺自動自治之精神。

㈢輔導進修學業、充實知能、研習辦事程序與方法。

貳、輔導項目

㈠本質特性輔導：⑴思想方面：鼓舞其熱愛國家、樂觀奮鬥之情緒。
⑵品德方面：培養整體觀念及團隊精神，激勵其榮譽心與責任感。⑶才
能方面：輔導學員擔任公職，以增進其領導才能，使其各方面配合，達
到均衡發展。⑷生活方面：要求生活規律有序，服裝內務保持整潔，儀
態言行端莊中肯，養成合羣習性與誠實不欺、主動負責之美德。

㈡學業輔導：⑴課業方面：本教學相長、共同學習之精神，輔導學
員讀訓、聽課、討論、解答問題，以及指導各種作業。⑵專題討論：本

溝通理論與實務之原則，策劃討論事項、說明討論要點、提示討論資料、把握討論進度，並輔導解決討論工作上之困難。

叁、輔導方式

以共同作息、相互砥礪，參加各種集體及分組活動，並指導其作業為原則。

肆、輔導之編組

按業務性質或考試類科編組，每期編組之多寡，視受訓人數與實際需要而定，每一輔導分組人數，以不超過二十五人為原則。

第八項　受訓人員成績考核實施要點簡析

受訓人員在訓期間，多訂有成績考核辦法，茲以行政院人事行政局公務人員訓練班在職訓練學員成績考核實施要點為例，簡述如下：

壹、考核之目的

包括(1)瞭解學員之本質特性、學業成績、內在潛能與發展趨向；(2)鑑別訓練成果，提供人事運用參考；(3)輔導學員養成整體觀念與團隊精神；(4)培養學員之榮譽心與責任感。

貳、考核方式

以直接考核為主，以間接考核為輔，分組分級考核交互實施，考核與輔導相互為用。

叁、考核之執行

本班就學員之學習情緒、生活言行，以及各種活動，並參證自述、讀訓心得、筆（日）記、研究報告、分組討論、個別談話等資料，予以切實考核，其考核項目及所占百分比如下：

㈠本質特性：40%，其中思想 10%，包括信仰、信心、忠貞；品德10%，包括團隊精神(合作、協調)、榮譽心(操守、誠實、榮譽)、責任感(實踐、主動、負責)；才能 10%，包括領導、思維、判斷、決心、創意、見解、均衡、學識；生活 10%，包括規律、整潔、儀態、語言。

㈡學業成績：60%，其中讀訓心得 10%；學科測驗 15%；專題作業25%；自述寫作 10%。

㈢學員考核總成績記分等級區分：(1)優等：90 分以上屆滿 100 分者；(2)甲等：80 分以上不滿 90 分者；(3)乙等：70 分以上不滿 80 分者；(4)丙等：60 分以上不滿 70 分者；(5)丁等：不滿 60 分者，爲不及格。

㈣考評會議：學員成績，由各組輔導員初核，彙送訓導組綜合整理，提報考評會審議，再簽報兼主任核定之。考評會議，由兼主任或副主任主持，有關單位主管及全體輔導員均出席參加，必要時得指定其他與輔導考核業務有關人員列席。

肆、獎懲及增減總分

㈠獎勵及加分：學員在受訓期間，如有特殊優良事蹟表現，由輔導人員簽請議獎，並在「本質特性」項目加列總分。

㈡懲處及減分：學員在受訓期間，如有不良表現，其情節輕微者，由輔導人員列入考核紀錄，並在「本質特性」相關項目酌予扣分。學員在受訓期間請事病假，或有曠課及不假外出情事，依規定予以扣分及議處。

伍、退訓

學員在受訓期間，有下列情事之一者，應予退訓：(1)患有傳染病或其他痼疾者；(2)事假超過全期總時間八分之一者；(3)病假超過全期總時間六分之一者；(4)事病假合計超過全期總時間七分之一者；(5)學業成績專業課程兩科不及格或專業課程一科及一般課程兩科不及格者；(6)「本質特性」一項，考核成績未達及格標準者；(7)其他重大違紀或有不良事蹟經查核屬實者。

第四節　進修法規簡析

公務員進修法規不夠完整，現行進修工作多依規章規定辦理，有關公務人員進修之法律，原有公務員進修及考察選送條例之訂定，但自政府遷臺後未有施行，茲分項敘述之。

第一項　公務員進修及考察選送條例簡析

公務員進修及考察選送條例，政府遷臺後並未實施，但亦未有廢止，依該條例之規定，其要點如下：

壹、進修及考察區分

依該條例第二條，「進修及考察，分爲國內國外兩種」。

貳、選送之條件

依該條例第三條，「現任簡任薦任或高級委任職公務員，在同一機關

繼續任職滿五年,三次考績分數均在 80 分以上,並合於下列各款規定者,選送進修或考察,(1)對工作有特殊表現;(2)學識堪資深造;(3)品行優良;(4)體格健康。前項選送至國外進修考察人員,以曾經高等考試及格或曾在公立或教育部立案或經認可之國內專科以上學校畢業,並通曉該國文字者為限」。

叁、選送程序

依該條例第四條、第五條、第六條之規定:

一、各機關擬送:各機關選送國內外進修或考察人員,應於考績核定通知到達後三個月內,按滿五十人得選送一人,每多五十人得加送一人,但至多以五人為限之原則,對合於選送條件者選送之。但選送國外進修或考察之機關,以國民政府五院各部會署各省政府及院轄市市政府為限。擬送機關於選送進修或考察人員時,應預擬研究科目或考察事項及派赴地點或國別,送請銓敘部查核存記,由銓敘部彙報考試院。

二、考試院會商行政院決定:每年應派進修考察之總員額、派赴地點或國別、主要研究科目或考察事項,由考試院會商行政院定之。如選派人員為考試院行政院及其所屬以外各機關人員時,並應會商各該機關定之。經銓敘部查核存記准予選送進修考察人員,超過每年所定總員額時,其應派人員得由考試院考試決定之。進修考察人員之考試,分筆試、口試兩種,應試科目,由考試院按該年度所定研究科目及考察事項定之。准予存記人員,其進修或考察地點、國別及研究科目或考察事項,經考試院決定後,通知原送機關逕行派送。

肆、進修或考察期間

依該條例第八條,「考察期間,國內為半年,國外為一年;進修期間,國內外均為二年。進修或考察人員,遇有交通上之障礙,或為完成學科

之研究，前項期間得呈請主管機關核准酌予延長，並轉報考試院，但延長期間不得超過一年」。

伍、進修或考察人員之權利義務

依該條例第九條至第十三條之規定：

㈠經決定派送進修及考察人員離職期間，除由原機關給予原薪外，其所需旅費或用費，在國內者由原送機關酌給，在國外者由原送機關會同銓敘部另編預算呈請核撥。

㈡國內外進修人員，於每滿一年，應就研究所得提出報告，呈原機關核備，研究期滿之成績，並應由本人請求進修處所給予證明，呈由原機關轉送銓敘部備查。

㈢國內考察人員，考察期滿三個月內，應將考察結果提出報告，呈原機關核轉銓敘部備查。

㈣進修或考察期滿，應回原職或另調其他與其進修或考察有關之相當職務，在三年內不得改任其他機關職務，但經原送機關主管長官核准者，不在此限。依施行細則規定，進修或考察人員違背此項規定者，由原選送機關追繳所領各項費用之一部或全部。

㈤進修成績優良者，得另調較高職務，但以具有法定資格者為限。

第二項 公務人員進修規則及加強進修業務要點簡析

考試院為推行公務人員進修，曾訂有公務人員進修規則，及加強公務人員進修業務要點，茲簡析之：

壹、公務人員進修規則

一、**進修方式**：公務人員之進修，採用下列方式，即⑴設班講習；

(2)自修; (3)學術會議小組討論; (4)集會演講; (5)其他進修方式。上列講習班，得由各機關單獨或聯合設置; 討論及演講，並得聯合舉行。

二、研究範圍: 公務人員應研究之學術，包括(1)國父遺敎及總裁言論; (2)中央重要宣言及決議等; (3)現行法令; (4)與職務有關之學術。各機關得指定職員若干人，指導學術研究。

三、進修設施: 各機關應布置敎育環境，充實圖書設備，及其他公餘進修設施。

四、進修經費: 公務人員進修之經費，按各機關經費 2%至 5%比例，在原有預算內勻支。

五、獎勵: 公務人員學術進修成績優良者，得酌給獎品或一個月俸以內之獎金; 成績特優者，並得連同論文或研究報告，報請銓敍部轉呈考試院酌給獎勵。

六、各機關公務人員之進修: 各機關對所屬公務人員之進修，由各機關訂定實施辦法，報銓敍部備查。

貳、加強公務人員進修業務要點

公務人員之進修，除設班訓練外，並應加強辦理專書閱讀、學術演講、在職進修、論文競賽、專題研究、專業討論會、觀摩暨考察訪問等項。對專書閱讀、論文競賽及專題研究方面，具有成績者應予獎勵，成績優異者，可送銓敍部評審獎勵。該部爲評審作品，組織有作品評審委員會，遴聘學者專家擔任委員，根據評審結果決定等次，依等次高低給予獎牌與獎金，或獎金、獎狀。

第三項　行政院暨所屬各機關公務人員國內進修規定簡析

行政院訂有行政院暨所屬各機關公務人員國內訓練進修要點施行，

除訓練進修之基本目標、訓練進修之權責，及應優先參加訓練進修之人員，在本章第三節第三項中已有敍述外，有關國內進修部分之要點如下：

壹、進修種類

公務人員進修分公餘進修、部分辦公時間進修、全時進修及研究實習四種。

貳、公餘進修

探空中大學入學進修、空中專科學校入學進修，及專科以上學校夜間部入學進修等行之。

叁、部分辦公時間進修

各機關為應業務需要，得薦送專科以上學校選修與業務有關之學科，或薦送參加大學與業務有關之研究所入學試驗，於錄取後攻讀學位。

肆、全時進修

各機關為應科技發展或因應社會變遷，解決新生問題之需要，得報經主管機關核准，選派具有下列條件人員參加大學研究所入學試驗，於錄取後准予帶職帶薪全時進修，其條件為(1)經高等考試或相當之特種考試及格或專科以上學校畢業者；(2)現任編制內委任第五職等以上或相當職務者；(3)年齡在四十五歲以下者；(4)最近二年考績（成）一年列甲等一年列乙等以上，並未受懲戒處分、刑事處分或平時考核記過以上處分者。

全時進修人員，除特殊需要經主管機關核准攻讀博士學位者外，以攻讀碩士為限，其期間為二年，於寒暑假期間除因進修研究需要報服務機關核准者外，應返回機關上班。

伍、研究實習

各主管機關爲革新業務、開發新工作或解決實際問題，得派員至國內大學或學術機關從事專案研究；因使用新設備、機具等者，得派員至其他公私機構實習。研究實習期間以一年爲限，准予帶職帶薪；參加研究人員需具有全時進修人員之資格條件。

陸、進修人員之義務

帶職帶薪全時進修、研究及實習人員，期滿應返回原機關服務，其期間爲進修、研究、實習時間之二倍。除經主管機關同意調任者外，不回原機關服務或服務期間未滿而辭職者，應按未履行義務之期間比例賠償相等於進修等期間所領薪津及各項補助費之金額。

第四項　公敎人員出國進修研究實習要點簡析

行政院爲辦理該院暨所屬各級行政機關、公立學校及公營事業機構公敎人員出國進修、研究、實習，以提高人力素質，增進行政效能及敎學研究，特訂定公敎人員出國進修、研究、實習要點，主要內容如下：

壹、進修、研究及實習之區分

一、進修：指(1)各機關基於業務需要，甄選至國外大學研究院所攻讀與業務有關之學科；(2)各機關與外國政府機關、學校或民間團體訂有協約或交換條約，並由各該機關或外國政府機關、學校、民間團體輔助出國入學進修；(3)各機關基於業務需要，准許所屬人員參加國外政府機關、團體設有獎學金或全額補助費用，並經考選出國之入學進修。

二、研究：指各機關爲推展業務或改進工作，選派人員至國外大學

或專業機構作專題研究或選修學分。

三、**實習**：指各機關為革新工作、適應工作需要或使用新設備等，派遣工作人員至國外學習專業知識或技能。

貳、進修研究及實習之方式

一、**出國進修者**：得攻讀學位，但攻讀博士學位者以從事教學或研究工作者為限。

二、**出國研究者**：得作專題研究或選修學分，並得參加短期訓練、實習或觀摩。

出國進修研究人員，應依核定之計畫執行。

三、**出國實習者**：以在所列實習機構實習為限，非經核准不得轉往其他機構實習。

叁、期間

出國期間准予帶職帶薪，但如為主管人員且出國期間在六個月以上者，各機關得應業務需要調整為非主管職務。

一、**進修期間**：攻讀博士學位為三年以內，碩士學位為二年以內。必要時得予延長，但攻讀博士學位不得超過二年。

二、**研究及實習期間**：為一年以內。必要時得予延長，但科學技術人員及專科以上學校教師之研究不得超過一年。

依上述規定延長期間人員，一律留職停薪，並停止公費及補助。

肆、出國人員應具條件

㈠出國進修研究或實習人員，必須思想忠貞、身體健康，在國外不得有損害國家聲譽、違背國家政策之言行。

㈡出國進修研究人員，以業務有關人員為選派對象，攻讀博士學位

者應具有碩士學位，攻讀碩士學位者應具有學士學位，已取得外國相當學位者不得重複修讀。出國實習人員，以實際從事或將從事所實習項目之工作人員爲選派對象。

㈢出國進修研究人員應具下列資格條件，即⑴高等考試或相當之特種考試及格，或專科以上學校畢業；⑵現任各機關編制內委任第五職等以上之職務；⑶連續任本機關工作二年以上，並擔任與進修研究有關工作一年以上，最近二年考績至少一年列甲等一年列乙等以上，具有發展潛力，且未受懲戒處分或刑事處分或平時考核記過以上處分；⑷年齡在五十五歲以下，但修讀學位者不得超過四十五歲；⑸最近三年未曾出國進修或研究，但從事教學及研究工作人員不在此限；⑹必須通曉前往國家之語文，符合進修之學校或研究機構所定標準，未訂有標準者，須經政府指定之機構測驗合格，但曾在擬前往進修研究國家修讀已取得學位者不在此限。

伍、應盡義務

㈠出國進修研究及實習人員，應於期限屆滿時立即返國服務，不得藉詞稽延。

㈡出國人員抵達國外後，應即向指定之駐外單位報到，各駐外單位並應給予必要之協助、輔導與考核。

㈢出國人員出國期間，應定期向計畫主管機關、服務機關及其他有關機關報告進修、研究、實習情形；返國後應依行政院所屬各機關因公出國人員提出報告要點規定，提出進修、研究或實習報告。

㈣出國進修、研究或實習期滿，應返國擔任原機關指派之工作，其期間爲出國進修、研究或實習之二倍，在此期間除由主管機關核准另有工作任務外，不得自行請求異動，亦不得請求再赴國外進修、研究、實習，但因情形特殊經主管機關核准者不在此限。

陸、罰則

㈠出國進修、研究或實習人員，違反上述肆出國人員應具條件之㈠、上述伍應盡義務之㈠規定者，應賠償其進修、研究、實習期間所領一切公費及相等於所領薪津之金額。

㈡違反上述伍應盡義務之㈣規定者，應按未履行義務之期間比例，賠償其進修、研究、實習期限所領公費及相等於所領薪津之金額。

㈢違反上述貳進修研究及實習方式之二、三規定且情節重大者，應賠償其進修、研究、實習期間所領公費。

柒、規劃與執行

㈠各機關年度進修研究實習計畫，應切實依照業務需要擬訂，並擬具各項目之計畫，每一項目之計畫內容應包括項目名稱、項目與該機關業務實際需要情形、項目內容概述、擬前往進修研究實習之國家及其機關學校或團體名稱、預計進修研究實習期間、預估所需經費、預計進修研究實習後之成果、擬選派之人數。

㈡各機關年度派員出國進修研究實習，其所需經費由公庫負擔者，出國期間之旅費、學費、生活費，依行政院規定標準支給，並應列入概算循預算程序報核。各主管機關應設審核小組，從嚴審核出國進修研究實習計畫。其屬業務臨時需要未及列入年度計畫者，得專案分別報請行政院或省市政府核定。

第五項　公立專科以上學校教授休假進修辦法簡析

教育部為獎勵公立專科以上學校教授之進修，以提高師資素質，特訂定公立專科以上學校教授休假進修辦法，其要點如下：

壹、申請條件

各校專任教授連續在公立專科以上學校服務滿七年以上成績優良，經服務學校審查通過，得申請休假半年或一年從事進修、考察或研究工作。

貳、進修名額

教授休假進修人數，每系、所、科教授七人以內者，每年一人休假，逾七人者，每七人增一人休假，如不足七人，得增一人休假。因所、系合一，其教授休假進修人數應以所、系合併計算。

叁、評審程序

各校得設置或經由已設置之評審委員會，在不影響學校教學之原則下，評審教授申請休假進修事宜，並於學年結束前二個月造具次學年休假進修名冊，送教育部備查。

肆、休假進修之權利

教授於休假進修期間之薪給由原校照發，並得酌予補助研究費或旅費。

伍、休假進修之義務

教授於休假進修期間，不得擔任其他有給職務，但經學校核准者不在此限。休假進修期滿經原校續聘者，應返回原校服務，並於三個月內就進修結果向學校提出書面報告。凡經核准進修一年以上者，應俟返校服務滿七年後方得申請休假進修。

陸、其他

休假進修教授原擔任課程，由同校相關教師分任，不得爲此增加員額。經休假進修回校服務者，應列冊報教育部備查。

第十二章　褒獎與懲處

　　褒獎爲我國憲法增修條文第五條所定人事項目之一，而公務員之懲戒，依憲法規定係屬司法院職權，因與公務員之權益及褒獎關係密切，故亦於本章中略予敍述。褒獎與懲處有其理論依據，亦各有其政策與原則，褒獎法規種類甚多，而懲處則以公務員懲戒法爲主。除理論及政策與原則，分別在第一節、第二節中敍述外，褒獎法規與懲處法規之簡析，則分別於第三節、第四節中敍述之。

第一節　褒獎與懲處的理論

　　有關褒獎與懲處之理論，甚爲紛歧，茲選貢獻與滿足平衡說、期望理論說、XY 理論說、行爲模式說四種，分項簡說之。

第一項　貢獻與滿足平衡說

　　有關此方面之理論，以巴納德(Chester I. Barnard)的貢獻與滿足平衡說、賽蒙(Herbert A. Simon)的組織平衡說，最受到重視。茲就貢獻與滿足平衡說簡述如下：

壹、貢獻是對各種活動的表現

各組織的員工對組織的貢獻，是員工對各種活動的表現，如執行組織所指派的工作，發揮工作的績效，完成組織所交付的任務，及達成組織的目標等。

貳、滿足是對貢獻的回報

各組織對從事活動的員工予以回報，此種回報亦是引致員工從事組織各種活動的誘因。

叁、誘因有多種

組織能引致員工從事組織活動的誘因，有多種，如(1)物質的誘因，如金錢、物品等；(2)精神的誘因，如名望及個人權力等；(3)物理的條件，如設置空氣調節、改善工作環境等；(4)心理的感受，如使員工對工作感到驕傲、有成就感等。

肆、物質的誘因效果有限

組織對員工所給予之物質方面的誘因，在爲維持生存所需要的限度內，可發生極大的效果，如超過爲維持生存所需的限度時，除對少數人仍可有效外，對大多數人將會失去效果，亦即多數人不會只爲多得一點物質報酬而貢獻得更多些，故誘因不能只限於物質的，更需重視非物質（即物質以外的）的誘因。

伍、貢獻與滿足的平衡

員工之所以爲組織貢獻所能，乃因組織能給他各種滿足，故貢獻與滿足是相對的，組織的生存與發展，有賴於確保貢獻與滿足的平衡。

第二項　期望理論說

期望理論說為佛魯姆(Vietor Vroom)所倡導，其理論雖較為複雜，但卻合於實際情況。茲分基本假設及期望理論兩部分簡說之。

壹、基本假設

以往，有關員工的激勵理論，均基於各個員工與各種情勢都是相似的假設，因此對各個員工根據某種情勢，可給予同樣的激勵，其激勵的效果亦是一樣。而期望理論則將員工的個別差異因素考慮在內，故與一般的激勵理論有所不同。期望理論係基於下列的五點基本假設，即(1)員工的某些內在力量與環境，決定了個人的行為；(2)個人對其行為，如是否工作、是否努力工作，及是否產生出高水準的生產力，會作有意的決定；(3)員工對需要、目標，及獲得何種獎勵，是因人而異的；(4)員工為了獲得自己所期望的獎勵，會去工作及展現出才能；(5)員工對將引致自己所不期望的結果，會避免表現出行為。

貳、期望理論

佛氏基於上項的基本假設，乃發展出下列的理論基礎與激勵理論：

㈠理論基礎：(1)工作行為與獎勵結果之間具有關係，如努力工作將會獲致加薪；(2)同樣的獎勵結果，對不同的人具有不同的價值及引誘力，如獎金、晉級，對不同的員工，其價值及引誘力亦有不同；(3)期望，與員工的行為及能否完成工作有關，如個人認為有能力及有機會完成工作時，則對因完成工作而獲得獎勵的期望亦高。

㈡激勵理論：佛氏根據上述的理論基礎，乃引申出在下列情況下可發生出最大的激勵作用，即(1)員工相信其工作行為可導致某種獎勵的結

果；(2)員工相信這種獎勵的結果，對其有積極的意義；(3)員工相信自己有能力表現出工作行為至所需要的水準。

以上的情形，可用下列模式顯示：

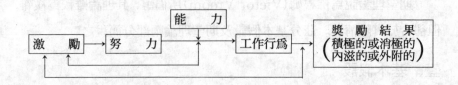

由上圖，表明激勵使員工產生努力，再結合所具有的能力（包括智力的、體力的、技能、訓練、經驗等），表現出工作行為，引致獎勵的結果，此種獎勵結果可為內滋的(如感到有成就感、有貢獻等)，亦可以為外附的（如來自上級主管的加薪、同仁的尊重等）。

㈢理論的運用：各組織的人事主管及組織內各單位主管，對期望理論的運用扮演著很重要的角色，如經由任用適當的人員，可保證表現出良好的工作行為；經由訓練，可充實學識、經驗與技能；經由有效的考績獎勵制度，可使員工的工作行為與加薪、晉級、調升職務等獎勵結果的關係，更加明確；設計多種的獎勵方式，選用對員工有積極意義的獎勵方式予以獎勵，以發生獎勵的正效果。

第三項　XY 理論說

XY 理論中 XY 兩字並無特別意義，只是代表對人性的兩種不同看法而已。依馬克里柯(Douglas McGregor)的看法，XY 理論對人性的論點如下：

壹、X理論

一、人多生性厭惡工作想逃避工作：認爲人的本性是好逸惡勞，好利而厭惡工作，故管理者必須採取某種措施，使人去工作，而其方法則以利引誘之。換言之，如人願意去工作則可獲得報酬，尤其是金錢的報酬。人因爲本性好利，乃爲了獲得報酬亦只有去做厭惡的工作了，故以報酬爲引誘人工作的餌。

二、強調懲罰：由於人有厭惡工作的天性，故需強施威脅及懲罰來警戒，以促使員工對機關或事業目標之達成。當厭惡工作性向強烈，平常給予報酬仍難以克制時，在管理上只有加以懲罰了。

三、嚴密的組織嚴格的管制：一般人樂於爲人所督導，規避責任，比較上未具雄心，特別企求安定。故在管理上需強調組織的嚴密，如組織內區分單位，規定每一單位的職掌，對各單位內的員工工作，亦作明確的分配，並訂定書面說明，作爲員工處理工作之依據。主管人員對所屬員工亦應作嚴格的監督，對循規蹈矩者，予以生活及職位的保障，對偷懶及工作上發生錯誤者，予以重懲。

貳、Y理論

一、人並非天生厭惡工作：工作時對心力的耗費，其情形與休閒嬉戲相同，一般人並非天生就厭惡工作，由於工作環境之不同，工作可以爲樂趣之源（人們將樂於工作），亦可以是痛苦之源（人們將盡可能規避工作）。但工作究竟是快樂或是痛苦，就需看工作環境之是否舒適，對所任工作能否勝任愉快，工作的報酬是否合理，及對工作本身是否認爲具有意義等而定。

二、鼓勵比懲罰更重要：外力的管制和懲罰的威脅，並非就是唯一能促進員工達成機關或事業目標的方法，員工也會自律去達成所肩負的

任務，因此鼓勵比懲罰還要重要。Ｙ理論雖亦承認懲罰亦是強制員工工作的方法之一，但認爲其效果不大，最多只能暫時的獲得效果，而且很容易使員工產生抗拒心理，故能避免就避免之。

三、報酬並不限於物質：員工對達成機關或事業目標之成就，亦屬一種自我滿足和自我實現的報酬，此種報酬，可促使員工爲達成機關或事業目標而努力。因此，報酬並不限於物質，精神上慾望的滿足，亦屬一種有效的報酬。

四、人會自動的工作：在情況許可時，一般人不僅會去接受職責，而且還會去尋求職責，故自動的找工作，亦是人的天性。此點主張，可從退休制度中顯示出來，身體健康能繼續工作而因受命令退休年齡限制須予退休之人員，退休後常會感到無聊無依，千方百計要找一些工作做，其目的並不在獲得報酬，而在於打發時間及貢獻社會，使自己仍舊爲一個有用之人。

五、人有想像力：應用高超而豐富的想像力，是大衆的人而非少數人所具有者。人確實都有想像力，所不同的只是想像的高超程度略有不同，及能應用其想像力的機會多少有所不等而已。因此，如何使每一個員工的想像力，都能有機會在工作上發揮出來，乃是管理者應該重視的。

六、要發揮潛能：在現代工業生活的環境裡，一般人所有的潛在能力，並未充分利用。因此，如何去發揮員工的潛能，要比羅致人才更爲重要。

第四項　行爲模式說

行爲模式說爲李維特(Harold J. Leavitt)所倡導，其後心理學家又作若干補充與解析。茲分行爲模式，衝突與挫折，容忍、防衛與反應，簡說如下：

壹、行爲模式

學者爲便於研究，常建立一種模式來解析，在各種行爲模式中，以李氏的行爲模式較爲簡明，其要點有三：

一、對人的行爲有三個基本概念：即(1)人的行爲是有原因的；(2)人的行爲是有動機的；(3)人的行爲是有目標的。

二、行爲原因與動機的消失：當人的行爲達到目標時，行爲的原因就會消失，接著行爲動機也跟著消失，因而行爲亦就終止。

三、行爲的目標：有些目標是屬於生理的(如吃飽肚子)，有些是屬於心理的(如追求名譽、權力、地位、財富)；生理的目標數量有限，且易於達到，而心理的目標數量多，且會受其他因素的影響而多變，同時亦不易達成，因而此種行爲的原因與動機也就不易消失。

以上情形如下圖所示：

以上模式中之行爲、動機與原因，依一般心理學家的看法，再解析如下：

㈠行爲：是個人基於某種原因及動機，在朝向及達成目標過程中所顯示出之活動，包括身體上與心理上之各種活動。

㈡動機：乃因某種原因而產生，動機是引起個人行爲、維持行爲及引導行爲朝向目標進行之一種內在歷程。個人的動機極爲複雜，但大致可歸納爲兩大類，即一爲原始性之動機，乃屬與生俱來的動機，亦稱生理性或生物性動機，如飢餓(因飢餓動機引發找尋食物之行爲)、渴、性、

睡、母愛、痛苦、好奇等；另一爲衍生的動機，乃由個人學習而得者，多屬社會及心理方面的需求，如恐懼（因恐懼動機而引發逃離恐懼的行爲）、攻擊、支配與順從、成就、地位等。

㈢原因：個人產生動機的原因，主要爲需要與刺激，需要乃指個人處於一種缺乏狀態，亟待對此種缺乏予以滿足而言；刺激乃指外界加諸個人的刺激（如火燙到手）或個人內在發生某種變化（如飢餓時胃部感到不適），個人爲適應此種刺激或變化，乃產生動機而言。

貳、衝突與挫折

衝突指動機的衝突，挫折指行爲的挫折。心理學家對此均有甚爲一致的看法。

一、動機的衝突：指個人在若干動機之間引起衝突，致對行爲與目標的選擇，發生心理上的困擾，其情況嚴重者可使個人寢食難安，影響及心理及生理健康。

二、行爲的挫折：指個人基於動機，在表現行爲達到目標之過程中，遭遇阻力而無法克服，致原定目標根本無法達成時，則會放棄行爲的目標，而將行爲本身走向報復。此時原爲理智的行爲變成了感情用事，原爲建設性的行爲變成了破壞的行爲。

叁、容忍、防衛與反應

當個人遇及動機衝突或行爲挫折時，在其心理行爲上所顯示出者，先爲容忍，如不能容忍則採心理防衛，如再不能心理防衛則表現出情緒性的破壞性的反應。

一、容忍：如引致動機衝突或行爲挫折之目標，對個人而言並非重要者，則多採容忍方法予以容忍，或即放棄其目標，消失其動機或停止其行爲。此種容忍的能耐各人不一，有者容忍力有限，有者容忍力很大，

再容忍力亦可經由多次生活上的體念與學習而增大。

　　二、心理防衛：指個人藉心理防衛的作用，來統合內在矛盾及協調內在的慾望與外在環境壓力，使自我功能可順利進行與發揮。心理防衛有者爲合理的，有者爲不合理的，有者可發生積極作用，有者則否。

　　三、反應：如個人所受的動機衝突或行爲挫折，情況甚爲嚴重，既不能容忍又無法作有效的心理防衛時，則會表現出情緒性的破壞的反應。一般的反應情況有下列四種：

　　㈠敵視：在態度與情緒上產生敵視的心理，在行爲上產生了攻擊的行爲，其中又有直接敵視或攻擊（對構成衝突或挫折的人或事物加以直接的敵視或攻擊），轉向敵視或攻擊(轉向其他的人或事物發洩，使成代罪羔羊) 之分。

　　㈡畏縮：既不敢面對引致衝突與挫折的障礙，亦不能尋求其他途徑繞越障礙去達到目標；情況嚴重時，一切都感到消極，想逃避現實，甚至看破紅塵了結殘生。

　　㈢固執：個人的行爲，不論其有無適應及達成目標的價值，仍繼續不斷的反覆的從事同一無意義的行爲。

　　㈣屈從：表現出一種自暴自棄的現象，放棄個人所有的嘗試，陷入被動與失望，聽從他人，無自己主張，凡事得過且過、不求上進。

　　以上四種反應，均屬不理智不正常的行爲，值得管理者重視，因而盡可能要設法預先防範。

第二節　褒獎與懲處的政策與原則

　　根據上節各種有關褒獎與懲處之理論以觀，有關褒獎與懲處之政策與原則，應包括貢獻與所得相當，褒獎方式應多並依意願選用，違反義

務負刑事與民事責任，違反義務負行政與懲戒責任等，茲分項簡說如後。

第一項　貢獻與所得相當的政策與原則

貢獻事功與所得獎勵相當之褒獎，其原則有下列六個：

壹、貢獻應從各方面考慮

員工對組織的貢獻，可從下列三方面考慮：

一、組織在社會上的聲譽地位：一個組織在社會上是否具有聲譽及地位，影響組織能否在社會上之生存與發展甚鉅，因此員工對組織的貢獻，可從其對組織在社會上的聲譽地位有無助益來考慮。

二、組織業務的發展：一個組織業務之能否發展，亦會影響及其在社會上的生存與發展，如業務不能配合社會的變遷而調整及繼續發展，則遲早會在社會上消失，因此員工對組織的貢獻，亦可從其對組織業務之發展有無助益來考慮。

三、組織所提供之服務或所得之實益：對以服務為目的的組織，宜以員工對社會大眾所提供服務之量與質來考慮；對以獲利為目的的組織，宜以員工對獲得實益之多寡來考慮。

貳、貢獻依事功區分層次

不論從任何一方面考慮，員工對組織的貢獻是有差異的，亦即可將貢獻區分為若干層次，而區分貢獻層次高低的依據即為員工的事功。茲以上述三方面為例：

一、對組織在社會上聲譽地位貢獻之層次：如社會對組織的產品及服務均有好的評價，社會人士均希望有機會成為組織的成員，組織亦能善盡社會責任，致組織在社會上之聲譽地位不斷的提高。員工對此方面

貢獻層次之高低，可視其貢獻之爲直接的或爲間接的，及使組織聲譽地位提高至何種水準來衡量。

二、對組織業務發展貢獻之層次：如員工對業務發展具有直接關係且使業務有高度及快速之發展者，爲對組織具有高層次之貢獻；如對業務發展只是間接的關係且業務發展亦屬低度及遲緩者，爲低層次的貢獻。

三、對組織所提供服務或所得實益之層次：組織因人員貢獻對社會所提供之服務，其大小可從提供服務之範圍、水準，受益人數來表示，如服務之範圍廣、水準高、受益人數多等，均屬服務之層次高。組織因人員貢獻所得之實益，其大小可從獲利之金額來表示，如生產量之增加、盈餘之增加、廠房設備之擴增、資本額之增加等，均屬實益之層次高。

叁、獎勵應從多方面考慮

管理者給予員工的獎勵，可從下列三方面考慮：

一、榮譽性的獎勵：使受獎勵者感到是一種榮譽。此種獎勵多屬精神性質，亦不能以金錢來表示其價值。

二、地位性的獎勵：使受獎勵者提高其地位、加重其職責的獎勵。

三、實益性的獎勵：使受獎勵者在生活或權益方面可獲得實際利益的獎勵。

肆、獎勵依所得區分層次

不論屬何種性質的獎勵，均可區分層次，層次高者表示獎勵程度高，層次低者表示獎勵層次低。

一、榮譽性獎勵的層次：如勳章、褒揚，係由國家元首所給予，屬榮譽性最高層次的獎勵；獎章、獎狀，多由主管機關首長所給予，係屬榮譽性層次次高的獎勵；至記大功、記功、嘉獎，則由各機關首長所給予，應屬層次低的榮譽性獎勵。

二、地位性獎勵的層次：如晉升官等、調升重要主管職務，多被認為層次高的地位性獎勵；晉升職等、調升較高職務，多被認為層次次高的地位性獎勵；在同職等內調任職責較為繁重的職務、由低層級機關調任至高層級機關服務等，多少含有獎勵之意，但獎勵的層次係屬低者。

三、實益性獎勵的層次：則可按所獲得實益折算金額之多寡來區分層次高低，如以獎金的實益性獎勵言，獎金金額愈大者層次愈高，獎金金額愈小者層次愈低。

伍、層次區分以五至九個為度

不論為貢獻或獎勵層次的區分，少則可區分為五個層次，多則可區分至九個層次，如層次區分過少，在運用上將不敷所需；如層次區分過多，則在運用上又感到過於繁瑣。在區分層次時，可先列出最高層次的貢獻或獎勵的內容，其次列出最低層次的貢獻或獎勵的內容，再列出最高與最低層次的中間內容(即為中間層次)，而後再列出最高與中間層次間、最低與中間層次間的內容(如此已有五個層次)，如又在上下兩層次間列出中間層次，則可共有九個層次的區分。

陸、貢獻與獎勵層次應屬相當

將貢獻與獎勵層次作區分後，此兩種層次相互間應作適當的配合，如兩種層次區分相同時，配合將毫無問題，即最高層次的貢獻與最高層次的獎勵相配合，餘類推；如兩種層次區分較不等時，亦應認定某一層次貢獻與某一層次獎勵相當，以期根據貢獻給予獎勵時有所依據，不致失諸浮濫或苛刻。

第二項　褒獎方式應多並依意願選用的政策與原則

各層次獎勵方式作多種設計，獎勵方式可由受獎者選用之原則包括下列三個：

壹、褒獎方式的設計

褒獎方式除從榮譽性、地位性及實益性之方式外，尚可再作多種的設計，如：

一、參與性的獎勵方式：雖然未給予榮譽性的獎勵，亦未作地位性的調整職務，如囑當事人參與某種問題或方案的研究、參加某種工作小組、提供某種建議、詢問對某種問題的意見等，使當事人有表示意見的機會，就當事人而言，亦屬一種獎勵，表示出對當事人的重視。

二、關切性的獎勵方式：指主管人員運用各種方法促進與員工間人際關係的和諧，來表現出獎勵的意義。如逢過年過節時，約員工至家中團聚、用餐，將員工介紹與主管人員的朋友及在朋友面前讚揚員工在工作上的貢獻，關切員工的生活，指導員工解決工作上所遇及的困難等，對員工而言，亦不失爲是一種獎勵。

三、福利性的獎勵方式：指給予員工某種福利的享受，使員工在身心健康方面獲得某種程度滿足之獎勵。如爲解決交通困難購置交通車、購置康樂活動器材供員工使用、舉辦休假旅遊、舉辦康樂競賽、聘請名師指導學習藝術或手藝或語言等，對員工而言，亦含有獎勵之意。惟福利性的獎勵，係適用於多數的員工，而非以某個別員工爲對象。

貳、褒獎方式的選用

包括：

一、根據貢獻決定獎勵層次：貢獻與獎勵各依其程度之高低，均各可區分為若干層次，而貢獻與獎勵層次又需作適當的配合，因此對具有貢獻之員工予以獎勵時，首需根據員工對組織貢獻的層次，決定管理者應給予獎勵之層次。如貢獻是屬最高層次的，則同樣的應給予最高層次的獎勵。

二、根據受獎者意願選定獎勵方式：當獎勵層次決定後，究應給予該獎勵層次中何種方式的獎勵，則需依受獎者之意願來選擇最能符合其意願的獎勵方式獎勵之。其原因為：

㈠各人意願具有差異：對組織具有貢獻的人員，意願常具有差異，有者希望獲得榮譽性的獎勵，有者希望獲得實益性的獎勵，亦有者希望獲得地位性的獎勵。因此管理者在決定獎勵方式前，應先了解受獎者的意願，了解的方式可透過直接的面談或從第三者獲知。

㈡符合意願的獎勵方式可發揮獎勵功能：受獎者對獎勵會重視、會加以珍惜，更會因受到獎勵而更加努力，因而發揮了獎勵的功能。

㈢不符意願的獎勵方式會降低獎勵功能：受獎者對獎勵不會重視、不會加以珍惜，甚至對獎勵感到失望，因而受獎人不但不會因獎勵而更加努力工作，反而會依然故我，甚至由於失望之餘從此懈怠工作。

叁、公開舉行獎勵

為善應使人知，以期一方面表示管理者對獎勵的誠意，另一方面從而發揮激勵作用，引發其他員工對組織的貢獻。所謂公開舉行，如利用動員月會或其他集會機會舉行獎勵，將獎勵事項公告週知等，均屬之。

第三項　違反義務負刑事與民事責任的政策與原則

員工在職期間，違反義務之負刑事及民事責任之政策與原則，包括

負刑事責任者應受刑事處分，負民事責任者應負責賠償二個。這些原則因涉及公務員之權益，自更需制定法律，以為依據。

壹、負刑事責任者應受刑事處分

員工對法定有所為義務而不為，或對法定有所不為義務而為之，於無阻卻違法事由存在情形下，基於故意或過失，侵害法律所保護之利益時，謂之犯罪，犯罪者應負刑事責任，並依法律對犯罪行為予以刑事制裁。員工之犯罪有職務犯與準職務犯之分，職務犯係以員工之身分為犯罪構成要件，非員工不可能成立此種犯罪；準職務犯係犯罪雖可由員工以外之一般人為之，但具有員工身分者觸犯其罪時，加重其處罰而已。職務犯罪，通常有下列各種：

一、廢弛職務或違背義務之瀆職罪：又包括委棄守地罪、廢弛職務釀成災害罪、圖利罪、洩漏或交付祕密罪、妨害郵電祕密罪。

二、濫用職權之瀆職罪：又包括枉法裁判或仲裁罪、濫用職權追訴罪、凌虐人犯罪、故意違法執行刑罰罪、越權受理訴訟罪、違法徵收稅捐罪、扣留或尅扣款物罪。

三、賄賂罪：又包括普通賄賂罪、違背職務之賄賂罪、實行違背職務之賄賂罪。

四、其他職務犯罪：如洩漏國防機密罪、縱放或便利脫逃罪、偽造公文書罪、強迫栽種或販賣罌粟罪、洩漏工商祕密罪、侵占公務上持有物罪，及違反貪污治罪條例所定事項之貪污罪。

凡犯以上各罪者，其刑罰視罪名及情節輕重，自拘役、罰金、至有期徒刑、無期徒刑、死刑不等。

貳、負民事責任者應負責賠償

員工執行職務，對有所為義務而不為，或對有所不為義務而為之，

不論爲故意或過失，不法侵害他人權利者，應負賠償責任。其中又有下列各種情形：

一、對人民之賠償責任：如民法第一八六條規定，公務員因故意違背對於第三人應執行之職務，致第三人之權利受損害者，負賠償責任。其因過失者，以被害人不能依他項方法受賠償時爲限，負其責任。前項情形，如被害人得依法律上之救濟方法除去其損害，因故意或過失不爲之者，公務員不負賠償責任。

二、對國家負賠償責任：如審計法第七二條規定，各機關經管現金、票據、證券、財物或其他資金之損失，經審計機關查明係未盡善良管理人應有之注意所致者，該機關長官及主管人員，應負損害賠償之責。其他如國庫法、會計法、交代條例，亦有類似負責賠償之規定。

三、對國家負償還責任：如國家賠償法第二條規定，公務員於執行職務行使公權力時，因故意或過失不法侵害人民自由或權利者，國家應負賠償責任；公務員怠於執行職務，致人民自由或權利遭受損害者亦同；前項情形，公務員有故意或重大過失時，賠償義務機關對之有求償權。其他如土地法、警械使用條例、冤獄賠償法、核子損害賠償法，亦有類似求償權之規定。

第四項　違反義務負行政與懲戒責任的政策與原則

員工在職期間違反義務應負之行政與懲戒責任之政策與原則，包括負行政責任者應受行政處分，負懲戒責任者應受懲戒處分。

壹、負行政責任應受行政處分

員工對法定有所爲義務而不爲，或對法定有所不爲義務而爲之，其屬情節輕微且不涉及刑事或民事或懲戒責任者，通常可認爲涉及行政責

任應受行政處分。如公務人員考績法規中有關平時功過事項中之過錯，即屬行政責任，其應受之行政處分亦以平時功過中之申誡、記過、記大過，或專案考績中之一次記兩大過免職爲範圍，有時予以調職如降調職務、改調非主管職務、調任至一般人不願前往地區之職務等，亦可視爲行政處分的一種。行政處分多由機關首長自行核定發布生效，不受刑事處分之需由法院判決確定，亦不若民事賠償之可由雙方當事人商定，如無法商定時再由法院裁定，亦不若懲戒處分之依懲戒法規核定或由司法院公務員懲戒委員會議決。

貳、負懲戒責任應受懲戒處分

員工因違反有所爲或有所不爲義務而構成違法或廢弛職務或其他失職行爲時，則應負懲戒責任受懲戒處分。懲戒處分之種類可區分爲申誡、記過、減俸、降級、休職、撤職等數種，其中名稱如申誡、記過雖與行政處分中之申誡、記過同，但效果卻不一樣，如行政處分申誡、記過之效果只及於考績時之增減分數，而懲戒處分之效果卻比行政處分爲嚴重，對公務員今後之發展與升遷轉調影響亦較大，因此對懲戒處分之決定需較行政處分爲愼重。

第三節　褒獎法規簡析

有關褒獎之法律，多按褒獎種類之不同，分別制定，如褒揚條例、獎章條例等；至規章則多由主管機關視需要訂定。茲按法規體系，及褒獎種類，分項敍述如後。

第一項　褒獎及懲處法規體系

褒獎與懲戒法規，關係密切，除懲處法規簡析於第四節中敍述外，其法規體系部分，併入本項中列表。至列表之順序，則先爲褒獎法規，次爲懲處法規；而法與規之順序，則先爲法律，次爲依法律授權訂定之規章，再次爲由主管機關依執行法條需要訂定之規章。其體系如下表：

法　　律	依法律授權訂定之規章	依需要訂定之規章
褒揚條例 勳章條例		
獎章條例	人事專業獎章頒給辦法	
警察獎章條例		
		各主管機關訂定之獎章獎狀頒給辦法
刑法(有關條文) 貪污懲治條例 民法(有關條文) 國家賠償法（有關條文）		
公務員懲戒法		稽核公務員懲戒處分執行辦法（司法院、考試院核定）
		行政院暨所屬各級機關公務人員獎懲案件處理辦法（行政院核定）

第二項　褒揚條例簡析

褒揚條例爲辦理褒揚之法律依據。

壹、適用人員範圍

得予褒揚之人員，除中華民國人民外，依同條例第八條，「外國人亦得褒揚之」。

貳、受褒揚之條件

依同條例第二條，「有下列各款情事之一者得褒揚之，即(1)致力國民革命大業，對國家民族有特殊貢獻者；(2)參與戡亂建國大計，應變有方，臨難不苟，卓著忠勤，具有勳績者；(3)執行國策，折衝壇坫，在外交或國際事務上有重大成就者；(4)興辦教育文化事業，發揚中華文化，具有特殊貢獻者；(5)冒險犯難，忠貞不拔，壯烈成仁者；(6)有重要學術貢獻及著述，爲當世所推重者；(7)有重要發明，確屬有裨國計民生者；(8)德行崇劭，流風廣被，足以轉移習尚，爲世楷模者；(9)團結僑胞，激勵愛國情操，有特殊事蹟者；(10)捐獻財物，熱心公益，績效昭著者；(11)其他對國家社會有特殊貢獻，足堪褒揚者」。

叁、褒揚方式

依同條例第三條、第五條及第六條，「(1)明令褒揚(以受褒揚人逝世者爲限)；(2)題頒匾額」。「受褒揚人事蹟，合於上述第(1)(2)款者逝世後，或合於第(5)款者，得入祀國民革命忠烈祠或地方忠烈祠」。又「受明令褒揚人，其生平事蹟得宣付國史館，並列入省（市）縣（市）志」。

肆、請褒揚手續

依同條例第四條,「褒揚,除總統特頒者外,須經行政院之呈請。呈請明令褒揚,應綜其生平事蹟,提經行政院會議通過」。

第三項　勳章條例簡析

勳章條例乃辦理頒給勳章之法律依據。

壹、適用人員範圍

依同條例第一條,「得授予勳章之人員,包括中華民國人民及外國人」。

貳、勳章種類

依同條例第二條、第十條,「勳章除已授予之采玉勳章外,分采玉大勳章、中山勳章、中正勳章、卿雲勳章、景星勳章;其中卿雲勳章及景星勳章,各分九等」;「采玉大勳章、中山勳章、中正勳章均用大綬;卿雲勳章及景星勳章之一、二、三等用大綬,四、五等用領綬,六、七等用襟綬並附勳表,八、九等用襟綬」。

叁、授勳之條件

(一)采玉大勳章:依同條例第三條,「總統佩帶采玉大勳章,采玉大勳章得特贈友邦元首,並得派專使齎送」。

(二)中山勳章:依同條例第四條,「有下列勳勞之一者,得授予中山勳章,由總統親授之:(1)統籌大計,安定國家者;(2)翊贊中樞,戡平禍亂者;(3)其他對建國事業有特殊勳勞者」。

㈢中正勳章：依同條例第五條，「有下列勳勞之一者，得授予中正勳章，由總統親授之：⑴對實踐三民主義有特殊成就者；⑵對反共建國大業有特殊貢獻者；⑶對復興中華文化有特殊表現者；⑷對實施民主憲政有特殊勳勞者」。

㈣卿雲勳章或景星勳章：依同條例第六條，「公務人員有下列勳勞之一者，得授予卿雲勳章或景星勳章：⑴於國家行政、立法、司法、考試、監察制度之設施，著有勳勞者；⑵於國民經濟、教育、文化之建設，著有勳勞者；⑶折衝撙俎，敦睦邦交，在外交上貢獻卓著者；⑷宣揚德化，懷遠安邊，克固疆圉者；⑸辦理僑務，悉協機宜，功績卓著者；⑹救助災害，撫綏流亡，裨益民生者；⑺維持地方秩序，消弭禍患，成績優異者；⑻中央或地方官吏在職十年以上，成績昭著者；⑼襄助治理，賢勞卓著，迭膺功賞者」。

㈤卿雲勳章或景星勳章：依同條例第七條，「非公務人員有下列勳勞之一者，得授予卿雲勳章或景星勳章：⑴有專門發明或偉大貢獻，有利國計民生者；⑵創辦救濟事業，規模宏大，福利社會者；⑶在國內外興辦教育、文化事業歷史深長，足資模範者；⑷保衛地方，防禦災患，屢著功效，足資矜式者；⑸經營企業，補助政府，功在民生者；⑹學識淵深，著述精宏，有功文化教育者」。

又依同條例第八條，「外國人有下列勳勞之一者，得授予卿雲勳章或景星勳章：⑴抑制強暴，伸張正義，有利我國者。⑵宣揚我國文化，成績昭著者。⑶周旋壇坫，有助我國外交者。⑷促成其政府或人民，與我國以物質上或精神上之援助者。⑸對我國建設事業，貢獻卓著者。⑹創辦教育或救濟事業，有功於我國社會者」。

㈥其他條件：依同條例第九條，「凡有勳勞於國家社會，爲前第六條、第七條、第八條三條所未列舉，而確應授予勳章者，亦得比照前三條之規定行之」。

肆、請勳手續

依施行細則規定，包括：

㈠呈請：由呈請機關詳細填具勳績事實表，加具考語並蓋用印章，連同有關勳績之證明文件，遞轉初審機關審核。

㈡初審：如擬授勳人員為公務人員，由銓敘部審核；擬授勳人員為政務官，由主管院審核；擬授勳人員非屬公務人員，由內政部、僑務委員會審核。初審機關審核勳績事實如有疑問，得徵詢與勳績事實有關之主管機關意見，以憑參考，並應附具審核意見，註明應否授予勳章，及擬請授予勳章之種類與等次，呈由主管院轉總統發交稽勳委員會審核。

㈢稽勳委員會審核：勳章之審核，由稽勳委員會行之，但總統特贈或特授者不在此限。

㈣必要時得舉行調查：審核機關審核勳績，認有實地調查之必要時，得派員或委託關係機關調查，並得通知呈請機關詳敘事蹟，補提證明文件。

伍、授予勳章

依同條例第十一條、第十二條，「授予勳章，得因積功晉等，並得加授別種勳章」。「卿雲勳章及景星勳章，依勳績分等，屬於一等者，由總統親授之，其餘各等，發交主管院或遞發該管長官授予之。授予勳章，並附發證書」。

陸、勳章之繳還

依同條例第十五條，「經授予勳章人員，因犯罪褫奪公權者，應繳還勳章及證書」。

第四項　獎章條例及警察獎章條例簡析

獎章條例，爲對一般公務人員及非公教人員與外國人，頒發獎章之法律依據。警察獎章條例，爲對警察人員頒發警察獎章之法律依據。茲說明如下：

壹、獎章條例

依同條例第一條，「公教人員著有功績、勞績或有特殊優良事蹟者，除法律另有規定外，依本條例頒給獎章，非公教人員及外國人，對國家著有功績或其他優異表現者，亦得頒給」。

一、**獎章種類**：依同條例第三條、第四條、第五條、第六條：

㈠功績獎章：「有下列情形之一者，頒給功績獎章，即⑴主持重大計畫或執行重要政策成效卓著者；⑵對主管業務提出重大革新方案，經採行確具成效並有具體事蹟者；⑶研究發明著作，經審查認定對學術或業務有重大價值者；⑷檢舉或破獲重大叛亂組織，消弭禍患者；⑸檢舉或破獲重大貪污案件，有助吏治澄清者；⑹對突發意外事故處置得宜，免遭嚴重損害者；⑺有其他特殊功績足資矜式者」。

㈡楷模獎章：「有下列情形之一者，頒給楷模獎章，即⑴操守廉潔有具體事蹟，足資公教人員楷模者；⑵奉公守法品德優良，有特殊事蹟足資矜式者；⑶搶救重大災害奮不顧身，而有具體事實者；⑷因執行職務受傷，合於公務人員保險全殘廢退休者；⑸因執行職務發生危險，以致死亡者；⑹有其他優良事蹟足資矜式者」。

㈢服務獎章：「公教人員服務成績優良者，依下列規定頒給服務獎章，⑴連續任職滿十年或任政務職位滿五年者，頒給三等服務獎章；⑵連續任職滿二十年或任政務職位滿十年者，頒給二等服務獎章；⑶連續任職

滿三十年或任政務職位滿二十年者，頒給一等服務獎章」。「以上三種獎章各分三等，初次頒給三等，並得因績功晉等；同一事蹟不得授予兩種獎章」。

二、請頒手續：依同條例第八條，「獎章由各主管機關報請各該主管院核定，並由院長頒給之。公務人員獲頒獎章者，由主管機關送請銓敘部審查登記」。

三、專業獎章：依同條例第九條，「由各主管機關依其主管業務之性質及需要，報請各該院核定後，由各該主管機關首長頒給之；受獎人為公務人員者，並送請銓敘部審查登記」。銓敘部及行政院人事行政局曾依此一規定，訂定人事專業獎章頒給辦法，其中規定有下列情形之一者，頒給人事專業獎章，即(1)研訂人事法制及推動人事業務具有特殊貢獻者；(2)主辦重要人事工作計畫或執行重要人事政策成效顯著者；(3)從事有關人事學術之研究撰有著作，或對人事工作提出重大革新方案，經審定或採行確有具體價值或成效者；(4)舉辦或參與國際會議及學術文化活動，對我國人事制度之宣揚及國際地位之提升，有重大貢獻者；(5)辦理人事業務負責盡職，熱忱服務，促進機關人事團結和諧，卓著貢獻，具有特殊優良事蹟者；(6)其他對人事工作有重要貢獻，足資表揚者。

貳、警察獎章條例

一、頒給警察獎章條件：依同條例第一條，「警察人員著有下列勞績之一者，得由內政部發給警察獎章，即(1)辦理警察行政，於警察之建制及改進，著有特殊成績者；(2)研究警察學術，於警察方面有特殊貢獻者；(3)值地方騷擾、暴動或其他非常事變時，能防範制止，或應其他警察機關請求援助，保護保全地方安寧秩序者；(4)舉發或緝獲關於內亂、外患、漢奸或間諜犯罪者；(5)當場或事後緝獲盜匪案犯，保全人民生命財產者；(6)緝獲脫逃人犯或緝獲在逃刑事被告，經判處五年以上有期徒刑以上之

刑者；(7)查獲攜帶或藏匿軍器兇器或其他危險物，情節重大者；(8)盡瘁職務，足資矜式者；(9)查禁違警品，著有成績者；(10)在職繼續滿十年以上，未曾曠職並成績優良者」。

二、警察獎章等級及佩帶：依同條例第二條，「警察獎章分一、二、三、四四等，每等分一、二、三三級；初授之獎章等按官階區分，警監初授為一等，警正初授為二等，警佐初授為三等，警長警士初授為四等，均自三級起依次晉級」。又第六條，「獎章得終身佩帶，但因受刑事處分或受褫奪公權宣告時，應於裁判確定後將獎章及證書一併繳部」。

第五項　其他獎章及獎狀規章簡析

主管機關對所屬公務人員在工作上有特殊表現者，亦有發給獎章、獎狀之規定，惟此種獎章之榮譽程度，比獎章條例之獎章為低。

壹、久任獎章

如經濟部對所屬事業員工，在本事業連續服務二十、二十五，或三十年以上，最近三年考核有一年列甲等、兩年列乙等以上者，得給予銅質獎章、銀質獎章或金質獎章。交通部對所屬事業人員之久任者，亦有給予獎章之規定。

貳、考成獎章

如依交通事業人員考成規則規定，事業人員有所列舉之特優事蹟且有重大影響者，其專案考成之獎勵，除予晉薪一級外，並給予獎章。

叁、功績獎狀

公務人員能經歷艱險，如期或提前完成某種計畫或工程或艱鉅任務

者，有發給獎狀以示激勵之事例。如行政院對內政部舉辦土地重劃、戶口普查工作有功人員，對臺灣電力公司完成高壓輸電線路架設工程及完成德基大壩工程之有功人員，均曾由行政院長發給獎狀。

肆、久任獎狀

部分事業之主管機關，為表彰所屬員工久任，亦有給予獎狀者。如交通部所屬事業相當士級以上人員，在各事業服務十五年以上，最近三年考成平均分數在 75 分以上者，發給獎狀。

伍、考成獎狀

部分事業主管機關，對所屬員工有特優事蹟表現，於辦理考成時，除晉薪級外，並發給獎狀。如依交通事業人員考成規則規定，事業人員有特殊事蹟辦理專案考成，除晉薪一級外，並發給獎狀。

第四節　懲處法規簡析

懲處法規屬刑事處罰，以刑法及懲治貪污治罪條例為主，民事賠償以民法、國家賠償法，及其他有關財務之法律為主，懲戒處分以公務員懲戒法為主。至行政處分之平時功過則仍以公務人員考績法為主。茲分項敘述之：

第一項　刑事法律有關條文簡析

刑事法律中有關公務人員刑事處罰之規定，主要為：

壹、刑法上瀆職罪與刑罰

一、廢弛職務或違背義務之瀆職罪：又分下列五種：

㈠委棄守地罪：公務員不盡其應盡之責而委棄守地者，處死刑、無期徒刑或十年以上有期徒刑。（刑第一二〇條）

㈡廢弛職務釀成災害罪：公務員廢弛職務釀成災害者，處三年以上十年以下有期徒刑。（刑第一三〇條）

㈢圖利罪：公務員對於主管或監督之事務，直接或間接圖利者，處一年以上七年以下有期徒刑，得併科七千元以下罰金，所得之利益沒收之，如全部或一部不能沒收時，追徵其價格。（刑第一三一條）

公務員利用權力、公款，或公務上之祕密消息，而爲營利事業者，依刑法第一三一條處斷。（服務法第十三條）

㈣洩漏國防以外之祕密罪：公務員洩漏或交付有關中華民國國防以外應祕密之文書、圖畫、消息或物品者，處三年以下有期徒刑。過失犯，處一年以下有期徒刑、拘役或三百元以下罰金。（刑第一三二條）

㈤妨害郵電祕密罪：在郵務或電務機關執行職務之公務員，開拆或隱匿投寄之郵件或電報者，處三年以下有期徒刑、拘役或五百元以下罰金。（刑第一三三條）

二、濫用職權之瀆職罪：又分下列七種：

㈠枉法裁判或仲裁罪：有審判職務之公務員或仲裁人，爲枉法之裁判或仲裁者，處一年以上七年以下有期徒刑。（刑第一二四條）

㈡濫用職權追訴罰罪：有追訴或處罰犯罪職務之公務員，濫用職權爲逮捕或羈押者，意圖取供而施強暴脅迫者，明知爲無罪之人而追訴或處罰，或明知爲有罪之人而不追訴或處罰者，處一年以上七年以下有期徒刑。因而致人於死者，處無期徒刑或七年以上有期徒刑。致重傷者，處三年以上十年以下有期徒刑。（刑第一二五條）

㈢凌虐人犯罪：有管收、解送或拘禁人犯職務之公務員，對於人犯施以凌虐者，處一年以上七年以下有期徒刑。因而致人於死者，處無期徒刑或七年以上有期徒刑。致重傷者，處三年以上十年以下有期徒刑。（刑第一二六條）

㈣違法執行刑罰罪：有執行刑罰職務之公務員，違法執行或不執行刑罰者，處五年以下有期徒刑。過失者，處一年以下有期徒刑、拘役或三百元以下罰金。（刑第一二七條）

㈤越權受理訴訟罪：公務員對於訴訟事件，明知不應受理而受理者，處三年以下有期徒刑。（刑第一二八條）

㈥違法征收稅捐罪：公務員對於租稅或其他入款，明知不應征收而征收者，處一年以上七年以下有期徒刑，得併科七千元以下罰金。未遂犯罰之。（刑第一二九條）

㈦扣留或尅扣款物罪：公務員對於職務上發給之款項物品，明知應發而抑留不發或尅扣者，處一年以上七年以下有期徒刑，得併科七千元以下罰金。未遂犯罰之。（刑第一二九條）

三、賄賂罪：又分下列三種：

㈠普通賄賂罪：公務員或仲裁人，對於職務上行為，要求期約或收受賄賂或其他不正利益者，處七年以下有期徒刑，得併科五千元以下罰金。賄賂沒收之，如全部或一部不能沒收時，追徵其價格。（刑第一二一條）

㈡違背職務之賄賂罪：公務員或仲裁人，對於違背職務之行為，要求期約或收受賄賂或其他不正利益者，處三年以上十年以下有期徒刑，得併科七千元以下罰金。賄賂沒收之，如全部或一部不能沒收時，追徵其價格。（刑第一二二條）

㈢實行違背職務之賄賂罪：具有上述情況，因而為違背職務之行為者，處無期徒刑或五年以上有期徒刑，得併科一萬元以下罰金。賄賂沒

收之，如全部或一部不能沒收時，追徵其價格。(刑第一二二條)

貳、刑事法律上其他職務犯罪與刑罰

刑法上除瀆職罪外，尚有其他職務犯罪與刑罰之規定；貪污治罪條例，對貪污者之治罪有從重之規定；又其他法律亦間有對職務犯罪與刑罰之訂定。

一、刑法上其他職務犯罪與刑罰：主要有(1)洩漏國防祕密罪；(2)縱放或便利脫逃罪；(3)偽造公文書罪；(4)強迫栽種或販賣罌粟罪；(5)洩漏工商祕密罪；(6)侵占公務上持有物罪等。

二、貪污治罪條例上職務犯罪與刑罰：

㈠貪污罪之內涵：主要包括(貪例第四至第七條)：(1)盜賣、侵占或竊取公用器材、財物、公糧者；(2)建築或經辦公用工程，或購辦公用器材、物品，浮報價款數量，收取回扣或有其他舞弊情事者；(3)對於違背職務之行為，為求期約或收受賄賂或其他不正利益者；(4)利用職務上機會，詐取財物者；(5)意圖得利，抑留不發職務上應發之財物者；(6)對於主管或監督之事務，直接或間接圖利者；(7)對於非主管或監督之事務，利用職權機會或身分圖利者。

㈡犯貪污罪之處罰：其處罰從重，包括死刑、無期徒刑、五年以上有期徒刑，得併科十萬元以下罰金。未遂犯罰之（貪例第四至第七條）。所得財物應予追繳，如全部或一部不能追繳時，應追徵其價格（貪例十條）。

㈢本條例之優先適用：其刑罰在刑法上已有規定者，仍適用本條例之規定，但情節輕微而其所得或所圖得財物在三千元以下者，適用較輕處罰規定之刑法或其他法律（貪例十二條）。

㈣連帶責任：直屬主管長官對於所屬人員，明知貪污有據而予庇護或不為舉發者，處一年以上七年以下有期徒刑（貪例十三條）。

三、**其他法律上職務犯罪與刑罰**：如(1)有關財經稅務人員職務犯罪之規定；(2)有關交通郵電人員職務犯罪之規定；(3)有關自來水事業從業人員職務犯罪之規定；(4)有關役政人員職務犯罪之規定等。

第二項　民事賠償法規簡析

公務員於執行職務之際，對有所為義務而不為，或對有所不為義務而為之，不論為故意或過失，不法侵害他人權利者，應負賠償責任。茲按對人民之民事賠償，對國家之民事賠償，及賠償程序與方式，簡述之。

壹、對人民之賠償責任

公務員職務範圍內之行為，有私法上行為與公法上行為之別，公務員之民事賠償責任亦分兩類如下：

一、**因私法上行為所生之民事賠償責任**：國家雖為公法人，仍有買賣、承攬、運送等私經濟行為；因此等行為所生之法律關係，仍適用私法之規定，公務員代表國家為此等行為而侵害他人權利時，應依民法第二八條規定，「法人對於其董事或職員因執行職務所加於他人之損害，與該行為人連帶負賠償責任」。

二、**因公法上行為所生之民事賠償責任**：公務員為國家機關之構成員，代表國家機關行使職權，如係因執行職務而損及人民權利，應由國家負責，不發生公務員之民事賠償責任。但如違背對於第三人應執行之職務，致第三人之權利受損害時，應依民法第一八六條，「公務員因故意違背對於第三人應執行之職務，致第三人之權利受損害者，負賠償責任。其因過失者，以被害人不能依他項方法受賠償時為限，負其責任。前項情形，如被害人得依法律上之救濟方法，除去其損害，而因故意或過失不為之者，公務員不負賠償責任」。

貳、對國家之民事賠償責任

公務員執行職務，因違反職務上之義務，致損害國家之權利，或使國家對第三人負賠償責任時，公務員應依法對於國家負賠償或償還之責任。包括：

一、對國家負賠償責任：公務員違反職務上之義務，致國家權利遭受損害時，應負賠償責任，現行法上尚無原則性之規定，其有關條文係散見於各法律之中，如：⑴國庫法規定對國家之賠償；⑵審計法規定對國家之賠償；⑶會計法規定對國家之賠償；⑷交代條例規定責令交清等。

二、對國家負償還責任：依憲法第二四條，「公務員違法侵害人民之自由或權利者，除依法律受懲戒外，應負刑事及民事責任，被害人就其所受損害，並得依法律向國家請求賠償」。國家依此規定擔負此一賠償責任後，對為侵權行為之公務員是否有求償權？通常係以其行為是否出於故意或重大過失而定，如係出於故意或重大過失者，則國家對之有求償權，因而公務員即負有償還之義務。現行法律中有類此規定者如：

㈠國家賠償法之規定：國家賠償法為賠償之普通法，其要點為：

1.公務員之含義：依國家賠償法第二條第一項，「本法所稱公務員者，謂依法令從事於公務之人員」。故政府機關及公營事業之員工均包括在內。又依第四條，「受委託行使公權力之團體，其執行職務之人於行使公權力時，視同委託機關之公務員，受委託行使公權力之個人，於執行職務行使公權力時亦同」。故除政府機關及公營事業以外之團體員工及個人，在受委託行使公權力時，亦視為公務員。

2.構成償還責任之要件：依同法第二條第二項、第三項，「公務員於執行職務行使公權力時，因故意或過失不法侵害人民自由或權利者，國家應負賠償責任。公務員怠於執行職務，致人民自由或權利遭受損害者

亦同。前項情形，公務員有故意或重大過失時，賠償義務機關對之有求
償權」。

㈡其他法律之規定：如⑴土地法之規定；⑵警械使用條例之規定；
⑶冤獄賠償法之規定；⑷核子損害賠償法之規定等。

第三項　懲戒法規簡析

公務員懲戒法，為行使懲戒處分之主要法律。茲簡析如下。

壹、懲戒責任與行政責任

一、懲戒責任：依公務員懲戒法第二條，「公務員有違法、廢弛職務
或其他失職行為，應受懲戒」。所稱違法，並不以違反法律為限，凡違反
命令性質之行政規章及命令時，亦包括在內；所謂廢弛職務或其他失職
行為，範圍甚廣，應依據有關法規及事實認定之。

二、行政責任：公務員執行職務，在行政上具有疏失或不良事蹟，
致影響及業務推行或公務員聲譽者，應負行政責任，其範圍更廣，更需
根據有關規定及事實認定。

三、懲戒責任與行政責任之分野：懲戒責任與行政責任，在本質上
並無明確處分，公務員同樣的不法行為，既可令其擔負懲戒責任，亦可
令其擔負行政責任；如擔負懲戒責任則需接受懲戒處分，如擔負行政責
任則需接受行政處分。因二者間缺乏明確區分，致同樣的不法行為，有
者移送懲戒機關接受懲戒處分，有者由機關首長給予行政處分。但就一
般情況而言，凡情節較為複雜或較為嚴重或法規明定應予懲戒者，則循
由擔負懲戒責任接受懲戒處分之途徑處理；其情節較為簡單或較為輕微
或法規明定由機關首長予以處分者，則由各機關首長根據應負行政責任
給予行政處分而結案。

貳、懲戒處分種類

依同法第九條、第十一條至第十六條規定：

一、撤職： 除撤其現職外，並於一定期間停止任用，其期間至少爲一年。

二、休職： 休其現職，停發薪給，並不得在其他機關任職，其期間至少爲六個月，休職期滿，應許其復職。自復職之日起，二年內不得晉敍、升職或調任主管職務。

三、降級： 依其現職之俸級，降一級或二級改敍，自改敍之日起，二年內不得晉敍、升職或調任主管職務；受降級處分而無級可降者，按每級差額減其月俸，其期間爲二年。

四、減俸： 依其現職之月俸減百分之十或二十支給，其期間爲一月以上一年以下。自減俸之日起，一年內不得晉敍、升職或調任主管職務。

五、記過： 自記過之日起，一年內不得晉敍、升職或調任主管職務，一年內記過三次者，依其現職之俸級降一級改敍。

六、申誡： 以書面爲之。

以上二、三、四、五之懲戒處分，政務官不適用之。

又第九職等或相當第九職等以下公務員之記過與申誡，得逕由主管長官行之。

叁、懲戒程序

依同法第十條、第十八條至第二八條規定，其情形爲：

一、移付： 下列機關，對違法失職公務員，有權移付懲戒：

㈠監察院：監察委員認爲公務員有違法、廢弛職務或其他失職行爲應付懲戒者，應將彈劾案移送公務員懲戒委員會審議。

㈡各院部會首長或地方最高行政長官：首長或長官認所屬公務員有

違法、廢弛職務或其他失職行爲，應備文申敍事由，連同證據送請監察院審查，但對所屬薦任九職等以下公務員，得逕送公務員懲戒委員會審議。

二、審議：司法院公務員懲戒委員會，爲審議公務員懲戒之機關。審議程序爲：

㈠命被付懲戒人申辯：懲戒機關應將移付懲戒之移送書繕本送被付懲戒人，並指定期間命其提出申辯書，必要時並得命其到場申辯，如被付懲戒人不於指定期間內提出申辯書或不遵命到場者，懲戒機關得逕爲懲戒之決議。必要時並得：

㈡依職權自行調查：懲戒機關得向有關機關調閱卷宗，並得請其作必要之說明。懲戒機關亦得囑託其他機關調查，受託機關應將調查情形以書面答覆。

三、議決：

㈠決議時應注意事項：懲戒處分輕重，應就下列事項審酌後決定之，即行爲之動機、行爲之目的、行爲時所受之刺激、行爲之手段、行爲人之生活狀況、行爲人之品行、行爲所生之損害或影響、行爲後之態度。

㈡不受懲戒之議決：被付懲戒人因證據不足，或無違法或無廢弛職務或其他失職行爲者，應爲不受懲戒之議決。

㈢免議之議決：有下列情形之一者應爲免議之議決，即同一行爲已受公務員懲戒委員會之懲戒處分者；受褫奪公權之宣告，認爲本案處分已無必要者；自違法失職行爲終了之日起，至移送公務員懲戒委員會之日止，已逾十年者。

㈣不受理之議決：如移送審議之程序違背規定者，或被付懲戒人死亡者，對懲戒案件應爲不受理之議決。

㈤議決之方法：懲戒機關之決議，應作成決議書，由出席委員全體簽名；又決議應以出席委員過半數之同意定之，如出席委員意見分三說

以上，不能得過半數之同意時，應將各說排列，由最不利於被付懲戒人之意見，順次算入次不利於被付懲戒人之意見，至人數過半數爲止。

㈥在審議期間不得資遣或退休：公務員因案在審議期中，不得資遣或申請退休，其經監察院提出彈劾者亦同，此種情形並由其主管長官或監察院通知銓敍機關。

四、送達：懲戒議決書，應於決議後七日內，將正本送達移送機關及被付懲戒人及其主管長官，並報司法院及通知銓敍機關。懲戒議決書，主管長官應送登公報。

五、執行：主管長官接受懲戒處分之議決書後，應即爲執行。依稽核公務員懲戒處分執行辦法規定，懲戒處分由受處分人之主管長官於收到決議書之翌日執行，並於七日內將執行情形列表分別通知原決議之懲戒機關、原移送機關及銓敍機關，其屬撤職、休職、降級、減俸者並通知審計機關。審計機關審核各機關會計報告時，發現受懲戒處分公務員有不法支俸者應依法剔除；銓敍機關查有受撤職、休職、降級、減俸懲戒處分公務員而未收到執行之通知者，應先通知審計機關暫不核銷該公務員俸給之全部或一部。受撤職、休職懲戒處分人員，另受降級、減俸、記過之懲戒處分者，其降級、減俸或記過，應於再任或復職時執行。同一事件，經主管長官已爲處分後，復移送懲戒者，其原處分失其效力。

肆、懲戒處分與刑事裁判之關係

公務員違法失職，常同時涉及刑事責任與懲戒責任兩者，致一方面需受刑事裁判，一方面又需受懲戒處分，因而就發生懲戒程序與刑事程序是否並行問題，如不能並行則又發生孰先孰後問題。依同法第三〇條至第三二條規定，其情形爲：

㈠懲戒機關對於懲戒案件，認被付懲戒人有犯罪嫌疑者，應即分別移送該管法院檢察機關或軍法機關審理。

㈡同一行爲已在刑事偵查或審判中者，不停止懲戒程序。但懲戒處分應以犯罪是否成立爲斷，懲戒機關認有必要時得議決於刑事裁判確定前停止審議程序，懲戒機關對原議決亦得依申請或職權撤銷之，均通知移送機關及被付懲戒人。

㈢就同一行爲已爲不起訴處分或免訴或無罪之宣告時，仍得爲懲戒處分；其受免刑或受刑之宣告而未褫奪公權者亦同。

由上觀之，現行規定是採刑事與懲戒並行程序，但必要時，亦得等候刑事程序終結後，再開始懲戒程序。

伍、懲戒處分之再審議

依同法第三三條、第三四條、第三七條、第三八條規定，其情形爲：

㈠再審議之條件：懲戒案件有下列情形之一時，原移送機關或受懲戒處分人，在規定期間內得移請或聲請再審議，卽適用法規顯有錯誤者；原議決所憑之證言、鑑定、通譯或證物經確定判決，證明其爲虛僞或僞造、變造者；原議決所憑之刑事裁判，已經確定裁判變更者；原議決後，其相關之刑事確定裁判所認定之事實，與原議決相異者；發現確實之新證據，足認應變更原議決者；就足以影響原議決之重要證據，漏未斟酌者。

㈡移請或申請再審議，無停止懲戒處分執行之效力。

㈢再審議之效果：懲戒機關認爲再審議之移請或聲請不合法或無理由者，應爲駁回之議決；有理由者，應撤銷原議決更爲議決。再審議議決變更原議決應予復職者，應予復職並補發俸給。

第四項　行政處分法規簡析

除公務人員之平時功過及考績處分，在第十章第三節、第四節考績

法規簡析中敍述外，有關停職、復職、免職、再任等，亦屬行政處分，其有關法規之規定如下：

壹、行政處分

(一)行政處分之機關：行政處分權，係屬各機關首長，如對所屬公務人員所作之免職、記大過、記過、申誡等均屬之，但有時亦規定需由上級機關首長核准者。

(二)行政處分之程序：機關首長對所屬人員之行政處分，如屬年終考績免職或一次記兩大過專案考績免職，則需送銓敍機關核定；如係平時之記大過、記過或申誡之處分，有者由機關首長逕行核定後發布，有者規定需經人事評議委員會評議後，再送請機關首長核定。

(三)行政處分與刑事裁判之關係：行政處分與刑事裁判，在程序上可否並行抑須何者先行，尚少明文規定；惟就正常情形而論，係採取刑先行後之程序辦理。但主管機關認有必要時，亦得採取兩種程序並行之方式辦理，如行政院暨所屬各級機關公務人員獎懲案件處理辦法中，曾規定有「公務人員涉嫌觸犯刑章者，得依考績法、本院各類專業人員獎懲標準或共同標準之規定，先予記大過兩次免職，其刑事責任，由服務機關逕送該管法院偵辦；涉嫌刑事於訴訟程序中被羈押者，其處理亦同」，即屬證明。如此將有助於行政處分之時效。

(四)行政處分與懲戒處分之關係：公務人員受行政處分後，再以同一事由移付懲戒者，其原處分失其效力。

貳、停職

係指停止職務，在本質上只是一種暫時所採取的措施，並非經確定的一種處分，因此停職之最後結果，仍需作復職或免職的處理。停職雖只是暫時的措施，但係對違法失職且屬情節重大之公務人員始予採取，

且與懲戒及行政處分有關。

㈠公務員懲戒法第三條,「公務員有下列各款情形之一者,其職務當然停止,⑴依刑事訴訟程序被通緝或羈押者;⑵依刑事確定判決,受褫奪公權之宣告者;⑶依刑事確定判決,受徒刑之宣告,在執行中者」。依同法第四條,「公務員懲戒委員會對於受移送之懲戒案件,認為情節重大有先行停止職務之必要者,得通知該管主管長官,先行停止被付懲戒人之職務。主管長官對所屬公務員,送請監察院審查或公務員懲戒委員會審議而認為情節重大者,亦得依職權先行停止其職務」。同法第五條,「停止職務之公務員,在停職中所為之職務上行為,不生效力」。

㈡警察人員管理條例第二九條,「警察人員違法失職情節重大者,其主管機關得依職權予以停職,並依法處理。但有下列情形之一者,應即停職,⑴犯內亂、外患、叛亂、匪諜、盜匪等罪嫌,經提起公訴者;⑵犯貪污、瀆職罪嫌,經提起公訴者;⑶假借職務上之權力、機會或方法,犯詐欺、侵占、恐嚇等罪嫌,經提起公訴者;⑷犯前三款以外之罪,經第一審法院判處徒刑尚未確定者;⑸刑事訴訟程序實施中被羈押者」。

㈢依行政院所屬各級行政機關公務人員獎懲案件處理辦法規定,公務員除依公務員懲戒法第三條規定其職務當然停止者外,有下列情形之一者應予停職,⑴涉嫌內亂罪、外患罪經提起公訴者;⑵涉嫌貪污經第一審法院為有罪之判決者。同辦法又規定,公務人員有下列情形之一者得予停職,⑴涉嫌貪污經提起公訴情節重大者;⑵涉有上述⑴、⑵以外之罪嫌,經第一審法院為有期徒刑以上刑之判決者;⑶經依公務員懲戒法規定程序移付懲戒,認為情節重大者;⑷經依公務人員考績法規定免職尚未確定者。

停職人員及其眷屬,如係依賴其薪津維持生活者,得向服務機關申請,經查屬實後,發給半數以下數額俸給及實物配給,免職時停發。

叁、復職補俸

㈠同法第六條,「因案停職人員,未受撤職或休職之懲戒處分或徒刑之執行者,應許其復職,並補發停職期間之俸給」。

㈡同條例第三〇條,「停職人員經不起訴處分或判決無罪確定,其行政責任尚未構成法定免職情事者,應准其復職,並予補發停職期間之俸給。依法移付懲戒先行停職者,如未受撤職或休職之處分,應准其復職,並補發停職期間之俸給」。

㈢同辦法規定,停職人員未受徒刑之執行或撤職、休職之懲戒處分者,應許其復職,並於復職後補發停職期間內俸給及實物配給。經考績免職先行停職人員,其免職案經覆審程序決定撤銷或行政法院判決撤銷者,亦同。其在停職期間領有半數以下數額之俸給及實物配給者,應於補發時扣除之。停職人員依法復職者,得復以原職等相當之其他職務。

肆、免職

㈠同條例第三一條,「警察人員除因考績免職者外,有下列各款情形之一者,主管機關亦應予以免職,⑴犯內亂、外患、叛亂、匪諜、盜匪罪,經有罪判決確定或交付感化者;⑵犯貪污、瀆職罪,經有罪判決確定者;⑶犯前二款以外之罪經有罪判決確定,受拘役以上刑之宣告,未宣告緩刑者;⑷持械恐嚇或傷害長官、同事情節重大者;⑸具有惡意犯上,或以匿名控告、散發傳單等方式,詆譭長官、同事或破壞團體之事實者;⑹具有假借職務上之權勢,意圖敲詐、勒索之事實,雖未構成犯罪而有損警譽者;⑺具有假借職務上之權勢,庇護竊盜、贓物、流氓、娼妓、賭博之事實,雖未構成犯罪而有損警譽者;⑻涉足不許任意出入之場所,滋生事端,情節重大有損警譽者。依上述⑴、⑵兩款免職者,並予免官。對依上述第⑷至第⑻款規定免職處分不服者,得於收到處分

命令後三十日內，向原服務機關之上級機關申請覆核。上級機關認為申請有理由者，應變更或撤銷原處分；認為申請無理由者，應予駁回，被免職人員不得再行申請」。本條對「被免職人員不得再行申請」之規定，自大法官會議第 243 號解析（參見第 603 頁）後，自應許其提起行使訴訟。

　　㈡同辦法規定，公務人員有下列情形之一者，應依法免職，⑴犯內亂罪、外患罪經判決確定者；⑵有貪污行為經判刑確定者；⑶經褫奪公權者；⑷經處有期徒刑以上刑之判決確定，未宣告緩刑或未准予易科罰金者。

伍、免職人員之再任

　　同辦法規定，刑事判決確定免職人員，經非常上訴或再審改判無罪，而未受撤職、休職處分者，應予再行任用。再行任用人員，應以與原任相當職等職務任用。再任人員因係再次任用，與停職人員之復職不同，故不發生補俸問題，在解析上應屬如此。

第十三章 提高意願與發揮潛能

提高意願與發揮潛能，雖非憲法增修條文第五條所定人事項目，但極為重要。茲就其理論、政策與原則，及其法規，分節敘述之。

第一節 提高意願與發揮潛能的理論

大致而言，提高意願與發揮潛能之理論，主要包括需要層次說、四種人性說、二元因素說、成熟理論說，茲分項簡述之。

第一項 需要層次說

需要層次說(Hierarchy of Needs)，為馬斯洛(Abraham Maslow)所倡導，並為學術界及管理學家所重視，茲就需要之意義、需要層次說之內容，及對需要層次說之補充解析，敘述如後：

壹、需要的意義

需要是生理或心理上感到某種缺乏，因而產生滿足該種缺乏的願望。缺乏之獲得滿足，並非憑空而致，而需透過行為的表現，始能使某種缺乏獲得滿足。如感到知識缺乏時努力吸收知識，肚子餓時以吃飯充飢等。

貳、需要的層次

認為人之所以表現出行為，是在追求需要的滿足。各人的需要雖亦具有差異，但大致而言，均有下列五種不同層次的需要：

一、生理的需要(Physiological Needs)：此為第一層次的需要，也是人的最基本的需要，且為維持生命所必需，如食物、水、衣服、住處等。一般人在生活中如缺少此種必需品，則會受著激勵去追求此種生理需要的滿足。如一個人缺乏食物、安定、友愛與受到尊重時，則追求食物的慾念，將強過追求其他的慾念。

二、安定的需要(Safety Needs)：當生理的需要得到相當滿足後，則會產生第二層次之安定的需要。最平常之安定的需要，如保護身體免受危害，其次如求經濟的安定，福利設施，意外、健康及人壽保險等，再其次如希望生活在有秩序的環境中及工作有保障等。凡此均屬安定需要的範圍。

三、社交情感的需要(Social Needs)：當生理的及安定的需要獲得相當滿足後，則會產生社交的情感的需要。如人都希望自己能被團體所接受，自己能接受他人，人需要友誼與愛情，感到自己是團體的一分子，甚至希望別人輕拍自己的肩或自己輕拉他人的手，以示親熱。

四、受尊重的需要(Esteem Needs)：當生理的、安定的及社交情感的需要獲得相當滿足後，則產生了受尊重的需要。人都感到自己是重要的，並希望獲得他人對此種重要的認可；當自己確實是重要的以後，除產生自尊、自信之外，又有了地位與權力需要的感覺，如參加高層社會的活動，獲得更多權力慾望的加強等，均屬滿足受尊重需要的範圍。

五、自我實現的需要(Self-Actualization Needs)：最後所謂自我實現，馬氏解析為「自我實現是最能表現出個人的特質，及達成個人所能達成的一切的期望」。自我實現亦可說是使自己的理想與抱負成

爲事實，亦即個人運用最大的潛能，參與自我實現、自我發展及創造。

叁、對需要層次說的補充解析

自馬氏的需要層次說發表後，雖深受學術界的重視，但亦引起一些討論，並根據管理上的實況，已作有若干甚爲重要的補充解析如下：

一、有些人需要會停留在某一層次：有些人的需要會停留在較低層次，如經常只追求生理的或安定的需要，這在未開發的國家更屬常見。有些人則會以較多的時間去追求較高層次的需要，已開發國家高層社會人士，所追求的多爲社交的、受尊重的及自我實現的需要。

二、五個層次需要的順序並不適用至每一個人：如有的人視名節重於生命，將受尊重的需要看作比生理的需要還要重要，寧可追求自尊而捨棄安定或甚至生命。

三、不同的人雖表現出同樣的行爲，可能在滿足不同層次的需要：如某甲對某問題之驕傲言論，表示其對問題有深切了解與具有權威，此乃滿足受尊重或自我實現需要的表現；而某乙對某問題發表同樣的驕傲言論，來隱藏其內心不安，此乃滿足其安定需要的表現。

四、需要層次的降低追求：如某甲擔任科長職務，正在追求受尊重需要的滿足，但如因故被免去科長職務，則生活頓成問題，此時所追求的需要層次，將會降低至生理的需要或安定的需要層次之追求。

五、物質的精神的需要：較低層次的需要，偏向於物質生活的追求，故易於滿足；較高層次的需要，偏向於精神生活的追求，故不易滿足。

第二項　四種人性說

四種人性說，爲謝恩(E. H. Schein)在其所著《組織心理學》中所提出，主要認爲管理者對員工的特性有四種不同的看法，因而在員工的

管理上亦出現了四種不同的管理措施。

壹、惟利人的特性與管理措施

一、惟利人的特性：指(1)經濟誘因是刺激員工之最主要誘因；(2)經濟誘因可完全由管理者所控制，因此員工也就被管理者所操縱、控制與激發；(3)員工的本性是懶惰的，必須加以鞭策；(4)員工的目標與組織的目標相互牴觸，因此必須用外力來控制員工，以求組織目標之達成。

二、對惟利人的管理措施：(1)以金錢來收買員工對組織的效力與服從，並以權力體系來管制員工；(2)在管理步驟上，重視先訂定計畫，再根據計畫設計人與事配合的組織，而後採取激勵措施，並加以控制；(3)當發現士氣低落生產力降低時，則進行工作與人員組合之重新設計，或改變激勵與控制系統，來提高工作動機與生產標準，如用獎勵或分紅來鼓勵高生產力的人，促使員工間的相互競爭，並對優勝者給予特殊的獎賞，對工作不力者透過控制體系予以懲罰等。

貳、社會人的特性與管理措施

一、社會人的特性：指(1)在基本上，員工的最大動機是社會需求，並藉著與同事的關係來獲得認同感；(2)專業分工與工作合理化之結果，使工作變得無意義，因而只能從工作的社會關係上去尋求工作的意義；(3)員工對非正式組織社會關係的反應，較對管理的誘因與控制的反應，更為強烈；(4)只有管理者能滿足員工的社會需求時，員工才會對管理有所反應。

二、對社會人的管理措施：(1)管理者不應只重視員工對工作的完成，而應同時重視員工的需求；不應只注意到對員工的激勵與控制，而更應注意到員工的內心的感覺，尤其是被接受感、歸屬感及認同感；(2)管理者應重視員工間的各種非正式組織，並應以此種組織誘因為重，不應側

重個人的誘因；(3)管理者的任務，不再只是計畫、組織、激勵及控制，而需是作爲上級與下屬間的橋樑，去了解與關心下屬的需求與感覺；不再只是工作的推動者、工作的創造者、激勵者與控制者，而亦是工作的從旁協助者；(4)管理者應使員工在工作進行中獲得需求的滿足，如此員工才會獻身於組織，而組織亦才能期望員工忠於職守與效命；如員工感到管理者是在製造威脅與被遺棄的氣氛，則員工會形成許多非正式組織來抗拒。

叁、自動人的特性與管理措施

一、自動人的特性：指(1)一般人只有當低層次的需要獲得滿足時，始會去追求高一層次的需要；(2)員工均希望在工作的進行上，能有某種程度的獨立自主，能夠發揮其才能與技巧，富有彈性及能夠適應環境；(3)員工多能自動、自發並能自制，外在誘因與控制，很可能對員工會形成一種威脅，而引起適應不良。

二、對自動人的管理措施：(1)管理者需使員工感到工作有意義及具挑戰性，並以工作來滿足員工的自尊；(2)管理者只交代員工應做那些事，並希望員工能接受工作的挑戰，獨立自主的處理工作；(3)員工的動機是出之於員工自己的內心，而不是靠組織去激發；員工對組織的奉獻是志願的，並自動的去努力達成組織的目標。

肆、複雜人的特性與管理措施

一、複雜人的特性：指(1)人的動機很多，隨時隨地在變，由於各種動機間彼此交互作用乃形成了複雜的動機模式；(2)人在不同的組織中，或在同一組織之不同單位中，其動機可能就會不同；如在正式組織中屬於落落寡歡的人，在非正式組織中可能極爲活躍與獲得社會需求的滿足；(3)人能否奉獻於組織，決定於他的動機、組織的效能，及他對組織之是

否感到滿足；(4)人可適合於各種管理方式，至究應使用何種管理方式，須決定於員工本身的動機、能力及工作的性質，故沒有一套管理方式是可以適用於所有的員工的。

二、對複雜人的管理措施：(1)管理者需能發現問題及探究問題，更需了解員工能力與動機的差異，並面對差異解決問題；(2)管理者本身要有極大的彈性，使自己的行為能隨時作必要的改變與調整，以期適應；對不同動機與需求的員工，能以不同的方法來對待與處理；(3)管理者需十分民主，但對某些員工在某種情況下，又需拿出鐵腕處理；管理者需具有高度的彈性，以適應各種不同的權力體系與人際關係。

第三項　二元因素說

二元因素說，亦稱保健措施與激勵措施說，為赫茲伯格(Frederick Herzberg)所提倡。赫氏將組織所運用之各種管理措施，依其性質及作用之不同，歸納為兩大類，各有其作用與內容，但具有某種關係。

壹、保健措施的作用與內容

保健原屬醫藥上名詞，即使身體保持原有的健康，不使衰病，如皮膚被擦傷，敷以碘酒，可免傷處發炎，及使皮膚加速恢復原狀，但不能使皮膚比以前更為美麗，故碘酒是保健的藥物。如將此種意義應用至管理工作上，凡能使員工的工作情緒、工作效率、工作品質等保持原狀而不降低的措施，則可稱為保健性的管理措施，簡稱為保健措施。

一、保健措施的作用：保健措施之作用，主要在「消除員工不滿的心理」。組織內員工之是否存有不滿的心理，對管理的成效具有很大的影響，如員工普遍存有不滿的心理，則員工的工作情緒自趨惡劣，工作效率、工作品質日趨低落。而保健措施之作用，則在消除員工不滿的心理，

亦即在防止工作情緒之惡劣，工作效率、工作品質之低落。故保健性措施之作用只是消極的，而非積極的。

　　二、保健措施的一般內容：組織內究竟那些措施是屬於保健性的措施？保健措施與激勵措施並無明確的劃分界限，但一般而言，有關(1)機關組織的政策與管理；(2)上級的監督；(3)待遇福利；(4)人際關係；(5)工作環境與條件；這五方面的措施均屬保健措施。換言之，這五方面的措施如屬適當，將可收消除員工不滿心理的效果。

貳、激勵措施的作用與內容

　　激勵係管理上常用的名詞，即激發及鼓勵員工產生比以前更高的工作情緒，工作上能有比以前更高更好的工作效率、工作品質及工作績效。故激勵措施具有增進的、積極的意義，與保健措施顯有不同。

　　一、激勵措施的作用：激勵措施之主要作用，在「使員工產生滿意的心理」。「消除員工不滿的心理」並不等於「使員工產生滿意的心理」，二者之間有著距離。激勵措施如運用適當，則員工在工作上可表現出優異的績效、高度的工作熱忱與發揮出潛能。故激勵性措施之作用是積極的，而非消極的。

　　二、激勵措施的一般內容：下列各方面的措施對員工多會發生激勵的效果，即(1)使員工對工作感到有成就；(2)使員工感到他已經受到賞識；(3)使員工感到工作有意義有挑戰性；(4)使員工有升遷與發展機會等。組織如對這些方面的措施運用得宜，即會使員工產生滿意的心理。

叁、兩類措施的關係

　　保健措施與激勵措施，雖各有其作用與內容，但相互間卻存有密切關係，管理者不得不加注意。

　　一、兩類措施的作用各有其極限：對此可用寒暑表之例子來說明，

寒暑表之溫度，可分 0 度以下及 0 度以上二種，採取保健措施後，可使
水銀柱自柱底往上升，但最高只能升至 0 度，欲升至 0 度以上，則保健
措施已無能爲力，而有待採取激勵措施了。採取激勵措施後，水銀柱始
能再從 0 度繼續往上升。此亦即保健措施只能做到「消除員工不滿心理」，
欲進一步「使員工產生滿意心理」，則尙須採取激勵措施。

二、兩類措施均需採取方能收管理之效：當採取管理措施時，此兩
類措施不能缺其一，否則仍難發揮管理效果，不過在採取措施之先後順
序上，可考慮先採取保健性措施，使員工不滿的心理予以消除，而後繼
採激勵性措施，使員工產生滿意的心理。

三、措施的歸類並非絕對：雖云保健措施與激勵措施各有其一般的
內容，但此種歸類並非絕對的，而有時會因人而異的。如待遇福利措施，
一般均認爲屬於保健措施，但有的員工對待遇福利特別重視，對其誘因
亦最大，對此種員工而言，待遇福利則不再屬保健措施而可歸屬於激勵
措施了。再如對年齡大自知能力差的員工而言，晉升職務對他並無激勵
作用，因而又成爲保健性措施了。

第四項 成熟理論說

成熟理論說，爲阿吉里士(Chris Argyris)所倡導，係從個人之人格
發展，來說明發展各期的人格特徵，在管理上則需針對人格特徵來激勵。

壹、人格特徵之發展方向

阿氏將個人從童年期到成年期，其人格特徵發展方向區分爲下列七
種：

一、由被動狀態到主動狀態：即從童年時期之被動狀態，到漸趨成
年時期之主動狀態。在童年時期，個人的知識、經驗有限，對事、物、

人的了解不深，因而亦少主見，對行為的表現亦多屬被動的模式，故為人處事多趨於被動狀態，亦即多依照父母、教師、主管等的指示行事；及至成年時期，因知識增進、經驗累積，對事、物、人的了解加深，並形成有主見、對行為的表現亦有較為主動的模式，因而為人處事已能自作主張，漸趨於主動狀態。

二、**由依賴狀態到獨立自主狀態**：即從童年時期之依賴狀態，到漸趨成年時期之獨立自主狀態。童年時期對各種需要的滿足，主要須依賴於父母的支援與提供，故其生活需依賴父母來供養，對為人處事的態度與方法，須依賴父母或師長來指導，故基本上是處在依賴狀態的；及至成年時期，生活漸趨獨立，不再依賴父母的供養，對為人處事的狀態與方法，已能自行作主，不需再依賴父母或師長的指導，故基本上已處於能獨立能自主。

三、**由單純性到多變性**：即從童年時期僅能以少數行為方式從事行為，到漸趨成年時期以多數行為方式從事行為。童年時期在為人處事方面所表現出之行為，由於知識、經驗有限，故亦只限於已有知識與經驗為基礎之少數行為方式而已；及至年長，知識、經驗不斷增進，再加上主動狀態及獨立自主人格特徵的助動，不僅會表現出以累積知識、經驗為基礎之各種行為方式，更會自創出各種為適應需要之新的行為方式，故行為方式乃趨於多變性。

四、**由反覆無常到穩定持久**：即由童年時期之反覆無常、膚淺且易於消失的興趣，到成年時期之深刻、持久及穩定的興趣。因童年時期人格未有定型，對所接觸的新事物均會感到有興趣，當接觸到更新奇的事物時，則又會產生了更新的興趣，而原有的興趣則因而消失，故其興趣為反覆無常，對每種興趣亦只是膚淺的、短暫的；及至成年時期，由於有了獨立自主的人格特徵，對各種興趣的選擇與培養，已有了定見，並能擇善固執於最能適應個人情況的興趣，且能持之以恒，故對其興趣的

認識是深刻的，對興趣的保持是持久與穩定的。

五、由眼光狹窄到眼光遠大：即從童年時期的眼光狹窄，到漸趨成年時期的眼光遠大。因童年時期由於生活圈子小，知識、經驗亦屬有限，對事、物、人的了解亦較膚淺，缺少前瞻性，故其眼光多侷促在目前與之有密切關係的事、物、人而已；及屆至成年時期，生活圈子擴大，知識、經驗不斷累積，對事、物、人的看法，不但在時間上已不再侷促於目前，在空間上亦更為擴展，故其眼光漸趨遠大。

六、由附屬地位到平等地位：即從童年時期在家庭及社會之附屬地位，到漸趨成年時期之期望取得與他人平等的地位。因童年時期生活不能獨立，需依賴父母之處甚多，故處於家庭之附屬地位，在這期間亦多依賴於師長之教誨，故其地位亦不能與師長相等，即使在社會上做事，其職務亦低，隨時受主管之指導，故其地位亦低；及至成年時期，生活已能獨立，知識、經驗已甚豐富，從事社會上各種行業時，亦會漸露頭角，因而其地位已漸趨提高，不再處於童年時期之附屬地位，而漸趨於與他人爭平等甚或期望超越他人之地位。

七、由不能自我了解與控制到能自我了解與控制：即從童年時期缺乏對自我客觀理性的了解而不能自我控制，到漸趨成年時期之能充分了解自我並能自我控制。因童年時期之上述各種人格特性，對自我無法充分的了解，即使有某種程度的了解，亦多屬情緒性的而非理性的，因而對自我的行為亦難作有效的控制；及至成年時期，基於上述各種人格特性的轉變，對自我已漸能作理性的了解，因而對自我的行為亦能作有效的控制。

貳、發展之速度與程度

上述由童年時期到成年時期人格特徵之發展，其方向雖屬各人相同，但速度與程度則有差異。

一、**發展速度有差異**：各人的人格發展速度的快慢多有不同。所謂「少年老成」，即代表人格發展的速度快，亦即在年齡上尚未到成長時期，但其人格特徵已充分表現出成年時期的人格特徵；所謂「童心未滅」，即代表人格發展的速度慢，亦即在年齡上已到了成年時期，但其人格特徵仍保留有童年時期的人格特徵。

二、**發展程度有差異**：各人的人格發展程度的深淺亦有不同。如以被動狀態與依賴狀態之發展為主動狀態與自主狀態而言，被動與依賴之深淺程度可能就有不同，如有者為極度的被動與依賴，有者為半被動與半依賴；及至成年時期，有者成為極度的主動與自主，有者只是半主動與半自主。其他各種人格特徵發展程度之深淺不盡相同，亦屬如此。

叁、應採取之激勵措施

各人人格特徵既有發展方向，其速度與程度既有差異，因而在管理上之激勵，亦應配合發展情況，採取適合於發展階段之措施行之，否則將徒勞而無功。

一、**激勵措施因發展階段而不同**：如將人格發展階段區分為童年時期階段及成年時期階段，則激勵措施之採取亦應與之配合，亦即對童年時期所用之激勵措施應與成年時期所用者不同。一般而言，童年時期之需求層次常較成熟時期之需求層次為低，因而所採取之激勵措施內涵亦應有所差別，如適合童年時期之激勵措施應用於成年時期，則不但不會發生正效果，甚至可能發生反效果，反之亦然。

二、**激勵需有助於人格特徵之發展**：在不同的人格發展階段，所用之激勵措施固有不同，但激勵措施仍需有助於人格特徵之發展，如對人格特徵發展發生了抑制作用，則為得不償失。如對員工之工作指派過於固定、工作方法過於嚴格的規定，對員工的思考、行為約束愈多，則將抑制了人格特徵的發展。故管理上最好的激勵措施，是走在人格特徵發

展現況之前一點點，但不能相距太遠，否則又會發生人格特徵發展階段
與激勵措施不能配合的弊端。

第二節　提高意願與發揮潛能的政策與原則

　　爲提高意願與發揮潛能，其政策與原則主要有了解員工的需要、滿
足物質生活以消除不滿心理、滿足精神生活以提高工作意願，及求自我
實現以發揮工作潛能等。茲分項敍述之。

第一項　了解員工需要的政策與原則

　　了解員工需要，應重視下列政策與原則：

壹、了解各類員工之需要

一、主管有了解員工需要之責任：其理由爲：

　　㈠主管負有推行任務達成目標之責任：各級主管對所指揮監督之組
織或單位，均負有推行組織或單位之任務與達成其目標之責任，此種責
任爲無可推卸或旁貸者。如對所主管之任務未能順利推行或所定目標未
有達成，均屬有虧職守。因此主管要求於屬員者，爲屬員要盡心盡力，
就所指派之工作予以高效率及高品質的完成，如此組織及單位的目標始
能達成。

　　㈡主管負有滿足屬員需要與願望之責任：員工在各組織任職，一方
面固有善盡職守之義務，二方面亦有要求組織滿足其需要與願望之權利，
因而各級主管對所屬員工亦負有滿足其需要與願望的責任，此種責任亦
爲各級主管無可推卸或旁貸者。如對所屬員工之需要與願望未能適度滿

足，則在領導上會遭遇到困難。

㈢員工對組織的貢獻與組織對其需要與願望的滿足是對等的：在正常的情況下，組織對員工的要求貢獻與滿足其需要與願望間，是需要保持平衡的，如要求貢獻的程度超過滿足需要與願望的程度，必會引起員工的不滿；如滿足需要與願望的程度超過要求貢獻的程度，則對組織的生存發展將有不利影響。故二者需求取平衡。

二、了解需要的方法：主管用以了解員工需要與願望之方法，除在程序上應先就人事資料大致了解員工之背景外，再用下列方法以求進一步的了解：

㈠個別談話：由主管與員工舉行個別談話，從其口頭陳述及其表情，以推斷及了解員工之需要與願望。談話之內容可包括員工私人的問題及與工作有關的問題，在談話時愈能表現出誠懇及輕鬆的氣氛，所獲得的訊息亦愈可靠，因而對員工需要與願望的了解亦愈確實。

㈡製表調查：卽以書面設計一些使員工可表達出其需要與願望的簡答題，分發由各員工自行填答，從所送回之調查表中，去了解員工的需要與願望。此種方法之優點為省時省事，缺點為所得資訊可靠性不大，其情形與個別談話相反。

㈢平時觀察：由主管對員工的言行作從旁的觀察，不作當面的問答，亦不作書面的調查，必要時並就觀察所得予以紀錄，經過相當的期間後（如三個月），再就觀察紀錄資料推斷受觀察員工的需要與願望。運用此種方法之最大優點，為員工在不知不覺中受觀察，故無員工採取心理防衛而不說眞話的顧慮，因而所得資訊亦最為可靠，但所需期間甚長，且難以把握，是為其缺點。

㈣家庭訪問：員工在組織內所表現出之行為與在家庭中所表現出者並不完全相同，再對員工私人問題，亦不易在組織中獲得深入的了解，故員工家庭訪問成為了解員工需要與願望的另一種方法。應用此種方法

極爲費時費事，但所得資訊卻是可靠性極高者。

貳、注意員工需要之差異性與變動性

一、員工背景與需要之關係：員工背景與需要之關係，係就一般而言，並非指每一員工均屬如此。員工由於人格上之差異，對背景與需要的關係自亦有所不同，此乃在敍述背景與需要關係之前應先表明者。背景與需要之關係大致如下：

㈠年齡與需要之關係：員工的需要與願望，隨著年齡的成長，會發生若干的變化。如在青年期，多較爲好高騖遠，與事實有較大的距離，因而亦易產生不滿的心理。至中年期，思想較爲成熟，做事較爲積極，事業亦有了基礎，願望亦較爲具體可行，除了一事無成者外，在心理上亦能保持滿足與愉快的心情。到高年期時，凡對事業已有成就者，多採保持現狀態度，對事業未有成就者，則漸趨消極，只要生活安定而少有他求。由於心態的不同，其所追求的需要與願望自亦有了差異。

㈡教育與需要之關係：員工的需要與願望，與教育水準高低有著密切關係。一般言之，如教育水準高者，多希望將其所學貢獻於組織，因而所追求者偏重於較高層次需要與願望的滿足。如教育水準中等者，雖有其學識但並不專精，其對組織的貢獻亦屬有限，因而所追求之需要與願望，亦以屬中間層次者爲主。如教育水準低者，學識甚差，對組織的貢獻極爲有限，致對需要與願望的追求，亦多屬較低層次爲主。

㈢地位與需要之關係：員工所擔任之職務在組織中地位的高低，亦常會影響其對需要與願望的追求。如擔任高級或主管職務之員工，因對現職多有滿足感，並希望在工作上能有所表現，故工作情緒高、責任心亦較強。如擔任初級職務者，對現有職務多缺少滿足感，因而工作情緒及工作績效亦往往較差。至擔任中級職務者，其對職務之滿足感及工作情緒與工作績效之表現，多介於初級與高級職務人員之間。員工既因職

務之高低而有不同的滿足感與對工作之追求，故其需求亦有著某些程度的差異。

㈣性別與需要之關係：男性與女性員工，由於生理上之差異，亦常影響及心理上的差異，因而對工作的喜好及勝任度亦有區別，如男性員工較能擔任需相當體力的工作、較具危險性工作、外勤的工作，及多用推理思考的工作，而女性員工則較適合於擔任不需體力、危險性較低、內勤，及多用記憶的工作。由於對工作的喜好及勝任度有別，故其需要亦因而呈現出某種差異。

㈤專業性質與需要之關係：大致而言，各別擔任科技性、專業性、行政管理性三類職務之人員，由於工作關係常形成不盡相同的需要。如科技人員所追求者為科技新知識新技術，及成為此種領域之知識權威；行政管理人員所追求者為權力，及成為一般員工的領導者；專業人員所追求者為兼有專業知識與權力，但其熱望之程度均不若科技及行政管理人員之高，因而此三類人員的需要，亦呈現出某種差異。

㈥經濟基礎與需要之關係：經濟基礎富裕者，物質生活方面各種需要早可獲得滿足，自不需組織之協助，故其所追求者，多為較高層次的需要；而經濟基礎較差者則與之相反。至經濟基礎良好者，則循著一般人追求需要之情形，並無特別之處。

二、員工需要之變更：員工的需要，雖與其背景有關，但背景是會改變的，同時員工的需要本身亦常在提高層次的，故員工的需要並非一成不變，而是在變更的。

㈠因背景改變而變更需要：上述有關員工的背景，除性別不可能改變，從事職務之專業性改變機會不大外，教育及地位是可能改變的，而年齡則一定會改變。如員工在職期間能不斷進修，則學歷自將提高；員工能努力工作並有所表現，自有晉升職務機會；員工年齡當然每年在增加，由青年而中年而高年。由於員工背景的改變，則基於原有背景之需

要，於背景改變後亦極可能跟著改變。

㈡因追求需要層次提升而變更需要：依馬氏需要層次說，當某一層次的需要得到適度的滿足後，則會產生高一層次需要的動機，並表現出行為去追求該高一層次需要的滿足。故當員工對原有的需要已獲得適度滿足時，即會產生追求高一層次需要的動機，並努力去表現出行為以期獲得該層次需要的滿足。

㈢因追求的需要難以滿足而變更需要：當員工原追求的需要層次，雖經多次努力但始終無法獲得適度滿足時，則會降低需要層次的追求或改變為追求其他需要，因而會改變了員工原有的需要，即使員工的背景無多大改變，亦可能發生此種情況。

叁、重視需要與工作心態之關係

員工不但有其需要，且其需要與工作心態具有密切關係，亦即如需要未能獲得適度滿足時，則對工作心態會發生不良的影響。

一、生理、安定需要與不滿心理之關係：組織內員工之所以產生不滿心理，其原因固然不止一端，但管理當局能否使員工之生理的、安定的需要得到適度的滿足，卻是主要的原因。因此，各組織的管理當局，為期所屬員工不產生不滿心理，則首需採取措施，使所屬員工之生理、安定兩個層次的需要，獲得適度的滿足。

二、社交情感及受尊重需要與工作意願之關係：社交情感及受尊重需要與工作意願，不僅各有其重要性，且二者間具有密切的關係，亦即當員工對社交情感及受尊重需要能獲得適度滿足時，將大有助於工作意願的提高，反之將使工作意願趨於低落。故管理者為期提高員工工作意願，通常須重視員工對社交情感及受尊重的需求，並採取適當措施使員工此方面的需要獲得適度的滿足。

三、自我實現與發揮工作潛能之關係：大致而言，自我實現與發揮

工作潛能二者間，具有不可分的關係，員工需在能發揮潛能的情況下始能獲得自我實現需要的滿足，如員工的潛能無法獲得發揮，則自無法獲得自我實現的滿足。再所謂自我實現就是充分的發揮潛能，如自我實現的需要未有獲得適度的滿足，則表示潛能未有得到充分的發揮。不過吾人須了解者，各員工的潛能仍有高低或大小之別，有的員工潛能有限，有的員工潛能不但水準高且範圍大，因此所謂自我實現需要的高低或大小，各員工亦有不同。而今所謂自我實現與發揮潛能，只是指將員工自己所具有的潛能發揮至最高限，來滿足自己的自我實現而言。自我實現與發揮潛能間之關係既屬如此密切，則管理者欲求員工發揮工作潛能時，則需採取措施使員工的自我實現需要能得到適度的滿足。

第二項　滿足物質生活以消除不滿心理的政策與原則

實施滿足物質生活以消除不滿心理政策之原則，包括：

壹、了解物質生活的特性

物質生活與人的關係，具有三種特性：

一、前提性：物質條件的具備（亦卽物質生活需要獲得適度的滿足），是管理員工的前提。換言之，各組織欲求員工接受組織的管理，則需以提供員工物質條件為前提，如此一前提各組織未能做到，則對員工的管理或要求員工提供奉獻均將落空，所謂對員工的激勵亦將難有成效。

二、基本性：物質條件是員工生存與安定的基本條件，為任何員工所不能缺乏，如有缺乏則對其生存與安定會受到威脅。再個人由於遺傳、家庭、教育、環境的不同，雖呈現出顯著的個別差異，但對物質條件的需要均視為基本的需要，其需要的重要性並不因性別、年齡、教育、地位、專業之背景及個別差異而有差別。

三、**缺乏彈性**：物質條件具有缺乏彈性的特性。所謂缺乏彈性，指各人對物質條件的需要，至某種程度時即會暫時停止，不會毫無止境的追求。如以食而言，人固然必須有足夠的食物來維持生存，但其食量仍屬有限，當食量至飽和時則不想再食。

貳、從滿足物質生活以消除不滿心理

主要應從下列六方面著手：

一、**改善員工之俸給**：俸以本俸為主，必要得設年功俸；給，依其性質之不同又可區分為加給與津貼兩類，加給因員工所任工作之特性而給與，津貼以減輕員工生活負擔而給與。

二、**加強福利**：包括貸款性福利、廉價供應之福利、優利存款之福利、免費享受性之福利。

三、**職務保障**：對員工之職務，非因一定事由、非經一定程序，不得撤免降調。

四、**舉辦保險**：使員工遇有重大事故時，透過保險制度而獲得保障。

五、**照顧遺族**：員工不幸在職而亡故時，對其遺族應給予適當照顧。

六、**退休養老**：員工年老力衰不能繼續任職時，予以退休並給退休金，安渡老年生活。

第三項 滿足精神生活以提高工作意願的政策與原則

實施滿足精神生活以提高工作意願政策之原則，包括：

壹、了解精神生活之特性

精神生活與人的關係，亦具有三種特性：

一、**隨後性**：指精神生活多隨著物質生活獲得適度滿足後而產生，

此與物質生活之前提性不同。所以人的第一個願望，總是先希望能活下去，能活得下去以後再求能愉快的活下去，因此精神生活對一般人而言，是有隨後之特性的。

二、差異性：各人對精神生活需要的內涵，有頗大的差異。如有者對精神生活需要的水準放得很高，有者則放得很低，有者偏重這方面的需要，有者又偏重於他方面的需要，其差異性常較物質生活需要為大。

三、具有彈性：精神生活獲得滿足的程度，具有大的彈性。換言之，人對精神生活固希望能獲得適度滿足，但其滿足度可因情況的不同而調整，如情況許可則要高度的滿足，如情況不許可則只要中度的或低度的滿足亦未始不可，必要時甚至可以放棄此種需要。

貳、從滿足精神生活以提高工作意願

主要應從下列各方面著手：

一、保持人際關係和諧：對長官表示出尊敬，對屬員表示出關切，對同事和好相處及在工作上互助合作。

二、舉辦康娛樂活動：以增加員工間的聯誼及相互間的接觸與了解。

三、運用非正式組織：管理者對非正式組織的產生，不必採取排斥態度，但需加以了解，必要時並給予適當的支援，以期非正式組織在管理上可增加助力及減少阻力。

四、維護心理衛生：使員工養成健康的心理，不使發生動機的衝突與行為的挫折。

五、加強意見溝通：以表示對員工意見的重視，且可使問題的處理與解決更為妥善。

六、鼓勵參與管理：不僅表示對員工管理才能的重視，且可使管理工作更趨完善與獲得員工更多的支持。

七、重視員工態度：可使員工感到自己是受到管理者重視的，使管

理措施能獲得員工的積極支持。

八、培養員工士氣：以增強員工對組織的向心力、認同感，及使員工貢獻心力以達成組織的目標。

第四項　求自我實現以發揮工作潛能

求自我實現以發揮工作潛能政策之原則，包括：

壹、了解自我實現之特性

自我實現與人的關係，亦有三種特性：

一、最後性：自我實現是隨著精神生活之獲得適度滿足後，隨而產生並表現出行為去追求適度的滿足者，故在順序上通常係列在最後。因而管理者如欲員工均能自我實現，則其需付出的代價，包括提供適度物質生活的條件、適度精神生活的條件，及使學識才能能以發揮之其他條件，如這些條件未有提供，而欲求員工自我實現，那是緣木求魚。

二、差異性：員工對自我實現的差異性，比員工對精神生活的差異性更大。因為員工的自我實現，除由組織所提供之工作條件及激勵外，即為員工所具有的學識才能。吾人知道員工的學識才能，由於遺傳、家庭、教育、環境的不同，不但具有差異性，且差異性極大，不若物質生活之具有基本性。如學識才能極為平庸之人，即使能自我實現，其對員工自己及組織的成效亦是極為有限的。

三、具有彈性：一個具有學識才能的員工，對自我實現的需要如能完全的滿足固然可喜，如因某種因素限制而無法獲得適度的自我實現，或根本無法自我實現時，對員工之安定的生活並不會受影響，此亦為與物質生活之缺乏彈性者有別。

貳、求自我實現以發揮工作潛能

主要應從下列各方面著手：

一、重視適才適所：以求人與事的適切配合，使具有某種專長的人，去擔任需要該專長的職務；使需要某種專長的職務，由具有該種專長的人來擔任。

二、擴大工作範圍：使員工知能在工作上獲得更多的發揮，進而滿足其自我實現的需要。

三、提高工作職責：使員工有歷練高難度及繁重工作的機會，進而獲得較多的成就感。

四、建立職務升遷：以增進員工經歷及晉升機會，並開拓員工的事業前程。

五、實施分層負責：以增進員工對工作的責任心與成就感。

六、鼓勵提供建議：以期一方面可改進缺失增進績效，一方面促使員工發揮潛能。

七、推行目標管理：促使員工發揮知能，增加達成目標之成就感。

第三節　有關法規及應有措施簡析

提高意願及發揮潛能，在法制體系上言，除在各別有關法律中有所規定外，考試院亦定有「公務人員品德修養及工作潛能激勵辦法」施行，但仍嫌不足，因而亦有在行政上採取某些措施來達到提高意願與發揮潛能之目的者。茲分項敍述之：

第一項　有關法規簡析

　　欲提高意願及發揮潛能，需先滿足公務人員的物質生活(即生理的、安定的需要之滿足)，再滿足公務人員的精神生活(即社交情感的、受尊重的需要之滿足)，而後再進一步發揮公務人員工作潛能(即自我實現的滿足)。茲就現行法規上已有規定者，簡說如下：

壹、有關滿足生理的、安定的需要以消除不滿心理之法規簡析

　　㈠有關改善俸給、加強福利：見第十四章俸給與福利。

　　㈡有關職務保障與舉辦保險：見第十五章保障與保險。

　　㈢有關照顧遺族與退休養老：見第十六章撫卹與退休。

　　㈣美化工作環境：主要包括辦公桌椅之設計、添置與更新，辦公室燈光設計、空氣調節、噪音防止、顏色調和，各種辦公用電信電子器材之裝設，交誼、圖書閱覽空間之增設與布置，辦公室四週環境之整潔、樹木花草之種植、修剪、庭園之設計布置等。

貳、有關滿足社交情感的、受尊重的需要以提高工作意願之法規簡析

　　㈠鼓勵參與管理：見第八章第三節第八項結社與參與管理。

　　㈡有關舉辦康樂活動：見第十四章第五節第三項康樂活動。

　　㈢有關運用非正式組織：見第三章第一節第二項人性的組織理論。

　　㈣依考試院訂定發布「公務人員品德修養及工作潛能激勵辦法」規定，各機關為激勵所屬人員工作意願，得採下列方式行之：⑴配合個人能力、興趣與專長，指派適當工作；⑵落實內部分層負責、充分授權；⑶實施職務輪調，增進工作歷練；⑷厲行工作簡化，提高行政效率；⑸

建立溝通管道，並審慎處理陳述事項；(6)改善領導方法，擴大人員參與，發揮團隊精神；(7)充實現代設施，有效改善辦公環境；(8)其他適當方法。

　　（以上㈡、㈢似以改列入發揮工作潛能爲妥）

叁、有關滿足自我實現需要以發揮工作潛能之法規簡析

　　㈠有關重視適才適所、建立職務升遷：見第七章第一節第二項適才適所、第九章升遷。

　　㈡依上述「公務人員品德修養及工作潛能激勵辦法」規定，各機關爲發揮所屬人員工作潛能，得採下列方式行之：(1)鼓勵所屬人員參加各項訓練進修，增進工作知能；(2)參加訓練進修成績優良者，酌予獎勵；(3)工作績效優異者，列入培育計畫；(4)暢通升遷管道，提供發展機會；(5)定期舉行研究發展會報，改進機關業務；(6)研訂各項競賽辦法，擇優給予獎勵；(7)其他適當方式。

　　㈢同辦法又規定提升品德修養與模範公務人員選拔如下：

　　1.各機關爲提升所屬人員品德，得採下列方式行之：(1)定期公開表揚熱心公益或品德優良足資表率者；(2)各級主管人員身先倡導品德修養，並確實考核所屬人員生活言行；(3)充實圖書設備，鼓勵閱讀品德修養之書籍；(4)在機關內部成立各類社團，提倡正當休閒活動；(5)定期舉辦有關品德修養之專題演講；(6)其他適當方式。

　　2.各機關現職人員品行優良，上年度內在本機關有下列各款事蹟之一者，得選拔爲模範公務人員，但最近三年內曾受刑事處分、懲戒處分或平時考核受記過以上處分，或最近三年內考績曾列丙等者，不得選拔：(1)對經辦業務，能針對時弊提出革新措施，經採行確具成效者；(2)對上級交付之重要工作，能克服困難圓滿達成任務者；(3)個人發明或著作，經有關機關審查認定，對學術或本機關業務有重大貢獻者；(4)查舉不法，對維護國家安全、社會安寧或澄清吏治有重大貢獻者；(5)搶救重大災害

或消弭重大意外事故，奮不顧身，處置得宜，對維護生命財產有重大貢獻者；(6)其他特殊優良事蹟，足為公務人員表率者。

模範公務人員選拔由府院部會處局署及省市政府分別主辦，每年定期舉辦一次，其名額及詳細規定，由主辦機關自行訂定。

第二項　提高工作意願應有的措施

提高工作意願之措施，除上項所述者外，特就較為重要之其他措施（包括上項雖有列舉但言之未詳者），簡說如下：

壹、保持人際關係和諧

員工社交情感的需要的滿足，首需在組織內保持有和諧的人際關係，組織的管理者在此方面值得努力之處，包括：

㈠對所屬員工表現出關切，如關切其生活、關切其工作，以取得員工對管理者的感激。

㈡作所屬員工之家庭訪問，以了解家庭生活狀況及所處環境，以增加員工家屬對管理者的感激。

㈢管理者對所屬的領導，儘量以民主領導模式為主，有特殊情形者始改用任務為中心或人員為中心等領導模式領導，當此種特殊情形消失時，需再恢復使用民主領導模式，除增進工作績效外，更可增進管理者與所屬員工間之和諧。

㈣管理者尚需鼓勵員工與員工間之相互關切，以增進同事情誼。

貳、維護心理衛生

心理衛生包括員工心理健康的維護、心理失常原因的探討，及輕度機能心理失常的諮商，除心理失常原因探討及心理失常諮商需由心理衛

生醫師協助外，對心理健康的維護則需從管理上入手。包括：

㈠使員工養成健康的心理，不使發生心理動機的衝突及行為的挫折。如鼓勵員工保持身體健康，保持規律生活，培養正當娛樂與消遣，培養多方面興趣，多參與社會活動，了解工作的意義（從工作可表現員工的才能，可獲得成就感）。

㈡當員工遇及心理動機衝突與行為受到挫折時，謀求克服衝突與挫折之道。

㈢當員工心理衝突與行為挫折為無法避免時，則學習如何應付與容忍此種衝突與挫折，以達到良好的適應，不使引致心理失常。

㈣當員工有輕度機能心理失常之象徵時，應請心理衛生醫師與此種員工舉行諮商，研究其原因，並從中疏導，以解開心結，進而恢復正常的心態。

叄、加強意見溝通

包括：

㈠廣開意見溝通途徑：意見溝通途徑，雖有各級主管間的溝通、下行溝通、上行溝通、平行溝通、業務與幕僚人員溝通之分，但一般機關所常用者，多以上行溝通及下行溝通為範圍，為期廣開意見溝通途徑，管理者應鼓勵多作各級主管間的溝通、平行溝通及幕僚人員與業務人員的意見溝通。從意見溝通之加強，可表現出管理者對所屬人員人格的尊重、地位的尊重及意見的尊重。

㈡選用溝通關係：不論經由何種溝通途徑作意見溝通，為期使各人意見獲得重視，宜儘量透過雙向的溝通關係、非正式的溝通關係及直接的溝通關係來溝通，以期溝通雙方有儘量表達自己意見的機會，在表示意見時會感到更自然，會真正表達自己心裏的意見而少有顧忌，及意念可做到正確的傳達，不會在中途受到誤傳或變質。

㈢慎用溝通媒介：常用的溝通媒介，以文字及語言爲主，爲增進人際關係，以盡可能採用語言之溝通媒介爲主。再爲期溝通順利，應排除低級人員的自卑心理、高級人員的自傲心理。

肆、重視員工態度

員工態度指員工對人對事物的心理反應。員工對組織、對工作、對管理措施的態度的好壞、消極或積極、反對或支持，對工作意願影響極大。因此管理者需運用方法（如面談、製簡表調查等）了解員工的態度，尤其對管理措施的態度。如發現對某種管理措施有不良態度時，立即採取改進措施，如員工態度不良係由於誤會或不了解所致者，則應對員工作詳盡的解析與宣導，以期獲得員工的善意、積極與支持。

伍、培養員工士氣

員工士氣指員工對現有組織感到滿足、樂意爲現有組織的成員及願意盡力達成組織目標的精神狀態。士氣的低落或高昂，影響工作意願關係極大。因此管理者亦需運用方法了解員工的士氣，如發現有士氣低落現象，應即採取措施，一方面加強團體與員工間的關係，使個人目標與團體目標融合爲一，二方面使員工感到現任工作有價值，對組織有貢獻，員工在工作上的成就均會獲得管理者的認可與讚揚。

第三項　發揮工作潛能應有的措施

發揮工作潛能之措施，與提高工作意願之措施不同，其重點爲從所任工作爲出發點，設計妥善的工作環境，使公務人員在工作上有充分的發揮潛能的機會，及鼓勵公務人員去動腦筋解決所遇及的問題。此類措施除第一項所述者外，較爲常用者，尚有下列各種：

壹、擴大工作範圍

指將公務人員所處理工作之範圍予以擴大，以增加其發揮潛能的機會，進而亦可增加公務人員對工作的成就感。惟為免發生弊端，在其措施上應注意下列：

一、擴大應以職責相當之工作為限：擴大工作範圍不但應有其限度，且所擴大之工作以其職責程度與原任工作相當之工作為範圍，並不包括比原任工作之職責程度為高的工作。因工作職責程度的提高，則處理工作所需學識才能的水準亦需隨而提高，如擴大之工作以同等職責程度之工作為範圍，則對所擴大工作亦易於勝任，不會因擴大工作範圍而影響及業務的推行。

二、工作範圍應逐漸擴大：在擴大公務人員的工作範圍時，為期能充分發揮學識才能及培育發展人才之需求，其範圍應逐漸擴大，亦即按下列順序進行：

㈠先擴大至性質相似的工作：性質相似的工作係屬同一職系的工作，因其性質相似，故處理工作所需學識才能亦多屬相似，公務人員處理時亦較為容易，即使需從中學習後方能處理，亦易於學習與處理。若此，既不妨礙業務的推行，使人員亦易獲得成就感。

㈡繼擴大至性質相近的工作：性質相近的工作係屬同一職組的工作，因其性質相近，故處理工作所需學識才能亦多屬相近，在處理時亦不致發生太多的困難。惟為期進行順利，需先在性質相似的範圍內予以擴大，並經證明公務人員能勝任時，始予擴大至性質相近的工作，再在擴大時亦應先作試探性的擴大，俟具有效果後再逐漸的擴大至其他性質相近的工作。

㈢對高職等及低職等人員再擴大至性質不同的工作：為免牴觸任用法規及不使因擴大工作範圍而影響及業務推展，自需加以適當限制，即

(1)俟擴大性質相近工作具有成效再進行，(2)以高職等及低職等之職務人員爲原則，(3)其他各職等職務人員以確有特定專長者爲限。

貳、提高工作職責

指將職責程度較原任工作爲高的新工作，指派由公務人員擔任，以促使公務人員學識才能在新工作上去發揮，進而增加工作的成就感。但爲免發生流弊，在使用亦需注意下列：

一、提高工作職責仍需顧及工作性質：如同時提高工作的職責及改變工作的性質，則處理工作所需之學識才能需同時提高水準及改變其性質，公務人員將難以適應，因而影響及職務的執行。再如工作性質改變至性質不同的工作時，除第十二職等以上及第二職等以下人員可不受限制，及人員確實具有性質不同工作之專長者外，將發生不適格的問題。因此在提高工作職責之同時，尚需顧及所提高職責之工作的性質，以免發生人員擔任工作之不適格。

二、工作職責應逐漸提高：工作職責之提高，爲期能眞正發生效果，應逐漸的進行，即(1)先在同職等內提高工作職責，(2)次提高至高一職等的工作職責，(3)再提高至高二職等的工作職責，不論爲提高至高一職等或高二職等之工作職責，如任用法規上有禁止之規定時，仍應受其限制，以免因提高工作職責而產生人員不適格問題。(4)提高工作職責不應妨礙晉升制度的建立。

叁、實施分層負責

指將一個組織的各種工作，按其重要性及職責程度高低，區分爲若干層次，再按層次分別規定應行負責之主管人員，以期提高效率，增加責任心與成就感。在實施時其程序爲：

一、區分層次與負責事項：區分應行負責人員層次與事項層次，並

將二種層次作適當的配合。

㈠區分負責人員層次：根據組織結構之上下層次，區分負責人員層次。較為龐大的組織，至少可分三個層次，即首長層次、一級單位主管層次（如部會之司處長、廳處之科長）、二級單位主管層次（如部會之科長、廳處之股長）。

㈡區分負責工作事項層次：組織所處理之業務，可將之區分為一項一項的工作，並依工作之重要性歸納為重要、次要、普通三類（如區分為四個或五個負責人員之層次時則歸納為四類或五類）。各類之工作項目數量，宜保持重要工作項目數量為一、次要數量為三、普通數量為九之比例，以免重要工作項目數量過多，失去分層負責之意。

㈢負責人員與事項層次之配合：當人員與事項之層次區分完畢後，即可將二種層次予以配合，如首長負責重要事項、一級主管負責次要事項、二級主管負責普通事項。

二、規定各層次對事項之權責：指規定各層次人員對各種事項之權責，而權責又可分為三種：

㈠核定權責：指對公文及業務處理負最後核定之權責，如係公文書之處理，則由核定權責者判行；如係為業務之處理，則由核定權責者作最後決定。對事項負有核定權責之人員，應即負責對事項作成決定，不得藉故向上級請示，亦不得向下級推諉，否則所謂分層負責，將只徒有其名而無其實。

㈡審核權責：指審核公文及業務處理是否合法或適當，如認為不合法或不適當，可自行加註或表明認為合法或適當的意見，或要求原擬辦公文及原處理業務之人員改正，但均無最後核定之權，故經審核後尚需送由有核定權者作最後的決定。

㈢擬辦權責：指擬具公文或擬處業務之權責，不論為擬具公文或擬處業務均需合法及適當。二級主管層次除對普通事項具有核定權責，及

對次要事項具有審核權責外，對重要事項亦有擬辦權責。

三、製作分層負責明細表：當負責人員層次、負責事項層次、負責人員對負責事項之權責均有所安排後，卽製作分層負責明細表，以爲實施分層負責之依據。

四、核定事項處理後列表呈閱：除首長層次外，各層次主管對具有核定權責之事項，於處理後，應每週將處理事項之案由及件數，列表呈上一級主管閱。此種程序之目的，在使上級主管了解業務之處理成果。

肆、獎勵提供建議

指鼓勵公務人員就本機關業務及管理工作，提出改進建議，如建議經被採納並行之有效者，給予獎勵，以增進發揮工作潛能機會，進而獲得自我實現與成就感。爲期獎勵提供建議之措施切實可行，在規劃及推行時，應注意下列：

一、規定得提供建議之事項：爲期公務人員有較多的發揮學識才能機會，對下列事項均可規定得提出建議，卽(1)對各種工作之處理程序、方法、技術等改進事項；(2)對各種設備、物料、用具等改進事項；(3)對工作數量、素質、效率、效能等改善與增進事項；(4)對人力、時間、經費等節省事項；(5)對各種損失、障礙等排除事項；(6)對產品、方案、法規等改進修訂事項。以上事項，並非某一人員或單位所能全部主管，但每一公務人員對之均能提出改進建議。

二、規定提供建議之程序：爲期獎勵提供建議能發生效果，對提供建議之程序，宜作如下之規定：

㈠提出：指由提供建議之人員填寫提供建議表，表格內容應包括下列各欄，卽提供建議人姓名、職務、所屬單位；建議事項之名稱及現有缺失；改進之建議；預計一年內組織可獲實益；調查意見；審議意見；核定結果。

㈡調查：建議案提出後審議前，通常須經過調查程序，調查人員由主管人員或由其指定之人員擔任。調查時應注意所提供建議事項是否屬於得提供建議事項之範圍；所列缺失是否確屬現有缺失；所提改進建議是否確可改進現有缺失；改進意見是否可行；缺失改進後是否確可增進效率、效用或減少浪費等；所估計之利益是否實在；是否有確切資料或數字可資依據等。就以上各點詳加調查分析後，再提出有無採納價值之意見。

㈢審議：對建議案之審議，應組織小組或委員會為之，小組或委員會人選以有關單位主管及學者專家擔任為原則，並由副首長或幕僚長擔任召集人。審議之作用，在審議其應否接受及應否給予何種獎勵。

㈣核定：經審議認為應予採納之建議，應報由首長核定，其獎勵並宜以公開方式行之。

三、訂定獎勵方式與標準：對提供建議使組織獲得實益之公務人員，給予獎勵之方式通常有兩種：

㈠獎金之獎勵與核計標準：又有

1.建議案之獲益可用金額估計者：如公務人員之改進建議經採納後，在一年內使組織所獲實益（包括增加實益或減少損失）可用金錢數額估計時，可以其所獲金錢實益數額之10%至30%範圍內，核發獎金。

2.建議案之獲益難用金錢估計者：可就建議案本身之價值，核給相當數額的獎金。至評估建議案價值之方法，可參用工作評價之因素評分方法評估，惟所用之因素應配合建議案之需要，如依建議案內容之複雜性、創造性、可行性、成效大小等因素，分定程度及配分，作為評估建議案價值之依據，再按所評得分，按一分發給若干金額之標準計算應得之獎金。

上述獎金以發給提出改進建議之個人為原則，但如建議案係由若干人員共同合作而提出或為某單位全體人員所提出時，則可發給該若干人

員或單位，再由工作人員自己或單位按對提供建議案貢獻之大小，自行
分配應得獎金。

㈡獎金以外之獎勵：對提供建議人員之獎勵，自得以獎金以外方式
行之，但其獎勵層次仍需與建議案對組織貢獻之大小相當，所用之獎勵
方式，亦儘量與受獎勵者之願望相配合，以期發揮獎勵的效果。

伍、推行目標管理

指由管理者訂定各公務人員的工作目標，由公務人員自行設法去達
成目標，並以目標之能否達成作為考核績效之依據，以促使公務人員發
揮工作潛能及享有達成目標之成就感。為期目標管理推行有效，應注意
下列：

㈠訂定目標：包括：(1)先訂定組織在某一期間內應行達成之總目
標；(2)再由各單位依據總目標及職掌，分別訂定各單位之單位目標；(3)
而後再由各單位公務人員依據所屬單位之單位目標及自己職務之職掌，
分別訂定各公務人員之個人目標。若此，在總目標、單位目標與個人目
標之間，成立一完整的體系，總目標之達成有賴於各單位目標的完成，
而單位目標之達成又有賴於個人目標的完成。

㈡目標個數雖可不受限制，但仍以個數較少為宜；目標內容儘量求
其具體，以利考核與績效之認定。

㈢訂定目標雖為主管之職權，但在訂定時宜儘量先徵求有關公務人
員意見，使目標更為確實可行及取得有關人員的支持。

㈣目標訂定後，達成目標之程序、方法、技術等，儘量由公務人員
自行決定處理，上級儘量減少干擾，但必要時可作支援。

㈤公務人員績效之考核，即以其能否如期達成目標及其達成度來評
定。

第十四章　俸給與福利

　　俸給，即我國憲法增修條文第五條所定之級俸，福利可涵蓋在俸給範圍之內。俸給與福利，有其理論依據，有其應行遵守的政策與原則。至有關俸給的法規，則有一般公務人員俸給與特種公務人員俸（薪）給之分，而有關福利部分則一般公務人員與特種公務人員大致相同。茲就以上情形分節敍述之。

第一節　俸給與福利的理論

　　有關俸給與福利之理論，可謂衆說紛紜，但大致有俸給功能、俸給目標、俸給爲激勵因素、俸給水準設定與維護諸說。茲分項簡述如後。

第一項　俸給功能說

　　俸給指機關、學校或事業對經任用之人員，爲安定其生活、酬勞其服務及維護其地位，所定期給付之俸（薪）與加給。茲析述如下：

壹、俸給係對經任用之人員給與

　　俸給之給與，是以任用爲前提，如未經任用，自不得給與俸給。

貳、俸給係定期給付

給付俸給之期間，通常有按年、按月或按日之分，按年給付者稱年俸，按月給付者稱月俸，按日給付者稱日薪。我國多採用按月給付。

叁、俸給之功能

包括：

一、安定其生活：機關、學校或事業，既要求工作人員全心全力提供服務，則不論其服務之貢獻大小，對其基本生活必須予以適度保障，使其安心工作。

二、酬勞其服務：工作人員替機關、學校或事業服務，爲酬答其提供服務之貢獻與辛勞，自應給與俸給。

三、維護其地位：人不僅需保持一定水準的生活，更需維護一定水準的社會地位，獲得應有尊敬，對年資久、職務高或具有高教育水準者，亦應給與較高之待遇，以示優遇。

以上三種功能，有層次之分，即安定生活爲最基本之功能，酬勞服務爲進一步的功能，維護地位爲更進一步的功能。如安定生活功能尙無法發揮，則表示俸給制度完全失敗。

肆、俸爲給與之基準

俸給之俸的部分，係給與之基準，多依工作之職責輕重或公務人員所具資格高低，來定俸之高低，凡工作職責程度或工作人員所具資格高低相當者，其俸之基準均相同。

伍、給爲俸以外之給與

俸給之給的部分，係俸之外的給與，多依工作之特性、工作地區之

特性，或公務人員生活之特殊需要情形，來定給之種類與給之多寡。故
俸相同之公務人員，其給之部分可有不同。

第二項 俸給目標說

訂定俸給制度之目標，為生活目標、貢獻目標，及文化目標，此三
個目標亦是有層次性的，即生活目標為基本目標，貢獻目標為次高目標，
文化目標為最高目標。茲簡析如下：

壹、生活目標

為俸給之基本目標，亦即必須先設法達成的目標。公務人員不能要
其枵腹從公，欲公務人員提供服務，必須先使公務人員的基本生活獲得
安定。所謂基本生活應包括公務人員本人及賴其扶養之父母配偶子女之
食衣住行方面的基本需要獲得適度的滿足，此種基本生活的需求，與公
務人員所任職務高低無關。如實物配給、生活補助費、眷屬津貼等名稱，
在以達成生活目標為主的俸給制度中常會出現。

貳、貢獻目標

亦稱職務目標，此乃俸給制度的次高目標。當公務人員生活安定後，
管理者即會透過俸給制度的設計來鼓勵公務人員的工作情緒、提高工作
意願、發揮工作潛能，使每一公務人員均能對機關提供最大的貢獻，此
即貢獻目標的達成。如公務人員之俸給依職務職責之繁簡、責任之輕重、
效率之高低、績效之良窳，分別定其俸給之高低，使職責繁重、效率高、
績效優者給與較高的俸給，職責簡輕、效率低、績效差者給與較低的俸
給。因此，如同工同酬、績效報酬等的俸給措施，常在為達成貢獻目標
之俸給制度中出現。

叁、文化目標

此乃俸給制度的最高目標。當公務人員的生活目標(物質生活目標)達成,同時又能根據貢獻大小獲得應有的俸給(介於物質生活與精神生活之間)後, 即會朝向精神生活的獲得滿足, 如從事文化藝術、休閒活動、學術進修方面獲得更多的享受與滿足等。因此採取對休閒活動之補助、進修之補助、文化藝術經費之增加等措施, 亦成為達成文化目標之俸給制度的產物。

第三項　俸給為激勵因素說

欲公務人員提高工作意願、發揮工作潛能、增進工作績效, 必須先加以激勵, 而激勵之因素甚多, 其中俸給為主要的一項激勵因素。茲簡析如下:

壹、任用資格是一回事

擬任為公務人員者必須具有任用資格, 而初任人員任用資格的取得又以考試及格為主要途徑。取得任用資格者, 表示已經具備擔任公務人員所需要的學識、經驗、技能。

貳、具備任用資格者能否提高意願、發揮潛能、增進績效又是一回事

具有任用資格者, 固表示他已具備擔任公務人員的學識、經驗與技能, 但此種學識、經驗、技能能否在職務上加以高度的運用與發揮, 進而增進績效, 卻又是另一回事。換言之, 具備了學識、經驗、技能, 並不當然的會充分運用與發揮, 亦可能雖有具備但未能充分運用與發揮。

叁、具備及運用與發揮之間需有激勵

對具備學識、經驗與技能的人，透過激勵，始會充分運用與發揮其學識、經驗與技能，進而達到提高工作意願、發揮潛能、增進績效。激勵的方法有多種，需因人因事因時因地之不同而作適當的選用，如激勵方法選用不當，則不會發生激勵作用。

肆、俸給是主要的激勵因素

俸給是否為惟一的激勵因素或是否為最重要的激勵因素，各學者的看法雖不盡一致，但可以確定的說俸給是激勵的重要因素，尤其對中低級公務人員，俸給尚未達理想的情況下，更是如此。如各機關常有人才外流的情況發生，而其原因常為俸給之未能滿意所致，致外流或轉至俸給較優之機構任職。又如考試及格人員分發任用時，考試成績較優者常有較多的任職機會可供選擇，而選擇時考慮的條件，常以升遷機會與俸給高低條件為主。俸給既為激勵的重要因素，在公務人員與管理者心目中對俸給的重視就不言而喻了。

第四項　俸給水準設定與維護說

俸之基準雖可按職等及俸級而規定，給雖可按工作特性、工作地區，及員工生活需要等而訂定，但俸與給究應設定在何種水準上，及當俸與給訂定後，為期員工之生活水準及俸給所得的購買力，不致因社會因素的變動受到不利影響，而仍能維持至一定的水準上，則需考慮社會上下列因素的變動來設定與調整。

壹、物價指數

物價指數係依據消費型態，分類查價按權數以特定基期計列物價變動狀況。物價指數通常可分躉售物價指數與消費者物價指數兩方面計算，惟衡量一個國家或地區，家庭爲消費所購商品或勞務之價格水準變動情形，率從消費者物價指數窺之，並常作爲公私機關調整俸薪之參考。由於物價上漲影響俸給之實質所得，各國決定員工給與時莫不重視物價漲幅，如日本以物價計算國民標準生活費作爲調整待遇之參考；新加坡則按物價訂定加薪比例等。

貳、平均國民所得

一個正常住民於一定期間內，提供生產因素參加生產活動，而從生產增加價值分配之報酬，稱爲要素所得。如受雇人員報酬、租金、利息及利潤等，此項要素所得之總和，稱爲國民所得。如以國民所得除以人口總數，所獲商數稱爲平均國民所得。一個國家平均國民所得分配狀況之能否平均，與該國人民實際生活水準及全民福祉息息相關，一個國家經濟多在不斷發展，平均國民所得亦在提高，但在各期間之發展速度與所得提高比率不盡相同，故俸給水準需隨經濟發展與平均國民所得之變動情形而調整。

叁、民間薪資水準

民間薪資水準之高低，影響及政府機關員工俸給的關係極大。如民間薪資高於政府機關員工之俸給，則政府機關的人才將形成外流，更將無法遴選到優秀人才；如民間薪資低於政府機關員工俸給，對政府機關而言固不致發生難以羅致人才與人才外流之問題，但政府的財力負擔將增加，甚或形成浪費。因此在訂定政府機關員工俸給水準時，需對民間

薪資水準加以了解，如發現民間薪資水準高於政府機關員工俸給時，應即考慮將政府機關員工俸給予以調整，使政府與民間薪資水準保持適度的平衡。

肆、預算支付能力

員工爲增加購買力及改善生活，均希望能提高俸給，但俸給過高將使政府財力無法負擔。所謂政府預算支付能力，並非指政府所能負擔之最大限度能力，而是指政府衡諸各種預算之輕重緩急，所訂定人事經費支付能力。政府欲將俸給調整至合理水準，在預算及財力支付上需作有效支援，而經費之支付有一次支付與分期支付之分，如財力許可自以一次支付爲佳，如財力有困難則以採分期或逐年支付調整俸給，經若干年後達到合理的水準。

伍、最低俸薪法令

對勞工之薪資，政府爲保障勞工基本生活，常有最低薪資之規定，作爲各業雇主支付勞工薪資之最低限額，如實付薪資低於最低薪資時則屬違法，雇主將受到處罰。政府機關員工目前尚無最低俸給之規定，但在解析上政府機關員工俸給所得自不宜低於最低薪資水準。如將來有俸給最低額之限制，則在訂定俸給時自需遵守不得低於最低俸給之規定。

陸、人力供需狀況

俗謂物以稀爲貴，此乃盡人皆知者，每次颱風過後菜菓價格上漲，即爲物以稀爲貴的證明。員工俸給亦屬如此，人才以稀爲貴，如某種人才社會上極爲稀少，則政府需羅致此種稀少人才任職或留住任職時，需在俸給上給予特別的優厚。相反的如某類人才在社會上呈現出供過於需，則該類人才之羅致無任何困難，即使以較低的俸給亦能羅致到優秀者任

職。再人才在社會上供需情況，是在經常變動的，某類人才現在呈現出供過於需，過若干年後也許會呈現出需過於供，反之亦然。故在訂定俸給之水準時，需隨時注意人力在社會上所呈現出之供需情形及其變動。

第二節　俸給與福利的政策與原則

以現階段言，俸給與福利之政策，包括依職責定俸等依資格敘俸級及依績效晉降俸，依工作特性定加給，依生活需要定津貼，及維持俸給適度水準等。茲分項敍述如後。

第一項　依職責定俸等依資格敘俸級及依績效晉降俸的政策與原則

依職責程度定俸等，即所謂同工同酬；依所具資格敘俸級，即所謂資酬相當；依績效晉降俸，即所謂獎優懲劣。

壹、依職責定俸等

應包括之原則有下列四個：

一、俸等依職等之規定：俸給之俸等，應依職等之規定，換言之，先依職務之職責程度區分為若干職等，而後再以職等作為俸給之俸等，如定為十四個職等，則在俸給上亦定為十四個俸等。

二、俸等內區分本俸及年功俸級：在俸等內宜設定本俸及年功俸之俸級，至各職等內所設置之本俸及年功俸級之級數多寡，可視需要而定，如(1)為鼓勵久任可多設俸級數；(2)為顧及同工同酬宜少設俸級數。

三、一般之俸級數：依目前趨勢，鼓勵公務人員久任的看法，已較

同工同酬的看法更被受到重視，因此同一職等內所設置的俸級情形爲(1)職等內只設置較多的俸級，而不再區分本俸及年功俸者(一般國家多屬如此)；(2)職等內分設本俸及年功俸俸級，兩種俸級之級數仍作較多的設置；(3)當職等數較少時，職等內俸級數較多；職等數較多時，職等內俸級數較少；(4)同一俸級表內，職等愈低者俸級數較多，職等愈高者俸級數較少。

大致而言，職等在十個或以下者，各職等內之俸級數多在十五級至二十五級之間；職等數在超過十個者，各職等內之俸級數多十級至十五級之間。

貳、依所具資格敍俸級

應包括之原則有下列三個：

一、初任時之敍俸級

㈠考試及格初任各官等職務之敍俸級：依考試種別及等別之不同，分別自取得任用資格職等之最低俸給起敍。

㈡依學經歷初任各官等職務之敍俸級：如具有薦派學經歷初任薦派職務者，敍薦派六職等一級薪。

二、升任時之敍俸級：如因升任而晉升官等者，自升任官等最低職等之本俸最低級起敍；因升任在同官等內晉升職等者，自升任職等最低俸級起敍。如原敍俸級之俸點高於升任職等最低俸級之俸點時，則敍同數額俸點之俸級。

三、降調時之敍俸級：如降調至低官等職務者，原敍俸級如在低官等職等內有同列俸級時，敍同列俸級；原敍俸級高於低官等職等之俸級時，核敍至低官等年功俸最高級爲止，其原敍較高俸級俟將來調任相當職等之職務時，再予回復。在同官等內降調低職等者，仍敍原俸級。

叁、依績效晉降俸

應包括之原則有下列二個:

一、依考績晉敍俸級: 公務人員之績效,係經由考績來認定,晉敍俸級之多寡應依考績成績之優劣來決定。如考績列甲等者予晉俸一級並發一個月俸給總額之一次獎金,列乙等予晉俸一級,列丙等者不予晉敍俸級亦不發獎金,列丁等者予以免職。

二、依懲戒降敍俸級: 公務人員依法敍定之俸級,應予適度保障,非依懲戒或其他法律不得降敍。但如有違法、廢弛職務或其他失職行爲時,應受懲戒,而懲戒處分中定有降級與減俸之規定。降級者,依其現職之俸級,降一級或二級改敍;減俸者,依其現職之月俸減 10% 或 20% 支給。

第二項 依工作特性定加給依生活需要定津貼的政策與原則

公務人員除俸額外,爲應工作特性需要尚有加給,爲應生活需要尚有津貼。推行此二政策之原則爲:

壹、依工作特性定加給

一、訂定加給種類: 因工作特性而訂定加給時,通常有下列各種:
⑴因職務特別繁重或具有危險性而加給者;⑵因工作之爲專業性、技術性、人才稀少性而加給者;⑶因工作地區特殊而加給者。

二、訂定加給標準及方式: 當加給之種類有所決定後,則每種加給均需訂定支給標準及方式。

㈠支給標準: ⑴按職務所列職等高低分訂支給標準;⑵按工作地區情形之特殊程度訂定支給標準。

㈡支給方式：通常有⑴以一定金額訂定支給方式；⑵以月俸之百分比訂定支給方式。

三、加給所得應有限額：加給之支領，以公務人員所任職務之是否符合所定條件而定，如同一職務同時符合若干種加給所定之條件時，則擔任該職務之人員可同時支領數種加給。從俸給觀點言，俸給是俸與給之合稱，但俸是主體而加給是附體，因此支領加給之所得，自不宜超過俸的所得，而只能爲俸的一部分。一般而言，加給的所得額不應超過俸所得之 50%。

貳、依生活需要定津貼

一、訂定津貼種類：津貼之種類，因以構成生活沈重負擔爲前提，故較爲常見的津貼有下列四種：⑴住屋津貼；⑵眷屬重病住院津貼；⑶子女教育津貼；⑷婚喪生育津貼。

二、訂定津貼標準及方式：爲減輕生活負擔所支給之津貼，其支給標準及方式有：

㈠以月俸額之個數訂定支給標準：如結婚者給二個月俸額之津貼等。

㈡以所需經費之百分比爲支給標準：如眷屬重病住院津貼，以實際所花費金額之 70%爲準津貼之。

㈢以所需經費爲支給標準：如子女教育津貼，以實際依規定所繳之費用爲準，全數予以津貼，每年二次，對公務人員助益最大。

第三項　維持俸給適度水準的政策與原則

公務人員對所支領之俸給，一方面因平均國民所得之提高而要求提高，另一方面又因物價之高漲、幣值之貶值、購買力之降低而要求調高，

因此維持俸給適度水準，乃不容忽視之政策。推行此一政策之原則爲：

壹、認定影響俸給之因素

影響及維持俸給水準之因素，較爲重要者有下列六個，即(1)物價指數；(2)平均國民所得；(3)民間薪資水準；(4)預算支付能力；(5)最低薪資法令；(6)人力供需狀況。

貳、了解影響俸給因素之現況

用以了解各因素現況之方法，主要爲調查或就有關資料統計或基於政策作成決定，如：

㈠以調查了解現況：如民間薪資水準，通常採民間機構及工作名稱選樣以書面調查方法，從調查所得所作統計中加以了解。

㈡從統計資料或研究報告了解現況：如物價指數、平均國民所得、人力供需狀況，主計機關及勞工行政機關，通常均定期作調查統計，並製作統計資料送有關機關參考。

㈢從政策了解現況：如最低薪資法令，通常以立法或行政命令規定，並視需要調整者；再如預算支付能力，亦多由政策考量來決定者，如政策上認有優先提高俸給水準之必要，則自可撥出較多部分的財力來支援俸給的調整。

叁、定期提出應有俸給水準之建議

所謂定期有固定與彈性兩種，如每一年或每二年均需提出應有俸給水準之建議，乃屬定期提出者；如每當物價指數提高 5% 時，或平均國民所得提高 10% 時即需提出應有俸給水準之建議，乃屬彈性提出者。當提出建議時應重視：

㈠區分職務層次：就人事體制中將各職務列等之結果，依職務職等

之高低，區分爲若干層次，層次數不得少於三個(即初級職務、中級職務、高級職務)，亦不得多於職等數(如職等爲十四個則最多分爲十四個層次)。

㈡提出各層次調整俸給水準之幅度：各層次人員調整俸給水準之幅度，可以相同亦可有不同，如認爲某數個層次職務之俸給水準有特別提高之必要者，該層次調整俸給之幅度自可酌予加大。

㈢提出特定性質職務調整加給之幅度：加給係按職務特性之不同分別擬定調整之幅度者，不論職務之層次爲何，只要屬於同一特性，均適用同一的調整幅度。因此一個平常的職務，只按職務層次調整俸給水準，一個具有某種特性的職務，除按職務層次調整俸給水準外，並按職務特性調整加給水準。津貼如認有調整必要時，並得調整之。

㈣衡酌財力負擔：根據以上提出之調整俸給及加給水準，再與預算支付能力相比較，如具有支付能力，即可作成建議案；如支付能力有問題，則尙需依據支付能力，將原建議之調整水準再作調整。

肆、擬定俸點折算俸額標準

當調整俸給之水準決定後，對俸給之支給尙需透過俸點折算俸額標準之規定，換算所得俸額支給。

至因職務具有特性之加給或因生活需要之津貼，因並無加給之給點規定，故可直接調整加給或津貼幅度予以調整。

伍、調整俸給

當有關俸給調整之手續完成時，則可按規定程序核定後調整之。

第三節 一般公務人員俸給法規簡析

一般公務人員俸給，係以公務人員俸給法爲主要依據，茲就其法規體系、俸表結構、俸級核敘、俸級晉敘與降敘、俸級的俸額、改制時俸級換敘、加給，及防止濫支與銓審互核等，分項簡述如後。

第一項 俸給福利法規體系

俸給法規，除一般公務人員之俸給在公務人員俸給法中規定外，特種公務人員之俸給，有者依一般公務人員之規定，有者在管理條例或人事條例或任用法中另作特別規定，在特別規定中未有規定之俸給事項，仍適用公務人員俸給法之規定；至福利措施，則多以規章訂定。因此，在本章中所引述之有關一般公務人員與特種公務人員之俸給福利法規，其體系均於本項列表顯示，其順序先爲法律，次爲依法律授權訂定之規章，再爲由主管機關依執行法條或其他需要所訂定之規章。

法　　律	依法律授權訂定之法規	依需要訂定之規章
公務人員俸給法	公務人員俸給法施行細則 現職公務人員換敍俸級辦法 銓審互核實施辦法 新進派用人員核敍薪點要點	全國軍公教人員待遇支給辦法 （行政院核定）
關務人員人事條例(有關俸給條文)		
警察人員管理條例(有關俸給條文)		
教育人員任用條例(有關薪給條文)		
交通事業人員任用條例(有關薪給條文)		
	依公務人員任用法授權訂定之雇員管理規則(有關薪給條文)	
		經濟部所屬事業機構人員薪給辦法(經濟部核定)、 臺灣地區省市公營事業分類職位人員薪給辦法(考試院核定) 中央公教人員生活津貼支給辦法 中央公教人員福利互助辦法 中央公教人員購置住宅輔助辦法 中央公教人員急難貸款實施要點 鼓勵公教人員儲蓄要點 中央文職公教人員生活必需品配給辦法 （以上六種辦法均由行政院核定） 加強公教人員自強康樂活動實施要點(人事行政局核定)

第二項　俸表結構法規簡析

公務人員俸表結構之法規，包括俸給名稱、俸級區分，及有關名詞意義之規定，其情形如下：

壹、俸給名稱

依公務人員俸給法第三條，「公務人員之俸給，分本俸、年功俸及加給，均以月計之」。其中俸包括本俸及年功俸，給指加給；不論爲俸或給，均按月核計支給，故亦稱月俸或月給。

貳、俸級區分

依同法第四條，「公務人員之俸級區分如下：

㈠委任分五個職等，第一職等本俸分七級，年功俸分六級，第二至第五職等本俸各分五級，第二職等年功俸分六級，第三、第四職等年功俸各分八級，第五職等年功俸分十級。

㈡薦任分四個職等，第六至第八職等本俸各分五級，年功俸各分六級，第九職等本俸分五級，年功俸分七級。

㈢簡任分五個職等，第十至第十二職等本俸各分五級，第十、第十一職等年功俸各分五級，第十二職等年功俸分四級，第十三職等本俸及年功俸均分三級，第十四職等本俸爲一級，前項本俸、年功俸俸點依所附俸給表之規定」。公務人員俸給表如下頁所示。

	簡任					薦任				委任				
	十四職等	十三職等	十二職等	十一職等	十職等	九職等	八職等	七職等	六職等	五職等	四職等	三職等	二職等	一職等
俸	800一	800三	800四											
		790二	790三	790五										
		780一	780二	780四	780五									
		750三	750一	750三	750四									
			730五	730二	730三									
		710一	710四	710一	710二	710七								
			690三	690五	690一	690六								
			670二	670四	670五	670五								
			650一	650三	650四	650四								
				630二	630三	630三	630六							
				610一	610二	610二	610五							
					590一	590一	590四	590六						
						550五	550三	550五						
						535四	535二	535四	535六					
						520三	520一	520三	520五	520十				
						505二	505五	505二	505四	505九				
						490一	490四	490一	490三	490八				
給							475三	475五	475二	475七				
							460二	460四	460一	460六				
							445一	445三	445五	445五	445八			
								430二	430四	430四	430七			
								415一	415三	415三	415六	415八		
									400二	400二	400五	400七		
									385一	385一	385四	385六		
										370五	370三	370五		
										360四	360二	360四		
										350三	350一	350三		
										340二	340五	340二		
										330一	330四	330一	330六	
											320三	320五	320五	
											310二	310四	310四	
											300一	300三	300三	
												290二	290二	
												280一	280一	280六
												270五	270五	
												260四	260四	
												250三	250三	
												240二	240二	
												230一	230一	
														220七
														210六
														200五
														190四
表														180三
														170二
														160一

叁、各名詞意義

依同法第二條,「本法所用名詞意義如下,(1)本俸,係指各官等、職等人員依法應領取之基本俸給;(2)年功俸,係指依考績晉敍高於本職或本官等最高職等本俸之俸給;(3)俸級,係指各官等、職等本俸及年功俸所分之級次;(4)俸點,係指計算俸給折算俸額之基數」。

由上可知,俸給表中各本俸及年功俸之俸點,只是一個數字,並非俸額本身,而實支的俸額需由主管機關訂定每一俸點折算俸額之標準,並依標準折算後始能顯示出應支的俸額。

第三項 俸級核敍法規簡析

銓敍,指銓定資格(即審查其是否具有任用資格),敍定俸級(當認為具有任用資格時,即敍定其應支的俸級),如未具任用資格者,則不再敍定俸級。而敍定俸級之情形,又因初任、升任、權理、平調、降調、再任、轉任等而不同,茲簡述如下:

壹、初任人員之敍俸

依公務人員俸給法第六條,「初任各官等職務人員,其等級起敍規定如下:

㈠高等考試或特種考試之乙等考試及格初任薦任職務時,敍薦任第六職等一級,先以委任第五職等任用者,敍委任第五職等五級;高等考試必要時按學歷分級舉行之考試及格者,其起敍等級由考試院定之。

㈡普通考試或特種考試之丙等考試及格者,敍委任第三職等一級。

㈢特種考試甲等考試及格初任簡任職務時,敍簡任第十職等一級;先以薦任第九職等任用者,敍薦任第九職等五級。

㈣特種考試之丁等考試及格者，敍委任第一職等一級」。

施行細則對有關本條之補充規定甚多，包括：

㈠考試及格人員初任各官等職務俸級之起敍，除依上述辦理外，並依下列規定：即⑴高等考試之一級考試及格初任薦任職務時，敍薦任第七職等一級；先以薦任第六職等任用者，敍薦任第六職等三級；⑵高等考試之二級考試及格初任薦任職務時，敍薦任第六職等一級；先以委任第五職等任用者，敍委任第五職等五級。

㈡升官等考試及格初任各官等職務俸級之起敍爲：⑴簡任升官等考試及格初任簡任職務時，敍簡任第十職等一級；⑵薦任升官等考試及格初任薦任職務時，敍薦任第六職等一級；⑶委任升官等考試及格初任委任職務時，敍委任第一職等一級。

㈢本法施行前經依考試法、分類職位公務人員考試法或公務人員升等考試法考試及格初任其考試及格職等職務時，分別自各該職等之最低俸級起敍。

㈣現任或曾任公務人員經考試及格升任或再任高職等職務時，其原經核敍有案之俸級高於擬任職等最低俸級者得敍原敍定同數額俸點之俸級。雇員支年功薪者以敍至委任第一職等年功俸最高級爲止，其超過之年功薪級仍准暫支，俟將來升任較高職等職務時照其所暫支薪級敍所升職等相當俸級。

依施行細則規定，所稱「初任」，指具有法定任用資格之人員初次擔任政府機關職務者而言。

貳、調任高職等人員之敍俸

包括下列二種：

㈠在同官等內調任高職等職務或升任職等人員之敍俸：依同法第八條，「依法銓敍合格人員，……在同官等內調任高職等職務時，具有所任

職等職務任用資格者，自所任職等最低俸級起敘，如未達所任職等之最低俸級者敘最低俸級；如原敘俸級之俸點高於所任職等最低俸級之俸點時，換敘同數額俸點之俸級」。

又依施行細則規定，所稱「銓敘合格」，指銓敘合格實授而言。依同法第十二條，「在同官等升任職等人員之敘級，比照第八條規定辦理」。

㈡升任官等人員之敘俸：依同法第十二條，「升任官等人員，自升任官等最低職等之本俸最低級起敘，但原敘年功俸者得予換敘同數額之本俸或年功俸」。如某甲原敘薦任九職等年功俸六級 690 俸點，升任簡任職務時，敘簡任第十職等年功俸一級（同為 690 俸點）。

叁、權理人員之敘俸

依同法第八條規定，「依法銓敘合格人員，……權理人員仍依其資格核敘俸級」。如某甲原任委任三職等辦事員，敘本俸五級，嗣升任委任五職等科員，因未具五職等任用資格而以三職等權理，其敘俸依上條規定，仍敘三職等本俸五級。

肆、調任同職等職務人員之敘俸

依同法第八條，「依法銓敘合格人員，……調任同職等職務時，仍依原敘俸級核敘」。又依施行細則規定，所稱「調任」，指現職公務人員依同法第十八條及其他法律所規定之職務調動而言。

伍、調任低職等職務人員之敘俸

其情形有下列兩種：

㈠在同官等內降調人員之敘俸：依同法第八條，「依法銓敘合格人員，……在同官等內調任低職等職務以原職等任用人員，仍敘原俸級」。依施行細則規定，所稱「以原職等任用人員仍敘原俸級」，指銓敘合格實

授人員調任低職等職務仍以原職等任用者，仍支其調任前經銓敍機關敍定之俸級而言。

㈡經本人同意調任低官等職務人員之敍俸：在本法條文中並無敍俸之規定，因而在施行細則中補充規定，依法（指依公務人員任用法第十八條）調任低官等職務人員，其原敍俸級如在所調任職等內有同列俸級者，敍同列俸級；其原敍俸級如高於所調任職務職等最高俸級時，核敍至年功俸最高級爲止，其原敍較高俸級俟將來調任相當職等之職務時，再予回復。如某甲原任簡任十職等專門委員敍十職等本俸一級（俸點 590），嗣經本人同意調任薦任九職等科長，其原敍俸點 590 與九職等年功俸一級 590 相同，依上述規定，應敍爲薦任九職等年功俸一級。又如某乙原任簡任十職等專門委員，敍十職等年功俸五級（俸點 780），嗣調任薦任九職等科長，則其敍俸應爲九職等年功俸七級（俸點 710），其超過部分（俸點 780），暫予保留，俟將來調簡任職務時再予回復。

陸、再任人員之敍俸

依同法第十一條，「再任人員等級之核敍依下列規定：

㈠本法施行前經銓敍合格人員於離職後再任時，其俸給比照本法第七條（即有關改任人員換敍等級之規定）辦理。但所任職務列等之俸級高於原敍俸級者，敍與原俸級相當之俸級；所任職務列等之俸級低於原敍俸級者，敍所任職務列等之相當俸級，以敍至所任職務之最高職等年功俸最高級爲止，如有超過之俸級仍予保留，俟將來調任相當職等之職務時再予回復。

㈡本法施行後，經銓敍合格人員於離職後再任時，其俸級比照本法第八條（即有關調任人員敍俸之規定）辦理。但所任職務列等之俸級高於原敍俸級者，敍與原敍俸級相當之俸級；所任職務列等之俸級低於原敍俸級者，敍所任職務列等之相當俸級，以敍至所任職務之最高職等年功

俸最高級爲止，如有超過之俸級仍予保留，俟將來調任相當職等之職務時再予回復」。

依施行細則規定，所稱「再任」，指公務人員卸職後，依法再行擔任政府機關之職務；所稱「相當俸級」，指再任前所敍俸級與再任職等之同列俸級。

如某甲原任薦任科長，敍薦任六級，並於本法施行前離職，今擬再回任政府機關薦任八職等專員，則依換敍辦法規定，可敍薦任八職等本俸三級；如回任政府機關任薦任九職等科長，則原薦任六級低於薦任九職等科長之俸級，依上述規定只能敍薦任八職等本俸三級；如該某甲再回任薦任六職等科員時，則薦任六職等俸級低於原敍薦任三級，可敍六職等年功俸四級，其超過之俸級(即俸點爲 520 點之俸級)仍予保留，俟將來調任薦任七職等以上職務時，再予回復。

柒、轉任人員之核計加級

依同法第九條，「高等考試、特種考試之甲等或乙等考試及格人員，曾任公立學校教育人員或公營事業人員服務成績優良之年資，轉任行政機關性質程度相當職務時，得依規定核計加級至其職務等級最高級爲止；行政機關人員轉任公立學校教育人員時，其服務年資之採計亦同」。又依施行細則規定，所稱「轉任」，指適用不同任用法規之行政機關人員、公立學校教育人員或公營事業人員三者間之相互轉任而言；又所稱「得依規定核計加級至其職務等級最高級爲止」，指核計加級至其職務等級敍定之職等本俸最高級爲止。

如某甲經高等考試及格，原任公營事業課長職務二十年，現轉任政府機關專員(職務列等爲薦任七至九職等)，則依公務人員任用法第十六條訂定行政、教育、公營事業人員相互轉任採計年資提敍官職等級辦法規定，提敍官等、職等及俸級時(提敍俸級即依公務人員俸給法本條核計

加級），其俸級之核計加級至其職務等級最高級為止，以此例言則以核計加級至九職等本俸最高級為止，如年資不足時自不會核計加級至九職等本俸最高級。

捌、不受任用資格限制人員之敍俸

依同法第十條，「不受任用資格限制人員，依法調任或改任受任用資格限制之同職等職務時，具有相當性質等級之資格者，應依其所具資格之職等最低級起敍，其原服務較高或相當等級年資得按年核計加級」。施行細則規定，所稱「不受任用資格限制人員」，指各機關辦理機要之人員。機要人員調任或改任其他受任用資格限制之職務時，除經銓敍合格者外，仍應依其所具等級資格起敍俸級，不適用本法第十六條之規定（即經銓敍機關敍定之等級，非依公務員懲戒法及其他法律之規定不得降敍），但其曾任較高或相當等級之年資，仍得按其考成結果，予以比照按年核計加級。

第四項　俸級晉敍與降敍法規簡析

當公務人員之俸級敍定後，其俸級之晉敍與降敍，在公務人員俸給法中亦有相關的規定。其情形如下：

壹、俸級之晉敍

依同法第十三條，「公務人員本俸及年功俸之晉敍，依公務人員考績法之規定，但試用人員改為實授者，得依原敍俸級晉敍一級；在同官等內高資低用仍敍原俸級人員，考績時不再晉敍」。又依施行細則補充規定下列三點：

㈠公務人員試用期滿經考核成績合格予以實授者，按原敍俸級晉敍

本俸一級，但已敍至本職等本俸最高級者不予晉敍。

　　㈡所稱「在同官等內高資低用仍敍原俸級人員，考績時不再晉敍」，指同官等內高職等調任低職等仍以原職等任用人員，原敍俸級已達所調任職等年功俸最高級者，考績時不再晉敍。

　　㈢依法調任低官等職務人員，其所敍俸級已達調任職等年功俸最高級者，考績時亦不再晉敍。

貳、俸級之降敍

　　依同法第十六條，「經銓敍機關敍定之等級，非依公務人員懲戒法及其他法律之規定不得降敍」。同法第十五條，「降級人員改敍所降之俸級；降級人員在本職等無級可降時，以應降之級爲準比照俸差減俸；降級人員依法再晉級時，自所降之級起遞晉，其無級可降比照俸差減俸者，應比照復俸；給與年功俸人員應降級者，應先就年功俸降級」。

　　以上第十五條對降級人員所定四種情況，茲舉例如下：

　　㈠某甲原敍薦任八職等本俸四級，受懲戒處分降一級改敍，則自八職等本俸四級降敍爲本俸三級。

　　㈡某甲自薦任八職等本俸四級改敍爲三級後，將來再晉級時則應自本俸三級起晉。

　　㈢某乙原敍薦任八職等本俸一級，受懲戒處分降一級改敍，因本俸一級已是最低俸級，無級可降，只得比照薦任七職等本俸二級之 430 俸點予以減俸。

　　㈣某乙自原薦任八職等本俸一級改按 430 俸點減俸後，將來再晉級時應自 430 俸點比照復俸爲薦任八職等本俸一級。

第五項　俸級的俸額法規簡析

現行俸給表中各俸級係以俸點表示，因此公務人員實領之俸額，尚需經過俸點折算俸額之程序。依公務人員俸給法第十四條，「……俸點折算俸額之標準，由考試院會同行政院定之」。茲就現行俸點結構、俸點折算俸額時考慮之因素及折算方法簡說如下：

壹、俸表中各俸級俸點之結構

第一職等本俸一級之俸點為 160 點，第十四職等本俸一級為 800 點，各上下俸級間俸點之差距自最低之 10 點至最高 30 點。最高俸點 800 點為最低俸點 160 點之五倍。換言之，在正常情況下，最高俸額為最低俸額之五倍。

貳、為維護俸額水準需考慮之因素

俸額水準之維護，需考慮之社會因素包括物價指數、平均國民所得、民間薪資水準、最低薪資法令、人力供需狀況等。換言之，當上列各社會因素有重大變動時，均會影響及公務人員生活水準的變動，進而影響及人員的羅致與留用，為期人員的羅致與留用，需視社會因素變動情形，對俸點折算俸額的標準作適度的調整。

叁、財務支付能力與最低層級公務人員生活的兼顧

在實務上言，政府財務支付能力與保障最低層級公務人員生活二者，是決定俸點折算俸額標準的主要因素。假如最低層級公務人員之生活費用增加，則俸點折算俸額的標準需提高，換言之，從 160 俸點折算俸額所得之俸額需能維護公務人員一家三口之基本生活。但當為顧及最低層

級公務人員生活而將俸點折算俸額標準提高後(如提高爲 200 元, 160 俸點之俸額爲 32,000 元), 則最高職等俸級 800 點之俸額將爲 16 萬元, 若此又將使政府財力難以負擔。因此, 在政府財務未有充裕前, 爲兼顧政府財務支付能力及最低層級公務人員基本生活之前提下, 只有採用分段規定俸點折算俸額標準之方法, 以縮短最低與最高職等俸額的倍數。

肆、縮短最低與最高職等俸額差距在五倍以內時之分段規定俸點折算俸額標準

依公務人員俸給表說明一之敍述,「俸點折算俸額標準, 必要時得按俸點分段訂定之」。如俸點數較低者適用較高的折算標準, 俸點數較高者適用較低的折算標準,則最低職等與最高職等俸額差距可降至五倍以下, 使最低職等人員生活得以維護, 而政府財力負擔亦不致過大。如將俸點在 400 點以下者爲一段, 其折算標準爲每點 100 元; 401 點以上者爲一段, 其折算標準爲每點 80 元, 則第一職等本俸一級 160 點爲 $160 \times 100 = 16,000$ 元, 第十四職等本俸一級 800 點爲 $400 \times 100 + 400 \times 80 = 72,000$ 元, 最低職等與最高職等俸額之差距爲 72,000 元 ÷ 16,000 元 = 4.5 倍。

伍、增加最低與最高職等俸額差距在五倍以上時之分段規定俸點折算俸額標準

如有朝一日政府財力極爲充裕, 在政策上認爲應增加高職等人員俸額時, 則可使俸點數較低者適用較低的折算標準, 俸點數較高者適用較高的折算標準, 如此折算俸額結果, 則最低職等與最高職等人員的俸額差距, 將超過五倍。如將俸點在 400 點以下者爲一段, 其折算標準爲每點 100 元; 俸點在 401 點以上者爲一段, 其折算標準爲每點 150 元, 則第一職等本俸一級 160 點爲 $160 \times 100 = 16,000$ 元, 第十四職等本俸一級 800 點爲 400×100 元 $+ 400 \times 150$ 元 $= 100,000$ 元, 最低職等與最高職等

俸額之差距爲 100,000 元÷16,000 元＝6.25 倍。

陸、俸級以俸點表示另定俸點折算標準方法之彈性

由上可知，各俸級不直接訂定俸額而只訂定俸點，將俸點折算俸額標準授權由主管機關訂定之方法，彈性極大，使最低職等與最高職等人員之俸額差距，旣可使之維持爲五倍(即各俸點之折算俸額標準一致)，亦可使縮短在五倍以內或使超過五倍以上(即將俸點分段訂定折算俸額標準)。

第六項　改制時俸級換敍法規簡析

當一個機關之任用制度改變時，原有人員應按新制辦理改任；當一個機關之俸級制度改變時，原有人員亦應將原有俸級換敍爲新俸級制度的俸級。新公務人員俸給法於民國七十六年一月十六日施行後，原有人員之俸級亦應予以換敍。

依同法第七條，「各機關現職人員經銓敍合格者，應在其職務列等表所列職等範圍內換敍相當俸級，其換敍辦法由考試院定之」。考試院依法律授權訂定「現職公務人員換敍俸級辦法」，其要點如下：

壹、換敍俸級之人員

原經依法審定之各機關簡任、薦任、委任或分類職位第十四職等至第一職等之現職公務人員，並經依現職公務人員改任辦法審定之職等予以改任者爲範圍。

貳、換敍俸級之基準

現職公務人員換敍俸級基準，依下頁現職公務人員換敍俸級表之規

原簡薦委公務人員俸級表			公 務 人 員 俸 級 表								原 分 類 職 位 公 務 人 員 俸 階 表						
職等	本(新)俸級	年功(新)俸額	官等	十四職等	十三職等	十二職等	十一職等	十職等	九職等	八職等	十四職等	十三職等	十二職等	十一職等	十職等	九職等	八職等
簡		770		800	800 三	800 四					800	800 三	800 四				
		740	簡		790 二	790 三	790 五					790 二	790 三				
		710			780 一	780 二	780 四	780 五				780 一	780 二	780 四			
	一	680			750	750 一	750 三	750 四				750	750 一	750 三	750 四		
	二	650			730	730 五	730 二	730 三				730	730 五	730 二	730 三		
	三	625			710	710 四	710 一	710 二	710 七			710	710 四	710 一	710		
	四	600				690 三	690 五	690 一	690 六				690 三	690 五	690 一		
	五	575				670 二	670 四	670 五	670 五				670 二	670 四	670 五		
	六	550				650 一	650 三	650 四	650 四				650 一	650 三	650 四	650 四	
	七	525					630 二	630 三	630 三	630 六				630 二	630 三	630 三	
任	八	500	任	七職等			610 一	610 二	610 二	610 五				610 一	610 二	610 一	
	九	475		590 六				590 一	590 一	590 五					590 一	590 一	590 四
薦	一	450		550 五	六職等				550 五	550 七職等						550 五	550 三
	二	430	薦	535 四	535 六	五職等			535	535 五 七職等		535 四				535 四	535 三
	三	410		520 五	520 五	520 十			520	520 六職等			520			520	520 五
	四	390		505 四	505 四	505 九			505	505 五 505 四			505			505	505 五
	五	370		490 一	490 三	490 八			490 一	490 四 490 一						490	490 四
	六	350		475 五	475 二	475 七				475 三 475 五 475 二							475
	七	330		460 四	460	460 六	四職等			460 二 460 四 460 一							460 二
	八	310		445 三	445 五	445 五	445 八			445 一 445 三 445 五 五職等							445 一
	九	290		430 二	430 四	430 四	430 七	三職等		430 二 430 四 430 四							
	十	275		415 一	415 三	415 五	415 六	415 八		415 一 415 三 415 三							
任	十一	260	任		400 二	400 五	400 五	400 七		400 二 400 二 四職等							
	十二	245			385 一	385 一	385 四	385 六		385 一 385 一 385 四							
委	一	230				370 五	370 三	370 五		370 五 370 三 三職等							
	二	220	委			360 四	360 二	360 四		360 四 360 二 360 四							
	三	210				350 三	350 一	350 三		350 三 350 一 350 三							
	四	200				340 二	340 五	340 三 二職等		340 二 340 五 340 .							
	五	190				330 一	330 四	330 一 330 六		330 一 330 四 330							
	六	180					320 三	320 五	320 五	320 三 320 五 二職等							
	七	170					310 二	310 四	310 四	310 二 310 四 310 四							
	八	160					300 一	300 三	300 三	300 一 300 三 300 三							
	九	150						290 二	290 二 一職等	290 二 290 二							
	十	140						280 一	280 一 280 六	280 一 280 一 一職等							
	十一	130							270 五	270 五 270 五 270 五							
	十二	120							260 四	260 四 260 四 260 四							
	十三	110							250 三	250 三 250 三 250 三							
任	十四	100							240 二	240 二 240 二 240 二							
	十五	90							230 一	230 一 230 一 230 一							
									220 七								220 七
									210 六								210 六
									200 五								200 五
									190 四								190 四
									180 三								180 三
			任						170 二								170 二
									160 一								160 一

定換敍其俸級。

叁、原任簡任、薦任、委任現職公務人員依下列規定換敍俸級

㈠原敍定之俸級，在所改任職務之「職務列等表」所列職等本俸俸級範圍內者，換敍所改任職等同列俸級。如原任薦任三級科長，以九職等改任則換敍在九職等本俸範圍內與原薦任三級同列之九職等本俸三級。

㈡原敍定之俸級未達所改任職務之「職務列等表」所列最低職等本俸最低俸級時，依其所具資格換敍所改任職等同列之俸級。如原任薦任十一級專員，未達專員職務列等第七至第九職等最低職等本俸最低級，則換敍爲與原敍薦任十一級同列之薦任六職等本俸二級(此時爲六職等權理七職等職務)。

㈢原敍定之俸級高於所改任職務之「職務列等表」所列最高職等年功俸最高俸級時，換敍至所改任職等年功俸最高級，並准予暫支原敍俸級同列較高職等俸級，在未升任較高職等前不再晉敍。如原敍委任一級科員已支薦任十級年功俸，因其職務職責簡輕以委任第二職等之書記改任，其原敍俸級已超過委任第二職等年功俸最高級，則換敍爲第二職等年功俸最高級，並准暫支與原薦任十級相當之第三職等年功俸八級之俸給，惟在未升任第四、第五職等前，不再晉敍。

肆、原任分類職位現職公務人員依下列規定換敍俸級

㈠原敍定之俸階，在所改任職務之「職務列等表」所列職等本俸俸級範圍內者，換敍所改任職等同列俸級。如原敍分類職位第八職等本俸二階專員，依第八職等改任(專員職務列等表爲第七至第九職等)，則換敍與原敍本俸二階同列之新制第八職等本俸二級。

㈡原敍定之俸階未達所改任職務之「職務列等表」所列最低職等本俸最低俸級時，依其所具資格換敍所列職等同列俸級。如原敍第八職等

本俸一階權理第九職等科長職務,其原敘俸階未達新制第九職等(科長只列第九職等)本俸最低級,則只能換敘與原第八職等本俸一階同列之新制第八職等本俸一級。

㈢原敘定之俸階高於所改任職務之「職務列等表」所列最高職等年功俸最高級時,換敘至所改任職等年功俸最高俸級,並准予暫支原敘俸階同列較高職等俸級,在未升任較高職等職務前不再晉敘。如原敘簡任一級專門委員,嗣於實施職位分類時,依其職責以第九職等科長改任並敘九職等年功俸四階,旋於實施新制以薦任第九職等科長改任,除原敘簡任一級可換敘為第九職等年功俸七級外,並暫支與原敘簡任一級同列之第十職等年功俸四級,惟在未升任第十職等前不再晉敘。

㈣第一、第二職等合格實授之雇員或書記經改任者,按原敘俸階換敘同列俸級。

第七項　加給法規簡析

公務人員除俸外,尚有加給。對加給之意義、支給及種類,在公務人員俸給法中亦有明定。茲簡說之:

壹、加給之意義

依公務人員俸給法第二條,「加給,係指本俸、年功俸以外,因所任職務種類、性質,與服務地區之不同,而另加之給與」。

貳、加給之支給

依公務人員俸給法第三條,「公務人員之加給,以月計之」。同法第十四條,「各種加給之給與辦法由考試院會同行政院定之」。

叁、加給之種類

依同法第五條,「加給分下列三種, ⑴職務加給: 對主管人員或職責繁重或工作具有危險性者加給之; ⑵技術或專業加給: 對技術或專業人員加給之; ⑶地域加給: 對服務邊遠或特殊地區與國外者加給之」。以上職務加給係視職務種類而加給, 技術或專業加給係視職務性質而加給, 地域加給係視服務地區而加給。

肆、訂定加給應考慮之因素

因加給種類而不同。

一、職務加給: 係以一定之金額爲準訂定, 又分下列三種:

㈠主管加給: 各機關之主管加給, 因主管職務所屬職等之高低而分別作不同規定, 職等愈高之主管職務其主管加給愈高, 職等愈低之主管職務其加給愈低; 如教育人員並無職等之規定, 則依地位高低分定主管加給, 如按大學校長、院長、系主任等分別訂定。如以民國八十三年度爲例, 各職等之主管加給金額爲: 第十四職等爲 23,440 元, 第十三職等爲 19,880 元, 第十二職等爲 18,800 元, 第十一職等爲 12,640 元, 第十職等爲 8,970 元, 第九職等爲 6,700 元, 第八職等爲 5,190 元, 第七職等爲 3,950 元, 第六職等爲 3,240 元, 第五職等爲 2,870 元。

㈡職責繁重職務加給: 對職責繁重之非主管職務加給之, 如各部會之參事, 雖爲非主管但職責繁重, 通常有部分名額之參事, 亦比照第十二職等主管加給之標準支給加給。至薦任及委任官等之非主管職務, 則多不再支領職責繁重加給。

㈢工作危險職務加給: 所擔任之工作本身具有危險性者, 視其危險性之大小及所任職務之職等高低, 訂定支領之危險加給; 危險性愈大者危險加給金額高, 屬同等危險性者, 則職務之職等高者金額較高。支領

工作危險加給者，人數極少，只限於眞正工作本身具有危險者。如傳染病防治費，對省市政府所屬痲瘋病、精神病、性病、傳染病院所人員支給之；又如動物園危險津貼，對各動物園飼養動物工作人員支給之。

二、技術或專業加給：以一定金額標準支領之，分下列各種：

㈠技術加給：對含有高度技術之職務人員支給之，其訂定標準按技術專精度分別訂定，技術專精度愈高者加給亦愈高；技術專精度相同者則以職等高低分別訂定，職等高者加給亦高。目前如對行政院主計處及省市政府所屬電子處理資料中心編制內實地從事電子處理資料作業人員支給之。

㈡特定人員專業加給：對各機關之特定專業人員，如司法人員、教師、外交領事人員、警察人員、稅務人員、關務人員、地政人員、工礦檢查人員等支給之，其金額按特定人員專業類別，及同一專業類別人員所任職務職等之高低，分別規定專業加給金額標準。在目前加給制度中，以特定人員專業加給之種類最多，支給標準亦最複雜。在這些類別專業加給中，以司法人員中之司法官及檢察官之專業加給爲最高。

㈢一般人員專業加給：對各機關領取技術加給及特定專業加給以外之人員支給之，其金額按職等高低分別規定。如八十三年度之支給標準，第十四職等爲 30,170 元，第十三職等爲 28,010 元，第十二職等爲 27,140 元，第十一職等爲 24,010 元，第十職等爲 21,960 元，第九職等爲 18,720 元，第八職等爲 17,910 元，第七職等爲 15,590 元，第六職等爲 14,900 元，第五職等爲 13,430 元，第四職等爲 12,780 元，第三職等爲 12,620 元，第二職等爲 12,570 元，第一職等爲 12,510 元。

三、地域加給：以一定金額或月俸百分比爲標準支給之，又有下列各種：

㈠離島地域加給：按距離臺灣本島路程遠近分別訂定之，路程愈遠者加給愈高；路程相當者再按職等高低分別規定，職等高者加給亦高。

如對馬公、望安、蘭嶼等離島之公務人員支給之。

㈡駐外人員地域加給：對派駐外國之公務人員支給之，其標準視該駐在國之地區不同分別規定，地區相同者再按職務職等高低分別訂定標準。

㈢山僻地域加給：對在高山及交通不便偏僻地區(包括澎湖、臺東、花蓮地區)公務人員支給之，其標準視地區及工作人員職等高低分別規定。

第八項　防止濫支與銓審互核法規簡析

公務人員俸給法所定各種俸與給，一方面為防止俸給濫支，另一方面為切實依法支俸，在俸給法及有關行政規章中均有相當規定。茲簡說如下：

壹、防止俸給濫支

依公務人員俸給法第十四條，「各種加給之給與辦法及俸點折算俸額之標準，由考試院會同行政院定之，各機關不得另行自訂項目及標準支給」。本來對加給之給與辦法及俸點折算俸額標準，雖明定由考試院會同行政院定之，但事實上均由行政院訂定(在訂定過程中邀銓敍部派代表參與，訂定後知會考試院)。為防止各機關自訂加給之給與項目或自行訂定俸點折算俸額標準，形成俸給之被濫支，故以法條明定禁止。其確有特別訂定給與辦法或折算俸額標準之必要者，亦應事先報經行政院核准。

貳、實施銓審互核

為確保各機關公務人員均能切實依法支領俸給，乃於同法第十七條，「俸給未經權責機關核准而自定標準支給或不依規定標準支給者，審計

機關應不准核銷，並予追繳」。施行細則復規定，公務人員之俸給經敘定後，應由銓敘機關於次月十五日以前將審查通知書或考績名冊彙送審計機關依據本法第十七條查核辦理；本法第十七條之實施辦法，由銓敘部會商審計部定之。經由銓敘部會同審計部訂定之銓審互核實施辦法，其要點為：

㈠公務人員之任用，未依規定送銓敘機關審查者，其俸給不得作正列支或追繳其借支；經銓敘機關審定不合格或不予登記或審定俸級低於借支俸級者，如在到職三個月內送審者其代理期間借支或溢支數免予追繳，其逾限送審者應按逾限日數分別將借支數或溢支數追繳。

㈡公務人員之俸給，人事主管人員及主辦會計人員應密切配合，認真負責嚴密審查，不得貽誤，違者依法懲處。

㈢審計機關對於未送審、未敘定、不合格、不予登記人員之俸給，及不依照銓敘機關核定數額支給者，應不予核銷。

由上可知，不論為行政院所訂定加給辦法，銓敘部審定之俸級，各機關均應遵守，其有不依規定辦法及標準或審定俸級支領俸給者，審計機關均應不予核銷。

叁、規定借支及支給標準

依施行細則規定，各機關擬任公務人員俸級，在銓敘機關敘定前依下列標準借支，即⑴曾經銓敘機關敘定俸級人員，在原俸級或擬任職務所屬職等俸級數額內借支；⑵未經銓敘機關敘定俸級人員，在具有任用資格職等之起敘俸級數額內借支。

公務人員俸級經銓敘機關審定後，因有異議於規定期間內申請覆審，經覆審之俸級有變更時，依下列規定辦理，即覆審之俸級高於原敘之俸級者，自到職之月起按覆審之俸給補給；覆審之俸級低於原敘之俸給者，自核定之次月起按覆審之俸級改支。

肆、任用送審時俸級之核計加級

施行細則規定，新進之任用人員，其俸級之借支除依上述規定外，但對已銓定官等未敘定職等俸級人員，依公務人員任用法任用時，其前經銓敘部登記有案且與現所敘定職等相當之年資得按年核計加級。又已具有公務人員任用法所定任用資格人員，或未銓定官等職等適用特種任用法規審定資格人員，依公務人員任用法任用時，其所曾任職務如與擬任職務職等相當且性質相近之年資，均得按年核計加級。以上兩種核計加級，均以至所敘職等之本俸最高級為止。

伍、不依法支給之處理

依施行細則規定，各機關不依本法規定支給者，各機關人事主管人員應報請上級人事機構核轉銓敘部依法辦理。

陸、曠職之扣俸

施行細則規定，公務人員無故曠職者，應按日扣除其月俸三十之一俸給，法律另有懲處規定者，並從其規定。

柒、請假及公出期間俸給照支

施行細則規定，公務人員依規定日期給假者、因公出差者、奉調受訓者、奉派進修考察者，在奉准期間之俸給照常支給。

第四節　特種公務人員俸給法規簡析

依關務人員人事條例及警察人員管理條例，均有俸表結構之制定與

若干有關敍俸級之規定；又依公務人員俸給法第十九條,「教育人員及公營事業機構人員之俸給,均另以法律定之」。故特種公務人員之俸給,依法得作特別之規定。特種公務人員之俸給,其俸表結構雖與一般公務人員之俸表結構不同,但除事業人員外,其餘人員之俸給,仍係比照一般公務人員相當等級之俸給支給。茲分項敍述如後:

第一項　關務人員俸表結構及敍俸晉俸法規簡析

壹、俸表結構

依關務人員人事條例第四條,「關務人員官稱、官階與官等職等之配置,依所附關務人員官職等階及俸給表規定」。同條例第十四條,「關務人員之俸給,分本俸、年功俸及加給,均以月計之; 本俸、年功俸之俸級及俸點,依第四條第二項所附關務人員官職等階及俸給表之規定; 加給分職務加給、技術或專業加給及地域加給三項,加給之給與辦法及俸點折算俸額之標準,由考試院會同行政院定之」。

由此可知,關務人員俸表係按官稱、官階與官等職等之配置(參見第132頁),按階分別規定本俸及年功俸俸級,其俸級數及俸點,亦按所配置職等之俸級數與俸點額相當。

貳、俸級之起敍

依同條例第十五條,「本俸之支給依下列規定起敍,(1)特種考試甲等考試或簡任升等考試及格,初任關務類人員者,以關務監最低俸級(即等於簡任第十職等本俸一級)起敍; (2)高等考試或關務人員特種考試乙等考試或其他特種考試乙等考試或薦任升等考試及格,初任關務人員者,以高級關務員最低俸級(即等於薦任第六職等本俸一級)起敍; (3)普通考

試或關務人員特種考試丙等考試或其他特種考試丙等考試及格，初任關務類人員者，以關務員最低俸級(即等於委任第三職等本俸一級)起敍；⑷關務人員特種考試丁等考試或其他特種考試丁等考試及格，初任關務人員者，以關務佐最低俸級(即等於委任第一職等本俸最低級)起敍。技術類人員俸級之起敍比照關務類人員辦理」。

叁、俸級之晉敍

依同條例第十六條，「凡在原俸級服務未滿一年晉升高一官稱人員，應予換敍高一官稱同數額俸點之俸級，俟在該俸級服務至年終滿一年，依考績結果再予晉敍。試用人員試用期滿考核成績及格者，按原敍俸級晉敍一級」。

第二項　警察人員俸級結構及敍俸晉俸法規簡析

壹、俸表結構

依警察人員管理條例第二二條，「警察人員之俸給，分本俸、年功俸及加給，均以月計；本俸及年功俸之俸給及俸額，依附表之規定」。同條例第二七條，「警察人員之加給，分勤務加給、技術加給、地域加給，給與辦法由行政院、考試院會同定之」。

由此可知，警察人員俸表，係按官等官階(參見第 130 頁)規定本俸及年功俸俸級與俸額，並增加低官階之年功俸級數，以利久任。

貳、俸級之起敍

依同條例第二三條，「初任警監警正者，均自本官等最低俸級起敍(與一般公務人員初任簡任薦任官等者，均自簡任薦任最低俸級起敍相當)；

初任警佐者依下列規定起敍，即(1)高等考試或相當於高等考試之特種考試警察人員考試及格先以警佐任用者，自一階一級起敍（與高等考試及格先以委任官等任用者自委任第五職等本俸五級起敍相當）；(2)普通考試或相當於普通考試之特種考試警察人員考試及格以警佐三階任用者，自三階三級起敍(與一般公務人員自委任第三職等一級起敍相當)，以警佐四階任用者，自四階一級起敍；(3)特種考試丁等考試警察人員考試及格者，自警佐四階六級起敍(與一般公務人員自第一職等本俸一級起敍相當)」。又同條例第二六條，「晉階(相當於一般公務人員晉升職等)或升等(相當於一般公務人員之晉升官等)之警察官，核敍所升等階本俸最低級，原敍年功俸者按其俸額換敍所升等階同數額本俸，以至最高級爲限，如尚有年功俸者仍予照支，並得繼續遞晉年功俸」。

由上可知，警察人員之官等官階俸級結構雖與一般公務人員之俸給表結構不盡相同，但對各等別考試及格初任人員及升任人員之俸級起敍規定，與一般公務人員之起敍相當。

叁、俸級之晉敍

依同條例第二五條，「本俸及年功俸之晉級，準用第三二條(即考績)之規定辦理」。

第三項　教育人員薪級結構及敍薪晉薪法規簡析

依公務人員俸給法第十九條，「教育人員之俸給另以法律定之」，但迄至目前尚未制定該法律，因而仍用行政規章訂定。

壹、薪級結構

依教育人員任用條例第四○條，「學校教職員之職務等級表，由教育

部會同銓敍部定之」。現依法律授權訂定之職務等級表,內中包括有薪級。如公立學校教師職務薪級表, 將薪級分為三十六級, 以第一級為最高, 各薪級並規定有薪額, 如教授為自九級至一級; 中等學校教師為自三十級至十級(參見第 134 頁)。

貳、薪級之起敍

公立學校校長及教師之薪級, 依其所具學歷而定, 如獲有博士學位者自十五級起敍薪級, 以後按服務年資一年晉敍一級。公立學校職員之薪級, 依其學校行政人員考試及格之等別高低而定, 如高等考試或特種考試乙等考試及格者, 自相當薦任十二級(與一般公務人員薦任第六職等本俸一級相當)起敍; 普通考試或特種考試丙等考試及格者, 自相當委任十級起敍。

叁、薪級之晉敍

依公立學校職員考成辦法之規定辦理。

由上可知, 公立學校職員薪級之起敍與晉敍, 與一般公務人員大致相同, 至學校校長及教師薪級之起敍與晉敍則與一般公務人員有別。

第四項　交通事業人員薪級結構及敍薪與晉薪法規簡析

壹、薪級結構

依交通事業任用條例第十一條, 「交通事業人員資位職務薪給表, 由考試院會同行政院定之」。其中薪給部分分四十六個薪級, 每一薪級訂定薪點, 並與長級、副長級、高員級、員級、佐級、士級六種資位相配置(參見第 135 頁)。

貳、薪級之起敍

依同條例第五條,「高級業務員高級技術員以下須經考試及格;業務長、副業務長、技術長、副技術長須經甄審合格」。因而其起敍之規定,為高級業務(技術)員資位考試及格者,自高員級資位之最低薪級(即30級)起敍;業務(技術)員資位考試及格者,自員級資位之最低薪級(即38級)起敍;業務(技術)佐級資位考試及格者,自佐級資位之最低薪級(即42級)起敍;業務(技術)士資位考試及格者,自士級資位之最低薪級(即46級)起敍。高等考試、普通考試、低於普通考試有關類科及格者,比照高員級、員級、佐級資位考試及格之起敍。

叁、薪級之晉敍

經佐級、員級、高員級升資考試及格,或經副長級、長級升資甄審合格者,於升任時自考試及格或甄審合格資位之最低薪級起敍;但如原敍薪級已高於新任資位之最低薪級時,在新資位中改支與原支薪級相同之薪級外,並得按原薪再晉敍一級。至其餘薪級之晉敍則依交通事業人員考成規則之規定辦理,再平時有特優事蹟者亦得晉一薪級。

第五項 生產、金融保險及省市營事業人員薪級結構 及敍薪與晉薪法規簡析

生產及金融保險事業均屬公營事業,依公務人員俸給法第十九條,「公營事業機關人員之俸給另以法律定之」。但該法律迄今尚未制定,故其薪給仍由經濟部、財政部,及省(市)政府訂定薪給辦法支給之。其情形為:

壹、經濟部所屬生產事業人員薪級結構及薪級之起敍與晉敍

一、薪級結構：薪等分十五等，以第十五等最高，每等設五至十五個薪級，每薪級以薪點表示，自最低之 265 點至最高之 2,248 點。

二、薪級之起敍與晉敍：

㈠新進人員支薪：新進人員，自所任職位所歸列職等之最低薪級起支。

㈡調任人員支薪：又分下列三種：⑴平調職位者，仍支原薪級。⑵升任高職等職位者，自升任職位所歸列職等之最低薪級起支；但如原支薪級之薪點已高於升調職位職等最低薪級之薪點時，則在升任職等範圍內改支與原支薪點相同之薪級。⑶降調低職等職位者，在低職等範圍內，改支與原支薪點相同之薪級；但如原支薪點已超過低職等最高薪點時，改支低職等最高薪級。

㈢薪級之晉敍：一般薪級之晉敍，依生產事業人員考核辦法之規定辦理。

貳、財政部所屬金融保險事業人員薪級結構及薪級之起敍與晉敍

除薪級之薪點略有不同外，薪給結構及薪級之起敍與晉敍，與生產事業同，不再敍述。

叁、臺灣省(市)公營事業人員薪級結構及薪級之起敍與晉敍

臺灣省(市)公營事業機構人員薪給表結構，除第一、第二職等外，其第三職等至第十六職等之薪級與一般公務人員之第一至第十四職等俸給表結構同；其考試及格人員薪級之起敍，亦與一般公務人員之規定同，其薪級之晉敍則依考成辦法之規定辦理。

第六項　派用人員及雇員薪級結構及敍薪與晉薪法規簡析

壹、派用人員薪級結構

依公務人員俸給法第十八條，「派用人員之薪級準用本法之規定」。因薪給結構與一般公務人員俸給表相同，不再敍述。

貳、派用人員薪級之起敍與晉敍

一、薪級之起敍：除考試及格者之起敍與一般公務人員所定標準相同外，其依學經歷進用之派用人員，其薪級之起敍規定，為具有簡派資格而進用者，自簡派第十職等一級起敍；具有薦派資格而進用者，自薦派第六職等一級起敍；具有專科以上學校畢業之委派資格而進用者，自委派第三職等一級起敍；具有其他委派資格而進用者，自委派第一職等一級起敍。

二、薪級之晉敍：依派用人員考成之規定辦理。

叁、雇員薪級結構

依考試院訂定雇員管理規則之規定，雇員薪級本薪區分為四級，以第一級為最低；年功薪區分為十六級，以第一級為最低。各薪級均以俸點規定，實際薪額依薪點折算薪額標準之規定折算而得。

肆、雇員薪級之起敍與晉敍

一、薪級之起敍：具有國民中學畢業資格而進用者，自本薪第一級起薪；具有雇員考試及格或高中畢業資格而進用者，自本薪第二級起薪；具專科以上學校畢業資格而進用者，自本薪第三級起薪；具有委任職以

上任用資格而進用者，自本薪第四級起薪；曾充雇員者仍支原薪，至年功薪最高級爲止。

二、薪級之晉敍：依雇員考成之規定辦理。

第五節　公務人員福利法規簡析

各機關公務人員福利，多係根據需要由主管機關訂定行政規章以爲辦理依據；而所舉辦之各種福利，依其性質之不同可分津貼費用性之福利、享受利益性之福利、增進身心健康性福利諸種，茲分項簡述之。

第一項　津貼費用性福利法規簡析

中央公敎人員生活津貼支給要點，係由行政院所訂定發布，全國公敎人員均適用，此乃有關津貼費用之重要綜合性的福利措施。茲就該辦法之要點簡說如下：

壹、目的

支給生活津貼之目的，在安定公敎人員生活。

貳、適用範圍

包括總統府暨所屬各機關，國民大會，行政、立法、司法、考試、監察五院及其所屬中央機關，國立各級學校之公敎人員，技警公役得比照本辦法辦理。至軍職人員及地方公敎人員，參照本辦法另訂要點實施。

叁、生活津貼種類

一、眷屬重病住院補助：各機關學校員工眷屬罹患重病，經醫療院所醫師診斷並住院治療者，其住院醫療費用得申請補助。醫療費用除伙食費、特別護士費、冷暖氣費、醫師助理等費用應全部自行負擔外，其餘得憑據申請補助 70%，但對每一員工每年度之最高支給標準，得以命令限定。公教人員眷屬已參加由政府負擔部分保費之保險，其因重病住院免費醫療以外自付部分，不得再核予補助。

二、婚喪生育補助：本人結婚者補助二個月俸薪額，結婚雙方同為公教人員者可分別請領；父母、配偶死亡者補助五個月俸薪額，子女死亡補助三個月俸薪額；夫妻或親屬同為公教人員者，對同一死亡事實以報領一份為限；配偶或本人分娩者補助二個月俸薪額，夫妻同為公教人員者以報領一份為限。

三、子女教育補助：各機關學校公教人員子女就讀公私立學校，除已享有公費或全免學雜費待遇或已取得高於子女教育補助費標準之獎助者外，得請領子女教育補助費，但子女以二人為限。子女教育補助費標準視學校規定繳費金額定之。

第二項　享受利益性福利法規簡析

現行有關以享受利益為主之福利措施，主要有公教人員生活必需品配給，福利互助，輔助購置住宅，急難貸款，鼓勵儲蓄，日常生活必需品供應等。茲簡說如下：

壹、生活必需品配給

依中央文職公教人員生活必需品配給辦法規定，其要點，為(1)實施

配給之目的在安定中央公教人員生活；(2)適用人員範圍包括中央總預算
列有之機關學校文職職員、教員及技警、公役；(3)配給實物包括米、煤
油、油、鹽，並按本人及親屬年齡大小分定配給量；(4)配給方式分逐戶
分送、統領轉發及折發代金三種；目前已全部改採折發代金。至地方機
關學校文職職員、教員及技警、公役，由地方政府參照中央規定自訂辦
法實施，現亦全部採折發代金。

貳、福利互助

依中央公教人員福利互助辦法規定，其要點，為(1)實施福利互助目
的，在安定公教人員生活及發揚互助精神；(2)適用範圍，為中央各機關
學校雇員以上文職人員，工友比照辦理，地方機關職員及學校教員福利
互助，由地方政府衡量財源參照辦理或另訂辦法辦理；(3)互助經費，公
教人員每人每月依現任職級按規定之福利互助俸額1‰繳納互助金，另
由政府專案將公教人員眷屬生活補助費於年度開始時一次撥付；(4)參加
互助人員結婚者，補助二個月福利互助俸額；互助人本人死亡者，按互
助年資補助最高以二十個月互助俸額為限；互助人眷屬死亡者，視親等
遠近發二個月至五個月互助俸額；互助人退休退職或資遣者，按互助年
資補助最高以二十個月互助俸額為限；互助人遭遇水災風災震災之重大
災害者，得予補助，其標準視災害程度及財務狀況核定之。

叁、輔助購置住宅

依中央公教人員購置住宅輔助要點規定，其主要內容，為(1)適用範
圍，以中央各機關學校編制內任有給公職一年之公教人員為對象，但曾
由政府輔購住宅或已承購公有眷舍或基地者，不再輔購；地方政府公教
人員購置住宅，得比照本辦法另訂辦法辦理；(2)輔購之住宅由各機關學
校集體興建或自行購建；(3)輔購住宅，由主管機關核定各機關學校配額

後，由各機關學校依據配額決定本機關學校貸款人員；⑷對申請輔購住宅貸款人員，應按有無自用住宅、現職官階、有無眷口、考績等次等因素計點，再以積點高低決定受配先後順序核定。輔購住宅以由政府長期低利貸款方式行之，貸款額按職等高低分定標準；⑸輔購住宅貸款分二十年按月平均償還本息，貸款利息除由借款人自行負擔規定之利率外，其超過部分由政府負擔。

肆、急難貸款

依中央公教人員急難貸款實施要點規定，其主要內容，為⑴目的在舒解公教人員急難以安定其生活；⑵適用範圍為中央各機關學校編制內員工；⑶貸款項目及金額，為本人重病住院者可貸款五千至五萬元，眷屬重病住院者每一員工可貸款五千至十萬元，眷屬喪葬每一員工可貸款五千至十萬元，重大災害每一員工可貸款五千至十萬元，夫妻親屬同為公教員工者對同一事故以申貸一次為限；⑷貸款在五萬元以下者，職員分二年技工工友分三年按月平均償還本息；貸款超過五萬元者，職員分三年、技工工友分四年按月平均償還本息，利息按月息四厘計算。

伍、鼓勵儲蓄

依鼓勵公教人員儲蓄實施要點規定，其主要內容，為⑴目的在培養公教人員儉樸儲蓄習慣；⑵適用範圍為公教人員；⑶原則為採自願參加方式給予優惠存款待遇，但不由國庫負擔補貼；⑷存儲方式，為按月定額存入隨時自由提取；⑸金額為每月職員最高儲蓄額為一萬元，工友為五千元，每人最高限額為職員七十萬元，工友三十五萬元，超出部分改按活期儲蓄存款利率計息；⑹利率按存款當時中央銀行核定之二年期儲蓄存款利率機動計算。

陸、日常生活必需品供應

依機關學校員工(生)消費合作社供應公教人員日常生活必需品輔導要點規定，(1)各機關學校為增進所屬員工福利，應積極輔導各機關學校員工(生)消費合作社辦理日常生活必需品之供應，其未設消費合作社者，其首長應負責輔導設立。(2)員工(生)社社股金額至少為新臺幣六元，至多為150元，於各社章程中規定，社員認股至少一股，至多不得超過股金總額20%。(3)員工(生)社得接受各該機關學校委託，代辦退休員工及死亡員工之遺族生活必需品之供應，並納入員工(生)社章程中予以規定。(4)員工(生)社為員工(生)福利組織，各機關學校首長及人事單位，並應負責指導監督。

第三項　增進身心健康性福利法規簡析

依加強公教人員自強康樂活動實施要點規定，其主要內容，為:

壹、目的

在提倡正當娛樂，促進身心健康，鼓舞工作情緒。

貳、辦理原則

為儘量利用各機關學校現有場地及設備，活動時間以利用休閒及例假時間為原則，為舉辦各種比賽，必要時得在辦公時間實施，參加人員給予公假；辦理之項目，以適合公務人員體能及普遍喜愛為主。

叁、實施要領

為寒暑假自強活動繼續辦理，利用週末或休假日舉辦之康樂活動，

　　包括文藝類(如美術、書法研習、國畫研習、國劇、攝影、橋藝、棋藝、音樂等)，體能類(如登山、桌球、網球、羽球、太極拳、土風舞、健身操、健步活動、民俗活動、野外活動、籃球、排球等)；活動方式，由各主辦機關選擇適合之活動項目自行辦理，並通知其他機關參加；參加人員包括全體公教員工，並歡迎眷屬參加；需求經費應本撙節開支原則在年度預算相關科目內勻支。

第十五章　保障與保險

　　保障爲我國憲法增修條文所定人事項目之一，保險亦可涵蓋在保障範圍之內。保障與保險有其理論，亦有其政策與原則，保障與保險各有其法規。茲分節敍述之。

第一節　保障與保險的理論

　　保障與保險之理論，大致有保障需要、範圍與程度，危險分擔與世代互助，保險項目保險費保險給付相關聯等說，茲分項敍述如後。

第一項　保障需要、範圍與程度説

　　欲使公務人員安心工作，無後顧之憂，則對其必須有所保障。

壹、保障之需要

　　從先賢言論如：

　　一、**管子**：在〈牧民篇〉中有云：「凡有地牧民者，務在四時，守有倉廩。國多財則遠者來，地辟舉則民留處。倉廩實則知禮節，衣食足則知榮辱」。尤其最後二句更爲後人所常引用。

　　二、**孟子**：在〈梁惠王章〉有云：「民之爲道也，有恆產者有恆心，

無恆產者無恆心，苟無恆心，放辟邪侈無不爲矣」。其中「無恆產者無恆心，苟無恆心，放辟邪侈無不爲矣」亦常爲後人所引述。

三、墨子：在〈兼愛上〉有云：「民有三患，飢者不得食、寒者不得衣、勞者不得息，三者民之巨患也」。

四、國父孫中山先生：在其《建國大綱》中有云：「建設之首要在民生，故對於全國人民之食、衣、住、行四大需要，政府當與人民協力，共謀農業之發展以足民食，共謀織造之發展以裕民衣，建築大計畫之各式屋舍以樂民居，修造道路運河以利民行」。

以上四段言論，雖爲治國治民及對一般人所作所爲之立論，但公務人員亦是人，主管人員對所屬人員之管理，其情形與當政者治國治民之道理亦無二致。因此，吾人欲使公務人員負責盡職，最基本的要求就是對公務人員要有所保障。

貳、保障應有範圍

公務人員固需要保障，然則對那些方面需給予保障？依一般的看法，保障範圍應包括：

一、依法執行職務的保障：公務人員係代表國家行使公權力的人員，當行使公權力時，對多數人應屬有利，亦爲多數人所支持，但難免對少數不法之徒有所不利，因而亦常會受到此種少數不法之徒的阻撓、抗拒甚或報復。遇及此種情形時，如政府對依法執行職務之公務人員不加以保障，對不法阻撓、抗拒甚或報復之人不繩之以法，則公務人員將視執行職務爲畏途，進而影響公務自不在話下。

二、生活的保障：一旦擔任了公務人員，則政府對其生活負有保障的責任。一個人的生活大致可分爲物質生活與精神生活兩方面，物質生活爲最基本的生活，人的生命與生活安定，是靠物質生活的滿足來維護的；精神生活是促使人的精神舒暢快樂及感到活得有意義，其滿足的需

要性並不若物質生活的迫切與重要。因此，就保障言，對公務人員物質生活的滿足是絕不可少的。

三、**工作的保障**：工作保障有二種意義，一種是給予公務人員工作機會，使其經由工作獲得生活的安定；一種是給予公務人員對工作的安定，無正當理由不會改變其工作，尤其不會使其降低地位減少收入的改變工作。

四、**工作條件的保障**：此處所指工作條件，除俸給外，包括工作時間、工作環境設施等而言。為顧及公務人員身體健康，對工作時間需作適當限制，不得由管理者任意延長；再在工作環境之設施方面，如辦公室的設施、辦公用具的製備、燈光聲音空氣流通溫度等方面應行達到的標準，均應規定最低限度的規格，以免影響及在工作環境中工作的公務人員身心健康。

五、**遇及意外事故時之保障**：公務人員的日常生活，自應由合理的俸給制度來維護與保障，但公務人員在職期間甚長，在此漫長的任職期間難免會遇及某種意外事故，而此種意外事故多非公務人員個人財力所能克服或解決者，因此除俸給制度外，尚需建立保險制度，來協助解決公務人員任職期間所遭遇之意外事故。當俸給制度與保險制度愈完善，則公務人員的生活愈獲得保障。

六、**人事公正的保障**：人事業務甚為繁複，而管理者處理人事業務時能否秉持公正，亦會影響及公務人員的工作情緒與工作意願。因而在保障之範圍言，尚需包括人事業務處理公正的部分，尤其涉及公務人員職務的升遷、獎懲及考績等業務，更屬如此。

叁、保障應區分程度

公務人員究應保障至何種程度？大致而言，保障程度應視公務人員進用程序及條件之寬嚴，區分為下列三個層次：

一、**嚴密的保障**：即對有關公務人員保障事項，均以法律明文規定，如有違反，可向司法機關提出申訴。換言之，公務人員非有法定事由、非經法定程序不得免職或降調，受處分者如有不服可依法提出申訴。

二、**一般的保障**：即對有關公務人員保障事項，係以行政規章訂定，如有違反，公務人員只得向上級主管機關請求核奪。此種保障，在程度上自較嚴密的保障為低。

三、**無保障**：即對有關公務人員保障事項，在法律或規章上並無規定，全憑管理者任意決定。

第二項　危險分擔世代互助說

保險制度，已成為一般國家之重要福利措施，而保險制度的設計，則基於危險分擔與世代互助的論點。

壹、危險分擔

當個人遇及疾病、傷害、殘廢、生育等事故，欲憑個人的財力多無法獲得解決，若透過多人每人繳少數的經費集合成大量的經費，則易於解決。故保險制度中參加保險的人，均需定期繳納少數的費用，匯合成為保險基金，當參加保險的人遇有保險事故時，則由保險基金來支付所需的費用，不需再由個人獨自負擔，使互助精神得到高度的發揮。

貳、世代互助

保險制度一旦建立，則需長期持續下去，以期參加保險的人，均有機會獲得適度保障。因保險是持續的，故其設計尚需顧及世代互助的論點，亦即不但同一代的人經由危險分擔發生互助精神，尚需配合人事新陳代謝，使老一代與新一代的人，亦經由危險分擔發揮互助精神，長此

生生不息，世世代代永續互助。

第三項　保險事故保險費保險給付關聯說

任何一種保險制度，均有保險事故、保險費、保險給付的規定，但此三者間具有密切關聯，變動其中之一則會涉及其他二者，故在設計及執行時，不得不慎。

壹、保險事故

如疾病、傷害、殘廢、生育等，均列為保險事故，有者更擴大至老年、死亡、失業。就照顧被保險人的立場言，保險事故範圍愈廣泛，對被保險人的照顧愈為周全。但相反的，由於保險事故的增加，卻增加了被保險人對保險費的負擔，如保險費不增加，則必會降低保險給付的水準與品質。

貳、保險費

指參加保險的人所需定期繳付的費用。就照顧被保險人的觀點，需自行定期繳納的保險費愈少愈好。但相反的，由於保險費的減少，使保險基金亦趨萎縮，無法支付因被保險人發生保險事故所需的費用，因而不是降低保險給付水準或品質或減少保險項目，就是將保險制度拖垮。

叁、保險給付

指被保險人發生保險事故時，可從保險基金中所獲得的金錢給付或所享受的免費服務。就照顧被保險人的立場看，保險給付愈優厚愈好。但相反的，由於保險基金支付費用的浩大，為彌補虧損，不是增加保險費就是減少保險事故，否則就是垮了制度。

第二節　保障與保險的政策與原則

公務人員保障應有的政策與原則，包括依進用資格寬嚴分定保障程度，保障既有職務與俸級，建立申訴管道以維護權益。對公務人員保險應有的政策與原則，包括項目限度、費用分擔及給付水準，保險財務盈虧應作處理等。茲分項簡述之。

第一項　依進用資格寬嚴分定保障程度的政策與原則

公務人員由於職務性質與任務之不同,致所要求資格寬嚴亦有不同,進用程序的繁簡亦有差別。

壹、法官

法官係依法獨立行使職權，其所作之決定涉及人民生命自由財產極大，故其資格要求最嚴，進用程序亦最繁，為使其能獨立執行職務，不受外界影響，對其需作嚴密的保障，有關保障的規定亦應提高至憲法的層次。

貳、需具任用資格方得任用之公務人員

對擔任職務需具任用資格者，為公務人員之主幹，依據法定職權行使公權力，亦需予以相當程度的保障，亦即對其職務之撤、免、降調，須以具有法定事由，並經法定程序，如有不服得依法提起申訴，以示保障。至訂定保障之層次，應以法律制定有關保障之規定。

叁、不一定需具任用資格亦可任職之公務人員

如臨時機關人員，其人員之派用雖需具有派用資格，而派用資格之取得方式有多種，其中具有學歷或經歷或學經歷者亦可構成具有派用資格。故派用資格之規定比任用資格之規定爲寬，因而對此種公務人員之保障程度，不一定與需具有任用資格方得任用之公務人員相同。再如目前之公營生產事業、金融保險事業人員，其管理目前尚無法制依據，而係由各主管機關自訂辦法管理者，因而其有關保障亦可在自訂之辦法中規定，毋庸提升至法律層次。

肆、訂有任期之公務人員

其任職期間以任期爲準，任期屆滿時自然解職，但如在任期內因犯罪而受刑事處分者，則依一般規定仍需予以解職。

伍、臨時及契約聘雇人員

此等人員進用時多無資格之限制，所擔任的職務或屬臨時性、或屬技藝性、或屬專業性，並以雇用或契約聘雇用，其進退條件可在契約中明定，因此並無加以特別保障之必要。

第二項　保障既有職務與俸給的政策與原則

公務人員依規定任用後，對其職務及已敍俸給應予保障。其原則爲：

壹、對職務之保障

一、依法任用之職務非依法不得撤免降調：如依公務人員任用法任用之人員，其所任職務，非依公務人員懲戒法之規定不得撤職或休職；

非依公務人員考績法之規定不得免職; 非依公務人員任用法之規定不得調任低一官等之職務等。至在同官等內調任較低職等職務者, 既為公務人員任用法所未禁止, 自得由機關首長裁量行之, 但仍以原職等任用為原則。

二、依行政規章任用之職務非依規章不得撤、免、降調: 如目前生產、金融保險事業人員之人事管理, 均依行政規章之規定辦理; 依規章任用之人員, 其職務亦應予以適度保障, 如需予撤、免、降調職務時, 亦應依行政規章之規定辦理, 不得任憑首長個人好惡為準。

三、臨時及契約聘雇人員之職務依約定辦理: 臨時性職務, 只要任務終了或期限屆滿, 自可免除職務, 毋需加以保障; 又如以契約聘雇之人員, 其職務之去留自可在契約中訂定, 亦毋需再訂定其他保障職務之辦法。

貳、對俸給之保障

一、依法敍定之俸級非依法不得降敍: 如依法任用之人員, 其俸級係依法規就擬任人員所任職務及所具資歷而敍定, 經依法敍定之俸級, 如予降敍時亦同樣的需以法律有規定者為限, 如法律上無明文可資依據, 則不得將已敍定之俸級予以降敍, 以示保障。如公務人員受降級之懲戒處分者, 自得依公務員懲戒法之規定降敍俸級; 又如公務人員自行同意調任低官等職務者, 其俸級自可依公務人員俸給法之規定改敍。

二、依行政規章敍定之薪級可依規章降敍: 如公營生產事業、金融保險事業人員, 其薪級均由各主管機關自訂辦法予以管理, 因而薪級如何敍定, 對敍定之薪級在何種情形下可予改敍甚或降敍, 當然可在行政規章中規定。因此所謂保障亦只是行政規章的保障, 與任用人員之法律的保障自有區別。

三、臨時及契約聘雇人員之薪額依約定辦理: 則由各雇用機關自行

訂定或在聘雇契約中訂定，毋需再作特別保障之規定。

第三項 建立申訴管道的政策與原則

當公務人員因違法失職或其他不當行為而受處分時，若公務人員不服，如能給予申訴的管道提出申訴，使原處分案再作考慮，以減少受屈機會，自亦屬保障之一種方式。大致而言，建立申訴管道政策之原則，有下列三個，保障程度亦有差別。

壹、向原處分機關陳情

此種管道並非法規所明定，而只就情理立場考慮所採取者，因此提出陳情者與受理陳情者，均無法規依據，亦不受法規的約束，效果極微。

貳、向主管機關申請覆議、覆審或訴願

此處所謂主管機關，係指受處分人服務機關之上級機關或業務之主管機關，本質上均為行政機關，申請覆議、覆審或訴願，均有法規依據，提出申請及答覆申請均有時間上限制，覆議、覆審或訴願時亦多有某種程序的規定，故其保障效果較上述陳情為大。惟下級行政機關作成之處分向上級行政機關申訴，難免有上下官官相護情事發生，故其效果仍非理想。

叁、向司法機關提起行政訴訟

指受處分人對處分不服時，最後可向司法機關提起行政訴訟。因司法機關係屬獨立審判，不受外界影響，故於受理申訴後，能作更公正的審定，對受處分之公務人員言，可獲得較多的保障。

第四項　項目限度、費用分擔、給付水準的政策與原則

保險項目應有限度，保險費用應由公務人員與服務機關分擔，保險給付應保持適當水準。推行這些政策之原則為：

壹、保險事故項目以確切需要者為限

設計保險制度時，應行包含之保險項目，宜視各種情況而定，如政府補貼費用之能力、被保險人自繳費用之能力、其他人事行政方面之有關規定等。如政府及被保險人經費負擔無困難、人事行政其他方面規定不夠完整，則為保障工作人員生活，保險事故項目可酌增，否則宜酌減。一般而言，為保障工作人員生活，對保險事故之需要性，其順序為：(1)疾病傷害，此為最迫切需要之保險事故；(2)殘廢養老，此乃甚為需要之保險事故；(3)生育喪葬死亡，此乃較為次要之保險事故；(4)失業，此乃有關社會安全之保險事故，非因本人過失而致失業者而言。通常失業並不列為保險事故，如有必要亦宜另定失業保險，而不包括在一般保險制度之內。

貳、保險事故項目與其他有關規定不宜重複

如公務人員年老力衰不能勝任工作已有退休並給予退休金之規定，公務人員在職亡故已有撫卹給予撫卹金之規定，則保險中養老保險及死亡保險，均與上述規定相重複，為簡化制度自可作適當的取捨。

叁、訂定組織與公務人員分擔比例

各種保險制度之保險費，組織與公務人員的分擔比例，大致有：(1)平均負擔；(2)組織負擔高於公務人員負擔；(3)組織負擔低於公務人員負

擔。

肆、保險費率視保險事故及保險給付而定

一般而言，公務人員均希望保險費要低，保險事故項目要多，保險給付要高，此種情況是不可能出現者。故參加保險者，不能一方面要求降低保險費負擔，而另方面又要求增加保險事故項目及提高保險給付標準。

伍、保險給付儘量採免費提供服務方式

免費提供服務，指當發生保險事故時，由辦理保險之機關負責妥適解決此種事故，所需費用由保險機關負擔，公務人員並不因發生保險事故而增加經費過多負擔。但一般的保險制度，採免費提供服務方式之保險事故，多以疾病、傷害及生育為限。再提供之服務，只需保持適度的水準即可，不得有奢侈及浪費情事發生。

陸、採現金給付者應訂定適當標準

在各種保險制度中，對殘廢、老年、死亡等保險事故，多採現金給付方式，其原因為如提供免費服務，不僅期間可能延長很久，且費用之負擔亦難以預計，不如採取一次現金給付方式給付之。惟所訂定之現金給付標準，必須適當，如過低將影響及被保險人或其遺族的基本生活，如過高又將影響及保險財務的健全，甚或引致被保險人的謀利意圖。

第五項　保險財務盈虧應作處理的政策與原則

處理保險財務盈虧之政策，其原則為：

壹、儘量保持財務收支平衡

凡屬政府舉辦之保險，均不以賺錢為目的，因此保險財務，應儘量保持收支的平衡，亦即保險費的收入與保險給付的支出二者，保持收支相抵。惟此所謂收支平衡，並非指一個年度更非一個月份而言，而是指若干年來的收入與支出間，保持相當的平衡而言。即使有少額的盈餘或虧損，仍不失為平衡。

貳、長期盈餘時之處理

如保險的財務，若干年來每年均保持有盈餘，且盈餘數字愈來愈大時，因保險並不以賺錢為目的，此種長期盈餘之狀況應視為不正常，而需作處理。處理之方式不外：(1)降低保險費收入；(2)提高保險給付標準；(3)同時降低保險費率及提高保險給付。如因財務大量盈餘，而採取降低保險費收入及(或)提高保險給付時，降幅及(或)提幅不可過大，如採取過大的幅度，不但盈餘會很快的消失，且立刻會呈現出虧損。

叁、長期虧損時之處理

在政府舉辦之保險中，如保險財務出現長期虧損時，則其處理之方法有(1)提高保險費率；(2)降低保險給付標準；(3)由財政主管機關審核撥補；(4)嚴加管理減少浪費。但(1)(2)兩種，公務人員多不願接受；第(4)種樽節浪費之措施，自應採行，惟其效果不大，亦無法單用此一方法使財務虧損達到收支平衡，再此種方法，不論在保險財務有無虧損時，亦均應採行。最後只有由政府審核撥補了。

第三節　公務人員保障法規簡析

公務人員保障目前係採分散立法，故法規體系較爲零亂，對執行職務之保障、保障程度之寬嚴、對既有職務之保障、既敍俸級之保障、申訴管道之建立等，在有關法規中各有若干規定，茲分項簡述之。

第一項　公務人員保障及保險法規體系

公務人員之保障與保險二者，性質相同，其主要目的均爲維護生活安定，故有關保障與保險的法規體系，併在本項中列表顯示，至其順序則先列法律，再列依法律授權訂定之規章，而後列由主管機關基於執行法條或其他需要而訂定的規章。

法　　律	依法律授權訂定之規章	依需要訂定之規章
刑法中有關妨害公務罪、偽證及誣告罪、偽造文書印文罪之條文		
公務人員任用法中有關職務保障及申請覆審條文	公務人員任用法施行細則	
公務人員俸級法中有關保障條文 公務人員考績法中有關申請覆審條文 公務員懲戒法中有關保障條文 司法人員人事條例中有關保障條文 關務人員人事條例中有關保障條文 警察人員管理條例中有關保障條文 交通事業人員任用條例中有關保障條文 大法官會議解析中有關公務員得提起訴願及行政訴訟之解析		
公務人員保險法	公務人員保險法施行細則 公務人員保險監理委員會組織規程 公務人員殘廢給付標準表	公務人員保險醫療辦法(考試院核定) 公務人員保險死亡給付專戶存儲辦法(銓敘部核定) 退休公務人員及其眷屬疾病保險辦法(考試院行政院核定) 退休公務人員公保養老給付金額優惠存款要點(銓敘部財政部核定)
公務人員眷屬疾病保險條例		
私立學校教職員保險條例		私立學校教職員眷屬疾病保險辦法(考試院行政院核定)

第二項　有關保障依法執行職務法規簡析

有關依法執行職務保障，乃涉及公務人員自由與權利，故多以法律規範之。

壹、執行職務免受直接妨害

指妨害之行為，於公務員執行職務時即有所暴露者而言，此乃有關直接妨害公務罪之規定，主要有下列四種：

㈠免受強暴脅迫之保障：依刑法第一三五條，「對於公務員依法執行職務時，施強暴脅迫者，處三年以下有期徒刑、拘役或三百元以下罰金」。

㈡免受毀棄文書物品之保障：依刑法第一三八條，「毀棄、損壞或隱匿公務員職務上掌管或委託第三人掌管之文書、圖書、物品，或致令不堪使用者，處五年以下有期徒刑」。

㈢免受侮辱之保障：依刑法第一四〇條，「於公務員依法執行職務時，當場侮辱，或對於其依法執行之職務公然侮辱者，處六月以下有期徒刑、拘役或一百元以下罰金；對於公署公然侮辱者亦同」。

㈣其他如懲治走私條例、加工出口區設置管理條例、妨害兵役治罪條例、水利法、保險法、商品檢驗法、礦場安全法、度量衡法中，亦有妨害執行公務者之犯罪與處罰規定。

貳、執行職務免受間接妨害

指其妨害行為於公務員執行職務時，未必即能發覺，但因其行為致使公務進行陷於錯誤或不能達到目的而言，其情形有下列四種：

㈠考試免受妨害之保障：依刑法第一三七條，「對於依考試法舉行之考試，以詐術或其他非法之方法，使其發生不正確之結果者，處一年以

下有期徒刑、拘役或三百元以下罰金」。

㈡免受虛僞陳述之保障：依刑法第一六八條,「於執行審判職務之公署審判時，或於檢察官偵查時，證人、鑑定人、通譯於案情有重大關係之事項，供前或供後具結，而為虛僞陳述者，處七年以下有期徒刑」。

㈢免受登載不實事項之保障：依刑法第二一四條,「明知為不實之事項，而使公務員登載於職務上所掌之公文書，足以生損害於公眾或他人者，處三年以下有期徒刑、拘役或五百元以下罰金」。

㈣其他如標準法、民用航空法、船舶法、戶籍法、著作權法、勞資爭議處理法中，亦有類似間接妨害公務罪與處罰之規定。

叁、服務機關應聘請法律顧問協助處理

當本機關公務員依法執行職務，有人直接或間接妨害公務時，應由服務機關聘請法律顧問協助處理，其有需移付司法機關偵辦者，依規定程序辦理移送；其有需公務員提起自訴者，由法律顧問代為提起自訴。若此始能保障公務之順利依法執行，及保持公務員之尊嚴。

第三項　有關職務保障法規簡析

有關職務保障之法規，主要有：

壹、法官職務受憲法及法律保障

依憲法第八一條,「法官為終身職，非受刑事或懲戒處分、或禁治產之宣告，不得免職；非依法律，不得停職、轉任或減俸」。

一、司法官之含義：依司法人員人事條例第三條規定，最高法院院長及各級法院及其分院兼任院長、庭長之法官及法官，各級檢察署之檢察總長、檢察長、主任檢察官、檢察官，均為司法官。(故司法官之含義,

除法官外尚包括檢察官)

　　二、法官爲終身職：指不得將法官作非自願的去職。公務人員退休法中雖有命令退休之規定，但不適用於法官，故不得命令法官退休；法官之離職或退休係屬自願時，仍得准其離職或退休，如請辭職時之准其辭職，請自願退休時之准其退休。再所謂終身職，並非要終身辦案，如年逾七十歲者應停止辦案，從事研究工作，滿六十五歲者，得減少辦理案件，但仍屬在職人員。

　　三、法官之免職以下列爲限：

　　㈠受刑事處分：刑事處分，指因犯罪行爲與受刑事法上刑事處分之裁判確定者而言。

　　㈡受撤職懲戒處分：依公務員懲戒法規定，公務員違法、廢弛職務或其他失職行爲，應受懲戒；受懲戒處分撤職者，除撤其現職外，並於一定期間停止任用，其期間至少爲一年。

　　㈢受禁治產之宣告者：對於心神喪失或精神耗弱，致不能處理自己事務者，法院得因本人、配偶、最近親屬二人、或檢察官之申請，宣告禁治產。故禁治產之宣告，須經司法程序。

　　惟於此需再說明者，依司法人員人事條例第三二條，「實任司法官非有下列原因之一不得免職，⑴因內亂、外患、貪污、瀆職行爲或不名譽之罪，受刑事處分之裁判確定者；⑵因前款以外之罪，受有期徒刑以上刑事處分之裁判確定者，但宣告緩刑或准予易科罰金者，不在此限；⑶受撤職之懲戒處分者；⑷受禁治產之宣告者。公務人員考績法關於免職之規定，於實任司法官不適用之，但應依公務員懲戒法規定移付懲戒」。再依同條例第四二條規定，司法官身體衰弱不能勝任職務者，得依公務人員任用法有關資遣之規定資遣。

　　四、司法官非依法律不得停職：依司法人員人事條例第三三條，「實任司法官非有法律規定公務員停職之原因，不得停止其職務」。現行法中

有停職之規定者，有下列二種：

(一)公務員懲戒法所定之停職：同法第四條，「公務員懲戒委員會對於受移送之懲戒案件，認爲情節重大，有先行停止職務之必要者，得通知該管主管長官，先行停止被付懲戒人之職務；主管長官對於所屬公務員，移送監察院審查或公務員懲戒委員會審議而認爲情節重大者，亦得依職權先行停止其職務」。又依同法第三條，「公務員有下列情事之一者，其職務當然停止，即(1)刑事訴訟程序實施中被羈押者；(2)依刑事確定判決受褫奪公權之宣告者；(3)依刑事確定判決受徒刑之宣告在執行中者」。

(二)監察法所定之停職：依監察法第二一條，「被糾舉人員之主管長官或其上級長官接到糾舉書後⋯⋯至遲應於一個月內依公務員懲戒法之規定予以處理，並得先予停職或爲其他急速處分⋯⋯」。

至公務人員考績法雖有考績列丁等免職人員，在未確定前得予停職之規定，因實任司法官不適用考績免職之規定，自亦不適用停職之規定。

五、法官非依法律不得轉任：所稱轉任，係指由法官轉任非法官而言。因法官爲終身職，如轉任爲非法官則不再受終身職之保障，對本人權益不無被剝奪，故需予保障。依司法人員人事條例第三四條，「實任法官除經本人同意外，不得轉任法官以外職務」。又依同條例第三五條，「實任法官除經本人同意外，非有下列原因之一，不得爲地區調動，(1)因法院設立、裁併或編制員額增減者；(2)因審判業務增加，急需人員補充者；(3)在同一法院連續任職四年以上者；(4)調兼同級法院庭長或院長者；(5)受休職處分期滿或依法停止職務之原因消滅而復職者；(6)有事實足認不適在原地區任職者」。又同條例第三六條，「實任法官除調至上級法院外，非經本人同意不得爲審級之變動」。

六、司法官非依法律不得減俸：同條例第三七條，「實任司法官非依法受降級或減俸處分者，不得降級或減俸」。

貳、納入銓敍範圍公務人員之職務保障

一般公務員，係指依任用(含派用)法律所任用之人員，其職務多受法律保障。如：

一、非依法律不得撤職或免職：如因違法、廢弛職務或其他失職行為，依公務員懲戒法第十一條受撤職懲戒處分；依公務人員任用法第二八條具有消極任用資格之一時之免職；依公務人員考績法考績列丁等或專案考績一次記二大過免職；及依公務人員退休法命令退休規定命令退休等。

二、調任低官等職務需經本人同意：在同官等內平調及降調職務，在公務人員任用法中並未禁止，但如調任低官等職務時，依同法第十八條規定則需經本人同意，如未經同意則不得降調官等。

三、非依法律不得資遣：依公務人員任用法第二九條，「各機關公務人員，具有下列情形之一者，得由機關長官考核，報經上級主管機關核准，予以資遣，即(1)因機關裁撤、組織變更或業務緊縮而須裁減人員時；(2)現職工作不適任或現職已無工作又無其他適當工作可以調任者；(3)經公立醫院證明身體衰弱不能勝任工作者」。

四、非依法律不得停職：除考績免職人員，依公務人員考績法第十八條規定，在未確定前得停職外，其餘與司法官之規定同。

叁、未納入銓敍範圍公務人員之職務保障

未依任用法律任用或未納入銓敍範圍之公務人員(如公營生產事業及金融事業人員)，其有關職務之保障，多由各主管機關自訂辦法並依各該辦法辦理，因此多不若納入銓敍範圍公務人員職務保障之嚴密。

肆、定有任期公務人員之職務保障

情形特殊之公務人員，多有任期之規定，如司法院之大法官，其任期為九年；考試院之考試委員，其任期為六年；監察院監察委員，其任期為六年；民選之縣市長、鄉鎮長，其任期為四年。定有任期之公務人員，除任期屆滿當然解職外，在任期期間之職務保障，大致與納入銓敘範圍公務人員之保障同。

伍、臨時及契約聘雇人員之職務不予保障

此類人員之職務原則上不予保障，如臨時人員基於正當理由自得解除職務；以契約方式聘用或雇用之人員，其職務之解聘或解雇則依契約之規定。

陸、特種任用法律對特種公務人員之特定保障

除司法官部分已如上述外，主要有：

一、**警察人員之特定保障**：依警察人員管理條例第四條，「警察官職分立，官受保障，職得調任，非依法不得免官或免職」。

二、**關務人員之特定保障**：依關務人員人事條例第三條，「關務人員官稱、職務分立，官稱受保障，職務得調任」。

三、**交通事業人員之特定保障**：依交通事業人員任用條例第三條，「交通事業人員採資位職務分立制，資位受有保障，同類職務可以調任」。

以上警察人員、關務人員及交通事業人員之官、官稱、資位，與一般公務人員之簡、薦、委任官等相似，其保障情形正如一般公務人員之調任低官等職務需經本人同意相同。

第四項　保障既敍俸給法規簡析

　　既敍俸級之保障，可分納入銓敍範圍公務人員之俸級保障、未納入
銓敍範圍公務人員之薪級保障、臨時及契約聘雇人員之薪額不予保障等。
因涉及當事人之權益，亦多以法律定之。

壹、納入銓敍範圍公務人員之俸級保障

　　㈠依公務人員俸給法第十六條，「經銓敍機關敍定之等級，非依公務
員懲戒法及其他法律規定不得降敍」。

　　㈡依公務員懲戒法第十三條，「受降級處分者，依其現職之俸級，降
一級或二級改敍，自改敍之日起，二年內不得晉敍、升職或調任主管職
務；受降級處分而無級可降者，按每級差額減其月俸，其期間爲二年」。

　　㈢原敍高俸級之仍予保留：依公務人員任用法第二三條及俸給法第
十一條，經銓敍合格人員改任或離職後再任職人員，改任或再任職務之
職等低於原敍之俸級者，如有超過之俸級，仍予保留，俟將來調任相當
職等之職務時，再予回復。又依任用法施行細則規定，依法調任低官等
職務人員，其原敍較高俸級俟將來調任相當職等之職務時，再予回復。

貳、未納入銓敍範圍公務人員之薪級保障

　　如公營生產事業及金融事業人員，其薪級多由主管機關自訂辦法辦
理，故對既核定薪級之保障，亦依各該辦法之規定，但亦有將納入銓敍
範圍公務人員俸級保障之規定納入薪級辦法者。

叁、臨時及契約聘雇用人員之薪額不予保障

　　臨時人員之薪額，多未有保障之規定；至契約聘用或雇用人員之薪

額，則於契約中規定。

第五項　有關申訴管道法規簡析

申訴管道有向主管機關表達意願、向主管機關申請覆審或訴願、向司法機關聲請行政訴訟或再審等三種。因涉及當事人權益，亦多以法律定之。

壹、向主管機關表達意願

公務人員對有切身關係之權益事項，得推選代表向主管機關表達意願，以期增加新的權益，加強保障原有權益，此乃一般民主國家所常有現象。如有者允許公務人員可參加工會，由工會出面與管理者交涉；有者允許公務人員組織團體，由團體推派代表與管理者協商。我國目前已走向民主化，可考慮准許公務人員組織團體，對與公務人員權益有關事項，准其向主管機關表達意願，或主管機關在作有關公務人員權益事項之決策時，先徵詢其意見。

貳、向主管機關申請覆審或訴願

一、對任用審查結果有異議者得請覆審：依公務人員任用法第二四條及施行細則規定，各機關擬任公務人員，得依職權規定先派代理，於三個月內送請銓敘機關審查，公務人員對審查結果如有異議得依送審程序申請覆審，覆審以一次為限。

二、對考績有異議者得聲請覆審或再覆審：依公務人員考績法第十七條，「各機關考績案經核定後，應以書面通知受考人，年終考績列丁等或專案考績受免職處分人員，得於收受通知書次日起三十日內，依下列規定申請覆審，即(1)不服本機關核定者，得向其上級機關申請覆審，其

無上級機關者, 向本機關申請; (2)不服本機關或上級機關覆審之核定者, 得向銓敍機關申請再覆審; (3)覆審或再覆審, 認爲原處分理由不充足時, 應由原核定機關或通知原核定機關撤銷原處分或改予處分, 如認爲原處分有理由時, 應駁回其申請; (4)申請再覆審以一次爲限」。

叁、向司法機關提起行政訴訟或再審

一、提起行政訴訟: 依七十八年七月十九日大法官會議第 243 號解析, 大意謂中央或地方機關依公務人員考績法或相關法規之規定, 對公務員所爲之免職處分, 直接影響其憲法所保障之服公職權利, 受處分之公務員自得行使憲法第十六條訴願及訴訟之權。該公務員已依法向該主管機關申請覆審及向銓敍機關申請再覆審或以類此之程序謀求救濟者, 相當於訴願、再訴願程序, 如仍有不服, 應許其提起行政訴訟, 方符有權利即有救濟之法理。行政法院以往判例與上開意旨不符部分, 應不再援用。至依考績法記大過處分, 並未變更公務人員身分關係, 不直接影響人民服公職之權利, 行政法院以往判例, 不許提起訴願或行政訴訟, 與憲法尙無牴觸。其後有釋字第 323 號, 認爲主管機關對於公務人員任用資格審查, 認爲不合格或降低原官等者, 於其憲法所保障服公職之權利有重大影響, 公務員如有不服, 得依法提起訴願及行政訴訟。又有釋字第 338 號, 認爲公務員如不服被審定之俸級, 亦得提起行政訴訟。

二、不服懲戒處分者得申請再審: 依公務員懲戒法第三三條, 「懲戒案件之議決, 有下列情形之一者, 原移送機關或受懲戒處分人, 於規定期間內, 得移請或聲請再審議, (1)適用法規顯有錯誤者; (2)原議決所憑之證言、鑑定、通譯或證物經確定判決, 證明其爲虛僞或僞造、變造者; (3)原議決所憑之刑事裁判, 已經確定裁判變更者; (4)原議決後, 其相關之刑事確定裁判所認定之事實, 與原議決相異者; (5)發現確實之新證據, 足認應變更原議決者; (6)就足以影響原議決之重要證據, 漏未斟酌者」。

第四節　公務人員保險法規簡析

公務人員保險法規，以公務人員保險法爲主，其內容可歸納爲適用人員範圍，保險機關及被保險人，保險事故、保險費率與保險費，保險給付，業務監督諸項。除公務人員保險外，尚有公務人員眷屬疾病保險，退休公教人員及其眷屬疾病保險，私立學校教職員保險，及私立學校教職員眷屬疾病保險等。茲分項敍述之。

第一項　有關適用人員範圍法規簡析

公務人員保險法，爲辦理公務人員保險業務之法律依據，其中有關適用人員範圍之規定爲：

壹、適用公務人員保險法之人員

依公務人員保險法第二條前項，「本法所稱公務人員，爲法定機關編制內之有給人員」。依施行細則規定，所稱有給公務人員包括法定編制內之聘雇人員在內；又規定凡有兼職之被保險人，不得重複參加本保險，應在其支領全額俸級之機關要保，否則發生同一保險事故時，以請領一次保險給付爲限。由上法條規定，可補充解析如下：

一、任職之機關必須爲法定機關：即該機關之設置，必須有現行法律或法規之依據，如公務機關、公立學校、公營事業等；非法定之機關則不包括在內。

二、任職之人員必須爲編制內之人員：如法定編制內之政務官，依法律規定任用、派用、聘用及雇用之人員；但編制外之臨時人員或額外

人員，則不包括在內。

　　三、所任職務必須爲有給職：如領有俸給或薪給者，均爲有給職；如爲無給職或義務職，則不包括在內。

貳、準用公務人員保險法之人員

　　依公務人員保險法第二條後項，「法定機關編制內有給之公職人員準用本法之規定」。其要件爲任職機關必須爲法定機關；任職之人員，必須爲編制內之人員；需爲有給之公職人員，如國大代表、立法委員，係依憲法行使職權，自屬公職，同時又依法支領歲費公費，應認爲有給職，準用公務人員保險法之規定。

叁、適用及準用公務人員保險法者一律參加保險

　　依公務人員保險法第六條，「公務人員應一律參加保險爲被保險人，其保險期限自承保之日起至離職之日止」。又施行細則規定，凡法定機關編制內之有給公務人員及有給公職人員，應一律參加本保險爲被保險人。

第二項　有關保險機關及被保險人法規簡析

　　保險機關有要保機關、承保機關、主管機關及監理機關之分，被保險人之外又有受益人。

壹、要保機關

　　指要爲其所屬公務人員辦理要保手續之機關。依施行細則規定，公務人員保險之要保機關，包括(1)總統府及所屬機關；(2)五院及所屬機關；(3)國民大會及各級民意機關；(4)地方行政機關；(5)公立學校及教育文化機關；(6)衛生及公立醫療機關；(7)公營事業機關；(8)其他依法組織之機

關。

　　前述要保機關之認可與變更，由主管機關認定之。各要保機關應指定人事主管人員主辦本機關有關公務人員保險事宜，報請主管機關備查，並通知承保機關。

貳、承保機關

　　指承辦公務人員保險業務之機關。依公務人員保險法第五條，「公務人員保險業務由中央信託局辦理，並負保險盈虧責任，如有虧損由財政部審核撥補；承保機關辦理公務人員保險所需保險事務費不得超過保險費百分之五點五」。

叁、主管機關

　　指主管公務人員保險制度之機關。依公務人員保險法第四條第一項，「公務人員保險以銓敘部為主管機關」。按保障為憲法所明定考試院掌理人事事項之一，而保險係保障公務人員生活及身體健康之主要部分，故由考試院銓敘部主管。

肆、監理機關

　　指監督保險業務之機關。依公務人員保險法第四條後項，「為監督保險業務，由銓敘部會同有關機關組織監理委員會，其組織規程由考試院會同行政院定之」。

　　現行公務人員保險監理委員之組織及職掌：

　　一、組織：公務人員保險監理委員會，由銓敘部會同內政部、財政部、教育部、經濟部、交通部、審計部、行政院主計處、行政院人事行政局、行政院衛生署、臺灣省政府、臺北市政府、高雄市政府等機關組織之。銓敘部部長兼任主任委員，委員十二至十四人，除由上述機關首

長或副首長或相當人員兼任外，並得酌聘專家充任之。監理會得酌聘有關醫療、法律、財務、保險、企業管理等專家為顧問，並設醫療顧問會議，審議醫療爭議事項。

　　二、職掌： 監理會之主要職掌，為關於保險業務及興革事項報告之審議；關於保險預算、結算、決算及有關財務之審查；關於保險準備金積存運用狀況之審核；關於保險會計帳冊之定期檢查；關於保險醫療機構及業務推行情形之檢查；關於醫療及各項現金給付爭議事項之審議；及其他有關保險業務監理事項。

　　三、執行： 監理會之決議事項，應報請主管機關核定後執行之。

伍、被保險人

　　指參加保險之人員。依公務人員保險法第六條，「公務人員應一律參加保險為被保險人」。

陸、受益人

　　指享受保險給付利益之人員。依施行細則規定，各保險項目中，除死亡給付外，保險之受益人均為被保險人本人。死亡給付之受益人，應以被保險人隨在任所之法定繼承人為受益人；死亡給付之受益人，除配偶為當然受益人外，並得另再指定一人或數人同為受益人，其指定之受益人順序，依民法繼承篇之規定辦理。有法定繼承人隨在任所而未經指定為受益人者，依民法法定繼承人順序之規定辦理。無法定繼承人或法定繼承人因受地理環境限制不能為受益人時，得指定其親友或公益法人為受益人。未經指定受益人者，其死亡給付由承保機關核辦專戶存儲孳息，俟法定繼承人可能具領時撥付之，專戶存儲孳息辦法，由承保機關擬定送主管機關核定施行。被保險人死亡給付之受益人有二人以上時，其受益額之分配應詳細填明，否則視同平均分配；受益人中有一人或數

人因受地域環境限制不能受益時，其應得死亡給付額得由同被指定之其他受益人均分具領；受益人僑居國外者得委託國內親友代領；受益人未滿法定年齡請領給付時，應會同監護人辦理之。

第三項　有關保險事故法規簡析

依公務人員保險法第三條，「公務人員保險分生育、疾病、傷害、殘廢、養老、死亡及眷屬喪葬七項」。依施行細則及有關規定，以上七項保險之範圍及含義為：

壹、生育

包括被保險人本人或配偶之產前檢查，分娩住院，及新生嬰兒之食宿護理。

貳、疾病

包括被保險人之

一、健康檢查：應每年舉行一次。

二、疾病預防：承保機關應視情形之需要，分區或分期舉行各項預防措施，必要時並得由主管機關通知承保機關辦理之。

三、傷病醫療：又包括(1)屬於內科系統之普通內科、胸腔內科、腸胃科、精神病科等各病症之診察及治療。(2)屬於外科系統之外科、眼科、耳鼻喉科、婦產科、泌尿科、骨科、皮膚科等之診察及治療。(3)屬於牙科之口腔疾病診察治療、病齒拔除、齲齒治療及磁粉銀粉填補等。(4)屬於放射、X 光線、核子等之檢查治療，一般物理治療及超短波電療等。(5)屬於臨床檢驗之病理化驗、細菌檢查、生化檢查及病理檢查等檢查。(6)屬於其他必要之疾病檢查與治療。

四、免費住院：免費住特約醫院者，以二等病房爲準。

叁、傷害

其醫療範圍，依疾病醫療之規定。

肆、殘廢

被保險人因病或傷害事故，經醫治終止，無法矯治，確屬成爲永久殘廢者。

伍、養老

被保險人繳付保險費五年以上，於依法律或銓敍部核備有案之單行退休法規退休者。

陸、死亡

被保險人發生死亡事故者。

柒、眷屬喪葬

被保險人之眷屬，因疾病或意外傷害而致死亡者。

第四項　有關保險費率與保險費法規簡析

有關保險費率、保險費分擔、免繳保險費、保險俸給含義、保險費繳納等規定如下：

壹、保險費率

指保險費占被保險人俸給之比率。依公務人員保險法第八條，「公務

人員之保險費率爲被保險人每月俸給之百分之七至百分之九, 保險費率應依保險實際收支情形, 由行政院會同考試院覈實釐訂」。現行保險費率爲 9%, 因公保累年有鉅額虧損, 行政院、考試院提出將保險費率修正爲 9% 至 11%, 但尚未完成立法程序。

貳、保險費分擔

依公務人員保險法第九條,「公務人員之保險費按月繳付, 由被保險人自付百分之三十五(即俸給百分之九中的百分之三十五,亦即爲俸給的百分之三點一五), 政府補助百分之六十五(即補助被保險人俸給的百分之五點八五)」。

叁、免繳保險費

依公務人員保險法第十二條,「被保險人繳付保險費滿三十年後, 得免繳保險費, 如發生所列保險事故時, 仍得依本法規定享受保險給付之權利」。

肆、保險俸給含義

依施行細則規定, 所稱被保險人每月俸給或當月俸給, 暫以全國公教人員待遇標準支給月俸額爲準, 其原有加給或另訂有待遇辦法之要保機關, 應比照擬定保險俸給送請主管機關核定, 必要時亦得由主管機關核定調整之。保險俸給額以 1,000 元爲起保額, 並以 100 元爲計算單位, 不足 100 元者以 100 元計。

伍、保險費之繳納

保險費包括公務人員自繳部分及政府補助部分。依公務人員保險法第九條,「公務人員之保險費按月繳付」。同法第十條,「被保險人應自付

之保險費，由各該服務機關於每月發薪時代扣，連同政府補助之保險費一併彙繳承保機關，被保險人依法徵服兵役保留原職時，在服役期間內其保險費全額統由政府負擔，至服役期滿復職時為止」。

依施行細則規定，保險費之繳納及現金給付以現行貨幣為計算標準。承保機關應按要保機關分布地區，洽定繳納保險費及現金給付代理收付處所，由承保機關通知要保機關。保險費計算時以元為單位，元以下四捨五入，政府補助部分之保險費由要保機關列入年度預算或由各級政府統籌編列。要保機關應將保險費於當月十五日前彙繳承保機關，逾期未繳者，承保機關得俟其繳清後始予辦理各項給付。

第五項　保險給付——免費醫療部分法規簡析

依公務人員保險法第十三條，「被保險人在保險有效期間，發生生育、疾病、傷害三項保險事故時，在承保機關所辦醫療機構或特約醫療機構醫療時，除承保機關規定之掛號費應由被保險人自行負擔外，其醫療費用規定如下：即(1)生育：被保險人本人或配偶產前檢查及分娩之醫療費用由承保機關負擔；(2)疾病、傷害醫療費用由承保機關負擔；(3)承保機關所舉辦之健康檢查及疾病預防費用均由承保機關負擔」。

同條又規定「承保機關所辦醫療機構之病房不分等級，特約醫療機構之病房一律以二等為準；被保險人患有傳染病症，應在特設醫療機構醫療；所稱特約或特設醫療機構，包括所有公立醫院在內」。

同條後項又規定「被保險人有下列情形之一者，承保機關不負擔其醫療費用，即(1)不遵守本保險法令規定者；(2)非因傷病施行違反生理之手術或整容整形者；(3)因不正當行為而致傷病者；(4)因傷病而致殘廢，經領取殘廢給付後以同一傷病再申請診療者；(5)住院醫療經診斷並通知應出院而不出院者」。

　　本條內容甚爲繁複，施行細則及公務人員保險醫療辦法對之補充解析或規定亦最多，茲簡析如下：

壹、得不在保險醫療機構就醫之例外

　　依施行細則規定，被保險人因分娩者或突發傷病且確屬情況緊急者，不克在本保險醫療機構就醫或在臺灣地區以外不克返國求醫，得先自墊費用在合法之非本保險特約醫療機構就醫，並於治療結束後一年內提出申請核退，逾期不予受理。自墊醫療費用上限及核退規定，由承保機關擬定送主管機關核定後施行。

貳、免費醫療之範圍

　　包括(1)生育及助產(含產前檢查、分娩住院，及新生嬰兒之食宿護理)；(2)健康檢查；(3)疾病預防；(4)傷病醫療；(5)免費住院(免費住特約醫院者以二等病房爲準，其因二等病房無床位暫住三等病房者被保險人不得要求補償差額，自願住一等病房者其超過二等病房之費用由被保險人自行負擔其差額)。以上免費範圍，如被保險人有公務人員保險法第十三條後項所列各種情形之一者，承保機關仍不負擔其費用。

叁、應由被保險人自行負擔之費用

　　包括(1)掛號費；(2)住院伙食費三十日以內之半數及超過三十日之全數；(3)額外床位費；(4)指定醫師費及特別護士費；(5)非因急救經醫師認爲必要之輸血費用；(6)非醫療必需之維生素類、荷爾蒙類及肝精補劑類等藥品費。又因違反公務員服務法或構成刑事責任之不正當行爲而致傷病者，其醫療費用應自行負擔。

肆、不包括在免費醫療範圍者

下列事項不包括在免費醫療範圍之內，即(1)被保險人配偶之免費產前檢查，不包括婦科疾病之檢查或因妊娠而引起疾病醫療；(2)被保險人配偶之免費分娩住院，不包括三個月以內之流產；(3)新生嬰兒食宿護理之免費以產婦免費住院期間爲限，又新生嬰兒免費護理不包括疾病醫療；(4)義肢、義腿、義齒、配鏡、鑲牙、洗牙及參加保險前已成殘廢或機能障礙之功能恢復，與非因疾病而施行預防性之手術(如割除闌尾、包皮、輸卵管或輸精管結紮等)，所需一切費用由被保險人自行負擔。

伍、辦理免費醫療之手續

(1)被保險人因生育或傷病時，應先向保險醫療機構門診部就診，並繳掛號費及繳驗保險證及要保機關核發之醫療證明單；(2)被保險人如患急症不及取得要保機關核發之醫療證明單，得逕往保險醫療機構門診或住院，繳存保險證，填具急診申請書先行急救，仍限五日內補繳醫療證明單並取回保險證；(3)被保險人發生生育、疾病、傷害保險事故或其配偶生育，經保險醫療機構門診後認有必須住院者，應由門診部指定住院或發給住院證明單交由被保險人自行洽定保險醫療機構住院。

第六項　保險給付——現金給付部分法規簡析

依公務人員保險法第十四條，「被保險人在保險有效期間，發生殘廢、養老、死亡、眷屬喪葬四項保險事故時，予以現金給付，其給付金額以被保險人當月俸給數額爲計算給付標準」。又施行細則規定，現金給付之給付金額，以發生保險事故當月份被保險人之保險俸給數額，爲計算給付標準。茲就四項保險事故之現金給付規定簡析之：

壹、殘廢給付

依公務人員保險法第十五條，「被保險人殘廢時，依下列規定予以殘廢給付，即(1)因執行公務或服兵役致全殘廢者，給付三十六個月；半殘廢者，給付十八個月；部分殘廢者，給付八個月；(2)因疾病或意外傷害致成全殘廢者，給付三十個月；半殘廢者，給付十五個月；部分殘廢者，給付六個月。所稱全殘廢、半殘廢、部分殘廢之標準，由主管機關訂定」。

(一)以上所稱因執行公務或服兵役致成殘廢，依施行細則規定，係指有下列情事之一者而言，即(1)因執行職務所生之危險以致殘廢或死亡；(2)因盡力職務積勞過度以致殘廢或死亡；(3)因出差遭遇意外危險，以致殘廢或死亡；(4)因出差罹病在途次死亡；(5)因辦公往返或在辦公場所遇意外危險，以致殘廢或死亡；(6)奉召入營或服役期滿在途次遇意外危險，以致殘廢或死亡；(7)在服役期內因服役積勞過度，以致殘廢或死亡；(8)在演習中遇意外危險，以致殘廢或死亡。

(二)依施行細則規定，殘廢指經醫療終止，無法矯治，確屬成永久殘廢而言。殘廢日期之審定，依下列規定辦理，即(1)傷口癒合不需繼續治療時；(2)經石膏固定之部位於拆除石膏後，經鑑定不再需繼續施行任何治療之時；(3)凡醫療或手術後，如仍需施行復健治療或須經相當時日始能確定成殘廢者，以復健治療終止或以確定日期為準；(4)公務人員保險殘廢標準表已訂明治療最低期限者，須於其規定期限後以檢查鑑定符合殘廢標準之時為準。

(三)殘廢標準表：依主管機關訂定之全殘、半殘、部分殘標準為：

1.全殘廢之標準，共分二十一種，如雙目缺；雙目視力均在 0.05 以下者；言語機能喪失無法矯治者；大腸切除三分之二以上者；兩上肢腕關節以上(遠心端)殘缺者；精神障礙，經積極治療，病情靜止，仍呈現嚴重智能減退、頹廢、情緒與思考均有明顯障礙，終身無法從事任何工

作者等。

2.半殘廢之標準，共分二十三種，如胃全部切除者；一肢完全癱瘓，或運動協調失靈者；一上肢腕關節以上(遠心端)殘缺者；雙手兩拇指殘缺者；兩足十趾完全殘缺者；容顏嚴重損壞，無法矯治，而遺留五官一部分之顯著變形或機能障礙者；言語障礙不能傳達意思，無法矯治者等。

3.部分殘廢標準，共分二十五種，如一耳全聾者；鼻部殘缺，致其機能遺存障礙，無法矯治者；一側腎全切除者；一上肢腕關節及手各關節，機能完全喪失者；一手三指以上殘缺者；一足五趾完全殘廢者；一下肢短五公分以上者等。

㈣請領殘廢給付：依施行細則規定，被保險人經要保機關請領殘廢給付，應檢送殘廢給付申請書、領取給付收據、殘廢證明書及其他必要證明文件；又承保機關對請領殘廢給付之案件，得加以調查、複驗、鑑定。

貳、養老給付

依公務人員保險法第十六條，「被保險人繳付保險費五年以上，於依法退休時依下列規定予以一次養老給付，即⑴繳付保費滿五年者給付五個月；⑵繳付保費超過五年者，自第六年起至第十年每超過一年增給一個月；⑶繳付保費超過十年者，自第十一年起至第十五年每超過一年增給二個月；⑷繳付保險費超過十五年者，自第十六年起至第十九年每超過一年增給三個月；⑸繳付保險費二十年以上者，給付三十六個月。請領養老給付者如再依第二條規定參加本保險時，應將原領養老給付如數繳還本保險，其參加本保險之年資於將來退休請領養老給付時，准予合併計算」。

依施行細則規定，所稱依法退休，指依退休法律或銓敍部核備有案之單行退休法規退休者而言；又被保險人經由服務機關呈請退休生效前

死亡者，其養老給付得由其法定繼承人申請改辦死亡給付。依退休公務人員公保養老給付金額優惠存款要點規定，退休人員所領之公保養老給付得連同一次退休金辦理優惠存款，又領受月退休金人員所領之公保養老給付金額，得比照辦理之。

至經要保機關請領養老給付之手續，則規定應檢送養老給付請領書、領取給付收據、退休證明書等文件。

叁、死亡給付

依公務人員保險法第十七條，「被保險人發生死亡事故時，依下列規定予以死亡給付，即⑴因公死亡者給付三十六個月；⑵病故或意外死亡者給付三十個月」。依同法第十九條，「被保險人因犯罪被執行死刑，或因戰爭災害致成死亡者，仍不予死亡給付」。

依施行細則規定，所稱因公死亡，與殘廢保險事故所稱因公殘廢同。至要保機關請領死亡給付，應由受益人檢送死亡給付請領書、領取給付收據、由主治醫師出具之死亡診斷書、戶籍謄本及其他必要證明文件。

肆、眷屬喪葬津貼

依公務人員保險法第十八條，「被保險人之眷屬因疾病或意外傷害而致死亡者，依下列標準津貼其喪葬費，即⑴父母及配偶津貼三個月；子女之喪葬津貼為年滿十二歲未滿二十五歲者二個月，未滿十二歲及已為出生登記者一個月；如子女或父母同為被保險人時，以任擇一人報領為限」。

依施行細則規定，所稱眷屬，應以隨在任所及本保險認定地區之眷屬為限；但本保險被保險人居住於大陸地區之眷屬於八十二年四月二十三日後亡故者，得檢查具大陸地區製作之死亡及眷屬身分證明文件，經行政院設立或指定之機構或委託之民間團體驗證後，向承保機關請領喪

葬津貼。子女或父母同為被保險人時，應於請領喪葬津貼之前，自行協
商推定一人請領，具領之後不得改由他人請領。至經由要保機關請領眷
屬喪葬津貼時，應檢送眷屬喪葬津貼請領書、領取給付收據、死亡診斷
書或其他合法之死亡證明文件及戶籍謄本。

第七項　有關保險手續、業務監督及其他法規簡析

公務人員保險法，除上述規定外，尚有保險手續、業務監督及其他
若干規定如下：

壹、保險手續

依施行細則規定，包括：

一、要保：要保機關應統計本機關編制內有給人員之人數，向承保
機關領取「要保名冊」及「保險卡」，辦理要保手續。承保機關接到要保
機關所送之要保名冊、保險卡及當月份保險費，經審核無誤後，應即辦
理承保手續，並簽發保險證，連同承保名冊，一併送要保機關。要保機
關應將保險證轉發被保險人收執。要保機關遇有新進人員時，應於其到
職之日，依照要保手續為其辦理加保。

二、續保：被保險人調職至適用公務人員保險之其他要保機關時，
原要保機關除依規定辦理退保手續外，應將其留存之保險卡，逕交其新
服務機關辦理續保。

三、變更登記：被保險人如有下列變動事項，應由要保機關填具變
更通知，送承保機關辦理變更登記，即被保險人姓名之更改、被保險人
年齡或籍貫之更改、受益人之變更、保險俸給之調整、調服兵役或派駐
國外、親屬之增減，及其他一切有關本保險之變更事項。

四、停保：被保險人除服兵役外，如發生依法停職、休職、留職停

薪或失蹤之事故時，應暫予停保並停繳保險費，俟其原因消滅時依下列規定處理：(1)留職停薪或休職人員，經復職復薪者，自復職復薪之月起回復保險。(2)停職人員經復職補薪者，自補薪之月起，補繳保險費並補辦保險。(3)停職人員經撤職或免職者，自停職之月起終止保險。(4)失蹤者，得於宣告死亡確定之日起，由受益人請領死亡給付。

被保險人停保時，由要保機關負責收回其保險證暫予保管。

五、退保：被保險人離職或死亡之日，其保險有效期間同時終止，要保機關應負責收回保險證並填具退保通知，一併送承保機關辦理退保。

貳、業務監督

依施行細則規定，包括：

一、審核保險業務計畫及準備金積存運用：承保機關應依公務人員保險業務計畫及準備金積存運用狀況，編列年度預算，於報送其上級機關之同時，函報公務人員保險主管機關，事後並提出月份財務報告，半年及年終時之結算與決算報告。主管機關對此種報告，應交由公保監理委員會審核，限期提出審核報告，並由主管機關核轉考試院備查。

二、主動檢查保險財務及業務：主管機關及公保監理委員會，得定期檢查公務人員保險之財務會計帳冊，以及業務進行情形。

三、派員檢查保險醫療機構人員及設備：主管機關及公保監理委員會，得隨時派員檢查保險醫療機構之人員、醫療設備及財務狀況。

叁、其他規定

包括：

一、罰則：依公務人員保險法第二〇條，「公務人員保險之各項給付，如有以詐欺行為領得者，除依法治罪外，並追繳其領得保險給付之本息」。依施行細則規定，被保險人以保險證或醫療證明單，交由他人使用就醫

或爲其他詐欺行爲者，除依法治罪並追繳其領得保險給付之本息外，承保機關並得停止其享受免費醫療權利三個月。

二、**保險給付請領權之保障**：依施行細則規定，被保險人或其受益人，不得將保險給付請領權轉讓他人，不得以其保險給付抵押借款，其債權人亦不得對保險給付申請假扣押。

三、**請領保險給付之限期**：依施行細則規定，公務人員保險之現金給付請領權，自得爲請領之日起，經過二年不行使而消滅，但因受地域環境之限制無法請領者，俟其可能請領時撥付之。

四、**公務財務收支均免課稅**：依公務人員保險法第二三條，「公務人員保險之一切帳冊、單據及業務收支，均免課稅」。依施行細則規定，其具體免稅範圍，包括(1)承保機關辦理保險所用之帳冊、契據，免徵印花稅；(2)承保機關辦理保險之保費收入、掛號費收入、保險給付準備金所孳生之利益、什項收入，免納營業稅及所得稅；(3)承保機關業務使用之房屋、治療救護車輛，及被保險人或其受益人所領取之保險給付，依稅法之規定免徵稅捐。

五、**現金給付應如限給付**：依公務人員保險法第二二條，「依本法支付之現金給付，經承保機關核定後，應在十五日內給付之，如逾期給付歸責於承保機關者，其逾期部分應加給利息」。施行細則復規定，如逾期給付歸責於承保機關者，除依規定加給利息外，其有關人員並應由主管機關通知承保機關議處。

六、**保險年資之併計**：依公務人員保險法第二一條，「被保險人未滿任職年限及自願退休年齡而離職，其復行任職再投保者，原有之保險年資繼續有效」。

第五節 其他人員保險法規簡析

保險，除公務人員保險外，尚有與公務人員有關之其他人員的保險，茲按公務人員眷屬、退休公教人員、私立學校教職員、私立學校教職員眷屬、全民健康五種保險法規，分項簡析如後。

第一項 公務人員眷屬疾病保險法規簡析

依公務人員保險法第十一條，「公務人員眷屬之疾病保險另以法律定之」。依現行公務人員眷屬疾病保險條例規定，其要點如下：

壹、適用人員範圍

依同條例第二條，「本條例所稱公務人員眷屬，包括公務人員之配偶、父母及未婚子女，但年滿二十歲以上之未婚子女，以在校肄業且無職業，或受禁治產宣告尚未撤銷或殘廢而不能自謀生活者為限」。依施行細則規定，所稱眷屬以設住所於國內者為限，又因收養關係取得公務人員眷屬身分而加保者，於收養關係終止時應即報請要保機關辦理退保。

貳、保險事故

依同條例第五條，「公務人員眷屬疾病保險，包括疾病及傷害兩項」。又依施行細則規定，被保險人因生育所引起之疾病必須治療時，其疾病醫療依傷病醫療之規定辦理。

叁、眷屬除已參加其他保險者外應一律參加

依同條例第三條,「公務人員眷屬, 除已參加軍人保險、公務人員保險、勞工保險、私立學校教職員保險者外, 應一律參加本保險為被保險人, 其他依法令規定可享受免費或減費醫療之具有現役軍人眷屬身分或退伍軍人及其眷屬身分者, 得依本條例規定自願參加本保險, 但於參加保險後, 非依本條例規定不得中途退保」。同條又規定「本保險期限自承保之日起至該公務人員離職之日止」。依施行細則規定, 公務人員調職時應連同眷屬一併辦理續保。

肆、保險得分期實施

依同條例第四條,「公務人員眷屬疾病保險, 得依配偶、父母、子女次序分期實施, 其施行日期由考試院會同行政院定之」。以上配偶部分已於七十一年七月實施, 父母部分自七十八年七月起實施, 子女部分則自八十一年七月起實施。

伍、保險費率

依同條例第七條,「公務人員眷屬疾病保險費率, 每一眷口為公務人員保險被保險人每月俸給百分之三至百分之五, 超過五眷口者以五眷口計, 前項費率應依本保險實際收支情形由考試院行政院會同釐定」。依上述規定由兩院釐定之費率, 配偶為 3%, 父母為各 5%, 子女為各 3.8%。

陸、免費醫療之規定

依同條例第十條,「被保險人在保險有效期間內發生疾病、傷害事故時, 由承保機關所辦保險醫療機構或特約醫療機構醫療, 除本保險規定之掛號費全額及門診藥品費百分之十由被保險人負擔外, 其餘醫療費用

概由承保機關負擔」。又依施行細則規定，被保險人自行負擔之門診藥品費 10%，應逕向醫療機構繳納。

柒、保費之分擔與繳納

依同條例第八條，「公務人員眷屬疾病保險費按月繳納，由被保險人自付百分之五十，政府補助百分之五十」。又第九條，「被保險人應自付之保險費，由各該公務人員服務機關於每月發薪時代扣，連同政府補助之保險費一併彙繳承保機關」。又施行細則規定，由政府補助之保險費，由各級政府或要保機關編列年度預算支付。

捌、財務收支立帳及虧損之處理

依同條例第六條，「公務人員眷屬疾病保險財務收支應分戶立帳，如有虧損應調整費率挹注之」。

玖、未規定事項之法令準用

依同條例第十一條，「本條例未規定事項，準用公務人員保險法及其有關規定」。如本保險之主管機關、承保機關、要保機關、醫療辦法、免費醫療手續、業務監督等，均準用公務人員保險法及有關規定辦理。

第二項　退休公教人員及其眷屬疾病保險辦法簡析

參加公務人員保險、私立學校教職員保險，經依有關法令退休、資遣或因屆滿六十歲離職退保人員及其眷屬，得參加本保險；參加眷屬超過五口以五眷口計。

壹、保險事故

包括疾病、傷害兩項。

貳、要保機關

本保險，以退離時原服務機關為要保機關，原服務機關裁撤時，以其上級機關為要保機關。

叁、保險俸額與保險費

被保險人之保險俸額，以退離時職級之公教人員保險俸額為準，嗣後並隨同等級公教人員保險俸額調整。保險費率為每一被保險人每月保險俸給6%至12%，開辦初期為9%，保險費由被保險人自付50%，政府補助50%。

肆、保險給付

被保險人在保險有效期間發生疾病、傷害事故時，由承保機關所辦保險醫療機構或特約醫療機構醫療，除掛號費全額、住院伙食費三十日以內半數及超過三十日之全數，及門診藥品費10%至15%由被保險人負擔外，其餘醫療費用概由承保機關負擔。

伍、財務盈虧處理

本保險財務收支如有盈餘，應提存為本保險責任準備，如有短絀應於次一保險年度開始實施前調整保險費率挹注，調整費率前已短絀之數，先以責任準備彌補，仍有不足，由財政部審核撥補。

陸、其他規定

本保險自退休公敎人員退休生效之日起保，其退休保險年資不得與退休前其他保險年資合併計算，被保險人退保後不得再行要保。本辦法未規定事項,準用公務人員保險法有關醫療保險部分及其有關規定辦理。又本辦法施行前，已參加退休人員保險者，得於本辦法施行後六個月內自行選擇依照原「退休人員保險辦法」繼續投保，或領取原應請領之公務人員保險養老給付後，按本辦法投保。

第三項　私立學校敎職員保險法規簡析

依勞工保險條例規定，私立學校敎職員原可參加勞工保險，惟事實上參加勞保者並不多。政府爲安定私立學校敎、職員生活，促進私立學校健全發展，並增強社會福利措施，乃於民國六十九年八月八日公布私立學校敎職員保險條例，並自同年十月一日起施行。

壹、適用人員範圍

依同條例第二條、第三條規定，凡依照私立學校法規定，辦妥財團法人登記,並經主管敎育行政機關核准立案之私立學校編制內(以主管敎育行政機關核定者爲準)有給專任之敎、職員，具有下列資料之一者，應一律參加私立學校敎、職員保險爲被保險人，即(1)校(院)長須符合私立學校法所定聘任程序及所定資格；(2)敎師須符合私立學校法所定之資格；(3)職員須報經主管敎育行政機關核備。

以上(1)至(3)之敎、職員，在本條例公布以後到職者，申請參加本保險之年齡不得超過六十五歲。

貳、有關機關

依同條例第五條、第六條規定，主管機關為銓敘部；私立學校為要保機關；保險業務委託中央信託局（即承保機關）辦理，並負承保盈虧責任；如有虧損，由財政部審核撥補。

叁、保險費率及保險費分擔

依同條例第十條規定，保險費率為教、職員保險薪給之 7%至 9%；保險費由被保險人自付 35%，學校負擔 32.5%，政府補助 32.5%。

肆、辦理手續

依同條例第五條、第七條、第八條、第十一條規定，申請為本保險之要保學校，應經主管教育行政機關核准，並函銓敘部備查；經核准之要保學校，應於核准後一個月內，為其所屬教、職員辦理要保手續；保險效力之開始，自辦妥要保手續之日起算；被保險人自付之保險費，由各要保學校按月扣繳，連同學校負擔及政府補助之保險費，於當月十五日以前，一併彙繳承保機關；應繳保險費未依規定限期繳納者，得寬限三十日。

伍、罰則及其他規定

依同條例第七條、第十一條、第十二條規定，經核准要保之學校，逾期未辦要保手續者，由主管教育行政機關查究責任；保險費在寬限期間內仍未繳納者，除通知主管教育行政機關外，依法訴追，並自訴追之日起，在保險費未繳清前暫停給付。凡未參加勞工保險之私立學校，應一律參加本保險；如不參加應限期辦理，逾期仍不辦理者，核減招生班級。又在本條例施行前已參加勞工保險之學校，如改投本保險，其勞工

保險年資,準用勞工保險條例第七六條(即被保險人在保險有效期間未曾領得現金給付者,於轉任公務人員參加公務人員保險時,其原有勞保年資應予保留,於其年老依法退職時,應予分別計算核發應得之老年給付)之規定,分別計算。

陸、未規定事項之法規適用

依同條例第一條,「本條例未規定事項,準用公務人員保險法及其有關法令」。因此,有關私立學校教職員保險之保險事故、保險費率、保險給付、業務監督、保險醫療辦法等,均準用公務人員保險法及有關規定辦理。

第四項　私立學校教職員眷屬疾病保險法規簡析

私立學校教職員眷屬疾病保險,係由行政院會同考試院訂定辦法辦理。私立學校教職員眷屬疾病保險辦法之要點如下:

壹、適用人員範圍

所稱私立學校教職員眷屬,指私立學校教職員保險被保險人之配偶、父母及未婚子女,並以設住所於國內者為限。未婚子女年滿二十歲以上者,以在校肄業且無職業,或受禁治產宣告尚未撤銷或殘廢而不能自謀生活者為限。

貳、保險事故

包括疾病及傷害兩項。

叁、保險費率與保險費分擔

保險費率每一眷口爲私立學校教職員保險被保險人每月保險薪給3%至5%，由被保險人自付50%，學校負擔25%，政府補助25%；本保險先開辦配偶部分，開辦時費率爲3%，至於父母、未婚子女部分之施行日期及費率，由行政院、考試院會同以命令定之。又本保險財務收支應分戶立帳，如有虧損應調整費率挹注之。

肆、保險給付

本保險被保險人在保險有效期間內發生疾病、傷害事故時，其就醫比照公務人員眷屬疾病保險條例及其有關規定辦理。

伍、未規定事項之法規適用

本辦法未規定事項，準用私立學校教職員保險條例、公務人員眷屬疾病保險條例及其有關規定。因此如本保險之主管機關、承保機關、業務監督、保費之繳納、保險醫療規定等，均與私立學校教職員保險及公務人員眷屬保險之規定同。

第五項　全民健康保險法及其影響簡述

政府爲增進全體國民健康，辦理全民健康保險，以提供醫療保健服務，特制定全民健康保險法；本法未規定者，適用其他有關法律。該法已於八十三年八月九日公布，行政院並預定於八十四年一月起施行。因公務人員及其眷屬、退休公教人員、私立學校教職員及其眷屬，均屬國民，原有之疾病、傷害、生育保險，均將改依本法之規定辦理。茲就該法之要點及該法對公務人員及其他人員保險法規之影響簡說如下：

壹、全民健康保險法要點

一、保險事故: 包括疾病、傷害、生育三種。

二、保險對象: 包括被保險人及其眷屬, 其中被保險人又分第一類、第二類、第三類、第四類、第五類、第六類六種; 第一類又分一、二、三、四、五等五目, 其中一目爲政府機關、公私立學校之專任有給人員或公職人員, 二目爲公、民營事業、機構之受雇者; 第六類又分一、二兩目, 其中二目爲上述各類目以外之家戶戶長或代表。眷屬又分被保險人之配偶且無職業者; 被保險人之直系血親尊親屬且無職業者; 被保險人二親等內直系血親卑親屬未滿二十歲且無職業, 或年滿二十歲無謀生能力或仍在學就讀且無職業者。

三、投保金額、保險費率及保險費之負擔: 第一類被保險人及其眷屬之保險費, 依被保險人投保金額及其保險費率計算之; 投保金額以其薪資所得爲準, 被保險人及其每一眷屬之保險費率以 6% 爲上限, 開辦第一年以 4.2% 計繳保險費; 第二年起重新評估保險費率, 如需調整由主管機關報請行政院核定之。第六類二目被保險人之保險費, 以精算結果之全體保險對象每人平均保險費計算之。眷屬之保險費由被保險人繳納, 超過五口者以五口計。

保險費之負擔, 第一類一目被保險人 (即政府機關、公私立學校之專任有給人員或公職人員) 及其眷屬自付 40%, 投保單位負擔 60%; 但私立學校教職員之保險費, 由被保險人及其眷屬自付 40%, 學校負擔 30%, 中央或省市主管教育行政機關補助 30%。第一類二目被保險人 (即公民營事業、機構之受雇者) 及其眷屬自付 30%, 投保單位負擔 60%, 各級政府負擔 10%。第六類二目被保險人 (即各類目被保險人及其眷屬以外之家戶戶長或代表) 及其眷屬自付 60%, 中央政府補助 40%。

四、保險給付: 保險對象發生疾病、傷害或生育事故時, 由保險醫

事服務機構依本保險醫療辦法，給與門診或住院診療服務，醫師並得交付處方箋予保險對象至藥局調劑。爲維護保險對象之健康，主管機關應訂定項目及實施辦法，辦理預防保健服務。

保險對象應自行負擔門診或急診費用 20%；但不經轉診而逕赴地區醫院門診者應負擔 30%，逕赴區域醫院門診者應負擔 40%，逕赴醫學中心門診者應負擔 50%。上述應自行負擔之費用，主管機關於必要時，得依各級醫療院所前一年平均門診費用及所定比率，規定以定額方式收取，並每年公告其金額。

本法施行後連續二年如全國平均每人每年門診次數超過十二次，應即採行自行負額制度，其實施辦法由中央主管機關另定之。

住院者視住院期間，保險對象應負擔 5%～30% 住院費；特定項目之醫療費用不在本保險給付範圍，又具有特定情形之一者不予保險給付；保險對象有重大傷病或分娩者，免負擔門診或急診費用及住院費用。

五、有關機關、保險服務醫療機構及投保單位：全民健康保險之主管機關爲中央衛生主管機關；爲監理本保險業務，並提供保險政策、法規之研究及諮詢，應設全民健康保險監理委員會；爲審議被保險人、投保單位及保險醫療服務機構對保險人核定之案件發生爭議事項，應設全民健康保險爭議審議委員會；由主管機關設中央健康保險局，爲保險人辦理保險業務。

保險醫事服務機構爲特約醫院及診所，特約藥局，保險指定醫事檢驗機構，及其他經主管機關指定之特約醫事服務機構。

第一類被保險人以其服務機關學校事業機構爲投保單位，第六類二目被保險人得徵得其共同生活之其他類被保險人所屬投保單位同意後，以其爲投保單位。

六、安全準備及行政經費：本保險爲平衡保險財務，並就下列來源提列安全準備，即每年度保險費收入總額 5% 範圍內，年度收支之結餘，

保險費滯納金，安全準備所運用之收益。本保險之資金，得為公債庫券及公司債之投資，存公營銀行生息，特約醫院擴建之貸款等。保險人為辦理本保險所需之人事及行政管理經費，以當年度醫療費用總額3.5%為上限，編列預算辦理。

七、其他：本保險之一切帳冊、單據及業務收支，均免課稅捐。本法施行日期由行政院另以命令定之。本法實施滿二年後，行政院應於半年內修正本法，逾期本法失效。

貳、對公務人員及其他人員保險法規之影響

一、**對公務人員保險法**（參閱本章第四節）**之影響**：原參加公務人員保險之政府機關、公營事業、公立學校之專任有給人員及公職人員，自全民健康保險法施行後，已屬該法第一類一、二目所定之被保險人，其有關疾病、傷害及生育之保險應改按全民健康保險法之規定參加全民健保。公務人員保險法中原規定之疾病、傷害及生育三項保險事故及其有關保險給付之規定應予刪除，只保留殘廢、養老、死亡及眷屬喪葬四項，因而原定之保險費率亦需配合修正。銓敘部正在修法以資配合中。

二、**對公務人員眷屬疾病保險條例**（參閱本節第一項）**之影響**：原以公務人員眷屬身分參加眷屬疾病保險者，自全民健康保險法施行後，已屬該法所定第一類一、二目被保險人之眷屬，應改按全民健康保險法之規定，參加疾病、傷害及生育保險。原有之公務人員眷屬疾病保險條例，應予廢止。

三、**對退休公教人員及其眷屬疾病保險辦法**（參閱本節第二項）**之影響**：原參加退休公務人員及其眷屬疾病保險之退休人員及其眷屬，如其直系血親卑親屬為該法所定第一類一、二目被保險人者，則以該保險人之眷屬身分參加全民健康保險；如其直系血親卑親屬為該法所定第一類三至五目、第二至第五類及第六類一目被保險人者，則以各該類被保

險人之眷屬身分參加全民健康保險；如其直系血親卑親屬無該法所定第
一至第五類及第六類一目之被保險人者，則自行依該法第六類二目之規
定參加全民健康保險。因此，原訂定之退休公教人員及其眷屬疾病保險
辦法，自全民健康保險法施行後，亦應停止適用。

　　四、對私立學校教職員保險條例（參閱本節第三項）**之影響**：私立
學校教職員保險條例，對保險事故、保險給付、保險費率，均準用公務
人員保險法之規定。全民健康保險法施行後，私立學校教職員已屬該法
第一類一目所定之被保險人，其有關疾病、傷害及生育三項，應依該法
之規定辦理。因而私立學校教職員保險條例中原定疾病、傷害及生育三
項及其有關保險給付之規定應予刪除，只保留殘廢、養老、死亡及眷屬
喪葬四項，原定之保險費率亦應予修正。

　　五、對私立學校教職員眷屬疾病保險辦法（參閱本節第四項）**之影
響**：全民健康保險法施行後，私立學校教職員已屬該法第一類一目所定
之被保險人，其眷屬自可依照該法之規定，參加全民健康保險。因此原
定之私立學校教職員眷屬疾病保險辦法，自可不再適用。

第十六章 撫卹與退休

撫卹、退休各爲我國憲法增修條文第五條所定人事項目，各有其理論及政策與原則，並各有其法規以爲辦理依據。茲分節敍述之。

第一節 撫卹與退休的理論

新陳代謝說、老有所終與找尋第二春說、撫卹退休金來源說，爲建立撫卹與退休制度之理論依據。茲分項敍述如後。

第一項 新陳代謝說

新陳代謝，指的老的舊的不斷凋謝，幼的新的不斷成長，如此生生不息、綿延不絕，直至永遠。

壹、新陳代謝是自然的現象

新陳代謝是一種自然現象，從大者言，整個宇宙有新陳代謝的現象；從小者言，吾人身體的細胞亦在不斷的新陳代謝；從中者言，社會的各種人等，亦是在經常的新陳代謝。亦因有新陳代謝現象的存在才使得宇宙永恆，個人身體保持健康，整個社會繼續發展。

貳、機關內員工的新陳代謝

機關是若干人所組織成，機關有其目標與任務，經由各人分別執行任務以達成目標。但人的年齡是一年一年增長的，身體亦由於年齡的增長而成長、健壯、衰弱，因此人終將有一天由於身體健康原因而無法勝任職務。

由於老的舊的人員不斷代謝，其所遺任務勢須由新人來接替，以免機關目標的流失。因此，機關須繼續不斷的羅致青壯的新人，來代替年老力衰離去的舊人，正如一個池塘的水，要保持著流動的狀態，保持有暢通的出水口與進水口，如此才不致成為一塘死水，日久而發臭。

第二項　老有所終與找尋第二春說

壹、禮運大同主張老有所終

孔子的〈禮運大同篇〉，是國父孫中山先生最為欣賞的。在〈禮運大同篇〉中曾謂：「大道之行也，天下為公；選賢與能，講信修睦。故人不獨親其親，不獨子其子；使老有所終，壯有所用，幼有所長，矜寡孤獨廢疾者皆有所養」。此處所稱老有所終及矜寡孤獨廢疾者皆有所養，乃指年老力衰或身體殘廢者，因已不能工作，社會有責任要扶養他們，對不幸亡故者，社會有責任作適當的喪葬；對其遺孤或寡矜之遺族，社會亦有責任要扶養他們。機關的員工，一生為國家服務，如有不幸在職亡故，或因年老力衰或身體殘廢不能勝任職務而離職時，則對亡故者之遺族或離職者之晚年生活，政府自應予以適當照顧，使年幼之遺孤得以成長，矜寡者生計得以維持，晚年生活得以安然的渡過。

貳、找尋第二春

　　人從其成長過程言，通常可區分為嬰兒期、兒童期、青年期、成年期、老年期，其中成年期又可分成年前期與成年後期。各成長期與年齡之關係，大致為十二周歲至二十歲為青年期，二十周歲至五十歲為成年前期，五十周歲至六十五歲為成年後期，六十五周歲以上為老年期。人與其所從事之事業言，大致青年期開始對所從事事業的考慮，成年前期開始時先選定所從事職業，而後繼續發展事業，至五十歲時大致可達事業成就的最高峰；而後再進入成年後期，對原有事業多採保守的狀態，使原有的事業能夠繼續維持下去。及至老年期將屆，多數先後需離開原有的事業，或將自己所經營的事業交由下一代管理，而自己即退居第二線，過著較為輕鬆與空閒的生活。

　　由於經濟環境的改善、衛生醫療設備的更新，使得人的壽命不斷的延長，迄今女性的平均壽命為七十七歲，男性的平均壽命為七十三歲。因此人進入老年期後，平均還可活到十年。進入老年期的人，雖有身體老化、心智衰退、生活適應困難等的缺點，但另一方面卻有經驗豐富、處事穩重、思慮周詳等優點。所謂晚年的第二春，在消極方面透過衛生醫療設施，來減緩老年人的生理與心理的衰退；在積極方面協助老年人對晚年的生活能作良好的適應，及老年人的豐富經驗等優點在社會上能繼續的作適度的貢獻。如辦理老年人保險、設立養老院、成立長青俱樂部推行老年休閒活動、對重大問題的處理徵詢老年人的意見，使老年人展開另一階段的美好生活。

第三項　撫卹退休金來源說

　　員工不論於年老力衰退休或不幸在職亡故，其退休後之晚年生活或

亡故者遺族之生活，必需支給一筆可觀費用來維持，此種費用之支付稱爲退休金之給與或遺族撫卹金之給與。此種退休或撫卹金之來源卻有三種不同說法。

壹、恩給制說

指退休人員之退休金或亡故者遺族之撫卹金，是由政府或服務機關所恩賜給與的，因此它不是員工的權利，給或不給全由政府或服務機關來決定，給與的標準當然亦由政府或服務機關自定了。

貳、延期支付說

指退休人員之退休金或亡故者遺族之撫卹金，原屬員工平時俸薪的一部分，只不過其支付的期間延後，於員工退休或亡故時，方開始支付而已。故此種退休金或撫卹金爲員工的權利，政府或服務機關不得任意取消，其支付標準亦不得任意降低。

叁、儲金制說

指退休人員之退休金或亡故者遺族之撫卹金，係由員工在職或生前自行按月繳付部分金額與政府或服務機關亦同時按月撥付部分金額，先作共同儲蓄，於員工退休時或不幸在職亡故時，始予支付的制度。不論爲員工自行按月繳付部分或由政府或服務機關撥付部分，及雙方繳撥的比例與金額均需以法制明定，任何一方不得任意變更。

以上三種說法，在以往對退休撫卹經費多採恩給制或延期支付說，惟近來則多改採儲金制說。

第二節　撫卹與退休的政策與原則

以現階段言，撫卹與退休的政策與原則，應包括明定撫卹、退休種類與條件，訂定撫卹、退休金計算標準，明定撫卹、退休金請領順序及權利變更、保障等。茲分項敍述如後。

第一項　明定撫卹退休種類與條件的政策與原則

為期撫卹退休制度合理，應分別訂定撫卹退休種類及請領撫卹退休金應行具備之條件。其原則如下：

壹、撫卹種類

撫卹通常視亡故原因區分為亡故撫卹及因公死亡撫卹兩種，前者如病故或意外死亡，均係公務人員之個人事件，與所執行之公務無關；後者雖亦為公務人員個人事件，但係執行公務所致，死亡與執行公務二者間有直接的因果關係。

貳、退休種類

通常依是否基於公務人員的自願為準，區分為自願退休與命令退休兩種。前者係基於公務人員的自願申請退休，如公務人員不願退休或未提出申請則無退休可言，故其退休之決定權在公務人員自己而非機關首長；後者係基於服務機關的命令而退休，公務人員不得拒絕，亦不得以自己不願退休為理由而抗拒，故其退休之決定權在機關首長而非公務人員自己。

叁、遺族撫卹金種類與請領條件

一、一次撫卹金: 對任職未滿十五年亡故者, 給與遺族一次撫卹金, 由遺族一次具領完畢。

二、年撫卹金: 對任職滿十五年以上亡故者, 按年給予遺族年撫卹金, 直至屆滿領受之年數或遺族至成年時爲止。

三、年撫卹金及一次撫卹金: 對任職滿十五年以上亡故者, 亦有除給與遺族年撫卹金外, 另再給與一次撫卹金者, 惟其年撫卹金及一次撫卹金之各別金額, 均較全部給與年撫卹金及一次撫卹金之金額爲低。

肆、退休金種類與請領條件

一、一次退休金: 對任職五年以上未滿十五年退休者, 給與一次退休金, 由退休人員一次具領完畢。

二、退休金種類之選擇: 對任職十五年以上退休者, 得就下列五種退休金設計中選擇最能適合自己生活需要的退休金。即(1)一次退休金: 即全部領一次退休金; (2)月退休金: 即全部按月領退休金; (3)二分之一之一次退休金及二分之一之月退休金; (4)三分之一之一次退休金與三分之二之月退休金; (5)四分之一之一次退休金與四分之三之月退休金。

由上可知, 在撫卹及退休制度中, 任職十五年與任職未滿十五年者, 對撫卹金及退休金之種類關係甚大, 對任職未滿十五年者, 多只能領一次撫卹金及退休金, 對任職十五年以上者, 不但撫卹金及退休金較多, 且更有選擇領取撫卹金及退休金種類之權利, 甚至可同時請領若干種撫卹金及退休金。

第二項　訂定撫卹退休金計算標準的政策與原則

撫卹金及退休金之計算標準，其一般原則如下：

壹、依任職年資核計撫卹金退休金基數

對亡故公務人員遺族之一次撫卹金及退休人員之一次退休金，通常按其任職年資核計其應得之基數個數，如每任職滿一年給予一個或二個基數，未滿一年之年資以一年計。至年撫卹金、月退休金之計算，如年撫卹金為任職滿若干年給予若干個基數；如月退休金為按任職年資每任職滿一年給予一個基數百分之若干，如1%或2%，未滿一年之年資以一年計。

貳、依俸給核計基數內涵

一個基數之內涵究竟包括些什麼，須加明確規定。通常基數的內涵以月俸之俸額為內涵，亦即月俸額如為二萬元，則一個基數之內涵亦為二萬元。但如財務狀況良好，亦可將月俸之外的現金給與亦列為基數的內涵，如月俸額為二萬元，各種加給合計為一萬元，則一個基數的內涵為三萬元。由此可知，將基數來代替俸給，可使基數之內涵具有彈性，亦即撫卹金退休金之多寡，可視財務狀況作適度的調整。

叁、對因公死亡及生前具特殊功績者加發撫卹金

如公務人員因公死亡或生前具有特殊功績者，其情節與病故或意外死亡及生前並無特殊功績者不同，對此種因公或具有特殊功績死亡者遺族，自應給予較優厚的撫卹金。至加發撫卹金之標準，一次撫卹金部分，可規定應加發撫卹金基數之個數；年撫卹金部分，可規定加發年撫卹金

基數之個數或年撫卹金百分比之百分數。

肆、對因公傷殘退休者加發退休金

公務人員因公傷殘命令退休者，退休金應予加發以示慰勉。至加發之方式因一次退休金或月退休金而不同，如爲一次退休金可規定應加發一次退休金基數之個數，如爲月退休金可規定應加發月退休金基數百分比之百分數。

伍、任職年資未達撫卹退休之要求者從寬計算其年資

如公務人員因公死亡任職未滿十五年者，爲示優待仍以十五年論；又如任職未滿五年因公傷殘不能勝任職務而命令退休者，其任職年資亦從寬以五年計。

第三項　明定撫卹退休金請領順序及權利變更保障的政策與原則

有關撫卹金退休金領受權通常有請領之遺族順序、權利之終止、權利之喪失、權利之停止與恢復、權利之保障、權利之有效行使期間等，均須予以明定。

壹、請領撫卹金之遺族順序

通常依親等近遠順序規定，親等近者在先，親等遠者在後。

貳、領受權利之終止

一、領受撫卹金權利之終止：

㈠以出現某種事實爲終止權利之條件者：如父母領受撫卹金權利至其死亡時終止。

㈡以屆滿領受年限爲終止權利之條件者；領受撫卹金之年限一屆滿時，撫卹金領受權即行終止。此種終止方式，與安撫遺孤生計之本意頗有出入。

　　二、**領受退休金權利之終止**：一般而言，退休人員死亡者，其領受退休金之權利即行終止。領受月退休金人員亡故時，亦有改發遺族撫卹金者。

叁、領受權利之喪失

　　不論爲領受撫卹金或退休金人員，當遇有某種事故發生時，即會喪失其領受撫卹金退休金之權利，如受褫奪公權終身者。

肆、領受權利之停止與恢復

　　領受撫卹金退休金人員，遇有某種事故發生時，亦會停止其領受撫卹金退休金之權利，因只係停止，故當該種事故消失時仍可恢復其原領之撫卹金退休金。

伍、領受權利之保障

　　領受撫卹金退休金之人員，多爲年邁或年幼之遺族，或爲年邁之退休人員，因此對其撫卹金退休金之權利應予特別保障，以免被侵占或詐欺而受到損失。

陸、行使領受權利之時效

　　爲免遺族或退休人員故意拖延不行使請領權，使政府與遺族及退休人員間之權利義務關係長期懸而不決，亦非安定社會秩序之道，因此須明定遺族及退休人員對撫卹金及退休金的請領權利，應在一定期內應予行使，如有逾期而不行使者，則採消滅時效之法理，消滅其領受撫卹金

及退休金之權利。

第三節 一般公務人員撫卹法規簡析

一般公務人員之撫卹，以公務人員撫卹法為主要依據，有其法規體系，對適用範圍及撫卹種類，撫卹金種類、請領條件及計算標準，遺族領受撫卹金順序，撫卹經費來源及管理，領受撫卹金權利變更與保障，辦理撫卹手續，新舊法交替期間，及遺族照護等，均有相當規定。茲分項簡述如後。

第一項 撫卹退休法規體系

從法規體系言，撫卹退休法規關係密切，茲就公務人員撫卹及退休法規、公營事業人員退休撫卹法規、公立學校教職員退休撫卹法規之體系，併在本項內列表，其順序為法律、依法律授權訂定之規章，及基於執行法條或其他需要訂定之規章如下：

法　　律	依法律授權訂定之規章	依需要訂定之規章
公務人員撫卹法	公務人員撫卹法施行細則 公務人員增加勳績撫卹金 　標準表	公務人員遺族照護辦法(考試 　院核定)
公務人員退休法	公務人員退休法施行細則	退休人員照護事項(行政院核 　定) 退休公務人員退休金優惠存款 　辦法(銓敘部、財政部核定) 臺灣民選縣市長鄉鎮縣轄市長 　退職酬勞金給與辦法(內政 　部核定)
警察人員管理條例中 　有關退休撫卹條文 關務人員人事條例中 　有關退休撫卹條文		
司法人員人事條例中 　有關退休條文	司法官養老金給與辦法	
		交通事業人員撫卹規則(交通 　部核定) 經濟部所屬事業人員退休撫卹 　及資遣辦法(經濟部核定) 財政部所屬事業人員退休撫卹 　及資遣辦法(財政部核定)
學校教職員撫卹條例 學校教職員退休條例		學校教職員退休金優惠存款辦 　法(教育部、財政部核定)

第二項　有關適用範圍及撫卹種類法規簡析

壹、公務人員撫卹法之適用範圍

包括下列三種:

一、公務人員適用之: 依公務人員撫卹法第二條,「依本法撫卹之公務人員,以現職經銓敍機關審定資格登記有案者爲限」。復依施行細則規定,所稱「審定資格登記有案」,指依公務人員任用、派用法規審定登記有案之人員。再各機關送請銓敍機關辦理銓審之公務人員,須爲各機關組織法規所定編制內定有職等職稱之人員,如雖屬法定編制內定有職等及職稱而未經審定資格登記有案,或屬法定編制外之人員而不能辦理銓審者,均不適用公務人員撫卹法之規定。

二、政務官準用之: 依同法第十七條,「本法於左列在職有給人員準用之,即⑴特任特派及相當於特任職人員;⑵各部政務次長;⑶特命全權大使及特命全權公使;⑷省政府主席、委員及直轄市市長;⑸其他依機關組織法律規定比照簡任第十四職等之正、副首長」。又依同法第十七條之一規定,「本法於在職有給之縣(市)長鄉鎮(市)長準用之」。以上人員吾人多稱之爲政務官,其任用並無任用資格之限制,因此亦不需向銓敍機關辦理銓審,故只能準用公務人員撫卹法之規定辦理撫卹,而非適用公務人員撫卹法。

三、雇員準用之: 同法中並無雇員準用之規定,但公務人員任用法第三七條,「雇員管理規則由考試院定之」,由考試院所定雇員管理規則中,則明定有雇員之撫卹準用公務人員撫卹法之條文,故雇員死亡時亦準用公務人員撫卹法之規定辦理撫卹。

貳、公務人員撫卹之種類

依同法第三條，「公務人員有左列情形之一者，給與遺族撫卹金，即(1)病故或意外死亡者；(2)因公死亡者」。因此二種死亡之情節不同，對遺族撫卹金之計算亦有若干差異，故可將撫卹區分為兩種：

一、病故或意外死亡之撫卹：病故指因病而死亡，意外死亡指遭遇意外事故而死亡，如遭遇車禍而死亡等。

二、因公死亡之撫卹：依同法第五條，「因公死亡人員指左列情事之一，即(1)因冒險犯難或戰地殉職者；(2)因執行職務發生危險以致死亡；(3)因公差遇險或罹病以致死亡；(4)在辦公場所發生意外以致死亡」而言。復依施行細則規定，所稱冒險犯難，指遭遇危難事故奮不顧身執行公務以致殉職而言；又所稱在辦公場所發生意外以致死亡，指在處理公務之場所因意外事故而猝發疾病死亡而言。

第三項　有關撫卹金種類、請領條件及計算標準法規簡析

請領撫卹金之條件，多以死亡原因及生前任職年資為準規定，撫卹金又有一次撫卹金及兼領年撫卹金及一次撫卹金之別，並各別規定支給標準。

壹、病故或意外死亡者

依同法第四條，

「(一)任職未滿十五年者，給予一次撫卹金，不另發年撫卹金。其一次撫卹金之計算標準為每任職滿一年給與一個半基數，尾數未滿六個月者給予一個基數，滿六個月以上者以一年計。

(二)任職十五年以上者，除每年給與五個基數之年撫卹金外，另給與

十五個基數之一次撫卹金，以後每增一年加給半個基數，尾數未滿六個月者不計，滿六個月以上者以一年計，最高給與二十五個基數。

以上基數之計算，以公務人員最後在職時之本俸加一倍為準，年撫卹金基數應隨同在職同等級公務人員本俸調整支給之」。

貳、因公死亡者

依同法第五條後項，「因公死亡人員除依病故或意外死亡人員撫卹之規定給卹外，並加一次撫卹金百分之二十五；其係冒險犯難或戰地殉職者，加百分之五十。因公死亡人員任職未滿十五年者以十五年論；其係因冒險犯難或戰地殉職者，任職十五年以上未滿三十五年者以三十五年論」。

叁、代金及補助費之發給

依同法第四條之一，「公務人員亡故時領有本人實物代金、眷屬實物代金及眷屬補助費者，其實物代金及補助費依下列規定加發：

㈠給與一次撫卹金者，每一基數加發一個月本人實物代金，另並一律加發兩年眷屬實物代金及眷屬補助費。

㈡給與年撫卹金者，本人及眷屬實物代金與眷屬補助費十足發給」。

肆、任職年資之併計與扣除

依施行細則規定，公務人員撫卹之任職年資，除本機關之任職年資外，下列年資得合併計算，即(1)曾任有給專任之公務人員具有合法證件者；(2)曾任軍用文職年資，未併計核給退休俸，經銓敘部登記有案或經國防部核實出具證明者；(3)曾任下士以上軍職年資，未核給退役金或退休俸，經國防部核實出具證明者；(4)曾任雇員或同委任或委任待遇警察人員年資，未領退職金或退休金，經原服務機關核實出具證明者；(5)曾

任公立學校教職員或公營事業人員之年資，未依各該規定核給退休金，經原服務機關核實出具證明者。

依公務人員撫卹法第十六條，「公務人員曾以其他職位領受退休金者，應於計算撫卹金年資時，扣除已領退休金之年資」。

伍、兼領年撫卹金及一次撫卹金之申請改發一次撫卹金

依同法第六條，「公務人員在職二十年以上亡故，生前立有遺囑，不願兼領年撫卹金及一次撫卹金暨實物配給及眷屬補助費者，得改按公務人員退休法一次退休金之標準，全部發給一次撫卹金、實物配給及眷屬補助費；其無遺囑，而遺族不願兼領年撫卹金及一次撫卹金者亦同。依因公死亡規定加給一次撫卹金者，其加給部分之計算標準，仍依原應領一次撫卹金之規定為準」。

陸、受有勳章或有特殊功績之增加一次撫卹金

依同法第七條，「公務人員受有勳章或有特殊功績者，得增加一次撫卹金額，增加標準由考試院會同行政院定之」。

依施行細則規定，所稱勳章，指依勳章條例所授予者；所稱特殊功績，指有下列情形之一者，即⑴經總統明令褒揚，並將生平事蹟宣付國史館者；⑵經考試院核定從優議卹者。依現行規定，自獲中山勳章者增加四萬元（最高），至經考試院核定從優撫卹者之增加一萬六千元。

柒、給與殮葬補助費

依同法第十四條，「公務人員在職亡故者，應給予殮葬補助費，其標準由考試院會同行政院定之」。

以上所稱在職亡故，依施行細則規定，其在職期間不受本法第四條之限制，即未滿十五年與十五年以上者均同樣處理。

依現行規定，在職亡故火化者，核發七個月之殮葬補助費；入棺土葬者核發五個月之殮葬補助費。

第四項　遺族領受撫卹金順序法規簡析

撫卹金係由亡故公務人員之遺族申請具領，依公務人員撫卹法第八條規定，其情形為：

壹、公務人員遺族領受撫卹金之順序

分下列四個，即(1)父母、配偶、子女及寡媳，但配偶及寡媳以未再婚者為限；(2)祖父母、孫子女；(3)兄弟姊妹，以未成年或已成年而不能謀生者為限；(4)配偶之父母、配偶之祖父母，以無人扶養者為限。

當留有第一順序之遺族時，由第一順序遺族具領，無有第一順序之遺族時，由第二順序遺族具領，餘類推。

以上所稱「已成年不能謀生之兄弟姊妹」，依施行細則規定，指心神喪失或殘廢，經醫師證明者。又所稱「無人扶養配偶之父母、配偶之祖父母」，指不能維持生活又無謀生能力，經鄉鎮區公所證明者。

貳、同一順序遺族有數人時平均領受

同一順序之遺族有數人時，其撫卹金應平均領受，如有死亡或拋棄或因法定事由喪失領受權時，由其餘遺族領受之。

叁、遺囑得指定領受撫卹金之遺族

以上各遺族之順序，如公務人員生前預立遺囑指定領受撫卹金者，從其遺囑。換言之，公務人員得於生前在遺囑中指定撫卹金由何種遺族領受時，即由該遺族領受，不受原有遺族領受撫卹金順序之限制。

第五項　有關撫卹金退休金經費來源與管理法規簡析

依公務人員撫卹法第十五條及公務人員退休法第八條、第十六條之一，其主要內容如下：

壹、由退休撫卹基金支付撫卹金退休金

公務人員撫卹金及退休金，應由政府與公務人員共同撥繳費用建立之退休撫卹基金支付之，並由政府負最後支付保證責任。

貳、政府及公務人員撥繳費用之標準

按公務人員本俸加一倍 8% 至 12% 之費率，政府撥繳 65%，公務人員繳付 35%。撥繳滿三十五年後，免再撥繳。

叁、仍需由政府另編預算支應之撫卹金退休金

因公死亡人員應加發之一次撫卹金，另由各級政府編列預算支付。公務人員因公傷病成殘退休者，其加發之退休金，另由政府編列預算支付。

公務人員在本法修正施行前任職年資應付之撫卹金及退休金，另由各級政府編列預算支付。

肆、公務人員離職時之申請發還原撥繳費用

公務人員於年滿三十五歲時或年滿四十五歲時自願離職者，得申請發還其本人及政府繳付之基金費用，並以臺灣銀行之存款年利率加計利息，一次發還。又公務人員依規定不合退休資遣於中途離職或因案免職者，得申請發還其本人原繳付之基金費用，並以臺灣銀行之存款年利率

加計利息，一次發還。如經領回者，嗣後再任公務人員，該部分年資不得再行核計年資領取退休金。

伍、退休撫卹基金之撥繳、管理及運用等事項另以法律定之

依送請立法院審議之公務人員退休撫卹基金管理條例草案，其要點為：

一、基金來源：包括(1)各級政府依法撥用之經費；(2)軍公敎人員依法自繳之費用；(3)本基金之孳息收入及其運用之收益；(4)經政府核定撥交之補助款項；(5)其他有關收入。以上各級政府依法撥繳之費用，應按年編列預算直接撥繳本基金；軍公敎人員依法自繳之費用，應由各服務機關按月彙繳本基金。

二、基金之運用：包括透過下列各種方式獲得收益，即(1)購買公債、不動產、上市股票等；(2)存放銀行；(3)對軍公敎福利有關設施之投資；(4)貸款供各級政府或公營事業。

三、對運用基金之保障：本基金之運用，其三年內平均最低年收益不得低於臺灣銀行二年期定期存款利率計算之收益。如運用所得未達規定之最低收益者，由國庫補足其差額。

第六項　領受撫卹金權利變更與保障法規簡析

撫卹金權利之變更，包括領受年限已屆滿，領受權之喪失、停止與恢復，領受權不行使之時效消滅，及領受權之保障等，在公務人員撫卹法中均有明文規定。

壹、年撫卹金之領受年限與給與終身

當年撫卹金領受年限屆滿時，則終止年撫卹金之給與。依同法第九

條,「遺族年撫卹金自該公務人員死亡之次月起給與, 其年限規定如下, 即⑴病故或意外死亡者給與十年; ⑵因公死亡者給與十五年; ⑶冒險犯難或戰地殉職者給與二十年。如遺族爲獨子(女)之父母或無子(女)之寡妻或鰥夫, 得給與終身」。「當給卹年限屆滿而子女尙未成年者, 得繼續給卹至成年; 或子女雖已成年, 但學校敎育未中斷者, 得繼續給卹至大學畢業爲止」。

再依施行細則規定, 依同法核定之因公死亡撫卹者, 其遺族如於領受撫卹期限內成爲獨子(女)之父母或無子(女)之寡妻或鰥夫者, 亦得撫卹終身。

貳、撫卹金領受權之喪失

依同法第一〇條,「遺族有下列情形之一者, 喪失其撫卹金領受權, 即⑴褫奪公權終身者; ⑵犯內亂罪、外患罪經判決確定者; ⑶喪失中華民國國籍者」。

如遺族於領取一次撫卹金後或領年撫卹金年限屆滿後, 始發生有上列各種情事之一時, 原已領之撫卹金自不需追回。

叁、撫卹金領受權之停止與恢復

依同法第十一條,「公務人員遺族經褫奪公權尙未復權者, 停止其領受撫卹金之權利, 至其原因消滅時恢復」。

如遺族在未領撫卹金前, 遇有經褫奪公權尙未復權者, 則至褫奪公權期滿時開始領受; 如在領受年撫卹金期間, 遇有褫奪公權宣告並定有期間者, 其年撫卹金應即停止, 至其褫奪公權期滿時始恢復領受年撫卹金。

肆、領受撫卹金權利之消滅時效

依同法第十二條,「請卹及請領各期撫卹金權利之時效,自請卹或請領事由發生之次月起, 經過五年不行使而消滅; 但因不可抗力之事由致不能行使者,其時效中斷; 時效中斷者,自中斷之事由終止時重行起算」。

如自請卹或請領事由發生之次月起, 因遇有不可抗力之事由致不能行使撫卹金權利, 其時效即爲中斷, 至不可抗力之事由終止時, 重行起算五年的期間。

又依施行細則規定, 遺族居住不能領受撫卹金地區者, 得由服務機關聲請保留其遺族領卹權。如亡故公務人員之遺族現居大陸, 目前尚無法請領撫卹金, 則服務機關可向銓敘部聲請保留其遺族請領權, 直至遺族可以請領撫卹金時, 方開始計算其消滅時效之期間。

伍、領受撫卹金權利之保障

依同法第十三條,「領受撫卹金之權利及未經遺族具領之撫卹金,不得扣押、讓與或供擔保」。

依民法第二九四條規定, 債權人得將債權讓與第三人, 但下列債權不在此限, 即(1)依債權之性質不得讓與者; (2)依當事人之特約不得讓與者; (3)債權禁止扣押者。撫卹金領受權亦爲債權之一種, 公務人員撫卹法第十三條既有不得扣押、讓與之規定, 則撫卹金屬不得扣押或讓與之債權至爲明顯, 債權人或有關機關即使作扣押或讓與行爲, 其扣押或讓與亦不發生效力。

復依動產擔保交易法第二條規定, 本法所稱動產擔保交易, 謂依本法就動產議定抵押或爲附條件買賣, 或依法信託收據占有其標的物之交易。領受撫卹金權利爲動產之一種, 有撫卹金領受權之遺族, 依公務人員撫卹法第三條規定, 不得以撫卹金領受權爲動產交易之擔保品, 如有

此種擔保之行爲，在法律上亦不發生效力。

第七項　辦理撫卹手續法規簡析

依撫卹法施行細則規定，辦理撫卹之手續如下：

壹、聲請撫卹

由亡故公務人員之遺族，填具聲請撫卹事實表二份，連同死亡證明書、經歷證件、全戶戶籍謄本，由該公務人員死亡時服務機關，彙轉銓敍部審查。凡亡故公務人員之各款遺族，應於遺族聲請撫卹事實表內，依次詳細填列。遺族居住不能領受撫卹金地區者，得由服務機關聲請保留其遺族領卹權。

貳、核定撫卹

公務人員之遺族撫卹金案件，由銓敍部核定。

叁、發給撫卹金

公務人員遺族聲請撫卹，經核定後，由核定機關填發撫卹金證書，連同原送證件，遞由原轉請機關發交領受人，並函審計機關備查。其經費開支及發放日期爲：

一、經費開支：撫卹金，依亡故公務人員最後服務機關之經費，屬於中央者由國庫支出，並以銓敍部爲支給機關；屬於省(市)級者由省(市)庫支出，並以省財政廳及市財政局爲支給機關；屬於縣(市)級者由縣(市)庫支出，並以縣(市)政府爲支給機關。

二、發放日期：一次撫卹金，於撫卹案核定後一次發給；年撫卹金，於每年七月起一次發給。

肆、年撫卹金領受人之變更

年撫卹金領受人如有變更時，如領受人死亡或配偶及寡媳已再婚，原不能謀生而已能謀生或原無人扶養而已有謀生能力不需受人扶養等，應由其他有權領受人檢具證明文件連同原領撫卹金證書，報由支給機關遞轉銓敘部予以註銷或更正。

伍、罰則

撫卹金領受人，於領受權消滅、喪失或停止後，如有矇混冒領等情事，除由支給機關追繳冒領之撫卹金及證書外，並移送司法機關辦理。

第八項　有關新舊撫卹法交替期間法規適用簡析

八十二年一月二十日總統公布施行之新公務人員撫卹法與舊公務人員撫卹法間，內容有頗大差異，在新舊撫卹法之交替期間，有關法規適用之重要事項亦需在法律中明定。

壹、引起新舊撫卹法交替期間法規適用之原因

依新公務人員撫卹法第十九條，「本法自公布日施行，本法修正條文施行日期由考試院以命令定之」。茲再析如下：

一、公務人員撫卹法新修正條文：除第十九條外，尚有第四條、第四條之一、第五條、第九條、第十五條、第十七條及第十七條之一共八個條文(見第二項、第三項、第五項、第六項)，與舊法原條文第四條、第五條、第九條出入甚大。

二、新修正條文目前尚難實施：由於配合新修正條文之有關法律(如公務人員退休撫卹基金管理條例、退休撫卹基金管理委員會組織條例等)

尚未完成立法程序，致難以施行。又爲配合新法之施行，軍方及學校教
職員之撫卹制度，亦尚未配合修正完成，因此考試院對新修正條文尚未
規定施行日期。

貳、新修正條文施行前死亡之撫卹案仍依舊法原條文規定辦理

依新修正條文第十五條後項，「本法修正施行前死亡之撫卹案仍依修
正前之規定辦理」。因此，公務人員死亡撫卹案之撫卹金請領條件及計算
標準、因公死亡之認定、年撫卹金之領受年限，及撫卹經費之來源等，
仍照舊法第四條、第五條、第九條之規定辦理。其條文爲：

第四條　（病故或意外死亡者撫卹金之給與標準）

前條第一款人員撫卹金之給與如左：

㈠在職十五年未滿者，給與一次撫卹金，不另發年撫卹金。其給與標準如左：
在職滿一年者，給與一個基數，未滿一年者以一年計，以後每增半年，加一
個基數，未滿半年者以半年計。

㈡在職十五年以上者，按左列標準給與一次撫卹金，另每年給與六個基數之年
撫卹金：

1.在職十五年以上二十年未滿者，給與二十五個基數。

2.在職二十年以上二十五年未滿者，給與二十七個基數。

3.在職二十五年以上三十年未滿者，給與二十九個基數。

4.在職三十年以上者，給與三十一個基數。

年資之奇零數，逾六個月者，以一年計。

㈢遺族依規定領有實物配給及眷屬補助費者，照左列標準給與之：

1.在職十五年未滿者，一次發給兩年應領之數額。

2.在職十五年以上者，隨同年撫卹金十足發給。

基數之計算，以公務人員最後在職之月俸額及本人實物代金爲準。第三款眷屬之
實物配給，折合代金發給。

第五條 （因公死亡之適用範圍及撫卹金之給與標準）

第三條第二款因公死亡人員，指左列情事之一：

㈠因冒險犯難或戰地殉職。

㈡因執行職務發生危險以致死亡。

㈢因公差遇險或罹病以致死亡。

㈣在辦公場所發生意外以致死亡。

㈤因戰事波及以致死亡。

前項人員除按前條規定給卹外，並加一次撫卹金之百分之二十五。其係冒險犯難或戰地殉職者，加百分之五十。

第一項各款人員在職十五年未滿者，以十五年論；第一款人員在職十五年以上三十年未滿者，以三十年論。

第九條 （年撫卹金之給與期限）

遺族領年撫卹金者，自該公務人員亡故之次月起給與。其年限規定如左：

㈠病故或意外死亡者，給與十年。

㈡因公死亡者，給與十五年。

㈢冒險犯難或戰地殉職者，給與二十年。

前項第二款、第三款之遺族如為獨子（女）之父母或無子（女）之寡妻，得給與終身。

叁、新修正條文施行後死亡其任職年資跨新舊兩法者之處理

依新修正條文第十五條，「公務人員於本法修正施行前後之任職年資應合併計算，並均應依修正施行後之規定給卹。公務人員撫卹金應由政府與公務人員共同撥繳費用建立之退休撫卹基金支付之，並由政府負最後支付保證責任。但公務人員在本法修正施行前任職年資應付之撫卹金，由各級政府編列預算支付。

前項基金之撥繳、管理及運用等事項，另以法律定之。本法第五條規定因公死亡人員應加發之一次撫卹金，另由各級政府編列預算支付」。

由此可知，跨新舊兩法之任職年資應合併計算，並依新法之規定給卹，由退休撫卹基金支付，但新法施行前任職年資應付之撫卹金，仍由各級政府編列預算支付。

第九項　對遺族照護法規簡析

考試院爲照護在職亡故公務人員遺族，特訂定公務人員遺族照護辦法，其要點爲：

壹、遺族範圍

指依公務人員撫卹法規定受撫卹公務人員之父母、配偶、未成年子女或身心殘障受公務人員監護扶養之已成年子女。

貳、照護事項

包括(1)對在職亡故公務人員，由服務機關協助辦理喪事，並派員慰問其家屬；(2)原配亡故公務人員之宿舍，暫准其遺族繼續居住，但宿舍之處理仍應照規定辦理；(3)每年春節、端午及中秋三節，得指派專人慰問遺族並酌贈禮金；(4)遺族遇有婚、喪、喜慶或重大病害，服務機關派員賀弔慰問，並酌贈賀禮或賻儀；(5)各機關需用臨時工作人員，得優先考慮在清寒遺族中選用；(6)遺族子女如係殘障及無法定監護人扶養者，得協助送由公立救濟或育幼機構收容敎養。

叄、其他

各機關應備具遺族名冊，並保持聯繫。照護事項由人事單位會同總務單位辦理，照護遺族費用，在事務費項下列支。

第四節　特種公務人員撫卹法規簡析

所稱特種公務人員，指其撫卹案在任用或管理之特別法規中有特別規定之人員，其特別規定情形，分項敍述如後。

第一項　有關警察、關務人員撫卹特別規定簡析

警察及關務人員，各有警察人員管理條例及關務人員人事條例之訂定，其中有關撫卹之特別規定為：

壹、警察人員

依同條例第三六條，「警察人員之撫卹，適用公務人員撫卹法之規定；其在執行勤務中殉職者，比照戰地殉職人員加發撫卹金」。

按依公務人員撫卹法第五條規定，戰地殉職雖同為四種因公死亡情事之一，但對一次撫卹金之加發，其他三種情事的因公死亡一次撫卹金，只能加發 25%，而戰地殉職的因公死亡者，其一次撫卹金可加發 50%。又依同條後項規定，因公死亡人員任職未滿十五年者以十五年論，以示優待；但如戰地殉職者，除任職未滿十五年者以十五年論外，如任職十五年以上未滿三十五年者，以三十五年論，比其他情事之因公死亡，更為優厚。

貳、關務人員

依同條例第二一條，「關務人員之撫卹，適用公務人員撫卹法之規定；其在執行勤務中，遭受暴力或危害以致殉職者，視為冒險犯難殉職人員，

加發撫卹金」。

此一規定之用意，與上述警察人員同，不再贅述。

第二項　有關公營事業人員特別規定簡析

公營事業人員，大別有公營交通事業人員、公營生產事業人員、公營金融保險事業人員三大類，目前尚無有關撫卹法律之制定，主管機關爲期所屬公營事業人員亡故者，其遺族亦得領受類似撫卹金以維生計起見，乃以行政規章方式訂定辦法以爲辦理依據。

壹、公營交通事業人員之撫卹

交通部訂有交通事業人員撫卹規則，以爲辦理撫卹之依據，該規則之要點如下：

一、請卹條件、撫卹金種類及其計算標準：

㈠因公死亡者給予一次撫卹金及月撫卹金：其計算標準爲，⑴一次撫卹金，服務在一年以內者給十二個月；服務一年以上者每滿一年增給一個月；⑵月撫卹金，服務一年以內者給一個月撫卹金額30％；服務一年以上者每滿一年增給1.5％，至80％爲止。

㈡因公傷病以致死亡者給予一次撫卹金及月撫卹金：其計算標準與前述㈠之規定同。

㈢服務十年以上因病以致死亡者給予一次撫卹金及月撫卹金：其計算標準爲，⑴一次撫卹金，服務一年至二十年者，每滿一年給一個月；二十一年以上者每超過一年增給半個月；⑵月撫卹金，服務滿十年者給一個月撫卹金額20％；超過十年者每超過一年增給1.5％，至65％爲止。

㈣服務一年以上未滿十年在職傷病以致死亡者給予一次撫卹金：其

一次撫卹金之計算標準與前述㈢之規定同。

㈤領受月退休金未滿十年因傷病以致死亡者給予月撫卹金，逾十年者給予一次殮葬補助費：其計算標準為，⑴月撫卹金，給予一個月撫卹金額20%，服務期間超過十年者每超過一年增給1.5%，至65%為止，但仍需按已領退休金年數，自滿第二年起每領一年遞減10%支給；⑵一次殮葬補助費，給予六個月金額。

㈥因公傷殘命令退休人員領受月退休金未滿十年因傷殘增劇以致死亡者給予月撫卹金，逾十年者給予一次撫卹金：其計算標準為，⑴月撫卹金，給予一個月撫卹金額20%，服務期間超過十年者每超過一年增給1.5%，至65%為止；⑵一次撫卹金，如其服務在一年以內者給十二個月，服務一年以上者每滿一年增給一個月，其服務年資未滿十年者以十年論。

以上所稱一個月撫卹金額，按死亡時月薪及職務加給合計數為準。

二、殮葬補助費：交通事業人員在職因公死亡、因公傷病以致死亡、服務十年以上因病以致死亡者，除依前述㈠㈡㈢規定給予撫卹金外，得另給殮葬補助費。

三、遺族範圍及受領順序：領受一次撫卹金及月撫卹金之遺族範圍頗有不同，其規定為：

㈠領受一次撫卹金之遺族範圍及順序，為⑴配偶；⑵子女；⑶孫子孫女；⑷父母舅姑；⑸祖父母祖舅姑；⑹同父母弟妹。

㈡領受月撫卹金之遺族範圍及順序，為⑴未任有公職之妻或殘廢之夫；⑵未成年或仍在學之子女及已成年殘廢不能謀生之子女，但女以未出嫁者為限；⑶未成年或仍在學之孫子孫女及已成年殘廢不能謀生之孫子孫女，但以其父母死亡，孫女並以未出嫁者為限；⑷父母舅姑；⑸祖父母祖舅姑；⑹未成年或仍在學之同父母弟妹。又上述⑵⑶之遺族超過三人者，其月撫卹金再增給10%。

四、其餘規定：與公務人員撫卹制度相似，不再贅述。

貳、公營生產及公營金融保險事業人員有關撫卹之規定

經濟部對所屬生產事業人員之撫卹、退休及資遣，訂有單行辦法；財政部對所屬金融保險事業人員之撫卹、退休及資遣，亦訂有單行辦法，且此二種辦法極為相似，茲就經濟部所訂辦法中有關撫卹部分為例，簡說如下：

一、請卹條件及撫卹金種類：

㈠在職病故或意外死亡者：其遺族撫卹金包括⑴離職金；⑵保留年資結算給與；⑶三個月薪給數之喪葬補助費。其在職未滿三年者以三年論。

㈡因公出差遇險或罹病以致死亡或在辦公場所意外死亡或因戰事波及意外死亡者：其遺族撫卹金包括⑴離職金；⑵保留年資結算給與；⑶五個月薪給數之撫卹金；⑷三個月薪給數之喪葬費。其在職年資未滿五年者以五年論。

㈢因執行職務發生危險以致死亡者：其遺族撫卹金包括⑴離職金；⑵保留年資結算給與；⑶八個月薪給數之撫卹金；⑷三個月薪給數之喪葬費。其在職年資未滿十年者以十年論。

二、撫卹（連同退休資遣）經費來源：撫卹經費，包括離職金、保留年資結算給與、撫卹金及喪葬費，均在員工自提儲金與事業公提儲金及提撥儲備金內支給。其標準為：

㈠自提儲金：事業人員各按其每月薪給總額提撥3％，作為自提儲金。

㈡公提儲金：事業機構每月在用人費總額內按下列提存率分別存儲。

公營生產事業人員，自實施勞動基準法後，因勞動基準法並無勞工

職位分類職等	薪　　　點	儲　金　提　存　率	
		公　　提	自　　提
15	2000〜2248	(7%)　4%	3%
14	1730〜1946	(7.3%)　4.5%	3%
13	1500〜1684	(7.6%)　5%	3%
12	1300〜1460	(7.9%)　5.5%	3%
11	1125〜1265	(8.2%)　6%	3%
10	975〜1095	(8.5%)　6.5%	3%
9	845〜 949	(8.8%)　7%	3%
8	730〜 822	(9.1%)　7.5%	3%
7	630〜 710	(9.4%)　7.5%	3%
6	545〜 613	(9.6%)　8%	3%
5	470〜 530	(9.8%)　8%	3%
4	405〜 457	(10%)　8.5%	3%
3	350〜 394	(10%)　9%	3%
2	305〜 341	(10%)　9.5%	3%
1	265〜 297	(10%)　10%	3%

需自提儲金之規定，因而乃取消上表中所定之自提3%部分，又爲期不使原有撫卹金之金額減少，乃同時增加公提儲金之百分比(即括弧中所列之百分比)。但公營金融保險事業人員，並未納入勞動基準法管理，故其自提與公提之比率，仍依原表列之規定。

㈢提撥儲備金：對保留年資結算給與，由事業機構在用人費總額內按薪給總額3%提撥，年度結算有餘額時留作下年度用，不敷支應時得先行墊付，並於次年度起酌予調整儲備金之提撥率。

上述自提儲金、公提儲金及提撥儲備金，得由經濟部成立儲金管理委員會籌劃運用。

三、離職金及保留年資結算給與之計算標準：

㈠離職金：以死亡員工生前自提儲金及公提儲金之本息爲準。

㈡保留年資結算給與：本辦法實施時已在職之編制內正式人員既有服務公職半年以上之年資，或本辦法實施後新進編制內正式人員到職時既有服務公職半年以上之年資，按滿三年者給與五個基數以後每滿半年加一個基數之標準，結算給與基數。至每一基數之給與額，則於死亡時依下列公式計算，並一次發給之：

保留年資結算給與額(以本辦法實施當月給與額爲準)

$$\times \frac{\text{發給當月本部所屬事業機構薪點最高折合率}}{11(\text{即本辦法實施當月本部所屬事業機構薪點最高折合率})}$$

（金融保險事業人員爲 18.2）

四、其他規定：多與公務人員撫卹制度相似，不再贅述。

惟於此需說明者，公務人員撫卹改制及公務人員退休撫卹基金管理條例完成立法程序並施行後，公營生產及金融保險事業人員如亦須依退休撫卹基金管理條例規定撥繳退休撫卹經費時，則上述退休、撫卹及資遣之單行辦法，尚須再配合修正。

第三項　有關公立學校教職員撫卹法規簡析

學校教職員撫卹條例，爲辦理公立學校教職員撫卹之依據。學校教職員撫卹條例之內容，除下列適用範圍及辦理手續外，其餘有關撫卹金種類、撫卹金計算標準，與舊公務人員撫卹法之規定幾乎相同，不再贅述。茲就適用人員範圍及辦理手續部分，簡說如下：

壹、適用人員範圍

依同條例第二條，「依本條例撫卹之教職員，以各級公立學校現職專

任教職員，依規定資格任用，經報請主管教育行政機關有案者為限」。由此可知，私立學校教職員並不適用本條例辦理撫卹。惟依同條例第十九條，「私立學校教職員之撫卹金，由各該學校參照本條例，依其經費情形，自訂辦法支給之」。

貳、準用人員範圍

依同條例第十八條，「公立社會教育及學術機關服務人員之撫卹，準用本條例之規定」。又依同條例第二○條，「外國人任中華民國公立中等以上學校教員，因公死亡者給與一次撫卹金，其數額得準用本條例之規定」。

叁、辦理手續

教職員之撫卹業務，由教育部主管。因此公務人員撫卹制度中需由銓敘部核定者，在教職員撫卹制度中則由教育部核定；公務人員撫卹制度需由考試院會同行政院定之者（如殮葬補助費），在教職員撫卹制度中則由行政院核定（如殮葬補助費）。

惟於此需說明者，學校教職員撫卹條例，係仿照舊公務人員撫卹法而制定，而今舊公務人員撫卹法已有大幅度修正，而公務人員退休撫卹基金管理條例又需適用學校教職員，因此現行學校教職員撫卹條例，於近期內將再仿照新公務人員撫卹法之規定再行修正。

第五節　一般公務人員退休法規簡析

一般公務人員之退休，係以公務人員退休法為主要依據，對適用人員範圍、退休種類與退休條件，退休金種類及計算標準，退休金支付及

發還，領受退休金權利變更保障，辦理退休手續，新舊退休法交替期間法規適用等，均有相當規定。除法規體系在第三節第一項已有敍述，及與退休頗爲相似之資遣，現制係在公務人員任用法中規定，已在任免與銓敍章中敍述（參見第272頁）外，其餘部分及退休金優惠存款規定，均在本節中分項簡述之。

第一項　適用人員範圍、退休種類與退休條件法規簡析

壹、適用人員範圍

　　一、適用公務人員退休法之人員：依同法第二條，「本法所稱退休之公務人員，係指依公務人員任用法律任用之現職人員」。再依施行細則規定，所稱公務人員任用法律，指銓敍部所據以審定資格或登記者皆屬之；所稱公務人員，以有給專任者爲限。

　　因此適用本法之人員，須具備下列四個條件，即(1)依公務人員任用法律任用（此處所稱任用法律，除公務人員任用法外並包括派用人員派用條例，及特種公務人員之特定的任用法）；(2)其資格經銓敍部審定或登記；(3)係專任並支有俸給；(4)爲現職人員。

　　二、雇員準用之：依公務人員任用法第三七條由考試院訂定雇員管理規則中第八條規定，雇員之退職準用公務人員退休法之規定。

　　因雇員之雇用不需任用資格，亦不需送銓敍部審查資格，係依雇員管理規則規定支薪而非依公務人員俸給法支俸，係稱退職而非退休，故只能準用公務人員退休法之規定，而非適用。

貳、退休種類及條件

　　依同法第三條，「公務人員之退休，分自願退休與命令退休兩種」。

又同法第四條、第五條規定：

㈠公務人員有下列情形之一者，應准其自願退休，⑴任職五年以上年滿六十歲者；⑵任職滿二十五年者。

以上所定六十歲，對擔任具有危險及勞力等特殊性質職務者，得由銓敘部酌予減低，但不得少於五十歲。

㈡公務人員任職五年以上有下列情形之一者，應命令退休，⑴年滿六十五歲者；⑵心神喪失或身體殘廢不堪勝任職務者。

以上所定六十五歲，對擔任具有危險及勞力等特殊性質職務者，得由銓敘部酌予減低，但不得少於五十五歲。又公務人員已達六十五歲，仍堪任職而自願繼續服務者，服務機關得報請銓敘部延長之，但至多為五年。

退休法施行細則，對本兩條之補充規定甚多，主要有：

㈠任職年資：對後列曾任年資得予併計，即⑴曾任有給專任之公務人員具有合法證件者；⑵曾任軍用文職年資，未併計核給退休俸，經銓敘部登記有案或經國防部核實出具證明者；⑶曾任准尉以上軍職年資，未核給退役金或退休俸，經國防部核實出具證明者；⑷曾任雇員或同委任及委任待遇警察人員年資，未領退職金或退休金，經原服務機關核實出具證明者；⑸曾任公立學校教職員或公營事業人員之年資，未依各該規定核給退休金，經原服務機關核實出具證明者。再任職年資，以在國民政府統治後任職者為限，臺灣省籍人員在本省服務者，得比照計資自國民政府成立時起算。

㈡年齡：退休年齡之認定，依戶籍記載，自出生之月起十足計算。

㈢所稱具有危險及勞力等特殊性質職務，應由各機關就其職務性質具體規定危險及勞力範圍，送銓敘部認定之，擔任具有危險及勞力職務者，須連續任職滿五年。如警察人員警正以下具有危險及勞力等特殊性質職務，經行政院考試院核定將局長、分局長、所長、偵查員等，自願

退休年齡降爲五十五歲，命令退休年齡降爲六十歲；將巡佐、警員、隊員等，自願退休年齡降爲五十歲，命令退休年齡降爲五十九歲，均屬其例。

㈣所稱心神喪失身體殘廢，其標準之認定，均以公務人員保險殘廢標準表所定之全殘或半殘而不能從事本身工作者爲準。

㈤所稱仍堪任職，以體格健康，並呈繳公立醫院健康證明書爲準，但報請延長服務與否，仍應由服務機關視業務需要情形酌定之。

第二項　退休金種類及計算標準法規簡析

退休金有一次退休金、月退休金及兼領部分一次退休金與部分月退休金之不同，其請領條件與退休金計算標準等之規定如下：

壹、任職五年以上未滿十五年者給與一次退休金

依同法第六條規定，任職五年以上未滿十五年者，給與一次退休金，其計算標準爲以退休生效日在職同等級人員之本俸加一倍爲基數，每任職一年給與一個半基數，最高三十五年給與五十三個基數，尾數不滿六個月者給與一個基數，滿六個月以上者以一年計。公務人員於年滿五十五歲時得自願提前退休者，並一次加發五個基數之一次退休金。

如某甲任職十二年又五個月，年滿六十歲退休，依上述計算標準，其一次退休金應爲 $12 \times 1.5 + 1 = 19$ 個基數。如該某甲於年滿五十五歲提前退休(其任職年資爲七年又五個月)，依上述計算標準，其一次退休金應爲 $7 \times 1.5 + 1 + 5 = 16.5$ 個基數。

貳、任職十五年以上者，由退休人員就下列五種方式自行擇定一種支領之

依同條規定，任職十五年以上者，由退休人員就下列退休給與，擇一支領之：

㈠一次退休金：仍依上述標準計算基數。

㈡月退休金：其計算標準爲以在職同等級人員之本俸加一倍爲基數，每任職一年照基數 2% 給與，最高三十五年給與 70% 爲限，尾數不滿半年者加發 1%，滿半年以上未滿一年者以一年計。公務人員年滿五十歲具有工作能力而自願退休者，或年滿六十五歲而延長服務者，不得擇領月退休金或兼領月退休金，但本法修正公布前已核定延長服務有案者，不在此限。

㈢兼領二分之一之一次退休金與二分之一之月退休金。

㈣兼領三分之一之一次退休金與三分之二之月退休金。

㈤兼領四分之一之一次退休金與四分之三之月退休金。

以上㈢㈣㈤兼領之退休給與，各依其應領一次退休金或月退休金比例計算之。

依同法第十條規定，「月退休金自退休之次月起發給」。

以上月退休金計算，旣以在職同等級人員之本俸爲準，當遇及同等級人員本俸有調整時，則月退休金亦跟著調整。茲再就以上㈡月退休金及㈢兼領二分之一之一次退休金與二分之一之月退休金之計算舉例如下：

1.某甲任職二十年又九個月退休，擇領月退休金，其退休給與應爲 20 年 × 2% + 2% = 42%，即一個基數之 42%。

2.某乙任職三十年又五個月退休，擇領二分之一之一次退休金與二分之一之月退休金，其一次退休金部分應爲 30 年 × 1.5 基數 + 1 基數 =

46個基數，其二分之一應爲二十三個基數；其月退休金部分應爲30年×2%基數＋1%基數＝61%基數，其二分之一應爲30.5%；故某乙應領之一次退休金爲二十三個基數(一次領完)，月退休金爲一個基數之30.5%(按月支給)。

叁、代金及補助費之加發

依同法第六條之一，「公務人員退休時領有本人實物代金、眷屬實物代金及眷屬補助費者，其實物代金及補助費，依下列規定加發：

㈠給與一次退休金者，每一基數加發一個月本人實物代金，並另加發兩年眷屬實物代金及眷屬補助費。

㈡給與月退休金者，本人及眷屬實物代金與眷屬補助費十足發給。

㈢給與部分一次退休金及部分月退休金者，各依其應領一次退休金或月退休金比例，計算其本人實物代金及眷屬實物代金與眷屬補助費」。

肆、因公傷病命令退休之任職年資優待

依同法第七條，「命令退休人員，其心神喪失或身體殘廢，係因公傷病所致者，不受任職五年以上年資之限制。又是項人員請領一次退休金者，任職未滿五年以五年計，如請領月退休金者，任職未滿二十年以二十年計」。

依施行細則規定，所稱因公傷病，指具有下列情事之一者而言，即⑴因執行職務所生之危險，以致傷病；⑵因辦公往返或在辦公場所遇意外危險，以致傷病；⑶非常時期在任所遇意外危險，以致傷病；⑷盡力職務、積勞過度，以致傷病。因公傷病，應提出服務機關證明書，並應繳驗公立醫院證明書。

伍、領月退休金人員死亡時之改給遺族撫慰金

依同法第十三條之一規定，其情形爲：

㈠領月退休金或兼領部分月退休金人員死亡時，給與遺族一次撫慰金。其計算標準爲以退休人員核定退休年資及死亡時間等級之現職人員本俸額暨依給與一次退休金之計算標準，計算其應領之一次退休金爲標準，扣除已領之月退休金，補發其餘額，並發給相當於同等級之現職人員六個基數之撫慰金。其無餘額者亦同(即無餘額時，六個基數的撫慰金仍照發)。

㈡領月退休金或兼領部分月退休金人員死亡時之遺族，爲父母、配偶或未成年子女者，如不願領一次撫慰金時，得給與遺族月撫慰金。其計算標準爲按原領月退休金之半數或兼領月退休金之半數，改領月撫慰金。

㈢領受月退休金人員死亡，無遺族或無遺囑指定用途者，其撫慰金由原服務機關具領作其喪葬費用，如有剩餘，歸屬國庫。

茲就上述㈠之情形舉例，某甲任職二十年退休，領月退休金爲基數之 40%，領月退休金五年後死亡，其遺族一次撫慰金爲：假定退休人員死亡時(並非退休人員退休時)同等級人員月俸額爲 40,000 元，則一個基數爲80,000元，原核定退休年資爲20年，其一次退休金應爲20年×1.5基數＝30個基數，換算爲一次退休金應爲30×80,000元＝2,400,000元。如某甲在領月退休金的五年期間，共領取月退休金根據銓敍機關紀錄共爲1,000,000元，則應補發之餘額爲2,400,000－1,000,000＝1,400,000元，另加發六個基數即 80,000×6＝480,000 元之一次撫慰金。

陸、給予回籍旅費

依同法第十五條,「退休人員本人與其配偶及直系血親現在任所由其

負擔生活費用者,於回籍時得視其路程遠近,由最後服務機關給予旅費」。

第三項　退休金支付及發還法規簡析

在第三節第五項有關撫卹金退休金經費來源與管理中, 退休撫卹基金之撥繳等已有敍述(參見第 650 頁), 不再贅述外, 至公務人員退休時, 其退休經費之支付及發還方面, 公務人員退休法第八條及第十六條之一中, 均有明文規定。

壹、退休法新修正條文施行後之退休金以在退休撫卹基金支付爲原則

依同法第八條第一項,「公務人員退休金, 應由政府與公務人員共同撥繳費用建立之退休撫卹基金支付之, 並由政府負最後支付保證責任」。

貳、退休法新修正條文施行後之退休金以另由政府編列預算支付爲例外

依同法第八條第二項,「依本法第七條規定辦理因公傷病成殘退休者, 其加發之退休金, 另由政府編列預算支付之」(即不在退休撫卹基金中支付)。

按新修正之第七條規定, 公務人員心神喪失或身體殘廢, 係因公傷殘所致者, 不受任職五年之限制, 又領一次退休金者, 任職未滿五年以五年計; 領月退休金者, 任職未滿二十年以二十年計。如某甲任職十六年因公傷病退休領月退休金, 任職十六年月退休金應爲基數之 32%, 但係因公所致, 改以二十年計, 其月退休金爲基數之 40%, 其中 8% 係屬加發, 因此 32% 由退休撫卹基金支付, 另加發之 8% 則由政府另編列預算支付。

叁、公務人員任職跨新舊退休兩法實施期間者舊退休法實施期間年資之退休金由政府另編列預算支付

依同法第十六條之一第二項,「本法施行前任職年資應領之退休金,依本法修正施行前公務人員退休法原規定標準, 由各級政府編列預算支給」。

肆、公務人員自願離職時之發還原撥繳之基金費用

依同法第八條第四項,「公務人員於年滿三十五歲或年滿四十五歲時自願離職者, 得申請發還其本人及政府撥繳之基金費用, 並以臺灣銀行之存款年利率加計利息, 一次發還」。

伍、公務人員於中途離職或因案免職時之發還本人原繳付之基金費用

依同法第八條第五項,「公務人員依規定不合退休資遣於中途離職者或因案免職者, 得申請發還其本人原繳付之基金費用, 並以臺灣銀行之存款年利率加計利息, 一次發還。如經領回者, 嗣後再任公務人員, 該部分年資不得再行核計年資領取退休金」。

第四項　領受退休金權利變更保障法規簡析

退休權利之變更, 包括領受退休金權利之喪失、停止與恢復, 領受權之保障, 及領受權之時效消滅。

壹、領受退休金權利之喪失

依同法第十一條,「有左列情形之一者, 喪失其領受退休金之權利,

⑴死亡；⑵褫奪公權終身者；⑶犯內亂罪外患罪經判決確定者；⑷喪失中華民國國籍者」。

貳、領受退休金權利之停止與恢復

依同法第十二條，「有左列情形之一者，停止其領受退休金之權利，至其原因消滅時恢復，⑴褫奪公權尚未復權者；⑵領受月退休金後再任有給之公職者」。

依同法第十三條，「依本法退休者，如再任公務人員時，無庸繳回已領之退休金，其退休前之任職年資，於重行退休時不予計算」。

依施行細則規定，退休後再任之公務人員，其重行退休之年資，應自再任之月起另行計算，已領退役金之軍職人員轉任公務人員者亦同。再任之公務人員重行退休時，其退休金基數或百分比連同以前退休金基數或百分比合併計算，以不超過本法所定最高標準爲限(即一次退休金以五十三個基數爲限，月退休金以基數之 70%爲限)，其以前退休已達最高限額者，不再增給，未達最高限額者，補足其差額。

施行細則又規定，退休人員不得同時再任本機關其他職務。

叁、領受退休金權利之保障

依同法第十四條，「請領退休金之權利，不得扣押、讓與，或供擔保」。

換言之，領受退休金之權利，爲不得扣押及讓與之債權，不得爲動產交易之擔保品。

肆、領受退休金權利之消滅時效

依同法第九條，「請領退休金之權利，自退休之次月起，經過五年不行使而消滅，但因不可抗力之事由致不能行使者，自該請求權可行使時起算」。如退休後因案受褫奪公權五年之宣告時，則其時效需俟復權後再

行起算。

第五項　辦理退休手續法規簡析

公務人員退休法施行細則，對辦理退休之手續規定甚詳，其中要點爲：

壹、申請

㈠各機關自願退休人員，應填具自願退休事實表，檢同全部任職證件及有關證明文件，報請服務機關彙轉銓敘部。

㈡各機關命令退休人員，由服務機關於三個月前，填具命令退休事實表，檢同應退休人全部任職證件及有關證明文件，彙轉銓敘部。其因心神喪失或身體殘廢命令退休者，應附繳公立醫院殘廢證明書。

貳、核發退休金

㈠退休人員經審定給予退休金者，由銓敘部填發退休金證書，遞轉退休人員，並發給退休證。

㈡公務人員最後服務機關屬於中央者，其退休金由國庫支出，並以銓敘部爲支給機關；屬於省市級者，由省市庫支出，並以財政廳局爲支給機關；屬於縣市及鄉鎮級者，由縣市鄉鎮庫支出，並以縣市政府鄉鎮公所爲支給機關；屬於公營並爲營業預算者，由各該事業自行支給。

叁、發給時間

一次退休金，一次發訖；月退休金，每六個月預發一次。

第六項　有關新舊退休法交替期間法規適用簡析

　　八十二年一月二十日總統公布施行之新公務人員退休法與舊公務人員退休法間，內容有頗大差異，在新舊退休法交替期間，有關法規適用之重要事項亦需在法律中明定。

壹、引起新舊退休法交替期間法規適用之原因

　　依新公務人員退休法第十八條，「本法自公布日施行，本法修正條文施行日期由考試院以命令定之」。茲再分析之：

　　一、公務人員退休法新修正條文：除第十八條外，尚有第六條、第六條之一、第七條、第八條、第十三條之一、第十六條之一共七個條文（見第二項、第三項），與舊法原條文第六條、第七條、第八條、第十三條之一出入甚大。

　　二、新修正條文尚難實施：其情形與撫卹法新修正條文尚難實施之原因同。

貳、新修正條文施行前退休之退休案仍照舊法原條文規定辦理

　　依新修正條文第十六條之一第二項，「本法修正施行前任職年資應領之退休金，依本法修正施行前公務人員退休法原規定標準，由各級政府編列預算支給」。因此公務人員退休案之退休金請領條件及計算標準，退休經費之來源等，仍照舊法第六條、第七條、第八條、第十三條之一之規定辦理。其條文為：

第六條

　　退休金之給與如左：

㈠任職五年以上未滿十五年者，給與一次退休金。

㈡任職十五年以上者，由退休人員就左列退休給與，擇一支領之：

1.一次退休金。

2.月退休金。

3.兼領二分之一之一次退休金與二分之一之月退休金。

4.兼領三分之一之一次退休金與三分之二之月退休金。

5.兼領四分之一之一次退休金與四分之三之月退休金。

一次退休金，以退休人員最後在職之月俸額，及本人實物代金爲基數，任職滿五年者，給與九個基數，每增半年加給一個基數，滿十五年後，另行一次加發兩個基數。但最高總數以六十一個基數爲限；未滿半年者以半年計。

一次退休金，除前項規定外，並一律加發兩年眷屬補助費及眷屬實物代金。

月退休金，除本人及眷屬實物配給與眷屬補助費十足發給外，任職滿十五年者，按月照在職之同職等人員月俸額百分之七十五給與，以後每增一年，加發百分之一，但以增至百分之九十爲限。

第一項第二款第三目、第四目、第五目規定之退休給與，各依退休人員應領一次退休金與月退休金按比例計算之。

第七條

本法第五條第一項第二款規定之退休人員，其心神喪失或身體殘廢，係因公傷病所致者，一次退休金依前條第二項及第三項之規定，加給百分之二十，月退休金一律按月照在職之同職等人員月俸額百分之九十給與，其任職未滿五年者，以五年計。

前項退休人員支領一次退休金或月退休金，依其志願定之。

第八條

本法所稱月俸額，包括實領本俸及其他現金給與。

前項其他現金給與之退休金應發給數額，由考試院會同行政院定之。

第十三條之一

依本法第六條第一項第二款第二目、第三目、第四目、第五目規定領受月退休金人員死亡時，應給與撫慰金，由其遺族具領。

前項撫慰金，以其核定退休年資及其死亡時同職等之現職人員月俸額暨本法第六條第五項之規定，計算其應領之一次退休金為標準，扣除已領之月退休金，補發其餘額，並發給相當於同職等之現職人員一年月俸額之撫慰金。其無餘額者亦同。領受月退休金人員死亡，無遺族或無遺囑指定用途者，其撫慰金由原服務機關具領作其喪葬費或紀念活動所需之用。

本法修正施行前，領受月退休金人員，在本法修正施行後，仍繼續領受者，依本條各項辦理。

叁、新修正條文施行後退休其任職年資跨新舊兩者之處理

依新修正條文第十六條之一：

「公務人員在本法修正施行前後均有任職年資者，應前後合併計算。但本法修正施行前之任職年資，仍依原法最高採計三十年。本法修正施行後之任職年資，可連同累計，最高採計三十五年。有關前後年資之取捨，應採較有利於當事人之方式行之。

本法修正施行前年資累計不滿一年之畸零數，併入本法修正施行後年資計算。公務人員在本法修正施行前後均有任職年資者，其退休金依左列規定併計給與：

㈠本法修正施行前任職年資應領之退休金，依本法修正施行前公務人員退休法原規定標準，由各級政府編列預算支給。

㈡本法修正施行後任職年資應領之退休金，依第六條第二項至第四項規定標準，由基金支給。

公務人員在本法修正施行前後均有任職年資，合計滿十五年以上者，其退休金應選擇同一給付方式請領。

本法修正施行前在職人員已有任職年資未滿十五年，於本法修正施行後退休，擇領月退休金者，另按未滿十五年之年資為準，依左列規定擇一支給補償金：

㈠每減一年，增給半個基數之一次補償金。

㈡每減一年，增給基數百分之〇・五之月補償金。

本法修正施行前任職未滿二十年，於本法修正施行後退休，其前後任職年資合計滿十五年支領月退休金者，依其在本法修正施行後年資，每滿半年一次增發半個基數之補償金，最高一次增發三個基數，至二十年止。其前後任職年資超過二十年者，每滿一年減發半個基數，至滿二十六年者不再增減。其增減之基數，由基金支給。

本法修正施行前擇領或兼領月退休金人員，其所支月退休金及遺族一次撫慰金，均照本法修正施行前原規定給與標準支給。

前項支領一次撫慰金之遺族為父母、配偶或未成年子女者，如不領一次撫慰金時，得由遺族自願按原月退休金之半數或兼領月退休金之半數，改領月撫慰金」。

由此可知，跨新舊兩法之任職年資應合併計算，修正施行前任職年資之退休金，依舊法原規定標準由各級政府編列預算支給，修正施行後任職年資之退休金，依新修正規定標準由退休撫卹基金支給。

第七項　退休金優惠存款法規簡析

政府為優待退休人員對退休金之存儲生息，乃由銓敘部財政部會同訂定退休公務人員退休金優惠存款辦法一種，另對退休公務人員公保養老給付金額，亦訂有優惠存款要點，其內容與退休金優惠存款辦法相似。退休金優惠存款辦法主要內容如下：

壹、適用人員範圍

以領取一次退休金之退休人員為限。

貳、優惠利率

一次退休金之儲存，期間定爲一年及二年兩種，利息按行政院核定比照一年期定期存款利息加50%優惠利率計算，但最低不得低於年息18%。儲存期滿得續存。

叁、存款數額

退休人員開設存款戶頭，以一人一戶爲限，每戶定爲一千元，千元以上以每百元爲單位整數儲存之，但最高額不得超過其實領一次退休金之總數。

肆、存款質借與解約

存款未到期前，存款人得以存單申請質借；存款未到期前不得提取，但得中途解約；存款中途解約後，不得再行存入。

伍、辦理手續

優惠存款由臺灣銀行及其各地分支機構受理。退休人員申請存款時，受理機關應依銓敍部塡發之退休金證書，查驗辦理。

第六節　特種公務人員退休法規簡析

特種公務人員，指其退休在任用或管理或其他法規有特別規定退休金之人員，再公務人員退休後之照護亦受到重視。茲分項敍述如後。

第一項　有關警察、司法、關務及民選人員退休之法規簡析

警察人員、司法人員、關務人員之退休，原則上依公務人員退休法之規定辦理，但在特別任用或管理法律有特別規定之部分，該部分則照特別法之規定。至民選縣(市)長及鄉鎮(市)長之退職，則參照有關規定訂定辦法處理。

壹、警察人員退休之特別規定

依警察人員管理條例第三五條，「警察人員之退休，除依下列規定外，適用公務人員退休法之規定：

㈠警正以下擔任具有危險及勞力等特殊性質職務者，其退休年齡，得依公務人員退休法之規定酌予降低。

㈡在執行職務中遭受暴力或意外危害以致心神喪失或身體殘廢退休者，其退休金除依規定按因公傷病標準給與外，另加發五至十五個基數。

㈢領有勳章、獎章者，得加發退休金。

上述降低退休年齡及加發退休金標準，由行政院考試院會同定之」。

貳、司法人員退休之特別規定

依司法人員人事條例第四一條，「實任司法官合於公務人員退休法退休規定，而自願退休時，除退休金外，並另加退養金，其辦法由司法院會同考試院、行政院定之」。又依公務人員退休法第十六條，「本法所定之命令退休，不適用於法官，但法官合於本法第五條第一項規定（即自願退休之條件）情形之一者，亦得自願退休」。

依司法官退養金給與辦法規定，實任司法官合於公務人員退休法退休規定自願退休，給與一次退休金或月退休金者，依一次退休金總額或

月退休金數額，依下列標準另給一次退養金或月退養金：

㈠未滿六十歲者，給與 20%。

㈡六十歲以上未滿六十五歲者，給與 80%。

㈢六十五歲以上未滿七十歲者，給與 100%。

㈣七十歲以上者，給與 20%。

司法院大法官、公務員懲戒委員會委員、行政法院評事於退職、退休或資遣時，準用本辦法給與退養金。

叁、關務人員退休之特別規定

依關務人員人事條例第二○條，「關務人員之退休，除下列規定外，適用公務人員退休法之規定：

㈠在執行勤務中遭暴力或危害，以致心神喪失或身體殘廢退休者，其退休金除依規定按因公傷病標準給與外，另加發五至十五個基數。

㈡領有勳章者，得加發退休金，加發退休金標準，由行政院會同考試院定之」。

肆、臺灣省縣市長鄉鎮縣轄市長退職酬勞金之給與

依臺灣省縣市長鄉鎮縣轄市長退職酬勞金給與辦法規定,其要點為：

㈠退職條件：縣市長鄉鎮縣轄市長有下列情形之一者，得請領退職酬勞金，即(1)任期屆滿者；(2)因公奉准辭職或當選民意代表於任期屆滿前辭職，其任現職連同曾任得合併計算之公職年資滿二年者；(3)任期奉令延長，於延長期間內奉准辭職者；(4)心神喪失或身體殘廢不能勝任職務，經自治監督機關免職者。

㈡任公務員年資併計：縣市長鄉鎮縣轄市長退職時，曾任專任有給之公務人員年資、軍用文職年資、公立學校教職員年資，未領退休(職)金或退伍金給與者，得合併計算。

㈢酬勞金計算: 退職酬勞金, 以退職人員最後在職時之月俸額及本
人實物代金爲基數, 任職每滿半年給與一個基數, 不滿半年者以半年計,
但最高以六十一個基數爲限。

㈣其餘事項: 有關退職酬勞金權利之喪失、時效消滅等, 與一般退
休法規之有關規定相似, 不再贅述。

以上各種公務人員退休之經費, 仍由政府負擔, 當一般公務人員之
退休按公務人員退休法修正條文之規定施行後, 上述有關法規之規定,
其中有關退休金之計算標準、退休經費之來源及支給等規定, 勢必作配
合之修正。

第二項　有關公營事業人員退休法規簡析

公營事業人員, 大致可依其事業性質之不同, 區分爲公營交通事業
人員、公營生產事業人員、公營金融保險事業人員三大類, 目前尙無退
休法之制定, 除公營金融保險事業人員之退休撫卹, 早採儲金制外, 其
餘公營交通及生產事業人員之退休, 其退休經費仍採由事業負擔制。將
來如公營事業人員亦需加入公務人員退休撫卹基金時, 則交通及生產事
業人員之退休制度, 亦須作配合修正。茲將此三大類事業人員之退休法
規, 簡說如下:

壹、公營交通事業人員退休法規簡析

公營交通事業人員退休, 交通部訂有單行辦法施行, 如交通部所屬
郵電事業人員退休規則即屬其例, 但對部分情形較爲特殊之交通事業,
亦有另訂單行辦法者, 如鐵路人員之退休, 即另訂定規則辦理, 至港務、
公路人員之退休, 目前則仍照一般公務人員之規定辦理。茲就郵電事業
人員退休規則之所定, 敍述要點於後:

一、退休種類及條件：

㈠自請退休：郵電事業人員具有下列情形之一者，得自請退休，但因業務需要，得酌量延緩之：⑴服務滿十五年，年齡滿六十歲者；於差工及其職務有特殊性質者，得由交通部酌予減低，但不得少於五十歲；⑵服務滿二十五年，成績優異，年齡滿五十歲者；⑶服務滿十年，年齡滿五十歲，因身體衰弱不堪任職，經醫師證明屬實者。

㈡命令退休：郵電事業人員具有下列情形之一者，應命令退休：⑴年齡滿六十五歲者；於差工及其職務有特殊性質者，得由交通部酌予降低，但不得少於五十五歲；又年滿六十五歲如體力尚堪任職，服務機關得依事實需要，呈部核准延長之，延長期間以兩年爲一期，以二期爲限；⑵因公傷病致身體殘廢衰弱或心神喪失不勝職務者；但如傷病痊癒，得聲請復用；⑶因病逾延長假期尚未能治癒者；但如傷病痊癒，得聲請復用。

上述所稱因公傷病，指有下列情事之一者而言，即因執行職務所生之危險以致傷病，因盡力職務積勞成疾，因出差遇險以致傷病，因辦公往返或在辦公場所遇意外危險以致傷病，非常時期在任所遇意外危險以致傷病。所稱心神喪失，係指瘋癲、白癡不能治癒者而言；所稱身體殘廢，指有下列情形之一者而言，即毀敗視能、毀敗聽能、毀敗語能、毀敗一肢以上機能、毀敗其他重要機能。

二、退休金種類及其計算標準：

㈠一次退休金：對服務未滿十年而退休者，給予一次退休金。

㈡一次退休金及月退休金：對⑴依規定自請退休者；⑵因公傷病致身體殘廢衰弱或心神喪失不勝職務命令退休者；⑶因年滿六十五歲或因病逾延長假期尚未能治癒命令退休而服務年資已滿十年者。均兼給一次退休金及月退休金。

㈢一次退休金之計算標準：服務一至二十年者，每滿一年給予一個

月退休金；二十一年以上每滿一年加給半個月退休金。但對因公傷病致身體殘廢衰弱或心神喪失不勝職務而命令退休者，如其服務年資不滿十年，以滿十年論。

㈣月退休金計算標準：服務一至二十年者，每滿一年按月給予一個月退休金 2.5%；二十一年至三十年，每滿一年加給 1.5%；三十一年以上，每滿一年加給 0.5%。但對因公傷病致身體殘廢衰弱或心神喪失不勝職務而命令退休者，得呈部核准增加其每月退休金之數額，最多以增加 20%爲限。又現職人員待遇調整時，月退休金亦比照調整。

三、回籍旅費：郵電事業人員退休，得照交通事業人員國內出差旅費規則之規定，核給本人及眷屬回籍旅費。

四、退休期間亡故之給卹：給予月退休金之退休人員，在退休期間亡故，得照交通事業人員撫卹規則之規定給卹，但退休期間不作服務年資。

五、領受退休金權利之喪失、停止與恢復：

㈠退休金權利之喪失：退休人員有下列情形之一者，喪失其領受退休金之權利，即(1)背叛中華民國經通緝有案者；(2)喪失中華民國國籍者；(3)褫奪公權終身者；(4)受領人亡故者；(5)申請復用核准後不遵原服務機構通知復用前往報到者。

㈡退休金權利之停止與恢復：退休人員有下列情形之一者，停止其領受退休金之權利，即(1)褫奪公權尚未復權者；(2)領受月退休金期間再任有薪俸之公職者；(3)經核准復用者。停止退休金權利者，於停止之原因消失時，得聲請恢復其退休金領受權。

六、退休金權利之保障與消滅：

㈠保障：退休金之領受權，不得扣押、讓與或供擔保。

㈡消滅：請領退休金之權利，自退休之次月起，經過五年不行使而消滅。

貳、公營生產及公營金融保險事業人員退休法規簡析

經濟部對所屬生產事業人員，訂有經濟部所屬事業人員退休撫卹及資遣辦法，財政部對所屬金融保險事業人員亦訂有退休撫卹及資遣辦法，此兩辦法極為相似，臺灣省政府對所屬省營事業機關職員之退休亦訂有退休辦法，惟其退休金係比照公務人員退休法標準發給，但以請領一次退休金為限，所需經費在各該職員服務單位營業預算內開支。茲以經濟部所屬事業人員退休撫卹及資遣辦法中有關退休部分簡析如下：

一、退休種類及條件：

㈠申請退休：事業人員在經濟部所屬機構連續任職五年以上年滿六十歲者，或任職二十五年以上者，得准其申請退休。

㈡應即退休：事業人員在經濟部所屬機構連續任職五年以上，年滿六十五歲者，或心神喪失或身體殘廢不能勝任職務者，應即退休。

上述六十五歲年齡，各事業得按職位、工作性質及職責情形，訂定分等限齡標準，報請經濟部核准酌予提前，但職員不得少於五十五歲，工人不得少於五十歲。董事長及總經理年滿六十五歲者，得斟酌事業需要，報請行政院核准延長其任職，其期間董事長以五年、總經理以二年為限。

二、退休經費之來源：退休經費，包括離職金、保留年資結算給與、退休金加給、限齡提前退休人員之加發薪津，係在員工自提儲金與事業公提儲金內支給，但自實施勞動基準法後，為配合勞動基準法中退職金並無員工需自繳部分經費之規定，自七十八年起乃取消自提儲金部分，另增加公提儲金之比例，仍在儲金內支給。但金融保險事業人員，仍維持自提及公提儲金規定。其公提儲金與保留年資結算給與儲備金之標準見第 661 頁生產事業人員撫卹之敍述。

三、離職金、保留年資結算給與、退休金加給及限齡提前退休人員

加發薪津之標準：

㈠離職金及保留年資結算給與之計算標準，與生產事業人員撫卹之規定同（參見第 662 頁）。

㈡退休金之加給：退休人員之心神喪失或身體殘廢，係因公傷病所致者，退休金（含離職金及保留年資結算給與）加發 20%；其任職年資未滿五年者以五年計。上述所稱心神喪失或身體殘廢，以公務人員保險殘廢給付標準表所定之全殘或半殘及勞工保險殘廢給付標準表所定之第六級殘廢爲標準。所稱因公傷病，係指下列情形之一者而言，即(1)因執行職務所生之危險而致傷病者；(2)因特殊職業病者；(3)在工作處所遭受不可抗力之危險而致傷病者。

㈢限齡提前退休人員之加發薪津：因分等限齡退休而提前退休人員，按照規定之退休年齡，每提前一年加發半個月薪津，由儲備金中支付。

四、退休金領受權之喪失與停止：

㈠有下列情事之一者喪失領受權：即(1)死亡；(2)褫奪公權終身者；(3)犯內亂外患罪經判決確定者；(4)喪失中華民國國籍者。

㈡有下列情事之一者停止領受權：即(1)褫奪公權尚未復權者；(2)領受月退休金後再任有給之公職者。

五、其他規定： 多與公務人員退休制度相似，不再贅述。

第三項　有關教育人員退休法規簡析

學校教職員退休條例，係辦理公立學校教職員退休之依據。該條例之重要規定如下：

壹、適用人員範圍

依同條例第二條，「本條例所稱學校教職員，指各級公立學校現職專任教職員，依照規定資格任用經呈報主管教育行政機關有案者」。

由此可知，各級私立學校教職員並不適用，又雖屬公立學校現任教職員，如未依規定資格任用及未經呈報主管教育行政機關有案時，仍不適用之。

又依同條例第十八條，「公立社會教育及學術機關服務人員之退休，準用本條例之規定，但其具有公務人員身分者，仍依公務人員退休法之規定」。第十七條，「學校主計及人事人員之退休，應依公務人員退休法之規定辦理」。又第二十條，「外國人任中華民國公立中等以上學校教員者，其退休給與依本條例之規定」。

貳、退休種類及條件

依同條例第三條、第四條：

「㈠教職員有下列情形者得申請退休：⑴任職五年以上年滿六十歲者；⑵任職滿二十五年者。所定退休年齡，對所任職務有體能上之限制者，得酌予降低，但不得少於五十五歲」。

「㈡教職員任職五年以上有下列情形之一者應即退休：⑴年滿六十五歲者；⑵心神喪失或身體殘廢，不堪勝任職務者。教職員已達上定年齡，服務學校仍需其任職，而自願繼續服務者，得報請主管教育行政機關延長之，至多五年」。

叁、退休金種類請領條件及計算標準

依同條例第五條、第六條、第七條規定，其情形為：

㈠任職五年以上未滿十五年退休者，給與一次退休金。

㈡任職十五年以上者，由退休人員就下列退休給與擇一支領之，即⑴一次退休金；⑵月退休金；⑶兼領二分之一之一次退休金與二分之一之月退休金；⑷兼領三分之一之一次退休金與三分之二之月退休金；⑸兼領四分之一之一次退休金與四分之三之月退休金。

㈢一次退休金之計算標準：一次退休金以退休人員最後在職之月薪額及本人實物代金為基數，任職滿五年者給予九個基數，每增半年加給一個基數；滿十五年後另行一次加給兩個基數，但最高以六十一個基數為限；未滿半年者以半年計。但教員或校長服務滿三十年並有連續任職二十年之資歷成績優異而仍繼續服務者，一次退休金最高總數以八十一個基數為限。領一次退休金人員，除依上述規定外，並一律加發兩年眷屬補助費及眷屬實物代金。

㈣月退休金之計算標準：月退休金，除本人及眷屬實物配給與眷屬補助費十足發給外，任職滿十五年者，按月照在職之同薪級人員月薪額75%給與，以後每增一年加發1%，但以增至90%為限。但教員或校長服務滿三十年並有連續任職二十年之資歷成績優異而仍繼續服務者，月退休金以增至95%為限。

㈤兼領一次退休金與月退休金之計算標準：依退休人員任職年資，各依上列一次退休金與月退休金計算標準，計算應領一次退休金及月退休金之數額，而後再按比例計算應兼領之一次退休金與月退休金。

㈥因公傷病退休人員之年資優待與退休金之加給：應即退休人員，其心神喪失或身體殘廢係因公傷病所致者，其任職未滿五年者以五年計；其一次退休金依照規定加給20%；其月退休金照在職之同薪級教職員月薪額95%給與。

肆、退休金之支給

依同條例第九條，「教職員退休金之給與，在國立學校由國庫支給，

在省(市)立學校由省市庫支給，在縣(市)鄉鎮(市)立學校由縣(市)庫支給」。

伍、其他

依同條例第十九條，「私立學校教職員之退休，比照本條例之規定，由各校董事會視各該校經費情形擬訂辦法，呈報主管教育行政機關備查」。至教職員遺族撫慰金之給與、領受退休金權利之喪失、停止與恢復、保障與時效消滅等規定，與公務人員退休法規定同，不再贅述。

又依學校教職員退休金優惠存款辦法規定，教職員之退休金得辦理優惠存款，年息不得低於 18%，其情形與退休公務人員之優惠存款同(參見第 678 頁)。

由上可知，學校教職員退休條例中有關退休種類、退休金種類、請領條件及計算標準之規定，與舊公務人員退休法之規定，大致相同，退休經費亦全部由政府負擔。再公立學校教職員將來亦適用公務人員退休撫卹基金管理條例之規定，因此為配合一般公務人員退休法修正條文之施行，學校教職員退休條例將來勢必修正。

第四項　有關公務人員退休後照護法規簡析

養老，原為中華民國憲法第八三條所定人事項目之一，故考試院前亦曾擬定公務人員養老法草案送立法院審議。嗣於民國八十一年五月間國民大會制定第二次中華民國憲法增修條文時，養老一項未再列舉。雖然如此，但對退休人員之養老，尤其對其有關健康、精神生活、繼續奉獻方面，仍有其需要。因此當前所施行者，多限於以行政規章方式訂定之退休公務人員照護事項而已。

依行政院訂定之退休人員照護事項，其要點為：

壹、退休歡送

各機關遇有公務人員退休時，可利用各種集會舉行歡送及酌贈紀念品。

貳、年節慰問

各機關每年春節、端午及中秋三節，盡可能派員或以函電慰問退休人員，並酌贈禮品或禮券。

叁、委託研究

各機關如有典籍、著作之譯述、編纂或其他研究、設計事項，需借重退休人之經驗或專長者，得委託或約聘退休人員參加工作，並依約定按件或按值計酬。

肆、婚喪慶弔

退休人員遇有重大疾病，一經知悉，各機關應盡可能派員慰問，如遇婚、喪、慶、弔，並可酌贈賀禮、賻儀。

伍、協辦喪事

退休人員死亡時，各機關應派員酌致賻儀，以慰問其遺族，如係單身無家族在臺者，應協助了料後事。

陸、經費開支

各機關辦理照護事項所需經費，概在事務經費內列支。又各機關對於退休人員，應專案登錄名籍冊，指定專人負責管理，經常與退休人員保持聯繫，並由人事單位會同總務單位辦理。當退休人員原服務機關改

隸者，應將退休人員名籍冊併同移交由改隸或歸併之機構繼續照護；機
關奉令裁撤者，應由其上級機關繼續辦理。

　　以上照護事項雖由行政院訂定，並通令所屬遵照，但其副本卻抄送
總統府祕書長，國家安全會議祕書長，立法、監察兩院祕書長，司法、
考試兩院祕書處，國民大會祕書處，審計部，故事實上等於全國施行。

第十七章　人事資料與人事行政資訊化

人事資料之建立與人事行政資訊化，各有其理論，亦有其政策與原則；主管機關對人事資料與人事行政資訊化，亦有若干法令規定，並訂定計畫在積極規劃施行中。茲就以上三者分節敍述之。

第一節　人事資料與人事行政資訊化的理論

大致而言，有關理論可分人事資料與人事行政資訊化兩部分，茲分項簡述之。

第一項　有關人事資料的理論

關於此部分之理論，主要包括下列各點：

壹、公務員個人資料說

指人事資料應以公務員個人的資料為基礎，個人資料應包括之範圍可大可小，主要以適應人事管理上之需要而定。

貳、服務機關資料說

指服務機關的組織法規資料，員額編制資料，各單位權責劃分資料

等。有了個人及機關資料，在求人與事配合時才能有資料可資依據。

叁、社會資料說

人事行政工作，不僅與機關業務關係極為密切，需求人與事的配合。當社會環境有重大改變時，機關業務亦需配合調整，以適應新社會環境的變遷；再公務員係從社會羅致的，對社會人力的供需與人員素質的變動情形，又不得不加以注意。又如社會輿論對當前人事政策之評論，學者專家及公務員對人事行政之建言，甚至讀者投書等，亦有加以蒐集與研究分析之需要。因此為利於人與事的配合，為使人事決策更能正確妥當，則除個人資料及機關資料外，尚須注意部分社會資料的了解與蒐集。

肆、保持人事資料常新說

個人的背景資料，常因時間的過去而變更或增添；組織法規的修正、員額編制的調整、各單位權責的變更等，機關資料亦需經常修正；社會有關部分之資料，自亦應隨著社會情況的變遷而修正；故各種資料需保持常新。

伍、資料分析統計與動態顯示說

人事資料的可貴，並不在於資料的豐富與保有，而在於為配合人事行政的需要，作不同的分析與統計，並以動態的方式顯示出來，以期能從動態的顯示中，不僅可了解各種數據的過去與現狀，更可預測出此種數據的將來趨向。

陸、人事統計可供人事決策之重要參考說

人事行政主管機關或人事主管，在以往多憑主管人員的經驗與智慧制訂人事決策。但自人事行政工作日趨複雜，社會變遷速度加快，及人

事主管工作極爲繁忙的今日，欲再憑主管人員的經驗、智慧制作人事決策已屬不可能，而需有客觀事實(統計數字)的依據。根據客觀的統計數字，所作成的政策，應能解決問題；根據客觀數字所作的預測，必可防患於未然，對可能發生的問題，消滅於無形。

第二項　有關人事行政資訊化的理論

大致而言，有關人事行政資訊化的理論，主要有下列各種說法：

壹、減少人事資料存量說

爲減少人事資料之存量及便於人事資料的管理與使用，需將人事資料輸入電腦，由於電腦的存量是極爲驚人的，因此可解決人事資料的存量與管理及查閱的問題。

貳、迅速處理人事業務說

由於近年來電腦的不斷更新，功能的不斷擴大，已可用以處理一般的人事業務，如任用審查結果的通知、薪俸的發放、考績結果的通知等，由於電腦操作速度之驚人，致加快了人事業務的處理速度，大大的提高工作效率。

叁、正確處理人事業務說

電腦是根據預先設定的程序，透過電子機械來操作的，因此電腦是不可能出錯的，如果有錯亦是屬於程式設計或機器故障所致。故運用電腦來處理人事業務時，其正確性也是遠超過人工的處理。

肆、減少人力說

由於電腦具有驚人的存量、驚人的速度,因而對人事資料的存儲保管與運用,及一般性人事業務的資訊化,可節省相當可觀的人力,雖然人力的結構會因人事行政資訊化而有若干改變,如將增加電腦操作及程式設計之人員,但原有抄錄、登記、保管及辦理一般性較爲例行人事業務的工作人員,卻可大量的減少,故所增加的人員只是少數,而可減少的人員卻是多數,兩相比較之下,仍是可減少相當的人力。

伍、及時提供人事資訊說

人事行政需隨著社會及業務的變動而調整,故人事行政亦由以往的靜態變爲現今的動態了。由於人事行政的動態化,則人事決策的制作與調整亦趨於頻繁,因而對各式各種人事資訊的需求,亦更趨於迫切。由於電腦具有驚人的人事資料存量、驚人的計算速度、驚人的分析、統計與製表功能,使得隨時提供所需的各種人事資訊成爲可能,致大大的化解了需經常制作人事決策與調整人事決策所遭遇的困難。

第二節　人事資料與人事行政資訊化的政策與原則

就我國目前情形而論,除有關人事資料之政策與原則外,有關人事行政資訊化之政策與原則,正在逐漸形成當中。茲分項敍述之。

第一項　人事資料的政策與原則

有關人事資料之範圍、管理及使用之政策與原則,主要有下列各種:

壹、明定人事資料之範圍

包括(1)機關資料；(2)個人資料；(3)社會資料。

貳、保持人事資料之常新

包括(1)更正原有的資料；(2)增列新的資料。

叁、配合人事行政需要作資料分析統計與提供

包括：

㈠人事資料分析：較爲常用者有(1)籍貫及性別分析；(2)教育程度分析；(3)年齡分析；(4)任職年資分析；(5)新陳代謝率分析；(6)缺勤分析；(7)獎懲案情分析；(8)員額增減分析。

㈡人事資料之統計：包括(1)當年情況之統計；(2)各年連續情況之統計。

㈢統計資料之提供：爲應管理當局之需要，提供統計資料之方式有下列兩種：(1)由製作統計者定期主動向管理當局提供；(2)根據管理當局某種需要提供統計資料。

肆、強化人事資料在人事決策上之應用

包括(1)從人事資料了解人事決策之效果；(2)從人事資料預測今後情況的發展；(3)從人事資料修訂人事決策；(4)發展趨向預測須經常調整：爲期預測具有可靠性，則有關預測的資料需按年調整。

伍、人事資料應妥爲管理

包括(1)保管；(2)個人資料表卡及平時考核資料，於人員調職至其他機關任職，應隨同移轉。

第二項　人事行政資訊化的政策與原則

為求迅速及正確處理人事行政，需逐步推行人事行政資訊化，而推行資訊化之政策與原則，包括：

壹、設定資訊化之目標

人事行政資訊化之目標，應為促使人事決策合理化，人事作業效率化，及達到人事資訊之整體性、一致性與互通性之要求，以避免重複浪費。

貳、建立完整資訊體系

將整個人事資訊體系，區分若干個分系統，而每個分系統中又可再分為若干子系統。研擬系統時，可要求各人事單位，根據業務需要提出建議，而後再經彙總與審議，而建立起人事行政資訊之系統表，以為規劃及發展人事資訊之依據。

叁、建立人事資料庫

資料庫為輸入存儲各種人事行政資訊之處所，人事資料庫中之資訊，至少應包括：

㈠業務資訊：由各業務單位依據資訊系統中的分類，將需運用電腦統計分析且較為重要與經常應用的業務資訊，輸入電腦存儲，以便於需用時隨時透過終端機及列表機之作業迅速輸出。

㈡人事資訊：即依據上述業務資訊需求，將公務員背景中有關項目的人事資料輸入電腦存儲，並經常作必要的更正與補充。

肆、改進原有人事資料之管理

　　為配合人事行政資訊化,對原有的人事資料(尤其是公務員履歷表之資料),作全面的清理,對在職公務員之人事資料,應根據現狀加以更正或補充後,再將有關項目輸入電腦;對已離職公務員之人事資料,應於保存一段期間後予以銷毀。今後對公務員人事資料應按機關分別列管,其統一編號亦擬採身分證之統一編號辦理。

伍、規定實施步驟

　　人事行政資訊化工作,甚為繁複,且所需人力與經費甚為可觀,因而在實施時宜規定分階段辦理,並規定進度依次進行。

陸、保持資訊體系之常新

　　人事資料庫中之業務資訊與人事資訊內容,必須隨著業務及人員的更動,而作必要的修正,如取銷原有某種系統,新增某種系統,使得資訊體系經常能適應當時人事行政的需要。

柒、人事業務逐步走向電腦處理

　　由於電腦有高速的計算能力、龐大的存儲能力,及操作正確的能力,如根據既定程式來處理人事業務,必可收到品質好效率高的效果,但人事業務繁雜,項目很多,宜逐步擴大推行,如先將一般例行性的人事業務交由電腦處理,俟具有成效,再擴大至較為繁複的工作,若此按部就班的做法,要比立即全面實施要有效可靠得多。

第三節 人事資料及人事行政資訊化法規簡析

有關人事資料之登記及管理，目前分別由考試院及行政院人事行政局，訂有辦法施行；至有關人事行政資訊化，目前雖尚無法規之訂定，但銓敍部及行政院人事行政局，均定有相關的計畫，並規劃實施中。茲分項敍述之。

第一項 公務員登記規則簡析

考試院爲便於辦理公務人員登記，特訂定公務人員登記規則，其要點如下：

壹、舉辦登記之作用

公務人員之登記，作爲辦理任免、銓敍、退撫等案件之依據。

貳、公務人員登記之類別

一、**初次登記**：係初任公務人員初次送請銓敍時，依其所送文件，就其各項個人基本資料及採認之考試、學歷、經歷等項及審查結果，分別登記之。以上所稱個人基本資料，依銓敍部規定之公務人員個人人事資料調查表之所定，其內容包括二十一項(即二十一個小表)，每項中又分若干目，由公務人員採用簡答、作∨記號等方式填寫之，再填寫之字體必須在固定的小長方格內(以便輸入電腦)。其項稱爲(1)基本資料；(2)現職；(3)借調；(4)兼職；(5)學歷；(6)考試；(7)教師資格；(8)檢覈；(9)方言；(10)外國語文；(11)著作；(12)發明；(13)國內訓練；(14)國內進修；(15)出

國；⑯家屬；⑰眷舍狀況；⑱福利互助；⑲經歷銓敍；⑳考績；㉑獎懲。

二、異動登記：係公務人員經初次登記後，就其發生之異動事項分別登記之。其中又分：

㈠由各機關依送審程序經銓敍部核定後登記之異動事項：包括任用審查案，試用、試署期滿改爲實授成績審查案，考績考成審查案，調職動態案，級俸變更案，停職、復職及卸職案，簡任存記案，退休或死亡登記於銓敍部核定退休或撫卹案時辦理之。

㈡由各機關依送審程序送請銓敍部查核登記之異動事項：包括勳章、獎章、模範公務人員、記大功、記大過、懲戒處分、聘用、解聘、更改姓名、冠姓或撤銷冠姓、更正身分證統一編號、更正出生年月日、留職停薪、復職復薪、資遣、其他異動事項。

叁、不依規定登記之處理

依本規則應登記而不辦理登記者，各主管機關應查明責任處理。經登記之資料，如發現或經人告發有假冒或僞造、變造經查明屬實者，除註銷其登記外，各主管機關應查明責任，按其情節輕重依法懲處或移送司法機關偵辦。

肆、登記作業得以電子處理

並得另訂有關管理規定。

第二項 人事資料統一管理要點簡析

行政院人事行政局，爲統一管理行政院暨所屬各機關人事資料，特訂定人事資料統一管理要點一種，其中對行政院暨所屬各級行政機關、

公營事業機構及公立學校之人事資料表與電腦檔案之登錄、異動、建檔、移轉及管理等，其要點爲：

壹、人事資料範圍

包括：

一、人事資料表：又分

㈠機關資料：含機關概況登記表，歷年職員名冊，本機關組織法規、編制、職掌及權責，本機關人事管理相關法規及分層負責明細表，本機關人事管理業績各種有關報告計畫書表。

㈡公務人員個人資料：包括公務人員履歷表及平時考核資料，各機關新進人員，應塡具個人人事資料表。其中公務人員履歷表之項目，共分三十餘個，除最後一項爲簡要自述外，其餘各項目內容與銓敘部所定之個人人事資料調查表所列項目大致相同，惟列表格式頗有差別而已。

二、公務人員個人人事電腦檔案資料：即將公務人員履歷表中有關項目，輸入電腦，成爲個人人事電腦檔案，以備統計分析及辦理公務人員個案人事業務時之依據。

貳、人事資料之管理權責

視資料性質分別規定如下：

一、公務人員履歷表：

㈠行政院暨各部、會、處、局、署、省(市)政府及其所屬機關之人事人員，及簡任第十職等以上人員之公務人員履歷表，應列送行政院人事行政局管理。

㈡行政院暨各部、會、處、局、署、省(市)政府及其所屬各級機關人員之公務人員履歷表，由各該機關人事機構負責管理。

㈢各級主管機關人事機構得視業務需要狀況，自行規劃列管所屬機

關人員之公務人員履歷表。

　　二、公務人員個人電腦檔案資料：有關資訊系統由行政院人事行政局統籌規劃，並按下列分工辦理：

　　㈠行政院人事行政局，負責中央行政機關人員、省(市)所屬簡任職以上人員、國立學校副教授以上人員、各事業相當簡任以上人員、全部人事人員、新疆及福建省及金馬地區機關學校所屬公務人員。

　　㈡教育部負責國立各級學校教職員。

　　㈢財政部負責所屬金融保險事業機構人員。

　　㈣經濟部負責所屬生產事業機構人員。

　　㈤交通部負責所屬交通事業機構人員。

　　㈥中央銀行負責本行及所屬事業機構人員。

　　㈦臺灣省政府負責所屬各級機關學校及事業人員。

　　㈧臺北市政府負責所屬各級機關學校及事業人員。

　　㈨高雄市政府負責所屬各級機關學校及事業人員。

　　三、其他人事資料：由各機關自行管理。

叁、人事資料之更正與補登

　　一、機關資料：各機關對本機關或附屬機關組織型態變更、員額編制增減，或修正組織法規等事項，應隨時辦理補充登錄。

　　二、公務人員個人資料：各機關職員填報資料表後，凡有各項人事資料異動，應隨時加以更正或補充登錄。

　　三、公務人員個人人事電腦檔案資料：尚未建立人事電腦檔案資料之機關，按人事行政局所訂人事行政資訊系統作業範本規定建檔；已建立個人人事電腦檔案資料，依人事行政局所訂人事行政資訊系統作業範本規定，辦理異動更新。

肆、人事資料之管理與借閱

一、**機關資料**：應分門別類編號裝訂資料夾內列入資料檔，除機密資料及經人事機構主管核准外，各級工作人員因業務需要得填具借單調閱。

二、**公務人員個人資料**：公務人員履歷表，採取一人一卷編號立卷列管，分別貯入資料櫃，並列入機關機密檔案，非因公不得調閱；平時考核資料，至年終時分別依個人單位加以裝訂成冊保管；留職停薪、停職、免職、撤職、退休或其他離職人員之個人資料及電腦檔案資料，應繼續妥慎保管。

三、**公務人員個人人事電腦檔案資料**：依「行政院所屬機關電腦設備安全暨資訊機密維護準則」規定辦理。

伍、人事資料之移轉

各機關奉准調任人員，應即填具人事資料移轉單，將被調離人員之個人資料表原件及本年度平時考核資料時，密封逐行移送調任新職機關；新職機關於調任人員到職一星期後，仍未接到其原服務機關移轉資料時，新職機關應即函其原服務機關查催。

陸、人事資料不依規定辦理時之處理

各機關如有漏辦他調人員資料表之移轉，或未按移轉之資料表繼續列管登錄，及如發現有偽造、變造、毀損或作不實之登錄等情事，應查明責任，視情節輕重依有關法令規定予以懲處。

柒、其他

人事資料表冊記載之內容應詳實正確、字跡端正清晰，如有筆誤更

正, 應由登記人及其主管蓋章。各機關人事資料表應依照公務人員交代
條例第四條規定列入交代。

第三項 人事行政局人事業務資訊化計畫簡介

行政院人事行政局, 早於民國七十一年即訂有「建立人事行政電腦
化資訊系統計畫」, 逐步規劃推行。復於八十二年九月, 依據上述計畫與
行政院核定之「加強推動政府機關實施辦公室自動化方案」, 訂定「人事
管理資訊推廣計畫」。茲就該兩計畫之要點簡述如後。

壹、建立人事行政電腦化資訊系統計畫要點

包括:

一、計畫目標與基本原則:

㈠目標: 應用系統分析並透過電腦效能, 提高人事資訊品質、協助
人事決策, 及促進人事作業效率化。

㈡作業原則: 人事行政資訊體系之設計,以支持人事行政施政計畫,
達成政策任務為目標, 一方面經常從不同之作業系統整理、統計、分析
及管理各項人與事之資訊並掌握其動態性; 一方面適時提供整合性之資
訊協助上級及業務單位從事人事決策。再電腦化作業需循整體規劃、分
別作業、循序拓展之方式, 在全國行政資訊體系之下, 由各不同層級人
事機構依中長程計畫逐步建立資訊系統, 達到整體性、一致性與互通性
之要求, 避免重複浪費。

二、建立人事行政資訊體系: 根據人事行政局業務需求及未來決策
參考要求, 區分為下列七個分系統及二十二個子系統。

㈠公務人力資訊體系。又分(1)組織編制系統; (2)公務人力個人資訊
系統; (3)個人基本資料系統; (4)任免遷調系統; (5)訓練進修系統; (6)考

核獎懲系統；(7)撫卹退休系統；(8)實物配給系統；(9)福利互助系統。

(二)人才儲備資訊系統。又分(1)公職（民意代表）人才資訊；(2)私校人才資訊；(3)民間人才資訊；(4)科技人才資訊；(5)國外人才資訊。

(三)考試分發資訊系統。又分(1)考試及格人員資訊；(2)分發服務人員資訊；(3)請求分發人員資訊。

(四)施政計畫及重要案件列管系統。

(五)待遇福利資訊系統。又分(1)調整待遇資訊；(2)民間薪資資訊；(3)調整待遇相關數據資訊。

(六)住宅輔建資訊系統。又分(1)輔建及待輔建人員資訊；(2)眷舍房地處理資訊。

(七)人事法制資訊系統。

三、建立人事資料庫：其內涵以人與事兩種資訊為主。

(一)業務資訊：由各業務單位，依據資訊系統分類，將所需應用電腦統計分析運用之較重要且經常性之業務資訊，提供第四處予以輸入，需用時透過終端機及列表機之作業迅速輸出；各業務單位平日如需用資料庫資訊產生數據時，亦可提出要求，由第四處從事程式設計予以統計分析，提供參考，並輸入資料庫保管備用；如業務資訊需其他機關支援提供者，定期列表協調提供。

(二)人事資訊：依據前述業務資訊需求，將相關人事資訊項目輸入，並經常掌握動態。

(三)人事資料庫之分工：分別規定掌理人事資料庫之機關與其管理之人員資料範圍如下：

1.人事行政局：掌理(1)中央行政機關全部公務人員；(2)行政院所屬各級機關學校全部人事人員；(3)省(市)政府所屬機關學校簡任第十職等以上人員；(4)公立大專院校副教授以上人員；(5)公營事業相當簡任第十職等以上人員；(6)福建省及金馬地區機關學校人員。

2.教育部：所屬國立各級學校教職員。

3.財政部：所屬金融保險事業機構人員。

4.臺灣省政府：所屬各級機關學校人員。

5.臺北市政府：所屬各級機關學校人員。

6.高雄市政府：所屬各級機關學校人員。

7.各國營事業機構：各國營事業機構所屬人員。

㈣改進人事資料管理：現有資料表作全面清查，對在職人員部分就現況作更正補登後，依個人資料項目輸入電腦，原送履歷表僅供備用，今後即以輸入電腦之部分輸出並列表應用；對離職人員之資料，區分離職原因加以清理，並另行保留三年後銷毀；今後履歷表之統一編號改採身分證統一編號管理。

四、預期產生之功能：就以上計畫實施後，其功能有：

㈠公務人力狀況評估：依據各機關組織編制、人員專長、退離等資料，掌握公務人力之盈缺供需狀況，並根據離職率及未來業務發展等資料，推估未來人力需求趨勢及可能供應之各類公務人力，作為人力規劃之基礎。

㈡提供選員服務：協調有關機關學校，循分工合作互通使用方式，建立公職、學術研究、科技研究與民間企業人才儲備專檔，隨時為各機關首長提供選員服務。

㈢協助人力選拔培育：根據各期程人力需求，作為教育主管機關調整學校科系及考選機關辦理考試之參考；並根據現職人員接受訓練與職務歷練狀況，配合任職年資及升遷流程，定期提供訓練與遷調之資訊，作為實施計畫培育之依據。

㈣協助待遇調整作業：依據歷年軍公教人員薪給及各項津貼標準、民間薪資、物價指數、最低生活費及平均國民所得等資訊，定期提供作為研擬調整待遇方案之參考。

㈤管制退休計畫: 對最近三年屆齡退休人員, 定期清查並予列管, 屬行退休並作爲補充人力之依據。

貳、人事管理資訊系統推廣計畫

其要點爲:

一、計畫目標: 包括

㈠協助各級機關人事業務電腦化作業, 減少人事資料重覆作業, 以確保人事資料之正確新穎。

㈡提供整合性、完整性之資訊, 以作爲各級機關從事人事作業及決策的參考。

㈢循整體規劃、分工作業方式, 建立完整的資訊傳輸網路, 以達整體性、互通性的要求。

二、訂定人事管理資訊系統: 本系統係以處理各級機關人事機構日常人事業務爲主, 下分十一個子系統, 即(1)個人基本資料系統; (2)組織編制系統; (3)任免遷調系統; (4)考績獎懲系統; (5)升遷考核系統; (6)退休撫卹系統; (7)待遇福利系統; (8)差假勤惰系統; (9)檔案維護傳輸系統; (10)統計報表系統; (11)系統管理系統。

以上十一個子系統與人事行政資訊系統計畫中所作系統區分, 略有不同, 其主要原因爲人事行政電腦化之資訊系統係專爲人事行政局業務需要而設, 而此人事管理資訊系統係爲各級機關人事機構的日常人事業務而設。

三、系統功能: 包括(1)建立個人基本資料之各類代碼對照表; (2)依十一個子系統需求, 執行異動資料更正、查詢及列表等; (3)列印各種人事業務統計報表; (4)各機關間人事資料之傳輸、轉換與整合。

第四項　銓敘部人事業務資訊計畫簡介

銓敘部自七十四年開始籌劃業務資訊化作業，七十六年正式成立專業單位「電子處理資料室」，負責積極推展該部銓敘業務資訊化作業，近三年來資訊業務已獲快速成長。除此之外，銓敘部又正在規劃全國人事業務資訊化計畫，以期適用於全國各機關人事機構之人事業務的處理，茲簡說如下：

壹、銓敘部銓敘業務資訊化計畫

分兩類十五個分系統及二十七個子系統如下：

一、行政管理類：

㈠人事管理系統：又分⑴人事管理分系統；⑵出勤管理分系統。

㈡會計事務作業系統。

㈢總務管理系統：又分⑴薪資發放分系統；⑵財產管理分系統；⑶文書處理分系統。

㈣祕書業務管理系統：又分⑴公文管理分系統；⑵質詢管理分系統；⑶施政計畫列管分系統。

二、銓敘業務類：

㈠銓敘分析統計系統。

㈡儲才選員作業系統。

㈢人才評估作業系統。

㈣考試分發作業系統。

㈤公保查詢作業系統。

㈥撫卹審查管理系統：又分⑴撫卹金發放分系統；⑵撫卹審查分系統。

(七)退休審查管理系統：又分(1)退休金發放分系統；(2)退休審查分系統。

(八)銓敍審查管理系統：又分(1)級俸自動覆審分系統；(2)簡任存記分系統；(3)考績審查登錄分系統；(4)媒體申報考績審查分系統；(5)考績自動升等分系統；(6)獎懲動態分系統；(7)卸職動態分系統；(8)任審動態分系統。

(九)人事法規析例檢索系統。

(十)組織編制管理系統：又分(1)職務歸系分系統；(2)組編審查分系統。

(土)人事資料管理系統：又分(1)個人資料登錄分系統；(2)身分證統一編號、更名、更齡分系統；(3)服務獎章登錄分系統；(4)聘用人員登錄分系統；(5)模範公務員登錄分系統；(6)勳獎章登錄分系統。

貳、全國人事業務資訊化計畫

銓敍部為期全國人事資訊能達到資源共享、共用、共通等一致性的經濟效益，對全國人事業務資訊化在作整體規劃，其要點如下：

一、**整體規劃之範圍方向與目標**：以全國各行政機關、事業機構及各級學校為範圍。其方向包括(1)建立全國人事資訊體系，統一人事資訊作業規範；(2)各機構人事資料均能傳輸運用並整合為全國人事資訊，供決策參考；(3)全國各機關人事資料均能作線上立即查詢、統計分析。其目標，為達到(1)個別人事機構之業務電腦化；(2)建立主管機關人事機構人事資訊網路；(3)建立全國人事資訊網路，能迅速、簡便獲得正確有效全國人事資訊，作為研擬人事政策之決策參考。

二、**實施計畫**：

(一)資料庫之整合：其方法為(1)統一資料庫結構，使現有已自動化之人事資料庫格式、欄位、代碼、內碼及相關配合軟體予以統一；(2)訂定

一致性之媒體交換及傳輸格式。

　　㈡銓敍部、行政院人事行政局公務人員個人資料庫分別獨立：其方法爲⑴各層級機關(構)有其獨立個人基本資料庫及個別業務需求資料庫；⑵行政院所屬公務人員個人資料之異動，統一由行政院人事行政局集中後轉至銓敍部，據以更新銓敍部之公務人力資料庫；⑶部局公務人力個人資料庫涵蓋資料項，仍視部局各自需求規劃建置，未必完全一致。

　　㈢媒體交換與連線：爲達成各層級機關(構)資訊交流可經由媒體交換或網路連線，其方法爲各主管機關(構)爲一個族群中心，再由其主管機關往外與銓敍部及行政院人事行政局搭起交流橋架，流暢資訊；對未資訊化之基層單位，須先由其主管機關(構)代爲處理異動資料之建置與傳輸。

　　三、計畫執行時段：預定於民國八十三年七月一日起至八十八年六月三十日止之五年內完成。

第五項　人事行政資訊化的建議

　　由上述第三、第四項有關人事行政局與銓敍部之人事行政資訊化計畫中：

壹、有關全國各機關人事機構適用之人事業務資訊化計畫部分

　　提出下列建議：

　　一、有關人事業務資訊化規劃方面：銓敍部與人事行政局，對人事業務資訊化之規劃與推行，應加強協調與合作，齊一步調，以收事半功倍之效。對人事資料庫，雖可由銓敍部、人事行政局及各主管機關人事部門，採分工方式分別建立，但相互間之資訊直接傳輸系統，必須早日實現，以期對各種資訊能即時共享、共通，及減少浪費。

二、**各機關人事管理資訊化方面**: 銓敘部與人事行政局, 對各機關人事機構所掌理之人事管理工作, 其資訊系統應早日會同規劃施行, 除軟體設施及操作規範等應由銓敘部及人事行政局免費提供外, 至硬體之個人電腦等設備則由各人事機構自行購置。

貳、有關資訊化後之效果方面

人事業務資訊化後, 對人事工作品質之提升、工作效率之增進、工作人員工作負荷及壓力之減輕, 均有頗為顯著之效果, 但對人力之減少, 目前尚無績效可言, 再對隨時提供所需統計等資料, 以供管理當局人事決策之參考部分, 則多未見。因此, 一方面如何減少人力, 一方面如何切實了解人事機關首長的人事決策及依照人事決策需求, 設計及充實資料庫, 以便隨時製作分析統計, 輸出與人事決策有關之各種資訊, 以供首長檢討及改進人事決策之重要參考, 尚有待今後的努力。

第十八章　公務員基準與政務官法制

　　研訂公務員基準法與政務官法，爲近年來輿論界及學者一再提到並曾多次發表高論的問題，人事行政主管機關對此二問題亦曾委託有關學者專家做過專題研究，其中有關公務員基準法草案並經研擬完成，由考試院審議中，政務官法草案，亦正在多方搜集資料研擬中。

　　研訂公務員基準法及政務官法，各有其理論根據。至法制部分，因公務員基準法尚未制定，僅就主管機關所研議完成的草案略作分析；政務官法制則只在有關法律中有零星規定，不夠完整，仍有待今後政務官法的制定。茲分節敍述之。

第一節　制定公務員法及政務官法的理論

　　需制定公務員法及政務官法之論點，分兩項敍述如後。

第一項　制定公務員法的理論

　　制定公務員法之論點，主要有下列四種，各有利弊：

壹、公務員法制法典化說

　　將有關公務員法制之各種政策、原則與重要程序，均定於一個法律，

使之成爲公務員法制的法典。其優缺點爲：

一、優點：

㈠使人事法制趨於簡化：如每一重要人事項目，均制定有專法，則人事法制爲數衆多，各人事法制間勢必有部分內容相重複，甚至會出現相互牴觸或矛盾的規定。今將各個專法均予歸併納入公務員法的一個法律之內，可使人事法制簡化及減少重複、牴觸與矛盾。

㈡使人事行政工作者便於查閱與應用：人事行政工作者，處理人事業務均需以法制爲依據，今旣將公務員法制訂定於一個法律之中，則在查閱及使用時，自可增加不少的便利。

二、缺點：

㈠使公務員法內容過於繁複：如將公務員各種法制，包括所有政策與原則，甚至重要程序等均予納入，則此一法律之內容繁複，篇幅極多，反而形成攜帶的不便。

㈡公務員法制法典化將使原有部分人事行政規章亦由法律制定：公務員法制，依內容之重要性，通常有法律與行政規章之分，重要之內容以法律定之，次要的內容可以法律授權或基於行政權以行政規章定之。今如將公務員法制予以法典化，如不論其內容之重要性如何，均納入一個法典，而此一法典必以法律定之，若此無形中原可由依法授權訂定或基於行政權訂定之行政規章亦改以法律制定，使得人事行政的靈活性大爲降低。

貳、公務員法制之總綱說

公務員法制，固可按人事項目分別立法，但這些個別立法，多是平行的、互不相隸屬的，爲明確顯示出公務員法制體系，應在各個別立法之上，增加一總綱性的法律，使綱舉目張，條理分明。此種總綱式的公務員法，亦有其優缺點：

一、優點:

㈠能顯示出公務員法制體系: 即公務員法與各人事項目的個別立法之間, 具有母法與子法的關係, 在公務員法中明示公務員法制的基本政策, 而一般政策與原則則於個別立法中訂定, 至有關細節及程序方法等, 則由個別立法以法律授權由有關機關以行政規章定之。

㈡對公務員法制的了解較爲容易: 如從公務員法可較易了解公務員法制的基本政策, 從各個別立法可較易了解某個人事項目的一般政策與原則, 從有關行政規章可較易了解某個人事項目的處事程序與方法。

二、缺點:

㈠總綱與個別立法間分際不易掌握: 將公務員法制之基本政策列入公務員法, 將各項目之一般政策與原則列入個別立法, 但基本政策與一般政策及原則間之分際, 不易把握得恰到好處, 因而何者需列入總綱立法, 何者需列入個別立法, 常會引起不同看法甚至發生爭議。

㈡難免會疊床架屋: 由於分際不易掌握, 乃出現公務員法與各人事項目立法之內容間, 出現疊床架屋的現象。

叁、公務員法制之通用基準說

公務員種類甚多, 各有其特性, 無法以同一的法律來管理所有各類及不同特性的公務員, 因此個別立法(不論爲按人事項目分別立法或按公務員類別及不同特性分別立法)乃勢所難免, 但公務員均爲國家人民服務, 各類及不同特性公務員間仍應有其通用的基準, 此種通用的基準應以公務員基準法定之, 其餘則仍以個別立法定之, 使保持各類及不同特性公務員間, 旣有其共同的部分, 亦有其各別差異的部分。此種通用基準式的公務員法, 其優缺點爲:

一、優點:

㈠可建立各類及不同特性公務員的通用基準: 此種通用基準的建

立, 將有利於各類及不同特性公務員間的交流, 使各類及不同特性公務員間的基本權利與義務趨於平衡(如將公務員之基本權利與義務列為基準法的內容), 避免各類及不同特性公務員間因基本權利與義務差異而引起的相互援引或甚至不平。

㈡上述公務員法制法典化及總綱式的公務員法的缺點, 大致可以避免。

二、缺點: 何者應列為通用基準, 何者不應列為通用基準, 不易拿捏得準。如通用基準部分內容過於單純, 則將失去制定基準法的意義; 如通用基準範圍予以擴大, 則又不能適應各類及不同特性公務員之需求, 可能某類及不同特性公務員要求不適用通用基準法, 致有違制定基準法的目的。

肆、視公務員法制背景而定說

應否制定公務員法及以何種方式來制定公務員法, 應視當時的公務員法制背景而定。公務員法制背景有下列各種:

一、無公務員法制背景可言時: 如原無公務員法制的制定, 或雖有若干公務員法制但範圍極不完整, 或一個國家建國的歷史甚為短暫, 或原有公務員法制因政治因素已不能適應等時, 可考慮以公務員法制法典化的方式, 來制定公務員法。如一部分原由殖民地或原為他國占領而後獨立, 政治體制作重大改變的國家, 則多採用此種方式制定公務員法。

二、有公務員法制背景但多屬零星規定時: 公務員法制, 通常是逐步成長的, 在何時認有某種需要, 則專為該種需要而訂定法制, 因此缺乏公務員法制的體系, 亦少有前瞻性的規劃。如為理清公務員法制體系, 使人對公務員法制易於了解, 則採用總綱式的公務員法應屬可行, 亦會發生效果。

三、有健全公務員法制但範圍不夠完整時: 如我國目前除考試、任

用與銓敍、俸級、考績、撫卹、退休各項各別制定有立法外，其餘升遷、
褒獎、保障尚無專法之制定。再當前對公務員之權利觀念，深受各界重
視，公務員之義務觀念亦逐漸有所改變，原有立法或則付之闕如，或則
雖有立法(如公務員服務法)但已不能適應當前需要。又如公務員之結社，
在一般國家均認為是公務員的權利；公務員之行政中立，為一般民主國
家對公務員的基本要求，此種結社與行政中立，目前亦無法制可循。以
上所欠缺之法制，如其中大部分均為各類及不同特性公務員所需共同遵
守時，可考慮以個別立法或修法來充實人事制度，如需制訂公務員法，
則可考慮採公務員基準法方式。

第二項　制定政務官法之論點

制定政務官法之理由，是因其與事務官不同，不能適用事務官的規
定，而認為與事務官不同的論點則有下列四種：

壹、制定政策說

凡參與國家政策或行政方針之決定為主要任務之公務員即為政務
官，否則為事務官。既以參與國家政策或行政方針之決定為主要任務，
則當國家政策或行政方針發生錯誤致對國家或人民發生不利影響時，則
應負其責任，此種責任即為政治責任。

貳、依政黨去留說

當所屬政黨執政時，則由政黨提名任用；如原執政黨成為在野黨時，
則當然去職。此種情形在多黨制的民主國家，甚為常見。至那些職務可
因執政黨的更替而任免，則視各機關的組織法規及慣例而定。

叁、特別任用程序說

政務官之任用程序與事務官不同，凡經由特別任用程序而任用者為政務官，未經該特別任用程序而任用者，即非政務官。至所謂特別任用程序，通常指下列各種之一種或數種而言：

一、經由選舉而任用：如總統經由國民大會選舉產生，縣(市)長經由民選而產生。鄉鎮(市)長雖亦經由民選而產生，但因地位較低，通常並不認為是政務官。又如各級民意機構之民意代表，雖經由選舉產生，仍不認為是政務官。

二、經由同意權之行使而任用：如司法院正副院長，大法官；考試院正副院長，考試委員；監察院正副院長，監察委員；均經由國民大會同意而任用。又如行政院院長，監察院審計部部長，均經立法院同意而任用。故均為政務官。

三、經由黨提名而任用：如現今執政黨，對政務官人選，均先由黨主席提報中央常會通過後，再行任用。如各部會的政務次長，駐外大使、公使之任用即屬如此。

以上第三種程序，通常亦與第一種或第二種結合運用，如經由選舉產生，其候選人身分須經中常會通過；經由同意權之行使而任用者，其人選亦須先經中常會通過後再由總統府諮請行使同意權機關行使同意權。

肆、特定官等及列舉說

在組織法中定有特定的官等如特任、相當簡任第十四職等，或在有關法律經列舉為政務官者即為政務官，否則為事務官。

第二節　公務員法簡介及建議

德、法、日、韓及中共，均制定有國家公務員法，我國人事行政主管機關，亦正在審議公務員基準法案中。茲就國家公務員法所包括之人事項目範圍、我國公務員基準法草案之主要內容，及對制定公務員基準法之建議，分項敍述如後。

第一項　國家公務員法所包括的範圍

德、法、日、韓、中共諸國的國家公務員法，所包括之人事項目範圍雖不盡相同，但一般而言，除極少數人事項目另以法律定之外，均已包括在內。其情形為：

壹、德意志聯邦公務員法

共分九章，包括(1)通則；(2)公務員關係(包括考試、任免、遷調等)；(3)公務員之法律上地位(包括權利、義務、選任代表等)；(4)人事行政(包括人事主管機關組織、職權)；(5)生活補助(已刪除)；(6)訴願與法律之保障；(7)聯邦議會及聯邦憲法法院公務員；(8)大學校長、教授與大學助教；(9)名譽公務員；(10)過渡與最後條款。

貳、法國國家公務員法

分第一、第二兩部分，共十四章。第一部分為有關公務員權利、義務之規定，分(1)總則；(2)保障；(3)任職；(4)義務。第二部分為有關公務員身分之規定，分(1)總則；(2)諮詢機關；(3)任用；(4)職階結構；(5)身分；

(6)考績、升遷、異動、等級重分類；(7)俸給；(8)懲戒；(9)職務之終止；
(10)過渡條款及附則。

叁、日本國家公務員法

共分四章，章內有再分節者，即(1)總則；(2)中央人事行政機關；(3)
官職之基準(又分通則、職位分類、考試及任免、俸給、效率、身分變更
懲戒及保障、服務、退職年金、職員團體等節)；(4)罰則。

肆、南韓國家公務員法

共分十二章，即(1)總則；(2)中央人事主管機關；(3)職位分類；(4)任
用與考試；(5)報酬；(6)效率；(7)服務；(8)身分保障；(9)權益之保障；(10)
懲戒；(11)罰則；(12)補則。

伍、中共國家公務員暫行條例

共分十八章，即(1)總則；(2)義務與權利；(3)職位分類；(4)錄用；(5)
考績；(6)獎勵；(7)紀律；(8)職務升降；(9)職務任免；(10)培訓；(11)交流；
(12)迴避；(13)工資保險福利；(14)辭職辭退；(15)退休；(16)申訴控告；(17)管理
與監督；(18)附則。

以上五個國家的國家公務員法，均屬法典化的方式，且制定時間愈
後者其內容愈完整(其另以法律定之者僅偶而有之)，其在公務員法中未
規定者，均授權由行政首長或人事行政主管機關另以命令定之。

第二項　我國公務員基準法草案的主要內容

約在十多年前，銓敍部及行政院人事行政局，即有研究公務人員法
之議，其後曾一度沈寂，自第七屆考試院開議後，又開始積極研究，惟

其名稱改爲研訂公務員基準，透過部局的合作，至在第七屆考試院任期將行屆滿之時，銓敘部已提出公務員基準法草案於考試院，經過審查會審查後，提出若干建議，由考試院交回銓敘部再研究。近來銓敘部又將一再研議後之公務員基準法草案又報請第八屆考試院審議中。茲就該案之主要內容簡說如下，以供關心此一問題者之參考。

壹、總則

其要點包括：

一、明示制法目的：在規範公務員權利及義務，確立人事法制基準。

二、理清與其他法律關係：其他法律與本法牴觸者優先適用本法，本法未規定者適用其他法律之規定。

三、規定公務員定義：所稱公務員指經依法進用或選舉產生，於各級政府機關、公立學校、公營事業(簡稱各機關)擔任編制內職務且支給俸給之人員(不包括軍職人員及各級民意代表)。

四、區分公務員類別：分爲政務官、公務人員、司法官、教育人員及公營事業人員五大類。

五、明定公務員與國家關係：公務員自就職之日起與國家發生公法上職務關係(即依法履行義務並行使權利)，有特定情事之一者(列舉撤職、免職、解職、辭職、卸職、死亡等共十一類)終止其公法上職務關係。

六、明定違法之效果：公務員違反本法規定者，除懲處或移送懲戒或偵辦外，其因而造成國家財產損害者並應負賠償責任。

貳、權利與保障

其要點包括：

一、有關經濟受益權之規定：公務員有依據法令請求支給俸給、退休給與、資遣給付及保險給付之權利，其於在職期間死亡者，遺族有依

法請岬之權利。

　　二、有關保障之規定：(1)公務員非依本法或其他法律之規定，不受撤職、休職、免職、退職、解除職務、解聘、資遣或停職等處分，並列舉得以免職及停職之事由共十三款（考績免職不適用於實任司法官）；(2)公務員身分，除政務官外，不因政黨因素而受影響；(3)公務員經依法停職者仍具公務員身分，但不得執行職務，停職期間應發給半數俸給之補助；停職原因消滅後一年內，得請求復職；(4)保障公務員工作環境之安全及衛生；(5)保護公務員使其執行職務免受譭謗、侮辱、恐嚇、脅迫、強暴或傷害；(6)公務員因執行職務涉訟，除故意或重大過失者外，服務機關或上級機關應延聘律師協助訴訟並負擔其費用；公務員因職務上原因致名譽受不法侵害者，國家應以適當之方法回復之，因不法侵害受財產上損失或致生理上之殘障或招致精神上難以回復之重大傷害者，服務機關應酌予一定額之補償。

　　三、有關其他權利之規定：包括(1)享有假期；(2)公務員有使用其官銜、職稱之權利，退休或離職後應在其官銜職稱上分別冠以「前」、「退休」、或「退職」字樣；(3)國家應維護公務員之尊榮與地位，謀求其本人及家屬之福利，並提供公務員執行職務之必要措施；(4)自行辭職；(5)除政務官及司法官外，公務員因機關裁撤、組織變更或業務緊縮致被裁減時，應依法就退休、資遣或另派職務斟情處理；(6)依法參加公務員保險；(7)除政務官外，公務員對各機關所發布之人事命令或實施之人事措施，如認為違法或不當致損害其本人之權益時，得提起申訴，各機關對提起申訴者不得因其申訴而予以其他不利處分；所為處分如影響及公務員服公職之權利者，並得依訴願、再訴願、行政訴訟之法定程序請求救濟。

叁、義務與服勤

　　主要包括：

㈠公務員應依法宣誓並遵守其誓詞，除宣誓者外，公務員初任及再任者，均應填寫服務誓詞。

㈡公務員初任、再任、調任或轉任，除期程外，應如期就職。

㈢公務員對於長官就監督範圍內所發布之命令有服從之義務，但依憲法規定應依據法律獨立行使職權者，不在此限；公務員如認爲長官命令違法者應負報告之義務，如長官認未違法仍以書面下達時，除涉及刑事者外應即服從，但因此所生之責任由該長官負之。

㈣保守機關及職務機密，離職後亦同。

㈤公務員應公正無私、廉潔自持，保持良好品德，依法執行職務，並致力於維護國家與人民之權益及公務員之良好信譽。

㈥公務員不得爲圖自己或他人之不正利益而關說、請託或推薦人員，亦不得接受此項關說、請託或推薦人員。

㈦公務員不得基於職務上之身分，爲自己或第三人要求、期約或收受財物、財產上利益或其他不正利益。

㈧公務員不得有一定之行爲(共列舉罷工怠工、假借權力損害他人、經營營利事業等七種)，違反者得先予停職。

㈨公務員除依法令規定外，應一人一職，不得兼任他項公職或執行業務，其依法令兼職者，不得兼薪或兼領公費。

㈩公務員執行職務時，應超越黨派爲全民服務；除政務官外不得於上班時間從事政治團體之活動；公務員不得利用職權推展政治團體之活動或勸募政治捐助。

㈠公務員執行職務，遇有涉及本身、配偶或三親等以內血親、姻親利害之事件者，應行迴避。

㈡公務員應配合機關業務需要，接受在職訓練或進修以充實知能，其所需費用由政府負擔；公務員接受訓練與進修之情形及其成績，應列爲考核及升遷之評量要項。

㈢公務員應依規定時間上班，不得遲到早退，非有正當事由不得請假。

㈣公務員得依法律、命令及長官監督範圍內之指示執行職務外，不負其他義務。

肆、管理基準

包括(1)考試與任用；(2)俸給與福利；(3)考核與獎懲；(4)退休與撫卹。

伍、公務員協會(參見第 309 頁)

陸、附則

主要包括(1)地方民選首長為本法公務員，但本法中部分條文不予適用；(2)行政法院評事及公務員懲戒委員會委員之保障及給與，準用實任司法官規定；(3)依法聘用人員之權利義務應以契約定之，但其內容準用有關條文之規定；(4)各機關工友及公營事業純勞工，雖非本法公務員，但仍準用本法中部分條文；(5)本法施行日期由考試院以命令定之。

由上說明，可知(1)有關公務員定義、公務員大分類、公務員與國家關係，係為現行人事法規所無，在本草案中作明確規定，將有助於對整個人事制度之了解；(2)權利與保障之規定，其中大部分係為現制所有但未明定為權利或保障而已，其中一部分係參照外國現行公務員法中所列權利而加以增訂者；(3)義務與服勤之規定，可謂為現行公務員服務法之修正案(公服法將於本法施行後廢止)，其中部分內涵亦是參照一般國家公務員法中所定義而增列者；(4)管理基準，因在現行人事法制均已有規定，故在本法中只作綱要式的宣示性的規定；(5)公務員協會為現制之所無，故其規定內容甚為詳細而具體；(6)附則乃將部分人員之法律適用作特別之規定。

第三項　對研訂公務員基準法的建議

筆者對需否研訂公務員基準法? 如在政策上必須研訂, 則應如何訂定? 特提出若干看法以供參考。

壹、需否研訂公務員基準法

不少的專家學者及主管機關的負責人員, 認為法國、德國、日本、韓國及中共, 均先後制訂有國家公務員法, 而我國卻至今仍無, 顯見人事制度尚不夠完整, 因而亦需制定一種類似的法律。我認為此種說法是值得商榷的, 其理由為:

一、法、德、日、韓、中共之人事法制背景與我國不同: 如法、德、日、韓國家的政治體制, 在第二次世界大戰後, 均有重大的改變, 因而政治制度亦需配合作相應的改變, 原有人事法制或因不能適應新情勢的要求, 或因範圍不夠完整, 乃作統盤規劃, 希望儘量能以一個法律來規範整個人事制度, 故有國家公務員法之制定。再如中共原無人事制度可言, 其後亦多以辦法、決議、規定等方式作若干零星的規定, 故需統合訂定國家公務員暫行條例, 以建立制度。而我國則不然, 似不需他國有國家公務員法而我們亦需要有公務員法。

二、國家公務員法之內涵極費斟酌: 目前制定有國家公務員法之國家, 有關國家公務員法應行包括之內涵, 大多有相似處, 亦即多將人事主管機關之組織與權責, 公務員之權利義務, 及公務員之考試、任用(含調任及晉升)、俸給、考績、獎懲、保障、退休及撫卹等之政策與原則, 列入國家公務員法內, 其中偶有將俸給、職位分類、退休等部分另以法律定之者, 故國家公務員法能真正表示出是人事制度的大法、基本法, 且是極具分量的法律。我國因現有人事法制已相當完整, 如人事主管機

關之組織與職權，已有考試院、考選部、銓敘部、行政院人事行政局等
組織法律的制定，公務員之義務已有公務員服務法的制定，至考試等之
政策與原則，則在公務人員考試法等法中已有明定。如再在這些法律之
上再加上一頂帽子，似亦無此需要，反而有疊床架屋之嫌。

三、民主政治的發展及公務員權利意識的高張等原因，認為仍有制
定國家公務員法之需要：由於公務員與國家關係的改變，乃指由特別權
力關係改變為公法上職務關係，故原認為公務員服有無定量勤務，現認
為公務員服有定量勤務；由於民主政治尤其是多黨制民主政治的發展，
對公務員需行政中立的要求日趨重要；再由於公務員權利意識的高張，
憲法賦予人民的權利，不得因為公務員而受剝奪，因此公務員之結社與
參與管理，受服務機關之保護，及訴願與行政訴訟的行政救濟等，亦為
當務之急，故需制定公務員法以資因應。平心而論，由於此三種情勢的
改變，確有加以重視與制訂或修訂法制之需要，但一方面可從修正公務
員服務法(此法自民國二十八年制定施行後極少修正)，將公務員與國家
的關係重新定位，修訂公務員應盡義務之內涵，並要求公務員需嚴守行
政中立；一方面增訂公務員權利法將公務員之結社及透過結社參與有關
公務員工作條件與福利等事項的協商，受服務機關的保護及賦予公務員
以訴願、行政訴訟權，應可因應。似均未至需制定公務員法的程度。

四、從立法之難易度與是否順利觀點，訂定公務員法亦值得斟酌：
公務員法既是人事制度的基本法，則其內容應涵蓋整個(至少應涵蓋大部
分)人事制度，其內容之繁複可想而知，這些所涵蓋的內容中，其政策與
原則，如何用適當的文字在條文中表達，既不過於空洞亦不過於繁瑣，
前後內容如何使其聯貫而不發生牴觸與重複，實非易事。再法案將來在
立法院審議過程中，任何一條如發生爭議即會影響及立法進度，故此種
綜合性法案之立法實比單項立法為困難得多。反之，如以修正公務員服
務法及增訂公務員權利法之兩個單項立法，或以公務員權利義務法名義

訂定法律，均將比公務員法之立法爲易行。

五、名爲基準法仍有未明定基準者：既定爲公務員基準法，則法中所定者應爲各類別公務員人事制度的基準，爲各類公務員人事行政所需共同遵守。在研究完成的公務員基準法草案中，列有管理基準一章，其中對考試所列之條文，爲「公務人員、司法官及公立學校職員之考試，應本爲事擇人考用配合之旨，以公開競爭方式行之」，其中「爲事擇人、考用配合、公開競爭」可謂基準，但究竟如何辦理則另以法律定之，至教育人員中之各級學校校(院)長、教師及公營事業人員，則未包括在內，似並不適用此種基準。其他任用、俸給、考績、退休、撫卹亦有類此情形。如與現行勞動基準法中所定之具體的基準與所有各行業勞工均共同遵守之情形相比，實有頗大的差距。

貳、需要制定公務員基準法

如基於政策上考量，需要制定此種法律，且以公務員基準法名之，則作下列各點原則性建議備供參考。

㈠將公務員涵義、公務員大分類及其範圍、公務員與國家關係，及本法與其他人事法律間之適用關係，仍於總則中明定。

㈡公務員權利與義務，分別列爲專章，將公務員團體與參與管理列爲權利之一，行政中立列爲義務之一。

㈢在憲法中所列之人事項目及目前推行著有成效之人事項目，其重要政策與原則，應在本法中有所明定，以爲各類公務員人事行政之基準，並歸納爲九章，即考試、任免與銓敍、升遷、俸給與福利、考績、褒獎與懲處、訓練與進修、保障與保險、退休與撫卹，另加附則。

㈣人事項目之政策與原則，內容複雜不便全予列舉者，得只列重要政策，其餘得視情況分別另以法律定之或由考試院會同關係院另以命令定之或由考試院另以命令定之。

(五)現行各類公務員所適用之法規，對同一人事項目而其規定不一致者，不宜均予認可，而應乘訂定公務員基準法時，可以統一者予以統一。

(六)約聘人員、各機關工友、公營事業機構純勞工，既非公務員基準法之公務員，似不宜列入。又政務官及教育人員之學校校長及教員，將之列為公務員後，表面上可使公務員範圍更為完整，但基準法中所定基準，能夠適用至政務官與學校校長及教員者並不多，致使基準法之功能受到限制，如將政務官與學校校長及教員，另立法制體系(如政務官法、公立學校教師法)，使公務員基準法之適用範圍限於公務人員、司法官、公立學校職員，及公營事業機構負責人員，則不但較易訂定具體的基準，且所定基準亦可適用於各類公務員，更能彰顯基準法的功能。

(七)本法之實施，不一定需要將所有各條均同時實施，可視補助法規之增訂或修訂之進度，分章或分條由考試院以命令定其實施日期。

第三節　政務官法制簡析及建議

有關政務官之人事法制，我國雖有若干規定，但不完整，因而人事行政主管機關有制訂政務官法之議。茲按現行政務官法制簡析，對研訂政務官法與公務員類別區分之建議，分項敘述如後。

第一項　現行政務官法制簡析

茲就現行有關政務官法制之內容及慣例，歸納簡析如下：

壹、政務官之範圍

依政務官退職酬勞金給與條例第二條規定，適用退職酬勞金之政務

官爲下列人員，即(1)特任、特派之人員；(2)總統府副祕書長、行政院人事行政局局長；(3)各部政務次長；(4)特命全權大使及特命全權公使；(5)蒙藏委員會副委員長、委員及僑務委員會副委員長；(6)省政府主席、委員及直轄市市長；(7)其他依機關組織法律規定比照簡任第十四職等或比照簡任一級之正副首長。

貳、政務官之任用

　　一、不需任用資格：擔任政務官，並無任用資格之規定，雖依考試院組織法、司法院組織法及監察院組織法規定，對擔任考試委員、大法官及監察委員職務者，仍需具有一定之資格，但此種資格只是總統提名人選及國民大會行使同意權時應考慮之條件，與對一般公務人員所定之任用資格不同。

　　二、不需辦理銓敘：一般公務人員之任用資格，須經銓敘機關審定；因政務官不需任用資格，故亦不需由銓敘機關辦理銓敘。

　　三、由總統任命：一般公務人員，屬簡任或薦任官等職務者，由用人機關於銓敘合格後呈請總統任命，屬委任官等職務者，由用人機關呈請主管機關任命。政務官則由總統任命，雖其中如行政院院長及監察院審計部審計長，須經立法院同意後任命；考試院院長、副院長、考試委員，司法院院長、副院長、大法官，及監察院院長、副院長、監察委員，須經國民大會同意後任命；但人選之提名權及同意後之任命權仍屬總統所保有；行政院之副院長，及政務委員雖由行政院院長提名，但仍由總統核定並任命，至其他政務官之任命，或由總統逕行任命，或由主管院長簽請總統核定並任命。故所有政務官均由總統任命。

　　四、黨政運作之配合：政務官係制訂政策之官員，故對政務官之任用，須配合執政黨之政策，因而總統在任命之前，須先經執政黨中央常務委員會通過，而後再按程序由總統任命。惟此種黨政運作的配合，並

非法律之規定，而係一種慣例。

　　五、政務官職務無保障：政務官中除規定有任期者(如考試委員任期為六年、大法官任期為九年、監察委員任期為六年)外，職務並無保障，可隨時予以免職，亦可隨時予以任命。如須更調職務者，亦均以先行免職再行任命方式處理。不若一般公務人員職務之有保障，及更調職務時以調任方式行之。

叁、政務官之俸給

　　依總統、副總統及特任人員月俸支給暫行條例，及全國軍公教人員待遇支給辦法規定，其要點如下：

　　一、俸給涵義：除比照簡任第十四職等或比照簡任一級之政務官，其俸給比照第十四職等，省府委員比照第十三職等俸給支領外，其特任人員之俸給，分月俸及公費二種，月俸均為800元；公費部分，行政、司法、考試三院院長各為2,000元，副院長各為1,000元，大法官、考試委員、監察委員各為800元。特派人員之月俸及公費，比照特任人員規定。

　　二、政務官之給與：依民國八十三年度之給與標準，特任特派人員之給與，按原定金額以83.3倍計算，其實得數為：

職　　　　　　　　　　　務	月　　支　　數　　額		
	月　俸	公　費	合　計
行政、司法、考試三院院長	66,640	171,040	237,680
行政、司法、考試三院副院長	66,640	86,740	153,380
各部部長、大法官、考試委員，及其他相當職務	66,640	70,080	136,720
各部政務次長及其他相當職務	比照簡任第十四職等人員待遇支給		
省府委員	比照簡任第十三職等人員待遇支給		

肆、政務官之服務與懲戒

適用公務員服務法及公務員懲戒法規定。

伍、政務官之退職酬勞金

依該條例第四條規定，政務官任職二年以上退職時，依下列規定給與退職酬勞金：

一、退職酬勞金種類：

㈠服務未滿十五年者，給與一次退職酬勞金。

㈡服務十五年以上者，由退職人員就下列給與擇一支領之，即⑴一次退職酬勞金；⑵月退職酬勞金；⑶兼領二分之一一次退職酬勞金與二分之一月退職酬勞金。

二、各種退職酬勞金之計算標準：

㈠一次退職酬勞金：以政務官最後在職之月俸額及本人實物代金爲基數，每服務滿半年給與一個基數；未滿半年者以半年計，最高以六十一個基數爲限。

㈡月退職酬勞金：服務滿十五年者，按月照在職相當職務政務官月俸額75%給與，以後每增一年加發 1%，但以增至 90%爲限，本人實物代金仍十足發給。又月退職酬勞金，自退職之次月起發給。

㈢兼領一次及月退職酬勞金：按上述規定之一次退職酬勞金及月退職酬勞金，各按比例計算之。

三、政務官與事務官年資之併計： 依該條例第五條，「政務官退職時，曾任事務官之服務年資得合併計算」。又依施行細則規定：

㈠政務官年資併入事務官年資辦理退休：政務官服務未滿二年者，仍得以轉任政務官前曾任軍、公、教人員之年資，依其原適用之退休(伍)規定，辦理退休(伍)，政務官之年資應併予計算。

㈡事務官年資併入政務官年資辦理退職：政務官服務二年以上退職時，合於下列規定之事務官年資得予併計，即(1)曾任有給專任之公務人員年資，未領退休金或退職金，經原服務機關出具證明者；(2)曾任軍官或軍用文職年資，未給與退伍金或退休俸，經國防部出具證明者；(3)曾任公立學校教職員或公營事業人員之年資，未依各該規定給與退休金，經原服務機關出具證明者。

四、退職人員死亡時之給與撫慰金：依該條例第十一條之一，「領受月退職酬勞金人員死亡時，應給與撫慰金，由其遺族具領，無遺族或無遺囑指定用途者，其撫慰金由原服務機關具領，作其喪葬費或紀念活動所需之用。撫慰金之計算，以其核定退職年資及其死亡時同職務之現職人員月俸額計算其應領之一次退職酬勞金為標準，扣除其已領之月退職酬勞金，補發其餘額，並發給相當於同職務現職人員一年月俸額之撫慰金；其無餘額者亦同」。

陸、其他重要規定

依該條例第三條、第十條、第十條之一、第十一條、第十二條及第十三條之規定：

一、領受退職酬勞金權利之喪失、停止與恢復：

㈠領受退職酬勞金權利之喪失：有下列情形之一者，喪失其領受退職酬勞金之權利，即(1)死亡；(2)曾受刑事處分者；(3)因案撤職者；(4)不遵命回國者；(5)喪失中華民國國籍者。

㈡領受月退職酬勞金權利之停止與恢復：有下列情形之一者，停止其領受月退職酬勞金之權利，至其原因消滅時恢復，即(1)褫奪公權尚未復權者；(2)領受月退職酬勞金後再任政務官或其他有給之公務人員者。

二、退職政務官之再任：已領退職酬勞金人員，再任政務官或依法令可辦理退休之公職人員時，其已領之退職酬勞金毋需繳回，但再任後

再退休時，其年資從再任時起算。

　　三、退職酬勞金之保障與消滅：請領退職酬勞金之權利，不得扣押、讓與或提供擔保；又請領退職酬勞金之權利，自退職之次月起，經過三年不行使而消滅，但因不可抗力之事由致不能行使者，其時效中斷；時效中斷者，自中斷之事由終止時，重行起算。

　　四、回籍旅費：退職政務官本人與其配偶及直系血親，現在任所由其負擔生活費用者，回籍時，得視路程遠近由最後服務機關給與旅費。

　　五、政務官退職酬勞金之給與：由行政院會同考試院辦理。又依施行細則規定，政務官請辭奉准而未另有任用或任期屆滿而未續任者，視同退職。依政務官退職酬勞金優惠存款辦法規定，退職酬勞金可辦理優惠存款。

柒、政務官之撫卹

　　依公務人員撫卹法第十七條規定，本法於左列在職有給人員準用之，即(1)特任、特派及相當於特任職人員；(2)各部政務次長及相當於政務次長人員；(3)特命全權大使及特命全權公使；(4)蒙藏委員會委員及僑務委員會常務委員；(5)省政府委員及地方政府首長。

　　上述列舉人員與政務官退職酬勞金給與條例所列者，其人員範圍並不完全一致，但對於「相當於特任職人員」及「相當於政務次長人員」，在解析上尚有適當空間可以運用，進而可使適用退職酬勞金之政務官，與準用撫卹法之政務官，在範圍上求其一致。至公務人員撫卹法之內容，在本書第十五章第三節中已有簡析，不再贅述。

　　由上說明，可知我國對政務官之法制尚不完整，對政務官之定義亦乏明確界定，在所列舉爲政務官之職務中，似亦有非屬政務性者，故仍有待檢討與強化。

第二項　對研討政務官法的建議

現行有關政務官之法制，除俸給及退職酬勞金有專法外，其餘或則適用有關法律(如公務員服務法、公務員懲戒法)，或則準用有關法律(如公務人員撫卹法)之規定，或則尚無法制可循(如任用程序、考核責任等)，因此為建立較完整的政務官人事法制，制訂政務官法確有必要。行政院人事行政局，前曾對政務官法制作專題研究，並獲有結論，茲參考該結論及作者個人所見提出若干建議，備供參考。

壹、政務官之定義與範圍

在現行政務官退職酬勞金給與條例及公務人員撫卹法中，對政務官均採列舉方式，而無一概括性的定義性的說明，致感到政務官的認定標準甚為雜亂，如決定政策的部會首長是政務官，綜理機關內各種事務的祕書長亦是政務官。再部分國家，常將中央各部內的司處長層級人員亦視為政務官，因此層次人員雖非決定政策，但擬訂政策卻是其主要任務。我國政務官之定義與範圍，究應如何訂定，值得研究，如為遷就現況，則可採列舉方式，並以政務官退職酬勞金給與條例中所列舉之七款為準；如為求建立政務官完整法制，則宜確立政務官之定義(如指擔任或參與國家政策及政府施政方針之決定並負政治責任之官員)，並列舉政務官之職銜，其與定義顯然不符者予以刪除。

貳、政務官之權利與義務

政務官之權利與義務，自與一般公務員有別，如一般公務員之職務均受有保障，而政務官職務則不應有所保障；再如行政中立，在一般國家均認為是一般公務員應盡的義務，而政務官則天經地義的認為可參與

各種政治活動。再有的國家，對政務官的品德、操守、信譽，有高於一
般公務員的要求，如一般公務員發生緋聞並不構成重大錯失，如屬政務
官則依例要提出辭呈。因此在政務官法中，對政務官之權利與義務，有
特別加以規定之必要，不能完全照一般公務員之規定辦理。

叁、政務官之消極條款

一般公務員之任用法律中，常有不得為公務員之條款，此即為消極
資格條款，凡具有消極條款之一者，則不得任用為公務員。政務官因任
務特殊，且屬高層次的官員，其決策之成敗影響及國民福祉甚大，因而
其消極條款之規定，應較一般公務員之消極條款更為嚴格，如曾犯有不
名譽、詐欺、背信等罪，經判刑確定者，具有外國國籍者等，亦不得為
政務官。

肆、政務官任免程序

政務官之任命程序在憲法中已有規定(如行政院副院長、各部會首長
及不管部之政務委員，由行政院院長提請總統任命之)，或在憲法中規定
需經同意(如行政院院長由總統提名經立法院同意任命之)，或在相關法
律中定有條件(如司法院組織法對大法官定有一定的資格)者，從其規定；
憲法或法律未有規定(如各部政務次長之任命程序)，應規定由任職之機
關首長提請任命。政務官在有關法律中定有任期(如考試院組織法規定考
試委員任期為六年)者，從其規定；未規定任期但需經民意機關同意者，
似可以行使同意權之民意代表任期終止之日卸職；任命未規定任期亦不
需民意機關同意(如各部政務次長)者，似可以提請任命之首長(如部長)
卸職時為其卸職之期。政務官任期屆滿或卸職時，經連續提名或同意者，
自得連任之。

伍、政務官之責任

政務官除觸犯刑法應負刑事責任，違法、廢弛職務或其他失職行為應負懲戒責任外，最重要者為需負政治責任。如所制訂之政策或施政方針發生偏差致國家或人民利益遭受損害，或主持政務不力致政策難以落實，或部屬發生重大違失案件致影響政府信譽，或自身在品德、操守方面出現問題遭受社會指責者，均需負政治責任而辭職。

陸、政務官之俸給與福利

可參照現行規定，納入政務官法中(原規定廢止)。福利，可準用一般公務員之規定。

柒、政務官之褒獎

以適用勳章條例及獎章條例為限。

捌、政務官之退職與撫卹：

退職酬勞金，可參照現行規定納入政務官法中(原條例廢止)。撫卹仍準用一般公務人員之規定。

第三項　對公務員類別區分的建議

一個國家的公務員為數龐大，為便於管理，通常需區分為若干類別。我國情況與一般國家情況不盡相同，因而對公務員的類別區分，亦會呈現出若干差異。

壹、區分公務員類別之觀點

大致有下列三種:

一、依隸屬系統區分類別: 一般國家均採三權分立制, 因而對國家公務員亦將之區分為三大類, 即一為隸屬行政權系統的公務員, 二為隸屬國會系統的公務員, 三為隸屬法院系統的公務員。不僅如此, 這三個系統的公務員, 甚至各有其人事法律, 人事行政並由行政部門、國會部門、法院部門分別主管。但由於行政部門組織龐大、機關眾多, 因而亦有再將之區分為政府機關公務員、公營事業人員、公立學校人員; 而政府機關公務員中, 又將之區分為政務官、外交官、警察官, 及一般公務員等類別。

二、依職務特性區分類別: 將國家公務員依其職務特性之不同, 予以區分類別。如先區分為一般職與特定職兩大類, 特定職採用列舉方式, 特定職以外之職務均為一般職。在特定職中, 得再按其特性之不同區分為若干類別, 如政務官、外交官、司法官、國會公務員等, 則各屬特定職中之一類別。

三、依適用法規區分類別: 將國家公務員, 依其所適用人事法律之不同, 予以區分類別。凡適用同一人事法律之公務員則自成一個類別, 如定有國家公務員法之國家, 則適用國家公務員法之公務員為一類別, 如分定有國家公務員法與地方公務員法者, 則國家公務員與地方公務員屬於不同類別; 而適用另訂之人事法律之公務員, 則為另一類別, 當另訂之人事法律愈多時(如司法人員人事條例、警察人員管理條例、關務人員人事條例等), 則公務員之類別區分亦愈多。但為簡化另訂之人事法律的內涵, 對適用另訂人事法律之公務員, 如認為國家公務員法中某章或某條之規定亦可適用時, 則在該其他人事法律中訂定一條「適用國家公務員法某章或某條之規定」即可, 不需在該其他人事法律中再作重複規

定；又如適用國家公務員法之公務員中，某種公務員對國家公務員法之某章或某條之適用有困難時，亦可作「本法某章或某條對某種人員不適用之」之規定，來達到排除適用之目的。

由於上述三種區分公務員類別的觀點不同,故對同一國家的公務員，採用不同的觀點區分類別時，所得的結果亦不盡相同。但大致而言，不論採用何一觀點，政務官、外交官、司法官、國會公務員、公營事業人員、公立學校人員，及一般公務員(即國家公務員中除前述六類公務員以外之所有公務員均爲一般公務員)，均各爲公務員的一個類別。

貳、對我國公務員類別區分之建議

我國憲法係採五權分立制，考試院爲國家最高考試機關，同時又強調五權的分工合作，因此對公務員類別區分，提供下列建議：

㈠將國家公務員區分爲一般公務員與特種公務員兩大類，特種公務員採列舉方式，特種公務員以外之公務員均屬一般公務員。

㈡在國會及各級民意機關任職之公務員(不含民意代表)，仍納入一般公務員類別之中。

㈢特種公務員大類中，可分政務官、司法官、公營事業人員、公立學校人員四類。在一般公務員大類中，必要時得將外交官、警察官、關務人員、臨時機關公務員、特定地區公務員、雇用人員亦考慮列爲公務員之類別。

㈣以上十一類公務員，除一般公務員依一般人事法律(含公務員基準法)規定管理外，對政務官、司法官、公營事業人員、公立學校人員，均分別另訂人事法律管理之，但如一般人事法律中有可適用者，則明定可予適用之章名及條次，以簡化其他人事法律之內涵。

㈤對外交官、警察官、關務人員、臨時機關公務員、特定地區公務員，及雇用人員，原則上適用一般人事法律之規定管理，但如一般人事

法律中有不能適用者，則明定予以排除適用，而改另以法律或行政規章
定之。

附　錄

壹・公務人員考試法

中華民國七五年一月二四日總統令制定公布

第一條

公務人員之任用，依本法以考試定其資格。

第二條

公務人員之考試，應本爲事擇人，考用合一之旨，以公開競爭方式行之。

前項考試，應配合任用計畫辦理之。

第三條

公務人員考試，分高等考試、普通考試二種。高等考試必要時，得按學歷分級舉行。

爲適應特殊需要，得舉行特種考試，分甲、乙、丙、丁四等。

第四條

公務人員各種考試之應考年齡、考試類、科及分類、分科之應試科目，由考試院定之。

第五條

公務人員考試應考人須經體格檢查。體格檢查時間及標準，由考試院

定之。

第六條

中華民國國民，具有本法所定應考資格者，得應本法之考試。但有左
列各款情事之一者，不得應考：

一、犯刑法內亂罪外患罪，經判刑確定者。

二、曾服公務有侵占公有財物或收受賄賂行為，經判刑確定者。

三、褫奪公權尚未復權者。

四、受禁治產宣告，尚未撤銷者。

五、吸食鴉片或其他毒品者。

第七條

公務人員考試，得採筆試、口試、測驗、實地考試、審查著作或發明
或知能有關學歷、經歷證明及論文等方式行之。除筆試外，其他應採
二種以上方式。筆試除有特別規定者外，概用本國文字。

第八條

公務人員高等考試、普通考試，每年或間年舉行一次；遇有必要，得
臨時舉行之。

第九條

舉行公務人員高等考試、普通考試前，考選部得定期舉行檢定考試。
檢定考試規則，由考試院定之。

第十條

舉行公務人員考試時，組織典試委員會，主持典試事宜。考試院認為
必要時，得不組織典試委員會，由院派員或交由考選機關或委託有關
機關辦理之。

前項典試事宜，以典試法定之。

第十一條

舉行公務人員考試之監試事宜，以監試法定之。

第十二條

公務人員各種考試，得合併或單獨舉行，並得分試、分區、分地、分
階段舉行。其考試類、科、區域、地點、日期等，由考選部於考試兩
個月前公告之。

第十三條

全國性之公務人員高等考試、普通考試，應按省區分定錄取名額。其
定額標準爲省區人口在三百萬以下者五人，人口超過三百萬者，每滿
一百萬人增加一人。但仍得依考試成績按定額標準比例增、減錄取之。
對於無人達到錄取標準之省區，得降低錄取標準，擇優錄取一人。但
降低錄取標準十分，仍無人可資錄取時，任其缺額。

第十四條

考試後發現因典試或試務之疏失，致應錄取而未錄取者，由考試院補
行錄取。

第十五條

具有左列資格之一者，得應公務人員高等考試:

一、公立或立案之私立專科以上學校或經教育部承認之國外專科以
　　上學校相當系、科畢業者。

二、高等檢定考試相當類、科及格者。

三、普通考試相當類、科及格滿三年者。

第十六條

具有左列資格之一者，得應公務人員普通考試:

一、具有前條第一款第二款資格之一者。

二、公立或立案之私立高級中等學校畢業者。

三、普通檢定考試相當類、科及格者。

四、特種考試之丁等考試及格滿三年者。

第十七條

具有左列資格之一者，得應公務人員特種考試之甲等考試：

一、公立或立案之私立大學研究院、所，或經教育部承認之國外大學研究院、所，得有博士學位，並任專攻學科有關工作二年以上，成績優良，有證明文件者。

二、公立或立案之私立大學研究院、所，或經教育部承認之國外大學研究院、所，得有碩士學位，並任專攻學科有關工作四年以上，成績優良，有證明文件者。

三、曾任公立或立案之私立專科以上學校教授，或曾任副教授三年以上，經教育部審查合格，成績優良，有證明文件者。

四、高等考試及格，並就其錄取類、科，在機關服務六年以上，成績優良，有證明文件者。

五、公立或立案之私立獨立學院以上學校畢業，或經教育部承認之國外獨立學院以上學校畢業，並曾任民選縣（市）長滿六年，成績優良，有證明文件者。

六、公立或立案之私立獨立學院以上學校畢業，或經教育部承認之國外獨立學院以上學校畢業，或高等考試及格，曾任公營事業機構董事長或總經理三年以上，或副總經理六年以上，成績優良，有證明文件者。

第十八條

公務人員特種考試之乙等及丙等考試應考資格，分別準用第十五條及第十六條關於高等考試及普通考試應考資格之規定。

第十九條

具有左列資格之一者，得應公務人員特種考試之丁等考試：

一、具有第十六條第一款至第三款資格之一者。

二、國民中學、初級中等學校畢業或具有國民中學同等學力者。

第二十條

公務人員各種考試之應考資格，除依第十五條至第十九條規定外，其
分類、分科之應考資格條件，由考試院定之。

第二十一條

公務人員高等考試與普通考試及格者，按錄取類、科，接受訓練，訓
練期滿成績及格者，發給證書，分發任用。

前項訓練辦法，由考試院會同關係院定之。

其他公務人員考試，如有必要，得照前兩項規定辦理。

第二十二條

考試後發現及格人員有左列各款情事之一者，由考試院撤銷其考試及
格資格，並吊銷其及格證書。其涉及刑事者，移送法院辦理：

一、有第六條規定各種情事之一者。

二、冒名冒籍者。

三、偽造或變造應考證件者。

四、自始不具備應考資格者。

五、以詐術或其他不當方法，使考試發生不正確之結果者。

第二十三條

公務人員之升等，除法律另有規定外，應經升等考試及格。

公務人員升等考試法另定之。

第二十四條

本法施行細則，由考試院定之。

第二十五條

本法自公布日施行。

貳・公務人員任用法

中華民國七五年四月二一日總統公布
中華民國七六年一月十四日考試院（七六）考臺祕議字
第 0121 號令：自中華民國七六年一月十六日起施行
中華民國七九年十二月二八日總統令修正公布第十三條
及第十七條條文，並增訂第十八條之一條文

第一條

公務人員之任用，依本法行之。

第二條

公務人員之任用，應本專才、專業、適才、適所之旨，初任與升調並
重，爲人與事之適切配合。

第三條

本法所用名詞意義如左：

一、官等：係任命層次及所需基本資格條件範圍之區分。

二、職等：係職責程度及所需資格條件之區分。

三、職務：係分配同一職稱人員所擔任之工作及責任。

四、職系：係包括工作性質及所需學識相似之職務。

五、職組：係包括工作性質相近之職系。

六、職等標準：係敍述每一職等之工作繁、簡、難、易，責任輕、
重及所需資格條件程度之文書。

七、職務說明書：係說明每一職務之工作性質及責任之文書。

八、職系說明書：係說明每一職系工作性質之文書。

九、職務列等表：係將各種職務，按其職責程度依序列入適當職等

之文書。

第四條

各機關任用公務人員時，應注意其品德及對國家之忠誠，其學識、才能、經驗、體格，應與擬任職務之種類職責相當。如係主管職務，並應注意其領導能力。

第五條

公務人員依官等及職等任用之。

官等分委任、薦任、簡任。

職等分第一至第十四職等，以第十四職等爲最高職等。

委任爲第一至第五職等；薦任爲第六至第九職等；簡任爲第十至第十四職等。

第六條

各機關組織法規所定之職務，應就其工作職責及所需資格，依職等標準列入職務列等表。必要時，一職務得列兩個至三個職等。

前項職等標準及職務列等表，依機關層次、業務性質及職責程度，由考試院定之。但行政院及所屬機關職務列等表，由銓敍部會同行政院人事行政局擬訂，報請考試院核定。

第七條

各機關對組織法規所定之職務，應賦予一定範圍之工作項目、適當之工作量及明確之工作權責，並訂定職務說明書，以爲該職務人員工作指派及考核之依據。

第八條

各機關組織法規所定之職務，應依職系說明書歸入適當之職系，列表送銓敍部核備。

第九條

公務人員之任用資格，依左列規定：

一、依法考試及格。

二、依法銓敍合格。

三、依法考績升等。

初任各官等人員，須具有擬任職務所列職等之任用資格者始得任用；未達擬任職務職等者，在同官等內得予權理。

第十條

初任各職等人員，除法律別有規定外，應就考試及格人員分發任用。如無適當考試及格人員可資分發時，得經分發機關同意，由各機關自行遴用考試及格之合格人員。

第十一條

各機關辦理機要人員，得不受第九條任用資格之限制。

前項人員，須與機關長官同進退，並得隨時免職。

第十二條

考試及格人員，應由分發機關分發各有關機關任用；其未依規定期間到職者，不再分發。

前項分發機關爲銓敍部。但行政院所屬各級機關之分發機關爲行政院人事行政局；其分發辦法，由考試院會同行政院定之。

第十三條

考試及格人員之任用，依左列規定：

一、高等考試或特種考試之乙等考試及格者，取得薦任第六職等任用資格。高等考試按學歷分一、二級考試者，其及格人員分別取得薦任第七職等、薦任第六職等任用資格。

二、普通考試或特種考試之丙等考試及格者，取得委任第三職等任用資格。

三、特種考試之甲等考試及格者，取得簡任第十職等任用資格，但初任人員於一年內，不得擔任簡任主管職務。

四、特種考試之丁等考試及格者，取得委任第一職等任用資格。

前項一、三兩款各等別考試及格人員，如無相當職等職務可資任用時，得先以低一職等任用。

第一項各等別考試及格者，取得同職組各職系之任用資格。

第十四條

職系、職組及職系說明書，由考試院定之。

第十五條

升官等考試及格人員之任用，依左列規定：

　　一、雇員升委任考試及格者，取得委任第一職等任用資格。

　　二、委任升薦任考試及格者，取得薦任第六職等任用資格。

　　三、薦任升簡任考試及格者，取得簡任第十職等任用資格。

第十六條

高等考試、特種考試之甲等或乙等考試及格人員，曾任行政機關人員、公立學校教育人員或公營事業人員服務成績優良之年資，於相互轉任性質程度相當職務時，得依規定採計提敍官、職等級；其辦法由考試院定之。

第十七條

現職公務人員官等之晉升，須經升官等考試及格。

經銓敍機關審定合格實授薦任第九職等職務滿三年，連續三年年終考績二年列甲等、一年列乙等以上，並敍薦任第九職等本俸最高級，且具有左列資格之一者，取得升任簡任第十職等任用資格，不受前項規定之限制：

　　一、經高等考試及格者。

　　二、經特種考試之乙等考試或相當高等考試之特種考試及格者。

　　三、於本法施行前分類職位第六至第九職等考試及格者。

　　四、經公務人員薦任職升等考試或於本法施行前經分類職位第六職

　　　　等升等考試及格者。

　　五、經大學或獨立學院以上學校畢業者。

第十八條

　　現職人員調任，依左列規定：

　　一、簡任第十二職等以上及委任第二職等以下人員，在各職系之職
　　　　務間得予調任。

　　二、簡任第十一職等以下及委任第三職等以上人員，在同職組各職
　　　　系之職務間得予調任。

　　三、經依法任用人員，除自願者外，不得調任低一官等之職務；在
　　　　同官等內調任低職等職務者，仍以原職等任用；其在同官等內
　　　　調任高職等職務而未具任用資格者，得予權理。

　　前項人員之調任，必要時，得就其考試及格、學歷、經歷、訓練等認
定其職系專長，並得依其職系專長調任。

第十八條之一

　　各機關職務，依職務列等表規定列二個或三個職等者，初任該職務人
員應自所列最低職等任用；但未具擬任職務最低職等任用資格者，依
第九條第二項規定辦理；已具較高職等任用資格者，仍以敘至該職務
所列最高職等為限。

　　調任人員，依第十八條第一項第三款規定辦理。

　　再任人員所具任用資格高於職務列等表所列該職務最低職等時，依職
務列等表所列該職務所跨範圍內原職等任用，但以至所跨最高職等為
限。

第十九條

　　各機關辦理現職人員升任時，得設立甄審委員會，就具有任用資格之
人員甄審；其辦法由考試院定之。

第二十條

初任各官等人員，未具與擬任職務職責相當之經驗一年以上者，得先予試用一年，試用期滿成績及格，予以實授。成績不及格者，由任用機關分別情節，報請銓敍機關延長試用期間，但不得超過六個月。延長後仍不及格者，停止其試用。試用成績特優者，得縮短試用期間，惟不得少於六個月。

前項試用人員，除才能特殊優異者外，不得充任各級主管職務。才能特殊優異之認定辦法，由考試院定之。

第二十一條

除法律另有規定外，各機關不得指派未具第九條資格之人員代理或兼任應具同條資格之職務。

第二十二條

各機關不得任用其他機關現職人員。如有特殊需要時，得指名商調之。

第二十三條

各機關現職人員，在本法施行前，經依其他法律規定取得任用資格者，或擔任非臨時性職務之派用人員，具有任用資格者，予以改任；其改任辦法，由考試院定之。

前項人員，原敍等級較其改任後之職等為高者，其與原敍等級相當職等之任用資格，仍予保留，俟將來調任相當職等之職務時，再予回復。

第二十四條

各機關擬任公務人員，得依職權規定先派代理，於三個月內送請銓敍機關審查；經審查不合格者，應即停止其代理。

第二十五條

各機關初任簡任各職等職務公務人員、初任薦任公務人員，經銓敍機關審查合格後，呈請總統任命。初任委任公務人員，經銓敍機關審查合格後，由各主管機關任命之。

第二十六條

各機關長官對於配偶及三親等以內血親、姻親，不得在本機關任用，或任用爲直接隸屬機關之長官。對於本機關各級主管長官之配偶及三親等以內血親、姻親，在其主管單位中應迴避任用。

應迴避人員，在各該長官接任以前任用者，不受前項之限制。

第二十七條

已屆限齡退休人員，各機關不得進用。

第二十八條

有左列情事之一者，不得爲公務人員：

一、犯內亂罪、外患罪，經判刑確定，或通緝有案尚未結案者。

二、曾服公務有貪污行爲，經判刑確定，或通緝有案尚未結案者。

三、依法停止任用或受休職處分尚未期滿，或因案停止職務，其原因尚未消滅者。

四、褫奪公權尚未復權者。

五、受禁治產宣告，尚未撤銷者。

六、經合格醫師證明有精神病者。

第二十九條

各機關公務人員，具有左列情形之一者，得由機關長官考核，報經上級主管機關核准，予以資遣：

一、因機關裁撤、組織變更或業務緊縮而須裁減人員者。

二、現職工作不適任或現職已無工作又無其他適當工作可以調任者。

三、經公立醫院證明身體衰弱不能勝任工作者。

前項第一款因機關裁撤、組織變更或業務緊縮須裁減人員時，應按其未經或具有考試及格或銓敍合格之順序，予以資遣；同一順序人員，應再按其考試成績，依次資遣。

資遣人員之給與，準用公務人員退休之規定；其辦法由考試院會同行

政院定之。

第三十條

各機關任用人員，違反本法規定者，銓敍機關應通知該機關改正；情節重大者，得報請考試院依法逕請降免，並得核轉監察院依法處理。

第三十一條

依法應適用本法之機關，其組織法規與本法牴觸者，應適用本法。

第三十二條

司法人員、審計人員、主計人員、關務人員、稅務人員、外交領事人員及警察人員之任用，均另以法律定之。但有關任用資格之規定，不得與本法牴觸。

第三十三條

技術人員、教育人員、交通事業人員及公營事業人員之任用，均另以法律定之。

第三十四條

經高等考試、普通考試或特種考試及格之專門職業及技術人員轉任公務人員，另以法律定之。

第三十五條

有特殊情形之邊遠地區，其公務人員之任用，得另以法律定之。

非常時期內，因特殊需要在特殊地區，得對於一部分公務人員之任用，另以法律定之。

第三十六條

臨時機關與因臨時任務派用之人員，及各機關專司技術研究設計工作而以契約定期聘用之人員，其派用及聘用均另以法律定之。

第三十七條

雇員管理規則，由考試院定之。

第三十八條

本法於政務官不適用之。

第三十九條

本法施行細則，由考試院定之。

第四十條

本法施行日期，由考試院以命令定之。

叁·公務人員考績法

中華民國七五年七月十一日總統公布

中華民國七六年一月十四日考試院（七六）考臺祕議字

第 0121 號令：自中華民國七六年一月十六日起施行

中華民國七九年十二月二八日總統令修正公布第七條、

第八條、第十一條及第十二條條文

第一條

公務人員之考績，依本法行之。

第二條

公務人員之考績，應本綜覈名實、信賞必罰之旨，作準確客觀之考核。

第三條

本法所用名詞意義如左：

一、年終考績：係指各官等人員，於每年年終考核其當年一至十二月任職期間之成績。任職不滿一年，而已達六個月者，另予考績。

二、專案考績：係指各官等人員，平時有重大功過時，隨時辦理之考績。

第四條

公務人員任現職，經銓敍合格實授至年終滿一年者，予以考績；不滿一年者，得以前經銓敍有案之同官等或高官等職務，合併計算。但以調任並繼續任職者爲限。

第五條

年終考績應以平時考核爲依據。平時考核就其工作、操行、學識、才能行之。

前項考核之細目，由銓敍機關訂定。但性質特殊職務之考核得視各職務需要，由各機關訂定並送銓敍機關備查。

第六條

年終考績以一百分爲滿分，分甲、乙、丙、丁四等，各等分數如左。

　甲等：八十分以上。

　乙等：七十分以上，不滿八十分。

　丙等：六十分以上，不滿七十分。

　丁等：不滿六十分。

考列甲等及丁等之條件，應明訂於本法施行細則中，以資應用。

第七條

年終考績獎懲依左列規定：

　一、甲等：晉本俸一級，並給與一個月俸給總額之一次獎金；已敍本職或本官等最高職等本俸最高俸級者，晉年功俸一級，並給與一個月俸給總額之一次獎金；已敍年功俸最高俸給者，給與二個月俸給總額之一次獎金。

　二、乙等：晉本俸一級，並給與半個月俸給總額之一次獎金；已敍本職或本官等最高職等本俸最高俸給者，給與一個月俸給總額之一次獎金；次年仍考列乙等者，改晉年功俸一級，並給與半個月俸給總額之一次獎金。其餘類推。已晉敍至年功俸最高俸級者，給與一個半月俸給總額之一次獎金。

三、丙等：留原俸級。

四、丁等：免職。

前項所稱俸給總額，指公務人員俸給法所定之本俸、年功俸及其他法定加給。

第八條

另予考績人員之獎懲，列甲等者，給與一個月俸給總額之一次獎金；列乙等者，給與半個月俸給總額之一次獎金；列丙等者，不予獎勵；列丁等者，免職。

第九條

公務人員之考績，除機關首長由上級機關長官考績外，其餘人員應以同官等為考績之比較範圍。

第十條

年終考績應晉俸級，在考績年度內已依法晉敘俸級者，考列乙等以上時，不再晉敘。但專案考績不在此限。

第十一條

各機關參加考績人員任本職等年終考績，具有左列各款情形之一者，取得同官等高一職等之任用資格。

一、連續二年列甲等者。

二、連續三年中一年列甲等二年列乙等者。

經銓敘機關審定合格實授薦任第九職等職務滿三年，連續三年年終考績，二年列甲等，一年列乙等以上，並敘薦任第九職等本俸最高級，除依法須經升官等考試及格者外，其合於公務人員任用法第十七條第二項規定者，取得升任簡任第十職等任用資格，給予簡任存記。

第十二條

各機關辦理公務人員平時考核及專案考績，分別依左列規定：

一、平時考核：獎勵分嘉獎、記功、記大功；懲處分申誡、記過、

記大過。於年終考績時，併計成績增減總分。平時考核獎懲得
互相抵銷，無獎懲抵銷而累積達二大過者，年終考績應列丁等。

二、專案考績，於有重大功過時行之；其獎懲依左列規定：

㈠一次記二大功者，晉本俸一級，並給與一個月俸給總額之獎
金，已敍至本職或本官等最高職等本俸最高俸級，或已敍年
功俸級者，晉年功俸一級，並給與一個月俸給總額之獎金；
已敍至年功俸最高俸級者，給與二個月俸給總額之獎金。但
在同一年度內再次辦理專案考績記二大功者，不再晉敍俸給，
改給二個月俸給總額之一次獎金。

㈡一次記二大過者免職。

前項第二款一次記二大功，一次記二大過之標準，由銓敍機關定之。

專案考績不得與平時考核功過相抵銷。

第十三條

平時成績紀錄及獎懲，應爲考績評定分數之重要依據。平時考核之功
過，除依前條規定抵銷或免職者外，曾記二大功人員，考績不得列乙
等以下；曾記一大功人員，考績不得列丙等以下；曾記一大過人員，
考績不得列乙等以上。

第十四條

各機關對於公務人員之考績，應由主管人員就考績表項目評擬，遞送
考績委員會初核，機關長官執行覆核後，送銓敍機關核定。但長官僅
有一級或因特殊情形不設置考績委員會時，得逕由其長官考核。

考績委員會對於考績案件，認爲有疑義時，得調閱有關考核紀錄及案
卷，並得向有關人員查詢。

第十五條

各機關應設考績委員會，其組織規程，由考試院定之。

第十六條

公務人員考績分數及獎懲，銓敘機關如有疑義，應通知該機關詳復事實及理由，或通知該機關重加考核，必要時得調卷查核或派員查核。

第十七條

各機關考績案經核定後，應以書面通知受考人。年終考績列丁等或專案考績受免職處分人員，得於收受通知書次日起三十日內，依左列規定申請復審：

一、不服本機關核定者，得向其上級機關申請復審，其無上級機關者，向本機關申請。

二、不服本機關或上級機關復審之核定者，得向銓敘機關申請再復審。

三、復審或再復審，認為原處分理由不充足時，應由原核定機關或通知原核定機關撤銷原處分或改予處分；如認為原處分有理由時，應駁回其申請。

四、申請再復審以一次為限。

前項復審、再復審核定期間，均以三十日為限。

第十八條

年終考績結果，應自次年一月起執行；專案考績應自銓敘機關核定之日起執行。但年終考績及專案考績應予免職人員，自確定之日起執行；未確定前，得先行停職。

第十九條

各機關長官及主管長官，對所屬人員考績，如發現不公或徇私舞弊情事時，銓敘機關得通知其上級長官予以懲處，並應對受考績人重加考核。

第二十條

辦理考績人員對考績過程應嚴守祕密，並不得遺漏舛錯，違者按情節輕重予以懲處。

第二十一條

派用人員之考成，準用本法之規定。

第二十二條

不受任用資格限制人員及其他不適用本法考績人員之考成，得由各機
關參照本法之規定辦理。

第二十三條

教育人員及公營事業機關人員之考績，均另以法律定之。

第二十四條

本法施行細則，由考試院定之。

第二十五條

本法施行日期，由考試院以命令定之。

肆・公務人員俸給法

中華民國七五年七月十六日總統公布

中華民國七六年一月十四日考試院（七六）考臺祕議字第

0121 號令：自中華民國七六年一月十六日起施行

中華民國七九年十二月二八日總統令修正公布第四條條文

第一條

公務人員之俸給，依本法行之。

第二條

本法所用名詞意義如左：

　　一、本俸：係指各官等、職等人員依法應領取之基本俸給。

　　二、年功俸：係指依考績晉敍高於本職或本官等最高職等本俸之俸
　　　　給。

三、俸級：係指各官等、職等本俸及年功俸所分之級次。

四、俸點：係指計算俸給折算俸額之基數。

五、加給：係指本俸、年功俸以外，因所任職務種類、性質與服務地區之不同，而另加之給與。

第三條

公務人員之俸給，分本俸、年功俸及加給，均以月計之。

第四條

公務人員俸級區分如左：

一、委任分五個職等，第一職等本俸分七級，年功俸分六級，第二至第五職等本俸各分五級，第二職等年功俸分六級，第三職等、第四職等年功俸各分八級，第五職等年功俸分十級。

二、薦任分四個職等，第六至第八職等本俸各分五級，年功俸各分六級，第九職等本俸分五級，年功俸分七級。

三、簡任分五個職等，第十至第十二職等本俸各分五級，第十職等、第十一職等年功俸各分五級，第十二職等年功俸分四級，第十三職等本俸及年功俸均分三級，第十四職等本俸為一級。

前項本俸、年功俸俸點，依所附俸給表之規定。

第五條

加給分左列三種：

一、職務加給：對主管人員或職責繁重或工作具有危險性者加給之。

二、技術或專業加給：對技術或專業人員加給之。

三、地域加給：對服務邊遠或特殊地區與國外者加給之。

第六條

初任各官等職務人員，其等級起敘規定如左：

一、高等考試或特種考試之乙等考試及格，初任薦任職務時，敘薦

任第六職等一級，先以委任第五職等任用者，敘委任第五職等
五級。高等考試必要時，按學歷分級舉行之考試及格者，其起
敘等級，由考試院定之。

二、普通考試或特種考試之丙等考試及格者，敘委任第三職等一級。

三、特種考試甲等考試及格，初任簡任職務時，敘簡任第十職等一
級，先以薦任第九職等任用者，敘薦任第九職等五級。

四、特種考試之丁等考試或委任職升官等考試及格者，敘委任第一
職等一級。

第七條

各機關現職人員，經銓敘合格者，應在其職務列等表所列職等範圍內
換敘相當等級。其換敘辦法，由考試院定之。

第八條

依法銓敘合格人員，調任同職等職務時，仍依原俸級核敘。在同官等
內調任高職等職務時，具有所任職等職務任用資格者，自所任職等最
低俸級起敘。如未達所任職等之最低俸級者，敘最低俸級。如原敘俸
級之俸點高於所任職等最低俸級之俸點時，換敘同數額俸點之俸級。
在同官等內調任低職等職務以原職等任用人員，仍敘原俸級。

權理人員，仍依其所具資格核敘俸級。

第九條

高等考試、特種考試之甲等或乙等考試及格人員，曾任公立學校教育
人員或公營事業人員服務成績優良之年資，轉任行政機關性質程度相
當職務時，得依規定核計加級至其職務等級最高級為止。

行政機關人員轉任公立學校教育人員時，其服務年資之採計亦同。

第十條

不受任用資格限制人員，依法調任或改任受任用資格限制之同職等職
務時，具有相當性質等級之資格者，應依其所具資格之職等最低級起

敍，其原服務較高或相當等級年資得按年核計加級。

第十一條

再任人員等級之核敍，依左列規定：

一、本法施行前，經銓敍合格人員於離職後再任時，其俸級比照本法第七條辦理。但所任職務列等之俸級，高於原敍俸級者，敍與原俸級相當之俸級，低於原敍俸級者，敍所任職務列等之相當俸級，以敍至所任職務之最高職等年功俸最高級爲止，如有超過之俸級，仍予保留。俟將來調任相當職等之職務時，再予回復。

二、本法施行後，經銓敍合格人員，於離職後再任時，其俸級比照本法第八條辦理。但所任職務列等之俸級，高於原敍俸級者，敍與原俸級相當之俸級；低於原敍俸級者，敍所任職務列等之相當俸級，以敍至所任職務之最高職等年功俸最高級爲止。如有超過之俸級，仍予保留。俟將來調任相當職等之職務時，再予回復。

第十二條

在同官等內，升任職等人員之敍級比照本法第八條第一項規定辦理。升任官等人員，自升任官等最低職等之本俸最低級起敍。但原敍年功俸者，得予換敍同數額之本俸或年功俸。

第十三條

公務人員本俸及年功俸之晉敍，依公務人員考績法之規定。但試用人員改爲實授者，得依原俸級晉敍一級。

在同官等內高資低用，仍敍原俸級人員，考績時不再晉敍。

第十四條

各種加給之給與辦法及俸點折算俸額之標準，由考試院會同行政院定之。各機關不得另行自訂項目及標準支給。

第十五條

降級人員，改敍所降之俸級。

降級人員在本職等內無級可降時，以應降之級為準，比照俸差減俸。

降級人員依法再予晉級時，自所降之級起遞晉，其無級可降，比照俸差減俸者，應比照復俸。

給與年功俸人員應降級者，應先就年功俸降敍。

第十六條

經銓敍機關敍定之等級，非依公務員懲戒法及其他法律之規定，不得降敍。

第十七條

俸給未經權責機關核准而自定標準支給或不依規定標準支給者，審計機關應不准核銷，並予追繳。

第十八條

派用人員之薪給，準用本法之規定。

第十九條

教育人員及公營事業機關人員之俸給，均另以法律定之。

第二十條

本法施行細則，由考試院定之。

第二十一條

本法施行日期，由考試院以命令定之。

伍・公務人員撫卹法

中華民國三二年十一月六日國民政府制定公布全文十七條

中華民國三六年六月二五日國民政府修正公布全文二十條

中華民國六十年六月四日總統令修正公布全文十九條和名稱

中華民國七十年十二月四日總統修正公布第四條、第五條及
第九條條文

中華民國八二年一月二十日總統令修正公布第四條、第五條、
第九條、第十五條、第十七條及第十九條；並增訂第四條
之一及第十七條之一條文

第一條

公務人員之撫卹，依本法行之。

第二條

依本法撫卹之公務人員，以現職經銓敘機關審定資格登記有案者爲限。

第三條

公務人員有左列情形之一者，給與遺族撫卹金：

一、病故或意外死亡者。

二、因公死亡者。

第四條

前條第一款人員撫卹金之給與如左：

一、任職未滿十五年者，給與一次撫卹金，不另發年撫卹金。任職
每滿一年，給與一個半基數，尾數未滿六個月者，給與一個基
數，滿六個月以上者，以一年計。

二、任職十五年以上者，除每年給與五個基數之年撫卹金外，其任

職滿十五年者，另給與十五個基數之一次撫卹金，以後每增一年加給半個基數，尾數未滿六個月者，不計；滿六個月以上者，以一年計，最高給與二十五個基數。

基數之計算，以公務人員最後在職時之本俸加一倍爲準。年撫卹金基數應隨同在職同等級公務人員本俸調整支給之。

第四條之一

公務人員亡故時領有本人實物代金、眷屬實物代金及眷屬補助費者，其實物代金及補助費，依左列規定加發：

一、依本法第四條規定給與之一次撫卹金，每一基數加發一個月本人實物代金，另並一律加發兩年眷屬實物代金及眷屬補助費。

二、依本法第四條規定給與之年撫卹金，本人及眷屬實物代金與眷屬補助費十足發給。

第五條

因公死亡人員，指左列情事之一：

一、因冒險犯難或戰地殉職。

二、因執行職務發生危險以致死亡。

三、因公差遇險或罹病以致死亡。

四、在辦公場所發生意外以致死亡。

前項人員除按前條規定給卹外，並加一次撫卹金百分之二十五；其係冒險犯難或戰地殉職者，加百分之五十。

第一項各款人員任職未滿十五年者，以十五年論；第一款人員任職十五年以上未滿三十五年者，以三十五年論。

第六條

公務人員在職二十年以上亡故，生前立有遺囑不願依第四條第一項第二、第三兩款之規定，領撫卹金、實物配給及眷屬補助費者，得改按公務人員退休法一次退休金之標準，發給一次撫卹金、實物配給及眷

屬補助費，其無遺囑而遺族不願依第四條第一項第二、第三兩款規定辦理者亦同。

依前條第二項規定加給一次撫卹金者，其加給部分之計算標準，仍以第四條第一項第二款各目之規定爲準。

第七條

公務人員受有勳章或有特殊功績者，得增加一次撫卹金額；增加標準，由考試院會同行政院定之。

第八條

公務人員遺族領受撫卹金之順序如左：

一、父母、配偶、子女及寡媳。但配偶及寡媳以未再婚者爲限。

二、祖父母、孫子女。

三、兄弟姊妹，以未成年或已成年而不能謀生者爲限。

四、配偶之父母、配偶之祖父母，以無人扶養者爲限。

前項遺族同一順序有數人時，其撫卹金應平均領受，如有死亡或拋棄或因法定事由喪失領受權時，由其餘遺族領受之。

第一項遺族，公務人員生前預立遺囑指定領受撫卹金者，從其遺囑。

第九條

遺族年撫卹金，自該公務人員死亡之次月起給與，其年限規定如左：

一、病故或意外死亡者，給與十年。

二、因公死亡者，給與十五年。

三、冒險犯難或戰地殉職者，給與二十年。

前項遺族如係獨子（女）之父母或無子（女）之寡妻或鰥夫，得給與終身。

第一項所定給卹年限屆滿而子女尚未成年者，得繼續給卹至成年；或子女雖已成年，但學校教育未中斷者，得繼續給卹至大學畢業爲止。

第十條

遺族有左列情形之一者，喪失其撫卹金領受權：

一、褫奪公權終身者。

二、犯內亂罪、外患罪經判決確定者。

三、喪失中華民國國籍者。

第十一條

公務人員遺族經褫奪公權尚未復權者，停止其領受撫卹金之權利，至其原因消滅時恢復。

第十二條

請卹及請領各期撫卹金權利之時效，自請卹或請領事由發生之次月起，經過五年不行使而消滅；但因不可抗力之事由，致不能行使者，其時效中斷，時效中斷者，自中斷之事由終止時，重行起算。

第十三條

領受撫卹金之權利及未經遺族具領之撫卹金，不得扣押、讓與或供擔保。

第十四條

公務人員在職亡故者，應給予殮葬補助費，其標準由考試院會同行政院定之。

第十五條

公務人員於本法修正施行前後之任職年資應合併計算，並均應依修正施行後之規定給卹。

公務人員撫卹金應由政府與公務人員共同撥繳費用建立之退休撫卹基金支付之，並由政府負最後支付保證責任。但公務人員在本法修正施行前任職年資應付之撫卹金，由各級政府編列預算支付。

前項基金之撥繳、管理及運用等事項，另以法律定之。

本法第五條規定因公死亡人員應加發之一次撫卹金，另由各級政府編列預算支付。本法修正施行前死亡之撫卹案，仍依修正前之規定辦理。

第十六條

公務人員曾以其他職位領受退休金者，應於計算撫卹年資時，扣除其已領退休金之年資。

第十七條

本法於左列在職有給人員準用之：

一、特任、特派及相當於特任職人員。

二、各部政務次長。

三、特命全權大使及特命全權公使。

四、省政府主席、委員及直轄市市長。

五、其他依機關組織法律規定比照簡任第十四職等之正、副首長。

第十七條之一

本法於在職有給之縣（市）長、鄉鎮（市）長準用之。

第十八條

本法施行細則，由考試院定之。

第十九條

本法自公布日施行。

本法修正條文施行日期，由考試院以命令定之。

陸・公務人員退休法

中華民國三二年十一月六日國民政府制定公布

中華民國三六年六月二六日國民政府修正公布

中華民國三七年四月十日國民政府修正公布第八條條文

中華民國四八年十一月二日總統令修正公布

中華民國六八年一月二四日總統令修正公布

中華民國八二年一月二十日總統令修正公布第六條至第

　　八條，第十三條之一及第十八條，並增訂第六條之一

　　及第十六條之一

第一條

公務人員之退休，依本法行之。

第二條

本法所稱退休之公務人員，係指依公務人員任用法律任用之現職人員。

第三條

公務人員之退休，分自願退休及命令退休。

第四條

公務人員有左列情形之一者，應准其自願退休：

　一、任職五年以上年滿六十歲者。

　二、任職滿二十五年者。

前項第一款所規定之年齡，對於擔任具有危險及勞力等特殊性質職務者，得由銓敍部酌予減低；但不得少於五十歲。

第五條

公務人員任職五年以上，有左列情形之一者，應命令退休：

一、年滿六十五歲者。

二、心神喪失或身體殘廢不堪勝任職務者。

前項第一款所規定之年齡，對於擔任具有危險及勞力等特殊性質職務者，得由銓敘部酌予減低；但不得少於五十五歲。

公務人員已達第一項第一款所規定之年齡，仍堪任職而自願繼續服務者，服務機關得報請銓敘部延長之；但至多為五年。

第六條

退休金之給與如左：

一、任職五年以上未滿十五年者，給與一次退休金。

二、任職十五年以上者，由退休人員就左列退休給與，擇一支領之：

　　㈠一次退休金。

　　㈡月退休金。

　　㈢兼領二分之一之一次退休金與二分之一之月退休金。

　　㈣兼領三分之一之一次退休金與三分之二之月退休金。

　　㈤兼領四分之一之一次退休金與四分之三之月退休金。

一次退休金，以退休生效日在職同等級人員之本俸加一倍為基數，每任職一年給與一個半基數，最高三十五年給與五十三個基數。尾數不滿六個月者，給與一個基數，滿六個月以上者，以一年計。公務人員於年滿五十五歲時得自願提前退休，並一次加發五個基數之一次退休金。

月退休金，以在職同等級人員之本俸加一倍為基數，每任職一年，照基數百分之二給與，最高三十五年，給與百分之七十為限。尾數不滿半年者，加發百分之一，滿半年以上未滿一年者，以一年計。公務人員年齡未滿五十歲具有工作能力而自願退休者，或年滿六十五歲而延長服務者，不得擇領月退休金或兼領月退休金。但本法修正公布前已核定延長服務有案者，不在此限。

第一項第二款第三目、第四目、第五目規定之退休給與，各依其應領一次退休金與月退休金按比例計算之。

第六條之一

公務人員退休時領有本人實物代金、眷屬實物代金及眷屬補助費者，其實物代金及補助費，依左列規定加發：

一、依本法第六條規定給與之一次退休金，每一基數加發一個月本人實物代金，另並一律加發兩年眷屬實物代金及眷屬補助費。

二、依本法第六條規定給與之月退休金，本人及眷屬實物代金與眷屬補助費十足發給。

三、依本法第六條第一項第二款第三目、第四目、第五目規定之退休給與，各依其應領一次退休金或月退休金比例，計算其本人實物代金及眷屬實物代金與眷屬補助費。

第七條

本法第五條第一項第二款規定之退休人員，其心神喪失或身體殘廢，係因公傷病所致者，不受任職五年以上年資之限制。

前項人員請領一次退休金者，任職未滿五年，以五年計。如係請領月退休金者，任職未滿二十年，以二十年計。

第八條

公務人員退休金，應由政府與公務人員共同撥繳費用建立之退休撫卹基金支付之，並由政府負最後支付保證責任。

依本法第七條規定辦理因公傷病成殘退休者，其加發之退休金，另由政府編列預算支付之。

第一項共同撥繳費用，按公務人員本俸加一倍百分之八至百分之十二之費率，政府撥繳百分之六十五，公務人員繳付百分之三十五。撥繳滿三十五年後免再撥繳。

公務人員於年滿三十五歲時或年滿四十五歲時自願離職者，得申請發

還其本人及政府繳付之基金費用，並以臺灣銀行之存款年利率加計利息，一次發還。

公務人員依規定不合退休資遣於中途離職者或因案免職者，得申請發還其本人原繳付之基金費用，並以臺灣銀行之存款年利率加計利息，一次發還。如經領回者，嗣後再任公務人員，該部分年資不得再行核計年資領取退休金。

第一項基金之撥繳、管理及運用等事項，另以法律定之。

第九條

請領退休金之權利，自退休之次月起，經過五年不行使而消滅之。但因不可抗力之事由，致不能行使者，自該請求權可行使時起算。

第十條

月退休金自退休之次月起發給。

第十一條

有左列情形之一者，喪失其領受退休金之權利：

　　一、死亡。

　　二、褫奪公權終身者。

　　三、犯內亂罪、外患罪經判決確定者。

　　四、喪失中華民國國籍者。

第十二條

有左列情形之一者，停止其領受退休金之權利，至其原因消滅時恢復：

　　一、褫奪公權尚未復權者。

　　二、領受月退休金後，再任有給之公職者。

第十三條

依本法退休者，如再任公務人員時，無庸繳回已領之退休金，其退休前之任職年資，於重行退休時不予計算。

第十三條之一

依本法支領月退休金或兼領月退休金人員死亡時，另給與遺族一次撫慰金。

前項一次撫慰金，以其核定退休年資及其死亡時同等級之現職人員本俸額暨本法第六條之規定，計算其應領之一次退休金為標準，扣除已領之月退休金，補發其餘額，並發給相當於同等級之現職人員六個基數之撫慰金。其無餘額者亦同。

遺族為父母、配偶或未成年子女者，如不領一次撫慰金時，得按原領月退休金之半數或兼領月退休金之半數，改領月撫慰金。領受月退休金人員死亡，無遺族或無遺囑指定用途者，其撫慰金由原服務機關具領作其喪葬費用，如有剩餘，歸屬國庫。

第十四條

請領退休金之權利，不得扣押、讓與或供擔保。

第十五條

退休人員本人與其配偶及直系血親現在任所由其負擔生活費用者，於回籍時，得視其路程遠近，由最後服務機關給予旅費。

第十六條

本法所定之命令退休，不適用於法官；但法官合於本法第五條第一項規定情形之一者，亦得自願退休。

第十六條之一

公務人員在本法修正施行前後均有任職年資者，應前後合併計算。但本法修正施行前之任職年資，仍依原法最高採計三十年。本法修正施行後之任職年資，可連同累計，最高採計三十五年。有關前後年資之取捨，應採較有利於當事人之方式行之。

本法修正施行前年資累計不滿一年之畸零數，併入本法修正施行後年資計算。公務人員在本法修正施行前後均有任職年資者，其退休金依左列規定併計給與：

一、本法修正施行前任職年資應領之退休金，依本法修正施行前公務人員退休法原規定標準，由各級政府編列預算支給。

二、本法修正施行任職年資應領之退休金，依第六條第二項至第四項規定標準，由基金支給。

公務人員在本法修正施行前後均有任職年資，合計滿十五年以上者，其退休金應選擇同一給付方式請領。

本法修正施行前在職人員已有任職年資未滿十五年，於本法修正施行後退休，擇領月退休金者，另按未滿十五年之年資爲準，依左列規定擇一支給補償金：

一、每減一年，增給半個基數之一次補償金。

二、每減一年，增給基數百分之〇·五之月補償金。

本法修正施行前任職未滿二十年，於本法修正施行後退休，其前後任職年資合計滿十五年支領月退休金者，依其在本法修正施行後年資，每滿半年一次增發半個基數之補償金，最高一次增發三個基數，至二十年止。其前後任職年資超過二十年者，每滿一年減發半個基數，至滿二十六年者不再增減。其增減之基數，由基金支給。

本法修正施行前擇領或兼領月退休金人員，其所支月退休金及遺族一次撫慰金，均照本法修正施行前原規定給與標準支給。

前項支領一次撫慰金之遺族爲父母、配偶或未成年子女者，如不領一次撫慰金時，得由遺族自願按原月退休金之半數或兼領月退休金之半數，改領月撫慰金。

第十七條

本法施行細則由考試院定之。

第十八條

本法自公布日施行。

本法修正條文施行日期，由考試院以命令定之。

主要參考書目

1. 人事行政學　　　　　　張金鑑著　　　　　三民書局
2. 現代人事管理　　　　　王德馨著　　　　　三民書局發行
3. 企業人事管理　　　　　羅萬類著　　　　　商務印書館
4. 現代企業人事管理　　　鎮天錫著　　　　　自印
5. 考銓制度　　　　　　　傅肅良著　　　　　三民書局
6. 中國現行人事行政制度　李華民著　　　　　中華書局
7. 中國現行人事制度　　　趙其文著　　　　　五南圖書出版公司
8. 人事行政　　　　　　　許南雄著　　　　　漢苑出版社
9. 企業人事管理　　　　　丁逸豪著　　　　　五南圖書出版公司
10. 人事行政　　　　　　　繆全吉等著　　　　空大用書
11. 人事行政　　　　　　　許濱松著　　　　　空中行專用書
12. 心理學　　　　　　　　張春興、楊國樞著　三民書局
13. 心理學　　　　　　　　路君約等著　　　　大中國圖書公司
14. 管理心理學　　　　　　湯淑貞著　　　　　三民書局
15. 心理測驗　　　　　　　葉重新著　　　　　大洋出版社
16. 人事管理　　　　　　　傅肅良著　　　　　三民書局
17. 考銓制度　　　　　　　傅肅良著　　　　　三民書局
18. 人事心理學　　　　　　傅肅良著　　　　　三民書局
19. 各國人事制度　　　　　傅肅良著　　　　　三民書局
20. 員工考選學　　　　　　傅肅良著　　　　　三民書局

21.員工訓練學　　　　　　傅肅良著　　　　　三民書局

22.員工激勵學　　　　　　傅肅良著　　　　　三民書局

23.人事行政的守與變　　　傅肅良著　　　　　三民書局

24.考銓法規彙編　　　　　考試院秘書處編印

25.人事行政法規彙編　　　人事行政局編印

26.各國人事法制叢書　　　銓敘部編印

27. *Public Personnel Administration,* by O. G. Stahl, Harper & Row.

28. *Personnel Administration,* by Pigors & Myers, McGraw-Hill, Inc.

29. *Principles of Personnel Management,* by Flippo, McGraw-Hill, Inc.

30. *Personnel Management,* by Michael J. Jucius, Irwin, Inc.

31. *Personnel Management: Theory and Practice,* by McFarland.

32. *Personnel Management and Industrial Relations,* by Yoder.

33. *The Personnel Management Process,* by French, Houghton Mifflin Co.

34. *Personnel Management,* by G. Dessler, Reston Publishing Co.

35. *The Principle of Public Administration,* by W.F. Willoughby, Johns Hopkins Press.

36. *Public Personnel Administration,* by F. Nigro, Holt, Rinehart & Winston.

37. *The Human Side of Enterprise,* by McGregor, McGraw-

Hill, Inc.

38. *Managerial Psychology,* by Leavitt.

39. *Administrative Behavior,* by H. A. Simon, The Free Press.

40. *Motivation and Personality,* by A. H. Maslow, Harper Co.

三民大專用書書目——國父遺教

三民大專用書書目——行政・管理

三民大專用書書目——社會

三民大專用書書目——法律

三民大專用書書目——教育

三民大專用書書目——新聞